趣说易经

梁正元 编著

河南大学出版社

图书在版编目(CIP)数据

趣说易经 / 梁正元编著. -- 郑州：河南大学出版社，2021.5
ISBN 978-7-5649-4716-3

Ⅰ.①趣… Ⅱ.①梁… Ⅲ.①《周易》-通俗读物 Ⅳ.①B221-49

中国版本图书馆 CIP 数据核字(2021)第 095466 号

趣说易经
QUSHUO YIJING
责任编辑 柳　涛
责任校对 仝一帆
封面设计 吉宏飞　郑　洁

出　版	河南大学出版社		
	地址：郑州市郑东新区商务外环中华大厦 2401 号		
	邮编：450046	电话：0371-86059701（营销部）	
	网址：hupress.henu.edu.cn		
印　刷	郑州市运通印刷有限公司		
版　次	2021 年 5 月第 1 版	印　次	2021 年 5 月第 1 次印刷
开　本	787 mm × 1092 mm /16	印　张	35.25
字　数	671 千字	定　价	188.00 元

（本书如有印装质量问题，请与河南大学出版社营销部联系调换）

《趣说易经》编纂人员

顾　　　问	梁国禄	樊玉英			
学术指导	郁正国	史彦军	曹景宪	韩红军	史凤丽
	毛志娟	程民生	许俊峰	郭书学	常跃进
	李惠良	张俊庭	程子良	高占全	王绍鑫
	祁琛云	仝相卿	韩　鹏	冯云涛	赵　真
	许泗铧	李　敏	曹　杰	张金才	
特约编审	胡东乐	王　平	朱春华	周深文	张由红
书法策划	陈亮山	沈　慧	张廷可	杨二柱	王予杰
	王金芝	王学功	李立尧	安春荣	
原创绘图	周深文				
书法篆刻	马云龙				
总　策　划	梁正元				
摄　　　影	周　静	梁鸿芳	程茗星	赵凤华	刘士贤
监　　　制	田宏杰	魏东柱	李俊东	宁富海	贺　芳
书法支持	（以作品先后为序）				
	韩伟业	薛文法	张廷可	刘兆英	刘梦璋
	杨振亚	贾振祥	王　敏	王延成	王　屹
	韩湘人	崔德祥	陈亮山	姚金声	周　斌
	李松婷	卢志炎	李勇山	李林德	杨卫民
	杨　恢	白玉玺	童心田	周深文	韩　斌
	李立尧	董勇刚	王万新	刘予臣	邵建民
	蔡瑞勇	李永波	李芳斌	宋长安	梁士奇
	林　泉	张安生	岳善因	李寅生	郭艳霞
	马汴京	许安众	谢　涛	许　岱	曹山河
	田宏杰	黄献周	路统信	孙传民	张学明

孙耀和	武占英	王凤立	马云龙	李　勇
高洪宪	谭卫兵	薛　玲	郭自强	梁国禄
葛红军	张培华	李旺枝	扈存生	范礼成
刘士贤	陈天福	田建新	李中华	张书田
陈家珮	张育甲	沈　慧	梁留安	张清波
李军强	韩宇慧	梁鸿芳	李效战	曾　广
岳邦俊	曹志云	李永波	韩树民	刘建中
葛天福	仇新和	崔　林	拜　波	张可钟
沙　桐	王岳洲	王建坤	宋振营	姬义海
王　勤	冯军伟	张书礼	高忠兰	刘建设
苏擎宇	张　勇	孙富山		

学术支持（以姓氏笔画为序）

于书敏	于有海	于兆福	于青梅	马现峰
马宪锋	马俊红	王小秋	王广成	王天西
王凤仙	王安治	王红庆	王红建	王红梅
王宏权	王进有	王丽萍	王鸿波	王惠珍
古　戴	石瑞磊	卢金治	付保军	权会民
吕中林	吕玉柱	朱　青	朱　锋	乔好孔
刘　勇	刘　晔	刘　鑫	刘三军	刘中军
刘金钟	刘崎辉	刘海永	刘慧敏	闫绍奇
闫慧云	汤士彬	安北平	孙月娥	孙兆胜
孙润田	杜立宽	李　轲	李　曼	李　欣
李　慧	李万菊	李小静	李永瑞	李建强
李建新	李树友	李雪茹	李惠玲	李辉辉
李瑞军	李新霞	李蔚立	李晓峰	李漫洁
李珊珊	杨　绎	杨永超	杨庆化	连永红
肖天杰	吴立菊	吴朋飞	何炳涛	沙旭升
宋　斌	宋喜信	张　伟	张　旭	张纬华
张　楠	张双林	张玉发	张伟光	张轶清
张莹美	张海成	张海丽	张晓艳	张德胜
陆雪营	陈　维	陈　曦	陈广斌	陈文斐
陈子钰	陈连义	陈启亮	姚　磊	范廷俊
畅国良	罗菊梅	金耀丽	周国庆	和　平

郑　忠	郑　洁	郑　皓	袁纪云	许燕燕
赵凤华	赵凤丽	赵宜聪	赵莉莉	赵新静
赵泽忠	胡江华	钮晓红	修振明	贾　军
钱　彦	钱振君	高占周	高志超	郭　义
郭　祥	郭　寒	郭俊玺	郭晓萍	郭宝光
蒲　威	黄小玉	黄萌生	常小清	常　峰
苏　生	梁运成	梁树芬	梁鸿冰	葛永建
葛奇峰	韩立世	韩长建	程子忠	程茗星
程晓涵	路生荣	翟婷婷	岳树震	霍书华
魏　强	魏万青	魏俊芳		

目　　录

特别引文 ································· 南怀瑾　001

生活之道（自序）····························· 梁正元　011

《趣说易经》与创新点（序一）····················· 张俊庭　014

解析《易经》的金钥匙（序二）····················· 高占全　017

乾 ☰ ································· 001

第一章　知进退　懂屈伸　一片冰心在玉壶 ················ 003

坤 ☷ ································· 008

第二章　守法规　合礼仪　别有天地在人间 ················ 011

屯 ☳ ································· 017

第三章　蓄毅力　巧克艰　山重水复总有路 ················ 019

蒙 ☶ ································· 024

第四章　多栽花　勤修德　柳暗花明又一村 ················ 027

需 ☵ ································· 031

第五章　静修身　持常心　一船明月一帆风 ················ 034

讼 ☴ ································· 039

第六章　多检点　戒争讼　桃花依旧笑春风 ················ 042

师 ☷ ································· 047

第七章　严法纪　远小人　不怕猛虎欺黄犊 ················ 050

比 ☵ ································· 056

第八章　爱无声　鱼水欢　合力齐保贺兰山 ················ 058

小畜 ☰ ································ 063

第九章　积小流　蓄能量　无限风光尽被占 ················ 066

履 ☱ ································· 071

第十章　守礼仪　顺常德　一家欢笑在南池 ················ 074

泰 ☷☰	080
第十一章　天地通　阴阳和　物丰时泰是今年	082
否 ☰☷	087
第十二章　关道闭　天地绝　长风破浪会有时	089
同人 ☰☲	094
第十三章　志趣同　道相随　由来道同志易合	096
大有 ☲☰	100
第十四章　怀壮志　无不利　山顶千门次第开	103
谦 ☷☶	107
第十五章　谦君子　涉大川　虏骑千重只似无	110
豫 ☳☷	114
第十六章　春雷动　万物生　芙蓉向脸两边开	117
随 ☱☳	122
第十七章　守中正　顺天道　人间正道是沧桑	125
蛊 ☶☴	130
第十八章　持正见　除弊端　不畏浮云遮望眼	134
临 ☷☱	139
第十九章　地泽临　莫逞强　看似平淡实高深	141
观 ☴☷	146
第二十章　视野阔　气势宏　登高壮观天地间	149
噬嗑 ☲☳	154
第二十一章　剔梗塞　果敢行　拨开云雾见月明	157
贲 ☶☲	163
第二十二章　爱美心　人皆求　淡妆浓抹总相宜	165
剥 ☶☷	169
第二十三章　亲大众　得民心　天下谁人不识君	173
复 ☷☳	178
第二十四章　春雷动　万物苏　总把新桃换旧符	180
无妄 ☰☳	186
第二十五章　守正道　不妄求　识时务者为俊杰	188
大畜 ☶☰	194

第二十六章　强自身　肯容人　莫愁前路无知己 …………………196

颐䷚ ………………………………………………………………… 201

第二十七章　慎言语　远是非　风物长宜放眼量 …………………203

大过䷛ ……………………………………………………………… 209

第二十八章　辨是非　远大过　明月行看照归路 …………………211

坎䷜ ………………………………………………………………… 216

第二十九章　入险境　诚则灵　前度刘郎今又来 …………………219

离䷝ ………………………………………………………………… 224

第三十章　敬天地　奉日月　正是江南好风景 ……………………226

咸䷞ ………………………………………………………………… 231

第三十一章　和为贵　万事享　上有黄鹂深树鸣 …………………233

恒䷟ ………………………………………………………………… 238

第三十二章　树雄心　立奇志　记得芭蕉出槿篱 …………………240

遁䷠ ………………………………………………………………… 245

第三十三章　识时务　善进退　盖进人间恶路歧 …………………249

大壮䷡ ……………………………………………………………… 254

第三十四章　执虚器　如执盈　坐看青竹变琼枝 …………………257

晋䷢ ………………………………………………………………… 262

第三十五章　上不骄　下不忧　必登岳楼把天瞻 …………………265

明夷䷣ ……………………………………………………………… 270

第三十六章　处厄运　宜艰贞　潮落江平未有风 …………………273

家人䷤ ……………………………………………………………… 278

第三十七章　琴瑟和　宽严济　心有灵犀一点通 …………………281

睽䷥ ………………………………………………………………… 287

第三十八章　求大同　存小异　千金散尽还复来 …………………289

蹇䷦ ………………………………………………………………… 294

第三十九章　智不惑　德不孤　指挥若定失萧曹 …………………296

解䷧ ………………………………………………………………… 301

第四十章　蓄厚德　万事解　守得云开见红日 ……………………304

损䷨ ………………………………………………………………… 309

第四十一章　山泽损　得大志　岂因祸福避趋之 …………………311

| 益 ䷩ | 316 |

第四十二章　风雷益　涉大川　直挂云帆济沧海 …… 318

| 夬 ䷪ | 323 |

第四十三章　克奸佞　守自邑　奇正相合化真形 …… 325

| 姤 ䷫ | 332 |

第四十四章　合时宜　懂取舍　任尔东南西北风 …… 335

| 萃 ䷬ | 340 |

第四十五章　德不孤　必有邻　萃集贤良得福缘 …… 343

| 升 ䷭ | 348 |

第四十六章　顺天时　接地气　飞入寻常百姓家 …… 350

| 困 ䷮ | 355 |

第四十七章　陷绝境　挺直腰　门前流水尚能西 …… 357

| 井 ䷯ | 362 |

第四十八章　欲取之　先予之　门前风景雨来佳 …… 364

| 革 ䷰ | 368 |

第四十九章　顺乎天　应乎地　爆竹声中一岁除 …… 370

| 鼎 ䷱ | 375 |

第五十章　火风鼎　阴阳和　今宵赏酒与君倾 …… 378

| 震 ䷲ | 382 |

第五十一章　勤反省　早回头　醍醐警醒重为人 …… 384

| 艮 ䷳ | 390 |

第五十二章　谨于言　慎于行　何必随人看桃花 …… 392

| 渐 ䷴ | 398 |

第五十三章　重内修　依外化　六宫粉黛无颜色 …… 400

| 归妹 ䷵ | 406 |

第五十四章　顾大局　利彼此　团团结就玲珑面 …… 410

| 丰 ䷶ | 416 |

第五十五章　多主动　少抱怨　成由勤俭败由奢 …… 418

| 旅 ䷷ | 423 |

第五十六章　讲谦让　话舍得　山色空蒙雨亦奇 …… 425

| 巽 ䷸ | 431 |

| 第五十七章　顺时势　巧对局　负阴抱阳成一统 | 435 |

兑䷹ 441

| 第五十八章　敬法器　持初心　散作乾坤万里春 | 444 |

涣䷺ 448

| 第五十九章　欲正人　先克己　二人同心金不利 | 451 |

节䷻ 456

| 第六十章　懂节制　往有尚　船到桥头自然直 | 458 |

中孚䷼ 464

| 第六十一章　立中孚　居大同　病树前头万木春 | 466 |

小过䷽ 472

| 第六十二章　戒浮躁　须静心　凤去台空江自流 | 476 |

既济䷾ 480

| 第六十三章　有远虑　去近忧　唯见平安火入城 | 482 |

未济䷿ 487

| 第六十四章　莫轻狂　不懈怠　万物兴歇皆自然 | 491 |

附录 497

　　名家题词 499

　　《周易》研究大事记 503

　　众口说易 513

《易经》是中国的，更是世界的　　　　　　　　常跃进　514

为《趣说易经》再披霓裳衣　　　　　　　　　　陈亮山　516

关于《趣说易经》　　　　　　　　　　　　　　王安治　517

正元和《趣说易经》　　　　　　　　　　　　　陆　荣　519

读《趣说易经》有感　　　　　　　　　　　　　韩　鹏　521

"趣易"之醉　　　　　　　　　　　　　　　　　周深文　523

写给《趣说易经》　　　　　　　　　　　　　　张由红　525

小论《趣说易经》　　　　　　　　　　　　　　王丽萍　527

《趣说易经》赋　　　　　　　　　　　　　　　畅国良　529

永不停歇在路上（跋）　　　　　　　　　　　梁正元　531

特别引文
南怀瑾

按：为加深读者对《易经》基础知识的了解，使《易经》术语显得不再陌生，在本书篇首敬录并改编《南怀瑾讲易经》一文。引文目的并非拿着名人说事儿，而是怀着一种敬畏学术的态度"拿来"与读者共享，当是一个解读抑或作为本书开场白。

——编者

《周易》是周文王在羑里坐牢的时候，对中国原始哲学研究所得的结论。一切中国的文化，都是从文王著作《易经》后，开始发展起来的。所以诸子百家之说，都渊源于《易经》所画的这几个卦。事实上还有两种《易经》，一种叫《连山易》，一种叫《归藏易》，加上《周易》，总称为"三易"。《连山易》是神农时代的《易》，据考有8万言。所画八卦的位置和《周易》的八卦位置不一样。黄帝时代的《易》为《归藏易》，据考有4300言。《连山易》从艮卦开始，《归藏易》从坤卦开始，《周易》则以乾卦开始，这是三易的不同。

一、《易经》的三原则

除去《连山易》《归藏易》外，《周易》本身有一个原则，叫作"三易"，即包括变易、简易、不易3个大的原则。

1.变易。所谓变易，是《易经》告诉我们，世界上的事、世界上的人，乃至宇宙万物，没有一样东西是不变的。在时空当中，没有一事、没有一物、没有一情况、没有一思想是不变的，不可能不变，一定是会变的。譬如人坐在一个地方，第一秒钟坐下的时候，已经变了；第二秒钟的情况又不同了。时间不同，环境不同，情感亦不同，精神亦不同，万事万物，随时随地，都在变中，非变不可，没有不变的事物。所以学《易》首先要知道"变"，高智慧的人，不但知变而且能适应变，这就是古人认为"不学易不能为将相"的道理。

2.简易。简易是宇宙间万事万物，有许多是人们的智慧与知识没有办法了解的。天地间"有其理无其事"的现象，那是人们的经验还不够，科学的实验还没有出现；"有其事不知其理"的，那是人们的智慧不够。换句话说，宇宙间的任何事物，有其事必有其理，有这样一件事，就一定会有它存在的原理，只是人们的智慧不够、经验不足，找不出它的原理而已。而《易经》的简易也是最高原则，宇宙间许多奥妙的事物，当人们的智慧达到了，了解以后，就变得平凡，最平凡而且非常简单。想一想京剧里的诸葛亮，伸出几个手指，轮流一掐，就知道过去、未来。其实这个不奇怪，古人懂《易经》法则后，把八卦图案，排在指节上面，再加上时间关系、空间关系，把数学公式排上去，就可以推算出事情来。这就是把那么复杂的道理，变得非常简化，所以叫作简易。

3.不易。不易，万事万物随时随地都在变，可是却有一项永远不变的东西存在，就是能变出来万象的那个东西是不变的，是永恒的。那个东西是什么呢？宗教学家叫它"上帝""神""主宰""佛""菩萨"，哲学家叫它"本体"，科学家叫它"功能"。管它是什么名称，反正有这样一个东西，"它"永远是不变的。

二、理、象、数

懂了《易经》3个原则以后，还有3个法则要懂得，这3个法则就是《易经》的3个内涵，即理、象、数。

根据《易经》观点看宇宙的万事万物——人生也好，情绪也好，思想也好……都有它的原则和道理。以现代观念而言，理是属于哲学的，宇宙间万事万物既有它的理，也必有它的象；反过来说，宇宙间的任何一个现象，也一定有它的理，同时每个现象，又一定会有它的数。譬如一卷录音带，是录音用的，它能录音，其中有很多理；录音带的样子、大小以及它放出声音，就是它的象；这卷录音带，若干分钟可以录完，有若干长、若干宽，这就是它的数。以此类推，万事万物都有它的理、象、数。

宇宙间万事万物都有它的数，这是必然过程，譬如我们举起桌上的茶杯，左右摇摆，这就是一个象；而左右摇摆了多少度，多少秒摇摆一次，就有它的数；为什么要摇摆，就有它的理——这是让大家更具体了解《易经》理、象、数的道理所做的动作。所以《易经》每一卦、每一爻、每一点，都包含有理、象、数3种含义在内。人处在世界上，与这个世界的关系，不停在变，只要发生变，便包含它的理、象、数。人的智慧如果懂得事物的理、象、数，就会知道这事物的变，每个现象，到了一定的数，一定会变，为什么会变，有它的道理，完全明白了这些，就会万事通达。

我常常告诉同学，最好不要去钻研《易》这门学问，如果钻进去，就会同我一样，爬不出来。如果一定要学，也最好只学一半。如果真把《易经》学通了，做人也就没有了味道。譬如要出门时，预知出门会跌倒，于是就不敢出门，一步也不敢动。像这样的人生，便失去了学《易》的味道。所以我说学《易》最好只学一半，觉得奥妙无穷。话虽这么说，但学《易》真的通了，也就不需讲《易经》了。

三、玩索而有得

孔子研究《易经》后说："玩索而有得。"他的意思很明确，就是学《易经》最好用打麻将的方式来学，如果把八卦符号刻在麻将牌上，摸起来就会趣味无穷。孔子教人们读别的书，都是要持严肃的态度，唯有教人们学《易》，要"玩索而有得"，要天天玩。我年轻时读《易经》，老师硬叫背，痛苦之至，问他这些话是什么道理，他也不讲，估计他也没弄清楚，只认识书上的文字。自己后来年纪大了，慢慢摸这个东西，就发现需要玩，最初用象棋子，画上八卦符号排来排去，后来干脆改用麻将牌。现在一直想改用电脑，可惜没有时间去研究制作，最好能像科学馆的天文仪一样来玩，所以《易经》要"玩索而有得"。要玩什么？玩卦。

四、卦与八卦

什么是卦？古人解释："卦者挂也。"实际上，卦就是挂起来的现象，八卦就是告诉人们宇宙之间有8个东西，这8个东西挂出来，就是八卦。这个宇宙就像一部《易经》，宇宙的现象都挂在那里，现在我们先了解它的原理。

☰第一个乾卦代表天，我们仰头一看，天总是在上面，到了太空倒转头来，头上还是天，天一定在头顶上。☷坤卦是地，人类是地球的文化，大地总是被踩在脚底下，这个地的现象挂在那里。☰、☷这两个符号，代表了时间、空间、宇宙。在这个天地以内，有两个大东西，一个是太阳，一个是月亮，像球一样，不停在转。所以，☲离卦代表太阳，☵坎卦代表月亮。这两个东西不停地旋转于天地之间，于是有4个卦挂出来了，还有两个卦是雷、风。☳震卦代表雷，我们以现代科学的知识和观念来说明我们自己老祖宗的文化，他们认为宇宙间有这种能，电震动了就是雷，震动后，对面会变成气流，就是风。☴巽卦代表风，即是气流，气流震动得太厉害，一摩擦又会发电，又转回来了，就是"雷风相薄"，这是雷风两个卦。还有两个卦：☶艮卦代表高山、陆地，☱兑卦代表海洋、河流。

在宇宙间，除这8个大现象以外，再找不出第九样大的东西，这只说大的，不说小的。大的现象只有8个，没有9个，也不能7个，只有8个卦，而且都是对立的。可是这种现象，变化起来是无穷的，是不能穷尽的数字，变化当然也是无穷无尽的。

五、先天八卦

什么叫"先天"？以哲学观点讲，宇宙万物没有形成前，即所谓的先天；有了宇宙万物，那就是后天。换个说法，在母亲未生我们以前，是先天，生了我们以后，就是后天；在娘胎里是先天，离开了娘胎是后天。先天、后天，只是一种代号，只是用以划分出阶段范围而已。

伏羲的"先天八卦"，画在纸上是平面的，看起来好像毫无道理。假如有一种仪器，使其立体化，就更容易表现出它的精神，现在写在纸上的，只不过是一种符号。譬如现在的乾卦，是"三"这样的三横，但在古代，像我们在甲骨文中看到的||和∴都是乾卦。所以大家不要把卦看得那么呆板，好像说门口挂上八卦，可以赶跑鬼，那是人的伟大，不是卦的伟大。

字是写的，卦是画的，所以叫作画卦。人类原始的时候没有文字，中国的原始文字都是图画，像"鸟"字，原来就画成一只鸟的样子，日月山水舟车虫鱼都是这样，可知中国文字的起源就是图画。卦的图案，每个卦都有三画，我们称为"三画卦"，卦中的画叫"爻"。为什么叫"爻"？"爻者，交也。"为什么"爻"就是交？这是说明卦在告诉人们，宇宙间万事万物，时时都在交流，不停地发生关系，引起了变化，所以为"爻"。

☰乾卦的三爻，都是完整的━━，这叫作"阳爻"。☷坤卦画在中间断裂的━ ━，叫作阴爻，两个是相对的。

3个阳爻，完整的三画，为乾卦，代表天；3个阴爻，断裂的三画，为坤卦，代表地。对人来说，乾代表男人，坤代表女人；对一只手来说，手背是乾，手心是坤。由此可知，这只是一种不定的代号，也是一种数理符号，这种符号可以有很多方面的用法。

八卦的图案，乾卦代表天在上，坤卦代表地在下，画出来就是伏羲的先天图，它的方位和现代人们所用地图上北下南、左西右东的方位恰恰相反；八卦的方位则是上南下北、左东右西。二者的图是这样的：

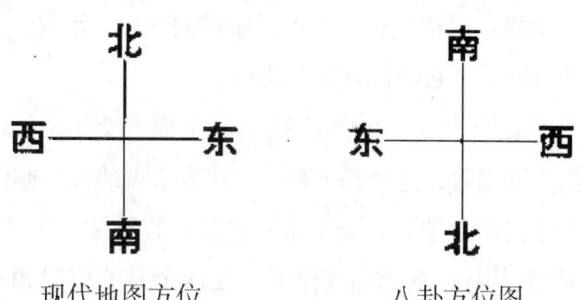

现代地图方位　　　　八卦方位图

虽然二者不同,但各有它的道理存在。

刚才我们谈的是乾卦与坤卦,现在再提出来一个卦。这个卦下面是阳爻,上面也是阳爻,中间一爻是阴爻——☲。这是离卦,代表太阳,位置在东方。离卦☲这样画,实际上古人已经看到,太阳中间有一个黑点,外面两爻是阳爻,中间是阴爻,光明的看得见的是阳,看不见的是阴,所以这个代表太阳,叫离卦,亦代表火,代表光明。

离卦的对方是☵,其中间是阳爻,阳爻的上下是阴爻,卦名叫坎,代表月亮,也代表水,位置在西方。这现象表明太阳在东方挂起来了,月亮挂到西方去了。太阳、月亮绕着南北磁场之间一条无形的线在转。以现代科学来讲,古人太不科学了,太阳、月亮怎么是绕地球转的? 但是古人站在地球上看太阳、月亮的出没,的确是这种现象,古人把眼见的现象,用八卦这样简单地表现出来,也不能说不科学。以地球为本位,当然是太阳跟着地球转;以太阳为本位,则自然是地球绕它转了。各个立场不同,并没有错,是很科学的。现在我们假定把时间和环境拉回到3000年以前,就可以明白古人是很科学的。

有人问老祖宗画卦是怎样来的? 答案是观察来的,是依据科学来的。但是依我之见,它不像是我们这一个时期的人类文化,而是上一个冰河时期的人类文化,发达到最高点,把科学的无数法则,反复归纳,最后归纳到8个简单的符号——八卦,留下来这么一点东西,而被我们的老祖宗发现了拿来用。但我想我们的老祖宗,说不定还不会有那么高的智慧,达到能够创造出来《易经》的程度。《易经》的法则,随便用在哪里都是通的,以现在的科学来看,《易经》的法则,用在化学上也通,用在物理上也通,所以《易经》的法则,真正是人类智慧的结晶。

现在,乾、坤、离、坎4个大卦,挂在那里大家都看得见,这就是天、地、日、月4个大象。

☳这个卦,下面一爻是阳爻,上面两爻是阴爻,这个卦名为震。"震为雷",

它代表的是雷电、动能。以现代观念来说，宇宙间有一种动能，而动能最大的现象就是雷电，在八卦图上，它的位置在东北角。

在震卦的对面西南角上的一个卦是☴，其下面一爻是阴爻，上面两爻是阳爻，恰和震卦的阴阳爻相对，这个卦名是巽，代表宇宙的气，亦代表风。

仔细再看这两个卦的卦象，震卦正是一种震动的现象，打雷了，雷电震动以后，阳变为阴，阴变为阳，就变成气流了。这两个卦的位置相对，名为"对宫卦"，一般人去算命，算命先生说这命是哪一宫。一般人听到"宫"，就联想到宫殿，想到自己是皇帝、皇后了。其实不是这个意思，古人说的"宫"，就是位置、方位。

"先天八卦"，亦叫作"伏羲八卦"，因为我们的老祖宗伏羲氏，在黄帝、神农以前还不是最早的老祖宗，以前还有天皇氏、地皇氏、人皇氏，慢慢才到伏羲，照旧观念的说法，我们的历史文化，到现在已经是200多万年。如现在的1975年，是根据西洋文化来说的，或说中国文化3000年、5000年，都是跟着西洋人说的，是我们的谦虚，在运气不好的时候，只有谦虚一点，等到运气好的时候，才能再说我们的历史有200多万年。所以伏羲并不是我们最早的老祖宗，只是代表我们八卦的文化，是从他这里开始的。

六、后天八卦

后天八卦，还是乾、坤、离、坎、震、艮、巽、兑8个卦，可是在图案上摆的位置完全不同于"先天八卦"。"后天八卦"是说明宇宙以内的变化和运用的法则。

后天八卦的位置，坎卦在北方，离卦在南方，震卦在东方，震卦对面的西方是兑卦，东南是巽卦，东北是艮卦，西南是坤卦，西北是乾卦。

后天八卦记忆的方法，可以用下面4句歌词背诵下来，更容易记住：

"一数坎兮二数坤，三震四巽数中分，五寄中宫六乾是，七兑八艮九离门。"

由这首歌谣，可见古人教育方法的高明，把如此复杂难记的事，写成韵文，可以唱出来，不但容易学，容易熟记，还容易运用。

从图上看数字，好像很乱，其实仔细研究一下，一点也不乱，试把这个八卦圆圈，加几条线，改成方图：

巽四	离九	坤二
震三	五	兑七
艮八	坎一	乾六

从这个图的位置上看，凡是相对的两个卦加起来，都得10的和数，如果连中心的"五"也计算上，则无论任何一行，横的、竖的、斜的三格总和都是15。所以中国人、印度人，乃至天主教徒，行礼都是两掌合起，就是"合十"。

七、六十四卦的来源

从中国学术史上看，唐宋以前，还没有分宫卦象次序，学《易经》，默诵《易经》，还没有这个分宫卦象次序可资遵循，就更不容易记忆；还是到宋朝以后，才把这个次序列出来。这个次序的排列，是有一定道理的，是由每一卦变出了8个卦，8个卦变成六十四卦，如乾卦的变：

乾为天☰　　天风姤☴　　天山遁☶　　天地否☷
风地观☴　　山地剥☶　　火地晋☷　　火天大有☰

乾为天，乾是卦名，接下来天风姤，为什么接下来就是天风姤？是什么道理？为这问题，我们当年吃过苦头的，向老师提出这个问题来，老师只是说"先默诵"，只好背诵，可是到底讲了些什么东西则不知道。心里真纳闷，只好去背诵。现在可以告诉大家一个秘诀，一定背诵得来，这就是要先明理，理懂了，就容易背诵。

像这个☰乾卦，从下数到上，有三爻，名三爻卦，这是先天卦的画法，是伏羲画的卦，也是中国有文字的开始。这8个图案，是中国文字的始源，也是中国文化思想的来源。后来人类社会越发展，人事越复杂，三爻卦已经不够用，就变成了六爻卦，为什么要用六爻？因为一直到现代的科学时代为止，宇宙间的事情、物理，没有超过6个阶段的。一切的变，只能变到第六个阶段，第七个变是另外一个局面开始。

古代的解释，孔子在《系传》中说六爻的道理，是"六爻之动，三极之道也"。什么是"三极"？就是天地人三才。人文文化中是人就有男有女，也是有阳有阴，三才有阴阳相对，三二就得六，这是孔老夫子的心得体会，几千年来，没有脱离他的范围。

画卦是从下面画起，不像写字是从上面写起，如☲☵既济卦，第一爻是阳爻，第二爻是阴爻，第三爻是阳爻，第四爻是阴爻，第五爻是阳爻，第六爻是阴爻，这样一路往上画的。学《易经》是学哲学，也是学科学。哲学家、科学家对每一件事都问为什么，那《易经》的卦为什么要这样画？第一个道理，天下的事情发生变动，都是从下面开始变，换言之，是从基层变起；第二个道理，《易经》的卦，原来只是三爻，后来变成六爻，名称上就有了分别：下面三爻的卦为内卦，上面三爻的卦为外卦，内外两卦是连起来的。自下面开始画卦，也说明了宇宙事物的变，是从内在开始变，如人的变，是内在的思想先变。一个公司机构出问题，必然是内部先出了问题，这也正是像我们中国人说的："物必自腐，然后虫生。"一切东西都是从内变开始，所以画卦是由下往上，由内而外。

为更加方便读者理解和记忆六十四卦，现在请看下边这个分宫卦象图。

分宫卦象次序：乾坎艮震为阳四宫，巽离坤兑为阴四宫，每宫阴阳八卦。

乾为天	天风姤	天山遁	天地否	风地观	山地剥	火地晋	火天大有
坎为水	水泽节	水雷屯	水火既济	泽火革	雷火丰	地火明夷	地水师
艮为山	山火贲	山天大畜	山泽损	火泽睽	天泽履	风泽中孚	风山渐
震为雷	雷地豫	雷水解	雷风恒	地风升	水风井	泽风大过	泽雷随
巽为风	风天小畜	风火家人	风雷益	天雷无妄	火雷噬嗑	山雷颐	山风蛊
离为火	火山旅	火风鼎	火水未济	山水蒙	风水涣	天水讼	天火同人
坤为地	地雷复	地泽临	地天泰	雷天大壮	泽天夬	水天需	水地比
兑为泽	泽水困	泽地萃	泽山咸	水山蹇	地山谦	雷山小过	雷泽归妹

我们先看分宫卦象次序的头8个卦：

乾为天，天风姤，天山遁，天地否，风地观，山地剥，火地晋，火天大有。

☰先看乾卦。我们说过，《易经》是讲天地间的变道。宇宙间的事物，随时随地，在时空以内没有不变的。现在，这个乾卦，第一爻开始变了，阳极阴生，一件事物到了极点，就会走下坡路，所以中国的人生哲学，是任何事物都要留一点余地，一到了极点就完了。就像袁世凯当年想做皇帝，他的第二个儿子袁克文写一首诗劝他老子不要这样做，袁世凯看到几乎气晕。诗中两句说："遽怜高处多风雨，莫到琼楼最上层。"诗意是说到最高层是不可以的，像爬坡一样爬到了顶头，一定会下来。这个☰乾卦是阳极了，第一爻变了，阳极就变阴，是由内开始变，于是外卦还是乾☰，内卦第一爻变作阴，就成为☴巽卦，巽为风，所以成为☰☴天风姤。接着第二爻变了，外卦还是☰乾，内卦第二爻变为☶艮卦，艮代表山，所以成为☰☶天山遁。继续变下去，外卦还是不动，内卦第三爻变为☷坤卦，坤代表地，于是成为☰☷天地否。这样一看便次序井然，懂了这个道理，就容易默诵。

也许还有人记不清楚，或者不满足，希望不要继续讲下去，先把姤卦、遁卦的道理说清楚。☰☴天风姤，外卦乾就是代表太空，内卦巽代表风——气流。如果学过地质学，学过地球物理学，就会发现我们的祖先越来越伟大。原来太空是无比的大，太空用数字表示就是一个"0"。《易经》的数字和外国的数理学在最高处相同而且比外国好；只是在应用数学上，现代分析下来，谁好谁坏那是另一个问题。《易经》早就指出，宇宙间只有一个数，即"一"，没有更多的。什么是"二"？一加一等于二，再加一为三，再加一为四，都是用一加出来的，一才有象，一从哪里来？是从"0"来的，"0"代表没有，代表本体，代表没有数也代表无穷数，包括了很多很多，等于一个房间，里面一样东西也没有，一个空房间，说没有用也就一点用都没有，可是它的价值无比，因它可以做电影院，可以做舞厅，可以做课堂，所以"0"代表没有、代表无穷、也代表天体——太空。太空在没有构成宇宙以前的第一个动能，以现代名词而言，是气体在流动，由气流的震荡，慢慢凝结，因为气流震荡，便产生了电力、热力，形成了泥土，高山也起来了，于是由天风姤，然后天山遁，遁就是逃避，意思是物质形成以后，最初的功能，慢慢在退位，像一幢房子建筑完成，开幕启用的那一天，也是这幢房子开始衰坏的一天，也就是它开始"遁"的一天。

最妙的是到了第三爻一变，外卦还是乾代表天，内卦完全变成坤卦，坤卦代表地，天地否，就是倒霉。我们祖先的哲学可真妙啊！天地开辟了多好，西方的宗教认为上帝开辟天地，创造了万物，又照他的样子创造了人，这该多好！可是《易经》说，这要倒霉了，并不美丽。天地否，如果没有宇宙，也没有人生，大家免得烦恼，都空空洞洞的，蛮好。一有了天地宇宙，便倒霉了。犹如一个穷小子，身上只有一个明天吃的馒头，晚上睡觉一定会安逸，假使口袋里忽然有了100万元人民币，夜里反而会失眠。

内在开始变，变到第三爻，等于我们内在思想中动一个念头，想做一件事，一步步地思想成熟了，可以发展到外面去了，内卦影响到外卦，从内变影响到外变，外面环境也受到影响了，于是外卦的第一爻也开始变了，就变成☴☷风地观，再到第五爻变成☶☷山地剥，现在外卦只剩下了一点阳，所谓"硕果仅存"，阳能被一点一滴剥削完了，只剩最后一点唯一的生机，所以是剥。试看地球上，海洋的面积大，陆地小，高山又占了相当大的面积，压缩了可供人类生存的大地。

从乾卦的本卦开始，到剥卦已经出现了6个卦，再变下去，则产生第七个卦了，那么这一次变，我们祖先的法则，不能再往上变了，如果再往上变，则很简单，变成☷坤卦，阳极就是阴。如以《易经》这个道理看，人生没有什么道理，只不过生出来又死掉，两个阶段而已，睡觉、醒来，也只是两个阶段而已，所以不能再变。那么这第七变，是另一个变法，变出的第七个卦，名为游魂卦。老一辈年纪大的人，以文字对人家说自己活不长久了，往往用"魂游虚墓之间"来表示，意思是说，人是活着但灵魂已经进入坟墓，游魂就是这个境界。现在说乾卦的变，是乾为天、天风姤、天山遁、天地否、风地观、山地剥6个卦，到了第七变不能再往上变了，于是改为外卦的初爻再变，即第七卦：☶☷山地剥的外卦即☶艮卦的初爻，也是☶☷剥卦的第四爻变，又是阴极阳生，成为☲☷火地晋，晋就是进步的进。这第七个卦名为游魂之卦，是表示由内在的思想，变成行动，由行动影响到外在的环境，现在又是外在的环境压迫自己内在的思想发生了变，游魂就是这样回来的。到了第八变，名归魂卦，意思是回归本位，内卦变成原位，于是成为☲☰火天大有。

乾宫的8个卦就这样变的，简单地说，分宫卦象次序的变是这样的：一、本体卦，二、初爻变，三、第二爻变，四、第三爻变，五、第四爻变，六、第五爻变，七、第四爻变回原爻，八、内卦变回本体卦。知道了这个道理，发现原来有如此好的组织，就容易默诵。

再举☵坎卦。☵坎为水，第一爻开始变，内卦成为☱，兑卦为泽。☵☱水泽节，第二爻再变，阳爻变为阴爻，内卦变成☳震卦，震为雷，于是成为☵☳水雷屯。照同样法则依次是☵☲水火既济、☱☲泽火革、☳☲雷火丰、☷☲地火明夷、☷☵地水师。只要知道了这个法则，以下艮、震、巽、离、坤、兑等6个卦都是一样，不必我一一详说，大家都会变，都会默诵。

作者南怀瑾（1918~2012），出生于浙江温州，生前系中国当代诗文学家、佛学家、教育家、中国古代文化传播者、学者、诗人、武术家、中国文化国学大师等，出版书籍有《论语别裁》《孟子旁通》《老子他说》等。

生活之道（自序）

梁正元

很久以来，我渴望成为一条小鱼，在缓缓流淌的小河中，用心体味那份属于自己的荷塘月色；或置身于圣洁的大地，在原始情态下尽情地释放自己。我一向认为，自然与圣洁二者结为一体，便可谱就最美的天籁之音。也许这种境地不会有，或者永远也不可能存在。但我依然坚持，并且执着地认为，只要有一丝光，黎明就能如期归来。

生活在社会中的自然人，大都不屑于世间物欲横流的现象，认为低俗，认为不道，因而大凡与己道不相合者，皆为极端，皆为异类，于是沮丧，于是懊恼，甚至产生遁世厌生的消极思想。事实上，那是客观的存在，主观的原因是因为我们的倾向起了作用，于是才造就了"神马""浮云"等等种种苦果。佛曰"一切皆有我"，说的正是这个道理。

商时，西伯侯姬昌被囚羑里（今河南汤阴县北），推演出了《周易》。羑里城也是殷纣王关押周文王姬昌7年之地，是中国历史上有文字记载的第一座国家监狱，不知道当时这位大圣贤是怎么想的，笔者猜想或许是一种机缘巧合，抑或是对于"天道"的通达，哲人洞悉世道的奥妙，因此演绎了后天八卦这个伟大的创造。这样的创作很罕见，确实是极其玄妙的一次思想革命！

《周易》是人们俗称的《易经》，其完整卷本有《连山易》《归藏易》《周易》。因《周易》保存传世比较完备，更能揭示事物运行的规律，所以被历代学者所接受，奉为上乘，并美其名曰"易经"。伴随历史的向前演进，特别是周朝800年的漫长统治，更加助推了《易经》的神秘色彩。从那时起，到后来的历朝历代，《易经》在一些统治阶级别有用心的尊崇下，更被赋予了"神"的化身，人们将生活生产中的一切，与《易经》紧密结合起来，寄希望于《易经》，甚至发展到让《易经》决定未来活动的地步。正因如此，才有"学了《易经》会算卦，学了《论语》治天下"的经世传言。孔子学《易经》，就属此类。孔子晚年喜《易经》，读之"韦编三绝"，首次将《易经》提上儒学高度，对《周易》作了全方位释读，使其从算命求卦的术学上升为治国平天下的"王道"，由此助推了《易经》在人们心目中的神圣地位，使《易经》变得更加扑朔迷离。

实践证明，《易经》所讲的，其实是人们平常生活的规律。因此，剥掉《易经》的神秘面纱，就会知道学习《易经》，并非难事。世间一切，皆在易理之中，比如人事就可以用易理解释，按照易理观点去推敲。当然，我看到的毕竟只代表自己，并不代表他人所见，这个观点是现实的，也是客观存在的，符合人们认知事物的规律。在这样的易理里面，丝毫寻找不出半点算命问卦的影子。虽然不能透彻诠释《易经》所包含的庞大思想，但我相信《易经》所讲的，是事物发展的规律，绝不是所谓的江湖术士所言的"算命之神"。认清了《易经》的"庐山面目"，便有必要将其"真相"介绍出来，让广大《易经》爱好者更好地去学习运用。为使其变得更加通俗易懂，我将《易经》中的六十四卦整理出来，将每一个卦象6个爻辞加上本卦卦辞，或配一个人人皆知的小故事，或加注些评论员文章，旁敲侧击地解说其所蕴含的道理，这种做法虽不正统，但在目前来看，或多或少也是一个小小的创新。小故事，歪歪理，任凭读者去自由评说吧。

书名初定为《醉解易经》。所谓"醉解"，按我的原话，即喝多了瞎胡咧咧，不去刻意搭借名人效应来"招摇撞骗"。我有自知之明，知道自己的东西不正统，也摆不上台面，不敢让自己的拙作去玷污名人的光环。虽然我的东西不好，却是自己的"孩子"，所以，纵然有千万个不是，也毕竟是我的最爱，好赖都算是我的！2019年5月，《醉解易经》送河南大学出版社后，应出版需要，书名被更为《趣说易经》。

每一个新生事物面世前，总会受到人们的质疑，再正常不过。我的易经解读也是一样，躲不开这种现实，但是正因为有了自己的影子，慢慢看着多少也就有些可爱之处，于是它便有了新的故事。

什么是《易经》？按我的理解，所谓"易"，就是平常人以平常心讲平常话的语言辩证法则；"经"，则是经历生命生活的全部过程。根本就没有那么复杂，只是一个名称或代号而已，好多人理解为玄幻神奇，其实我的理解非常简单，估计这种解释会令许多易学大家大跌眼镜，但事实也不过如此。

自《易经》有了混沌世界，距今估计近万年，说5000年正如南怀瑾大师讲得有点过于谦虚，有点过于保守。中华文明何止5000年？我只是在此提出个大概，估计会引起专家教授的声讨，也会引起国骂，但我也只是笑着面对，没有见过的东西，理应怀着敬畏之心，谁也不敢说它不存在。据不完全统计，迄今为止有关《易经》的专著出了5000多种，还有几千余种甚至更多由于各方面原因尚未正式出版。世界易学大家多如牛毛，千人千象中研习《易》的本子屡见不鲜。但足令我自豪的是古今中外的解易读物中，《趣说易经》是唯一不以命理解读，而是用小故事蕴含的道理通俗易懂地走近百姓心田的解易读物。尽管难登大雅之堂，只要老百姓能读懂，我的初衷也就达到了。从2010年开始酝酿，2018年仲秋，初稿诞生。行动有力证明：《易经》不仅仅是命理学，而是老祖宗留下的宝贵普世哲学，是规律学，是逻辑学，是智慧学，是一切学科的基础。这种用玩的心态，用醉的方式，把中华文化的根撬起来，在观看、玩味的同时，也可以让它进入老百姓的心底撒个欢儿。既是紧紧响应新时代中央提出复兴中华传统文化的号召，又很接地气地让普通人都能领会并践行，以提高整体国民素质，好像我这个简单的自然人居然也或多或少为自己的祖国做了一些贡献。这才是当初"醉解"的本意所在。

《易经》是大千世界、精神世界的"集合",道理极其精妙!但我谈的不是《易经》的精妙,我要谈的是原生态生活!为加深读者印象,书中我单配了64句七言诗句,请名师制印64方、题墨百余幅、原创写意画作64幅,既增加了书的厚重,又不失《易经》本源。千万不要从这本书中寻找算卦的捷径。如果想要从这本书里了解一些生活的基本道理,倒是可以随便翻翻。

《易经》的末卦叫"未济",其实人生永远处于一种未济状态。《趣说易经》也是一种"未济"事物,只是在水里扔了一块石头,或许会激起点浪花,但转眼便风平浪静,因为最美的风景永远在路上。

因才疏学浅,书中难免有纰漏之处,抑或与传统解法有出入,出版发行后,如能得到专家学者批评斧正,则无限荣幸。

以此,不序而序。

庚寅夏月创意于孝感
丁酉正月初九初稿于大梁
戊戌冬月数易其稿
己亥夏月更名定稿送出版审定
庚子孟春付梓出版
辛丑冬月出版发行

《趣说易经》与创新点（序一）

张俊庭

众所周知，中华文明是人类历史上唯一绵延5000多年不绝的灿烂文明，处处蕴含着中华民族精神、中华民族力量。中华文明上下5000年典籍浩如烟海，历史与文明、传统与习俗、智慧与知识均蕴藏其中，蔚为大观！而这些典籍中的精华便是《周易》。《周易》中所承载的天人合一的和谐思想、自强不息的奋斗精神、厚德载物的包容态度、否极泰来的变通思想、剥极必复的抗争意识等，已成为中华民族精神和中华民族力量的重要组成部分。历史和现实证明，《周易》是中华文化的活水源头。当今世界，学习和研究《周易》已成为一种潮流和时尚。不仅在中国，即使在西方，《周易》也颇受推崇甚至被顶礼膜拜，被称为"宇宙代数学"。研究《周易》的本子屡见不鲜，正规著述高达5000多种。基于此，正元利用8年时间编著的《趣说易经》应运而生。这是作者在尊崇《周易》原著基础上，立足时代，尽力挖掘古今中外原生素材，充分利用小故事诠释易理的《易经》读本。

一口气读完后，我醉了。被世人看作玄幻神奇的内容，一下子被所配的诗书画印，以及小故事化解，这是正元大胆尝试的结果，非常难能可贵！

《趣说易经》全书，共64章100万余字，内容几乎是由老百姓茶余饭后、老少皆知的小故事和评论员文章解读而成，将原本深奥隐晦的东西，运用唯物辩证法的观点，就理说理，通篇没有半点算命问卦的影子。内容删繁就简，将自古以来只有少数人才能偷窥的神学《周易》剥离开来并加以细致解剖，立足老百姓的角度加以解读，让普通大众明白，其实易理就在身边，洒落在生活的方方面面，只是日用却不知其理而已。

《易经》是自然哲学与人文实践的理论根源，它的最高境界是天人合一、心物一体，在中国文化中的影响是空前的。而《趣说易经》一书，是中国自《周易》诞生后百家著书立说公开出版近5000多种中的唯一就理说理的创新，无疑是《易经》思想的一次革命，也是一个创新。全书将几千年来中国上层建筑才可拥有的无字天书，打出原形，让它接着地气，让更多的普通百姓都能熟知易理、活用易理，从而增强生活的无限乐趣。《趣说易经》也是一个让《易经》彻底解放的浩瀚工程，功在当代，利在千秋！为推进复兴中华传统文化、实现中国梦创造了有利条件，可谓是"培根铸魂"的工程。

《趣说易经》其实是用大白话来讲述普通百姓生活的道理，透过这些大白话方知世间万物的运作，以及人生哲理，没有丝毫的造作和强辞。归纳起来，其创新点在于五个特点：

一是，运用老百姓的话来解读《易经》、尽力贴着百姓的生活还原《易经》本来面目的解易读本。全书运用了数百个小故事，除大家耳熟能详的中国经典历史故事外，还大量精选现实故事与外国寓言故事，通篇就事拉理，不谈象术，既具代表性又通俗易懂；从原本只有风水方士染指的命理学中剥离出来，解读转化成为智慧学、规律学、经验学、社会学、逻辑学、百家学；等等。从而赋予中国传统文化基石《易经》新的生命，让读者一目了然、通俗易懂、读乐无穷。

二是，诗书画印俱全解读《易经》的本子。全书六十四卦，每一卦作者都精心设计，利用大家所熟知的诗，对其再创作或直接"拿来"，作为该卦标题。字里行间，更加给人以对卦辞表述的直观和通透，令人一眼就能明白卦辞中表述的大致意义和基本内涵；每卦卦首特请全国各地部分书法名家和书法爱好者分别挥毫泼墨题写64卦大象辞内容，书体风格迥异，各有千秋。这既是对该书的视觉补充，也是对国粹书法在《易经》中的集中体现；书内卦首均有一幅古朴典雅的原始创意画。画面内容摒弃了通常神秘莫测、玄之又玄的创作思维，尽可能利用简单熟悉的绘画语言来描述生活，用朴素直白的描绘方式表现主卦的原始性；单卦卦末均配有一方精工刻制的书法篆刻中国印，既增强了视觉美感，又是对主卦的精言补充，这种诗书画印融合一起代表了中国元素、中国风骨、中国能量，综合提升了全书的厚重感，具有较好的收藏和实用价值。

三是，能让没有任何《易经》基础的人可以读懂且活学活用的解《易》读本。小故事、原始创意图、诗的引用和书法、印章的补充等更加使《易经》变得简单易懂、通俗明了。在增强可读性的同时，加速推进了新时代全民读易用易的速度和步伐，让更多的人可以接受，从而家喻户晓、人人皆知。借此，国民综合素质可以大力提升，文化强国指日可待。

四是，紧密结合新时代背景解读《易》理、可以作为基层思想政治教育教材推广的解《易》读本。《趣说易经》紧紧响应新时代中央政策，在一些涉及敏感或负能量问题上作了一定的技术处理或有意规避，通篇符合主流，科学合理，健康向上。加之《趣说易经》相对口语化的描述和大量小故事的应用以及诗书画印的补充说明，让《易经》搭上天线的同时更接地气，适宜向大众推广使用。

五是，由转业军人完成诗书画印几乎全部内容的解易读本。全书由转业军人总体策划、转业军人配诗解读、转业军人原创作画、转业军人立意制印、转业军人部分挥毫泼墨，等等。这些行动以点带面，这是诸多转业军人曾经在部队谦虚好学的有力佐证，也是对部队是所大学堂的有力证明。

《趣说易经》是正元的独到见解与创作，他对《易经》曾有多年的研究、探访各地的生态及发展，于社会、生活、风土民情等，在深入观察与体悟中，将《易经》以文白对照的诗书画印形式，再现了这部著作的精华，表达了《易经》的哲学观点，在力求保持《易经》原味基础上，努力在读者和原著之间搭建起一座桥梁。

也因为这些创新性特点，相信《趣说易经》的顺利出版不仅能满足众多读者的期待，更重要的是在易学史上也算一个补白。

预祝正元的《趣说易经》早日面世！

2019年1月26日于开封
2019年年底再修订稿

作者于1941年出生，河南开封人，博士学位，现为中医学家、文学家、中国艺术大师、中国国学大师、中国国家诗书画院常务副院长、中国老干部作家协会副主席、中国一级文艺家、国家一级艺术家，是中国十大诗豪之一、中国高级作家。

解析《易经》的金钥匙（序二）

高占全

《易经》是一部既古老又新奇、既陌生又熟悉、既高深莫测又简单易懂的书。《易经》是什么？所有文献都是这么记载的：《易经》是群经之首。不管是五经还是六经，都把《易经》摆在最前面。它是中华文化的总源头。

阴阳学说，六十四卦相，八卦384爻均出自《易经》，六十四卦就是宇宙的64组密码。阴阳是构成万物的基本元素，指一切的变化。白天为阳，夜晚为阴；天为阳，地为阴；男为阳，女为阴；象奇数为阳，偶数为阴。凡是成双成对的偶数，像2、4、6、8、10都是阴，奇数1、3、5、7、9都是阳。

正元先生所著《趣说易经》就是从这里开始解读的。作者从对《易经》的分析和对每一卦象的解批都有独到之处，既通俗易懂，又配有卦象图解，是解析《易经》的最新版本。这种对《易经》的解析和对《易经》的灵活运用尚属首次。

《趣说易经》这座由八卦巨石垒起的五彩神秘文化殿堂，高耸在云雾缭绕的山巅之上，仍光彩夺目。作者将《易经》精华融入了中国预测学和信息学及位理学，运用一分为二对应统一的宇宙观方法揭示万物变化的方法和规律，用哲学的思维方式，多方位、多角度使之"天人合一"，涵盖了哲学、社会学、科学、医学、宇宙学、数学、外应学等多个领域。

作者从第一卦乾为天"困龙得水"至第六十四卦雷泽归妹"缘木求鱼"，逐卦绘图配文并配卦诗、导读、解诗，以及得此卦典故使《易经》达到了灵卦精解。

国内研易者数不胜数，而真正成就者寥若晨星，主要是因为全然理解不到《系辞上传》中"《易》无思也，无为也，寂然不动，感而遂通天下之故"这一句是领悟《易经》神妙技法的源头活水。正元先生的《趣说易经》，则清晰为大家指明了研究《易经》的终极旨趣之所在。

《趣说易经》是工具书，它的问世相信会在易学界引起反响。

"自强不息，厚德载物"，这句最振奋人心的话就出自《易经》。就让这句话作为我为正元先生此书的开场锣吧！解析《易经》的金钥匙，我为《趣说易经》出版鼓与呼！

戊戌初冬执笔，是为序。

作者是中国作家协会会员、中国易经哲学家协会主席、中国教育艺术家协会名誉主席、中国鬼谷子纵横学协会名誉主席、中央电视台栏目导演。

【原文】

乾：元亨利贞。
初九：潜龙勿用。
九二：见龙在田，利见大人。
九三：君子终日乾乾，夕惕若，厉无咎。
九四：或跃在渊，无咎。
九五：飞龙在天，利见大人。
上九：亢龙有悔。
用九：见群龙无首，吉。

乾卦是《周易》的开篇卦。乾为天，是形成一切的宇宙世界，它广袤无垠，无穷无尽，复杂精妙。其间反映的是事物从无到有、从小到大、由盛及衰的整个过程。《象》曰："天行健，君子以自强不息。"寓意是天地万物不停运动。人要学习天地精神，高大刚正，坚实敦厚，自强不息，纵使遭遇再大波折，也要始终坚持不抛弃、不放弃的人生态度。

天行健，君子以自强不息

韩伟业，1937年出生，河南开封人，现为河南省文史研究馆馆员、中国书法家协会会员、中国书画函授大学书法教授、开封市书法家协会副主席、刘庚三书法研究会名誉主席。

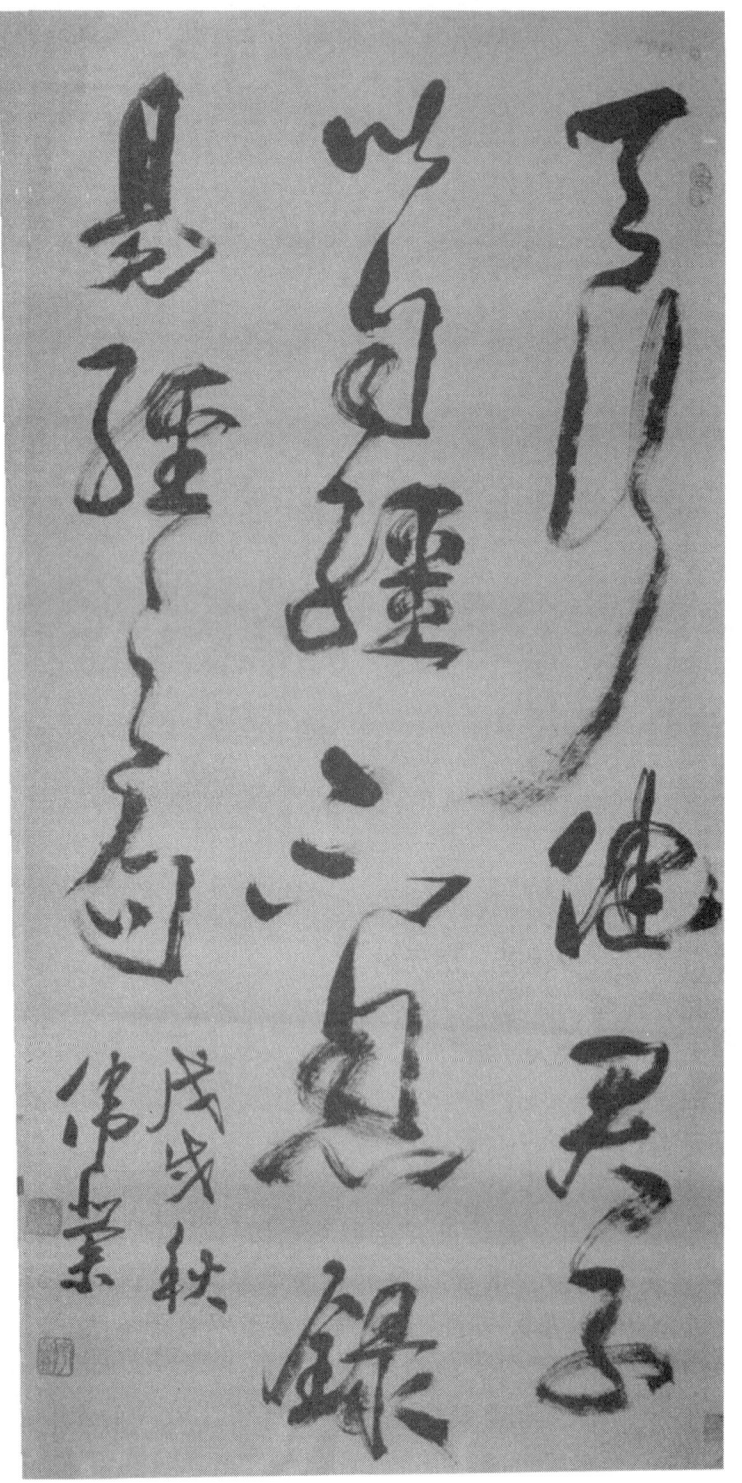

第一章　知进退　懂屈伸
一片冰心在玉壶

乾：元亨利贞

在《周易》六十四卦中，乾卦是立纲定向的卦。该卦乾上乾下同卦相叠。乾为天，表示宇宙万物，世上没有比天更大的事物，故乾卦也就理所当然成为《周易》首卦。

乾卦卦辞"元亨利贞"，也是乾卦四德，是天道本质，其核心反映的是"生"。《系辞》上说："天地之大德曰生。"这个"生"本就是一个动态过程，可以划分为事物4个层次的发展阶段："元者，万物之始；亨者，万物之长；利者，万物之遂；贞者，万物之成。与四时相配，元为春生，亨为夏长，利为秋收，贞为冬藏。"这个动态过程发展到贞的阶段并未终结，而是又从贞下起元，冬去春来，开始一轮又一轮的无限循环，因而生生不息，变化日新，永葆蓬勃生机。

南宋易学家朱熹认为："元，大也。亨，通也。利，宜也。贞，正而固也。"乾卦是上上卦，表面上看是非常吉利如意，事情进展异常顺利。但在卦辞末有一个前提硬性条件是"贞"，即要求人们首先要堂堂正正做人，永不懈怠做事，一切行为都要符合自然规律。反之，如果整天寻思歪门邪道，一味地胡作非为，即便抱着乾卦睡觉也无济于事，因为主干坏透的时候，再繁茂的枝叶也会凋零。卦辞虽然短短的4个字，但意义却非同寻常！要想寻求大美人生，就得具备大美德行，同时还要朝着正确目标永不懈怠地去努力。

初九：潜龙勿用

"龙"是中华民族的吉祥图腾，是神灵之物。这里借"龙"说理。

"潜龙"：圣人居下，隐而未显。"勿用"：还不到发挥作用的时候。爻辞大意是当条件尚不具备时，纵有一腔抱负，也要学会静观其变，千万不要"左倾"盲动。人生不如意者十有八九。古代怀才不遇、英雄无用武之地的事例多如牛毛。历史上诸多不平凡者，大都经受过一番痛苦，如著名的太公务商、诸葛躬耕、秦琼卖马、杨志卖刀等等。当情况不利于"我"发展时，不妨静下心来，要坚强，但不可逞强；要等待时机，懂得韬光养晦。

《动物星球》电视频道节目中，曾报道过一种叫水熊的动物。据说，这是世界上最能装死的动物。据科学家验证，这种动物可以装死120年甚至更长时间。水熊就是这样一种奇怪动物，它的一生不知有多长，伪死时间往往比存活时间要长出多少倍，虽生若死，虽死犹生，老是蛰伏于生死边缘。那么，默默偷生到底为何事？虽然这不是哲学问题，但在无比恶劣环境中都死不了，说起来真是一场戏梦浮生，可歌可泣。据专家介绍：这种水熊可在极高的喜马拉雅山上成长，可在4000米海底存活，可耐150摄氏度高温，可抵零下200摄氏度酷寒，可抗压相当于标准大气压的6000倍，可在濒临太空状态中存活，既能适应PH等于1的强酸度，也能适应PH等于13的强碱度，可在核战后幸存，又能蛰伏百年，滴水不沾。

在极度残酷近乎不可能生存的外在环境下，水熊却默默地将身体缩成圆桶形，装死顽抗。作为人类，理应更好地学习水熊的这种"潜在生机"精神，不能因暂时的条件不足而患得患失，时常沉湎于怨天尤人中不能自拔。水熊精神正是"潜龙勿用"的有力证明。

九二：见龙在田，利见大人

"见（xiǎn）龙在田"：条件基本成熟，龙已经升向地面，到了开始发挥作用的时候，就要积极争取机遇，千万不可坐失良机。爻辞紧接着提出，要"利见大人"。其中所讲的"大人"即人们常言的贵人、良师、伯乐等。爻辞大意指一个胸怀大志的人，已有崭露头角的气势，还得及时得到领导赏识，前途才能一片光明。"千里马常有，而伯乐不常有"，千里马唯遇见伯乐才会身价百倍。潜藏的"龙"已开始慢慢伸出头角，理应向具有"龙德"的人学习真本事，之后才能更好地发挥"龙"的作用。

《史记》载，张良刺杀秦始皇未遂后，"潜龙勿用"时隐藏在下邳（今江苏邳州）。有一天他过一座桥时，看见一位老人（黄石公）走到他面前将鞋脱掉扔到桥下，并要求张良把扔到桥下的鞋子捡回来。张良吃惊不小，心里也非常厌烦，但又看到老人年龄很大，终于将火气强咽回肚，去桥下捡起鞋子递给老人。老人却又提出要求，让张良为他穿鞋，张良又默默照做。老人大笑而去，走了10步远，又返回来，夸赞张良"孺子可教"，并让他5天后大清早在桥上等待。5天后，张良一去，发现老人早已在桥上等自己。老人发火，让他过5天再来。又过5天后，张良又比老人来得晚，老人又朝张良发火，约他再过5天来。又过了5天，这次张良半夜行动，终于赶在老人前面。老人见他先到，传了他一部《太公兵法》。张良就因为这次奇遇，而渐成为汉高祖刘邦成就霸业的首席军师，与韩信、萧何并称"汉初三杰"。汉高祖刘邦在洛阳南宫评价说："夫运筹帷幄之中，决胜于千里之外，吾不如子房（张良）。"

纵观新时代岗位对人才的需求，不但需要脚踏实地地干，还要适时观察并适应时机，学会主动寻找机遇，寻找属于自己事业发展中的"贵人"，要主动借势，当机遇出现时，要紧抓不放，万不可与其失之交臂。

九三：君子终日乾乾，夕惕若，厉无咎

"乾"：勤奋努力。"惕"：警惕。"厉"：严格要求。"咎"：灾难。九三爻辞大意指有才德的人，既要怀着希望勤勉做事，还要时刻防止不利因素干扰，应时刻谨慎，才不会出现问题。爻辞也在强调，一个人如何正确面对顺境与逆境的问题。不论身处顺境逆境，都不能改变做人之根本。既不能踌躇满志，也不能万念俱灰，而要坚守如一，遇事才会从容淡定。

在这方面，清代名臣谢济世的一生就是佐证。他一生4次被诬告，3次入狱，2次被罢官，1次充军，1次刑场陪斩，这种经历确实过于坎坷。

雍正四年（1726），谢济世任浙江道监察御史，上任不到10天，上疏弹劾河南巡抚田文镜营私负国、贪虐不法，并列举田文镜十大罪状。因田文镜深获雍正倚重，谢济世在坚持弹劾中反倒落个"听人指使，颠倒是非，扰乱国政，为国不容"的罪名，被免去现官，三堂会审，虽无实事论据，但他差点被以"要结朋党"罪名斩首，后更为削职，充军荒丘阿尔泰。

经过漫长艰难的跋涉，谢济世与一同流放的姚三辰、陈学海终于到达陀罗振武营，他们商量着去拜见将军。因戍卒面见将军时要行跪拜之礼，姚、陈二人很是凄然，感觉身为读书人向人行此大礼而难过。唯有谢不以为意。他对姚、陈二位说："是戍卒见将军，又不是我要见将军。"等见到将军后，将军反倒对几位读书人敬重有加，免礼不说还要看茶。从将军营走出后，姚、陈二人心花怒放，而谢反倒一脸平静，他说："这是将军对待被罢免的官员，不是将军对待我，没有什么好开心的。"两位同伴感觉非常惊奇，反问他到底是谁？谢回答："我自有我在！"

这样一番回答，言语中体现着对自己的自信和尊重已到完全超脱的地步。

九四：或跃在渊，无咎

"跃"：跳跃。"渊"：深水。"咎"：问题。正如一条龙能轻松自如地上下翻腾，既可身居上位，也可跃入低谷。能上能下，轻松自如，这应该是一种难得的修炼境界，但达到这种境界非常不易。当事业接近巅峰时，恰恰又走进了一个新的矛盾状态，要想达到爻辞中提出的"无咎"，理所当然就不能回避矛盾、畏惧矛盾，但也不能一味激进，而要审时度势，把握有利时机，才能进退自如。

这方面，明太祖朱元璋算是一个典型。元朝末年，元顺帝荒淫无道，民不聊生，逼得天下皆反，当时诸侯并起，义军多如牛毛。灭元后，大家为争九鼎之位，杀得你死我活，但最后天下却归于开始实力并不强大的朱元璋。朱元璋之所以能笑到最后，一统天下，其秘诀就是一个"忍"字。

当年朱元璋统率的义军占领金陵后，在各路诸侯谋夺帝位杀得昏天暗地时，

他却采纳谋士朱升"高筑墙,广积粮,缓称王"的建议,在金陵招兵买马,积草囤粮,一忍就是10年。因他不称王或缓称王,没人把他当作竞争对手,在各路义军相互拼杀、元气耗尽时,朱元璋权衡时局,率义军一举荡平天下,开创了大明王朝。

九五:飞龙在天,利见大人

帝王之位本为九五之尊,九五爻也理所当然成就了一种高端局势。"大人":即高参,抑或大美德行。一幅成功画面跃然眼前:一条龙在天空翻飞腾跃,如意进退,云行雨施,激荡风雷,极尽其能,大为众人所仰慕。一个人到这一境界,酣畅淋漓,尽善尽美,呼风唤雨,妙趣无穷,可以称得上真正的大美人生。

宋太祖赵匡胤在这方面可算一个成功典型。960年春,后周朝廷正在举行朝见大礼,忽然接到边境送来的紧急战报,说北汉国主和辽朝联合攻打后周边境。接到出兵命令的赵匡胤调兵遣将从汴京(今开封)出发,到达离京城20里地的陈桥驿时,赵匡胤被部下强行拥立为皇帝。黄袍加身的他立即发布命令:到了京城,保护好周朝太后和幼主,不许侵犯朝廷大臣,不准抢掠国家仓库;执行命令的将来有重赏,否则就要严办。等周恭帝禅让后,赵匡胤继位做了皇帝,国号宋,定都东京(今开封),历史上称为北宋。经过50多年混战的五代时期,宣告结束。面对重兵在握的武将和大功之臣,赵匡胤再度出招"杯酒释兵权",既缓和了政局动荡,又免除了血腥之灾,才德大为升华。他的治国方略和风德值得后世颂赞。

上九:亢龙有悔

最高的位置叫"亢",高处不胜寒。一条龙到了最高处,就会忘乎所以,超过一定限度,就会向相反方向发展,这也符合《易经》中"物极必反"的发展规律。物极必反,乐极生悲,居高自重,把周围的人都不放在眼里,便会为自己埋下祸根。

亢龙有悔,月满则亏。《三国演义》中关羽的特点在于冷眼观察,然后批吭捣虚,直击要害,三招两式解决问题,是一个典型的冷面杀手。他瞬间爆发力极强,睁眼必伤人;温酒斩华雄,匹马斩颜良,青龙诛文丑,万马营中取上将首级如探囊取物,手起刀落出手的突然性,无疑是一种强烈的视觉盛宴。但是,人无千日好,花无百日红,最终也因屡次胜绩助长了他的傲气,长期没有对手便是一种寂寞。在荆州战役中,他虽用大水擒了于禁和庞德,却没能一对一摆平任何一个名将。在徐晃和庞德刀下,更是略吃小亏危及性命,最终大意失荆州,被东吴无名小辈潘璋所擒。究其原因,一方面是年老和体力问题,更重要的还在于放眼轻敌,难免"亢龙有悔"。

用九：见群龙无首，吉

传统建筑中的九龙壁，居于上方的龙，龙头都朝下，准备要游下来；居于下方的龙，龙头都是抬起来，准备要游上去。所谓群龙无首，好一幅自然平衡之象！

中医说，要生发的东西，一定要有降的性质来对生发之机进行节制；而要收敛的东西，一定要有升的性质对敛藏之机进行节制，这样才能达到一种平衡，成为相对完美的状态。其实生活中这样的例子很多，任何事物都是相通的，遵循的原理也是相通的。中医讲"冬吃萝卜夏吃姜，不用医生开药方"，冬天万物都是收藏的，人们的热气都藏在身体里面，容易结滞，萝卜是理气的东西，能及时对人体里的结滞给予疏散，所以要吃萝卜。而夏天，虽然天气酷热，但是人的体内虚寒，这个时候再喝冷饮就有点雪上加霜的感觉，理应吃些性温食物，如生姜就有温中散寒的性质。

静观乾卦，其《象辞》说："天行健，君子以自强不息。"抬望眼，太阳每天沿着同一条轨迹不紧不慢地移动，早晨准时从东方升起，傍晚从西方落下，任凭大气污染、核化生物穿刺，却从来不为此怨恨生怒，总用温暖的光芒普照万物，从不向他人索取丝毫的小恩小惠，而是默默无闻地奉献苍生；上班时任凭乌云遮挡、雷电夹打、狂风肆虐和冰雹残劫，却始终如一地尽职尽责，该躲的时候就悄悄地躲在云层后面，该普照大地的时候敢于担当，该下班化阳居阴时，不会再探出头来与星月争宠，用自己的阳德坚守着一个又一个的轮回。

这种自强不息的精神，无时无刻不在启示人们：要抓住机遇，善于进退，失落中志向不移，功成中见好就收，既不怨天尤人、满腹牢骚，又满怀信心，伺机而动，在失意中寻找出路。不贪婪成性，在大红大紫中还要独守一方宁静。

元亨利贞

【原文】

坤：元亨，利牝马之贞。君子有攸往，先迷后得，主利。西南得朋，东北丧朋，安贞吉。

初六：履霜，坚冰至。

六二：直方大，不习无不利。

六三：含章可贞。或从王事，无成有终。

六四：括囊，无咎无誉。

六五：黄裳，元吉。

上六：龙战于野，其血玄黄。

用六：利永贞。

坤卦是《周易》第二卦，坤象征大地，表示柔顺，这是相对于首卦乾中的乾为天来讲的。常说天翻地覆，地也是顺承天道的自然规律。坤卦是一个纯阴卦，也是一个上上卦。《象》曰："地势坤，君子以厚德载物。"寓意是一个人要像大地一样谦卑顺从、厚重广袤、包容万物，这样自然会得到周围人的敬重和支持，从而更可能取得成功。

地势坤,君子以厚德载物

薛文法,1950年出生,河南开封人。现为中国书法家协会会员、开封市书学研究会名誉会长。

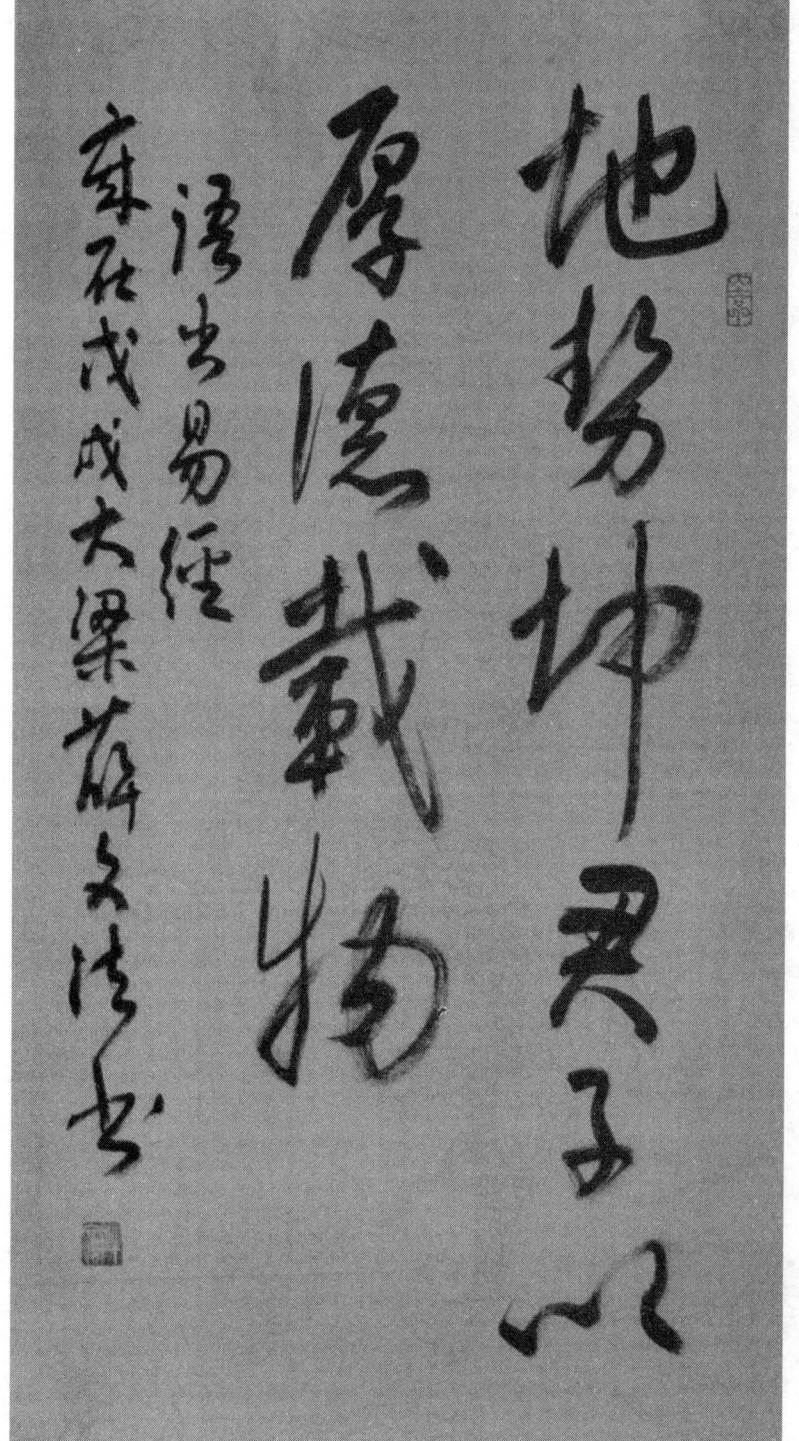

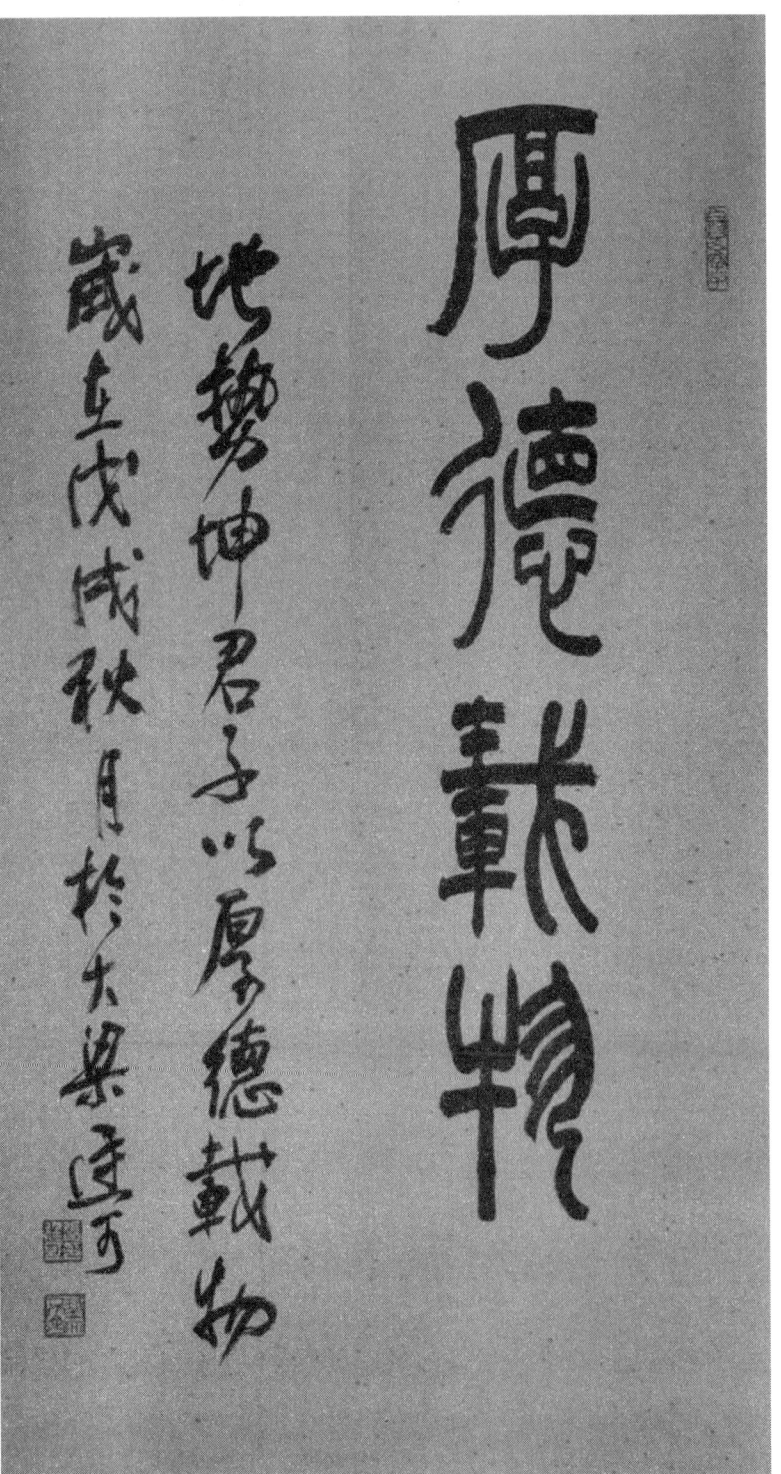

张廷可,1958年出生,河南内乡人,现为中国美术家协会河南分会会员、河南省书法家协会会员、河南省政协书画院常务理事、开封古都书画院院长。

第二章　守法规　合礼仪　别有天地在人间

坤：元亨，利牝马之贞。君子有攸往，先迷后得，主利。西南得朋，东北丧朋，安贞吉

"牝马"：雌性的马，可以健行，也具阴柔之德，符合坤卦倡导的滋养之道。晋代易学家干宝认为："行天者莫龙，行地者莫马，故乾以龙繇，坤以马象。"今天我们所谓的"龙马精神"，就源于《易经》的乾坤二象。"元亨，利牝马之贞"：大意是一个有德行的人，如果能像母马一样既柔顺又健行，那么就符合大地之道，这样就会非常顺利。"君子有攸往，先迷后得，主利"中的"攸"：即所也。"先"：抢先。"迷"：迷失。"后"：跟随在后。"利"：适宜。大意是有德行的人在干事创业的时候，不能存有半点私心，要主动放下身段，踏实做事，不越权，不越位，要紧随上级努力做事。卦辞强调要具有善于配合上级、甘当螺丝钉的精神。反之，越权行事，不讲规则，就会陷入自我狭隘的圈子，处处被动。这里强调要有服从意识，善于配合，才不至于迷失方向。

若非大敌当前，非常时期，作为下级，就要主动配合好上级，特别是副职，更要有"拉偏套，使长劲"的配合意识，切不可自作主张，否则会迷失方向。实践证明，盲目自我决策，等到最终问题暴露时，才发现所做的一切都是无用功，甚至会给团队带来不可挽回的损失，这也是严重违背党的组织原则的一种错误做法，更是一种政治上极不成熟的表现。"西南得朋，东北丧朋，安贞吉"中的西南方在八卦位中属于坤位，坤为大地，滋养万物。如同大地的性格一样柔顺，所以能得到群众拥护。东北方属于艮位，代表大山，高高在上，得不到群众拥护。"安贞吉"：安于本分做人，终究是好事。

坤卦发出一个预警：凡事得讲究规则，作为下级，理应尊重上级，并主动配合上级，在上级指导下采取行动，切忌擅作主张、擅自行动。而上级，也要具备如大地一样的品德，要团结一切可能团结的力量，排除一切私心杂念，才能凝聚人心，只有上下共同维持这种状态，才能相互成全、成就。

蜀后主建兴六年（228），诸葛亮为实现统一大业，发动了一场北伐曹魏的战争。他命令赵云、邓芝为疑军，占据箕谷（今汉中市北）；并亲率10万大军，突袭魏军据守的祁山（今甘肃境内）；任命参军马谡为前锋，镇守战略要地街亭

（今甘肃秦安县东北）。临行前，诸葛亮再三嘱咐马谡："街亭虽小，关系重大。它是通往汉中咽喉。如果失掉街亭，我军必败。"并明文指示马谡"靠山近水安营扎寨，谨慎小心，不得有误"。马谡到达街亭后，却不按上级诸葛亮指令依山傍水部署兵力，且骄傲轻敌，还听不进副将王平建议，固执己见、自作主张地将大军部署在远离水源的街亭山上。

魏明帝曹睿得知蜀将马谡占领街亭，立即派骁勇善战、多次与蜀军交锋的大将张郃领兵出击。张郃进军街亭，侦察到马谡舍水上山，立即挥兵切断水源，掐断粮道，将马谡部队围困于山上，然后纵火烧山。蜀军饥渴难忍，军心涣散，不战自乱。张郃率部乘势进攻，蜀军大败。马谡失守街亭，战局骤变，迫使诸葛亮退回汉中。马谡违反诸葛亮调度，擅自作主，在山上扎营，是丢失街亭的主要原因，而街亭的丢失，让蜀汉军队丧失了继续进取陕西的最好时机。作为将领，马谡负有主要责任，最终被军法处置，咎由自取。

初六：履霜，坚冰至

"履"：古人所讲的鞋子。这里作"踏""踩"讲。爻辞大意是当踏上薄薄冰霜的时候，预示着寒冬季节马上就要来临，比喻时令变迁、吉凶福祸等都是由小积大而成的。一般情况下事前都有预兆，都能从事物细枝末节的发展中观察而知。如果不注重小节，不从细微之处发现和感受事物，迟早就会出现问题。这里强调的正是"慎微"的作用。

1485年，英王理查三世与亨利伯爵在波斯沃斯展开决战。此战决定英国王位新的得主。战前，马夫为国王备马掌钉。铁匠因近日来一直忙于为国王军队的军马钉掌，铁片已用尽。请求去找。但禁不住马夫不耐烦地催促，铁匠只好将一根铁条截为4份加工成马掌。当钉完第三个马掌时，铁匠又发现钉子不够请求去找钉子。马夫道："上帝，我已经听见军号了，我等不及了。"铁匠说："缺少一根钉，也会不牢固的。""那就将就吧！不然，国王会降罪于我的。"结果，国王战马的第四个马掌就少了颗钉子。战斗开始，国王率军冲锋陷阵。战斗中，不幸发生，他的坐骑因突然掉了一只马掌而马失前蹄，国王栽倒在地，惊恐的战马脱缰而去。国王的不幸使士兵士气大衰，纷纷调头逃窜，溃不成军。伯爵的军队围住了国王。绝望中，国王挥剑长叹："上帝，我的国家就毁在了这匹马上！"战后，民间传出一首歌谣：少了一枚铁钉，掉了一只马掌；掉了一只马掌，失去一匹战马；失去一匹战马，失去一场战役；败了一场战役，毁了一个王朝。

这就是人们常讲的"蝴蝶效应"，一些看似细节的东西往往不容忽视。重视研究蝴蝶效应，可以帮助人们发现许多细节对团队生死存亡具有重大影响。

六二：直方大，不习无不利

天圆地方，自古以来是中国人的哲学观念。2008年北京奥运会时"鸟巢"设计也是应此而生，意在向世人展示中华民族柔顺正固、赋形有定和德合无疆的风尚。一个人要使自己品行高尚、事业宏大，既要效法上苍，不断地刚健自己，从而变得更加崇高伟大；又要效法大地，使自己懂礼，对人谦卑从而颐养万物。

要做到谦卑有礼，就应做到"直方大，不习无不利"。"直"指的是内在规定性，指的是人的思想正直，要有含章之美。"方"是外在规定性，就是"廉"。"大"是思想与行为的高层次要求。内心只有个人、小集团、局部之利益，不为"大"。"大"也是指心胸阔大、无所不容、无物不成，也就是像大地一样心系众生，不偏于一隅一物。这种品德也是儒家所谓的"仁"，更有墨家讲求的"兼爱"之意。

上古大舜王年轻时，所居住的环境极其恶劣，家里父母对他不好，兄弟对他不好，日子非常难过。他真诚尽孝，几年后不但把一家人感动，把邻里乡党感动，连尧王都被他感动，还把两个女儿都嫁给他，最后又把皇帝位置让给他。只有把人心感动了，风水也就随着改变！

六三：含章可贞。或从王事，无成有终

"含"：内敛，深藏不露。深藏不露是有能力的人才有资格讲的。"章"：才华。"贞"：吉利。"或"：疑惑，困惑。"王事"：公家的事。爻辞大意是说：一个人，不管有多大才能，先要管住自己的嘴巴，低调做人，不能显摆。对公事，始终要怀着小心翼翼的姿态，用心去做，出了成绩的时候，不能总炫耀自己，而要把成绩的取得归功于组织，离开了平台，一切都是零。

公元前202年，韩信用十面埋伏的计策，逼得项羽自刎而死。可以说，韩信为刘邦夺取天下立下了汗马功劳，但韩信在功成名就之后，却未能善终，于公元前196年，被刘邦的妻子吕后诱杀于长乐宫的钟室之中。韩信之死，根本原因在于封建社会"家天下"的本质所致，但又与他在政治上不敏感有直接关系，丝毫没有为人臣子的谨慎。比如有一次刘邦问韩信可以带兵多少，韩信回答陛下不过能将10万，说到自己时却多多益善。然后，刘邦笑着说："多多益善，何为我擒?"从这个片段可以看出韩信的不谨慎。加上楚汉之争时，刘邦这边焦急等待韩信的救援，而韩信却要挟刘邦封他为王，惹得刘邦几乎大骂出口，觉得韩信是个危险的存在，他并非出于忠诚而追随自己，还得靠自己主动拉拢去讨好。试想一下，古代位尊至极的皇帝怎么能容忍一个强势的手下存在？难怪司马迁说："我到了淮阴这个地方，那里的人对我说，韩信还是个平民的时候，他的志向就跟常人不一样。在他母亲死后，家境贫困潦倒的他无法埋葬自己的母亲，可他还是寻找到了一块地势高且宽敞的地方，将自己的母亲葬到那里，其坟墓的旁边可以埋葬万户人家。我看了那个坟墓后，的确如此。假如韩信能够谦虚，不过多炫耀自己的功劳，不认为自己是天下无双，那么他的功勋与周召公等人差不多，后世子孙也可以延续下来。可是他却没有这样去做，其家族被灭也是情理之中的事情。"总之，韩信的死正是功高震主的结果。

六四：括囊，无咎无誉

"囊"：口袋，嘴巴。"括"：扎紧，系住。"咎"：过错。"誉"：值得称赞的事。爻辞大意指要管住自己的嘴巴，不该说话时最好不说，该说话时不能乱说，没有大利也没有大害，但在职场里嘴可以要人命：说对话可以要别人的命，说错话只能要自己的命。

鬼谷子说过一个很浅显的道理：口可以食，不可以言。大意是说，嘴巴是用来吃饭的，但是不能用来乱说话。这个道理其实人们都懂也都能明白，但大多时候就是管不住嘴巴。比如韩非子，他说错了话，迎接他的就是死亡。"人有逆鳞，触之者死。"韩非子正是因为没有管住自己的嘴巴，触犯了嬴政，最终陷入囹圄。韩非子对纵横学的研究非常精准，但是他的下场告诉人们，纵横家本就是一项高危职业，每一次进谋都是充满危机的，对于纵横家而言，进谋的机会只有一次，从来没有下一次。为此，鬼谷子告诉人们：说话前一定要记得揣摩。平时就要管好自己的嘴巴，切忌乱说话。究其原因，很简单，因为有人喜欢名声，有人喜欢利益。

六五：黄裳，元吉

中国人在长期理念中对黄色尤其偏爱，黄色自然也就成为人们眼中的尊贵颜色。用黄色布料制成的马褂俗称"黄马褂"，也可指内衣，在古代一般只能由帝王天子才配享用，所以着黄色服饰有两大好处：一是体现尊贵身份，二是滋生喜庆之感。应该讲是地位、权力与身份的象征。思维延伸一下，一个人平常的外在包装，也是一种内在德行的外在反映。人们平时着衣打扮，应该讲究得体大方，不能奇形怪状、不伦不类，这里强调的其实是一个规矩问题。

"不以规矩，不能成方圆。"为人平时应安分守己，言行与身份应相符合，要严格按章办事，下级要做到不越权，小官不能讲大话，坚持逐级加强请示报告制度。作为上级也不能大包大揽、越俎代庖，更不能一竿子插到底，反之要严格坚持对照职责、逐级管理。

《后汉书》载，董卓年轻时"性粗猛有谋"。从军后，初为司军马、守卫皇宫的郎中，虽被免职撤职，但他还是从广武令、中郎将，再到卫前将军，直至封侯，手握重兵一步步走来。汉灵帝生前，朝廷曾两次召董卓放弃兵权担任文官，但都被董卓以各种理由拒绝。他驻扎河东，窥探野心早已生成。无形之中，这种做派刺激了汉灵帝的敏感神经。后来，董卓又赶走了政治对手何进，杀了太后，换了天子。几步险棋定局之后，他开始培养自己的势力，自封为太尉，又为相国，拥有"参拜不名，入朝不趋，剑履上殿"的特权。此时，他已得意到了极点，对外大肆宣传自己"我相，贵无上也"。人一阔，脸就变。他不懂"亢龙有悔"，一味激进，残暴成性，骄横跋扈，铺就了自己的灭亡之路。192年，司徒王允、尚书仆射士孙瑞及董卓义子吕布商定诛杀了董卓。自此，一代奸雄化为灰烬时，尚不明白"黄裳，元吉"的特定内涵。

上六：龙战于野，其血玄黄

"龙战"：指阴阳交战，也指王朝与贵族之间的争斗。城外为郊，郊外为野。也就是上下交战，团队出现了内讧，发生无谓的流血事件，对天下黎民百姓来说无疑是场劫难，赋兵役加重、亲人死离伤别等等，是一件非常残酷的事情。"其血玄黄"：指双方交战，双双受伤，流血不止，把大地都染红了，对双方来讲，都不是一件好事。

三国时期的魏国，是一代枭雄曹操建立的，在三国中势力也是最强大的。谁知，曹氏子孙不肖，使后来的魏国居然成为司马氏的天下。到魏主曹芳当政时，司马氏实际上已经操纵了整个大权。后来发展到司马师带剑入殿，一切政事都由他决断，根本不把曹芳放在眼里。曹芳气愤不过，下密诏诛杀司马师。谁知，事不机密，反而被司马师废了他的王位。司马师因篡位不到时机，只好另立曹髦为新王。这位曹髦倒想有一番作为。哪知，司马师控制了整个朝政。司马师死后，司马昭自封天下兵马大都督，处处挟制曹髦，篡权野心日益显露，以至于天下无人不知。"司马昭之心，路人皆知"的成语，就出于此。后来，曹髦召集兵士300人，去诛杀司马昭，听不进大臣王经的死谏，而其他大臣王沈、王业则投靠了司马昭，当了叛徒。不用司马昭动手，曹髦就被司马昭的手下杀死，王经与300名兵士也一一惨遭杀害，血流遍野。

司马氏身为人臣，权倾天下，威逼魏主，发生交战，结果以司马氏篡国、魏主身亡失国而结局。这则故事启示人们：作为下级，即使功高业大，也不能拥兵自重。同时处在矛盾双方力量悬殊时，较弱的一方不要轻易行动，以防以卵击石，而应等待和创造时机，审视以后动。

用六：利永贞

"利"：适宜。"永"：长久。"贞"：合理正当的操守。"利永贞"：即为适宜于长久保持应有的操守，大有一股阴阳和合、贞正有利而持久之气。卑顺、柔软的态度，必须出于真诚，心甘情愿地表现出来。倘若采取制度化的手段，明确规定务必如此，就会引来很多虚伪、造作、欺骗的人；刚开始还能自我压抑得住，久而久之，积压到极限，问题就会爆发，造成臣弑其君、子杀其父、妻毒其夫等大不幸事件出来。

《道德经》中说："天下莫柔弱于水，而攻坚强者莫之能胜。"人们常说柔能克刚，即使强硬如铜墙铁壁，也会被柔弱的水所冲破。大地十分平静稳定，一旦山崩地裂，也会变得十分可怕。从而印证，维持长久的柔顺，保持合理的贞操，才能大终。总之，坤卦讲述的是为地柔顺之道。

启示：做事前要先学会做人，只有把人做好了，才具备做事的资格和基础。实践证明，道德品质高尚的人是组织内部的稳定型标杆，他们往往是领导的得力助手，就算个人成就不太明显，但会有较好的工作绩效，既有利于单位的稳固持久，还能营造一个宽松的工作氛围，不但利于工作，还利于心情，大有一种上下和谐、同甘共苦的发展势头。

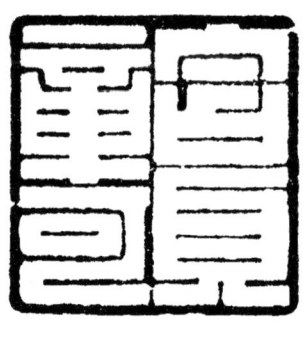

含章可贞

【原文】

屯：元亨利贞。勿用有攸往。利建侯。

初九：磐桓，利居贞，利建侯。

六二：屯如邅如，乘马班如。匪寇婚媾，女子贞不字，十年乃字。

六三：即鹿无虞，惟入于林中，君子几不如舍，往吝。

六四：乘马班如，求婚媾，往吉，无不利。

九五：屯其膏，小贞吉，大贞凶。

上六：乘马班如，泣血涟如。

屯卦是《周易》第三卦，讲述的是囤积力量之道，表示万物突破层层障碍、破土萌芽的精神状态。《象》曰："云雷，屯；君子以经纶。"寓意是万事开头难，万物初生，意味充满着各种艰难险阻。然而顺时应运，必定会欣欣向荣，虽然创业初期必将遭遇很多困难，但艰难中却蕴藏着生机，只要坚持正确方向，努力争取，也会取得成功。

云雷，屯；君子以经纶

刘兆英，1955年出生，山东高密人。开封市文联原副主席。现为中国书法家协会会员、河南省书法家协会理事、开封市书法家协会副主席、刘庚三书法研究会名誉主席。

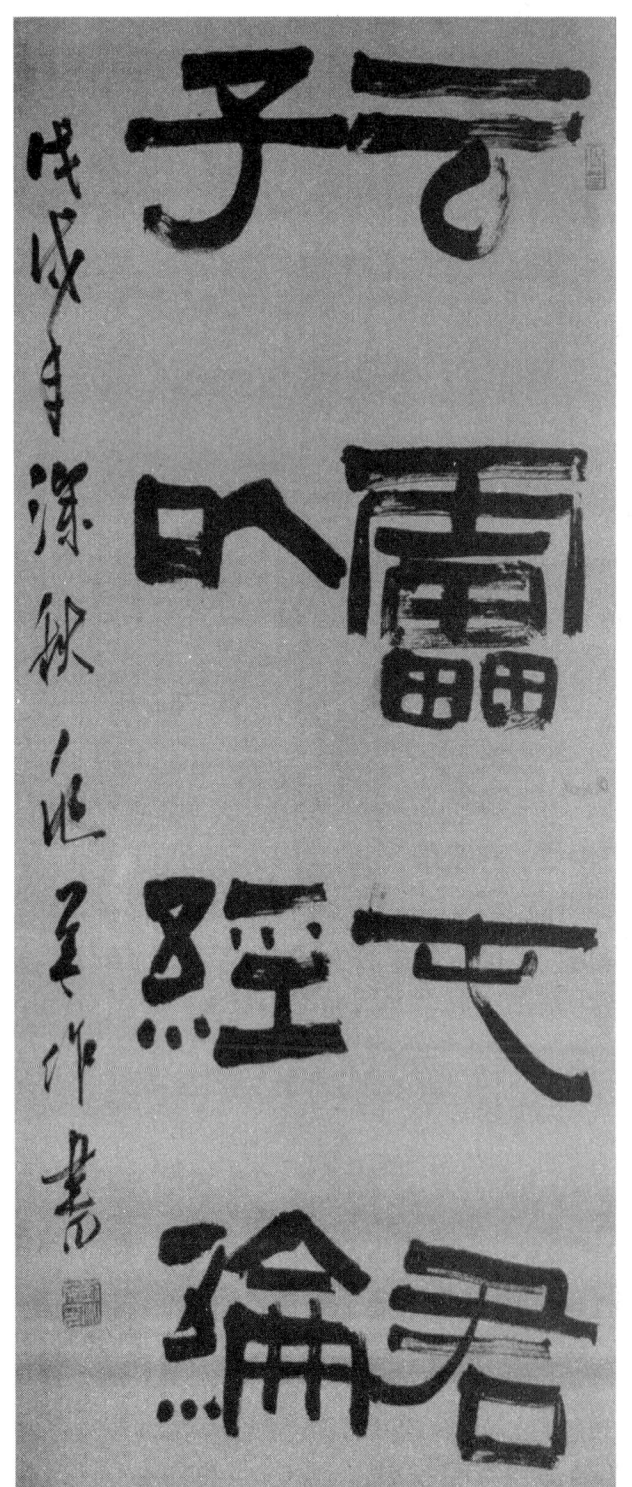

第三章　蓄毅力　巧克艰
　　　　　　山重水复总有路

屯：元亨利贞。勿用有攸往。利建侯

　　自盘古开天辟地后，天地和谐，万物始生。屯卦代表的是万物初生时的一种状态。屯卦是震下坎上的雷雨交集之象，万事开头难由此而生。无论做任何事情，开始的时候必然会遇到这样那样的困难，纯属正常。"屯"：在《说文解字》解释为"难也，象草木之初生"，如同草木抗争、要奋力钻出土层而又被大地压得弯曲的状态。这种状态并不是一成不变的，就像黎明前总会有一段黑暗的时候，只有通过不懈努力和顽强拼搏，才能打破困境，取得胜利。这正是人处在困境中的一种处世哲学。卦辞"元亨利贞。勿用有攸往。利建侯"中的"元亨利贞"，即能顺利亨通，但首先得具备"贞"的基础和条件，即固且正，具备顽强拼搏的抗争精神和坚忍不拔的战斗意志。但是，在这种不利于自己发展的时候，卦辞又紧接着提出了"勿用"，即要谨慎。"有攸往"：即保存实力，瞅准时机，大展才华。卦辞表面上的意思是在雷打雨倾时，没有什么特别要紧的事儿最好不要出门，以防天有不测。这与现在的自然安全防范不谋而合。卦辞进一步启示：当情况暂不利于自己发展时，要善于保存实力，内心应充满信心，既要敢于向困难说不，还要懂得"潜龙勿用"的道理。等待时机利于自己发展时，再作新的打算。

　　遵义会议后，吴黎平曾问毛泽东："反王明路线的斗争，能否不等到遵义会议，而在中央苏区后期就发动起来？"毛泽东回答说：不能，也不好。王明路线的领导者打的是国际路线旗帜，同时，他们错误路线的危害性，当时暴露的不够显著，还有一些人盲目追随他们。那时虽然有部分干部觉察到他们的错误，但大部分的干部和群众还认识不够清楚，如果早在一二年前就发动反王明路线斗争，那么他们可能还要欺骗和利用一部分干部和群众，会造成党和军队的分裂局面。这对强大的敌人有利，正是敌人所求之不得的事。因此，我虽然在第五次反"围剿"战争中早已认清王明路线的严重危害，但为了大局，我也只得暂时忍耐。只得做必要的准备工作。当时毛泽东深知，要变更党和军队最高领导人绝非易事，必须要等待有利时机。在红军到达贵州遵义前，由于他耐心细致地做思想工作，毛泽东军事思想逐渐占据上风。相反，红军由出发时的8万人减少至到遵义时已不足3万人，"左倾"领导者的错误和危害已充分暴露出来，红军指战员的不满情绪日渐高涨。吁请毛泽东重新出来指挥军队的呼声越来越高。最终在遵义会议中确定了毛泽东同志的军事领导地位。也正是遵义会议的历史大转折，在毛泽东军事思想的正确领导下，红军才转败为胜，转危为安，完成了二万五千里长征。这正是屯卦卦辞的真实反映。

初九：磐桓，利居贞，利建侯

"磐"：大而平的石头，非常沉重，不好挪动。这里应该是拿这种大而平的石头打比方，表示人要跟大石头一样沉得住气，气定神闲。"桓"：驿站上的指示牌，也是干事创业的一种目标，即榜样。当人处于一种极其困顿的时候，成功的希望性显得非常渺茫。基于此，屯卦初九爻辞提出了不管遇到什么困难，都要沉得住气儿，精神支柱绝不能倒下，要找准自己的目标。"利居贞"：保持一种本分立身、顽强拼搏的状态。"利建侯"：利于发展事业。但是中途不能泄气，不能轻易放弃，要做好成事前的思想准备工作。

《庄子·达生》篇中讲道，颜渊一次过河，看见摆渡人的驾船技巧，觉得实在神妙，就问摆渡人："驾船可以学习吗？"摆渡人回答："可以学，假如是会游泳的人，很快就能学会驾船，而会潜水的人，即使没有见过船，也能驾驶自如。"颜渊进而问如何驾船，摆渡人却没有回答，于是他就来请教孔子渡船人的意思。孔子回答说："善游泳者能很快学会划船，是因为他们习以成性，适应水而处之自然。至于那善于潜水者不曾见过船却能熟练驾驶船，是因为他们眼里的深渊就像我们陆地上的小丘一样，看待船翻如同车子倒退一样，船的翻覆和车子的倒退以及各种景象展现在他们眼前，却都不能打乱他们的内心。他们到任何一个地方都能从容自得。用瓦器作为赌注的人，心底坦然而格外技高；用金属作为赌注的人，心存疑惧；用黄金作为赌注的人则头脑发昏、内心迷乱。各种赌注的赌博技巧是一样的，而有所顾惜，那就是以身外之物为重了。"为此，有梦想，还得有明确的目标，更得具备与生活积极抗争的态度，这也是一种成功的秘诀。

六二：屯如邅如，乘马班如。匪寇婚媾，女子贞不字，十年乃字

"如"：虚词，表示语气。"屯"：困境。"邅"（zhān）：形容进进退退的样子。"匪寇婚媾"：《程氏易传》认为"设匪逼于寇难，则往求于婚媾矣"，是被逼而为的意思。"女子贞不字，十年乃字。"《礼记》规定："男子二十，冠而字；女子许嫁，笄而字。"古时男子20岁举行冠礼，女子15岁，即盘发插笄的年龄，即指成年。"贞不字"中的"贞"，是守贞、贞洁的意思，即恪守中正，方可嫁人。"十年乃字"中的"十"是一个约数，表达长时间处于独身状态。六二爻辞大意是困难起起伏伏，如四匹马拉一辆车，步调极不一致，导致车子总是进进退退，准时

到达不了指定地点。爻辞表面上指示的是男女婚配的事，暗指的则是双方合作的大事。

启示：与他人合作时，不要单纯看重眼前利益，而要慎重，首先掂量对方的人品，切忌盲目轻随，虽不可有害人之意，但须具备防人之心。遇到贪婪成性的合作对象，放弃合作，反倒是一件好事。即"道不同，不相为谋"。

《弟子规》中讲："不亲仁，无限害；小人进，百事坏。"大意是：如果不亲近仁人君子，就会带来无穷祸患。因为，小人乘虚而入，日积月累，自己的言行举止就会受到影响，时间长了，就会毁掉大好事业。所以说，选择合作对象显得尤为重要。

六三：即鹿无虞，惟入于林中，君子几，不如舍，往吝

"即"：追击。"虞"：护林员。"几"："几"同"机"，时机。"吝"：穷困。爻辞大意是得不到护林员指点，就盲目地独自追着窜进茫茫林海的猎物，不但猎取不到，反会导致迷途危险，还不如及早结束。爻辞启示：凡事要慎重考虑，上马之前要权衡利弊，不能见到利益就草率行事，这样往往是丢了西瓜捡了芝麻，或许连芝麻也捡不到。同时预示在突然降临的好事面前，要三思而后行，以免贪小便宜吃大亏。

拉丁美洲加勒比海的东南端，有一个叫巴哥的小岛，岛上有一个面积仅0.47平方公里的小湖。与一般湖泊不同的是，这个湖表面平坦，上面却覆了一层硬化沥青。这个以盛产天然沥青闻名于世的小湖，被人们称之为"沥青湖"。

令科学家们感兴趣的，不仅仅是沥青湖奇特的形成方式，还因为沥青湖每年都要"吃掉"大量动物。其中有狮子、老虎、豹子等体形较大的动物，也有狐狸、狼、鬣狗，甚至是水鸟等体形较小的动物。经过长时间的跟踪拍摄，科学家终于为世人揭开了谜底。

每年随着季节转换，沥青湖呈现出不同样子。雨季来到，雨水积在湖面上，显得碧波荡漾；旱季降临，水被蒸发掉，沥青被晒干，只有在凹处还留有一些水坑，水坑中有水草，偶尔还能找到小鱼。这样，便引来喜欢吃小鱼的鸟。一只鸟吃饱小鱼，准备站在湖面上休息，结果被沥青粘住双脚，鸟越挣扎，沥青便粘得越紧。终于，鸟不再动弹。不久，鸟被机灵的狐狸发现，为吃到可口鸟肉，狐狸不顾一切，结果狐狸又被沥青粘住。狐狸越挣扎，沥青便粘得越紧，最终狐狸倒在沥青湖里不再动弹。嗅觉灵敏的鬣狗和狼几乎同时发现死去的狐狸。为争抢猎物，鬣狗和狼在沥青湖面展开一场恶战，结果都被沥青湖牢牢粘住。在食物奇缺的干旱季节，当豹子、老虎、狮子们发现这么多猎物时，再也忍不住，冲过去一饱口福，结果无一例外地丧生于沥青湖。

尽管每年都有大量动物死于沥青湖，但仍然有很多动物前赴后继地朝沥青湖奔去，原因都是经不住湖里美味食物的诱惑。世界上，对人的表面诱惑实在太多，其中很多诱惑就像沥青湖一样致命。

六四：乘马班如，求婚媾，往吉，无不利

"乘"：骑。"班"：列阵，排着队。表面上指骑着马排着队真心去求婚。"往"：前往，勇往直前。比喻瞅准一件事情的时候，不能犹豫不决，这样会错失良机，想好之后，就要付诸行动，才会有所成就；否则，走一会，停一会，就会失去"相亲"的最佳时刻。特别在军事作战指挥中，战机稍纵即逝，非常致命。

有一条品种优良的猎狗，被主人训练得硕壮无比。对于追捕猎物，可以说驾轻就熟。一次，主人带着这只猎狗去狩猎，老远发现一只狐狸，主人用猎枪射击，准头不够，让狐狸脱逃。猎狗于是展开自己最拿手的追捕工作，森林是狐狸的天地，路径极熟，但猎狗也不含糊，追捕之间，过程紧张迭起。狐狸较为瘦小，跑不过猎狗，眼看就要被追上。突然，一个转身，狐狸朝另一条小路跑去，猎狗一不留神，身子受点擦伤，有点儿痛。"唉！我追得这么累干吗！追不到狐狸，我照样也不会饿到肚子！"念头刚刚闪现，速度已经慢了下来。狐狸就这样跑远了。猎狗又起了放弃念头，速度自然迟缓下来，狐狸终于成功逃离猎狗追捕。

做任何事，心中的意图强烈与否会大大影响结果的成败。文中的猎狗有一种追不到狐狸也照样不会饿肚子的无忧状态，所以才导致放弃的念头会轻易闪现。而对狐狸而言却是一场生死竞跑，它知道跑不过猎狗就会丢掉性命，所以不敢有一丁点儿懈怠。干事业也是如此，全力以赴，破釜沉舟去做，早晚会成功。如果遇到困难就打退堂鼓，就难以成功。

九五：屯其膏，小贞吉，大贞凶

"膏"：黏糊状的油脂，也指沼泽、泥泞不堪之地。"小贞吉"：短期内，无伤大雅，还是比较顺利的。"大贞凶"：长久事业发展中，则要慎重，否则得不到应有效果。爻辞大意是在陷入困境时，纵然有能力，也要认清个人力量是有限的，得靠群体的帮助才能摆脱困境，走向成功。

英国科学家做过一个有趣的实验，他们把一盘点燃的蚊香放进一个蚁巢里。火光与烟雾使惊恐的蚂蚁乱作一团，但随即蚁群便变得镇定下来，开始有蚂蚁向火光冲去，并向燃烧的蚊香喷出蚁酸。许多冲锋的"勇士"葬身火光，但更多的蚂蚁冲向火光。过了不到一分钟的时间，蚊香的火被扑灭了。过了一个月，科学家又将一支点燃的蜡烛放进了上次实验的蚁巢里，面对更大的火情，蚁群并没有慌乱，而是在以自己的方式迅速传达信息，开始有条不紊地调兵遣将、协同作战，不到一分钟烛火即被扑灭，而蚂蚁们几乎无一伤亡。其实，蚂蚁的成功来自于他们的团队精神。它们恰恰是一种组织性、秩序性很强的物种。这也正是蚂蚁这个弱小的物种能在时刻存在着天灾人祸的环境下得以生存和繁衍的关键。而这种有组织、有秩序的群体就是团队。作为人类，更不可忽略团队精神，殊不知，离开了群体，个体终会一事无成。

上六：乘马班如，泣血涟如

表象上看，是同拉一辆车的4匹马各行其是，步调极不一致，连累自己的同时，也牵连了群体。该爻启示：与他人合作时，切忌精打自己算盘，如果奉行个人主义，自己发展受限的同时，群体事业最终不会辉煌。

有一则寓言故事，讲3只老鼠一同去偷油，到油缸边一看，油缸里的油只有底下一点点，并且缸身太高，谁也喝不到。于是它们想出办法，一只咬着另一只尾巴，吊下去喝。第一只喝饱后，上来；再吊第二只下去喝……并且发誓，谁也不许存半点私心。第一只老鼠最先吊下去喝，它在下面想："油只有这么一点，今天总算我幸运，可以喝一个饱。"第二只老鼠在中间想："下面的油是有限的，假如让它喝完，我没有什么可喝的东西，还是放下它，自己跳下去喝！"第三只老鼠在缸上面想："油很少，等它俩喝饱，根本就没我的份。不如早点放下它们，自己跳下去喝！"于是，第二只放下第一只的尾巴，第三只放下第二只的尾巴，都只管自己抢先跳下去。结果它们都落在油缸里，再也无法逃出。

自私是动物的天性，尤其是在利益面前，很难说服自己达到"大家好，才是真正好"的思想境界。看不得别人好，结果把自己也搭进去，最终两不相全。

总之，屯卦讲述的是如何建功立业的方法，提供给人们的启示是处在艰难环境中，在坚守自己精神支柱的同时，要灵活应对各种困难，始终保持积极乐观的生活态度；只有具备良好的团队精神，才能在困难面前有路可走；同时又提出告诫：在做好自己的同时，还要慎重地选择合作伙伴，多亲近忠实可靠、道德高尚的人，对那些利欲熏心者，纵使有再多利益，也要有壮士断腕的决心，抵得住利益诱惑，才不至于上当受骗，被人算计。

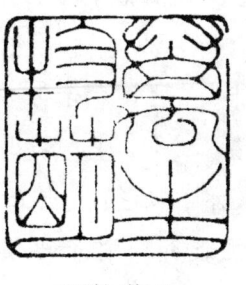

万物萌生

【原文】

蒙：亨。匪我求童蒙，童蒙求我。初筮告，再三渎，渎则不告。利贞。

初六：发蒙，利用刑人，用说桎梏，以往吝。

九二：包蒙，吉，纳妇，吉。子克家。

六三：勿用取女。见金夫，不有躬。无攸利。

六四：困蒙，吝。

六五：童蒙，吉。

上九：击蒙，不利为寇，利御寇。

蒙卦是《周易》第四卦。"蒙"表示万物生长初期安于无知，为此强调要把教育放在重要位置。《象》曰："山下出泉，蒙；君子以果行育德。"寓意是要想发现泉水，必须找出正确位置，要想培育良好德行，首先要进行良好的启蒙教育。君子要唤起主动学习的意识，才能步入正轨，取得成功。

山下出泉，蒙；君子以果行育德

刘梦璋，1936年出生，河南滑县人，现为中国书法家协会会员、开封市书法家协会理事、中国书画函授大学开封分校客座教授、开封市老年书画研究会副会长。

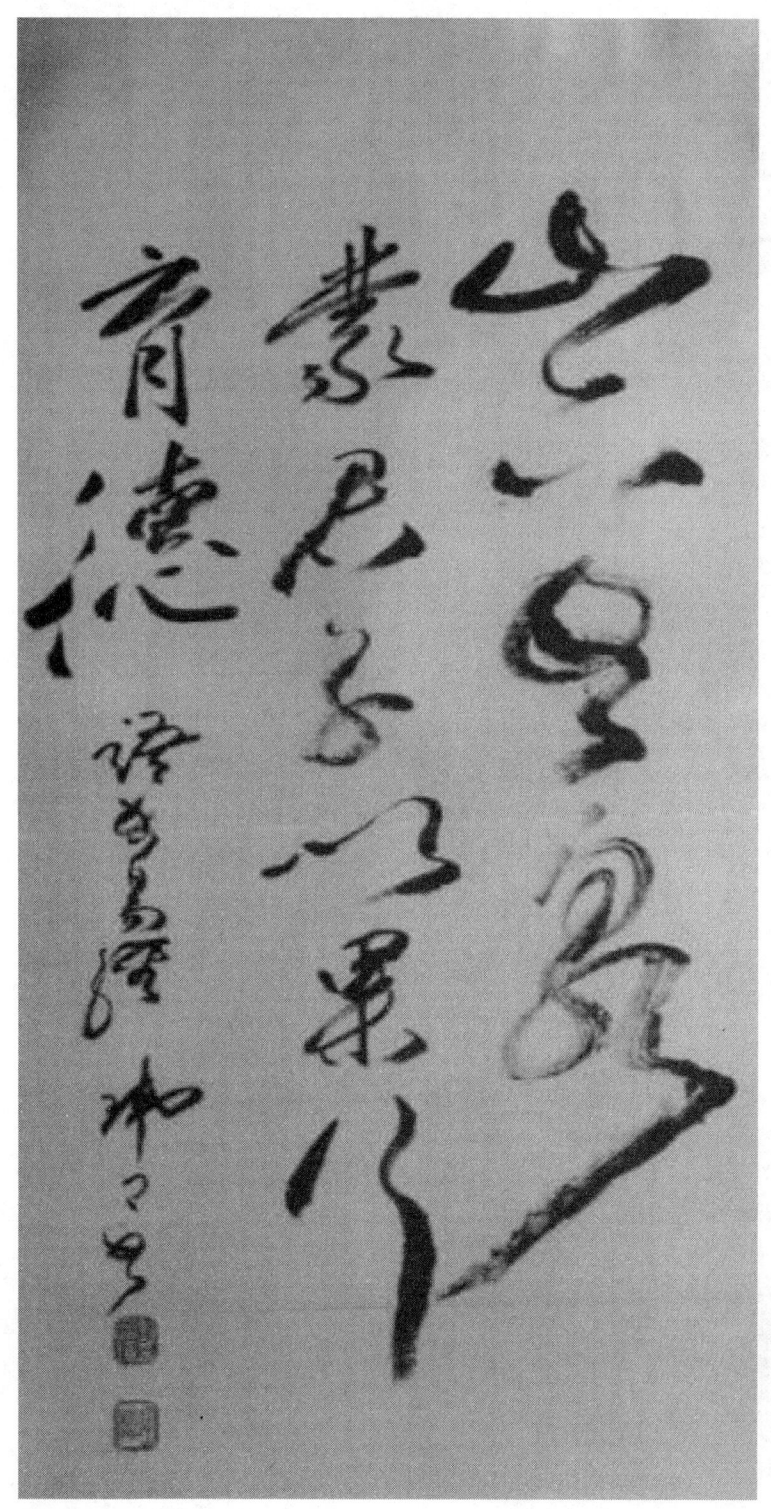

杨振亚，1942年出生，河南开封人，现为中国书法家协会会员、河南省现代艺术学院副院长、中国书法美术家协会理事、开封市文化传媒书画院院长。

第四章　多栽花　勤修德　柳暗花明又一村

蒙：亨。匪我求童蒙，童蒙求我。初筮告，再三渎，渎则不告。利贞

　　蒙卦是下坎上艮的山水卦，比喻一股清泉从山涯底部冒出。千万不要小看山涯里的这一丝小流。古人云："不积小流，无以成江海。"在行进中，遇到沙石阻挡，但只要不避艰险，果敢前行，终究会汇成大川。这里展示的正是中国人"逢山开路、遇水架桥、披荆斩棘、勇往直前"的不屈精神。

　　所谓"蒙"，表象指小孩儿，所以教化小孩子就叫启蒙教育。"亨"：通顺，通达。"匪"：通"非"，不是。"匪我求童蒙，童蒙求我"：大致意思是说不是家长或老师逼着孩子去学习，而是孩子要主动向家长或老师求教。这应该是现代家庭教育中比较理想的境界，这是优化、理想、科学的。"初筮告，再三渎，渎则不告"：小孩子学习时，初次问的问题，可以正确做出回答，但事不过三，在同一问题上不是出自求知本心地连续发问，这是对师长的亵渎，这样可以拒绝回答。

　　显而易见，蒙卦卦辞讲的恰是人才培养的问题。初出茅庐的年轻人大都心高气盛，有一种准备大干一番事业的雄心壮志。但是，他们由于年轻，涉世不深，对好些东西认识不清，缺乏判断和解决问题的能力，起初工作起来易出现这样那样的不足。作为领导，应有一种"扶上马，送一程"的爱才育才的责任意识，教给他们"是什么""为什么""怎么办"，但不能大包大揽，而要主动开发他们的聪明才智，让他们带着问题去思考，步步挖掘他们的潜力，引导年轻人及早成熟，主动承担重任，这样才是最好结局。

初六：发蒙，利用刑人，用说桎梏，以往吝

　　"发蒙"：启发蒙昧。"刑人"：犯法或有过错的人。"桎梏"：一种刑具，即手铐和脚镣，这里比喻人的错误、毛病或其他短板等。爻辞启示：在人才培养中，要本着对团队、对个人高度负责的态度，并将学习培训作为制度严格规范下来，定期从严进行考核，并善于运用反面典型警示教育，以此自警或警人。为此，坚持用好制度、从严从难管理也是一个团队健康运行的必要手段。"以往吝"：严格管理，还得有尺度，即严而有据、严而得法、严而公正。

　　1937年10月，延安抗日军政大学第六队队长黄克功，对陕北公学女学生刘茜逼婚未遂，竟开枪将刘茜打死。这不是一起普通刑事案件，因为案主黄克功不是普通人，而是一个参加过井冈山斗争和长征的红军干部，为革命建树过功勋。正因为如此，案发后，犹如一石激起千层浪，到底该不该杀黄克功，人们议论纷纷，意见不一。一些与黄克功有相似革命经历的同志动了恻隐之心，认为应当给他一次机会，让他到战场上立功赎罪。这种舆论给黄克功带来一丝求生希望，他马上写信给毛泽东，请求免其一死，表示自己愿意拿着机关枪，让一腔热血倾洒在沙场上。陕甘宁边区高等法院院长雷经天一时拿不定主意，于是便写信给毛泽东，征询意见。10月10日，毛泽东致信雷经天说："他犯了不容赦免的大罪……如为赦免，便无以教育党，无以教育红军，无以教育革命者，并无以教育做一个普通的人……对于自己的党员与红军成员不能不执行比较一般平民更加严格的纪律。"毛泽东的明确态度，坚定了雷经天以法律为准绳处理此案的决心。毛泽东还请雷经天在公审会上宣读这封信，以向广大人民群众表明中国共产党的态度。黄克功被绳之以法后，在延安地区引起强烈反响。老百姓感到共产党明镜高悬，是一个严于律己的党。

九二：包蒙，吉。纳妇，吉。子克家

包蒙：包容蒙昧。这里指对有错误的人要给予改正错误的机会。"妇"：即女人。在古代为阴，也就是居下者，这里作下级讲。"克"：指胜任。大致意思是讲对于那些刚进入工作岗位的年轻人来说，除考察思想是否活跃，是否有善于发现问题、提出问题的创新力等外，作为上级，还要有一颗容人之心，要大胆起用人才。"人非圣贤，孰能无过"，对于年轻人身上暴露出来的问题还要作经常性地善意提醒，不要动不动就发火责骂；反之，要像对自己的孩子一样给予耐心教导，用心去感化下级，要耐心倾听不同声音，从而择优所用。只有具备求贤若渴、"视卒如婴儿"的心理，才能让下级在宽松的人文环境中快速成长，自觉加速胜任工作，肩负重要使命。

《孙子·地形篇》说，带兵的将帅要爱护士卒，把士兵当作自己的亲生孩子。这样，士兵就会尊敬将帅，把将帅当作自己父母。只有形成如此亲密的关系，作战时士兵才会奋勇当先，与将帅一起同生死、共患难。这样的军队就具有坚强的战斗力，能够创造战争中的奇迹。团队管理中，领导也要关心、爱护员工，如同对待家人一样。这样，员工也会尊重领导，把团队当成自己的家，在团队中奋力工作以回报领导的关爱，上下一心，团队也会因此而兴旺发达。当然，对于下级，除关心爱护之外，还要严格管理。孙子指出："厚而不能使，爱而不能令，乱而不能治，譬若骄子，不可用也。"可见，爱和严应该双管齐下，相辅相成。

六三：勿用取女。见金夫，不有躬。无攸利

"勿用取女"：这样的女子不能要。"金夫"：帅哥，也表示有权有势的人。"躬"：自己。"不有躬"：意思是不能把控自己。"无攸利"：得不偿失。从表面上看，貌似是。一位女士，见到帅哥（或权势人）就忘乎所以，扔掉自己原有的目标去贴近，这种见异思迁的举动是没有什么好结果的，也是极不可取的，最终谋事不成反而葬送了自己原有的幸福，得不偿失。爻辞警示：不论做任何事，都要全心全意，若三天打鱼两天晒网，最终一事无成。

春秋时，楚王从养叔那里学得一手好箭，便立即出去打猎，想显摆一下自己的手艺。他带着手下来到野外，让人把躲在芦苇丛中的野鸭子赶出来。哗啦啦飞出来好多野鸭子，楚王搭箭欲射，忽然从他的左前方跳出一只山羊。楚王想，射中一只山羊比射一只野鸭子要划算，于是，就把箭头对准山羊。可就在他正准备射山羊时，又从右边跳出一只梅花鹿。楚王又想，梅花鹿多罕见，山羊与它没有可比性！又把箭头对准梅花鹿。谁知楚王正欲放箭射杀梅花鹿时，却看见前方的树林里一只苍鹰振翅飞向空中。楚王又想射苍鹰。等到他要瞄准苍鹰时，苍鹰已经迅速飞走了。他只好回过头来射梅花鹿，可是梅花鹿也逃走了。他又找山羊，山羊早就不知道跑到哪里去了，连那一群野鸭子早已无影无踪。楚王拿着弓箭比画半天，却什么也没有射着。

故事启示：树立确定目标，就要抓住目标不放，且不受外界影响，坚持就会胜利；如若心猿意马，就会一事无成。

六四：困蒙，吝

"困"：困境，死板。爻辞强调：在教育培训中如果不能结合实际，不能因人因事而异，相反采取千篇一律的理论说教，这非常局限，也极不可取。

古时郑县有一个姓卜的人，他有一个愚不可及的妻子。这个蠢妻常常做出一些让人哭笑不得的事。有一次，这个姓卜的人要出门，觉得没什么像样的衣服，于是要求妻子给他做条裤子。妻子答应后却问他到底做成什么样子的裤子。丈夫说："就做跟原来那条裤一样的吧。"妻子按丈夫吩咐，按旧裤子原面料花纹到集市上去买布，花了不少时间，终于买到了想找的布，花纹也一模一样。回家后，她对着旧裤比画着裁剪，把长的地方剪短，把宽的地方剪窄，就这样，她依样画葫芦，花了几天时间，好不容易将新裤子缝起来，高兴得手舞足蹈。可是，她发现旧裤又脏又破，到处大窟窿小眼睛的，而新裤则不像旧裤。蠢妻拿起新裤看着，绞尽脑汁地想出一个好办法。她把新裤放在地上，拼命地揉搓摇踩，累得筋疲力尽，终于把新裤弄得跟旧裤一样又脏又破。当她十分得意地将做好的新裤拿给丈夫看时，丈夫目瞪口呆，半响说不出话来。

蠢妻对旧裤全盘照搬，结果弄巧成拙。生活中，学习历史、借鉴历史是非常必要的，但是不动脑筋，照搬照抄，不能根据实际情况进行区别对待，就会行不通，不仅像寓言故事中的蠢妻会闹出笑话，也将给人生带来不必要的麻烦。

六五：童蒙，吉

"童蒙"：假装如小孩不懂的样子。人事管理中，作为上级，不仅要善于识才育才，还要善于用才。上级不一定样样能超越下级，个人能力有大小，用人态度却相当关键。为了不使下级养成事事依赖的不良习惯，有时候不妨"难得糊涂"一把，假装不懂的样子，以此开发下级的创新力，使其不盲从、有主见，为下步主动承担重任打下坚实基础。这样不动声色地开发下级的原动力，所以为"吉"。

某公司举行例会，一般情况下都是有头有脸的人参加。新来公司的文员张某便产生一种不被重视的感觉。为此，他总是表面上事不关己高高挂起，私底下也会发些牢骚，有一种怀才不遇的忧伤。一天，总经理通知他参加一个重要会议，他感觉在总经理心目中的位置非常重要，感动之余，对公司产生了一种归属感。于是，他精心准备好的意见与建议会议发言中得到了总经理认可。从此，他便积极地投身到公司建设中来，最终在成就公司的同时成就了自己。

诚然，作为上级，要公心，要认识到每个员工在自己心目中都非常重要，并合理发挥下级作用，那么，这个团队的战斗力就不可估量。其实，下级最大的希望就是得到上级认可,一旦感觉自己在单位的重要性,就会不遗余力地发挥能量。而作为上级,时不时地就应来点"童蒙",赢得人气才是领导艺术实力。

上九:击蒙。不利为寇,利御寇

任何人都不是全知全能的上帝,都有蒙昧无知的地方,都需要"击蒙",即挖掘潜力。"击蒙"通常有两种形式,一是因为蒙昧而受到制度、规范以及其他严厉的惩罚教育方式。一是自我"击蒙",为自己制定严格的自我教育的方式方法并遵照执行,以期尽快摆脱蒙昧状态。若不能消除蒙昧无知,就会被无知乘虚而入。若能"击蒙",无知便成有知,便可为我所用。一个人的"蒙"越少,作为也将越大。

清代咸丰年间,有个武官叫张曜,因苦战有功,被提拔为河南布政使。他自幼失学,没有文化,常受朝臣歧视,因此他被改任为总兵。张曜从此立志要努力读书,使自己能文能武。张曜想到自己的妻子很有文化,回到家要求妻子教他念书。妻子提出,要教是可以的,不过要行拜师之礼,恭恭敬敬地学。张曜满口应承,马上穿起朝服,让妻子坐在孔子牌位前,对她行三拜九叩之礼。从此以后,凡公余时间,妻子都教他读经史。每当妻子一摆老师架子,他就躬身肃立听训,不敢稍有不敬。与此同时他还请人刻了一方"目不识丁"的印章,经常佩在身上用以自警。几年后,张曜终于成为一位有学问的官员。后来,他在山东做巡抚时,又有人参他"目不识丁"。他就上书请皇上面试。面试成绩使皇上和许多大臣都大为惊奇。张曜在山东任上,筑河堤,修道路,开厂局,精制造,做了不少利国利民之事。因为他勤奋好学,所以,死后皇帝谥他为"勤果"。

总之,蒙卦讲述的是事物萌芽与启蒙之道,借单纯的启蒙教育来说理,勾勒出了一个识才、育才和用才的宽严相济过程。人不怕有"蒙",怕的是"困蒙",即自我否定,在别人包"蒙"的同时,不能自我包"蒙",而且立志要去击"蒙"。居下位时,要及早开"蒙",居上位时;也不妨来点童"蒙";在蒙来蒙去、蒙去蒙来中找寻新的人生出路,从而体现自己的价值。

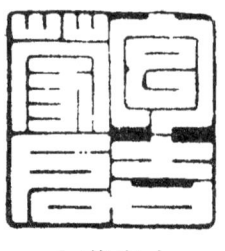

包蒙启吉

【原文】

需：有孚。光亨，贞吉。利涉大川。
初九：需于郊，利用恒，无咎。
九二：需于沙，小有言，终吉。
九三：需于泥，致寇至。
六四：需于血，出自穴。
九五：需于酒食，贞吉。
上六：入于穴，有不速之客三人来，敬之终吉。

需卦是《周易》第五卦，讲述的是险中求养之道，反映的是在事物发展中，特别是人处在低潮时更需要修心养气，以及如何以一颗平常心对待所欲、所求、所需。看起来关键时刻考验人。《象》曰："云上于天，需；君子以饮食宴乐。"寓意是王者以民为天，精神和物质缺一不可。而老百姓以食为天，饮食之道便是国之民生，是治国理政的根本职责。这是理所当然，也是天经地义。

云上于天，需：君子以饮食宴乐

贾振祥，1945年出生，山东掖县人，现为西泠印社社员、中国书法家协会会员、黑龙江省书法家协会理事、牡丹江市书法家协会副主席。

云上于天需君
子以饮食宴乐

易经第五卦 句戊戌冬月于大梁 王敏书

王　敏，1955出生，河南开封人，现为中国书画家协会会员、公安部书法家协会会员、公安部美术家协会会员、河南省书法家协会会员、开封市三槐书院副院长。

第五章　静修身　持常心
　　　　　一船明月一帆风

需：有孚。光亨，贞吉。利涉大川

　　需卦是下乾上坎的水天卦，表示云在天上，云还未化作雨时，暂时不能降落到地面上来，还得等待时机。在这段时间里，必然会产生一种浮躁心理，需卦便应运而生，就有了"云上于天，需。君子以饮食宴乐"。大意是指不要急躁，好好吃饭，安心睡觉，在暂时的困难面前，抑或在尚不得志时，要稳得住神，静得下心，顺其自然去等待新的转机。

　　"孚"：诚心。"光"：光明。"亨"：亨通。"贞"：中正。"涉"：渡过。"大川"：重要岗位，重要职责，伟大事业。大意是说，实现心中美好愿望，就要付诸全心，心诚则灵。还要具备光明正大的德行和操守，才会吉利，也利于承担重要使命。如《礼记》中所讲的正心、诚意、格物致知一样，只要虔心诚意，就能产生灵验；只要坚定信念，愿望就会实现。

　　宋代学者杨时和游酢原先以程颢为师，程颢去世后，他们都已40多岁，而且已经考上进士，然而他们还要去找程颐继续求学。二人到达程颐家的小院外面要拜见程颐，院里的童子听见，连忙开门出来，对他们摆手说："先生正在午睡。"他们向童子说明来意，童子请他们到书房等等。他们怕惊醒老师，于是谢了童子，然后恭恭敬敬地站在门外等候。

　　当时正值隆冬季节，忽然下起鹅毛大雪。没多久，二人脸上和身上就积上了厚厚的一层雪，远远望去，就像两个雪人。可他们谁也没有要离开的意思。等程颐午睡醒来，童子端来热茶，说有两个学生来访，见先生午睡不敢打扰，现在还在门外等候。程颐很惊讶，忙让童子请他们进来。程颐被这两个人的求学精神和尊敬师长的品德深深打动，从此尽心尽力地教他们。终于，杨时学到了老师的全部学问。后来，杨时回到南方传播程氏理学，并且形成独家学派，世称"龟山先生"。这就是"程门立雪"的典故。

　　这则典故，赞扬那些诚恳求教、尊师重道的学子。这种刻苦求学的精神和尊师重道的品德，也会达到"心诚则灵"的效果。

初九：需于郊，利用恒，无咎

　　"郊"：荒郊野外，这里作动词用。"恒"：长久。"咎"：灾祸。大意是居住在荒郊野外，远离尘世，也要始终保持安贫乐道的姿态，要坚守一方清贫。这样，最终没有危险。

《三国演义》中，诸葛亮之前隐于隆中，过着无忧无虑的生活。在这里，诸葛亮常与崔州平、石广元、徐元直煮酒谈天，品茶论地，弈棋观梅，一派逍遥自在的样子。有时，诸葛亮一人又独自外出，周游四方，俨然是位世外高人。其实，诸葛亮怀着一颗济世雄心，时常自比管仲、乐毅，只是世事混乱，不得明主，所以，静居隆中的草庐中。他深知，等待明主可遇而不可求，躁动往求有失身价，而且不易寻得明主。于是，他编了一首歌谣，教给农夫，让他们歌唱。歌谣云：苍天如圆盖，陆地似棋局。世上黑白分，往来争荣辱。荣者自安安，辱者定碌碌。南阳有隐者，高眠卧不足。通过这首歌曲，诸葛亮向外界释放了一个信号，让人知道，有位高人正隐居于南阳，等待明主来光顾。刘备得知卧龙名声后，就是通过唱歌的农夫才找到了诸葛亮。通过刘备三顾茅庐，诸葛亮得知刘备是位礼贤下士的明主，毅然出山，结束了在隆中等待贤主的隐居生活。后来，诸葛亮果然受到刘备重用，使自己才华加以大力施展。

九二：需于沙，小有言，终吉

"言"：议论声，不慎出现一点失误，招至周围非议，或者是平白无故招来非议。这与职场中人事场景非常契合。一个人进步快了，好事多了，难免遭周围人嫉妒，别有用心的人就开始制造一系列流言蜚语，对其在精神上打击。正如本来在陆地上正常奔驶的猎豹，突然无奈跑到沙漠里面，就会被动减速。但是被嫉妒者只要坚持不为流言所动，就终究会顺利。

小泽征尔是一名伟大的音乐家。他18岁的时候去参加一个很有权威性的音乐比赛，在专家给他的乐谱中有一个错误的地方，他自己看了出来。可是专家一致说那个乐谱并没有错。可是小泽征尔依然坚持自己的观点，最终他赢得了胜利，原来那个乐谱的确是错误的，但是参赛的其他选手认为既然是专家说了那一定不会有什么错，他们很快就改变自己的观点而盲从了。所以，最后只有小泽征尔赢得了胜利。

九三：需于泥，致寇至

"泥"：淤泥，泥塘；泥泞不堪的状态。"寇"：贼寇，灾祸。在污浊的环境中生活，自己无法自拔，灾难就会不请自来。

"韶华休笑本无根，好风凭借力，送我上青云。"时下，随着利益驱使，某些人迫切追求荣华富贵，迫切渴望出人头地；而追求浮华中，他们却变得异常懒惰，总想借助他人的"好风"把自己送上"青云"，所以经不住金钱权势诱惑，结果就像脱离了树枝的叶子一样，随风飘摇，轻易丢弃了人格和自己。

正是这种精神空虚、信仰迷失、心灵浮躁、价值错乱的现实，才导致部分人虚荣心和私欲膨胀，唯利是图。一心追求浮华奢靡的物质生活和感官刺激，所以他们面对花花世界的诱惑，才会头晕目眩、意志软弱起来，更有甚者，会像飞蛾扑火一样不顾一切地扑向他们所渴望的功名阵地。这样，陷入泥潭中，最终由一个问题变成了多个问题，从表面现象酿成了实质问题。

所以，在"需于泥"时，要有壮士断腕的决心，力争早日跳出泥潭，回归常态。如果听之任之，自然会走入反面。同时，也提出告诫：不要被事物虚幻的表象所迷惑，不要被世俗的观点所误导。相反，应积极主动地抛弃迷乱私欲，告别低级趣味，擦拭心灵污垢，自觉充实自己的精神世界，主动修筑自己的道德高地，构建健康和谐的内心世界；不为权倾，不为物役，追求阳光干净的生活。

六四：需于血，出自穴

"血"：血迹斑斑，已陷入危险境地。"出自穴"：主动从危险境地脱离出来，勇于改正错误，终究会逃离危险，往好的方向发展。而不是顺其自然，听之任之，这样错上加错，最终就会处于更加危险的境地，导致"需于血"，而不能逃脱，将后悔莫及。

《晋书·周处传》记载：周处年轻时，虽然"膂力绝人，好驰骋田猎"，却因从小没有父亲，缺乏管教，导致"不修细行，纵情肆欲"，搞得乡里的人既怕他又恨他。一天，周处走在路上，看到迎面而来的一位老者，愁容满面，便关切地问道："今时和岁丰，何苦而不乐邪？"老者回答："三害未除，何乐之有？"周处不解"三害"意思。老人告诉他，大意是说周处与老虎、蛟龙一样，都在为害乡里百姓，所以并称"三害"。周处听后非常震惊，知道自己"为人所恶，乃慨然有改励之志"。当时，他真情地告诉老者："若此为患，吾能除之。"老者听了也很高兴，并给以鼓励："子若除之，则一郡之大庆，非徒去害而已。"周处辞别老者，立刻上山射杀老虎，然后下水与蛟龙搏斗，经过三天三夜苦战，终于除掉它们。周处以为，把老虎与蛟龙杀了，乡亲们一定会欢迎和感谢。然而，当他带着满身伤痕回到乡里时，却发现人们奔走相告，像是在庆祝什么。一打听，原来大家误以为他与蛟龙搏斗时已被咬死，因此拍手称快。乡里人的这个反应对周处无疑是击一猛掌，让他彻底清醒，原来老百姓是如此的痛恨自己，如果再不彻底改过就很难继续在这里待下去了。

于是，周处前往吴郡，向当时的著名学者陆云求教。周处将情况向他叙述一番，然后叹息地说："欲自修而年已蹉跎，恐将无及。"陆云予以开导说："古人贵朝闻夕改，君前途尚可，且患志之不立，何忧名之不彰？"周处茅塞顿开，回去后，"处遂励志好学，有文思，志存义烈，言必忠信克己"，成为一个有道德修养和渊博学问的人。据史载，周处在东汉末年三国时代，曾任吴的东观左丞，晋平吴后，任新平太守，迁御史中丞。他大胆纠劾，无所畏惧，虽累屡遭权臣与贵戚排挤，仍不改初衷，后来在一次征讨叛乱中"力战而没"。

九五：需于酒食，贞吉

"需于酒食"：表象指在家里做好饭菜之后耐心坐在桌边等待客人。道不远人，却与现实生活出奇一致。如同与别人发生矛盾，事后经过及时反省知错，去承认错误、化解矛盾。为了表示诚心，就在豪华酒店里面订了一桌饭，请了几个双方都认可的朋友，自己及早去恭候。一场酒足饭饱，加上请去的中间人旁敲侧击和自己的坦诚，双方矛盾随之化解，既尊重了对方，又化解了矛盾。需要酒食也喻指凡事均应以一颗平常心、包容心，以常道处之便不至于有失偏颇。

清康熙年间，文华殿大学士兼礼部尚书张英老家的家人因与邻居吴家在宅基地问题上发生争执，两家大院的宅地都是祖上产业，时间久远，本来六尺巷牌坊就是一笔糊涂账。想占便宜的人是不怕算糊涂账的，他们往往过分相信自己的铁算盘。两家争执顿起，谁也不肯相让。由于牵涉到尚书大人，官府和旁人都不愿招惹是非，纠纷越闹越大，张家人只好把这件事告诉张英。张英阅过来信，释然一笑，提起笔，一首诗一挥而就："千里传书只为墙，让他三尺又何妨。万里长城今犹在，不见当年秦始皇。"将诗交给来人，命快速带回老家。家里人看了书信回后，深感惭愧，确实也只有"让"这唯一的办法：不如让三尺看看。于是立即动员将垣墙拆让三尺，大家交口称赞张英和他家人的旷达态度：他家宰相肚里能撑船，咱们也不能太落后。尚书一家的忍让行为，感动得邻居吴家人热泪盈眶，全家一致同意也把围墙向后退三尺。两家人的争端很快平息。两家之间，空了一条巷子，有六尺宽，有张家的一半，也有吴家的一半，这条几十丈长的巷子虽短，留给人们的思索却很长。

当然，"需于酒食"是一种生活态度，告诫人们在得理时也要让三分，不能斤斤计较，但"需于酒食"却不是引导人去恶意乱摆"鸿门宴"，前提是要"贞"，即非常坦诚。在双方共同推进下自然会冰释前嫌，大"需"变成了小"需"，小"需"也将成为无"需"。而无需之需则为大需。

上六：入于穴，有不速之客三人来，敬之终吉

"穴"：居室，家。"不速之客"：陌生人，不打招呼的人。"三"是约数，三人为众,即构成一个群体。爻辞大意,是在家里突然有一群陌生人来访,要很有礼节地端个凳子倒杯水,即使有不怀好意的人,也会被这种氛围所感化,化不利为友谊,化干戈为玉帛。虽然不利因素还是存在的,万事没有绝对之分。但是,世上终究好人多,"敬人者,人亦敬之"。

罗兰奴真服装公司创始人大卫·史华兹在创业之初只有3000美元,他聘不起服装设计师,只能生产一些比较普通的衣服。一天,史华兹去一家零售店推销自己的产品。那家商店的店主看后,很不屑地说:"你们的衣服太老土、太落伍了,肯定是不入流的设计师设计出来的。"史华兹心头一震,因为他公司最大的问题就在于没有服装设计师。史华兹见店主如此说,便和他热烈攀谈起来。原来店主以前是个出色的服装设计师,叫杜敏夫,曾在多家大型公司任职,都因为自己的设计理念得不到公司老总的认可而辞职,现在只得在这里开个小商店。史华兹听完店主的介绍后简直欣喜若狂,当即邀请店主加盟自己的公司来实现他的设计梦想。可那店主却大吼一声,说:"我死也不当设计师。"史华兹当时没有再强求,而是迅速离开商店。他回到自己公司,把自己的经营思路总结成书面材料,于次日再去拜会店主,并一再诚心邀请他加盟公司。最终店主被史华兹的诚意所感动,加入了史华兹公司,并且非常敬重史华兹,工作非常认真。在二人不懈努力下,罗兰奴真已成为美国最大的服装公司之一。

现实生活中,每一个人其实都希望被人敬重。人们之所以会有这种心理,理由很简单,也就是说无论在做任何事情的时候,都需要有一份好的心情和一个有亲和力的氛围。这样才能把事情做到更加漂亮、尽善尽美。

总之,需卦从"需于郊""需于沙"再到"需于泥",经过"需于血",否极泰来至"需于酒食",再到"需于礼",这不正是一种自我修炼的写照吗?在懂自己的同时,合理地把握自己,在淡定从容中保持自我、校正自我,在敬重他人中完善自我,在不得志时参参需卦,或许在不如意中能找寻到较好的如意。

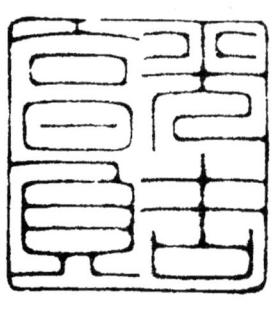

光亨贞吉

【原文】

讼：有孚。窒惕，中吉，终凶。利见大人，不利涉大川。
初六：不永所事。小有言，终吉。
九二：不克讼，归而逋。其邑人三百户，无眚。
六三：食旧德，贞厉，终吉。或从王事，无成。
九四：不克讼，复即命。渝，安贞，吉。
九五：讼，元吉。
上九：或锡之鞶带，终朝三褫之。

讼卦是《周易》第六卦，讲述的是防讼、止讼的道理，反映的是在事物发展中，两种矛盾必起纷争。双方争讼时应谨慎小心，要知足常乐，有时候适当的隐忍才能渡过难关。《象》曰："天与水违行，讼；君子以做事谋始。"寓意是天从东向西转动，江河百川从西向东流，天与水逆向而行，这种背驰的现象称为讼卦。启示人们行事前要考虑再三，以免发生不必要的争执。争执发生后应寻找仁德之人调停，以免双方争执过头无法收场，损人损己。

天与水违行，讼：君子以作事谋始

王延成，1935年出生，河南开封人，现为中国书法家协会会员、开封宋都书画研究会名誉会长、开封市老年书法研究会副会长、开封梁苑诗社副社长兼书画研究会会长、中国翰园碑林常务顾问、中国名家书画院名誉院长。

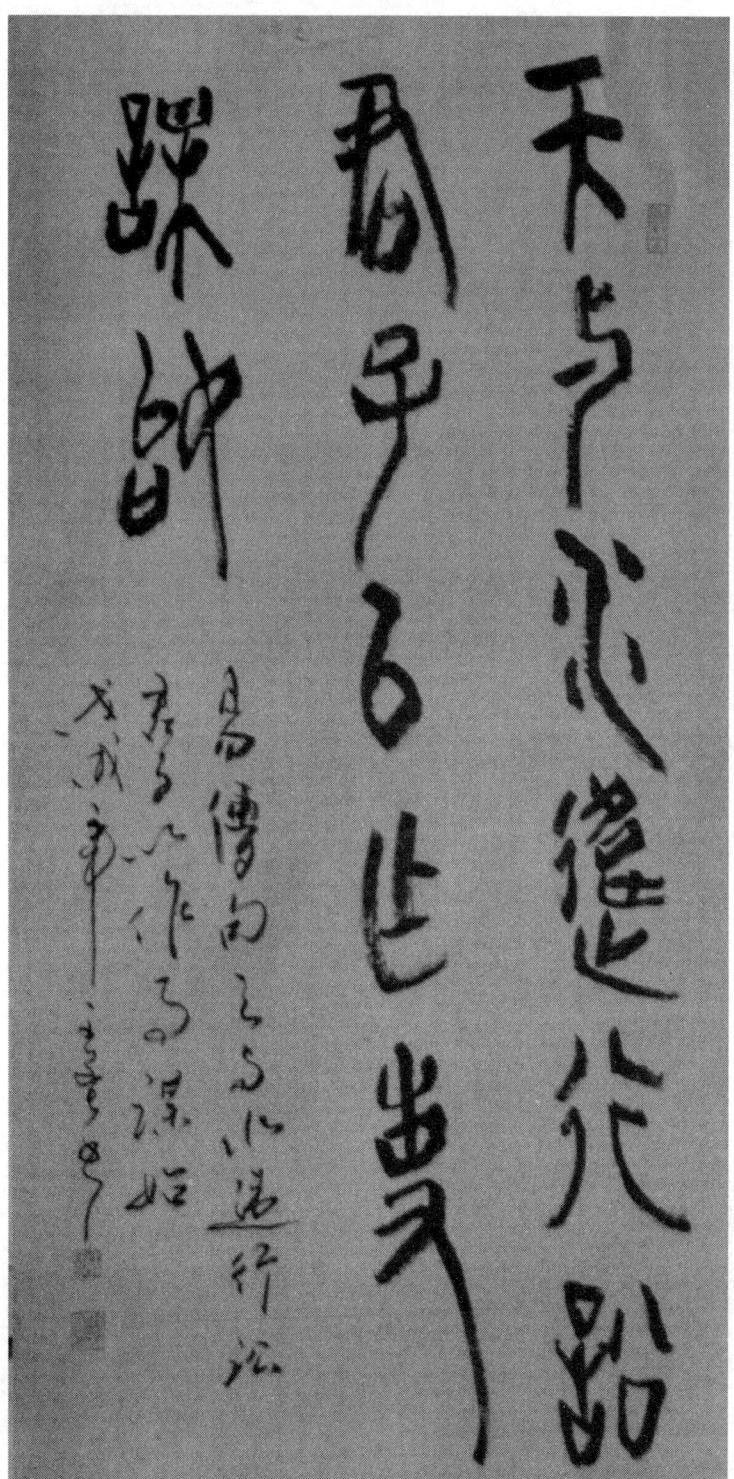

王　屹，1976年出生，河南开封人，现为河南省书法家协会会员、冯玉祥河南纪念馆诗书画院常务理事。

第六章 多检点 戒争讼 桃花依旧笑春风

讼：有孚。窒惕，中吉，终凶。利见大人，不利涉大川

讼卦是下坎上乾的外刚内险卦，因为意见不合，左右矛盾，于是便产生了"讼"。名誉与利益，正是产生讼的源头，有利益的地方必定会有讼的生存土壤。

"孚"：诚信。"窒"：阻滞。"惕"：警惕，小心。"中"：中正。"利见大人"：居上位又正派的人，方称得上大人。《程传》云："讼者，求辩于曲直也，故利见于大人。"这里的大人引申为法官。这与现今法院的情况是完全一致的，一些民事官司纠纷，一般情况下先行调解。"不利涉大川"：表面上指不利于越过大江大河，其实暗指深渊。大意是为了争取利益，双方意见不一，于是就诉诸法院。不管是写状子、录口供等，要实话实说，绝不能无中生有、颠倒黑白。"杀敌三千，自损八百"，意在告诫人们尽量少打官司，或者不打官司。现代社会中出现的民事调解向来也是因"窒惕"讼而产生。虽然说在打官司中间或多或少地能挽回一点面子，或者说能争取到一点利益，但是，最终却在众人面前，双方互相指责，脸面丧失殆尽，于人于己大为不利；纵使赢了官司，也是哑巴吃黄连，有口说不出。加之当前虽是法制社会，但是由于部分法的不完善，再加之个别执法人员个人素质达不到要求，功利主义作怪，很难断得公正公平，正好抓住原告被告钻牛角尖式"讼"的心态，容易出现吃了原告吃被告，"有理三扁担，无理扁担三"的执法人员。最终，"利见大人，不利涉大川"，进一步提出忠告：少打官司，甚至不打官司。纵使打官司也要适可而止，不要把对方往死路上逼，有理也要让三分。

唐朝有一个人叫作雷孚，从先祖一直到他历经11代，11代人都未曾打过官司，所以雷孚后来考取进士，官至太师，也是一个大清官。古时候有一个人叫谢述，他从来都不喜欢跟人家争斗。有一个邻居侵犯了他的地，有人就劝他，让他应该去告官。结果谢述就笑着讲："他占我的地而已，怎么会占得了我的天？不跟他计较。"如此气量，也正是儒家讲求的"仁者无敌"。内心仁慈的人无敌源于内心仁慈，因为内心仁慈，看不到任何仇敌，只有朋友，内心只有对他人的感恩，所以他只有恩人没有敌人。这样他的天地就广袤，事业就会兴旺，理在于此。

初六：不永所事。小有言，终吉

"永"：没完没了。"所"：形成。"事"：官司。"小有言"：对自己不利的小利益割舍。爻辞大意是遇到利益纠纷时，明知自己理亏而赢不了对方的时候，纵使吃点小亏，受点舆论指责，也要保持头脑清醒，千万不能因一时之气，固执己见去上官司。反之，该赔情要及时赔情，该赔偿损失时要赔偿损失，不能因逞一时之雄，最终追悔莫及。应该学会让思维转弯。

学会让思维转弯，是一种智慧。有一则寓言故事讲道：一位国王有洁癖，他最害怕自己的鞋底会沾上泥土，于是命令大臣，把整个国家的道路都用布覆盖上。大臣开始组织人力丈量全国道路，之后做了计算，把全国所有的路都覆盖布，需要20万名工匠不停地工作50年，而全国的人口也不过50万。大臣心急如焚，向国王痛陈利弊，说弄不好会亡国。国王一怒，将大臣处死。国王又派另一大臣来办理此事，结果这个大臣很容易解决了问题，用布给国王做了一副鞋套。后者只不过是把自己的思维从路转到国王脚上，天大难题便迎刃而解。

九二：不克讼，归而逋。其邑人三百户，无眚

"克"：取得胜利。"逋"（bū）：躲避，回避。"邑人三百户"中的"三"是约数，大意是乡里人三四百户人家。"眚"（shěng）：字面上指眼睛上长出个肉刺，暗指灾祸。这里讲的并不是逃避矛盾，周文王可不是有意识教人们去学着赖账、逃跑。这里强调的是处事的一种迂回技巧。爻辞大意是说自己理亏，官司打输，还要赔偿对方损失，处在这种尴尬境地，只好学着迂回，不能再去与对方硬碰硬了，低个头，随着时间推移，大事就会变成小事，小事也会变成无事。这也是一种谋略。俗话说，道不远人，《易经》不远人，既然是生活，就会产生无穷变化，所以说，要学会用变的思维来学《易经》，这样就会更加容易理解。

在这方面，典型的案例要数毛泽东的游击战术"十六字诀"。自1927年"秋收起义"毛泽东率工农革命军走上井冈山后，井冈山就成为井冈山道路的起点。井冈山道路是以武装夺取政权、用枪杆子打天下而著称。怎样打、采用怎样的战略战术便成为军队的根本选择。作为起义军的最高领导人，毛泽东上山之日便开始探索创制行之有效的战略战术，而这个战略战术的内核便是著名的"敌进我退，敌驻我扰，敌疲我打，敌退我追"的"十六字诀"。

后来，"十六字诀"也成为毛泽东军事思想的重要组成部分，其中的"退"，强调的不是消极撤退，而是为了更好地"进"做准备，寻找或制造新的战机，与对方迂回，也不失为上策。

六三：食旧德，贞厉，终吉。或从王事，无成

"食"：享用，这里是保持的意思。"旧德"：传统。"终吉"：最终是吉利的。大意是应保持传统美德，牢记"居家戒争讼，讼则终凶"的古训，并以此常勉警示。"从王事"：办公家的事儿，跟着领导做事。"无成"：证明功劳都不是自己的，要常怀感恩之心，始终坚持谦虚低调的作风，这也是一种人生态度。该爻强调的是一种处世哲学，警示人们时刻要放低姿态，即要"夹着尾巴做人"。

徐达是中国历史上著名的将帅，深得朱元璋宠爱。但是，就是这样一位战功赫赫的人，却从不居功自傲。徐达每年春天挂帅出征，暮冬之际还朝。回来后立即将帅印交还，回到家里过着极为俭朴的生活。按理说，这样一位儿时与朱元璋一起放过牛的至交，完全可以坐享清福。朱元璋也在私下对他说："徐达兄建立盖世奇功，从未好好休息过，我就把过去的旧宅邸赐给你，让你好好享几年清福吧。"朱元璋的旧邸是其登基前当吴王时居住过的府邸，可徐达就是不肯接受。万分无奈的朱元璋请徐达到旧邸饮酒，将其灌醉，然后蒙上被子，亲自将其抬到床上睡下。徐达半夜酒醒，问周围的人自己住在什么地方，内侍说："这是旧内。"徐达大吃一惊，连忙跳下床，俯在地上自呼死罪。朱元璋见其如此谦恭，心里十分高兴，命有关部门在此旧邸前修建一所宅第，门前立一石碑，并亲书"大功"二字。

1385年，徐达病逝于南京。朱元璋为之辍朝，悲恸不已，追封徐达为中山王，并将其肖像陈列于功臣庙第一位，称之为"开国功臣第一"。

九四：不克讼，复即命。渝，安贞，吉

"不克讼"：胜不了官司。"命"：正道，真理。"渝"：变通，改变。爻辞大意是自己感到不能胜诉的时候，就不要走歪门邪道，不能想方设法去做伪证，贿赂法官、雇帮凶，这样会害人害己；要抓紧回到正道上来，立即改变方法，放弃打官司。只有这样，才是最好结果。爻辞警示：知错，就要及时悔改，要坚持正道，当停则停，否则易惹火烧身。

春秋时，有一次，孔子带弟子子路、子贡和颜渊到海州游览。孔子听到隆隆声响，对子路说："山的那边在打雷和下雨，为何还要赶着去？"子路说："这不是雷雨声，而是海浪拍岸之声。"孔子从未见过大海，想到海边去看看大海，于是孔子一行乘车到了海边的朐阳山下。孔子和他的弟子爬上山顶，只见水天相连，海阔无际，他们都极其兴奋。这时，孔子感到又热又渴，他让颜渊下山去舀海水来喝。颜渊拿了盛器正要下山，忽听得身后有人在笑，大家都觉得奇怪，回头一看，是个渔家孩子，于是就问他笑什么。那个孩子说："海水又咸，又涩，不能喝。"说完，他把盛了淡水的竹筒递给了孔子。孔子喝了水，解了渴，十分感激那个孩子，正想道谢，忽然海风吹来一阵急雨，子路一看着急，大声嚷道："糟糕，现在到哪里去躲雨呢？"那个渔家孩子对大家说："你们都不用着急，请跟我来！"说完，那孩子就把孔子一行领进一个山洞，这是他平时藏鱼的地方。孔子站在洞口边躲雨边观看雨中的海景，不由得诗兴大发，吟出了"风吹海水千层浪，雨打沙滩万点坑"两句诗。孔子的三个弟子都齐声赞扬诗作得好。那孩子却持反对态度，对孔子说："千层浪、万点坑，你有没有数过？"孔子心服口服地对孩子的反诘表示赞同。

雨停后，孔子回想起刚才发生的几件事，歉疚而又自责地对三个弟子说："我以前讲过唯上智与下愚不移，看来这并不妥当，还是应该提倡'学而知之''知之为知之，不知为不知'。"要知道，孔子在当时已是名扬天下的贤人。但是，在一个小孩子面前，他认识到自己的不足和错误并勇于承认，这是非常难能可贵的，值得后世学习。

九五：讼，元吉

"讼"：这里的讼不再是传统意义上的打官司，而是为了维护正义，敢于与不良行为作斗争，为了纯正社会风气，怀着公心检举揭发贪官污吏和不法分子，这也是公民基本的正义感。

中国自古以来就是文明礼仪之邦。改革开放以来，取得了举世瞩目的成就，但在向市场经济转轨的过程中，一些传统道德、传统思想观念受到了冲击。假恶丑与真善美不分，愚昧无知与明理科学混淆，西方文化中一些腐朽的东西大行其道。一些官员做官的目的不是为了人民，而是为了自己，甚至不惜危害人民。个别官员骄奢淫逸，好逸恶劳，利用人民给予的权力，搞一些违法乱纪的事，不以为耻反以为荣。一些人见利忘义，损人利己，违法乱纪，以达到自己牟取暴利的目的，折射出道德的沦丧，不但侵蚀着成年人，更重要的是贻害了广大青少年，以至于现在有的孩子在学校里比吃、比穿、比谁的父母官大，却对父母、对周围的小朋友漠不关心，爱国之心无从谈起。对这种行为，如果听之任之，漠视其滋生蔓延，将会对国家、对社会、对他人造成很大危害。所以，倡导每一个公民都应该具有强烈的责任感，带头抵制不健康物质和行为的风靡，积极勇敢地维持正义，抱着一颗公心去"讼"，这样，社会风气清新后，社会才能健康安全向着幸福指数发展。

上九：或锡之鞶带，终朝三褫之

"锡"：这里同"赐"，古代讲赐赏，今天就是奖赏。经常看到行政执法机关张贴的布告中的"举报者有奖"，大概就是这个意思。"鞶带"：官位，或者是利益。"褫"（chǐ）：剥夺。这里可以联系上下文来解释。九五辞爻强调讲要维持正义感，抱着一颗公心去"讼"才有利；而上九爻辞则是指那些带着个人私心，不择手段去"讼"，有点打小报告的意思，互相诋毁。通过别有用心的手段告倒别人达成自己的企图，虽然也可能取得利益，但是，最终遭人不耻，自己也惶惶不可终日。在良心的数次拷问中心理上带来沉重压力，再加上冤案必有澄清时，那时在公众面前也是无立锥之地，于人于己都非常不利。

"事修而谤兴，德高而毁来。"事实上，越是干事担当、勇闯一线的干部，越容易触及既得利益者的利益，越容易受到非议、诽谤，甚至是诬告。相比之下，那些见风使舵、得过且过的"老妇人"，反而"安全"得多。长此以往，易导致"劣币驱逐良币"，恶化一个单位、一个地方的政治生态。

有人的地方便有江湖。讼卦有意在告诫人们：不要为眼前利益所迷惑，明知不能为之时不要执着，该低头时要低头，该回头时要回头。不得理处，要主动地去赔情道歉，承担责任，良言一语三冬暖；纵使得理处，也不能扛着理儿跑死马，逼着对方去上吊，要得饶人处且饶人。"宽人者，人必宽之。"及早免除矛盾升级，终将大事化小、小事化了，在握手言好中实现双赢。当然，对那些被社会所不耻的事，在自警中要坚持正义，要果断地敢于说不！但是，必须要立足在公心与公德的基础上。千万不能为了个人恩怨，见不得别人发展顺利，私心蠢动滋生"红眼病"，昧着良心去乱告诬告，这样于人于己不利，极易助长歪风邪气。

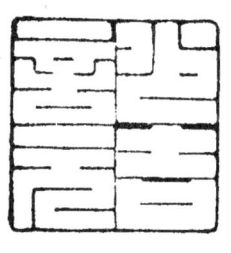

少言元吉

【原文】

师：贞。丈人吉，无咎。
初六：师出以律。否臧凶。
九二：在师中，吉无咎。王三锡命。
六三：师或舆尸，凶。
六四：师左次，无咎。
六五：田有禽，利执言，无咎，长子帅师，弟子舆尸，贞凶。
上六：大君有命，开国承家，小人勿用。

师卦是《周易》第七卦，讲述的是军队与战争之道，反映的是战争本乃危险之事，出兵乃不得已而为之。用兵制胜的关键在于选择良将，更重要的还要师出有名。《象》曰："地中有水，师；君子以容民畜众。"天下乃国之标本，国乃民之主，民乃兵之本。无容民畜众，滋养生息，焉有师道，寓意是兵源要像水流一样充足，领导者要有容人之量、育才之心，这样才能留住人才，具备克敌制胜的有利条件。

地中有水，师：君子以容民畜众

韩湘人，1962年出生，河南平舆人，现为中国书法家协会会员、郑州大学特聘书法教授、郑州大学书画院副院长、河南省国学书画院副院长、中原书画研究院名誉院长。

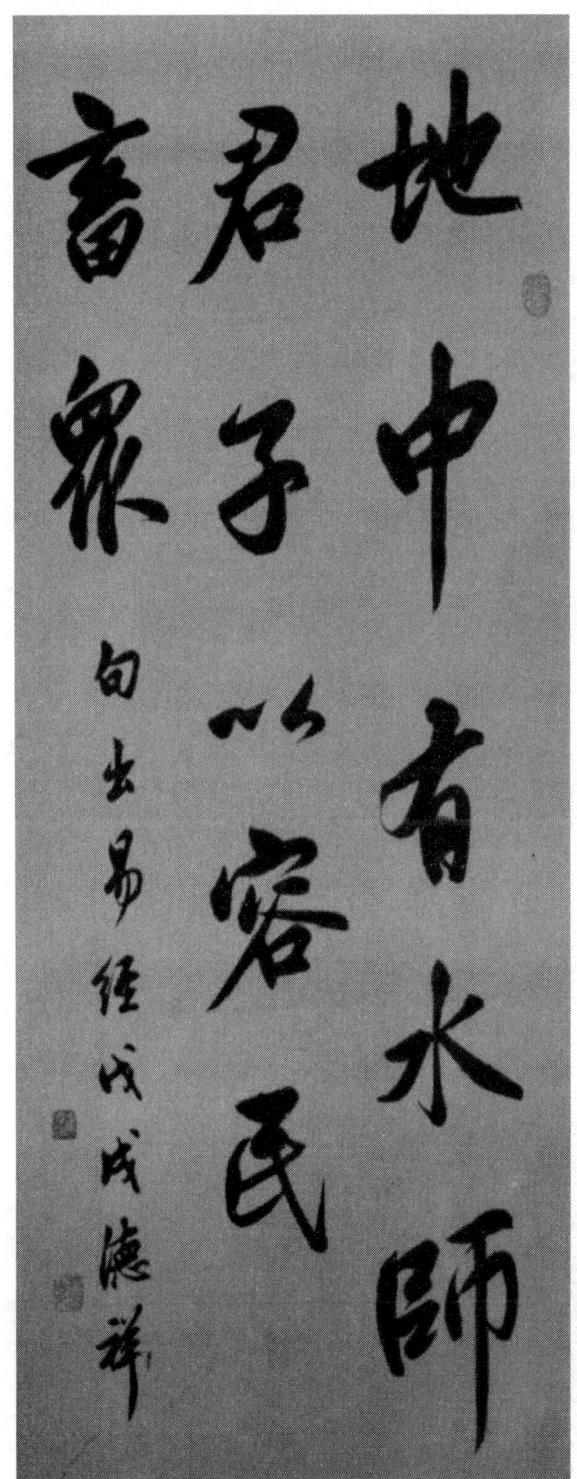

崔德祥，1967年出生，黑龙江海林人，现为黑龙江省书法家协会会员、海林市书法家协会主席、海林市文广新局局长。

第七章　严法纪　远小人　不怕猛虎欺黄犊

师：贞。丈人吉，无咎

　　师卦是下坎上坤的地水组合卦。水聚集在地下，如同将军号令三军一样，积水越多，则师的力量也就越大。随着水的增多、势力增强的同时，领导能力也就逐步提高。唐太宗曾把水比作老百姓，把船比作皇权，提出"水能载舟，亦可覆舟"的千古警言，师卦也就自然而然地引申成为领导艺术。

　　从卦辞来看，"贞"：坚持正理，坚守正道。"丈人"：德高望重，有威信的人，表示权威。卦辞大意是推选出一个德高望重的人来做领袖，一心为民服务，大家齐心协力，就没有做不好的事，一切困难也将迎刃而解。当然，前提是得"贞"，即要走正道，必须在国家法律法规约束之内，不能突破法的约定，去搞一些小圈子，制造混乱，那就不是"无咎"，而是"大咎""极咎"。《易经》的言辞非常缜密，一个字就是一门学问，《易经》的精华与神秘也就自然而然得到彰显。

　　《孙子兵法》讲："道者，令民与上同意也，故可与之死，可与之生，而不畏危。"这里阐述了将、兵之间的关系以及如何通过日常生活中的一些细节，提高将领威信从而团结军心、上下一致、同心对敌。战场虽然是冷酷无情的，但是将帅应该从日常生活中给予士兵相应的人文关怀，让士兵从中感觉温暖，从而更加努力地去战斗。将帅对待士卒应该像对待自己的孩子一样，公正平等，赏罚分明，就能与士兵团结一心、同生共死、一致对敌，做到无坚不摧。

　　师卦倡导的是人性化管理氛围，领导者应清醒地认识到团队发展离不开员工，每一个进步都得靠员工去努力，目的在于平时能够上下一心、团结一致，使得员工对团队有家庭归属感。而员工也需要有一位公平公正的好领导，在民主中洋溢领导艺术，让大家自觉服从，从而能够热情投入，与团队同舟共济。有了这样的氛围，战斗力自然所向披靡。

初六：师出以律。否臧凶

　　"律"：律令，法制，军纪军规，规矩。"否臧"：不守规矩破坏纪律。这有意识地去强调行军打仗必须要严肃军纪，否则易导致军心涣散，发生各种意想不到的灾难。感叹呀，几千年前的圣贤多么伟大，依法从严治军、从严治官，与现今全面从严治党的政策出奇契合，具有重要的现实意义。爻辞启示：采取正义行动必须采用严明纪律，一切行动听指挥，不能我行我素，像一盘散沙，乌合之众的团队，必然会凶多吉少。

《三国志·曹瞒传》中记载，有一次，曹操率军经过麦田，下令说："士卒不要弄坏麦子，有违反的处死！"军中凡是骑马的人都下马，用手相互扶着麦子走，未想曹操的马居然受惊窜进了麦地。于是曹操便招来手下主簿来论罪，主簿用春秋典故应对说："自古刑法是不对尊贵的人使用的"。曹操说："自己制定的法律而自己违反，如何能统帅属下？然而我身为一军之帅，是不能死的，请求对自己施予刑法。"于是拿起剑来割断头发投掷在地上。古人视头发如生命，可想而知，曹操的做法对军中起到的强烈震撼和表率作用。

九二：在师中，吉无咎。王三锡命

"中"：持中守正。"三锡命"：《周礼》云，一命受职，再命受服，三命受位。大意是率领军队打仗，既能受制于君王，又能凝聚军心，是错不了的。所以君王才再三给予奖赏，在封官、外加物质奖励的同时，身价自然提高。

如果"师出以律"是讲治军的重要性，那么"在师中"侧重于讲领导的艺术性，也就是作为一名领导，如何对上与对下的问题。既能服从于领导，又能科学领导下属，更好地为团队服务，当然会"吉无咎"。

史书载：天宝十四年（755），安禄山叛乱，天下震惊！郭子仪临危受命，即调任朔方节度使，并奉命率军东讨叛军。别的唐朝将领都吃败仗，连当时大名鼎鼎的老将军哥舒翰都兵败被杀，偏郭子仪基本上总打胜仗，别人失去的国土，他又能给收复回来。郭子仪经过数年浴血奋战，终于收复了当时的京城西安和陪都洛阳。当郭子仪入朝，连肃宗皇帝都很服气地说："虽吾之家国，实由卿再造。"赐给他免死牌，在凌烟阁为他画像，封汾阳王，以表彰他的兴唐之功。

郭子仪的成功与他的军事才能和高尚人格、睿智思想是分不开的，即使有多大危险，也能被他一一化解，这正是他值得钦佩的地方。"安史之乱"爆发后，唐玄宗提升郭子仪任朔方节度使，位居李光弼之上。李光弼怕郭子仪刁难，就想调到别的方镇去。这时朝廷要郭子仪挑选一位得力大将去平定河北，郭子仪出于公心，推荐李光弼，李光弼却以为郭子仪是在借刀杀人，让他去送死。可是朝廷成命又不得不服从，临行前对郭子仪说："我赴死心甘，只求你不要再加害我的家人。"郭子仪听到他冤枉自己的话后，流着热泪对他说："现在国难当头，我器重将军，才点你的将，愿与你共赴疆场讨伐叛贼，哪里还记着什么私愤？"李光弼听后非常感动。两人手扶手相对跪拜，前嫌尽释。郭子仪家人丁兴旺，家中七子八婿个个出将入相，尽得善终。他活了85岁，这在唐代足够长寿。其死后，当时朝廷废朝放假5天，停止娱乐活动5天；按当时的规定，一品官坟墓只能高1丈8尺，皇帝一咬牙让给他加高10尺，以示尊崇。

《新唐书》对郭子仪的评价："权倾天下而朝不忌，功盖一世而上不疑，侈穷人欲而议者不之贬。"大概意思是除了皇帝就数他最有权，但同朝大臣又不嫉妒他；他功劳最大，但功高不震主，皇帝不怀疑他有二心；吃喝玩乐，天下能享的福他都享了，虽然人也议论，但心服口服，觉得他应该享福。想想也真是的，别的不说，就这3条，旁人得到一条都不容易，郭子仪却是样样俱全，实在是中国历史上的政坛奇迹。这也正是"在师中，吉无咎"的最佳诠释。

六三：师或舆尸，凶

"舆"：战车。"或"：在《说文》中有逼切之意。"师或舆尸"大意是滥用军队作战，好大喜功、穷兵黩武，最终是连年征战，车上满载着兄弟尸体且无功而返。凄凄惨惨，一副"无颜面见江东父老"的惨景表现得淋漓尽致，只能自取恶果。

中华民族在历史上曾历经无数次战乱，从而对和平十分珍视。自古以来就有"国虽大，数战必亡"的古训。如战国时期的秦国就是一个尚武好战的国家，凭借强大的势力，兼并了六国完成天下一统的大业。但是，战争机器并没有停止，而是把扩张对象转向了更为边远的地区，曾发兵50万平定南越，又发兵30万北击匈奴。

频繁的战争给人们带来了沉重的负担。人们的劳动所得，多数被秦王朝强征为军费开支。除此之外，人们还要承担十分繁重的兵役。"苛政猛于虎"，最终导致了大泽乡起义。曾经威加四海、不可一世的秦王朝，最终却被一群农民所推翻。

六四：师左次，无咎

"左次"：是往后退的意思。战事中，要综合考虑敌我双方势力，当敌方过于强大时，不妨先停下来，等待良机，不能急于求成，以卵击石。这里强调的后退不是永久的退缩，而是便于隐藏自己的实力，为他日雄起做好坚实准备。

《道德经》说："将欲歙之，必固张之；将欲弱之，必固强之；将欲废之，必固兴之；将欲夺之，必固与之。"老子这句话体现出卓越的辩证思想。想捉住敌人，事先要放纵敌人。这是一种放长线钓大鱼的计谋。

五代时，17岁的小皇帝孟昶在接受群臣朝拜之后，正准备退朝，突然有人高叫："陛下，我乃托孤之臣，为维持和平与繁荣，特提出掌管六军，请陛下恩准！"孟昶定睛一看，原来是李仁罕，稍一思索，便答道："朕准你掌管六军，还望你不负朕望，多为朝廷出力！"退朝后，孟昶想：这老臣李仁罕多年来在朝中目无法纪，暴政腐败，霸占民田，私建屋宇……今天，又提出要掌管六军，看来他是欺我年幼刚即位。在朝中立足未稳，而想趁机揽权。有朝一日，他必有夺权之举，看来此人不可留！可他在朝多年，亲信多，势利大。对他宜采取欲擒故纵的办法，然后再突然袭击！不久，孟昶又加拜李仁罕为中书令。这让李仁罕更加骄横，逢人便夸耀："我是托孤之臣。圣上不仅让我掌管六军，还打算过几天封我为公！"私欲加重的同时，其言行更加放肆，孟昶感到他对自己的威胁越来越大。两个月后，李仁罕焦急地等待孟昶封他为公。一天，圣上传旨召他入宫。李仁罕很高兴："准是要封我为公了！"他趾高气扬地入了宫。"李仁罕听旨！""臣在。""朕今日赐你死！"李仁罕一愣，马上大叫："臣有何罪？""你图谋不轨，在禁军将领中宣称禁军只能听从你指挥，不管其他人，你把朕置于何地位？你动用府库之银建私宅，你还……"李仁罕当时就傻了，连声在叫："陛下饶命，陛下饶命啊！""拉出去，斩！"就这样，孟昶欲擒故纵，终于除掉了李仁罕，巩固了帝位。

六五：田有禽，利执言，无咎，长子帅师，弟子舆尸，贞凶

"执言"：执行命令。田野里发现了毁坏庄稼的鸟，抓紧把它除去，就不会有害。让德才兼备的人担任将领出征，但是又不放心，派一些奸逆小人去明着做监军，暗着是监视，难免政见不合，不但要失败，而且会承担不必要的责任。爻辞强调的正是领导在用人上要近君子、远小人，还要用人不疑、疑人不用。

《资治通鉴·周威烈王》讲："德胜才谓之君子，才胜德谓之小人。"小人得志的愿望比君子强烈。孔子曰："君子固穷，小人穷斯滥矣。"人格高尚之人能安于贫困，且穷能独善其身，达则兼济天下，虽爱财，但取之有道。富贵不能淫，贫贱不能移，威武不能屈，不为五斗米折腰，不受嗟来之食，这是君子品格。而小人则会胡作非为，会时刻想着天上掉馅饼、想着"鸿鹄将至"，整天琢磨着出将入相。"君子坦荡荡，小人长戚戚"，正是君子与小人心态上的区别。穷则思变是好事，但要看怎么"变"。君子之"变"，是凭借自己的智慧和劳动；小人之"变"，是靠自己的钻营技巧不劳而获。小人得志的概率比君子高。这是社会现实。究其原因：首先，君子愚戆，小人机敏，故小人易于发现可乘之机、可钻之隙，君子则不然，其所关注的是工作和事业；其次，君子循规蹈矩，小人不择手段，一旦有了机会，小人会无所顾忌地削尖脑袋往里钻，哪怕是冒天下之大不韪也会毫不迟疑，君子技艺远不如小人；再次，处在官本位的社会中，以官场评价为标准的定向一时难以改变，只要攀上"贵人"，就会平步青云，故人们常告诫自己的后代要"亲君子，远小人"，又反复训诫后代子孙"宁可得罪君子，不可得罪小人"。

上六：大君有命，开国承家，小人勿用

任命要职时，尽量挑选那些德才兼备的人，授以实权；对那些好搬弄是非者、投机钻营者多给些钱财，或者是给些虚职，不能重用。其实有时候，小人和君子很难区分，二者也在互相转化。如何识别君子与小人，也只能靠领导者的"火眼金睛"。这里强调的是领导者对人才的识别与使用问题。

武则天即位后，深知治理国家必须有大批人才。所以，她特别看重人才在国家治理中的作用。为了搜罗人才，她下了一道旨意："要想建一座大房子，必须依靠很多的材料。长的做栋梁，短的做拱橼。不同的材料用处是不一样的，治理国家也是这个道理。不论是谁，谁要是能想办法使国家富强起来，我就封他做官。"

她不仅是这样说的，也是这样做的，总是想尽千方百计收罗各种各样的人才，甚至还包括她曾经的敌人。徐敬业起兵造反前，有位叫骆宾王的文学家为他起草了一篇《檄文》。文章写得慷慨激昂、气吞山河。不久，有人将这篇《檄文》献给朝廷。《檄文》中把武则天骂得过于厉害，而武则天却根本没把这当回事，依旧说："骆宾王有如此大才华，却没能为我所用，这真是宰相的过失呀！"

当时，唐朝东北部有一支契丹部落，经常和唐军发生战争。尤其是一位名叫李楷固的契丹族将领特别骁勇善战，让唐军吃了不少亏。后来，因为部落发生了内乱，李楷固便率领手下军队前来向唐军投降。许多唐朝将军都纷纷上奏，要求武则天趁这个机会杀掉李楷固全家，为牺牲的唐军将士们报仇雪恨。可是，在宰相狄仁杰劝说下，武则天不仅没有惩罚李楷固，反而任命他为左玉铃卫将军，仍旧让他率领自己旧部。武则天宽广的胸襟让李楷固心里十分感动，从此以后他忠心耿耿报效国家，打了许多大胜仗，很快就把契丹部落全部平定。

由于武则天提拔、重用了大批人才，国家被治理得异常富强。周边少数民族部落和外国纷纷派出使节来到长安城里向唐朝学习。

爻辞又紧接着提出"小人勿用"。中国历史上，小人翻卷政治风云的悲剧屡见不鲜。齐桓公晚年，日益昏聩，对易牙、开方、竖刁等奸佞之徒非常宠信。

公元前645年，管仲病危。齐桓公以用易牙、开方、竖刁能否担任国相职务的问题来征求管仲的意见。但三者最终被管仲否定。管仲回答说，易牙杀死自己的儿子来迎合国君，开方背弃自己的父母来迎合国君，竖刁阉割自己来迎合国君,这些行为不近人情,这几个人不能亲信。管仲去世后,齐桓公没有采纳管仲意见,亲近和重用易牙、开方、竖刁3人,使易牙等把持了齐国大权。

管仲在世时,齐桓公和管仲将孝公昭立为太子,并将孝公昭托付给宋襄公。易牙进入宫中后,与宦者竖刁凭借齐桓公宠妾的权势杀戮不顺从的官吏,拥立公子无诡为齐君。太子昭见继承君位无望,逃离齐国投奔宋国。其他几个公子则与新君无诡互相攻杀。由于齐桓公的儿子们为争夺君位而相互攻杀,宫中空虚,因而无人有心思去管死去的齐桓公。齐桓公的尸体在床上停放了67天,腐烂而滋生的蛆虫甚至爬出门外。直到无诡正式即位,才将齐桓公尸体放入棺中,停枢待葬。

从人性角度来看,人若有与常人不同的行为,则必有与常人不同的品质。爱子女胜于爱别人,爱父母胜于爱别人,爱自己胜于爱别人,这都是人之常情。而易牙、开方和竖刁3人为了取悦齐桓公,都有不合乎人之常情的行为,他们之所以这样做,显然是因为出于不可告人的目的。可惜的是,齐桓公不但没有看出这一点,也没有听从管仲的忠告,终于被易牙等人所害。

总之,师卦着重强调的是用兵之道,但又不仅仅是限于军事,其原理也适用机关、企事业单位、院校和其他社会团体组织的管理中,即涉及如何以身作则作好榜样,如何调动骨干积极性带好队伍等方面的问题。根据周朝体制,"五人为伍,五伍为两,四两为卒,五卒为旅,五旅为师,五师为军"。从伍到军多为"五五"关系,唯独从两到卒为4倍关系,这一特例主要出于统计管理上的方便考虑,因为1卒正好100人,最适合作为统计基准。由此推算1旅500人、1师2500人、1军12500人。当时实行寓兵于农政策,平时以此编制进行农耕,战时以此编制组织抗敌。全卦表示士兵必须无条件服从统帅的指挥调遣。所以从卦象得出的军事原则之一便是一切行动听指挥。

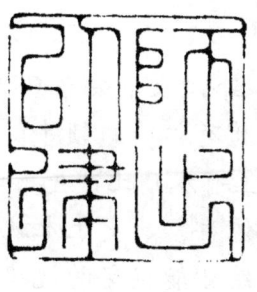

师出以律

【原文】

比：吉。原筮，元永贞，无咎。不宁方来，后夫凶。
初六：有孚比之，无咎。有孚盈缶，终来有他吉。
六二：比之自内，贞吉。
六三：比之匪人。
六四：外比之，贞吉。
九五：显比，王用三驱，失前禽。邑人不诫，吉。
上六：比之无首，凶。

比卦是《周易》第八卦，表示要亲密无间、相互帮助，自然吉祥，但还要有选择性地跟随有仁德的领导，坚持道路自信，以此避免祸患发生。《象》曰："地上有水，比；先王以建万国，亲诸侯。"寓意水和大地亲密无间，互相依存。历史上本就形成了一套分封国土、稳定诸侯的制度，总结了团结才能稳定的规律。如果钩心斗角，自行其是，就会打破稳定和谐的局面，而走入不利。

地上有水，比：先王以建万国，亲诸侯

陈亮山，笔名丘陵，1952年出生，河南开封人，现为河南省书法家协会会员、河南省大华书画院开封分院常务副院长、刘庚三书法研究会艺术顾问、民革开封市中山书画院副院长、开封宋都书画研究会副会长、开封意拳书画研究会会长。

第八章　爱无声　鱼水欢　合力齐保贺兰山

比：吉。原筮元永贞，无咎。不宁方来，后夫凶

比卦是上坎下坤的水地相亲相爱组合卦。水在地上，大地又受水的润泽，谁也不愿意离开谁，表示关系亲近、其乐融融。领导对待部属，就像对待自己的兄弟姐妹一样，成功是必然的，"视卒如婴儿"，才能产生"撼山易，撼岳家军难"的奇效。

从卦辞来看，"原"：再一次。"筮"：验证，求证。在这里不能想当然地作迷信讲。"原筮"：可以理解为反复思考，意思是要慎重。"元永贞"中的"元"：即初心，讲的是一种大德，善良。"永"：持久。"贞"：正道。"不宁方来，后夫凶"：《程传》阐述"凡生天地之间者，未有不相亲比而不能自存者也。虽刚强之至，未有能独立者也"。看起来，人生活在世上，就不能搞自我封闭。不管是上下，还是左右，有了语言交流，必然会产生交际，有了交际圈子，必然会催生交情。交情有深浅之分，浅了就是一面之缘，深了可以交心。所以在交际时要特别慎重，交朋友要"元永贞"，即交结真朋友。真朋友的标准是既能锦上添花，又能雪中送炭，结交那些公正无私、品行高尚的朋友，才能持久。相反，对那些唯利是图、酒肉朋友要特别慎重，否则必会遗患无穷。可见，《比》卦谈的是与人交往的卦。《易经》太伟大了，根本不是诱导人们去搞封建迷信活动，字里行间谈的都是原生态生活。

交朋友，就应该交真朋友，可以与其患难与共，成为生死之交。如唐代诗人刘禹锡与柳宗元就是这样一对生死之交：在政治上，两人一起参与永贞革新，并肩战斗；在创作上，两人诗文俱佳，趣味相投，相互唱和；甚至在生活经历上，二人也有不少相似之处。刘禹锡与柳宗元共同的志向、共同的趣味、共同的遭遇，使他们结下了深厚友谊。他们不仅在顺境时相互支持、相互砥砺，而且在天涯沦落、生死未卜的逆境当中，两人的真絷友谊更加巩固，也更加牢固。他们的友谊，成就了一段文坛佳话。

相反，酒肉朋友却是靠不住的。假如一个人的地位取决于他的关系网络，或者说是人脉，那么这样得来的地位也不会牢靠。人脉的背后其实是人情：我欠你一个人情，我要补偿给你；反之亦然。所以在日常生活里，东方人的惯性思维其实是"将关系远近作为自己处理事情的评判标准，而并不关心孰是孰非"。所以原本简单的事情，往往会变得更加复杂，原本简单的矛盾会变成复杂的矛盾，只是利益共同体的一种惯性表现而已。

初六：有孚比之，无咎。有孚盈缶，终来有他吉

"孚"：诚信。"盈"：满。"缶"：装水用的瓦罐。大意是做人做事要讲诚信，绝对不是坏事。讲诚信的人就如同装满水的瓦罐一样实在，终会收到意想不到的效果。为此，做人要讲诚信，要真诚善待他人。人人都渴望真诚，渴望彼此间的信任、理解、尊重，前提就需要真诚。

《唐语林》记载：有个叫崔枢的人去汴梁（今开封）考进士，同南方一商人住在一起达半年之久，两人成为好朋友。后来，这位商人得了重病，他对崔枢说："我的病看来是治不好了，按我们家乡的风俗，人死了要土葬，希望你能帮我这个忙。"崔枢答应他的请求。商人又说："我有一颗珍贵的宝珠，价值万贯，得之能蹈火赴水，愿奉送给你。"崔枢怀着好奇的心理接受了宝珠。事后崔枢一想，接受朋友这么贵重的礼物觉得不妥。商人死后，崔枢在土葬他时就把宝珠也一同放入棺材，葬进坟墓。一年后，商人妻子从南方千里迢迢来寻找亡夫，追查宝珠下落。官府派人逮捕了崔枢。崔枢说："如果墓没有被盗的话，宝珠一定还在棺材里。"于是，官府派人挖墓开棺，果然宝珠还在棺材里。崔枢之举，足以证明为人之道，贵于宝珠。

六二：比之自内，贞吉

"自内"：发自内心的爱，源于亲人间、熟人间的关爱。在初六爻"有孚"的诚信基础上，提拔和重用亲信及亲人，基础是"贞吉"，只要出自公心，就比较吉利。这里强调的是举贤不避亲的问题。

《吕氏春秋·去私》有一个祁黄羊举贤的故事。晋平公问祁黄羊："南阳没有县令，谁可以担任呢？"祁黄羊推荐说："解狐可以担任此职。"晋平公惊讶道："解狐不是你的仇人吗？"祁黄羊回答说："君王您问的是谁可以做地方官的，您并没有问谁是我的仇人哪。"晋平公听后很是感叹，遂就让解狐担任了南阳县县令，晋国人人都对祁黄羊此举称赞有加。后来晋平公又问祁黄羊说："我们国家没有管军事的官，您看谁可以担任此职呢？"祁黄羊果断地说出："祁午可以担任！"晋平公又吃惊了："祁午不是您的儿子吗？"祁黄羊解释说："君王您问的是谁可以担任管军事的官，又不是问谁是我的儿子呀！"晋平公于是就果断地让祁午担任此职，晋国同样还是人人称赞。孔子在听到祁黄羊的这些事迹后禁不住对祁黄羊赞赏不已，说祁黄羊推荐"贤人"既不避家人，更不回避仇人，这才是真正的出于公心。

六三：比之匪人

"匪"：道德低下、唯利是图的小人。"此之匪人"是说与身边人保持亲和的同时，还需要随时做好与不情愿的人打交道乃至与陌生人打交道的准备。

与朋友相交，自然是人生快事。苏东坡曾作"与君世世为兄弟，再结来生未了因"吟诵朋友之情的诗句，堪称情深意厚到了极致。但如果面对的是自己不喜欢或本不想结交的人，如"比之匪人"，双方磁场不和，话不投机半句多。与自己不喜欢的人，如"匪人"亲比（打交道），有一定的不确定性和危险性，当然不是一件愉快的事情。因此爻词对"比之匪人"未定吉凶，心里不开心，当然不利于身体健康，也不能继续友好下去。孔子说："里仁为美，择不处仁，焉得知？"没有仁德的环境，会感到非常烦闷，连气都上不来，这样的环境，怎么能够生存得下去。

唐代著名的和尚诗人寒山，他的诗大多富有禅理，令人回味无穷。其中，有一首是这样的："有人辱骂我，分明了了知。虽然不应对，却是得便宜。"这首诗所表达的内容，充满了为人处世的机智。平白无故地被人辱骂，当然很不乐意。但应该知道，这种张口就骂人的人，一般都没有修养，没有风度，没有必要去与他们一般见识。有时候，受辱不怨，既是一种处世方法，又是一种高尚情怀，也是一种为人智慧。这也正是"比之匪人"的真实写照。

六四：外比之，贞吉

经过"比之自内""比之匪人"后，终于在"比之外"的阶段落脚。借此充分发挥"比"的作用，促进对外交往。在整个过程中，不管是处于主动对外亲比，还是因为诚心感召使外人主动前来亲比，都显得并不重要，重要的是通过亲比的想法和做法，建起长期稳定的对外关系，创造良好的发展机遇。所以爻词论断为"贞吉"，这应该是一个非常好的举动。

公元前33年，已经统一匈奴全境的呼韩邪单于出于对汉王朝的感激，到达汉长安城朝见汉元帝，请求"婿汉氏以自亲"，主动提出愿意做汉朝女婿，使汉匈关系和上加亲。呼韩邪单于降低身份，表示友好感激，这与之前汉室为平息边患，被迫"和亲纳贡"完全是两码事。汉朝素为礼仪之邦，君臣均认为这是件好事，汉元帝痛快地答应了呼韩邪单于的请求，并在后宫征求外嫁宫女。王昭君便是在这个历史背景下，自愿请嫁，脱颖而出，日后名垂青史。

为了对王昭君的歉意和留恋，或是对汉匈和好关系的重视，汉元帝把昭君出塞和亲的前33年改年号为"竟宁"，意谓边境永熄烽火，和平安宁。呼韩邪汗王则封王昭君为宁胡阏氏即胡汉友好皇后。呼韩邪与王昭君离开长安时，汉王朝又破格赏赐陪嫁，仅是锦帛便多达2800多匹，加之谷物、茶叶各类用品，车载马驮，浩浩荡荡，汉元帝与百官亲自送出长安城10里，这在汉匈关系史上也属浓墨重彩，空前绝后。之后，王昭君在匈奴大汗呼韩邪陪伴下踏上出塞道路，一路北行，经朔方、过五原到达阴山脚下匈奴王廷所在地。据说，中途王昭君弹琴自娱，引发大雁低飞倾听，此谓"沉鱼落雁"的由来。王昭君由此走进一片完全陌生的天地、陌生的人群、陌生的社会，但却开启了自己新的人生。

王昭君的传奇经历与历史功勋，不仅帝王肯定，群众拥戴，而且引发历代文人的咏叹，据统计仅诗歌便有700余首，这也是对于王昭君"外比之，贞吉"的充分肯定。

九五：显比，王用三驱，失前禽。邑人不诫，吉

"显"：显著，显赫。"王用三驱"：古代帝王围猎，从3个方向驱赶，留出正面出口，从侧面射杀，而不合围。"失前禽"：猎物从前面跑了。"邑人不诫"：围猎的人居然也不叫喊，任凭猎物逃走。这里其实是用打猎任由猎物逃跑来形容君王治理天下的仁德形象。统治者大公无私，非常仁爱包容，对持有不同意见的人，照样能广开言路，不打击报复。社会一片大好，上下齐心，当然属大"吉"。

这方面，典型莫过于开明之君唐太宗，一时成就了"贞观之治"。他的特点之一就是善于"纳谏"，善于纳中国历史上最负盛名的谏臣魏征之谏。

魏征以性格刚直、才识超卓、敢于犯颜直谏著称。凡是他认为正确的意见，必定当面直谏，坚持到底，决不背后议论。

魏征和唐太宗相处17年，一个以直言进谏著称，一个以虚怀纳谏出名，尽管有时争论激烈，互不相让，最后太宗也能按治道而纳谏。这种君臣关系，在历史上极为罕见。在魏征为代表的大臣带动下，贞观群臣出现了争相谏诤的局面。魏征去世后，唐太宗极为思念，感慨地说："夫以铜为镜，可以正衣冠；以古为镜，可以知兴替；以人为镜，可以明得失。朕常保此三镜，以防己过。今魏征殂逝，遂亡一镜矣。"这恐怕是历代大臣中所享受的最高哀荣。魏征成为唐太宗预防自己犯错的一面明镜，充分体现他在唐太宗治理国家中不可替代的作用。

上六：比之无首，凶

"首"：边际。《象》曰："比之无首，无所终也。"大意是亲近得没有边际，亲过了头，没有一点原则性地去搞团团伙伙，大亲特亲，最终则会害人害己。该爻启示：缺乏原则性，不顾一切地去大搞特搞"愚忠""效忠"的行为，势必坑害领导、坑害自己。

在这方面，春秋时期的楚国仆人阳谷就是一个典型。有一次，楚军与晋军在鄢陵交战，双方杀得天昏地暗。楚国国君楚恭王也亲自率兵参加这场血战，激战中，楚恭王身负重伤，只好鸣金收兵，暂回营中。楚王大将军司马子反，在前线奋战，一回到营帐就直嚷着要喝水。子反有个叫阳谷的仆人，平时对主人一向忠心耿耿、百般爱护，此刻一见主人这般模样，赶紧搬来一坛酒，让子反解渴，并用汗巾一个劲地替子反擦汗。子反这个人向来嗜酒如命，拿起酒杯便不醉不休，这次自然也不例外，直至醉倒床上。

休战半日，楚恭王准备重新开战，迎击晋军，便派人去子反帐中催他出战，不料子反正醉意沉沉，睡在床上鼾声大作，根本不能起床打仗。仆人阳谷又对来人说子反胸口痛，不能出战。楚恭王听说大将在这紧急关头生病，十分着急，便亲自到子反帐中探望。楚恭王刚一进帐就闻到一股浓烈酒味，顿时气得脸色发紫，便指着睡在床上的子反大声喝道："今日之战，关系重大，寡人亲自出战，身受重伤，指挥全军就完全靠你了，谁知你在这紧要关头竟敢胡来，这不是存心要让楚国亡国吗？像你这样置国家利益于不顾的嗜酒之徒，还能再率兵打仗吗？罢！罢！罢！这仗不能打了！"

楚恭王没有办法，只好命令撤军回朝。子反的仆人阳谷后悔得不知所措，求恭王原谅子反，自己愿替子反顶罪。恭王冷笑道："你作为仆人，一味娇宠自己的主人，你的罪过不轻。子反作为国家大将，误了国家大事，你顶替得了吗？"楚恭王回朝后，按军法将司马子反斩首示众，以戒众人。子反的仆人阳谷从此离开楚国，不知去向。

作为仆人的阳谷，爱护主人，对主人忠诚无可厚非，但不顾场合，不考虑后果，在战争的紧急关头还满足主人喝酒的爱好，结果误了国家大事，使主人招来杀身之祸，悔之晚矣。这种不讲原则、不顾后果的爱实在害人不浅，真正是"比之无首，凶"。

总体看来，比卦是教人如何交往、顺畅关系的卦。在交往亲近中，首先，提出得"有孚"，即讲诚信；还要"盈缶"，如装满水的瓦罐一样实在。其次，要有亲和的态度，要"自内"，即发自内心的爱，不矫揉造作，不虚伪。再次，要区分对象，对"匪人"，即要远离小人；居高位时，要德泽四方，亲近百姓，通顺周围；还要做到，亲比时要有原则性，要有底线，不能不顾一切地去亲比。这里恰恰又证明了"君子之交淡若水"的道理。

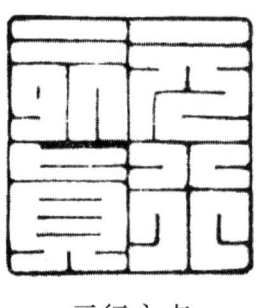

元行永贞

【原文】

小畜：亨。密云不雨，自我西郊。

初九：复自道，何其咎，吉。

九二：牵复，吉。

九三：舆说辐，夫妻反目。

六四：有孚。血去惕出，无咎。

九五：有孚挛如，富以其邻。

上九：既雨既处。尚德载。妇贞厉。月几望。君子征凶。

小畜卦是《周易》第九卦，讲述的是积蓄富家之道。小畜是一点一点地积蓄力量，从不懈怠，发展到一定程度，便可大有作为。《象》曰："风行天上，小畜；君子以懿文德。"寓意是环境一般，不利于发展时，领导者要学会耐心等待，积蓄实力、蓄养美德，待到实力强大时，自然就会有所成就。

风行天上，小畜：君子以懿文德

姚金声，1955年出生，辽宁绥中人，现为辽宁省书法家协会会员、中国硬笔书法家协会会员、绥中县书法家协会副主席兼秘书长、中国林业部书法家协会会员。

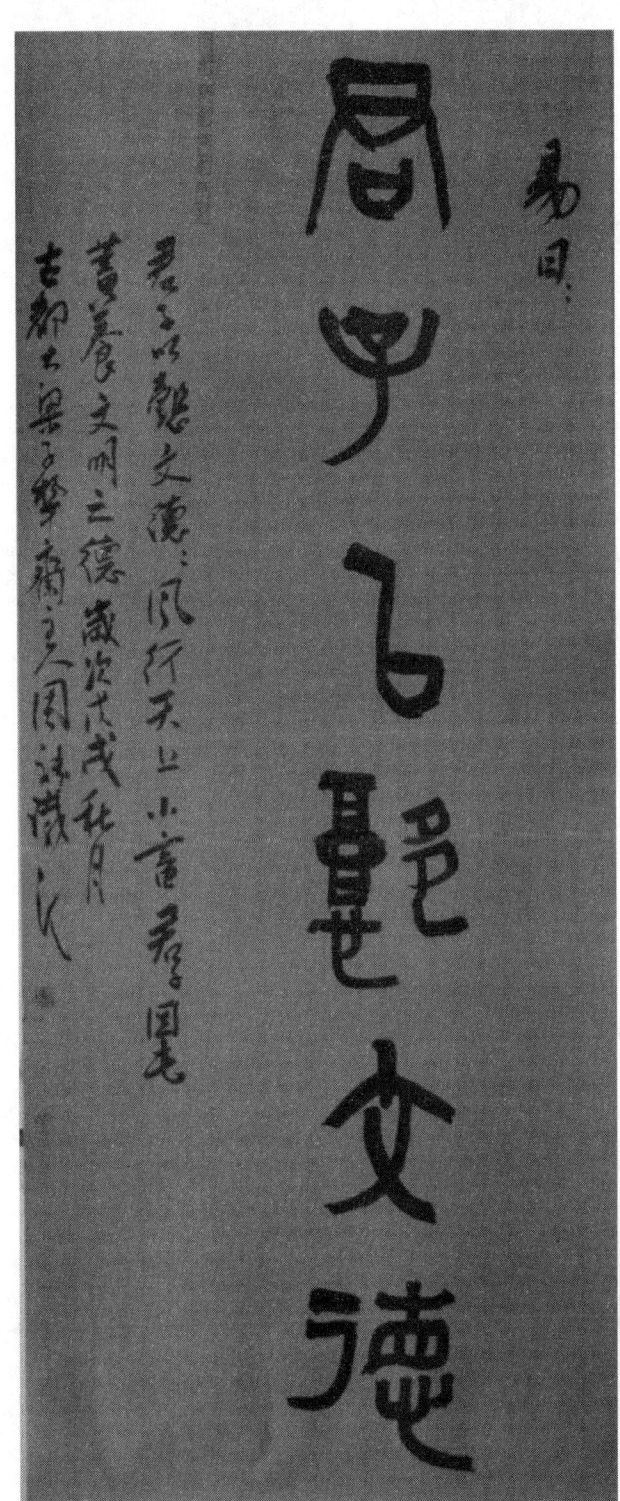

周　斌，1977年出生，河南开封人，现为河南省书法家协会会员、河南省大豫书画院职业画家。

第九章　积小流　蓄能量　无限风光尽被占

小畜：亨。密云不雨，自我西郊

小畜卦是乾下巽上的风行天上卦。风天小畜，风在上，天在下，风行天上，表示暂时还存在一些磕嗑绊绊，但是，只要抓住机会，朝着预定目标，努力努力再努力，最终乌云遮不住太阳，由难变易，走向亨通的明天。

"亨。密云不雨，自我西郊"中的"亨"：比较顺利。"密云不雨"：乌云密布，雨暂时下不来。云自西边郊外而起，为"自我西郊"。蓄到一定程度，能量积累达到一定程度，因积聚而降雨，是自然亨通之象。

史泰龙未出道前，穷困潦倒，在他身上全部的钱加起来都不够买一件像样西服的时候，他仍执着地坚持着心中做演员、拍电影、当明星的梦想。当时，好莱坞有500家电影公司，他根据自己划定的路线与排列好的名单顺序，带着自己写好的、量身定做的剧本前去一一拜访。但从第一轮到第三轮，500家电影公司居然没有一家愿意聘他。面对百分之百的拒绝，这位年轻人没有灰心，他咬牙开始他的第四轮行动。当他拜访完第349家后，第350家电影公司的老板破天荒地答应让他留下剧本先看一看。几天后，他获得通知，请他前去详细商谈。就在这次商谈中，这家公司决定投资开拍这部电影，并请这位年轻人担任男主角。这部电影名叫《洛奇》。史泰龙于1977年凭借电影《洛奇》获得第49届奥斯卡和第34届美国金球奖最佳男主角和最佳编剧奖提名。1982年，他凭《洛奇》和《第一滴血》两个动作电影系列成为20世纪80年代好莱坞动作明星的代表，并于1984年留名好莱坞星光大道。1992年，他获得第17届荣誉恺撒奖。2002年，他被授予"千年动作明星奖"。2009年，威尼斯电影节授予史泰龙"电影人荣誉最高奖"。2010年，史泰龙获得好莱坞事业成就奖。

初九：复自道，何其咎，吉

"道"：道路，或为进取的路。"复"：重复，回复。"复自道"：指返回常道。"何"：为何。"咎"：问题。初九爻辞大意是瞅准目标去努力，进行无数次的重复。这里的重复并不是物理意义中的简单往返，而是反映出了一定的哲学思想。当然重复并不是在原点上退缩不前，而是向更好的前行做准备，以便为下一个目标奠基。中央电视台曾有一句"千万次的重复铸就辉煌"的广告台词，大概就是这个意思。这种周而复始的努力，并不是什么坏事，正如爻辞中的"吉"，却是一件大好事儿。

中国古代大书法家王献之自幼聪明好学，师承父亲王羲之。有一次，王羲之看王献之正聚精会神地练习书法，便悄悄走到背后，突然伸手去抽王献之手中的毛笔，王献之握笔很牢，没被抽掉。父亲很高兴，夸赞道："此儿后当复有大名。"王献之听后心中沾沾自喜。一天，王献之问母亲郗氏："我只要再写上3年就行了吧？"妈妈摇摇头。"5年总行了吧？"妈妈又摇摇头。王献之急了，冲着妈妈说："那您说究竟要多长时间？""你要记住，写完院里这18缸水，你的字才会有筋有骨，有血有肉，才会站得直立得稳。"王献之一回头，原来父亲站在了他的背后。王献之心中不服，啥都没说，一咬牙又练了5年，把一大堆写好的字给父亲看，希望听到几句表扬的话。谁知，王羲之一张张掀过，一个劲地摇头。掀到一个"大"字，父亲现出了较为满意的表情，随手在"大"字下填了一个点，然后把字稿全部退还给王献之。王献之心中仍然不服，又将全部习字抱给母亲看，并说："我又练了5年，并且是完全按照父亲的字样练的。您仔细看看，我和父亲的字还有什么不同？"母亲果然认真地看了3天，最后指着王羲之在"大"字下加的那个点儿，叹了口气说："吾儿磨尽三缸水，唯有一点似羲之。"王献之听后泄气了，有气无力地说："难啊！这样下去，啥时候才能有好结果呢？"母亲见他的骄气已经消尽了，就鼓励他说："孩子，只要功夫深，就没有过不去的河、翻不过的山。你只要像这几年一样坚持不懈地练下去，就一定会达到目的！"王献之听后深受感动，又锲而不舍地练下去。功夫不负有心人，王献之练字用尽了18缸水，在书法上突飞猛进。后来，王献之的字也到了力透纸背、炉火纯青的程度，他的字和王羲之的字并列，被后世称为"二王"。

九二：牵复，吉

"牵"：牵手；共同协作。"复"：往返，重复。九二爻辞大意是双方为了一个共同目标，并肩协作不停地去努力，才能得以"吉"。爻辞呼唤的正是一种团队精神。团队精神是大局意识、协作精神和服务精神的集中体现，其核心恰恰是协同合作，即爻辞中所强调的"牵"。整个爻辞反映的是个体利益和整体利益的统一，从而能保证组织力的高效运转。反之，如果没有良好的从业心态和奉献精神，也就不会出现高效的团队精神。

俗话说："一个篱笆三个桩，一个好汉三个帮"；一根筷子一折即断，一把筷子百折不弯。实践证明，从古到今，任何一个成功者都不是靠个体成功的，而要靠群体成就。仅《西游记》来看，孙悟空纵有千万般变化、降妖除怪的本领，但还得有八戒和沙僧在背后看护师父和行李，危难时刻还得去请南海观世音菩萨和各路神仙帮忙。

毛泽东主席强调，要团结一切可能团结的力量。习近平主席也多次强调："团结出凝聚力、团结出战斗力，领导干部要带头讲团结。"可见，团结的重要性。九二爻辞中强调的"牵复",即互相携手不停往返,既扩大了群体,壮大了实力,又为事业打实了根基,故此为"吉"。

九三:舆说辐,夫妻反目

"舆":战车。"说":脱离。"辐":车轮上的辐条。爻辞大意是车轮子脱离了战车,与车厢散架,前进不得,后退不能。夫妻反目成仇,一个好端端的家庭就这样破碎了。人到此份上,倒霉事儿一件接一件,不妨静下心来参参"需"卦,调整自己,让心归零,以图他日再起;或者悟悟"比"卦,亲近为上,择机以退为进。

1855年初,太平天国西征军第三次攻克武昌,曾国藩也被围困在南昌孤城,皖北等地区都落入太平军之手。1856年初,在东王杨秀清指挥调度下,太平军先击溃江北大营,随后又调回围困南昌的石达开部队。在石达开外围作战并调走清军主力的掩护下,太平军猛扑江南大营,一举将它击破。长期和太平军顽强作战的清将向荣,战败后上吊自尽、天京围解。然而巨大胜利后面,却隐藏重大危机。外患刚去,内忧很快浮出水面,问题就出在太平天国的领导体制上:太平天国本是一个天王加上东南西北翼五王,天王高高在上,南西北翼四王都要受东王杨秀清节制。

最矛盾的是天王和东王的关系。东王杨秀清假借"天父"下凡名义,直接越过洪秀全给太平军部众发号施令。天王密诏北王韦昌辉,令其深夜带人杀奔东王府。韦昌辉将东王所有妻妾子女全部杀光,捆紧东王连夜押去天王府见洪秀全,但洪秀全又出尔反尔,最终设计除死北王。君臣内讧,兄弟相残,太平天国赖以维系的拜上帝教宗教权威体系,终于在"天京事变"的血腥屠杀中土崩瓦解。事变后,石达开出走,更让太平天国从此"内政不修,人心各别"。

爻辞从另一方面反对的是自行其是的危害性,着重强调要加强团强。"以史为鉴,可以知兴替"。中共十八届中央纪委四次全会上,王岐山同志重点强调了两句话,一句是"党内决不允许搞团团伙伙、拉帮结派、利益输送",另一句是"党内决不允许自行其是、阳奉阴违"。如果说"党内决不允许搞团团伙伙"讲的是党的根本性质,那么"党内决不允许自行其是、阳奉阴违"讲的则是党的最大规矩,具有十分鲜明的现实针对性。里面强调的"自行其是"和"团团伙伙"其实是紧密相连的,也是"舆说辐,夫妻反目"的有力证明。

六四:有孚。血去惕出,无咎

"孚":诚信,也可作尽心竭力、努力来讲。"血":忧患或灾祸。"惕":小心谨慎。爻辞大意,指大的灾难来临时,务必要坚持全力而为的态度,不能有丝毫闪失,这样,才能有力避免祸患,也才不会出乱子。这里也有一定的预见性,防患于未然,将坏事变为好事,才会"无咎"。

2018年5月12日,汶川特大地震灾害爆发后,当时国家领导人在赶赴灾区指导救灾工作的路上说:"在灾害面前,最重要的是镇定、信心、勇气和强有力的指挥。"镇定是因为这是一场严峻的考验,考验着一个国家应对自然灾害的能力,也考验着政府的应急管理能力。面对大灾,党和政府科学应对、调度有方,从容不迫、上下一心、镇定自若,给全国人民吃了定心丸。广大灾区人民,面对灾难不屈不挠,自救互救,患难与共,自强不息,赢得全国人民与世界人民的敬重。来自灾区的消息一次又一次震撼心灵:中学老师吴忠洪遇难时双手撑地,身下是两名学生;幼儿园老师瞿万容用后背挡住了垮塌的水泥板,怀里还紧抱一个孩子;绵阳私人诊所医生拿出全部药品救人;成都出租车司机自发奔赴灾区参与营救。在经历巨大灾难后,人们清理废墟,搭起帐篷,下地抢收油菜,下田插秧,毅然投入到重建家园中去。朴实的灾区人民坚信虽然夜里有哭泣,但天明一定会有歌声,他们坚信美好的家园一定会重现,幸福的歌声一定会再响起。"血去惕出",全心而为,才会"无咎"。

九五:有孚挛如,富以其邻

"孚":信任,"挛如",有解释为牵连不绝,也有解释说像痉挛时握紧的拳头一样不能伸展。"富以其邻":《象》辞中的解释说是"不独富也",富了不忘大家,而是要惠及四邻。总之,是因为有了共同信念,有了信任和忠诚,使大家团结得更加紧密,像一只紧握的拳头,手指间不可分离。已经认清了"舆说辐,夫妻反目"的教训,将更加注重团队的精诚合作,着重进行团队文化打造,让大家心往一处想、劲往一处使,形成一个整体。

爻辞"富以其邻"的前提是"有孚挛如"。自助助他,首先强调要自助,然后才有能力助人。在惠及四邻的时候,首先要稳固自身,建立合理的薪酬奖罚体系,对内部利益进行合理分配,实行利益稳固,而不是独富,这样才能为"有孚挛如"提供现实保障。据说,楚霸王项羽之所以败给刘邦,最大区别是刘邦很懂得奖罚分明收买人心,该封赏的时候毫不心疼,表现得很够意思、非常大气。相比之下项羽则太过小气,总不愿意把该奖励的酬劳和职位痛痛快快地奖给大家,弄得大家都很郁闷。

东汉末年,曹操在与袁绍作战时,处于下风,他的许多部下对胜利没有信心,都和袁绍进行联络,以备曹操失败后自己好有个出路。后来,曹操经过官渡之战打败袁绍,从袁绍那里缴获了这些书信,曹操看也不看,就让人烧毁。有人建议曹操,彻查哪些人和袁绍勾结,以便处置。曹操说:"这些跟我打仗的人,谁没有家庭儿女,谁在绝望时都会找出路。当时,连我也没有信心,何况他们?所以,就此了结,不必追问。"

爻辞启示:设身处地为他人着想,站在对方的角度想问题,心量自然而然就会放大;没有"有孚挛如"的基础与"富以其邻"的心胸,就无法成就伟大的事业。刘邦和曹操以大气和宽容证明了这个道理。

上九:既雨既处。尚德载。妇贞厉。月几望。君子征凶

"既雨既处"：大意是已经开始下雨了，从最初的"密云不雨"到现在的开始下雨，已经达到了成功。"尚德载"：基本上算功德圆满了。再向前一步，便会走入另外一种结局。"妇贞厉。月几望。君子征凶"：比喻阴盛阳衰经常发生摩擦，边缘婚姻一击即溃；月亮马上就要到了农历的每月十五，月盈即亏，最圆的时刻过后就是逐日亏减，一日不如一日的黯淡。"君子征凶"中"征"：行进；"凶"：危险。此时，如果不考虑自身状况，盲目乐观，超负荷去运转，就不能不令人担忧，极易会出现不利。

《道德经》说：执持盈满，不如适时停止；显露锋芒，锐势难以保持长久；金玉满堂，无法守藏；如果富贵到了骄横的程度，那是为自己留下了祸根。一件事情做得圆满，就要含藏收敛，这是符合自然规律的。凡事要留有余地，不要把事情做得太过，不要被胜利冲昏头脑。老子认为，不论做什么事都不可过度，而应该适可即止。相反，锋芒毕露、富贵而骄、居功贪位，都是过度表现，难免招致灾祸。一般人遇到名利当头的时候，就会心驰神往、趋之若鹜。老子在这里说出了知进而不知退、善争而不善让的祸害，希望人们把握好度，适可而止，并谆谆告诫人们不可"盈"，一个人在成就功名之后，就应当身退不盈，才是长保之道。

秦国丞相李斯，在秦国官至丞相，可谓集富贵功名于一身，权大势重不可一世。然而最终却做了阶下囚。临刑时，他对儿子说："吾欲与若复牵黄犬，出上蔡东门，逐狡兔，岂可得乎？"不仅丞相做不成，连做一个布衣百姓与儿子外出狩猎的机会也没有了。事例发人深省，教训极其直白。

总之，小畜卦是教人如何修炼内功的卦。由"复其道"坚定志向到"牵复"协作精神的产生，再从"舆说辐"酿成悲剧引申至"血去惕出"的应对，再至"富以其邻"，从物质拥有到精神享受，境界油然上升，最终"尚德载"，而又像十五前的月儿，圆又不圆，保持最佳状态，但还要见好就收。凡事自当留有余地，否则便会折戟沉沙，走入不利境地。

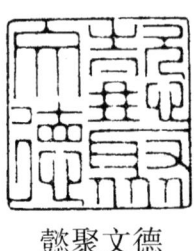

懿聚文德

【原文】

履虎尾，不咥人，亨。
初九：素履往，无咎。
九二：履道坦坦，幽人贞吉。
六三：眇能视，跛能履。履虎尾，咥人凶。武人为于大君。
九四：履虎尾，愬愬，终吉。
九五：夬履，贞厉。
上九：视履考祥，其旋元吉。

履卦是《周易》第十卦，讲述的是礼貌待人之道，反映的是小心翼翼地跟在老虎后面，老虎却没有回过头来咬人，预兆一切顺顺利利。《象》曰："上天下泽，履；君子以辨上下，定民志。"这是一个强调秩序的卦，寓意是走在泥泞道路上要小心谨慎，要注重秩序，对上要尊重，对下要关爱，这样才能化险为夷。

上天下泽,"履":君子以辨上下,定民志

李松婷,女,1958年出生,河南开封人,现为中国书法家协会会员、开封市书法家协会副主席、妇女创作委员会副主任、开封书法专修学院副院长、刘庚三书法研究会顾问。

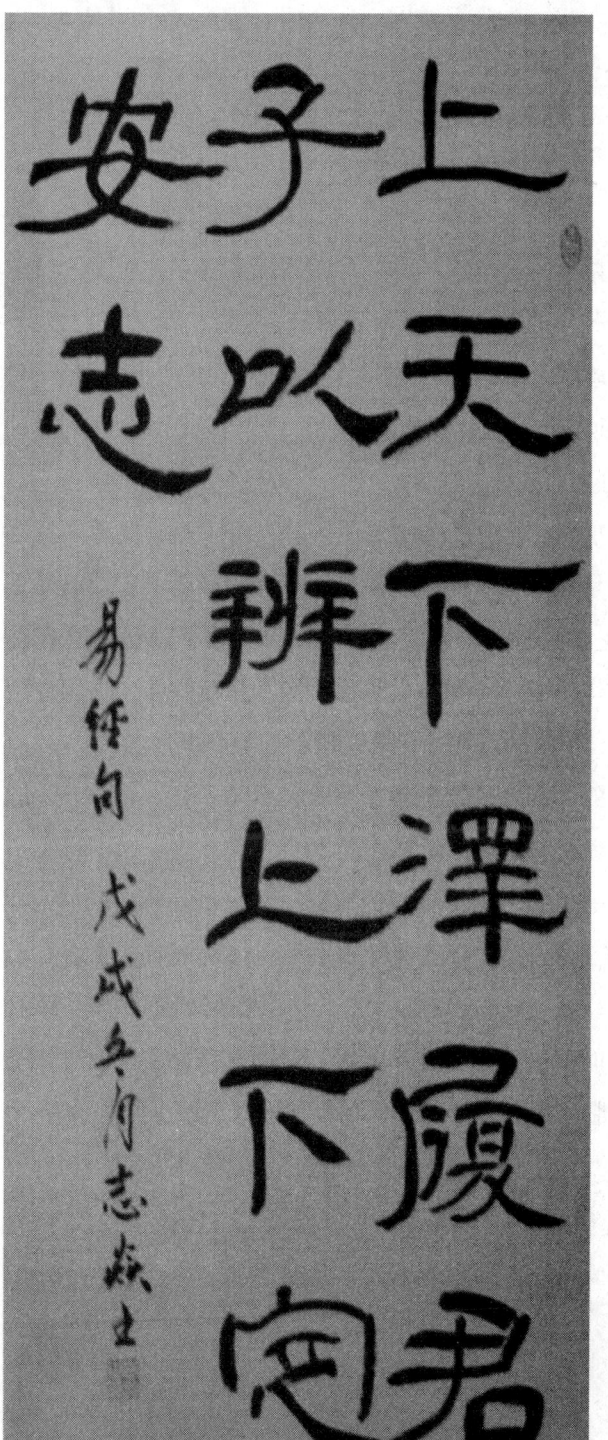

卢志炎，1977年出生，河南开封人，现为河南省书法家协会会员。

第十章　守礼仪　顺常德
一家欢笑在南池

履虎尾，不咥人，亨

　　履卦为"制礼"之卦，是兑下乾上的天泽履卦。在《说文解字》里面，"履"的解释是"足所依也"，即鞋子，可以引申为践履、履行。《象》辞说："上天下泽，履；君子以辨上下，定民志。"大意是天尊在上，泽卑于下，便于辨别分明、区分上下、维持正常秩序。显而易见，儒家思想的伟大在于规范礼制，使人们能自觉遵从长幼次序，才不至于乱了方寸。

　　卦辞"履虎尾，不咥人，亨"中"咥"的意思是咬。卦辞大意是踩着老虎尾巴，也不致受到老虎伤害，这是非常吉利的一件事情。只有遵循上下长幼内外正规次序，才能各司其职，即使偶尔出现失误，也不会酿成大错。这里有意在提醒，作为上级，要以人为本；作为下级，要自觉尊重上级。只有这样，强调规矩意识，正确处理人际关系，做到上下和谐相处，才是履卦的最高境界。

　　在"礼"与"忠"相对应的关系中，起主导作用的显然是"礼"这一方，即领导者一方。大量事实印证，做上级的如果不从人情利益考虑，置下级困难于不顾，久而久之，下级甚至会忌恨上级，对上级的尊重也只是应付差事，根本谈不上上下一致。正如孟子对齐宣王所说："君之视臣如手足，则臣视君如腹心；君之视臣如犬马，则臣视君如国人；君之视臣如土芥，则臣视君如寇仇。"所以，当领导的人一定要礼待下级，时时处处关心爱护下级，以此来激发下级的忠诚之心，使下级既做到心悦诚服地服从命令，又能够使尽浑身解数忠诚于团队事业。

　　当然，提倡礼待下级并不是要上级毫无原则地庇护下级，也不是对一部分下级以礼，对另一部分下级无礼。这样带着亲疏之意的"礼"，下级必然分帮；有了好恶之心，下级必然列派。这样，不论政府官员，还是私企老板，都会因自己种的"因"而结出苦"果"来，终会自食其果。

初九：素履往，无咎

　　"素履"：指没有花纹的鞋子，这里指按正常的秩序办事，按平常心处事。爻辞强调要稳住脚步。"往"：前往，前进。弘一大师说："花繁柳密处拨得开，方见手段；风狂雨骤时立得定，才是脚跟。人的行为如同穿着素淡的鞋子，脚踏实地前进，这才是至上境界。""凡心所向，素履所往。生如逆旅，一苇以航。"只要心里充满理想，坚持不懈，就总会达到彼岸。

《五灯会元》记载有唐代禅师景岑与施主的一段对话。施主问："如何是平常心？"景岑答："平常心就是要眠即睡、要坐即坐。"施主再求进一步给出答案。禅师说："热即取凉，寒即取火。"景岑禅师有很多弟子，弟子们把师傅的这种方式叫作即因缘答，就是看到什么答什么，想到什么答什么。弟子问："师父，有人问的时候，您可以即因缘答；假如无人问您的时候。您又如何做呢？"景岑禅师答："困则睡，健则起。"弟子又进一步寻求答案，禅师答："夏天赤骨力，冬天须得被。"就是天热了要脱衣，天冷了要盖上被子。再也平常不过，再也自然不过，再也朴实不过。

再读其他禅师语录，发现他们对平常心的理解，跟景岑禅师大同小异，短短几句话、几个字，是禅师用一生的苦难与冥想换来的：懂得"要眠则眠、要坐即坐"就是最高的道；懂得"热即取凉，冬即向火"以及"寒即围炉向猛火，热即竹林溪畔坐"等，就是最高的道；懂得"屙屎送尿，着衣吃饭"等，就是最高的道。一份平常人生，有赖于人们的慧根。只是不同于中国古代小说《儒林外史》中所提到的阎监生，临死前只是看到油灯中多点了个灯芯而无法闭上眼睛，这样的执迷不悟者，却是人类中的奇葩。

九二：履道坦坦，幽人贞吉

"幽人"：隐士，也可理解为安守正道的人、默默无闻奉献者。"坦"：平坦。"贞"：坚守正道。居上而不自傲，居功而不贪，吃苦在前，坚守如一，这样的人生自然会"吉"，会顺利。一个时期以来，少数人信仰缺失，实用主义日益弥漫，给社会带来了一系列不良影响，好多把持不住自我航向的人大都被钉在了历史的耻辱柱上。看起来，只有坚持正道，坦荡为人，才能成就事业，名垂青史。

在这方面，狄仁杰可算是一个成功例证。狄仁杰是大唐武则天时期名相。为官期间，清正廉明，以身作则，为百姓利益直言敢讲，始终保持体恤百姓、不畏权势的本色，被后人称为"唐室砥柱"。

狄仁杰少年时代即文采过人。有一次，他往京城考试时投宿旅店，正在灯下读书时，却有人敲门进来，原来是旅店主人的美貌媳妇。媳妇年轻新寡，白天见到投宿的狄仁杰斯文儒雅，不由萌生爱意，借机亲近。狄仁杰见少妇流连不去，就温和地说:"你这样年轻娇美的容颜,在夜深人静时对我娓娓诉说心事,难免使人怦然心动。幸好以前有位老和尚曾经提醒过我不可贪色犯淫。我牢记在心!即使您如此美貌,我也要谨守礼节而不能逾矩!"少妇好奇地问狄仁杰:"到底是些什么话,能使您在紧要关头克制自己?"狄仁杰答道:"那位老和尚曾说,从我的相貌推断,乃富贵显达之人,将来定是名冠天下,但切记戒之在色!既然老和尚已经提示过,那我怎么能如此冒险,以一生前途去换取片刻即逝的男女欲乐?可是一般人又多半难过美人关。当时我就请教老和尚:'喜欢美色乃人之常情。色欲这种事,事前人人都知自爱,事后也知追悔,但是当色欲心炽盛之时,则一切后果都会抛诸脑后,以为偶尔无伤,下不为例,所以每一个下一次均作如是想,次次皆如是想,这样沉沦下去,到底须用什么方法才能浇熄色欲之火,不令延烧呢?'老和尚便告诉我,每当有人勾动你的色欲之心时,你就这样想:万恶淫为首,这是色魔在利用她(他)来引诱我犯下邪淫大罪,同时也是色魔在利用我来使她(他)犯下邪淫大罪,她(他)的美丽娇媚(英俊潇洒)越是侵蚀我心,让我难以自拔,那色魔就越是能够达到它的目的。一旦心智迷失做出失德造孽之事,你就会因此而长劫受苦。我敬佩并遵守这位老和尚的教诲,不敢稍有违背遗忘。"

少妇顺着狄仁杰的话,默默地想了一会儿,面露惭愧向狄仁杰跪谢:"谢谢您的教诲与劝诫,使我保全名节,也知道今后该如何熄灭自己的痴心和妄念,活到今日我才知道,控制自己这颗方寸之心,是要学习的。"

狄仁杰后来也正如老和尚所说不贪色欲而成为大唐名相、一代名臣。狄仁杰的想法和做法是智慧的,他没有为了区区片刻之欢,毁了一生光明之途。人常说"英雄难过美人关",其实过了色欲关,才是真英雄。

六三:眇能视,跛能履。履虎尾,咥人凶。武人为于大君

"眇":《说文》解释是"一目不明也",又说"小目也",表象指瞎了一只眼睛,暗指不经认真思考,就盲目上马、胡乱决策。"跛":明指瘸子,暗指处事慌张,不假思索,便做出反应的人。"武人":即武夫,暗指缺乏智慧的人或刚武果敢的人。爻辞大意是看不清事物本质,遇事主观臆断,不假思索,盲目上马,后果将非常严重、也十分危险。一个国家,一个单位,如果让这种缺少智慧的人当了领导,就是件非常危险的事,即爻辞中强调的"凶"。该爻也是对领导干部具备大局观基本素质的特别强调。

"不谋全局者，不能谋一域；不谋万世者，不能谋一时。"强调的就是这种大局观。综观曹操一生，"挟天子以令诸侯"率先迎汉献帝的政治眼光，与官渡之战以少胜多、打败袁绍的策略，应是曹操最重要的两项成功战略。"挟天子以令诸侯"其实是曹操对手诸葛孔明与《三国演义》的说法。若按《三国志·毛阶传》，则为"奉天子以令不臣"，为当时荀彧与毛阶给曹操的建议策略。当时东汉政权可谓名存实亡，汉献帝已成为流亡帝王，十三路诸侯各自拥兵自重，人人忙于扩大自己的军事实力。而曹操眼光独具，采纳荀、毛二位的建议，率先"奉天子以令不臣"，将汉献帝迎至自己总部，建立起高于其他诸侯的政治地位。

　　自此，曹操一方面可借汉献帝对其他诸侯发号施令（虽然未必起得实质性作用），但更可借汉献帝的"正统"，吸引各路人才投靠，壮大自己集团势力。从今日眼光看，当其他诸侯只忙于扩张地盘时，曹操已率先做好明确策略定位，充分展现其更为深远的眼光。官渡之战为三国时代第一场以少胜多的关键性战役。当时曹操虽已迎回汉献帝，但军事力量却远不如袁绍，但曹操充分做到了"明确方向，稳定军心"，不被袁绍军队强大而影响士气，"集中资源，创造局部优势"，攻击袁绍乌巢粮仓，最后更以"不计前嫌，广纳人才"的胸怀，焚毁集团内部分官员作战期间与袁绍往来的书信，不仅赢得了内部人才肯定，还获得了外部人才投靠信心，进而吸收更多人才。

　　作为领导者，并不是必须要求去喜欢曹操，但一定要学习曹操的"眼光"与"策略"。这也是爻辞体现的现实意义。

九四：履虎尾，愬愬，终吉

　　"愬"：害怕，恐惧。指踩着老虎尾巴，非常害怕，但结果有惊无险。按《象》辞中的解释，踩着老虎的尾巴却能逃脱危险，全在于君子处险而能坚守正道。俗话说，识时务者为俊杰。正确分析形势，不刚愎自用，只有小心谨慎，最终才能化险为夷；反之，则生祸患。这里也反映了一个真理：《易经》是动的，不是一成不变的。所以，《易经》反映的是生活，每时每刻都在变化，这就需要人们的思维不断跟进，而不能陷入僵化状态，更要有动中求变的思维。胜利时，不得意忘形，不被暂时的顺境冲昏头脑；失利时，不自暴自弃，不放弃初衷。正如《老子》第五十八章中的"祸兮福所倚，福兮祸所伏"，强调的也是这个道理。其指福与祸相互依存、互相转化，坏事可以引出好的结果，好事也可以引出坏的结果。

　　从前有一个农夫，他的地在一片芦苇地旁边，芦苇地里常有野兽出没，他担心自己的庄稼被野兽毁坏，总是拿着弓箭到庄稼地和芦苇地交界的地方来回巡视。

有一天，农夫又来到田边看护庄稼。一天下来，农夫见还安全，就坐在芦苇地边休息。忽然，他发现苇丛中的芦花纷纷扬起，在空中飘来飘去。他感到十分疑惑，站起身来一个劲地向苇丛中张望，才看清原来是一只老虎，只见它蹦蹦跳跳的，时而摇摇脑袋，时而晃晃尾巴，看上去异常得意。农夫认为它一定是捕捉到了猎物。得意忘形的老虎完全忘记注意周围随时出现的危险，屡次从苇丛中跳起，完全将自己的身体暴露在农夫的视线里。农夫悄悄藏好，用弓箭瞄准老虎现身的地方，趁它又一次跃起，就一箭射过去，老虎立刻发出一声凄厉残叫，扑倒在苇丛里。农夫过去一看，老虎前胸插着箭，身下还压着一只死了的獐子。

故事证明，老虎捕到了獐子高兴万分，却没料到会中箭而死，真可谓乐极生悲。人生在世，应该谨慎从事，不要被一时的胜利冲昏头脑，以至于丧失对危险的警惕。

九五：夬履，贞厉

"夬"：决裂，裂开。"贞"：中正。"厉"：危险。爻辞大意是穿着裂口的鞋子走路，即使自己多么坚强，也是非常危险的。这里以裂口的鞋子走路比喻上下级之间产生了分歧。上级刚愎自用，唯我独尊，导致下级跟进不上；上下级关系极不协调，就会出现危险。爻辞强调的是一种上下协同、配合默契，从而步调一致的合作艺术。爻辞启示：作为领导者，不能凭借手中权力为所欲为，提一些不切实际的要求。或者不顾下级承受能力，一味地按照自己的思路去盲目决策、强硬推进，长此下去，会在怨气弥漫中酿成人心背离的危险。

品读《三国演义》，再次领悟蜀国名将张飞死因，唏嘘不已：一代猛将因不恤部下而遭残杀，并以其首级向孙吴邀功请赏，何其悲哉！新时代，领导干部究竟应如何与下属建立良好关系，并将下属的积极性充分调动出来，借此助推团队的凝聚力和向心力，共同营造和谐发展氛围，这也是该爻发出的实际用意。

作为领导干部，首先，要自觉提升自身人格魅力，突出表现领导干部的公信力、感召力、凝聚力、亲和力等；其次，要有宽厚之心，宽厚是领导者的一种美德和修养，如果领导者待人宽厚，具备虚怀若谷的胸怀、容纳诤言的雅量，那么他就能轻松驾驭桀骜不驯者、恃才傲物者、反对者，变不服为支持，化消极为积极；再次，领导干部要善于用人，一个优秀的领导，会关注欣赏下级的长处，为其找准位置,充分发挥其长处为团队所用;又次,要用人不疑。老子讲:"域中有四大,而人居其一焉。"领导对下级的尊重和信任能激发下级强烈的事业心和责任感,能激发"士为知己者死"的强大工作激情,让下级做主角,领导只是担当从旁指导、监督的角色,下级便会从精神上获得满足感,从而紧紧追随、主动奉献。

上九:视履考祥,其旋元吉

"祥":兆头。"考":考察,考量。"旋":周旋。自然之间,能旋转的东西大都是圆的,这里作圆满讲,也可作圆通,不落俗套,要善于对不同的人或不同的事情,采取不同的办法解决。当然,这里不是教人去趋炎附势,见人说人话、见鬼说鬼话,而是教育人们,在为人处事上,要有一定的周旋性。地球圆了才具有永恒的生命力,球圆滚得远,人圆走得远。这里的"圆",与人们所不齿的滑头是两码事儿。圆是做人的一个基本条件,必须浑然气足,善于周旋。

曾仕强先生在《胡雪岩的启示》中谈到了圆通和圆滑,这些话题很中肯地切入了中国管理和西方管理的腹地。"前半夜想想自己,后半夜想想别人"。胡雪岩的知识并不多,有的只是社会常识,但就是比书呆子强。他推崇左宗棠的很多行动,也知道怎么"向上管理"的。曾仕强解释,圆滑是损人利己,圆通是利己但是不损人,我们做人可以圆通,不能圆滑。这种解释很符合平常人的理解力。

总之,履卦是教人走好道路的卦。走好路的同时,要站稳脚跟,走正道,并且要有恒心,同时还要保持平常心。坚守中灵活圆通,堂堂正正才能走出属于自己的一片天空,路在脚下,不经意之间,足下生辉,成功在即。

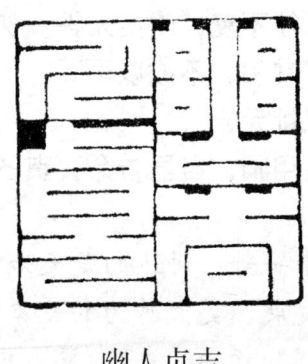

幽人贞吉

【原文】

泰：小往大来。吉亨。
初九：拔茅茹，以其汇。征吉。
九二：包荒。用冯河，不暇遗。朋亡，得尚于中行。
九三：无平不陂，无往不复，艰贞无咎。勿恤其孚，于食有福。
六四：翩翩。不富以其邻，不戒以孚。
六五：帝乙归妹，以祉元吉。
上六：城复于隍。勿用师，自邑告命，贞吝。

泰卦是《周易》第十一卦，讲述的是天地稳泰之道，反映的是由小见大期望未来有更大发展、更大作为的兆象。这种继往开来的结局非常美好，总体呈现吉祥如意的景象。《象》曰："天地交，泰；后以财成天地之道，辅相天地之宜，以左右民。"寓意是天地阴阳二气交合，相互感应，正是大好时机，要求领导人要善于利用天时地利，领导百姓安居乐业，这才是万民和顺的祥瑞之兆。

天地交，"泰"后以财成天地之道，辅相天地之宜，以左右民

李勇山，1956年出生，河南开封人，现为中国书法家协会会员、开封市书法家协会理事。

第十一章　天地通　阴阳和　物丰时泰是今年

泰：小往大来。吉亨

　　泰卦表示的是吉祥如意的卦，是乾下坤上的卦象。天在下，地在上，交融一体。天地融合，万物生成，风调雨顺，当然会国泰民安。卦辞"小往大来"中的"往"作离去讲。大意是要疏远小人，亲近有仁德之人。才能通达安泰，一切如意。

　　中国历史上最为刚烈的大丈夫当数伍子胥。民间对伍子胥多有好感和同情，因此有"伍子胥过韶关，一夜白了头"的传说。伍子胥后来逃到吴国，他胸中始终回荡一股愤懑之气。与齐楚燕韩赵魏秦七国相比，吴国是个默默无闻的小国，以至于《战国策》的作者甚至不屑于提。伍子胥来到吴国，掀开了吴国历史上最辉煌的一页：一个弱国，因为一个人的到来而振兴。吴王阖庐（阖闾），重用伍子胥，国家日趋富强。"西破强楚，北威齐晋，南服越人"。楚国是七国中综合国力强盛的大国，吴楚交兵，吴兵攻入楚国国都，几乎灭了楚国，这是楚国历史上最为黑暗的一页。吴国向南制服了越国，向北伐齐，大败齐兵，一时威震天下。

　　然而，吴国的辉煌仅是昙花一现。阖庐的儿子夫差当政后，重用奸臣伯嚭，疏远伍子胥。其时越王勾践正在卧薪尝胆，一心灭吴，吴国亡在旦夕。伍子胥敏锐觉察到即将发生的亡国之祸，数次进谏："越王为人能辛苦，今王不灭，后必悔之。"夫差不听，偏信奸臣伯嚭的谗言，竟然赐刀令伍子胥自刎。一个人的到来可以兴国，一个人之死可以亡国，这就是伍子胥的故事，值得后人赞叹。

初九：拔茅茹，以其汇。征吉

　　"茅"：草。"茹"：牵连。"汇"：聚焦。"征"：前进。现实中，清除茅草的时候，往往看到的是盘根错节的情景。爻辞大意是要聚合能量，共同前进，则是一件大好事儿。这里强调的是团结协作的重要性和实用价值。

　　2003年8月，在经过6个月的历险和恐惧之后，15名欧洲游客在撒哈拉沙漠被绑架的事件最终得以解决。14人活了下来，只有德国女游客米歇尔·施皮策未能幸免。回顾整个被绑架过程，米歇尔的死并非偶然，在某种程度上说，导致她死亡的主要原因是她的性格所致，是她不能很好地与人相处和合作。

在这次死亡之旅中，与旅客及绑架者相处合作显得格外重要，个人阅历和魅力决定自己在这个群体中与人相处及合作的能力，确定自己在这个群体中的位置。米歇尔倔强的个性和拒不合作的态度，使她在整个群体中受到严重孤立。米歇尔不相信任何人，经常与同伴发生冲突，起因都是一些鸡毛蒜皮的小事。绑架者都是些极端分子，他们对处于弱势的人质提出诸如戴头巾、穿外套之类的要求，被绑架者中只有米歇尔拒不合作，在同伴一次次苦劝而无果的情况下，米歇尔与同伴越来越疏远，不得不一个人待着，大多数时，她只躺在毛毯上唉声叹气，自言自语。由于米歇尔与旅伴的情感距离越来越大，就连绑匪在她再次不听话也没有惩罚过她。因为他们已经认识到米歇尔在人质中非常孤立，根本不值得拿她杀一儆百。

米歇尔无声无息地死了，群体（包括绑匪）变得更加融洽、更加照应，这一点从事后绑匪和人质照片中的笑容中可以看出。人质马克·海迪说："这并非米歇尔终于不再使我们神情紧张，而是我们已经看到，如果我们不能很好地相处和合作，将导致事态更加恶劣。"

由此而见，初九爻辞强调的是与他人很好相处与合作的重要性，这是社会需要，也是现实需要。当然，爻辞要求与他人很好的相处，并不是指钻营投其所好、卑躬屈膝的精神贿赂，而是建立在客观事实基础之上真实的价值趋向。

九二：包荒。用冯河，不暇遗。朋亡，得尚于中行

"包荒"：包容一切的心胸和格局。"用冯河，不暇遗"中的"冯河"即大河。"暇"：细节。"朋亡"：断绝私利之交。"得尚于中行"：中正之道。比喻在大的困难面前，始终要保持正气、果断处置；同时考虑问题要得体全面，不放过任何细枝末叶。既要保持清醒头脑，具备宽宏雅量，还要善于"装聋作哑"。当然，"装聋作哑"并不是永远的"瞎子"或"聋子"，强调的则是领导干部应该具有的刚柔相济的领导科学和领导艺术，在大胆放手的同时，关键时候还得坚持原则，不能失控。

宋代河南人富弼（后当上宰相）的气量很大，遇到有人辱骂他，他就像没有听见一样。别人告诉他："有人在骂你哩！"他都毫不在意地说："恐怕不是在骂我吧？"别人又告诉他："那人指名道姓地骂你哩！"他还是不在意说："不会吧？天下同名同姓的人多着呢！"他对一些不明事理、不知原委而乱加责骂的人，从来都是宽宏大量的，而在重大原则问题上却分毫不让。由于他豁达大度，志向远大，胸襟开阔，对背后说他坏话的人照样量才推荐，委以重任，因而团结了大批朝臣，一度使宋王朝出现中兴。他这种气度则是建立在公共利益的基础之上的，非常值得新时代党员领导干部自觉效仿。

九三：无平不陂，无往不复，艰贞无咎。勿恤其孚，于食有福

"陂"：斜坡。"恤"：忧虑。"孚"：诚信。爻辞大意是人生并不是一帆风顺的，不仅仅做的是一种简单向前的物理运动，要坚持不懈走正道，还要居安思危，不一味地坐享其成或轻信他人。这里特指的是做人要讲诚信，做事要有恒心，要坚持不懈，才能成功。

董明珠36岁时进入格力空调公司，当时的格力还叫海利，是一家投资不久、年产约2万台的国营空调厂，没有核心技术，只能做空调组装。作为销售人员，董明珠被安排负责安徽市场。在此之前，厂里业务员都不愿意到外省去开拓市场。董明珠坚决服从厂里安排，她到安徽合肥的第一件事，是向当地一家拖欠了厂家42万元货款的经销商催债。董明珠锲而不舍，经过一个多月的斗智斗勇，饱尝了与赖账者交手的零落、戏弄和欺骗后，终于追回了属于格力的货款。

从此，吸取教训的董明珠开始采用"先款后货"的策略。那时的格力在空调界寂寂无闻，经销商们一听到要自己先打款，二话不说，摆手送客。在一次次碰钉子之后，董明珠走进了安徽淮南一家电器商店。经理是位中年妇女，她被董明珠的坦诚所打动。答应先进20万元的货试试好销再进，不好销则不要。为此，董明珠才拿到了第一笔属于自己的20万元的现金订单。

1992年，董明珠在安徽的销售额就突破1600万元。隆冬季节，她神话般签下了一张200万元的空调大单。一年内，销售额上蹿至3650万元。2001年，董明珠任珠海格力电器股份有限公司总裁。

"这么多年来，我也不是因为我是女人才坐到今天这个位置的。我没有这种意识。莫斯科不相信眼泪。"这就是董明珠的至理名言，也是对爻辞的最佳诠释。

六四：翩翩。不富以其邻，不戒以孚

"翩翩"：鸟轻盈飞翔的形态。"不富"：在《易经》中，是专指阴爻的用语，不富就是不明显，即阳气渐渐地缩小。这是指一个有远大理想抱负的人低欲、仁信，不刻意表现自己，以此赢得人们的信任。从另外一个方面说为人处世有理想是重要的，有智慧蓄养也是必需的，崇高理想和过人智慧相结合才会使人生更有价值。爻辞大意是强调要大智若愚，具有洞察秋毫的慧识能力的人，好像鸟儿在蔚蓝的天空轻盈安详地飞翔，用不着戒慎恐惧。

小聪明着眼于炫耀，大聪明则致力于事业。孔子年轻时，曾经受教于老子。

当时老子曾对他讲："良贾深藏若虚，君子盛德容貌若愚。"即善于做生意的商人，总是隐藏其宝货，不令人轻易见之；而君子之人，品德高尚，而容貌却显得愚笨。其深意是告诫人们：过分炫耀自己，将欲望或精力不加节制地滥用，是毫无益处的。"满招损，谦受益"，才华出众而又喜欢自我炫耀的人，必然会招致别人的反感，吃大亏而不自知。

六五：帝乙归妹，以祉元吉

"帝乙"：商纣王的父亲。"祉"：福祉。表面指帝乙的妹妹下嫁给周王季，生了周文王。通过联姻方式维系大局、顾全大局。这也是汉唐王朝保持兴盛的一种政治策略。这里对领导者而言，强调要主动放下架子，与下级同心。对下级而言，要主动追随上级，但不唯利是图。只有上下在人格上平等相处，才会营造出一种和谐与共、共克难关的良好氛围。

《西游记》里行事最低调的一个妖精，就是豹头山虎口洞里的黄狮精，低调得几乎让人感觉不到它的存在。如果不是唐僧师徒到来，如果不是孙悟空兄弟3人各有件宝贝兵器，黄狮精也不会与取经团队产生摩擦。黄狮精盗得孙悟空兄弟3件兵器，要开什么"钉耙会"；开大会需要一些消费品，于是就拿出20两银子派小妖刁钻古怪、古怪刁钻下山到集市上去采购。大家眼里的妖精除了吃人就是抢劫，哪讲什么公平交易，可偏偏这黄狮精就是个例外。堂堂呼风唤雨的黄狮精，需要几只羊啊猪啊什么的做菜，竟要下山购买，有些过于夸张。两个负责采购物品的小妖在路上还盘算着开个花账，克扣几两银子买件棉衣过冬，这哪里是妖精，俨然一副寒酸的小户人家子弟形象，妖精做到这份上，够绝。更绝的还在后头，孙悟空、猪八戒变成刁钻古怪、古怪刁钻的模样假装采购归来，谎说还欠卖家5两银子的猪钱，黄狮精问也不问，也不核对账目，随即又取出5两银子结账。笔者每读到此，都不由得对黄狮精先生的榆木脑袋大感疑惑：你把卖猪羊的主人吃了（对于妖精来说吃人似乎很正常），这银子也不用再付，既节约一笔开支，又填饱肚子，何乐不为？可黄狮精丝毫没有这种想法，不仅如数结账，还真心实意管待卖猪人（沙僧变化）一顿饭。如此所作所为，看不见有一点呼风唤雨、横行霸道的妖精派头。如果西天路上其他妖精知道豹头山还有这么一个黄狮精同行的话，可能早就忍不住破口大骂了：这厮简直丢尽妖精脸了！

很多时候，黄狮精不像一只妖精，更像是一个隐居山林的田园庄主，只有"鸟声深树匝，花影洞门迎。不亚桃园洞，堪宜避世情"。而作为我们人类，却往往没有这份隐士之风。如果人与人之间多一分和谐，多一分谦让，少一些猜疑，那将称得上真正的和谐社会。

上六：城复于隍。勿用师，自邑告命，贞吝

"复"：坍塌，倾倒。"隍"：护城河，城外的水沟。"吝"：困难。表面指城墙突陷，大厦将倒。"勿用师"：在局势混乱情况下，万不可动用军队。爻辞大意是在强调人心混乱的时候，不应该一味地动用武力来镇压，而应该认真分析形势，积极查找不足，权衡再三后根据实际作出应对。爻辞强调：不能顽固不化，要灵活应对局势，"穷则思、思则变，变则通，通则灵"，如果在错误路上一味坚持，这样最终没有出路，还易把自己逼上绝路。

春秋时期，孔子在鲁国得不到重用，实现不了自己的政治理想，54岁时离开鲁国，带着弟子们游说列国。他"遁道弥久，温温无所试，莫能已用"，过匡国时被匡人拘禁5日；过郑时，被人形容为"累累若丧家之狗"。孔子一生跑来颠去，始终不被君王们重用，叹息道："尚有用我者，期月而已，三年有成。""如有用我者，吾其如东周乎！"经过了14年的周游生涯，68岁的孔子回到鲁国。临死之际他歌曰："泰山坏乎！梁柱摧乎！哲人萎乎！"因以涕下。这位明知不可为而非要为之的孔子，一生四处碰壁，屡屡不被重用，关键原因是他忽视了春秋时期社会的客观环境，而他的"仁礼"之类的政治学说对于治世没有什么重要作用。各国国王及诸侯希望的是一种能使国家迅速强大、足以称霸天下的法术思想，而孔子这种思想恰与君王们的想法背道而驰，所以像李悝、商鞅，包括后来韩非子的法家思想更契合君王诸侯们的想法，孔子生前屡屡碰壁也就不足为奇。

总体看来，泰卦是一个阴阳交融的卦。"天地交而万物通，上下交而其志同。"人与人之间，更多的是要多一份信任，和谐相处，如同茅茹相连，飞鸟同翱，并肩作战。特别还要注重集体力量，采取灵活机动的战略战术，方能百战不殆，这样才能开拓未来，创造出更加美好的明天。

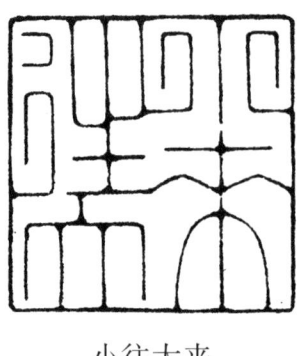

小往大来

【原文】

否之匪人：不利君子贞。大往小来。
初六：拔茅茹，以其汇。贞吉，亨。
六二：包承。小人吉，大人否亨。
六三：包羞。
九四：有命无咎。畴离祉。
九五：休否，大人吉。其亡其亡，系于苞桑。
上九：倾否，先否后喜。

否卦是《周易》第十二卦，讲述的是否中求泰之道，表示在封闭落后的社会环境中，不利于长期坚守。《象》曰："天地不交，否；君子以俭德辟难，不可荣以禄。"寓意是天地阴阳二气无法交合，在不利于发展的时机，就要坚守情操，不追求表面文章，才能避免麻烦，静下心来等待时机运转。

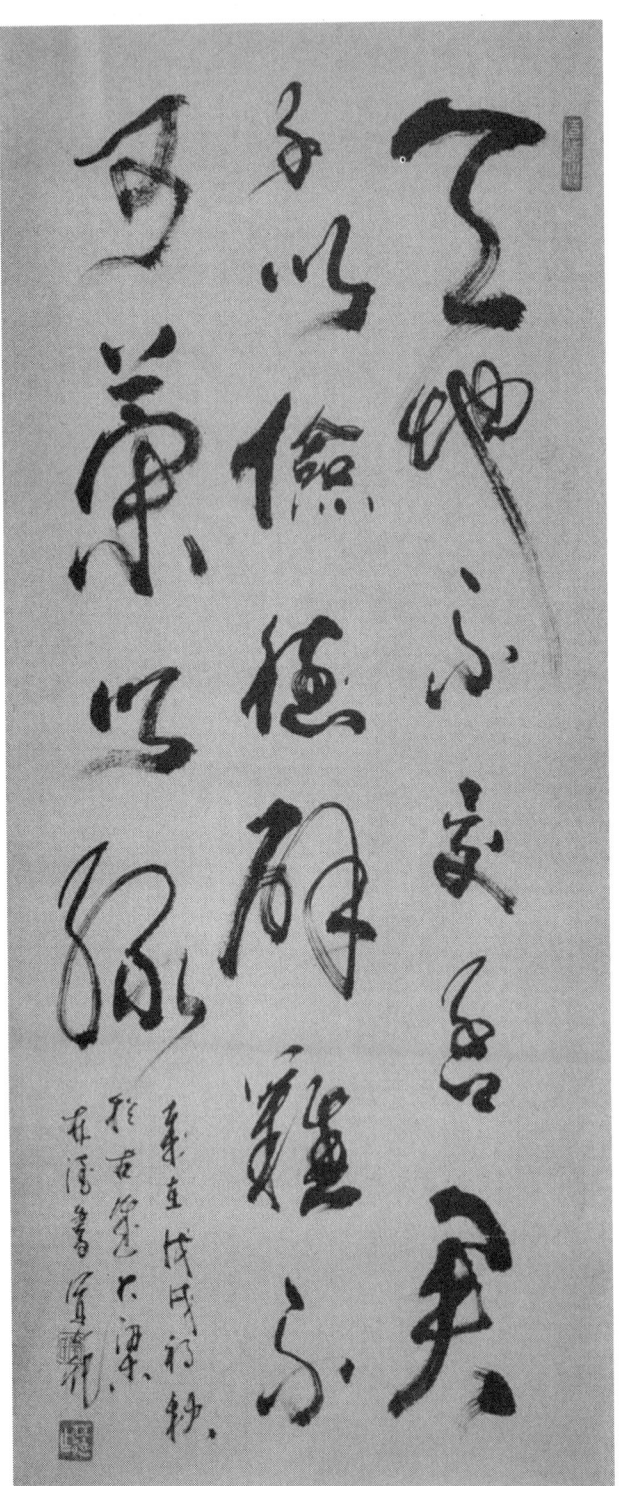

天地不交"否"君子以俭德辟难,不可荣以禄

李林德,1949年出生,河南开封人,现为江苏省书法美术家协会会员、宋都书画研究会理事、中国书法国学院陕西分院副院长。

第十二章　关道闭　天地绝
长风破浪会有时

否之匪人：不利君子贞。大往小来

否卦是坤下乾上的天地隔绝之象。天只是保持自我的尊贵而高高在上，根本看不起下面的大地；而大地只顾自己，也不把天放在眼里。二者互不相容、互不服气，天地隔绝、不加变通、自行其是，就容易走向死胡同，导致问题的产生。

"匪人"：指不符人道。"不利君子贞"：君子坚守正道也不会顺利。"大往小来"：没有君子发展的空间，小人得志。世道无情，即使有仁德君子也难以幸免。君子道消，小人道长；君子道得不到推行，而小人得志却飞扬跋扈，猖獗肆虐。这样的社会环境的确令人窒息。难怪李白在《行路难》中感叹："大道如青天，吾独不得出！"小人当道情景非常凄凉。

南北朝人鲍邈之应是小人中最阴险的一个。鲍邈之原是太子萧统身边的一个太监，颇受太子信任。太子母亲病故不久要做"生忌"，要求一个太监值宿一夜，太子便让这个小太监去。不料他竟擅离职守，跑去和宫女鬼混，正巧被太子巡视时撞见。要是别人，不杀也得严惩，怎知太子宽厚，没有治他罪，只是不如从前与其亲近。可这小太监居然不识好歹，不思图报，反而怀恨在心，探听得皇上身体不适，便跑去密告太子请道士作法，埋蜡鹅咒皇上早死，密谋夺权篡位。太子受此不白之冤，又无法辩解，气急交加，一病不起，不久竟驾鹤西归，时年31岁。须知，此太子是著名的《昭明文选》编纂的昭明太子，"《文选》烂，秀才半"，就是对他的高度评价，想不到他竟然死于卑鄙小人之手。

卦辞启示：作为领导，都应该坚决抵制内部无德小人，以免产生很多不必要的纠纷导致内部分裂；要严守训诫，坚决杜绝让任何小人有机可乘，一切以人品取舍人才，真正坚固的堡垒往往源自于内部的团结。

初六：拔茅茹，以其汇。贞吉，亨

泰卦初九爻辞与否卦初六爻辞一字不差，但意思却不完全一样。虽然都有凝聚力量，最终会取得胜利的意思。但是，初九属阳爻，代表有德行者或者直接指代表广大人民利益的仁义之师团结奋战，最终成功创业的过程。而否卦初六爻正好相反，属阴爻。代表好多不务正业者或者小人臭味相投联合作乱，也可能会取得成功。

秦二世时，丞相赵高野心勃勃，日夜盘算要篡夺皇位。可朝中大臣有多少人能听他摆布，有多少人反对他，他心中没底。于是，他想了一个办法，准备试一试自己的威信，同时也可以摸清敢于反对他的人。一日上朝时，赵高让人牵来一只鹿，满脸堆笑地对秦二世说："陛下，我献给您一匹好马。"秦二世一看，心想：这哪里是马，分明是一只鹿！便笑着对赵高说："丞相搞错了，这是一只鹿，你怎么说是一匹马呢？"赵高面不改色地说："请陛下看清楚，这的确是一匹千里马。"秦二世又看了看那只鹿，将信将疑地说："马的头上怎么会长角呢？"赵高一转身，用手指着众大臣，大声说："陛下如果不信我的话，可以问问众位大臣。"

大臣们都被赵高的一派胡言搞得不知所措，私下里嘀咕：这个赵高搞什么名堂？是鹿是马这不是明摆着吗！当看到赵高脸上露出阴险笑容，两只眼睛骨碌碌轮流地盯着每个人的时候，大臣们忽然明白了他的用意。一些胆小又有正义感的人都低下头，不敢说话，因为说假话，对不起自己良心，说真话又怕日后被赵高所害。有些正直的人，坚持认为是鹿而不是马。还有一些平时就紧跟赵高的奸佞之人立刻表示是马而积极拥护赵高的说法，对皇上说："这确是一匹千里马！"

事后，赵高通过各种手段把那些不顺从自己的正直大臣纷纷治罪，甚至满门抄斩。赵高很快利用自己的特殊地位，胁迫一些朝臣。当然，也不排除有真心投靠的朝臣。赵高很快建立了一个与李斯相对的集团，等到这个集团实力坐大，李斯想要反击的时候，为时已晚。李斯是荀子的高徒，却败于一个宦官之手。这就是小人赵高掌握势力的作用，恰是小人联合作乱、贻害无穷，点透了爻辞的直接用意。

六二：包承。小人吉，大人否亨

"承"：奉承。"包"：包容，接受。爻辞大意是接受小人奉承，对小人来说，达到了个人目的，当然属好事一桩。对于有仁德者来讲，不被奉承之言蒙蔽，不与小人为伍，正直为人，清白做事，保证不落小人之圈，当然也能顺利亨通。

九二爻辞强调的其实是一个人在关键时刻的立场问题。立场也能反映一个人的人格。《晋书·陶潜传》讲道：陶渊明是东晋后期的大诗人、文学家。到东晋末期，朝政日益腐败，官场黑暗。陶渊明生性淡泊，在家境贫困、入不敷出的情况下仍然坚持读书作诗。他关心百姓疾苦，怀着"大济苍生"的愿望，出任江州祭酒（官名），由于看不惯官场上的那一套恶劣作风，不久就辞职回家，随后州里又来召他做主簿，他又辞谢。

后来，他陆续做过一些官职，但由于淡泊功名、为官清正，不愿与腐败官场同流合污，而过着时隐时仕的生活。陶渊明最后一次做官，是义熙元年（405年）。41岁的陶渊明在朋友劝说下，再次出任彭泽县令。他到任81天，碰到浔阳郡派遣督邮来检查公务。督邮刘云以凶狠贪婪远近闻名，每次外出必是满载而归，否则便栽赃陷害他人。县吏说："当束带迎之。"就是应当穿戴整齐、备好礼品、恭恭敬敬地去迎接督邮。陶渊明叹道："我岂能为五斗米向乡里小儿折腰。"说完，挂冠而去，辞职归乡。此后，他一面读书为文，一面躬耕垄亩。

他原本可以活得舒适、过上荣华富贵的生活，但那要以人格和气节为代价，于是他选择了艰苦但宁静而自由的田园生活。有失必有得，陶渊明获得心灵自由与人格尊严，写出具有独特风格并流传百世的诗文，为后人留下宝贵的文学财富和弥足珍贵的精神财富。他那不为"五斗米折腰"的气节，更是勉励后人以天下苍生为重、以节义贞操为重，折腰时心已愧，不趋炎附势，保持善良纯真的本性，不为世上任何名利浮华所改变。

六三：包羞

"包"：容忍，包容。"羞"：羞辱、羞耻。"包羞"：也可作不知廉耻、隐藏丑恶的意思，大意是指为了达到心中夙愿，可以忍辱负重。

明建文元年（1399年）六月，燕山护卫百户倪谅向朝廷告发燕王朱棣的两个部下为燕王招募死士。经过审问，二人供认朱棣的一些阴谋。建文帝没有更多证据，所以没有削除燕王，而是下诏训责。朱棣害怕这是削藩前兆，遂生一计，用以迷惑建文帝。

北平的人听说燕王突然发疯，经常可以看到他在大庭广众之下乱跑、乱喊，有时躺在大街上昏睡。建文帝听到传言，命北平布政使张谢和都指挥使谢贵探听真情。二人来到燕王府，看见朱棣围坐在火炉旁边，浑身颤抖，似乎很冷的样子。看见张、谢二人前来，朱棣手拄拐杖，走路踉跄。张、谢二人被朱棣精湛的演技所欺骗，上奏朝廷，建文帝信以为真。其实朱棣并不是第一次装病。早在周王被废之后，他就一直称病不出，借以韬光养晦、麻痹对手。不过当时他确实有一块心病，他的3个儿子在南京，可能已被扣为人质。一旦他有异谋，3个儿子性命堪忧。于是他借口病重，请求建文帝让3个儿子归府照顾自己。这是一箭双雕之策：如果朝廷放归3个儿子，则免去质于人的情况；如果不同意放归，可以探知朝廷真实意向，早做谋划。建文帝一时拿不定主意，后来在徐增寿蛊惑下竟然将朱棣的3个儿子送归燕国。朱棣大喜过望，连称"天助"。几个月后毫无顾忌的朱棣起兵造反，建文帝真是后悔莫及。这就是朱棣"包羞"达到的效果。

九四：有命无咎。畴离祉

"有命无咎"：表面上看是有福之人，或者是具有天命之人就没有灾祸。"畴离"：依附在身上。"祉"：富贵。大意指要用智者的心态去认清形势并正确判断，才能不至于受环境约束，众人皆醉我独醒，最终如同神命天助一样。

历史上，居功自傲的愚者比比皆是，居功不傲的智者当然也不少见。汉武帝时期的廷尉丙吉就属于后一类，他总是能做一般人难为之事，因此在史书中占据了一席之地。汉武帝晚年，受宠臣江充挑拨离间，制造了有名的"巫蛊"之案，杀了太子刘据全家三男一女，以及诸皇孙、皇孙妃、皇孙女。在武帝嫡系曾孙辈中，有一个叫刘询的婴儿还不到一周岁，也被关押在"郡邸狱"中，廷尉丙吉参加审理此案。丙吉清楚这是汉武帝一时糊涂的举动，又可怜刘询无辜遭罪，就派一个刚生孩子的女犯人给刘询当奶妈。五六年过去后，这时有方士说长安狱中有天子气。此话传到汉武帝耳中，于是武帝当即下诏："狱中罪犯无论轻重，一律杀之。"还命人前往关押皇曾孙刘询的监狱，但是丙吉关闭狱门，拒绝接受诏命，保住了刘询性命。汉武帝脑子清醒后，不但没有追究，而且下诏大赦天下，刘询也被允许认祖归宗。

汉武帝临死前，把只有13岁的太子刘弗陵托孤给大司马霍光等大臣，这就是后来的汉昭帝。汉昭帝很聪明，可惜寿命不长，只做了13年皇帝便死了。汉昭帝没有儿子，霍光就和大臣们商量，迎接昌邑王继位，不到一年，又发现这个皇帝荒淫无度，很快废之。这时丙吉向霍光推荐刘询，赞美刘询精通经术，有才华，行为举止符合帝王之相。经霍光与大臣们同意，刘询得以继位做了皇帝，即汉宣帝。宣帝即位后，采取一系列改革措施，实现了汉室中兴，由此成为一代明君。

宣帝继位及后来统治的成功，丙吉功不可没，但是丙吉所做的这一切宣帝并不知情。直到11年后，有一位老宫女自己表功，告诉宣帝她在20多年前曾做过皇帝的保姆，并讲出了当年监狱的情形。宣帝一路追究下去，找到了奶妈，才知道都是丙吉的功劳。对于这种救命大恩，宣帝当然心怀感激，从此厚待丙吉，使丙吉得以善终。丙吉身为廷尉，敢于违抗圣旨救小刘询；当刘询继位之后，又居功不傲，从不对外人说起。这种低调做人的品德确实难能可贵，可称得上贤人智士。

九五：休否，大人吉。其亡其亡，系于苞桑

"休否"：当否到达极致，否到再不能否的时候，也就恰恰是泰的开始。正可谓"否极泰来"。"苞桑"：丛生的桑树，根系深固，引申为牢固。泰卦和否卦构成了一组对应的卦。泰是通顺、好，否是闭塞、不好，二者相反相成。先讲好的一面，再讲不好的一面，说明好与坏是可以相互转化的；好中有坏，坏中有好，好到极点可以变坏，坏到极点也可以变好，这也正是《易经》物极必反原理的具体体现。意在告诫人们：要增强忧患意识，处世做人要小心谨慎、瞻前顾后、居安思危，才能立于不败。

上九：倾否，先否后喜

"倾否"：坏运走到头的时候，必然会转化。君子毕竟是君子，小人最终成不了气候。这也正好符合哲学互相转化的道理。

公元前496年，吴王阖闾派兵攻打越国，但被越国击败，阖闾也伤重身亡。两年后阖闾的儿子夫差率兵击败越国，越王勾践被押送到吴国做奴隶，勾践忍辱负重伺候吴王3年后，夫差才对他消除戒心并把他送回越国。其实勾践并没有放弃报复之心，他表面上对吴王服从，但暗中训练精兵，强政励治并等待时机反击吴国。艰苦能锻炼意志，安逸反而会消磨意志。勾践害怕自己会贪图眼前的安逸，消磨报仇雪耻的意志，所以他为自己安排艰苦的生活环境。他晚上睡觉不用褥，只铺些柴草（古时叫薪），又在屋里挂了一只苦胆，他不时会尝尝苦胆的味道，为的就是不忘过去的耻辱。勾践为鼓励民众就和王后与人民一起参与劳动，在越人同心协力之下使越国逐步强大起来，最后找到时机，灭了吴国。

该爻启示：在坏得不能再坏的时候，要坚信"活着就是王道，总会有出路"的定律，行百里者半九十，千万不能因此而放弃，反要迎难而上，纵使山穷水尽感觉无助时，恰好可能出现柳暗花明的大美景致。

总之，否卦是困顿阻塞之卦，当人处于此境时，要稳得住神态，沉着应对，而不能一味冒进，要正确分析局势，当进则进，当止则止，在执着中顺其自然，才能否极泰来。

否极泰来

【原文】

同人于野，亨。利涉大川，利君子贞。
初九：同人于门，无咎。
六二：同人于宗，吝。
九三：伏戎于莽。升其高陵，三岁不兴。
九四：乘其墉，弗克攻，吉。
九五：同人，先号啕而后笑。大师克相遇。
上九：同人于郊，无悔。

同人卦是《周易》第十三卦，讲述的是天下大同的原则，反映的是人与人之间应当和睦相处，彼此志同道合是一件非常好的事情，既利于共同承担重任，又利于营造良好的合作氛围。《象》曰："天与火，同人；君子以类族辨物。"形容的是天在高处，火势熊熊而燃，天与火二者和谐共生，亲密相处。寓意要多交些志同道合的朋友，要明白人以类聚、物以群分的道理，明辨事物，求同存异，只有人际关系顺畅，事业才能顺利向前健康发展。

天与火，同人：君子以类族辨物

杨卫民，1963年出生，河南开封人，现为河南省书画协会理事、河南省书画协会艺术品鉴定中心秘书长。

第十三章　志趣同　道相随
由来道同志易合

同人于野，亨。利涉大川，利君子贞

　　同人卦是天上火下的同心携手、相生相济的卦。天在上，天属光明。火向上燃，性属光明，同时向上，出现一片光明。都有追求光明的志向，可谓同人相济。

　　"野"：指旷野，引申为远，硕大。"亨"：通达，顺利。"涉"：穿越。"大川"：江河湖海，这里指各种艰难困苦。"贞"：正直无私。卦辞大意是与人合作时，要同心同德，抛弃一切私心杂念，心底无私天地宽，纵使面对各种困难，也能聚合众力、攻克艰险。在一个集体中，大家都能拧成一股绳，心往一起想、劲往一处使，团结一心，众志成城，将会无坚不摧，胜利在即；反之，心怀"小九九"，如果各唱各的调，自行其是，互不信任，最终就会走向失败。这里主要对领导干部强调要提高格局，心胸要豁达，善于容人容事，容得下不同意见，这样对一个团队是非常有利的，所以"利涉大川"，故"亨"。

　　老子在《道德经》中以水为证，认为世界上最高的善应该像水一样，水有利万物而不与之争功，水往低处流，它甘居人们所鄙视厌恶的低处，其行为几乎与道相同。它最接近于道，就因为它的无私、不争与豁达。圣人之所以为圣人，就因为其心底无私，才无愧自我、笑对他人。而俗人，以追逐利益为中心，以利益为准绳，以利己为目的，有利者容，不利者斥，故由于自私引起纷争，产生矛盾，造成内心隔阂。团队内部如果这样的话，就会引发人际关系紧张，甚至使领导班子成员互不信任、领导核心成为一盘散沙，失去凝聚力，导致战斗力丧失。

初九：同人于门，无咎

　　"门"：出门，引申为刚刚开始。大意是指刚开始合作时，大家都没有私心，朝着一个共同目标努力，这样很容易取得成功。

　　老子认为，一个人没有私心，反而能成就大私。在《道德经》第七章，老子用天道推演人道，他认为，天地之所以能长久存在，是因为它们并非为了自己的私利而存在。圣人也一样，以公为先，所以生前身居高位，死后名垂千古，反而成就了大私。

　　从历代王朝兴亡更替规律中不难发现，刚开始"同"盟时，大家都同心同德，最典型的数太平天国运动，发起时威力不小，最后由于内讧导致失败。太平天国在短短几年内就席卷大江南北，定都天京，强烈震撼了大清王朝，几乎将其推翻。但如此浩大轰烈的运动，最终仍然失败，其最根本原因当数自身迅速、严重的腐败和不团结因素。只能同患难、不能共富贵是历史定律。而同患难正是"同人与门，无咎"的最好写照。

六二：同人于宗，吝

"宗"：宗亲，宗派。"吝"：自私。爻辞大意是仅仅与自己关系好的人，或者与自己的宗亲或亲信相"同"，即拉帮结派，这是一种非常狭隘的自私行为，最终不能代表最广大人民的根本利益，迟早会惹出麻烦或酿成祸患。

拉帮结派最大的坏处，就是排挤人才。凡是真正的人才都不愿意建立小圈子，他们往往特立独行，并因此成为被攻击或围剿对象。拉帮结派更是企业人才的天敌。拉帮结派虽然一时风光无限，到头来却是"呼啦啦似大厦倾"。如湖南第一女巨贪蒋某，仗着"有的是关系"，公然打击举报者，迎来的只有死缓。杭州市原副市长许某，侥幸地认为"即使出了事，组织上查，也会有人替我挡一下"，结果是死刑加身。自以为能呼风唤雨，殊不知，唤来的不是法外之权，而是天网恢恢；自以为抱团就能取暖，殊不知，招来的不是融融暖意，而是玩火自焚的烈焰。

九三：伏戎于莽。升其高陵，三岁不兴

"伏"：埋伏、潜伏。"戎"：军队、力量。"莽"：草莽、草丛。"三岁"中的"三"是约数，形容多年。大意是将军队潜伏于荒草之中，还不时站到高岗上观察对手动机，如此三番，多年不敢兴兵作乱。换句话讲，时机不成熟时，潜伏于众，观察良久，权衡再三，没有十足的把握最终不要兴师成事。爻辞要求要蓄势，待机而动，凡事要沉得住气，特别在失利时更要沉得住气，才能有东山再起的可能。

失败是成功之母。自古至今，能够一帆风顺获得成功的人实属罕见，凡是那些有大成就的人，他们都是在经历无数次失败考验后才获得了成功。历史上这样的人也不在少数，刘邦就是其中一位。刘邦是一个经得起失败和挫折的人，虽然有时候他居然失败到独自一人，但他依然不放弃自己事业，仍希望自己有朝一日会卷土重来，继续同项羽争斗，这让项羽很是头痛。凡是刘邦和项羽交战，刘邦每次都会失败，但是，刘邦依然不放弃，而是集蓄势力，择机在最后的那一仗，集中兵力，并授权韩信指挥，最终战胜项羽。刘邦与项羽交战的次数颇多，但他赢了最后一次，这一次也就是鸿门宴的夺关战，最终一战定输赢。

九四：乘其墉，弗克攻，吉

"乘"：登上。"墉"：城墙。"弗"：不。爻辞大意是已经登上城墙准备进攻的时候，突然又放弃了。明知不可为的事，不能固执己见，而要采取灵活机动的战略战术；条件尚不具备时，不应盲目蛮干，当止则止，当退则退，正是该爻用意。

《南齐书·王敬则传》讲："檀公三十六策，走为上计，汝父子唯应走耳。"意为败局已定，无可挽回，唯有退却，方是上策。此语后人赓续沿用。"走为上"，是指敌我力量悬殊不利形势下，采取有计划的主动撤退，避开强敌，寻找战机，以退为进。这在谋略中也不失为一种上策。其实，中国战争史上，早就有"走为上"计谋运用得十分精彩的例子：春秋初期，楚国日益强盛，楚将子玉率师攻晋。楚国还胁迫陈、蔡、郑、许4个小国出兵，配合楚军作战。此时晋文公刚攻下依附楚国的曹国，明知晋楚之战迟早不可避免。子玉率部浩浩荡荡向曹国进发，晋文公闻讯，分析了形势。他对这次战争的胜败没有把握，楚强晋弱，其势汹汹，他决定暂时后退，避其锋芒，对外假意说道："当年我被迫逃亡，楚国先君对我以礼相待。我曾与他约定，将来如我返回晋国，愿意两国修好。若迫不得已，两国交兵，我定先退避三舍。现在，子玉伐我，我当实行诺言，先退三舍。"古时一舍为30里。他撤退90里，已到晋国边界城濮，仗着临黄河、靠太行山，足以御敌。他已事先派人往秦国和齐国求助。子玉率部追到城濮，晋文公早已严阵以待。晋文公已探知楚国左、中、右三军，以右军最为薄弱，右军前头为陈、蔡士兵，他们本是被胁迫而来，并无斗志。子玉命令左右军先进，中军继之。楚右军直扑晋军，晋军忽然又撤退，陈、蔡军的将官以为晋军惧怕，又要逃跑，就紧追不舍。忽然晋军中杀出一支军队，驾车的马都蒙上了老虎皮。陈、蔡军的战马以为是真虎，吓得乱蹦乱跳，转头就跑，骑兵哪里控制得住。楚右军大败。晋文公派士兵假扮陈、蔡军士，向子玉报捷："右师已胜，元帅赶快进兵。"子玉登车一望，晋军后方烟尘蔽天，他大笑道："晋军不堪一击。"其实，这是晋军诱敌之计，他们在马后绑上树枝，来往奔跑，故意弄得烟尘蔽日，制造假象。子玉急命左军并力前进。晋军前军故意打着帅旗，往后撤退。楚左军又陷于晋国伏击圈，遭歼灭。等子玉率中军赶到，晋军三军合力，已把子玉团团围住。子玉这才发现，右军、左军都已被歼，自己也陷入重围，急令突围。虽然他在猛将成大心的护卫下，逃得性命，但部队伤亡惨重，只得悻悻回国。

　　实践证明，故事中晋文公的几次撤退，都不是消极逃跑，而是主动退却，有意在寻找或制造战机。所以，有时候"走"也是一种上策。

九五：同人，先号咷而后笑。大师克相遇

　　"同人，先号咷而后笑"：他乡遇故知，开始遇到时互相抱头痛哭一场转眼又破涕为笑。"大师克"：打了一场胜仗后，又合师一处。爻辞大意：失败时，别一味垂头丧气，要明白福祸相依的道理，有了问题并不可怕，不能一味地怨天尤人，而要寻找原因、迎难而上，最终会转败为胜、笑到最后。人生，既不存在绝对幸福又不可能存在绝对痛苦，生活本来就不是简单的非此即彼的游戏，幸福与痛苦也是浑然一体的，这也正符合《易经》不断变化的原理。

　　有个商人因为经营不善而欠下一大笔债务，由于无力偿还，在债权人频频催讨下，精神几乎完全崩溃，因此萌生了结束生命的念头。苦闷至极的他有一天独自来到亲戚的农庄拜访，心里打算在仅有的时间里，享受最后的恬静生活。当时，正值八月瓜熟时节,田里飘出的阵阵瓜香吸引了他。看守瓜田的老人看见他的到来,便热情地摘了几个瓜果,请他品尝。不过,心情仍然低落的他一点享用的心情也没有,但又无法拒绝老人家的好意,便礼貌地吃了半个,并随口赞美几句。

然而,老人家听到赞扬却非常喜悦,他开始滔滔不绝地诉说着自己种植瓜果所付出的心血与辛苦:"四月播种,五月锄草,六月除虫,七月守护……"原来,他大半生都与瓜秧相伴,流过不少汗水,也流过许多泪水。老人坚强地说:"人和老天爷打交道,少不了要吃些苦头或受气,但是,只要能低下头、咬紧牙,挺一挺也就过去了。因为,最后瓜果收获时,仍然全部都是我们的。"

这番话让商人忽然醒悟了过来,他吃完手中剩下的半个瓜果,在瓜棚下的椅子上放了100元现金,以示感激,次日便踏着坚毅的步伐离开农庄。5年后,他在城市里重新崛起,并且成为一个现代化龙头企业的负责人。

上九:同人于郊,无悔

"郊":离城相对远的地方。"同人与郊":内无和同之人,自己的目标无法实现。这个时候,就不能自命清高,固然不去与不"同"之人同流合污,但也不能脱离群众去孤僻处世。于是爻辞就发出了一种强音:对待志不同道不合者,要善于容人,取长补短,这样也是一种智慧,是一种处世态度。反之,在沉闷困顿、无法和合之机,极易会封闭自己,走入另一种极端。墨子有个得意门生叫耕柱,但他总是被墨子批评,久而久之便对墨子产生了不满情绪。但耕柱并没有因此而消极抵触学习,而是在放学后"同人与郊",主动寻找墨子沟通观点。墨子也告诉他,正因为他是一块可塑之才,所以才再三敲打,以匡正教导。最终,耕柱放下了心中的不满,更加主动用心学习。

总之,同人卦是共谋事业的卦象。同人之道,是刚直之道,是实现双赢或互利互惠之道。该卦留给人们感悟的东西很多,不只是利益的招手,而是一种合作的欣慰。"万里长城今犹在,不见当年秦始皇。"人生短暂,不要一味追求得到而放弃奉献。有时候,与人合作时,应少一分索取、多一分奉献,明着失去的时候,其实慢慢却在得到。参悟同人,提升气度,何乐而不为!

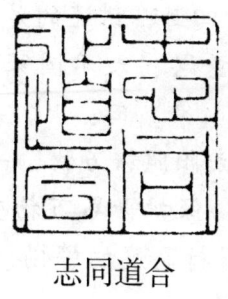

志同道合

【原文】

　　大有：元亨。
　　初九：无交害，匪咎，艰则无咎。
　　九二：大车以载，有攸往，无咎。
　　九三：公用亨于天子，小人弗克。
　　九四：匪其彭，无咎。
　　六五：厥孚交如，威如，吉。
　　上九：自天祐之，吉无不利。

　　大有卦是《周易》第十四卦，讲述的是富足天下之道。"大有"是拥有的很多、伟大事业的意思，表示国家昌盛、百姓富庶，大有收获，一切都非常圆满顺利。《象》曰："火在天上，大有；君子以遏恶扬善，顺天休命。"寓意是太阳照耀万物，一派丰收的喜悦景致。领导者要惩恶扬善，顺应民意，保护世界万物生命，同时也要警惕小人；在拥有了财富之后，还要保持高度的警惕性，要牢记初心、增强忧患意识，不能放松和放纵。

火在天上，大有：君子以遏恶扬善，顺天休命

杨恢，又名杨辉，字晏古，1969年出生，贵州安顺人，现为中国书法家协会会员、开封市书法家协会副主席兼秘书长。

白玉玺，笔号古今，1957年出生，河南开封人，现为中国书法家协会会员、中国国家书画院艺术顾问、开封名城书画院院长。

第十四章　怀壮志　无不利
　　　　　　山顶千门次第开

大有：元亨

　　大有卦是乾下离上的火天象。火在天上，火光映红天空，光源越高，所辐射的面积就会越大，照射得也会越远。火代表光明，比喻人的德行宽厚、虚怀若谷，德行越高，视野越宽，前景才会更加明媚。

　　大有卦是由5个阳爻和1个阴爻组成的，这里的"大有"不仅仅是指物质上的富有，也指精神上的豁达。孔子在《象》《传》中提出"君子以遏恶扬善，顺天休命"，即有钱人要遏制自己心中的坏念头，多做善事，顺应时代变化，做本分的事情。大有卦在有意识地强调有钱人更要做一个好人、做一个本分人，这样做不仅仅是为了保持自我的好名声；再者，树大招风，有利于避免一些这样那样的祸患，以此保持物质与精神上的大有。这里强调的是一种人生态度，超然物外的大有。

初九：无交害，匪咎。艰则无咎

　　"交"：相互。"害"：算计，残害。"艰"：艰苦。爻辞大意是与他人共事时，不互相算计、欺诈、残害，当然是好事。纵使遇到各种艰难险阻，只要同心同德，就一定会取得胜利。爻辞强调的是双方或多方共事的一种态度，要求和平共处、同舟共济、患难与共，才能攻克一切艰难险阻。

　　"同舟共济"源于春秋时期，吴国和越国经常互相打仗，两国人民也都将对方视为仇人。有一次，两国的人恰巧共同坐一艘船渡河。船刚开的时候，他们在船上互相瞪着对方，一副要打架的样子。但是船开到河中央的时候，突然遇到了暴风骤雨，眼见船就要翻了，为了保住性命，他们顾不得彼此仇恨，纷纷互相救助，并且合力稳定船身，才逃过这场天灾，安全到达河的对岸。

　　2009年2月13日，美国国务卿希拉里在出访亚洲四国前夕于亚洲协会纽约总部发表演讲，谈到中美关系时，希拉里贴切地使用"同舟共济"这句成语，为中美之间的关系定调："在同一艘船上的人必须以和平方式才能共同过河，这则中国成语在今天将继续指引我们前进的方向。"暂且不论更深层次的用意，至少在表面上看，希拉里讲得非常正确，只有不"交害"、和平共处、同舟共济，才能创建和谐环境、实现双赢。

九二：大车以载，有攸往，无咎

"大车以载"：大车装得满当当的。"有攸往"中的"有"：利于。"往"：前进、到达。"咎"：灾祸、问题。表面上可以理解为车上装载的食物充足且丰富，利于向前进，无论走到哪里，都不会有什么顾虑。其引申为一个德行宽厚、才能出众的人，肩负重任定会有大的作为。爻辞启示：要想成功，事前务必要锤炼应有的职业素质和道德修养，这样才能更好地肩负重任、不辱使命、勇往直前。

《论语集解》引孔安国的注释说："工以利器为助，人以贤友为助。"做任何事情，准备工作都非常重要，正如俗话说的"磨刀不误砍柴工"，工匠在做工前打磨好工具，操作起来才会得心应手，达到事半功倍的效果。实行仁道也一样，要先了解这个国家的情况，与这个国家的贤达之士建立良好的关系，然后才能有施展抱负的机会，完成"仁"的目的。

竞技场上，影响比赛的结果纵然有多种因素，但决定性的因素还是自身实力。不管遇到什么样的风浪，只有提高自身实力才是硬道理。具备过硬实力，当然会"有攸往，无咎"。

九三：公用亨于天子，小人弗克

古时因竹简刻字，一字千金，故"享""亨"等字可通用。"公"：指古代官吏的三公，处于官场，一人之下万人之上，属极其显赫位置。按照封建社会的观点来讲，大意是享受皇帝俸禄，当尽职尽责替天子解难分忧。如果不尽职尽责，有非分之想，必然遭到天子讨伐，就不会有好的结果。

"食君之禄"一词最早出自唐朝柳宗元的《吊屈原文》。永贞革新失败后，柳宗元接连被贬，心情极为糟糕。在赴永州途中，他怀着悲愤的心情来到汨罗江畔凭吊屈原，满怀激情写下《吊屈原文》，并且发出感叹：现在做官的人啊，有谁把时政的好坏放在心上。享受国君的俸禄唯恐不优厚啊，只是担心自己在官场中不能青云直上。离开京城我心情郁闷默默无言，因为已实现不了我的主张。既然这种苟且偷安的风气无法除去，想起先生的遭遇我的郁闷心情就可以暂时丢在一旁。文章形象地刻画出屈原正直纯洁、坚贞不渝的内心世界，热情讴歌了屈原至死不渝的爱国主义精神。

"食君之禄，忠君之事"，是一个非常简单的道理，也是中华民族优秀传统文化一再强调的做人的最优品质，更是千百年来人们所普遍遵循的做事原则，每一位公民都应该从一点一滴做起、从时时刻刻做起，体现对国家的忠诚。

六四：匪其彭，无咎

"匪"同"非"。"彭"：私欲膨胀。人一阔，脸就变，总认为自己是成功人士。《朱子家训》中有句"穷在闹市无人问，富在深山有远亲"的名言，就是当前部分人追求利益绝大化，导致社会物欲横流，人与人之间变得互不诚信，少数人人性扭曲，变得异常现实浮躁。人一出名，无形的杀手接踵而至，特别是"捧杀"现象更加值得警惕。各种花环笼罩，少部分人显得飘飘然，私欲更加膨胀，贪婪、虚荣心战胜理智和清醒，初心移位，十分危险。爻辞告诫：成功是暂时的，不能因一时的成功而忘乎所以。历史上骄兵必败的事例不胜枚举，关云长大意失荆州就是典型。

关羽盲目自信，未接受诸葛亮"东合孙权，北拒曹操"的建议，以个人力量抗拒东吴和曹魏两大军事集团，最终招致杀身之祸。这个血淋淋的事实证明，凡事不可骄傲自大，要量力而行、灵活应对。新时代，要更注重培育团队精神，避免个人英雄主义。只有"匪其彭"，才能"无咎"。

六五：厥孚交如，威如，吉

"厥"：虚词。"孚"：诚信。"交"：交往、交流。"威如"：有威信、威望的样子。爻辞大意：一个人，光拥有与人诚信交往是远远不够的，还要树立自己的威信。该爻似乎是对如何当好领导给予的善意提醒，也是作为一名成功领导干部应该具备的素质，既要有人格魅力，与下级诚心实意地用心互动，而不是采取哄骗等方法，这样只能功成一时，关键时候派不上用地；还要有威严，这个威出自公心，而不是以个人的好恶作威示威。

"有威则可畏，有信则乐从，凡欲服人者，必兼具威信"，讲的是春秋战国时期的名将吴起，他的军事才能卓著，战绩辉煌，几乎每战必胜。据说，吴起做将军时，和最下层的士卒同衣同食，睡觉时不铺席子，行军时不骑马坐车，亲自背干粮，和士卒共担劳苦。士卒中有人生疮，吴起就用嘴为他吸脓。这个士卒的母亲知道这事后大哭起来。别人说："你儿子是个士卒，而将军亲自为他吸取疮上的脓，你为什么还要哭呢？"母亲说："不是这样。往年吴公为我夫君吸过疮上的脓，孩子的父亲作战时就一往无前地拼命，所以就战死了。现在吴公又为我儿子吸疮上的脓，我不知他又将死到哪里了，所以我哭。"由此可见，吴起在军中的威信是毋庸置疑的,他领导的士兵在战场上所向披靡,应是水到渠成的事情。

电视连续剧《亮剑》中的李云龙,在这方面也是一位了不起的角色。正如李云龙所说,即使他死了,独立团也仍然会活着,因为这支部队有军魂,是敢打敢拼的硬部队,不会因为他一个人的离去而变成任人宰割的羔羊;也因为这支部队有军魂,是李云龙的魂融入了这支部队。亮剑,也就是一种精神,是一种魄力!正因为领导者用心塑造了自己的威信力,用实际行动感召了部属,从而使他们同生死、共患难,故"吉"。

上九:自天祐之,吉无不利

爻辞大意:自助者天助,只要坚守正道,就自然会得到大多数人拥护。"多行不义必自毙"是人们认同的一则真理。排除迷信因素干扰,不妨用科学理念解释,好人自有贵人扶持,自有上天保佑。只要坚持不懈地守正求真,就能吉贞。

世界上多少人都想求上帝、神、菩萨的保佑。孔子的回应是:没有那么简单,菩萨、神都不是傻瓜,不是我们给他一跪,他就保佑!人人都求上帝保佑,上帝太忙,根本就顾不过来。两边打官司,都要请上帝保佑,上帝不知道保佑哪边好。尤其拜菩萨、拜神,花最少的钱,妄求最大的愿,所求的事情太多。试想一想,一个人花上少量的本钱,买串香蕉、蜡烛什么的,所求的无非是想发大财、升大官、保佑大平安……很多很多,天下有这么便宜的事吗?所以孔子说"天之所助者顺也",上天有菩萨有神灵,是顺其善道而助之,不是说去烧支香、磕个头,菩萨就来保佑。

总之,大有卦在《易经》中属上上卦。该卦启示:要保持平常心,在坚持公心中助推和谐,始终要保持淡定谦虚的姿态,不断加强自己的人格魅力修炼;在完善丰富自我中提高自己实力,在恩威兼蓄中彰显非权利感召力。

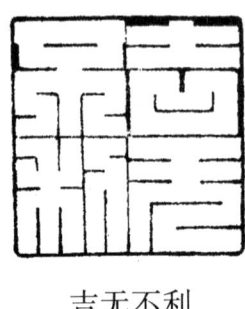

吉无不利

【原文】

谦：亨。君子有终。
初六：谦谦君子，用涉大川，吉。
六二：鸣谦，贞吉。
九三：劳谦君子，有终，吉。
六四：无不利，撝谦。
六五：不富以其邻，利用侵伐，无不利。
上六：鸣谦，利用行师，征邑国。

谦卦是《周易》第十五卦，"谦"为地下有山之象。山本高大，但处于地下，主动隐去了自己的高大，讲述的是谦虚卑退之道。《象》曰："地中有山，谦；君子以裒多益寡，称物平施。"寓意是人应当学习藏拙隐形的大山，始终要怀着谦虚美德，不夸夸其谈，也不言过其实。这样，始终坚守谦卑心态，坚持低调做人，就会一路绿灯。

地中有山,谦;君子以裒多益寡,称物平施

童心田,1955年出生,河南沈丘人,历任新华社记者,《人民武警报》主编,武警大校。现为中国书法家协会会员、中国书画家协会副主席、中国书画评论会主席。

周深文，1973年出生，甘肃民勤人，现为河南省美术家协会会员、青年画家、木雕艺人。

第十五章　谦君子　涉大川　虏骑千重只似无

谦：亨。君子有终

　　谦卦是艮下坤上的地山之象。地在上，山在下，山是高大之物，甘愿居于地下，不以高大而骄横。想到这里，笔者顿悟：《易经》太伟大了，5000年传统文化的璀璨之光，铸就了中华民族伟大的谦实无华精神！"终"：终局。"亨"：好。卦辞大意是如果一个人具备谦虚的态度，低调为人，默默做事，必然会有好的结果。

　　中国古代名士谦虚事例不胜枚举。外国成功者的谦虚态度也非常值得借鉴。如古希腊著名哲学家苏格拉底，运用著名的启发谈话启迪青年智慧。每当人们赞叹他的学识渊博、智慧超群的时候，他总谦逊地说："我唯一知道的就是我自己的无知。"被人们称颂为"力学之父"的牛顿发现了万有引力定律，在热学上，他确定了冷却定律；在数学上，他提出了"流数法"，建立了二项定理，与莱布尼兹几乎同时创立了微积分学，开辟了数学史上的一个新纪元。他是一个有多方面成就的伟大科学家，然而对于自己的成功，他谦虚地说："如果我见得比笛卡尔要远一点，那是因为我站在巨人肩上的缘故。"他还对人说："我只像一个海滨玩耍的小孩子，有时很高兴地拾着一颗光滑美丽的石子儿，真理的大海还是没有发现。"扬名于世的音乐大师贝多芬，谦虚地说自己"只学会了几个音符"。科学巨匠爱因斯坦说自己"真像小孩一样的幼稚"。

　　为此，谦卦启示：无论身处何位，具备谦虚的态度是极其必要的，不但可以求取进步，有时候还是一种助推成功的法器。当然谦要有度，谦要成事，要谦虚而不是伪谦。只有这样，才"亨"，以利"君子有终"。

初六：谦谦君子，用涉大川，吉

　　"谦谦"：指谦虚了又谦虚，保持十分低调的样子。初六爻辞大意是君子具备十分谦虚的美德，纵使经历各种艰难险阻，终会吉祥如意。

　　《书剑恩仇录》描写有"乾隆送陈家洛的佩玉上刻着：'慧极必伤，情深不寿，强极则辱，谦谦君子，温润如玉'"的内容。其大意是一个人太聪明时便会对自己有损伤，过于沉迷和执着的感情不会持久，过于突出自我的人势必会受到屈辱，君子应该如玉一般温润沉稳，含蓄坚毅，不张扬，却自显价值。金庸借乾隆送陈家洛佩玉上的刻字，道出自己人生特别推崇的境界，正是这句20字所表达的哲理。《书剑恩仇录》蕴含了他早期的人生理想，这应该是金庸所推崇的一种人生境界。

六二：鸣谦，贞吉

　　"鸣"：指外在表现。爻辞大意指心中谦虚，行动也要谦虚，表里如一，这样才是大吉利。这种谦恭的人格最具魅力。对领导者而言，这是超强的非权感召力。

《资治通鉴·唐纪》载，娄师德在武则天长寿二年（693）任同平章事（相当于宰相）。但妄自尊大的凤阁（即中书省）侍郎李昭德，曾当面奚落他是乡巴佬。对此，娄师德报之一笑说："我不当乡巴佬，谁当乡巴佬呢？"狄仁杰当宰相是娄师德推荐的，由于他不知内情，反而看不起娄师德，不时贬低甚至想把娄师德排挤出朝廷。即使这样，娄师德也不与他计较。当狄仁杰从武后那里知道实情后，感慨地说："娄公盛德，我为其所包容久矣，吾不得窥其际也。"像娄师德这样被冒犯而不计较又不泄私怨的人，实在难能可贵。他的这种气度对团队领导层而言也有一定启发。

九三：劳谦君子，有终，吉

"劳"：功劳、成就。爻辞强调要居功而不自傲，始终保持低调风范，非常难能可贵，当然有好的结局。

众所周知，武则天统治时期的宰相狄仁杰以缜密的思维和细致的推理断案而堪称神探。但令人们最为敬佩的不仅是他的神断能力，还因为他的大智。这也正是"功高不盖主，居功不自傲"的具体体现。在电视连续剧《神探狄仁杰》第二部中，狄仁杰奉命侦破一起大案，歼灭了一伙逆党，从另一个层面揭示了武则天不可告人的秘密：从长安迁都洛阳的真正策划人袁天罡的案件，当大功告捷之后，狄仁杰毅然决定离开，以一纸奏折上书武后，请求告老还乡，远离皇宫。狄仁杰的明智之举，显示了他大智大愚的权衡抉择。拥有狄仁杰这样智慧的人，才可以明哲保身，因为他做到了功高不盖主、居功不自傲。他是一位难得的智者，是古代朝廷大臣乃至今人借鉴学习的榜样。

六四：无不利，㧑谦

"㧑"（huī）：举动、裂开，引申为发挥、一分为二。爻辞大意：对上能谦虚敬奉，对下能柔顺礼让。发挥到这种境界，当然会"无不利"。后人读史，常被历史尘埃困扰。比如晚清太监李莲英，一般留给人们的印象，不外是"坏蛋"一个。然而李莲英"事上以敬，事下以宽"的处世风格也是值得人们学习和借鉴的。

李莲英对他服侍的主子慈禧太后，忠心耿耿，细心周全，真正做到了患难与共。《晚清宫廷生活见闻》记载：每天三顿饭，早晚起居，李莲英都会派太监或当面向慈禧问候。患难见真情。八国联军侵入北京，在仓皇"西狩"的路上，李莲英对慈禧更是呵护备至。一次暴雨过后，路面极滑，在慈禧的骡车即将翻入深山之际，李莲英挺身而出，用身体拦住了下滑骡车，不顾生命危险使慈禧脱险，而且在身受重伤的情况下，仍不忘询问慈禧安危。实际上，不仅对于慈禧，就是对于与慈禧不和的光绪，李莲英也尽到了奴才本分，还算厚道。

慈禧和光绪西逃回京途中，走到保定住下。李莲英伺候慈禧睡下后，来到光绪住处探望，发现里面居然一个太监都没有，只有光绪一个人对着油灯枯坐，一问才知道原来是因为没有铺盖，在隆冬季节无法睡觉。李莲英慌忙跪下抱着光绪的腿痛哭道："奴才们真是罪该万死！"随后便赶紧把自己的被褥抱来让光绪使用。光绪从小就因为受到他的看护而夸他"忠心事主"。回到北京以后，回忆西逃苦楚，更是经常念叨："若没有李俺答（满语意思为师傅），我恐怕活不到今日。"（见《德宗遗事》）。光绪的最后10年，经常被慈禧为难，李莲英不但没有落井下石，还尽可能地对他照顾，相比其他趋炎附势的太监来说，真是云泥之别。不过也有人说李莲英两面讨好，若是讨好能做到这一步，也令人足以翘指。

难能可贵的是，李莲英走红后，还能够做到宽以待人、爱护下属。对于一般妃嫔宫娥、女官命妇，有了过错，惹慈禧不高兴，他总是尽量美言遮盖、曲意回护，所以后宫许多人都对他心存感激。这应该算是李莲英做人上的成功。

六五：不富以其邻，利用侵伐，无不利

爻辞大意是以虚怀若谷的追求逐渐赢得人心，无往而不胜。世界上比海洋大的是天空，比天空更大的是人心。人若让胸怀像山谷一样空阔深广，就能吸收无尽知识、容纳各种有益意见，从而使自己变得更加丰富起来。

三国时候，有个叫陈琳的人，是"建安七子"之一。在袁绍部下做事时，袁绍命其起草讨伐曹操的檄文。陈琳在檄文中不仅大骂曹操"好乱乐祸"，把曹操三代也骂得狗血喷头。传说，曹操看了顿感毛骨悚然，出了一身冷汗，竟连头风病也豁然痊愈，可见此人写得何等厉害。后来袁绍兵败，陈琳被曹操所擒。曹操问他："你以前为袁绍作檄文，骂我也就够了，为什么连我的祖父和父亲也都骂呢？"陈琳说："那是箭在弦上，不得不发罢了。"曹操部下人都很气愤，劝曹操把陈琳杀掉算了。曹操因爱惜他的才干，不仅没有杀他，反而还委以重任，用其所长，让他当了司空军谋祭酒，为曹操拟创军国书檄。故事说明，曹操的度量是大的，他之所以能成就基业、纵横天下，是因为这同他那种大度容人的气魄不无关系。

上六：鸣谦。利用行师，征邑国

爻辞大意是谦逊名声外扬，利于用兵征战，讨伐领地中的叛乱。有实力而不好战，必师出有名，且要保持谦虚谨慎的态度，礼让三先，必然胜利在望。中国在应对国外局势上，彰显大国风范，不开先战之口，先礼后兵，使用和平政策不代表软弱，这也源于中华民族瑰宝《易经》中的"谦"卦。

2018年，在全国热播的军事题材电影《红海行动》再次点燃了中国人的大国豪情，让世界关注正在强大起来的中国维护世界和平的担当精神。一声"勇者无惧、强者无敌"，喊出了新时代中国军人的精气神；一句"中国海军，我们带你们回家"，让人动容之余更为背后有强大的祖国支撑而自豪。

透过电影，国外媒体敏锐地观察到新时代的中国军队自信。这种自信，伴随国家实力上升而增强。正如新加坡《联合早报》指出的：《红海行动》向世界展现了中国海军形象和国家实力。与国际政治领域一些人热衷炒作的"中国威胁论"相反,那些托起《红海行动》的真实故事,让更多的人看到了中国在各国人民面临共同威胁时的担当。银幕上的海盗、恐怖威胁等,都是对当今世界的共同安全挑战。安全领域问题层出不穷,世界期待也需要更多来自中国的力量。"当今世界还不太平,地区冲突频繁,恐怖威胁不断,国际社会需要增加制约战争的力量,中国军队作战能力的提高有利于国际和平力量的壮大。"荷兰海牙国际反恐研究中心执行主任阿拉斯泰尔·里德的话,道出了全世界热爱和平人士的心声。近年来涌现的中国军事题材电影深入人心,展现中国不好战但也绝不畏战的形象,揭示实力与道义兼具的底气。正如今日俄罗斯网站报道所指出的:"中国虽然有强军梦,但对损害他国利益、干涉别国内政没有丝毫兴趣与意图。"人们不会忘记,巴基斯坦大使感谢中国在也门撤侨行动中,同时救出巴基斯坦公民而流下的激动泪水;伴随着"别人因埃博拉撤了,中国因埃博拉来了"的歌声,中国的白衣战士为西非带去战胜疫魔的希望;在海盗猖獗的亚丁湾、索马里海域,中国海军护航编队已为6000余艘中外船只保驾护航,其中半数以上为外国和世界粮食计划署船只……这些行动彰显的,正是守正义、护和平、保安全的中国底色。

　　"谦虚使人进步,骄傲使人落后"是毛泽东对全国人民的谆谆教诲。殊不知,毛泽东是活学活用《易经·谦》的哲理智慧的践行者。有关"谦受益,满招损""木秀于林,风必摧之""人怕出名猪怕壮""出头的椽子先烂""枪打出头鸟"等古训,均源于《易经·谦》的启迪而告诫后人作为警示。谦卦的深邃之处在于启发:立人之道只有大智若愚,虚怀若谷,宽厚待人,学会包容才可安身立命。凡是用心熟读过《易经》六十四卦、潜心研究过六十四卦卦辞爻辞的易学爱好者不难发现,其他六十三卦里的"爻辞",不是吉凶参半就是凶多吉少或是吉多凶少,唯独谦卦卦辞和所有爻辞全都是吉,没有凶。所以,按照谦卦爻辞的意思去做,不仅可以稳健一生,而且还能趋吉避凶,甚至可以立于不败。

温润如玉

【原文】

豫：利建侯行师。

初六：鸣豫，凶。

六二：介于石，不终日。贞吉。

六三：盱豫悔，迟有悔。

九四：由豫，大有得。勿疑，朋盍簪。

六五：贞疾，恒不死。

上六：冥豫。成有渝，无咎。

豫卦是《周易》第十六卦，讲述的是预备、预防、预谋的思想，表示心情愉悦的时候有利于建立伟大功勋，同样利于出兵作战。《象》曰："雷出地奋，豫；先王以作乐崇德，殷荐之上帝，以配祖考。"寓意天空电闪雷鸣，大地振奋，这是心情欢娱的体现。从前，先贤君王据此创作出音乐，歌颂伟大功德，也以此祭祀先祖。但也提醒世人要居安思危，以防天有不测。

雷出地奋，豫：先王以作乐崇德，殷荐之上帝，以配祖考

韩 斌，1974年出生，河南祥符人，现为开封市老干部大学书法讲师。从事中医工作，痴爱书画，擅长真草隶篆。

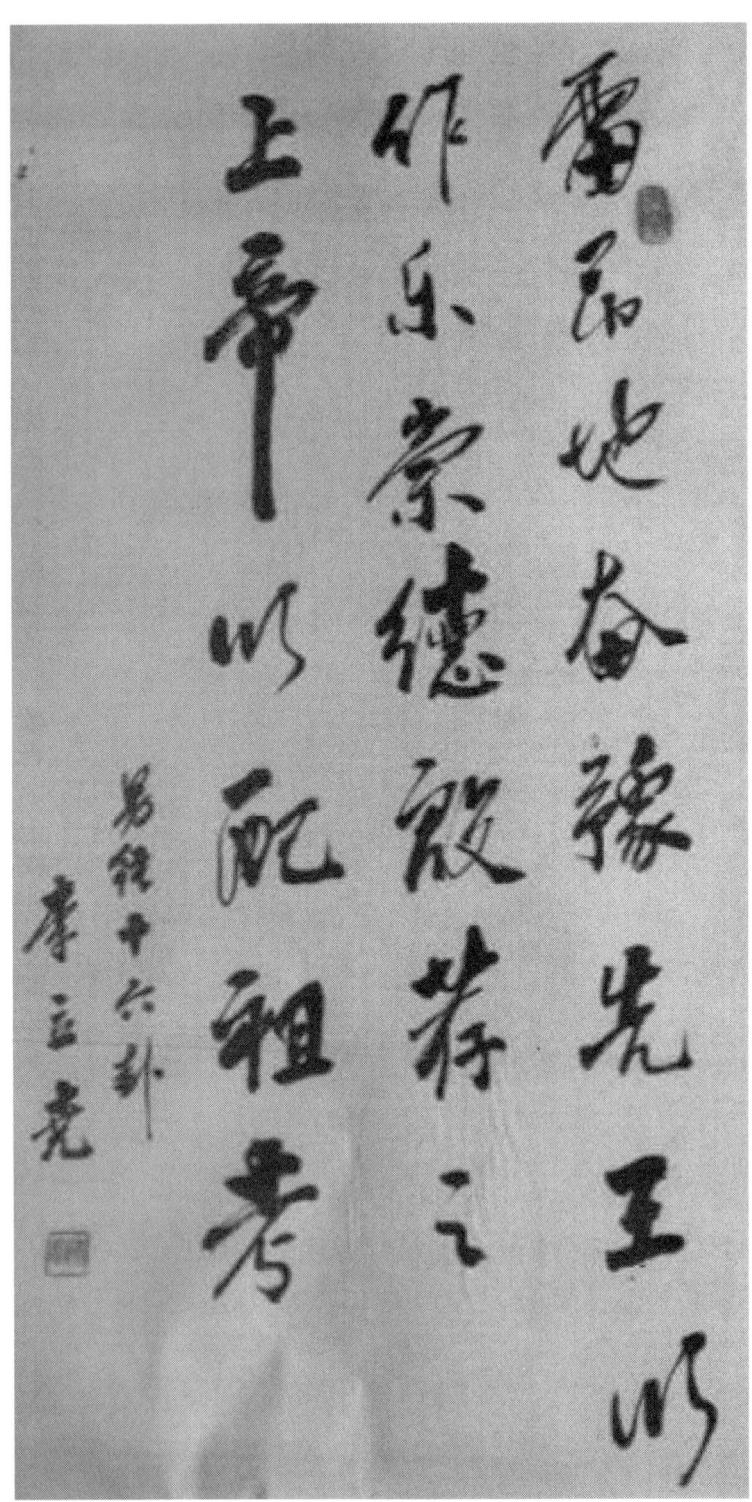

李立尧,1954年出生,河南济源人,现为河南省冯玉祥纪念馆馆长、开封省会文化研究会秘书长。

第十六章　春雷动　万物生　芙蓉向脸两边开

豫：利建侯行师

豫卦是雷上地下的上动下顺之象。领导者具有非凡的凝聚力和感召力，大有一呼百应之势。上下级达成一种出奇的默契，成就了一幅自然和谐之象。卦辞"利建侯行师"：古时指建立诸侯国、扩大疆域，现在指建功立业、提升晋级或者是考试竞标等取得理想成绩。作为领导，与下级和谐共生，丝毫没有居高的优越感而脱离群众，相反却具备了超常的领导艺术，不怒自威，还能自觉率先垂范。行动是有形的道理，行动是无声的命令，一声令下，下级默契配合，没有丝毫的杂音，自然生成了凝聚力和战斗力。

1932年，宋美龄在慰问淞沪抗战士兵途中出了车祸，断了几根肋骨，但她坚持慰问并发表演讲。演讲到高潮的时候，她叫出一个排长问："在战场上，你是怎样指挥你的士兵的？"排长答："我是这样指挥的，弟兄们，给我上，往前冲啊！"宋摇摇头说："你应该这样喊：'弟兄们，跟我上！'"从此，这句话响彻了中国抗日战场的上空。

相比之下，"跟我上"才是新时代社会主义先进文化的最强音，才是各级领导的座右铭。而"给我上"无疑是腐朽没落的最好托词，"跟我上"也一定能获得成功。"给我上"必然会遭到失败。这也是豫卦卦辞对人生给出的最好诠释。

初六：鸣豫，凶

"豫"：高兴。"鸣"：大声呼叫、高调、过度。初六爻辞大意是当着众人的面，过度高兴，必然会引发周围人的不满，当然"凶"。一幅小人得志、极度兴奋的丑态图完全勾勒出来。取得一点小胜利就沾沾自喜，以致手舞足蹈，唯恐天下不知，于是，骄傲自大。得意忘形，导致乐极生悲。

《道德经》讲："祸兮，福之所倚；福兮，祸之所伏。"老子以人类最祈盼和最躲避不及的福祸两极为题，阐述了他的矛盾守衡理论。在他看来，这个世界是在普遍的矛盾中存在的，无论何事何物，都不分大小地存在于阴阳男女老少好坏善恶的矛盾状态中，世界原本没有纯粹事物，也没有固定不变的模式或规律。矛盾体内好坏善恶等对立面相互区别也相互依存、相互竞争也相互促进、相互排斥也相互吸引、相互依赖也相互转化，并一直守衡至矛盾解体。

六二：介于石，不终日。贞吉

"介"：耿介，形容一个人正直，不流于世俗，作风正派。"石"：磐石，坚硬的大石头。"不终日"：不是整天都这样去做，钻牛角尖式顽固不化。"贞"：中正。爻辞大意是操守耿介如大石头一样坚硬，但不能死钻牛角尖，保持坚定中正，当然是好事。众人皆醉吾独醒，他人皆浊我独清。原国民党当政时期的党、政、军主要领导人蒋介石，其字"介石"也是由此而来。

"介于石"：是一种状态，就像磐石一样稳固坚定，中正摆放，但不只是如同坐禅一样，去死定。这里强调的有一种界限区分，在坚强不屈、耿介如石中"不终日"，不能整天都去这样做。要做到该圆时要圆、该方时要方。终日耿介如石，不能只是去死钻牛角尖，而要灵活运用智慧的活水滋润。这里强调的是领导干部艺术性，要灵活处理事情，不能机械僵化，只有坚持原则性与灵活性相统一、不唯上、不唯书，才能提升自己的领导艺术。

《吕氏春秋》记载，楚国有一个人搭船过江，一不小心身上佩剑掉进河里。同船的人都劝他下水去捞，但他却不慌不忙，从身上拿出一把小刀，在剑落水的船边刻个记号。有人问："做什么用啊？"他回答说："我的剑就是从这个地方掉下去的，我做个记号，等会儿船靠岸时，我就从这个记号的地方下水去把剑找回来。"船靠岸时，他就以这样的办法去找剑，结果没有找到。刻舟求剑，是一种刻板、不知变通的思维方式。有时候人们的思想就像那把剑，环境的大船已经变化，而我们却还在那里原地不动。

工作中，随时调整自己的方向和步骤，学会变通，便会事半功倍。在生活中，也应该学会变通，学会在山穷水尽的时候，转换一下心情。变通能让人们少一些郁闷，多一些开心；少一些烦恼，多一些幸福。遇事不钻牛角尖，人也舒坦，心也舒坦。

六三：盱豫悔，迟有悔

"盱"：向上看齐、唯上、阿谀奉承。"豫"：开心事。"悔"：后悔、懊悔。"迟"：执迷不悟。爻辞大意是自己没有一点主见，只顾盲目迎合上级为乐事，而不顾实际情况，最终会懊悔不已。如果不及时悔改，只会悔上加悔，无可救药。

《象》曰："媚上享乐，有悔。迟疑不决又悔。"大意是指整天用谄媚奉承、暗送秋波的手段取悦于上级，以求得自己的欢乐，势必导致悔恨。如若执迷不悟，悔恨不及时，就会招致更大的悔恨。

在这方面，清朝的和珅就是一个典型。和珅虽不会治国统军，无什功业，但却特别擅长于揣摩帝意、迎合君旨、玩弄权术，还会为皇上聚敛银钱，供皇上支付各种不便公开动用国库的费用，故能博取皇上欢心。和珅聚敛财富的主要方式是任用官员索取贿银。内而九卿，外而督抚司道，不向和珅纳银献宝，不是和珅亲友，是很难当上官的，从而形成了"和相专权，补者皆以货进""政以贿成"的祸国殃民严重局面。和珅聚敛财富之多，在历代文武大臣中当首屈一指，他的确是中国古代最大最富的贪官。嘉庆四年（1799）正月初三日，乾隆皇帝驾崩，初八日嘉庆皇帝下谕宣布，革和珅职，下狱问罪，抄没家产。是年正月十一日，嘉庆下谕，定了和珅20条大罪，其中讲到和珅的财产，有夹墙私库金3.2万余两，地窖内埋藏银300余万两。另外，档案记载，和珅还有取租之地1260余顷、取租之房1000余间，以及大量珠宝玉器衣服书籍，等等。数量之巨大，前所未有。

和珅当政短短25年里，就聚敛了如此难以想象的钱财，惊骇之余，这与他迎合巴结上司有直接关系。他认为只有把上司侍候好，自己才能得到想要的东西。这也与现代职场一些现象不谋而合。但是，靠歪门邪道得来的东西，迟早经不起阳光暴晒，和珅就是最好的例子。红极一时，但最终却被革职赐死查抄，成就了"和珅跌倒，嘉庆吃饱"的笑谈。

九四：由豫，大有得。勿疑，朋盍簪

"由"：自身而来。"朋盍簪"：比喻像梳子梳头发一样，把朋友凝聚到一起。爻辞暗示着一种完美人格：身居要职，具备与生俱来的良好品行，不害人、不整人、不捣鼓人。在用人上，要善于放权、善于放手、光明磊落、处事正派、内心和悦、惑不左右，时时处处体现出领导干部的良好风范，用人格魅力感召部属，凝聚群体，为我所用。

习近平在《之江新语》中谈道："人格魅力是干部人品、气质、能力的综合反映，也是党的干部所应具备的公正无私、以身作则、言行一致优良品质的外在表现。"纵观古今中外，能成大事业高境界者，无不具有特别的人格魅力，以中华人民共和国的缔造者毛泽东同志为例，他思想深邃、高瞻远瞩、处乱不惊、才华横溢，使人们无论在其生前身后，抑或异域之中，无不对之倾倒折服，靠着这种非凡的人格魅力，他成就了彪炳千秋的丰功伟绩。

六五：贞疾。恒不死

享受荣华富贵，贪婪成性，就是一种病态。"恒"：长期。"贞疾"：如果不能及时纠正或果断切除，纵使没有生命危险，也会每天胆战心惊地过日子，长期的折磨必将使自己痛苦不堪。爻辞明显是规劝世人特别是那些权势派，不能经常以吃拿卡要而盲目乐观。自作聪明，就会忘乎所以，从小吃变为大贪，权钱色一应俱全，贪欲成性，恰是自掘坟墓的具体体现。

据媒体报道：陆某，案发前担任浙江省交通运输厅建管处副处长，兼任浙江公路水运工程监理有限公司董事长、总经理，可谓风光无限。2011年6月，湖州市检察机关在查办交通系统窝串案中，发现2002年12月至2005年9月任浙江申苏浙皖高速公路有限公司总工程师的他，有贪污公款和收受贿赂的犯罪事实，便对其立案侦查。陆某听到风声，立刻关闭手机，并于是年6月9日潜逃。潜逃期间，陆某不敢直接与家人、朋友联系，只能通过朋友李某代为联络。其间，他偷偷回过一次杭州，与妻子见了一面，寒暄几句，便拿上换洗衣物和床上用品，匆匆赶回丽水。中秋节是阖家团圆的节日。远在他乡的陆某格外想念女儿和妻子，几次按下电话号码，但都中途放弃。因为他知道，如果使用手机，检察机关可以通过电话号码跟踪定位，所以他每天大多时间均将手机关闭，蜗居出租房内。实在忍不住，他就在丽水地区不同地点东躲西藏打电话。有时候实在感觉精神压力太大，他便用出逃时随身携带的笔记本电脑玩游戏，以缓解痛苦的精神煎熬。

天网恢恢，疏而不漏。潜逃的日子毕竟无法长久，2011年10月27日，陆某被检察机关抓捕归案。曾经被人左右簇拥的实权处长，落得个东躲西藏、最终锒铛入狱的下场。陆某也是一个"贞疾。恒不死"的典型。

上六：冥豫。成有渝，无咎

"冥豫"：整天沉寂在浑浑噩噩的日子里不能自拔。"成"：转变。如果能及时改正，就不会造成多大损失。这恰与毛泽东同志所提出的"我们允许同志犯错误，但更允许同志改正错误"的观点是一致的。人非圣贤，大多时候圣贤也会犯错误，何况常人？只要知错及时悔改，就是好同志，也会备受人民群众欢迎和认可。这里一语双关，既是对大众的一番告诫，也是对领导层提出的善于容人的要求，特别应具备宽容曾经犯过错误的人的博大胸襟。

改过自省，也成就了不少名人志士，这样的例子不胜枚举。晋人皇甫谧小时候跟着叔父生活，他游手好闲，放荡不羁，手不沾书，不学无术，任何劝说都无济于事。人们以为他一定是个不成才的痴人。混到20岁，叔母把皇甫谧叫到跟前，痛心的陈述、沙哑的声音，让皇甫谧顿时悔恨交加，由衷感激。他请教老师，借来书籍，开始发奋学习。后来他不幸得了风湿性麻痹症，导致半身不遂后，仍然手不释卷，专心攻读。他的著述很多，还精通医学，其中他著的《甲乙经》是中国论述针灸的重要文献。

总之，豫卦是昭示人和悦的卦，倡导的是大众的和悦、社会的和谐、大自然的和谐共生，反对的则是自我得意的"鸣豫"、阿谀奉承的"盱豫"和醉生梦死的"冥豫"。只有上下互相理解，共同维护正义，行之有道，处事有道，凝聚力量，才能形成大"豫"。

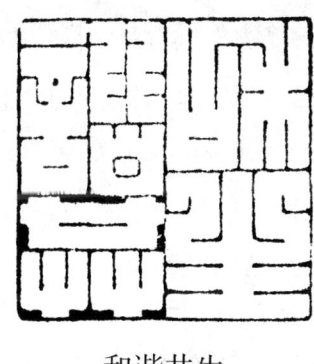

和谐共生

【原文】

随：元亨，利贞，无咎。
初九：官有渝，贞吉，出门交有功。
六二：系小子，失丈夫。
六三：系丈夫，失小子，随有求得，利居贞。
九四：随有获，贞凶。有孚在道，以明，何咎。
九五：孚于嘉，吉。
上六：拘系之，乃从维之。王用亨于西山。

随卦是《周易》第十七卦，强调的是如何使人自觉追随的原则，表示如果能随和顺从，万事就能吉祥顺利、固守正道，就不会发生危险。《象》曰："泽中有雷，随；君子以向晦入宴息。"寓意是泽随雷动，应合理安排时间，白天努力工作，晚上要好好休息，强调要多注意与他人加强团结，不要贪图小便宜，自行其是，而误了大事。

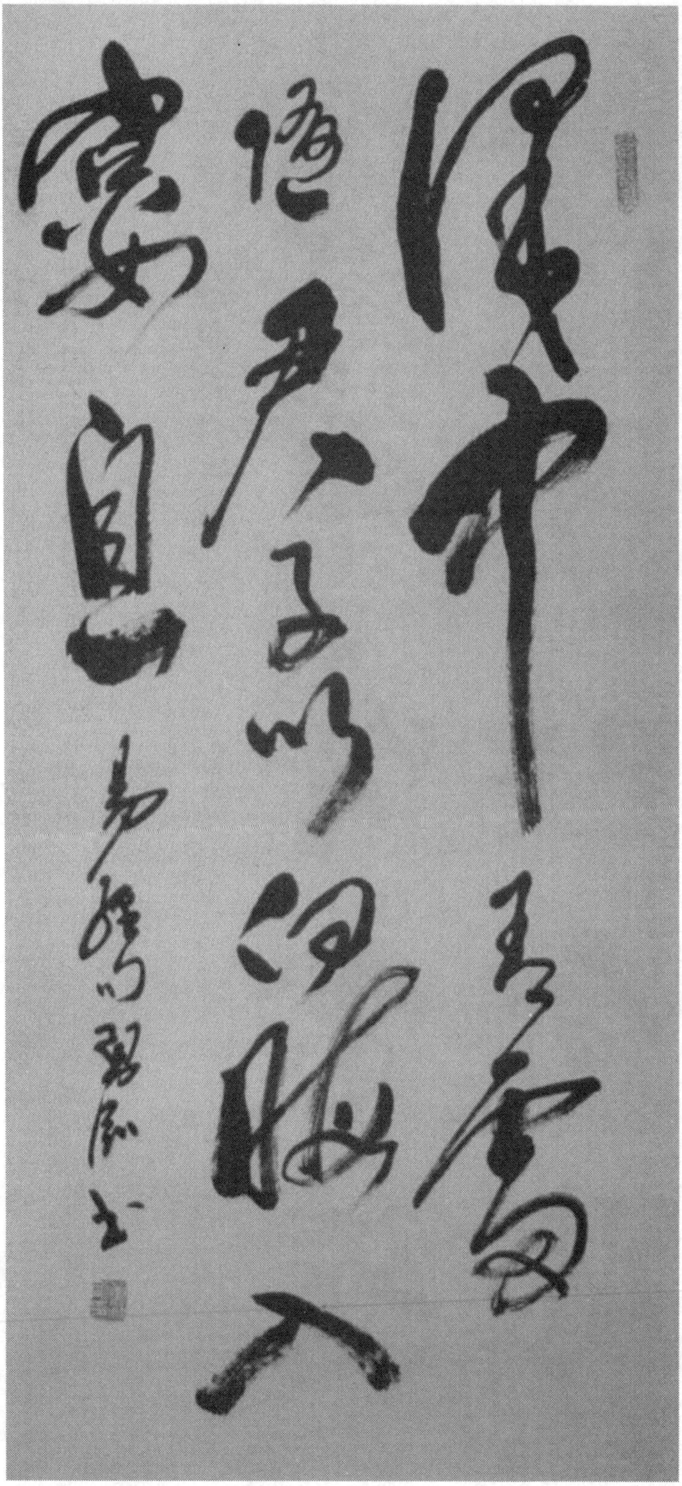

泽中有雷,随:君子以向晦入宴息

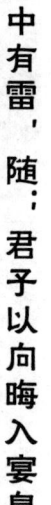

董勇刚,1957年出生,河南泌阳人,现为中国书法家协会会员、国家一级美术师、河南省工艺美术大师、中国国画书画院名誉院长。

王万新，1942年出生，河南开封人，现为中国书画家协会顾问、中国艺术家协会副主席、一级书法家。

第十七章　守中正　顺天道
人间正道是沧桑

随：元亨，利贞，无咎

随卦是上兑下震的雷泽卦象。兑为泽，震为雷。雷声作用于沼泽之上，空旷的沼泽随着雷声而同声共鸣。一幅遥相呼应的阴阳共生图豁然眼前。该卦实则描绘了一幅上下齐心、步调一致的和谐干群关系图。

有一则故事讲道：一次海难中生还的5个人漂流到了一个小岛上，他们为了生存，必须建造一栋房屋，以抵御野兽与即将到来的寒冬。幸好，这个小岛曾经有人居住过，留有很多残存的建筑物，有大量的石料可以利用。但是，这些石料都非常巨大且沉重，每块都需要4个人才能移动，想把这些石料搬运到适合盖房子的地方确实并非易事。漂流到小岛上的5个人，大家都相互推诿，不愿意去抬石料，即使是去抬石料，也不愿意出大力气，眼看寒冬将至，盖房子的工作却没有一点进展。这时候，又有一个人遭遇海难漂流到这个小岛，当知道大家在为严冬将至却依然没有盖起房子而苦恼时，这个人先是在小岛上转了一圈，而后把大家召集起来，对人家说："我已经调查并估算过了，我们盖房子大约需要480块石料，每块石料要4个人抬，那要1920人次，我们是6个人，每人抬320次，每天每人抬32次石料，一天就可以抬48块，10天全部抬完。用不了一个月，我们的房子就能盖起来，那时候这里刚好是冬天，我们在屋子里温暖的过冬，也不用担心野兽袭击，来年春天就会有船经过，我们就都能得救。"听到这里，大家都非常兴奋。这个人接着说："大家的劳动付出是一样的，不计先后，每天完成这个工作量就可以休息。但是，有一点必须强调，每个人都必须全力以赴。因为，搬石料时，4个人中如果有一个人偷懒，石料就很可能落地，砸伤其他人，这样一来虽然自己没有受伤，但是却打破了这个劳动分工的平衡。如果受伤的人超过2人，我们将无法再完成房子的建造，只能眼睁睁被冻死，或是被野兽吃掉。所以，为了自己，大家也要全力以赴！"大家都由衷地点头表示赞同。果然，10天时间石料就全部如期搬运完毕。这个人用同样的方法解决了后面建造中的团队分工合作问题。不到一个月，一栋温暖、结实的房子便建造起来，他们顺利挨过冬季，第二年有航船经过，他们都获救了。

初九：官有渝，贞吉，出门交有功

"渝"：变化。"交"：交往。大意是职场没有常规的定数，要懂得求变，不能故步自封，要善于结交一些有益朋友，交一些诤友，当然这里强调的不是去结党营私，也不是搞新时代中央明令禁止的"团团伙伙"。

追述党的十六大至十九大这15年中，我们党领导人民身处逆境不抛弃、不放弃，解决了一个又一个难题，突破了一个又一个障碍。新时代，中国仍面临各种挑战，行至更加美好的未来，仍然寄望于不断地改革创新。为此，也只有做到爻辞中提到的求新求变，才能创新发展。这也是中国人民自信自强精神的生动写照。革故鼎新，意味着利益格局的调整，意味着摆脱习惯做法的束缚。即便存在诸多不确定性，我们党也仍然矢志不渝地推进改革，群众始终期待改革、支持改革，这展示的正是中国人民追求更好发展、不满足、不懈怠的决心，展示的是中国人民对改革的信心。

六二：系小子，失丈夫

爻辞大意是像小孩子一样幼稚可爱的表现，必然失去大丈夫的成熟稳重气质，也可以引申为因小失大、得不偿失。

有些人为了赢得称许，经常强迫自己做出一些行为以满足人们期望，这就是"系小子"的表现。爱表现是孩子的天性，是童贞，是天籁，也是人的本性。但对一个理性的成年人来讲，则是庸碌之辈的特征，整天说大话，虚伪应对，君子自然会远离。

《笑傲江湖》中的岳不群，最先以君子剑身份闪亮登场，最后以将自己肉体和灵魂同时阉割、弄成妻自杀女儿被杀的悲惨结局，自己也被人喂下"三尸脑神丹"沦为魔教走狗，最后惨死的下场。岳不群前后角色的变化可谓悬殊。岳不群和慕容复一样，拥有幸福的家庭。祸莫大于不知足，岳不群为了追权逐利，宁愿割舍亲情、爱情，费尽心机寻找《辟邪剑谱》，他原以为得到《辟邪剑谱》就可以称霸武林，可命运总是喜欢与人开玩笑。当他机关算尽得到《辟邪剑谱》时，为了自己的欲望果断挥刀自宫。当然岳不群阉割的不只是自己的命根，同时阉割的还有自己的爱情、亲情以及最后一点残存的良知。

阉割后的岳不群更加奸诈凶残，对自己爱女、妻子没有一点仁爱之心，唯一爱女的婚姻也被他当成工具。在对自己狠的同时，他对别人更狠，刺瞎对手左冷禅双眼，想杀掉自己徒弟都是不足为怪的事情。这位华山派掌门的君子剑最终撕破了伪装的面纱，而身败名裂。

六三：系丈夫，失小子，随有求得，利居贞

六三爻辞与六二爻辞恰好相反，启示要想成就远大抱负，不能只图眼前利益，舍弃小我，换回大我，可最终却来个"利居贞"，即在自己的一亩三分地上可以运用，可手不能伸得太长。太长了，利益也就成了大害。这里暗示人们要心正志远、本分为人，当舍时毫不犹豫，该得时顺势而为。

获取本是有规律可循的，这个规律就是大家常说的"舍得"。所谓的"小舍小得，大舍大得，不舍不得"。许多人之所以不能得，就是因为在于不愿舍。舍，首先是一种人生智慧，只有确认并领悟了阴阳互化的宇宙规律后，才可能真正做到舍；舍，其次也是一种勇气，把自己千辛万苦获得的东西舍出去，没有一点勇气是很难做到的。

正如生活中的平衡艺术，当人们无法做到两全其美时，只有舍弃那本该舍弃的，去成全那本该保留的。试想一下，如果没有雷锋的舍己为人，哪会有他平凡伟大的英雄形象？如果没有鲁迅的弃医从文，哪会有他发人深省的撼人佳作？为此，敢于舍弃不是一种放弃生活的态度，而是生活给予的另外一种触底反弹的机会，让人重新出发，重新把更为宝贵的财富收入囊中。

爻辞启示：吝于舍弃的人，先被自己打败，然后才被生活打败；敢于舍弃的人，先战胜自己，然后才战胜生活。吝于舍弃的人，只能原地踏步、前途有限；敢于舍弃的人，才会疾步前进、前途无量。

九四：随有获，贞凶。有孚在道以明，何咎

"随"：追随。"获"：收获。"孚"：诚信。爻辞大意是因追随而有收获，贞固不变会有危险、有孚信，在道义上能彰显，就不会有大的问题。暗示因自我才能被领导重用，或多或少得到了一些收获，但不能一味地炫耀，这样就会引起他人忌妒；要见好就收、居安思危，始终保持头脑清醒，适时做出一些理性让步。这也是对每一个人做事为人的最佳警示。

春秋时期的某一日，吴王乘船在长江中游玩，登上猕猴山。原来聚在一起戏耍的猕猴，看到吴王被人前呼后拥地出现，立即一哄而散，躲到深林与荆棘丛中去了。但有一只猕猴想在吴王面前卖弄灵巧，它在地上得意地旋转，又纵身到树上，攀缘腾荡。吴王看了不舒服，就展弓搭箭射它，它能从容地拨开射来的利箭，又敏捷地把箭接住。吴王脸都气红了，命令左右一齐动手，箭如风卷，猕猴无可逃脱，立即被射死。吴王回头对他的友人说，这灵猴夸耀自己聪明，倚仗自己敏捷傲视本王，以至于丢了性命。要引以为戒，可不要用你们的意志声色骄人傲世啊！

故事警示：过分表现自己，反倒遭自身损伤。

九五：孚于嘉，吉

"嘉"：善。"孚"：诚信、仁德之人。爻辞大意是追随了有德之人，被委以重任，自己则大显身手，创建佳绩。这当然是最理想的结果了，自然会吉祥。但是也应该看到，很多人追随他人创业，反而受到猜忌，被打击迫害，并不都能"孚于嘉"。这里也告诫领导干部要善于用才、大胆用才，而不能嫉贤妒能。

在这方面，汉高祖刘邦应该是一个善于用才的杰出典型，也非常值得新时代各级领导干部学习。刘邦用人有五大特点：一是知人善任，刘邦深谙此理，用韩信带兵、张良出谋、萧何保后，都安排得有条不紊；二是不拘一格，刘邦的队伍里什么人都有，张良是贵族，陈平是游士，萧何是县吏，樊哙是狗屠，灌婴是布贩，娄敬是车夫，彭越是强盗，周勃是吹鼓手，韩信是待业青年，可以说什么样的人都有，刘邦把他们组合起来，各就其位，量才最大限度地发挥作用；三是不计前嫌，刘邦的队伍里面有很多人原来曾经是在项羽手下当差的，因为在项羽的部队里面待不下去跑过来投奔刘邦，刘邦敞开大门，不计前嫌，一视同仁表示欢迎；四是坦诚相待，刘邦就有这个优点，张良、韩信、陈平这些人，如果有什么问题要跟刘邦谈，提出问题，刘邦全部都是如实回答，不说假话，这样信任对方，尊重对方，得到了同样的信任和尊重，尽心尽力地帮他出谋划策；五是论功行赏，刘邦夺取天下后，根据各人的不同功绩，对功臣论功行赏，不但封赏了萧何、张良、韩信、彭越等一批人，还封赏了他最不喜欢的人——雍齿。

刘邦可以说很懂得领导艺术的典范，正是由于他能够信任人才，使用人才，充分地调动他们的积极性，又暗中地加以防范和控制，从而把当时天下的人才，都集结在自己周围，形成一个优化组合。这样一来，他从劣势走向优势最终成就汉家天下成为必然。

上六：拘系之，乃从维之。王用亨于西山

"拘"：拘谨、束缚。"从"：通"纵"，放纵、释放。"维"：维持、维系。"西山"：无影。爻辞大意：如果用势力逼人就范，目的可能也会达到，但是时间久了，定会化为泡影；这个是靠不住的，应该是不需要命令，而自然跟随，如同恭敬山神土地一样自然，这样就达到目的了。这里强调的则是如何顺势驾驭人才的问题。

灵提是世界上奔跑速度最快的猎犬，也是极其难得的纯种犬，它是野兔的天

敌，捕猎很少出现失误。一般情况下，5条灵提能围攻一头雄狮，3条灵提能对付一只猎豹。灵提身材高大，通体修长，显得华美而高贵。灵提广受人们尤其是贵族喜爱，而其之所以得宠，是因为其内在特质：对主人的忠诚矢志不渝，无论环境多么险恶，它都会追随主人，完成指令，永不背叛；另一方面，灵提懂得自尊，矜持中带有几分傲气，有时甚至是桀骜不驯，它的所作所为显示出它是人的伙伴而不是低声下气的奴仆。主人对它发出的指令必须是友好的、邀请式的，强迫命令或苛求只能适得其反，打骂和责罚更会使它和主人恩断义绝。正因为如此，豢养灵提的人都会以更多的抚爱和温情来征服它。

从仿生学角度来看，灵提就相当于能力卓越、个性突出的人才，而哈巴狗则相当于敏感机灵、乖巧可爱、习惯于看主人脸色行事的奴才。管理优秀的人才与驾驭灵提的方法非常相似。领导者要对人才充分尊重，将其视为自己的合作伙伴，而不能对其颐指气使、疾言厉色、呼来唤去。常言道，士为知己者死。只要领导者能主动放下架子，懂得关心体贴人才，主动与其建立和谐融洽的关系，人才才会迸发出强大的工作激情和创造力，也能体会到领导的重视与信赖，从而自觉忠诚于团队。

总之，随卦昭示的是一个团队能够持久发挥强大的团队作用，依靠的应该是"共鸣力"。团队中的思想共鸣可以产生出比共识更加高效有力的工作动能，共鸣是一个组织强大并和谐发展的必要因素之一，共鸣可以产生巨大的一致性力量，同时使一个团队具有高度的核心凝聚力，可以创造出很多意想不到的奇迹。随卦启示：人，不能一成不变，而要善于适应新时代形势变化需要，要主动求新求变、稳中求变，争取走出大智人生。

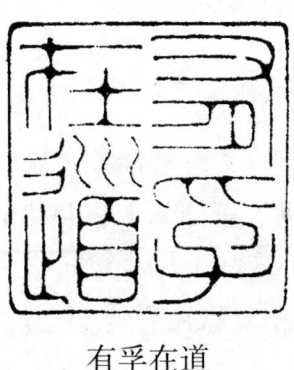

有孚在道

【原文】

蛊：元亨，利涉大川。先甲三日，后甲三日。
初六：干父之蛊，有子，考无咎。厉终吉。
九二：干母之蛊，不可贞。
九三：干父之蛊，小有悔，无大咎。
六四：裕父之蛊，往见吝。
六五：干父之蛊，用誉。
上九：不事王侯，高尚其事。

蛊（gǔ）卦是《周易》第十八卦，讲述的是整饬腐败之道，表示做事之前，要认真思考，预计出现不利的结果，要三思而后行。《象》曰："山下有风，蛊；君子以振民育德。"寓意是时局积弊已久，领导者要小心谨慎，仔细查找弊端，大胆整弊治乱，从而教化民众，确保长治久安。

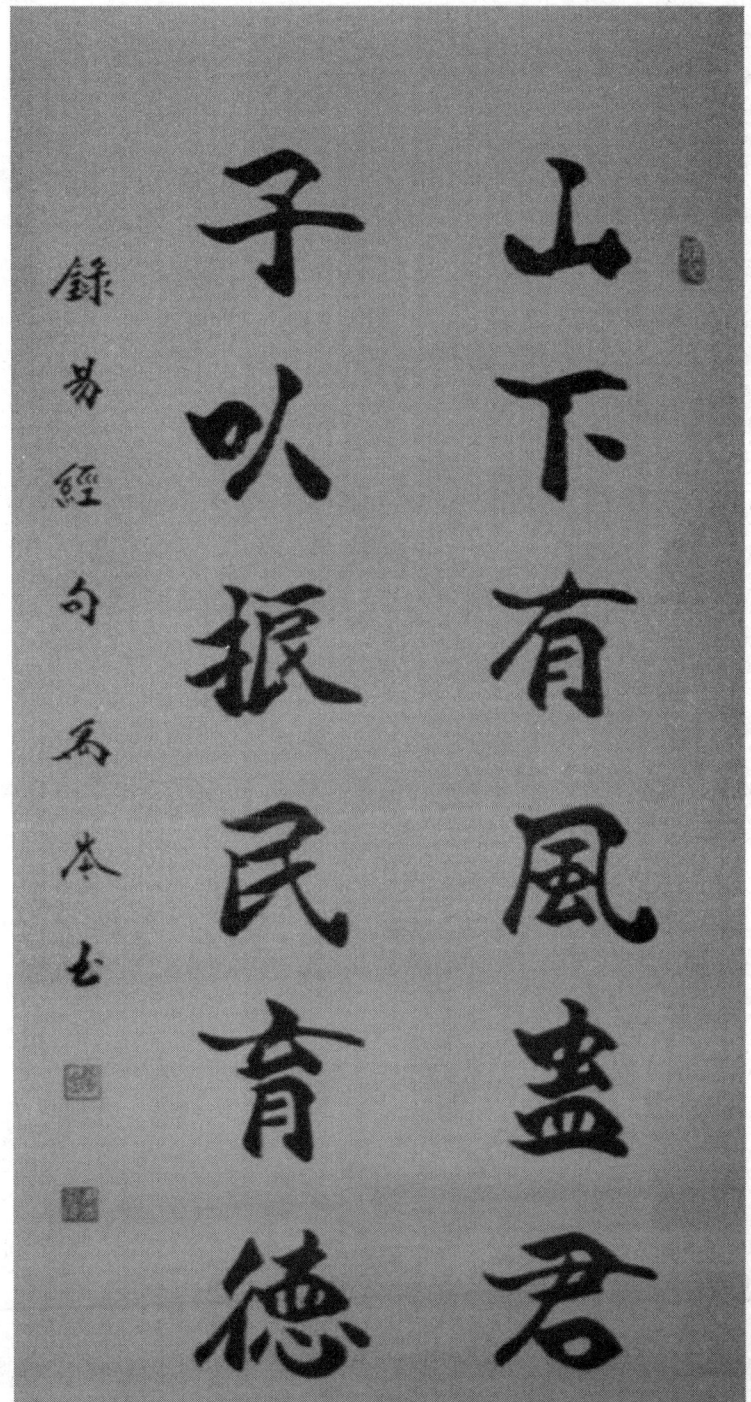

山下有风,蛊:君子以振民育德

刘予臣,笔名禹岑,1957年出生,河南开封人,现为中国书法家协会会员、中国书法家协会楹联学会会员、宋都书画研究会副秘书长。

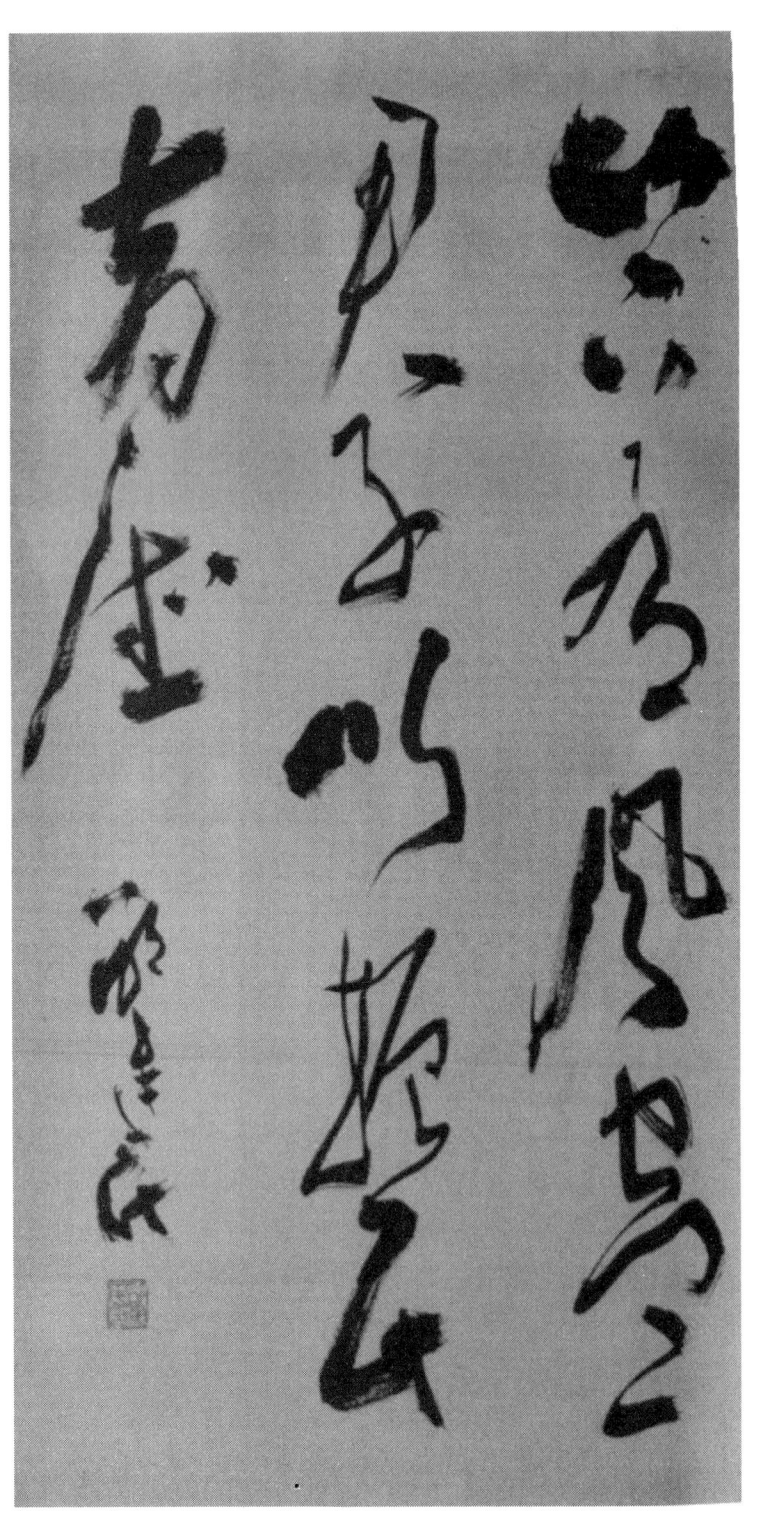

邵建民 1953年出生，河南开封人，现为河南省书法家协会会员、开封书学研究会副会长、开封金明书画院副院长、鼓楼区书法家协会副主席。

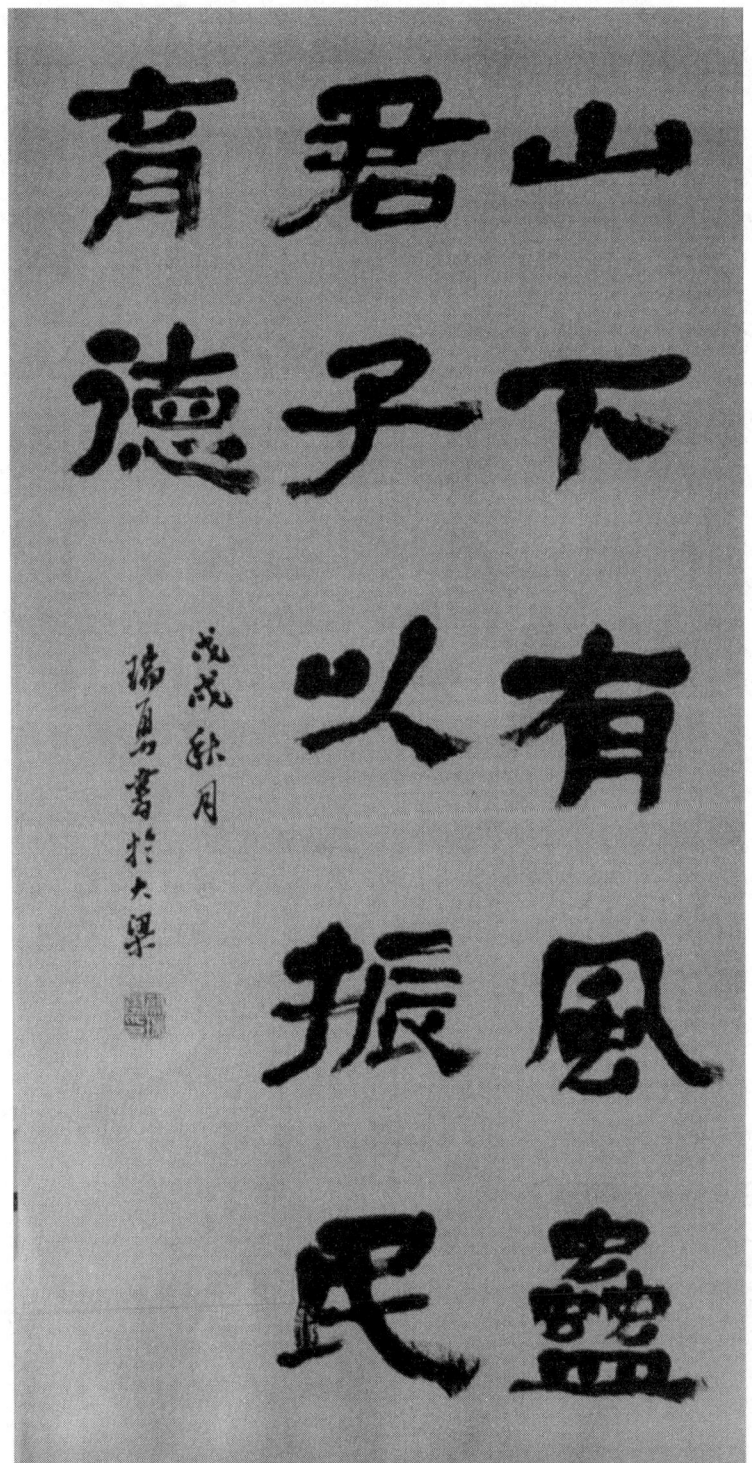

蔡瑞勇，1979年出生，河南舞阳人，现为开封市非物质文化遗产朱仙镇木版年画代表性传承人、中国民主促进会会员、副研究馆员、开封博物馆朱仙镇木版年画研究保护中心主任。

第十八章 持正见　除弊端　不畏浮云遮望眼

蛊：元亨，利涉大川。先甲三日，后甲三日

　　"蛊"：原意指将100余种毒虫同时放在一个器皿中，任其相互毒害、残杀，一年之后，唯一剩余的一种虫子就是剧毒之王，即"蛊"。可以引申为祸害人不易被人发觉，是一种剧害；其物理现象为一个器皿长期放置不用而滋生了虫子，就成为"蛊"；也可理解为一个人长期满足于现状，不思进取，久而久之，成为"蛊"。大到一个国家，长期刀枪入库、马放南山，兵归山林，能士隐退，太平久了，也必然会导致"蛊"。蛊卦是巽下艮上的山风象，狂风遇到高山而回环，不同的风向吹乱万物，一切都乱了头绪。从本卦"元亨，利涉大川，先甲三日，后甲三日"大意来看，就是蛊到了极致，务必得进行大刀阔斧的改革，由大乱到大治，必然将向有利方向发展。但是后文又紧接着警示人们凡事不可以盲目蛮干，既要瞻前又要顾后，只有保持统筹兼顾，才能更加科学有效，才能转"蛊"为良性方向发展。

　　天下永远太平，这只是在乌托邦里的传说。在人类历史上，所能做到的，也只有长治久安。渴慕盛世，又生活在盛世，这是人们最大的福气。可是，即便如此，人们也不愿轻言盛世，因为盛世也意味着危机。盛极必衰，月盈则亏，水满则溢，这是常理。历史周期律的运转，如"环之无端"，我们只能顺应，却不能违背。

　　蛊卦是坏乱之象，乱到一定程度就要治。为此，圣人才提出了治乱救弊的告诫，并要求一旦预料可能出现的问题，就要及时并果断进行治理，不能拖得时间过长，否则就易成真"蛊"。

初六：干父之蛊，有子，考无咎。厉终吉

　　"干"：纠正、干预、整饬。"父"：古称严父慈母。这里的"父"可作强制性，抑或为果断。"考"：既指过世的父辈，也可引申为父辈留下的基业，还可比喻为上一届领导班子留下的摊子或既定目标等。综合起来形容乱象刚刚开始，上届班子已经形成了错误决策，虽然实施，但还未对局面形成致命性打击，进行及时整饬还来得及。为此，不能畏惧困难而任其自然发展，只有发现问题，果断采取措施，才能挽回损失，自觉维护历届领导班子权威。

1934年1月，中共六届五中全会后，在中国共产党和根据地的各项工作中，王明"左"倾冒险主义得到变本加厉地推行。在这种错误领导下，第五次反"围剿"随之失败，迫使红军放弃革命根据地开始长征。长征初期，"左"倾教条主义者从进攻中的冒险主义变成退却中的逃跑主义，并且把战略转移变成搬家式行动，使部队的行军速度非常缓慢，致使敌人有充分的时间调集兵力，对红军实行围追堵截，红军在突围中损失惨重。为摆脱尾追和堵击敌军，毛泽东建议中央红军放弃去湘西同红二、六军团会合的企图，改向敌军力量薄弱的贵州挺进。次年1月7日，红军攻克黔北重镇遵义。是年1月15日至17日，中共中央政治局在贵州遵义召开扩大会议。该次会议是中国共产党第一次独立自主地运用马克思列宁主义基本原理解决自己的路线、方针政策的会议，在极端危险的时刻，挽救了党和红军；会议也是中国共产党历史上一个生死攸关的转折点，标志着中国共产党从幼年达到成熟。这也是反映初六爻辞的一个典型事例。

九二：干母之蛊，不可贞

"母"：温柔，即委婉式干预。"贞"：刚硬。对一些有问题的决策，不能采取以刚克刚的办法，这样极易导致问题复杂化，而要采取以柔克刚、以静制动的方式，这也与《道德经》"柔弱胜刚强"的理论不谋而合。

柔弱为什么能够胜过刚强？老子用水作答："天下莫柔弱于水，而攻坚强者莫之能胜，以其无以易之。"人们知道，水具有高度的灵活性，它以冰、霜、雨、雪、雹等各种不同形式出现，它又不断流动，更具有无可比拟的耐心和韧性。成语"滴水穿石"最能表现水的这种品质。水的另一优秀品德是谦虚：它从不沉溺于高处，总是往低处走；再有的优秀品质是团结：滔滔大江接纳涓涓小溪，泱泱平湖拥抱涟涟曲水，各尽所能，各取所需，团结合作，你追我赶，总是共赴一个目标，最后与大海汇合。与之相比，强者十有八九傲视天下，骄气十足。这种骄傲，正是强者转弱、再被弱者所击败的最重要原因：抗日战争中不可一世的日本侵略者最后败于"小米加步枪"的中国共产党领导下的人民军队，原因在此；越南战争中美国被越南击败，原因在此；2010年世界杯足球赛中，足球超级大国意大利被名不见经传的斯洛伐克队淘汰，原因也在此。

九三：干父之蛊，小有悔，无大咎

《象》曰："干父之蛊，终'无咎'也。"大意是挽救上一代留下的问题，最终不会产生严重的后果。

历史和现实证明，采取果断方式纠正历史遗留问题，可能会出现这样那样的阻力，也会给自己带来一些不利，但是历史自有定论，也没有多大错处。这也是领导处理问题的一个利益趋向问题，以局部利益换取大局利益，是值得肯定的。

在这方面，中国共产党第十一届中央委员会第三次全体会议"拨乱反正"就是一个鲜明事例。全会于1978年12月18日至22日在北京举行，其中心议题是讨论把全党工作重点转移到社会主义现代化建设上来。邓小平在会议闭幕式上作了题为《解放思想，实事求是，团结一致向前看》的重要讲话，邓小平讲话实际上成为三中全会的主题报告。会议采取果断措施纠正了历史遗留问题，彻底否定了"两个凡是"的方针，重新确立解放思想、实事求是的思想路线；停止使用"以阶级斗争为纲"的口号，作出把党和国家的工作重心转移到经济建设上来，实行改革开放的伟大决策。会议实际上形成了以邓小平为核心的党中央领导集体。中共十一届三中全会开启了改革开放历史新时期，自此，一个蓬勃向上的、崭新的中国开始了新的发展。

六四：裕父之蛊，往见吝

"裕"：认同、容忍。爻辞大意是不加选择地认同或执行错误决策，抑或对一些原有不切实际的政策听之任之，如不及时采取措施停止或改进，将会祸难临头。爻辞有意强调不能因循守旧，告诫人们惯性思维会害死人的。

春秋战国时期，楚军在陈国境内向宋国挺进途中，宋襄公为阻击楚军于边境地区，屯军泓水以北，以等待楚军到来。是年十一月初一，楚军进至泓水南岸，并开始渡河，这时宋军已布好阵势。宋右司马公孙固鉴于楚、宋两军众寡悬殊，但宋军已占有先机之利的情况，建议宋襄公把握战机，乘楚军渡到河中间时予以打击。当楚军开始渡河时，公孙固向宋襄公建议："彼众我寡，可半渡而击。"宋襄公拒不同意，说仁义之师"不推人于险，不迫人于阨"。

由于宋襄公的拒绝，从而使楚军得以全部顺利渡过泓水。楚军渡河后开始布阵，这时公孙固又奉劝宋襄公乘楚军列阵未毕、行列未定之际发动攻击，但宋襄公仍然不予接受。一直等到楚军布阵完毕、一切准备就绪之后，宋襄公这才击鼓向楚军进攻。可是，这时一切都已经晚了，弱小的宋军根本不是强大楚师的对手，一阵厮杀后，宋军受到重创，宋襄公本人的大腿也受了重伤，其精锐的禁卫军全部被楚军所歼灭。只是在公孙固等人的拼死掩护下，宋襄公才得以突出重围，狼狈逃回宋国。这就是历史上著名的"泓水之战"。此战皆因宋襄公因循守旧、一味恪守古老周礼，结果导致宋军作战失败。

为此，不能只顾于定式习惯性决策，而要借助新的形势变化情况随时随地改变或调整决策意见，即采取灵活机动的战略战术，这才是爻辞反映的真实意图。

六五：干父之蛊，用誉

"干父之蛊"：匡正上一届领导集体衰败的事业、错误的政策与行为。如何来纠正问题，爻辞紧接着提出要"用誉"。大致意思是上一届领导集体虽然犯有过错，造成一定程度的困难甚至发生灾祸，但终究是有恩有德有功绩的。我们不能全盘否定、推倒重来、另起炉灶，而是要继承他们好的方面，肯定、继承并发扬光大他们开创的美好事业；对他们的错误决策，是在继承的基础上去反对、去摒弃。

历史证明，苏联彻底否定斯大林功绩，等于否定了那一大批为国捐躯牺牲的爱国功臣，以及他们的家属，打击破坏了人民的爱国理念，造成的灾难是苏联的四分五裂，以及后来俄罗斯的一蹶不振。"前车之鉴，后事之师"，搞突变，完全否定从前，肯定会出问题；反之，只能与时俱进，因势利导，慢慢地去扭转局面。非此即彼、非敌即友、非好即坏，跳跃式的二进制那是西方人的观念，西方人习惯于对立地甚至是矛盾地看事物，他们没有注意到男女是两立的，但并不对立甚至矛盾，可以是处于一个家庭而和谐的。中国人的阴阳二进制是模拟渐变的，一般情况下，渐变符合人的心理接受规律和承受能力，不会造成动乱；突变往往是一个问题解决了，另一个问题又出现了。

邓小平之所以能够继毛泽东之后，实现马克思主义与中国实际相结合的第二次历史性飞跃，创立邓小平理论，就在于他对毛泽东的事业和思想有个透彻了解和正确评价，既善于吸收前人的成果、尊重前人有过的经验教训，又善于用马克思主义的基本原理研究新情况、解决新问题。他在1980年10月的一次谈话中朴实地讲："从许多方面来说，现在我们还是把毛泽东同志已经提出但是没有做的事情做起来，把他反对错了的改正过来，把他没有做好的事情做好。今后相当长的时期，还是做这件事。当然我们也有发展。"1986年11月他在一次会见外宾的谈话中又说："现在我们还是坚持马克思列宁主义、毛泽东思想。这里有继承的部分，有发展的部分。"在1988年9月同外宾的谈话中他还说："过去的成功是我们的财富，过去的错误也是我们的财富。"他甚至说："'文革'也有一'功'，因为它提供了反面教训，使人们有了比较。因此'文革'也变成了财富。"这些足见邓小平政治思想的成熟，为诸多思想理论家们正确对待前人的成果与教训、正确处理继承与发展的关系，树立了光辉榜样。

上九：不事王侯，高尚其事

第一个"事"：应与"蛊"相通，可以理解为不拘泥于上级错误理论与观点中，而适时提出正确的建议或意见。第二个"事"：事业。爻辞大意是一个人不管身处何位，都要坚持发挥正能量，不同流合污，不阿谀奉承，不趋炎附势，不听信盲从，这样纵使自己发展受限，但人格高尚，堂堂正正，心底无私，失去小利的同时却也恰恰提高了自己的人格境界。

"九层之台，起于垒土。"高洁的品行、高尚的人格，来自于点滴上的坚守、细微处的执着。绝大部分领导干部刚走上岗位，多能不忘初心、谨言慎行，相信自己"磨而不磷、涅而不缁"。但是坚守小事小节犹如逆水行舟，松一篙就会退千尺。俗话说："毛毛细雨透衣裳，杯杯美酒败家当。"实践中，违纪违法出现问题往往是从放松小事、不拘小节开始的，不矜细行而终累大德，最后积重难返，坠入贪腐深渊。

领导干部要做到洁身自好，除自我约束外，还要自觉接受党和人民的监督，要习惯在阳光下用权，习惯在"探照灯"下工作生活，自觉把权力关进制度的笼子，主动把欲望锁进纪律的箱子，干干净净为官，规规矩矩做事，坦坦荡荡做人。

总之，蛊虽然是一种剧毒，但蛊卦却不是坏到极致的卦，而是一种引导人们懂得管理决策的领导艺术卦。其间提出了如坚持韬光养晦却不循规蹈矩、敢于创新却不全盘否定、局部服从全局、高尚行事不同流合污等一系列思想。只有锤炼管理层的素质，事业的发展才有方向，才会变中不乱、有序前进，作为新时代领导干部，不妨时时玩味蛊卦，或多或少会从中受到一些启发。

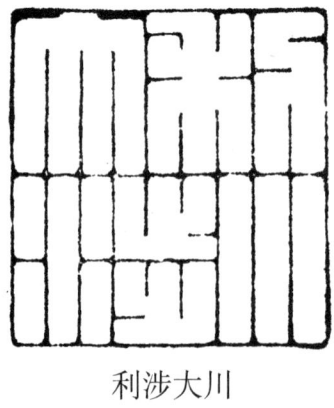

利涉大川

【原文】

临：元亨利贞。至于八月有凶。
初九：咸临，贞吉。
九二：咸临。吉，无不利。
六三：甘临，无攸利。既忧之，无咎。
六四：至临，无咎。
六五：知临。大君之宜，吉。
上六：敦临，吉，无咎。

　　临卦是《周易》第十九卦，算得上是一篇政治专论，表示以德治世，就会一切顺利。但是阴阳消长，还有存在可能转为不利的因素。《象》曰："泽上有地，临；君子以教思无穷，容保民无疆。"寓意是用道德教化百姓，即用感化、温和与忧民的政策来领导人民，使人民安居乐业，这样才能利于长久；反之，用高压手段、强制性管理，整日处在矛盾的风口浪尖，就会发生危险。

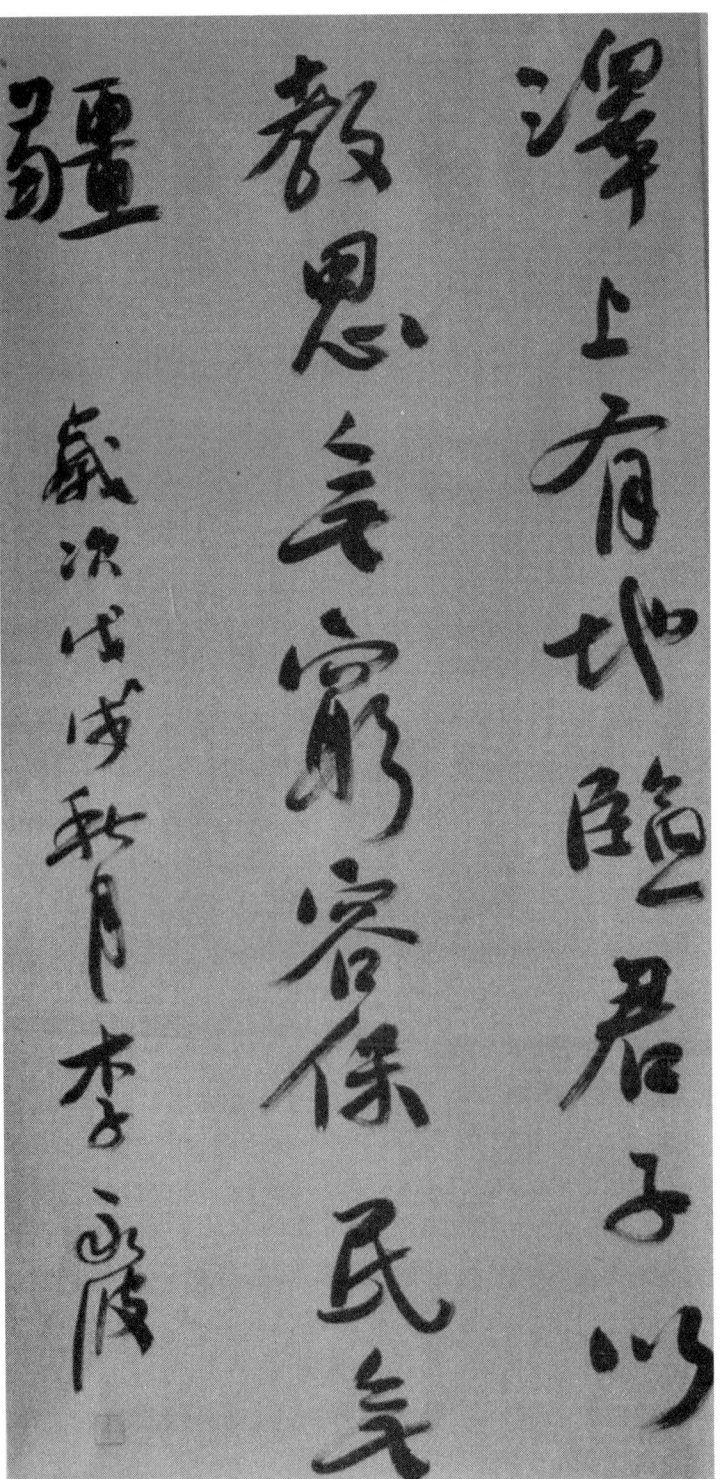

"泽上有地"临：君子以教思无穷，容保民无疆

李永波，1965年出生，河南开封人，现为中国书法家协会会员、鼓楼区书法家协会副主席、王大昌茶道书画院院长。

第十九章　地泽临　莫逞强　看似平淡实高深

临：元亨利贞。至于八月有凶

　　临卦是上坤下兑的地泽卦。泽为沼泽，泽上之地就是堤岸，泽因岸而成，水临着岸，所以成为临。岸是高过沼泽水平面的土岗，所以临卦所包含的意义也是盛大的。从全卦上来看，大意是指一年之中始终是平顺的，没有任何阻碍，这种场景好是好，但是好的时间过久了必然会产生变化。八月正是秋后，怕是到秋后算账的时候了，无疑给出了一种警示：要居安思危、未雨绸缪，处在顺境中要有危机感，才不致沉湎在阶段性胜利中忘乎所以，阴沟里翻船的事例屡见不鲜，付出沉重代价的也不在少数。

　　春秋时期，有一次宋、齐、晋、卫等12个国家联合出兵攻打郑国。郑国国君急忙向12个国家中最大的晋国求和，得到晋国同意，其余11国也就停止了进攻。郑国为了表示感谢，给晋国送去了大批礼物，其中有著名乐师3人、配齐甲兵的成套兵车100辆、歌女16人，还有许多钟磬之类的乐器。晋国国君晋悼公见了这么多的礼物，非常高兴，将8个歌女分赠给他的功臣魏绛，说："你这几年为我出谋划策，事情办得都很顺利，我们好比奏乐一样的和谐合拍。现在让咱俩同来享受吧！"可是，魏绛却谢绝晋悼公分赠，并且劝告晋悼公说："咱们国家的事情之所以办得顺利，首先应归功于您的才能，其次是靠同僚们齐心协力，我个人没有什么贡献可言。但愿您在享受安乐的同时，能想到国家还有许多事情要办。《书经》上有句话'居安思危，思则有备，有备无患'，现谨以此话规劝主公！"对魏绛这番远见卓识而又语重心长的话，使晋悼公很受感动，高兴地接受了魏绛的意见。

　　事实证明：人在顺利的时候很容易骄傲自大、忘乎所以，为此要适时地泼点凉水，令其清醒，这也符合哲学原理。凡事不是一成不变的，顺中有逆，逆中有顺。随着时空或其他的改变而改变，警钟长鸣，方可持久。

初九：咸临，贞吉

　　"咸"：预感。初九爻辞大意是指预感到坏事将要来临，就要预防在先，自己及时进行调整，当然坏事也将变成好事。这里可引申为从内心深处认识到了自己的错误，从而反省并主动加以改正，就是一件大好事情。

　　佛家有句禅语："放下屠刀，立地成佛。"该禅语源自于一个故事：从前，有位无德禅师，教徒非常严格，在他座下有一位沙弥在走夜路时，不小心踏死了一只青蛙。无德禅师知道后，就非常严厉地教训道："你怎么可以随便踩死生灵呢？这是犯了杀生根本大戒，为免业报轮回，你应该到后山跳下悬崖去舍身谢罪吧！"

沙弥一听，刹那间犹如五雷轰顶，这才知道闯下大祸，只好拜别师父，万分伤心地走到悬崖，预备殉身谢罪，但往下一看峭壁悬崖，只要往下一跳，立刻粉身碎骨。沙弥左思右想，真是进退两难，忍不住掩面痛哭起来。

就在他正哭得伤心的时候，有一个杀猪的屠夫刚巧经过此山，看到沙弥跪在路旁哀哀痛哭，便上前问道："小师父！你为什么在此哭得如此伤心？"沙弥回答道："我踏死一只青蛙，师父要我跳崖自杀，忏悔谢罪！"屠夫一听，顿时悲从中来，悔恨万分道："小师父啊！你不过无心踏死一只青蛙，罪孽就这么重，要跳崖才能消业。我天天杀猪，屠来宰去，满手血腥，这罪过不知有多深多重。唉！小师父呀！你不要跳崖自杀，让我跳吧！让我来代你谢罪赴死！"

屠夫一念忏悔心起，就毫不迟疑地纵身朝悬崖一跳，正当他随风飞坠、眼见就要命丧深谷时，一朵祥云冉冉从幽谷中升起，不可思议地托住了屠夫的身子，救回了他的生命。

"放下屠刀，立地成佛"这个典故，大概源于此！罪孽，在佛法里不是严重问题，所谓严重，是造了罪孽还不肯忏悔。忏悔的法水可以洗净一切罪孽。即使是受戒的人，也不怕犯戒，怕的只是有过不悔。

九二：咸临。吉，无不利

该爻在初九爻辞的基础上又接近一步。大概意思是预感到问题严重性的时候，趁在问题没有发生时应及时改正，况且本身就不是故意为之，这样也会得到周围人的理解或原谅，化被动为主动。与初九爻辞比，九二爻辞表里如一，改过的决心更大，效果也更为明显些。

春秋时，晋灵公无道，滥杀无辜，臣下士季向他进谏。灵公当即表示："我知过了，一定要改。"士季很高兴地对他说："人谁无过？过而能改，善莫大焉。"遗憾的是，晋灵公言而无信，残暴依旧，最后被臣下刺杀。历史上确有能改过而终成大业的君主。楚庄王初登基时，日夜在宫中饮酒取乐，不理朝政。后来臣下用"三年不鸣，一鸣惊人"的神鸟故事启发他，并以死劝谏，终于使他决心改正错误，认真处理朝政，励志图强。楚国终于强大起来，楚庄王以此位列"春秋五霸"。

爻辞既是对普通人做人的规劝，又是对领导者的要求。作为一名领导者，特别是单位主要领导，更要学深悟透：凡夫俗子，食五谷杂粮，生病是难免的；人非圣贤，犯错误也是难免的；每个人都处在成长过程中，看问题办事情都会有一个过程，其中出现误判、失误都是不可避免的。只要不是道德品质问题，只要不是明知故犯，只要不是屡犯不改，都是应当原谅的。新时代，中央所出台的对干部系列的容错纠错机制，就是给改革创新者撑腰鼓劲，让广大干部愿干事、敢干事、能干成事。

六三：甘临，无攸利。既忧之，无咎

"甘"：甜美。爻辞大意是美好的事物突然降临，应慎重对待，决不能兴高采烈、掉以轻心，而要多思考天上突如其来的馅饼，是好事还是坏事？要心存忧患；凡事都有两面性，要善于考虑应对之策，这里强调的不是杞人忧天，而是人生必备环节，只有坚持去做，才会化被动为主动，问题也将不复存在。六三爻辞强调的其实是一个心存忧患的问题。

早在新中国成立前夕，毛泽东等党的领导人在进京途中就把共产党人执政比作"赶考"，要求全党务必保持谦虚、谨慎、不骄、不躁的作风，务必保持艰苦奋斗的作风。这些年来我们党一直心存忧患，保持"赶考"心态，经受住了各种艰难与风雨考验。然而，毕竟时移世异，当今国际形势发生了深刻变化，国内改革发展进入关键时期，我们党面临着许多前所未有的新课题新考验，这就迫切要求党员干部尤其是领导干部，一定要常怀忧患之心。

常怀忧患之心，就是要多些问题意识、少些"太平盛世"心态。当前，发展的奇迹固然令人惊叹，但发展黄金期与矛盾凸显期交织，历史遗留问题与现实难点问题交织，住房、教育、医疗、就业、环境、腐败等问题凸显，制约新时代发展的体制机制障碍躲不开、绕不过。在看到成绩的同时，必须勇于正视存在的矛盾和问题，以永不满足、永不懈怠的进取精神，坚决破除一切妨碍发展的思想观念和体制机制弊端，为推进新时代中国特色社会主义事业注入强大动力。常怀忧患之心，就要多些本领恐慌意识、少些自我满足之感。毛泽东同志在延安曾经指出："我们队伍里边有一种恐慌，不是经济恐慌，也不是政治恐慌，而是本领恐慌。"如今，本领恐慌依然是现实挑战。作为党员干部，必须始终恪尽职守，常怀能力不足忧患，不断增强应对危机的能力。常怀忧患之心，还要多些群众意识、少些官本位思想。要始终把人民群众利益放在第一位，把实现好、维护好、发展好最广大人民根本利益作为一切工作的出发点和落脚点，做到权为民所用、情为民所系、利为民所谋，使工作获得最广泛最可靠最牢固的群众基础和力量源泉。

六四：至临，无咎

"至临"：强调的是一种亲民状态。强调虽然身居要位，但不能脱离老百姓，要亲民。这其实就是我们重点关注的民生问题，民生问题如果解决不好，一切理念均为空谈。领导者要亲自深入基层作调查研究、解决实际问题，人民自然会欢迎，也会自觉拥护，当然"无咎"。

《群书治要·贾子》讲道：邹穆公饮食从不讲求多样，穿衣从不讲究多彩，对自己非常刻薄，但对百姓非常宽厚，亲近贤良以稳定国家，关心百姓就像对待子女一样，因此臣民顺从邹穆公就好比手臂服从心的指挥一样。所以邹国虽然弱小，鲁国、卫国不敢轻视，齐国、楚国不能威胁。邹穆公死后，邹国的老百姓就好像丧失了慈父一样；邻近邹国边界的人们，不管是士人还是民众，都朝着邹国方向表达自己的哀思；民间连琴瑟的声音都停止了，直到一年之后才开始恢复。所以爱护人民的人，人民也会敬爱他；给众人带来福祉的人，也一定会有大福。

"至临，无咎"，也可以看作是中央在反对"四风"中对少部分官僚主义者的规劝。中国共产党在长期执政中总结出了一条规律：我们党的最大政治优势是密切联系群众，党执政后的最大危险就是脱离群众。

六五：知临。大君之宜，吉

"知"：明白、懂得，知也同"智"，即智临。"大君"：高层领导，主要责任人。爻辞大意是知道自己该干什么，而不该干什么。高层领导或者主管能达到此境界，当然是好事。作为一名睿智的领导，不是只盯着眼前任务，事无巨细，而要扩大眼界，培养人才，才能助推团队事业发展。可见，该爻是对领导者提出的格局要求，也是培养卓越领导力的具体措施。

《三国演义》中有一则故事讲道：张飞喝酒误事失去徐州欲自刎，刘备劝阻，夺剑掷地说："兄弟如手足，妻子如衣服；衣服破，尚可缝；手足断，安可续？"刘备通晓人性，张飞怎不会誓死效忠？杨修看穿曹操心事，"鸡肋者，食之无味，弃之有味"，点出曹操进退失据的窘境，导致杨修被曹操所杀。"伴君如伴虎"，如何与领导相处、全身而退，充满着智慧。曹操"割发权代首"，展现了领导者的自律，落实法制，再次验证"以身作则，为人典范"的领导主题。诸葛亮说："吾今威之以法，法行则知恩，限之以爵，爵加则知荣。恩荣并济，上下有节。""自律"与"他律"互用、恩威并用、宽猛相济，正是"运用之妙，存乎一心"的经验法则。关羽千里走单骑，曹操钦佩关羽之节义，赞曰："云长封金挂印，财贿不以动其心，爵禄不以移其志，此等人吾深敬之。"领导者要知人、用人、待人以诚，处事为公。《三国演义》的经典故事值得重新解读，赋以新意，深化内涵，使传统与现代结合。

莎士比亚说过一句很形象的话："环绕着人类的灵魂航行。"《三国演义》未尝不是了解"领导与管理灵魂"的一本经典，历久弥新，可供人们反思与前进。

上六：敦临，吉，无咎

"敦"：厚道。这里要强调的是一种德化。做人首要重在修德。《道德经》说："圣人处无为之事，行不言之教，万物作焉而不辞，生而不有，为而不恃，功成而弗居。"这就是老子推崇的"德"，一个国君能做到"无为"，便是最高的德，即玄德。

有个渔夫在河里捕鱼，他拦河张网，又用绳子拴块石头，不停地击水，吓唬鱼群窜逃，好懵懵懂懂地一头扎进他的网。那地方有个住户，看见他这样做，责怪他不该把河水搅浑，让大家喝不上清水。渔夫回答道："若不把河水搅浑，我就得饿死。"应该反思一下，自己不去静静地钓鱼，却把整条河水都搅得一团糟；他可以获利，别人却无法生存。他一个人活得快活，别人得替他付出巨大代价。

仔细观察，任何一座城市里的街道总是过一段时间就修一次，不是修路面，就是更换管道，或者是铺设宽带网线之类，但路却没有真正修好。总之，一揽子的工作要分许多次来干。挖路者振振有词，但路面总是坑坑洼洼，行路难！有个司机偶然听到车上两个脑满肠肥家伙的对话，甲告诉乙："最近又没钱花了，准备再次修路。"路为什么常修常坏、常坏常修？从甲乙二人的对话中可见一斑。

修路者与渔夫的行为同是一种典型的"折腾"理论。20世纪50年代的"大生产运动"和"人民公社化运动"与上述二者的"折腾"一样，造成农民的积极性严重下降，生产力倒退。因此要坚持一切从实际出发，实事求是，根据客观规律办事，要符合一定的原则；否则就会伤害到自己，还会影响到周围的人。胡锦涛同志在总结中国改革开放30周年纪念会上提出了"不折腾"，当时莅临会议的各国领导人都会心地笑了。这充分说明中国能够有今天的成就完全是得益于中国共产党的先进领导和实事求是的工作精神。这同样体现了一种普世的价值观。

总之，临卦描述的是一种大智慧的卦象，了解自己的同时要了解他人，预想到问题，马上悔改，并且提出了治国、建设团队的创新理念。这也是对高层管理者的基本要求，引领他们不但要具备大格局，而且要付诸真实行动，要真抓实干，心系群众，真心实意地为人民服务。只有这样，才能增强感召力，体现领导者个人的人格魅力。

执政为民

【原文】

观：盥而不荐，有孚颙若。
初六：童观。小人无咎，君子吝。
六二：窥观，利女贞。
六三：观我生，进退。
六四：观国之光，利用宾于王。
九五：观我生，君子无咎。
上九：观其生，君子无咎。

观卦是《周易》第二十卦，讲述的是观察、观摩之道，表示观看了前面的降神仪式，就可以省去后面的献馔之礼，因为内心已经充满了诚敬肃穆的情绪。《象》曰："风行地上，观；先王以省方观民设教。"寓意是以前君主奉行风的精神四处巡察，教化百姓，当出现不利局面时，切忌惊慌失措，而要全面调查研究，掌握第一手资料，以更好地解决问题。

风行地上,观:先王以省方观民设教

李芳斌,1959年出生,河南开封人,现为中国农工民主党开封市委员会书画院院长、中国书法家协会会员、河南省人大书画院理事、开封市人大书画院副秘书长、开封市文化产业发展研究院副院长。

宋长安，1973年出生，河南尉氏人，现为河南省作家协会会员、河南省书法家协会会员、尉氏县作家协会副主席兼秘书长。

第二十章　视野阔　气势宏　登高壮观天地间

观：盥而不荐，有孚颙若

观卦是巽下坤上的风地观之象，风在地上吹，催醒了万物。正可谓"风吹草低见牛羊"。观卦并不仅仅指的就是一种视野问题，而是通过自然神韵而反观自省，大力加强改进，从而达成新的境界，也是一种思想大解放的卦。

"观"：在古代指的是庙宇。"盥"：净身洗手。"荐"：向神灵敬献贡品。"孚"：诚信。"颙"：仰望。卦辞大意是洗手洁身之后，虽然不曾拿出多少贡品敬献神灵，但是始终怀着十分虔诚的敬意与敬献贡品的效果是差不多的，这句话也正好暗合了一句俗语——心中有佛，所见皆佛；心中有爱，所见皆爱。也正是这种自然之势，才能培育大境界观，这是一个思想解放的过程，又是一个作风转变的过程。

换个角度看观卦，强调的主要是培育领导公信力的问题。这与中共当前领导集体倡导的理念密切相关，特别是中共十八大以来中央政治局出台的"八项规定"，针对的都是人民群众长期反映强烈的问题，展示了中央领导集体的执政姿态，也是凝聚党心民心的关键举措。

初六：童观。小人无咎，君子吝

"童观"：小孩子看问题。"小人"：这里并不是今天所言的低俗之人、品行不端的人，而是指老百姓。"君子"：是指我们的各级领导干部、领导层。爻辞大意是如同小孩子一样认识事物、理解问题，比喻站位低、境界狭隘、考虑问题单纯幼稚。这样的话，作为基层老百姓是可以理解的，也没有多大过错，如果作为一级领导，就有点与身份不相符，就显得不称职。这里强调是领导者的责任，位置与能力要相匹配，而不能人云亦云、没有主见，这样表面上看是小过错，其实比较致命，轻则跟不上形势被社会发展局势淘汰而害了自己，重则危害百姓、危害国家。是非不明、盲目决策，坏的作为比不作为酿成的恶果更大、损失更为惨重。爻辞通过"小人"与"君子"作比较，通过普通人看问题与领导层看问题两者相对比，对领导干部提出了要求：看问题要有主见，不能人云亦云、盲目跟风。

盲目跟风是指没有主见、跟从大多数人的选择盲目行事的一种表现。暂不论从政，但就买卖股票而言也是常见的一种股民心态。大多数股民在自己没有分析行情或对自己的分析没有把握时，盲目地跟从他人的心理倾向去投资，此即为"从众"心理。这种投资者往往是一方面对股价的狂涨狂跌起了推波助澜的作用，另一方面自己也容易上那些在股市中兴风作浪的人的当。股市之中，时常风云突变，不时会有虚实参半、令人无可适从的消息传来，这种时候一定要有自主判断、自主决策的能力，避免人买亦买、人亏亦亏。因此切忌盲目跟风，这种思想危害不小。

六二：窥观，利女贞

"窥观"：从小孔或缝隙里偷看，也比喻视野狭窄。"利女贞"：古代女士在订婚之前是不轻易露面的，一般是媒婆带着男方上门提亲时，女士只是隔着帘子或薄纱偷偷看上一眼便可以转入下一个程序。现在科技发展了，互联网时代，正如老子提出的"足不出户，可知天下事"。距离早已不是什么问题，男女双方通过远隔千里的网聊、视频，轻易就会找到自我感觉，当然也就省去了媒婆上门提亲服务的程序。在古代来讲，"窥观"，对女士来说可能是一种礼貌，也可能不伤害男方自尊心；但对新时代来讲，对一个领导者而言，门缝里看人，大有损于领导干部的光辉形象，也不光明磊落。爻辞强调的则是领导干部的视野问题，看问题要全面，不能只顾局部、狭隘自私。

孟子曰："孔子登东山而小鲁，登泰山而小天下。"孔子登上泰山，天地一览无余，表面上指泰山之高，实际指人的眼界。视点要不断寻求突破、超越自我，用超然物外的心境来观看世间的变幻纷扰。人的视点越高，视野就越宽广。随着视野转换，人们对人生也会有一个新的领悟。站在某个空间高度来看，整个人类也不过是地球演变的匆匆过客，更何况每一个具体的人和事。站在古罗马斗兽场的废墟上，世间的一切权势纷争、金粉豪华都化为过眼烟云，留存的唯有那残垣断壁与回荡在空中的历史回音。置身寂静的撒哈拉沙漠之夜，心静如春雨秋水，世间一切都可放弃，唯有天地方是永恒。

新时代，作为中共各级领导干部，应大力强化全局意识，提高大战略思维。一名领导干部能否适应发展需要，心中时刻就需要有这种大局意识，而切忌"窥观"。实践证明：有大局意识的领导干部，工作起来才能得到上级领导及群众认可，才会达到事半功倍的效果，党的事业才有希望，社会主义的发展才有资本，中华民族的脊梁才会永远挺起挺直。

六三：观我生，进退

"观我生"：走自己的路，不能期望将命运交付于神灵或他人主宰。世上本就没有免费的午餐，哪怕仅仅是别人的施舍，里面可能混杂着唾沫。要正确认识自己，合理把握自己。该进时，抓住机遇，努力奋进；该退时，急流勇退，而不被眼前利益所迷惑。爻辞字里行间强调的是一个正确自我定位的问题。如果能正确定位自己，则一切顺利；反之，则会出现问题，甚至酿成祸患。

云南楚雄州原州委副书记、州长杨某就是一个不能正确定位自己的典型。2011年5月，涉嫌吸毒、受贿的杨某被云南省纪委立案调查。2011年8月2日，云南省委常委会决定，给予杨某开除党籍处分，并移送司法机关依法处理。

据云南省专案人员透露，"吸毒州长"杨某的根本问题在于"三狂"：一是狂热，不顾实际招商引资上项目，狂热追求政绩工程，投资150亿元建设万国总统府，投资120亿元建设云南旅游产业城，投资上百亿元建设葡萄酒城……这些"看上去很美"的大项目实际上是些脱离实际、劳民伤财的政绩工程。二是狂妄，视纪律、法律为"儿戏"，甚至威胁要给纪检监察部门"断炊"，没有一丝敬畏之心。在与云南省一位厅长座谈时，因工作讨论中发生分歧，杨某竟然拂袖而去。他躺在沙发上就给班子成员安排工作。两年前，原楚雄州委书记因病不能正常工作后，他成了事实上的"一把手"，狂妄的特点更加暴露无遗。狂妄使他淡漠、淡忘了组织纪律要求。据统计，杨某违法违规签批的土地有135宗，总面积高达127平方公里，大约相当于楚雄州10个县市城区的总和。三是狂欢，极尽寻欢作乐之能事，吸食毒品，与党政机关、企事业单位和社会上多名女性保持不正当两性关系，办公室、宿舍均成为他淫乱的场所。他经常纵情饮酒，喝得酩酊大醉，借着酒兴发号施令，居然好几次醉倒在大会主席台，等等。

因为狂热，杨某已不能有正常的分析判断能力；因为狂妄，他已没有了正常的为人处世礼仪和基本的价值判断；因为狂欢，他摧残了自己的身心。"三狂"破坏了一个地方的科学发展，最终也毁灭了他自己。杨某堕落的原因源于自己对事物没有正确的认识，特别是不能正确认识自我，是一起发展观迷失、权力观扭曲和价值观背离的典型个例。

六四：观国之光，利用宾于王

"光"：光景，可以理解为风土人情。"观国之光"比喻看问题的思路宽阔、眼光远大，有大格局。大意是看一个国家和地区的发展变化，就能折射出当地领导干部的人格魅力和领导能力，也能直接反映出领导人的执政风范，体现其价值趋向。

2012年，新当选的中共中央总书记、中央军委主席习近平在十八大后首次离京考察，来到深圳市莲花山，向邓小平雕像敬献鲜花。这本是新一届领导班子上台以后最正常不过的一次考察，却因为首次开创了没有在现场铺设红地毯、没有请群众离场的先例，而变得格外引人注目。几乎全中国都知道，中国高官外出考察访问，首先就是要清道，然后要铺设红地毯，并且周围都是一大批官员陪同，前呼后拥，保镖护身。高官这样出行耗费了大量的人力物力财力，也让中国老百姓没有机会近距离接触官员，更谈不上官员在考察期间能够真实探访民情。

一个实际行动胜过一打纲领。言行之间，行重于言。多干实事，才是改造世界的直接力量。习近平总书记的深圳行，就是最好的一个实践证明。特别是十八大后，中央陆续出台了一些规定，其他领导班子成员纷纷走进百姓家，如李克强与艾滋病人面对面交流，推进体制改革等。新一届领导班子其他成员的诸多新作风，对内展示了亲民爱民、求真务实、居安思危的良好形象，对外展现了善于合作、敢于负责、勇于担当的大国自信，不仅让中国人民看到了美好未来，也让世界人民看到了光明前景。

九五：观我生，君子无咎

处于九五位，位高之尊，表示重要岗位的领导者，大到国家的执政领导集体、党的各级组织，具体到单位的主官或主管，爻辞无疑一一给出了警示：要反观内省，加强自律意识，当然对国家、对单位、对个人是"无咎"。

在这方面，共和国首任总理周恩来可以说是自律典型。周恩来从特有的人格魅力，赢得了世界人民衷心的爱戴和钦佩，甚至连他的一些国内外政敌也不得不为之折服。

周恩来廉洁自律的表现是多方面的，也是一贯的。在衣着上，在人们印象中，周恩来总是那样衣冠楚楚、风度翩翩。殊不知，他仅有的几套料子服装，大都穿了几十年，有的破损了，精心织补后继续穿。有一次，他穿织补过的衣服接待外宾，身边工作人员说这套"礼服"早该换换啦。他笑笑说："穿补丁衣服照样可以接待外宾。""织补的那块有点痕迹也不要紧，别人看着也没关系。丢掉艰苦奋斗的传统才难看呢！"他的衬衣磨破了，换上新的领口和袖口照旧穿。1963年，他出访亚非欧14国，到了开罗，换下缝补多次的衬衣，随行工作人员不便拿给外国宾馆去洗，只好请我驻埃及使馆的同志帮忙，并叮嘱洗时不要用力，以免搓破。大使夫人看到后，感动得边洗边流泪。至于他穿用了几十年破旧的睡衣、皮凉鞋和第一代上海牌国产手表等，已作为珍贵文物，永远存放在中国历史博物馆。

上九：观其生，君子无咎

如果说九五爻强调的是自律，那么上六爻强调的就是他律，在净化自己的同时还要学习他人，心中要有"他"，即主动接受他人监督。

中国人大都敬奉神灵，都奉行"头顶三尺有神灵"。在有"我"的同时，还要有"他"。人都认为自己是好人，真正的好人就得实在，老实人就得说实话重实情办实事，那种阳奉阴违、心口不一、追求表面文章、虚荣的人就不能称之为老实人。人，大多好面子，不愿听实话，为了面子，不敢说实话，为了种种原因，不愿办实事。不听真说、不说实话、不干实事的人，大都会出问题。

唐太宗李世民曾把魏征比作他的一面镜子，其实身边的每个人都可以作为镜子，因为人都能看出别人的优点与缺点，而当这面镜子反射出自己脸上有灰，自己却不能真正接受。听到自己的错误与缺点，宁愿带着灰，走着丢人，也不愿为了面子向镜子屈服。有的人不但反对镜子的真实，甚至因为镜子照出了自己脸上的灰，而把镜子扔掉摔碎，从此再也不与"镜子"打交道。

新时代，自觉接受监督取决于个人知识、观念和态度，体现出个人的学识、品位和道德，是一个领导者人品及综合素质的外在表现。自觉接受监督的态度直接反映的是领导干部廉洁自律的决心和程度。领导干部要主动要求别人监督，乐于接受监督，切实养成在监督下工作生活的习惯，这是领导干部"阳光"行使权力的重要途径，也是健康成长进步的组织保证。

为此，爻辞提出要自觉把身边的每个人当成自己的镜子，乐意听取别人提出的意见和建议，从而"有则改之、无则加勉"，这对自己的人生是非常有益的。

总之，从观卦中可以看出，外观是形式，内观是本质；外观启迪内观，内观也引领外观。从鼠目寸光去观到管中窥豹，再观我生、观国，反观内省等境界步步抬高，视野也在逐步递进的同时，思想更加深远，人性更加豁达。

参观卦，正自己，才明白《易经》是生活的道理，时时处处彰显着人生智慧和处事法则，不时玩味，其乐无穷！

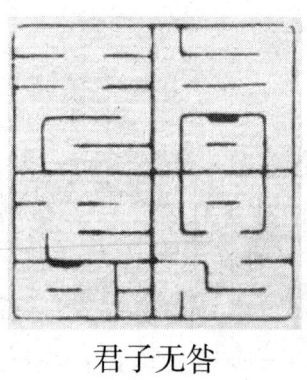

君子无咎

【原文】

噬嗑：亨，利用狱。
初九：屦校灭趾，无咎。
六二：噬肤灭鼻，无咎。
六三：噬腊肉，遇毒。小吝，无咎。
九四：噬干胏，得金矢。利艰贞，吉。
六五：噬干肉，得黄金，贞厉，无咎。
上九：何校灭耳，凶。

噬嗑（shì hé）卦是《周易》第二十一卦，讲述的是法治的根本，是为了大多数人的利益，对不自觉违法乱纪的少数人不得不实施的一种处罚手段，表示处于不利状态，面对很多困难，要及早加以阻止，必要时可以采取重罚措施，以"小惩大戒"。如果能坚持不懈，假以时日，就能成功。《象》曰："雷电噬嗑，先王以明罚敕法。"寓意是过去君主学习雷电精神，依法从政，严明公正；遇上麻烦时，要善于总结经验，采取措施，方能取得成功。

雷电噬嗑，先王以明罚敕法

梁士奇，1966年出生，河南桐柏人，现为开封文化艺术职业学院副教授、开封市文化艺术研究会执行会长。

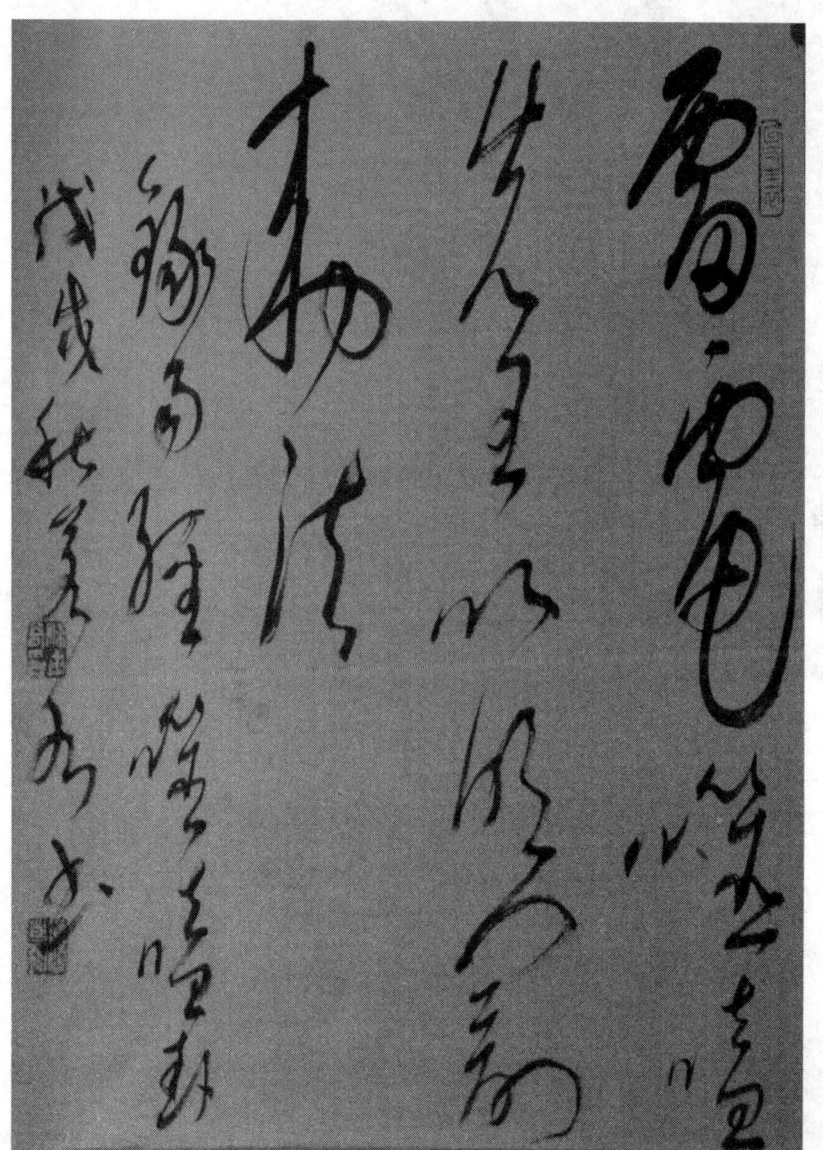

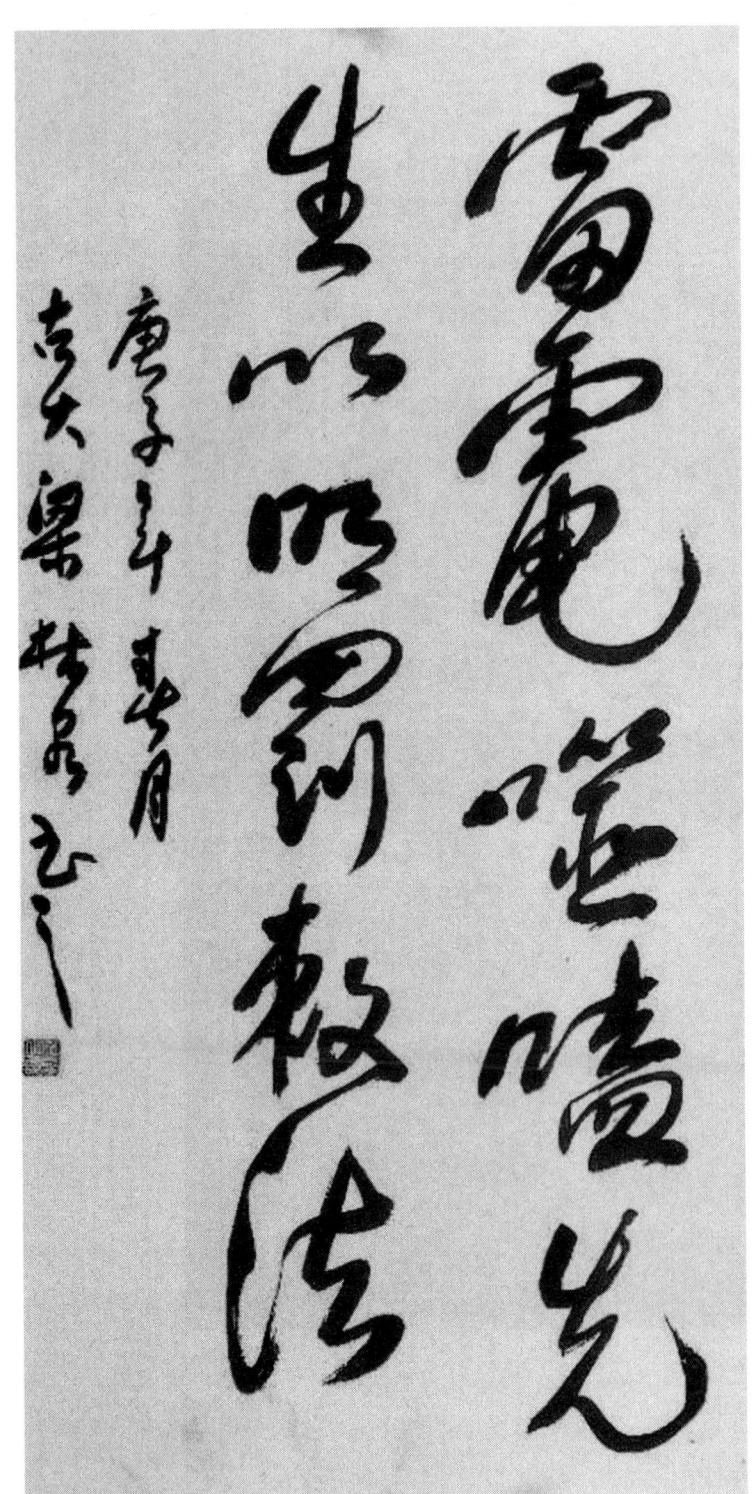

林　泉，1966年出生，河南开封人，国家一级书法家。

第二十一章　剔梗塞　果敢行　拨开云雾见月明

噬嗑：亨，利用狱

　　噬嗑卦是震上离下的火雷错齿胶着之卦。"噬"：上下牙齿相互交错。"嗑"：合拢之意。表象是指张开嘴巴后，嘴里面似乎有东西阻挡着难以合拢，这是极其痛苦的事。只有果断地噬嗑，即咬啐里面的东西，化解难受，才能自然合拢。合则进，和则成。进程中遇到困难，务必要采取断然措施，排除隐患。从该卦卦象分析，离上震下，离为火，为电；震为雷，电闪雷鸣，有强势摧毁或瓦解之意。意思是当有不利因素阻挡历史前进步伐时，就要以迅雷不及掩耳之势，果断进行清除，以便阻止不利因素肆意蔓延，防止酿成恶果，确保其沿着良性轨道健康有序运行。

　　本卦卦辞中的"狱"并不单纯只是监狱的意思，泛指法制手段。"亨"：通顺。要想保证一切顺畅、皆大欢喜，光靠德化力量是远远不够的。这样管控得住君子却管控不了小人，小人作乱，祸患无穷，就要即时启动法制武器，果断采取法制手段，如同咬碎嘴中的坚硬梗阻物一样去清除不利因素，使人人自觉遵守法纪，则天下太平，万民同乐。

　　清圣祖爱新觉罗·玄烨，即康熙帝，即位时才11岁。按照规矩，"皇帝年幼，由顾命大臣辅政"。于是，由顺治帝临终时指定的4个顾命大臣辅助小皇帝执政。4个大臣中，鳌拜最为专权，他并不把康熙放在眼里，并贪赃枉法，自行其是。众人敢怒不敢言。

　　鳌拜大权独揽，谨防有实力的大臣接近康熙，并不断派人观察康熙一举一动，不让康熙羽翼丰满，要使他成为一个真正的"孤家寡人"，这样自己就可以"挟天子以令诸侯"。他看见康熙和一些孩子在玩摔跤的游戏，并不觉得对自己有任何威胁，反而认为康熙胸无大志，只知道玩耍，便放弃警惕。

　　一次鳌拜称病，好久不来朝拜皇帝，康熙便亲自来到鳌拜府中探听虚实。他径直来到鳌拜卧室，发现鳌拜在席子底下藏有利刃，知道鳌拜居心叵测。但他很沉得住气，不但不加责怪，反而安抚说："满洲勇士，身不离刀，乃是本色。"鳌拜听了，觉得康熙是个小糊涂虫，便完全放松警惕，更加肆无忌惮。

　　康熙回宫后，就把那帮孩子找来，准备铲除鳌拜。一天，康熙召鳌拜进宫，说有要事相商，鳌拜不知是计，便大摇大摆地来见皇帝。康熙便命那些孩子玩摔跤游戏给鳌拜看。孩子们玩着玩着，一个个跌打翻滚地到了鳌拜身前，这个抢腿，那个揿手，一个抓住头，一个揽住腰，顿时将鳌拜掀翻在地。鳌拜号称"满洲第一勇士"，力大无穷，他猛一挣扎，那些孩子便都被他绊翻在地。但这些孩子都忠于康熙，尽管敌不过鳌拜，仍死命纠缠住他不放。正在这紧急关头，康熙拿出藏在袖中的匕首，一下刺进鳌拜胸中，孩子们一拥而上，将鳌拜擒住。康熙当即宣告：鳌拜谋反，令监禁听审。

康熙巧妙并果断地剪除了权臣鳌拜和其党羽后，自己亲政。他文能治国，武能安邦，又平息了三藩叛乱，收复了台湾，威震欧亚，在位60年，是历史上一个很有作为的皇帝。

初九：履校灭趾，无咎

"履"：指穿，带子。"校"：用木制的刑具。"灭"：并不是砍去，而是问题已经慢慢缠身，已到初级阶段。爻辞大意是自认为是单纯的小问题，也可能只是初犯，但这并不能纵容，而要严肃纠正，使其认识到危害性；必要时给以警告，把小问题放大放远，让初犯者得以警醒，或者采取一定措施，使其悔过自新。

"千里之堤，溃于蚁穴。"历史和现实证明，不少党员干部正是在所谓的小事小节中丧失了自己，由少到多，由小到大，由量变走向质变，逐步打破心理防线，滑入了犯罪深渊。

为此，生活作风中的一些小毛病、工作上的一些小过失，马虎不得，而要采取果断措施加以扼制。一些人轻视小错误，往往是因为他们认为小错误不会引起严重的后果。其实这种想法是大错特错的。美国历史上有一次探月失败就是因为一节电池的问题。当时飞船已经到达月球却无法着陆，原来是一节价值仅30美元的电池发生了故障。工程人员由于在检查飞船的时候重点检查了关键部位而把它忽略了。就是因为这样一节电池，几十亿美元就白白浪费。可见小错误也会引起严重后果。为此，千万不能因为错误的微小而忽视，要防患于未然，加大、加快对"初""小"的惩戒力度，从而避免恶性循环，酿成更为严重后果。

六二：噬肤灭鼻，无咎

"肤"：软肉、脆弱处。胎儿在母体中，最先发育的是鼻子，为此才有"鼻祖"一说。爻辞意指严重的问题，硬伤。六二爻辞用的是一种古代语法中的倒装，笔者将此变通为"灭鼻噬肤"。这里其实讲求的是管理科学：不能只是用硬方法处理硬问题，必要时也可采取温和的办法化解硬伤，只不过还要区别对待而已。

日本松下公司的创始人松下幸之助经营技巧高超，管理方法先进，被誉为

"经营之神"。后腾清一原是三洋电机公司的副董事长，后来投奔松下公司。在其担任厂长时，失火烧掉了工厂。后腾清一心中十分恐慌，以为这次不被革职也要被降级。不料松下接到报告后，只对他说了句"好好干吧"。以往，即使只是打电话的方式不对，后腾也会受到松下的严厉斥责。而这一次松下这样做，并不是姑息部下的过错，实际上体现了松下管人的秘诀。这种做法巧妙地抓住了人的心理：在犯小错误时，当事人大多并不在意，因此需要严加斥责，引起注意；相反，犯下大错时，傻子也会知道自省，根本没有必要再给予严厉批评，此时不如对下属进行情感教育。比如，在着火这件事上，由于火灾发生后没有受到惩罚，后腾自然会心怀愧疚，对松下也会更加忠心，并以加倍的工作来回报，当然就由坏事变成了好事，即"无咎"。

六三：噬腊肉，遇毒。小吝，无咎

"腊肉"：并不是风干的肉类。在爻辞中，可以理解为老辣、顽固的主。对有些难以应付的主儿，就要采取一种敢啃硬骨头的精神，纵使受到一些不公正待遇，发生一些误会，也无所谓，这样换来的是保证了大方向不变，当然不会引起祸乱。

唐武德九年（626）十二月，太宗派遣使者到各地征兵。封德彝上奏说："中男（唐制：十六岁为中男，十八岁为成年）虽没到十八，身体高大壮健的，也可以一起征召。"唐太宗同意了。

诏书发出后，魏征却固执地认为这样做不可以，不肯在诏书上签字，而按制度，诏书上必须有他的签名。诏书往返多次，魏征死活不签。

太宗大为生气，责备魏征说："那些身材高大的中男都是奸民，他们隐瞒实际年龄，征召为兵没什么坏处，你为何如此固执？"魏征反驳道："带兵在于指挥得当，不在于人数多少，陛下征召成年人中的壮健者，已是无敌于天下，何必贪多征召未成年人来增加虚数？况且陛下常说要以诚信治理天下，要让自己的臣民都不欺诈。可是您即位时间不长，已经多次失信于民了。"随后便列出几件事来。最终太宗恍然大悟，心悦诚服，向魏征承认了错误，下令不征召中男当兵，并赐给魏征一个金坛子，买下了自己即位后的第一次谏言。

魏征就是这样的主儿，他是一位眼力奇准，又敢于校正太宗过失的好监督。但是到贞观六年（632），太宗的纳谏开始变得低沉，加之帝王有强烈的自我成就感，皇室权威不可挑战，便对不长眼色、难对付的主儿魏征心生厌恶，有时候被魏征置于难堪境地，恨不能"杀了这个乡巴佬"。当时同殿称臣的大都是追随太宗打过江山的人，在他们心中，太宗不是凡人，而是神，绝无毛病可言。加之太宗睿智英武，上朝时群臣都不敢仰视，更不要说强制性去提意见，其中包括长孙无忌、房玄龄等人。而魏征虽是处处给太宗挑毛病，但却一次次地帮助太宗渡过难关、化险为夷。这就是太宗在应对难侍候的主儿面前遇到的"小吝"，当然会"无咎"。

九四：噬干胏，得金矢。利艰贞，吉

"胏"：骨肉亲情，平常将兄弟姐妹比作骨肉之亲。"矢"：箭。金矢：刚直不化之意。大意指遇到难啃的硬骨头，就要知难而上，经过艰苦奋斗、攻坚克难，最终会遇难成祥、逢凶化吉。

东汉年间，班超帮助哥哥班固一起撰写《汉书》，但他认为一个男子汉的抱负不应只在纸笔上，于是弃文从武，参加了对匈奴的战斗，并屡建功勋。后来，东汉王朝为了联合西域各国共同抗御匈奴的侵扰，就派遣班超作为使节出使西域。

班超一行首先来到了鄯善国，晋见了鄯善国王，并表明来意。鄯善国王早就知道汉朝国力强盛、人口众多，不容小视，现在又见汉朝的使者庄重威仪，颇有大国之风，果然名不虚传，就连连点头称是道："说得太对了，请您先在鄯国住几天，联合抵抗匈奴之事，容过两天再具体商议吧。"

于是班超他们就住下了。头几天，鄯善国王待他们还挺热情，可是没过多久，班超便察觉国王对他们越来越冷淡，不是常找借口避开他们不见，就是好不容易见面，也绝口不提联合抗击匈奴之事。班超有了一种不祥预感。夜里，班超派的人潜入王宫，发现国王正陪着匈奴使者喝酒谈笑，看样子很是投机，就马上回来将这个消息报告给班超。接下来的几天，班超又设法从接待他们的人那里打听到，匈奴不但派来了使节，而且还带来了100多个全副武装的随从和护卫。他立刻意识到事态已经发展到很严重的地步，就马上召集使团研究对策。当夜，班超就带人冲进匈奴所驻的营垒，趁他们没有防备，以少胜多，把100多个匈奴人全部消灭了。

第二天，班超提着匈奴使者的头去见鄯善国王，并当面指责他的善变。鄯善国王又吃惊又害怕，很快就和汉朝签订了同盟协议。班超的举动震动了西域，随后，其他国家也纷纷和汉朝签订盟约，诸多小国也表示和汉朝永视友好。班超终于圆满地完成了使命。

在危急情境下，就应当像班超一样果断，敢于冒必要的危险，才能够获得成功；如果犹豫不前，后果将不堪设想，也就失去了爻辞蕴含的实际意义。

六五：噬干肉，得黄金，贞厉，无咎

"厉"：畏惧、警惕。啃难啃的骨头，有些时候，需要借助其他力量去化解，

他山之石可以攻玉。"杯酒释兵权"正可谓对爻辞最好的诠释。

宋太祖赵匡胤即位后不出半年，就有两个节度使起兵反对宋朝。宋太祖亲自出征，费了很大劲儿，才平定他们。961年，宋太祖在宫里举行宴会，请石守信、王审琦等几位老将喝酒。酒过几巡，宋太祖命令在旁侍候的太监退出。他拿起一杯酒，先请大家干了杯，说："我要没有你们帮助，也不会有现在这个地位。但是你们哪儿知道，做皇帝也有很大难处，还不如做个节度使自在。不瞒各位说，这一年来，我就没有一夜睡过安稳觉。"石守信等人听了十分惊奇，连忙问什么缘故。宋太祖说："这还不明白？皇帝这个位子，谁不眼红呀？"石守信等听出话音来了。大家着了慌，跪在地上说："陛下为什么说这样的话？现在天下已经安定，谁还敢对陛下三心二意？"宋太祖摇摇头说："对你们几位我还信不过？只怕你们的部下将士当中，有人贪图富贵，把黄袍披在你们身上。你们想不干，能行吗？"石守信等听到这里，感到大祸临头，连连磕头，含着眼泪说："我们都是粗人，没想到这一点，请陛下指引一条出路。"宋太祖说："我替你们着想，你们不如把兵权交出来，到地方上去做个闲官，买点田产房屋，给子孙留点家业，快快活活度个晚年。我和你们结为亲家，彼此毫无猜疑，不是更好吗？"石守信等齐声说："陛下为我们想得太周到啦！"酒席一散，大家各自回家。第二天上朝，每人都递上一份奏章，说自己年老多病，请求辞职。宋太祖马上照准，收回他们的兵权，赏给他们一大笔财物，打发他们到各地去做节度使。历史上把这件事称为"杯酒释兵权"。

在解除石守信等宿将的兵权后，太祖另选一些资历浅、个人威望不高，容易控制的人担任禁军将领，将禁军领兵权析而为三，以名位较低的将领掌握三衙，这就意味着皇权对军队控制的加强。以后宋太祖还兑现了与禁军高级将领联姻的诺言，把守寡的妹妹嫁给高怀德，后来又把女儿分嫁给石守信、王审琦的儿子。张令铎的女儿则被嫁给太祖三弟赵光美。宋太祖收回地方将领的兵权以后，建立了新的军事制度，从地方军队挑选出精兵，编成禁军，由皇帝直接控制；各地行政长官也由朝廷委派。通过这些怀柔措施，新建立的北宋王朝才开始慢慢稳定下来。

上九：何校灭耳，凶

"何"：通"荷"，担负。"校"：枷锁。"灭耳"：看不见耳朵。比喻已达到刑事处罚的极限，问题已经发展到最坏程度，无法挽回，罪不可恕。这一爻，告诫犯罪到了泛滥程度，平时为所欲为，听不进劝告，最终必招凶险。物极必反，坏事做绝，已经到了无路可走的地步，没有人能帮得了忙当然是大凶之象。

商朝最后一任君主纣王，是中国历史上有名的暴君。据史书载，他是个颇有文才武略的人。他才思敏捷，勇力过人，并且很有辩才，还是筷子的发明者；曾平定东夷，使中原文化逐渐传播到长江、淮河流域，奠定了中国统一的基础。尽管纣王天赋过人，但他骄傲自负，以为他人"皆出己之下"。他拒谏饰非，沉湎酒色，暴敛重刑，自信上天会保佑他，致使民怨沸腾、众叛亲离。周武王高举伐纣大旗东进到盟津（今河南孟津，古黄河渡口）的时候，就有800多个诸侯归附了武王。牧野一战，商朝全军溃败，最后纣王落得个鹿台自焚的下场。

商朝灭亡，应该说是纣王咎由自取的结果。纣王好色好酒成风，他为了讨好妃子妲己的欢心，对妲己的要求是百依百顺。他在商都附近建了一座豪华壮丽的宫殿——鹿台，在宫中彻夜欢歌以供妲己取乐。妲己伴着靡靡之音起舞，妖艳迷人。于是纣王不理朝政，日夜宴游。纣王和妲己还让人挖了一个10丈长、5丈宽、2丈深的大池子，池中倒满了酒，又让人宰杀了数百头牲畜、飞禽，把它们身上最鲜嫩的肉切下来，精心炙烤，然后悬挂在周围的树枝上，这就是中国历史上著名的"酒池肉林"。纣王的纵欲无度、奢侈无道，已到了"何校灭耳，凶"的地步，最后激起了人民的反抗。

总之，从噬嗑卦中不难看出，当问题初见端倪的时候，就不能马虎，要将小问题当大问题对待，而不能信马由缰，任其自然发展；到问题较为严重的时候，要自醒，敢于揭短亮丑，认清了问题的严峻性，就要主动去改正错误。对待有些问题，不能听之任之，而且要果敢去铲除，防止其肆意蔓延。但光有勇气还是远远不够的，在有些问题上必须采取胡萝卜加大棒的处理战术，推进法制与德治、精神与物质相结合，动用一切可能利用的力量，真正将问题控制在萌芽状态，以小利益换取大利益。凡事都有度，无节制地去挥霍，不听劝阻，最终就会被绳之以法，遗恨终生。从中悟出，噬嗑卦其实就是告诫人们如何去化解矛盾，修养自身，走好生活之路，彰显英雄本色。

明罚敕法

【原文】

贲：亨，小利有攸往。
初九：贲其趾，舍车而徒。
六二：贲其须。
九三：贲如濡如，永贞吉。
六四：贲如皤如，白马翰如，匪寇婚媾。
六五：贲于丘园，束帛戋戋，吝，终吉。
上九：白贲，无咎。

贲（bì）卦是《周易》第二十二卦，"贲"是文饰的意思，用以改良，表示加一些必要的修饰，使事物显得更加好看。但也应当明白，表面的文饰不能过度，唯有内涵的朴实，才是文饰的极致。《象》曰："山下有火，贲；君子以明庶政，无敢折狱。"寓意是前期决策一定要戒急戒躁，切忌半途而废。言行不能随意，要有所节制，才会有所成就。

山下有火，贲：君子以明庶政，无敢折狱

张安生，1952年出生，现为河南省大华书画院开封分院副院长、河南省民促会书画院常务副院长、开封古玩书画商会名誉主席。

第二十二章　爱美心　人皆求
淡妆浓抹总相宜

贲：亨，小利有攸往

　　红花总得绿叶映衬，爱美之心，人皆有之。凡事万物均需要美化。贲卦是上艮下离的山火配合之象。看山上红花烂漫，在阳光沐浴下显得更加娇艳无比，一片大自然生机勃勃之象。这里所言的"贲"，是表面的文饰，但它不是本质，起不到根本性作用，也不能决定大局，所以是"小利有攸往"。"小"：通少，就是要少做一些，即"贲"不能做得过分。事物发展到一定阶段就会走向反面，就要走下坡路，不注重实际，大搞歌功颂德、文过饰非、歌舞升平、粉饰太平，这是很危险的，卦辞实际强调的是务虚和务实的矛盾对立统一问题。

　　在中共中央政治局原常委李瑞环的文集里，有一则故事：20世纪90年代初，湖北神农架地区很多野猪横行，赶也赶不走。有人想了个办法，把狮子、老虎等猛兽的声音录下来，支起杆子，用大喇叭放出来。一开始，野猪还真害怕，被吓跑了。但是过段时间后，野猪又回来了，因为它们发现只有声音，没有危险。后来野猪把杆子都给拱倒了。村民们感慨，看来唱高调、说空话连野猪都骗不了。故事谈的就是"空谈误国"的道理，很值得警惕。为此，"贲"不能做到尽头，适当地加以配合，起点宣传效应是必要的，但不能宣传过头而忽视了实际内容，这样往往就会舍本逐末、言过其实、传有其表，导致危咎。

初九：贲其趾，舍车而徒

　　"趾"：脚趾，人体的最低部分。"千里之行，始于足下。"原本就要踏踏实实，从头开始就要保持洁身自爱。"舍车而徒"：宁可不坐车，徒步行军，也要保持良好的自我。这是一种对生活的态度。

　　《论语·子路》说"其身正，不令则行；其身不正，虽令不行"，讲的就是品行问题，要求别人做到的，自己首先得做到，并且要做好。言必行、行必果。结合实际，要求自觉把干干净净和道德建设融于生活工作中，与做人与做事相统一，用追求高尚的品德，来规范自己的言行。

六二：贲其须

　　"须"：胡须。胡须是男子区别于女人的特有生理特征，是男子阳刚之气的一种象征，也是个人高尚品德的一种标志。在古代，没有胡须对男人来说是一种严重缺憾。例如，张良没有胡须，司马迁在《史记·留侯世家》中说："我原来认为张良是一个很魁梧奇特的人，等看了他的画像，形状相貌如妇人、漂亮女子。"

笔下流露出惋惜与遗憾之情。

男人没有胡须，往往是被嘲笑、嘲弄的对象。因此，一些原来没有胡须的名人，在后来的历史记载中、戏曲人物形象中、画像中，人们也要把他们说成是有胡须的，或者在画像上为他画上胡须。例如，司马迁原来是否有胡须不得而知，但我们知道，司马迁曾被处以宫刑，就是被阉割生殖器。即使司马迁原来有胡须，在受了宫刑后，胡须也会渐渐消退。但是后人塑像时仍然要给他画上胡须。

明知无须偏要伪作有须，比喻不懂装懂，迟早是要出事的。古人爱须如命，因为胡须也是其显贵身份的象征。装作老大的样子，有意作秀。所谓作秀，即重形式不重内容、看表面不看实质、求宣传不求实效，不仅毫无实际意义，反而危害甚多。中共十八大后，中共中央列举了一些不良倾向：领导干部热衷于作秀、出风头、唱高调，做每一件事情都为了讨好上级领导，把成绩夸得无限大，把问题说得无限小，对自身存在的不足更是视而不见，对别人的批评忽略不计，既害了自己，又害了群众。2014年后，党的群众路线教育实践活动要求各级领导干部在"正衣冠"中，作秀思想要不得，要对照为民务实清廉的要求，实实在在地把在党性、作风、纪律等方面欠缺的地方改正过来，不搞形式、不走过场、不唱高调，用实效说话，用实际行动取信于民。爻辞用意在于此。

九三：贲如濡如，永贞吉

"濡"：润泽、光亮。文饰打扮得润泽充盈，但又担心太过于修饰；开始时纠结，犹豫不决，两端难定其辞。一味文饰其外，奢华过甚而灭其质，润泽之水也会化作溺水，成为灭顶之灾。因此，"永贞吉"告诫人们要坚定理想信念，不为名利所左右，那才为吉。

文饰太过，本质会被削弱，社会浮华也会出现问题。《论语·雍也》说："质胜文则野，文胜质则史，文质彬彬，然后君子。"一个人的理想不仅仅是依靠文饰就可实现的，而是必须永远坚守信念、保持积极健康的心志。

信念的高度决定人生的高度。一个美国女孩一双眼睛意外受了重伤，她只能凭借左眼角的小缝隙看到东西。小时候，她喜欢和附近的孩子玩跳房子，却看不见记号，只有把自己游玩的每一个角落都记清，这样，即使赛跑她也没有输过。正是凭着这股韧劲，后来她获得了明尼苏达大学的文学学士及哥伦比亚大学的文学硕士两个学位。她曾在明尼苏达州的一个乡村教过书，后来又成为奥加斯达·卡雷基的新闻学和文学教授。13年间，她除了教书，也在妇女俱乐部演讲，并客串电台谈话节目。她的自传体小说《我想看》轰动一时，成为畅销名著。她就是过了50年如同盲人日子的波基尔多·连尔教授。她52岁时，经过现代医学的诊疗，获得了40倍于以前的视力，使她面前展开了一个更为绚烂的世界。

六四：贲如皤如，白马翰如，匪寇婚媾

"皤"：白色、素色，特指以不加修饰为美的人生最高境界。不加任何修饰、朴素无华的马也会如五彩的锦鸡一般漂亮，后指人很有才华，吸引众人慕名以求。表面上看起来是故意造成一种匪寇抢婚的假象，如同现在迎娶新娘要伪装成一种抢亲气势，一路人喊马叫嚷嚷着抢亲。抢亲，其场面的宏观，表达着对新娘的重视和珍爱，最终到跟前却还是有礼有节在娶亲。怀着一颗诚热的心，急急忙忙来迎娶，可能在迎亲队伍中没有一辆路虎、宝马、林肯，但对方却极其用心，如同抢夺宝贝一样诚心，生怕丢了再也找寻不到，可见对新娘的尊重。这种求贤若渴的心理和做法正是爻辞中道出的精华。

《三国演义》中，为了突出刘备仁义，曹操被写成奸诈之人，但是曹操的军事才能仍然没有被抹杀。他在几年的东征西战中，占领了长江以北的大片土地，连少数民族都臣服于他。他是当时三国鼎立3位君主中最有才干的，奠定了三国中最强盛的魏国的基础，所以他是一位真正的英雄。对于人才的求贤若渴，也是曹操值得今人欣赏的地方。曹操为了选拔更多的人才，打破了依据封建德行和门第高低任用官吏的标准，提出了"唯才是举"的用人方针，于210年春天下了一道《求贤令》。曹操在令中一开始就总结历史经验，认为自古以来的开国皇帝和中兴之君，没有一个不是得到贤才和他共同来治理好天下的，而所得贤才，又往往不出里巷，这绝不是机遇，而是当政者求访得来的。鉴于此，曹操立足现实，指出天下未定，正是求贤最迫切的时刻。他希望自己的手下不要考虑出身，帮他发现并把那些出身贫贱而被埋没的贤才推举出来，只要有才能就委以重用。后来，曹操于214年和217年又下了两道《求贤令》，反复强调他在用人上唯才是举的方针。他要求人事主管部门和各级地方官吏在选拔人才上，力戒求全责备，即使有这样那样的缺点也没关系，只要真有才能。经过一番努力，曹魏集聚了大量人才，当时各地投奔到曹操门下的人很多，形成猛将如云、谋臣如雨的盛况。求贤若渴，也正是爻辞提出的要求。

六五：贲于丘园，束帛戋戋，吝，终吉

爻辞大意是就算自己非常富有，需要装饰山丘庄园，也不必大张旗鼓、张灯结彩，只是象征性地挂上几条小布帛就是了，被人骂成吝啬鬼又如何，这样不招灾惹祸，最终还平平安安。这里讲求的就是为人低调做事的一种态度。

隋朝时，隋炀帝十分残暴，各地农民起义风起云涌，隋朝的许多官员纷纷倒戈，转向农民起义军。因此，隋炀帝疑心很重，对朝中大臣，尤其是对外藩重臣，更容易起疑心。当时的唐国公李渊曾多次担任中央和地方官，所到之处，悉心结识当地英雄豪杰，多方树立恩德，因而声望很高，许多人都来归附他。这样，大家都替他担心，怕他遭到隋炀帝猜忌。正在这时，隋炀帝下诏让李渊到他行宫晋见。李渊因病未能前往，隋炀帝很不高兴，多少有点猜疑。当时，李渊的外甥女王氏是隋炀帝的妃子，隋炀帝向她问起李渊未来朝见的原因，王氏回答说是因为病了。隋炀帝又问道："会死吗？"王氏把这消息传给了李渊，李渊为此更加谨慎，他知道迟早会被隋炀帝所不容，他原有起事之心，但又怕过早起事力量不足，只好隐忍等待。于是，他故意广纳贿赂，败坏自己的名声，整天沉湎于声色犬马之中，而且大肆张扬。隋炀帝听到这些，果然放松了对他的警惕。这样，才有了后来的李渊太原起兵和大唐帝国建立。

上九：白贲，无咎

"白贲"：指不饰之饰，返璞归真。经历一些事情以后，思想境界自然与前大不一样，此时就算是仅仅用"白"，最简单来修饰自己也无所谓。朴素无华，自然"无咎"。这里所强调的正是人生所需的空杯心态。

古时候一个佛学造诣很深的人，听说某个寺庙里有位德高望重的老禅师，便去拜访。老禅师的徒弟接待他时，他态度傲慢。后来老禅师十分恭敬地接待了他，并为他沏茶。可在倒水时，明明杯子已经满了，老禅师还不停地倒。他不解地问："大师，为什么杯子已经满了，还要往里倒？"大师说："是啊，既然已满了，干吗还倒呢？"禅师的意思是，既然你已经很有学问了，干吗还要到我这里求教？这就是空杯心态的起源。人生缺的正是这种空杯心态。不论处在何种场合，纵使自己才高八斗，也不要肆意卖弄，时刻要将自己归零，才不至于受伤。

读贲卦，禁不住感悟：走向社会时，在不同阶段要量力而行、恰到好处、恰如其分地修饰自己，整洁大方就好，无须过度夸张修饰，超过一定的限度就是伪装，光有物质的包装而缺乏本质的精华，就是典型的银样镴枪头。"腹有诗书气自华"，既要有内涵丰富的精神世界，也要端庄适当得体，不能伺机炫耀。殊不知，强中更有强中手。只有低下头去，老老实实做人、踏踏实实做事，才会赢得社会尊重、获得周围认可。

公正严明

【原文】

剥：不利有攸往。

初六：剥床以足，蔑贞，凶。

六二：剥床以辨，蔑贞，凶。

六三：剥之，无咎。

六四：剥床以肤，凶。

六五：贯鱼以宫人宠，无不利。

上九：硕果不食，君子得舆，小人剥庐。

剥卦是《周易》第二十三卦，讲述的是剥落不穷之道，反映的是事物发展有兴盛也有衰败的规律。此时阴盛阳衰，小人当道，有才能的人遇到困阻，事业无法向前顺利推进。《象》曰："山附于地，剥；上以厚下安宅。"寓意是不管做任何事情，都会有小人阻挠，险象环生。但是在这种困境中，只要坚定信念，寻找生机，主动破冰而出，就是一种人生智慧。

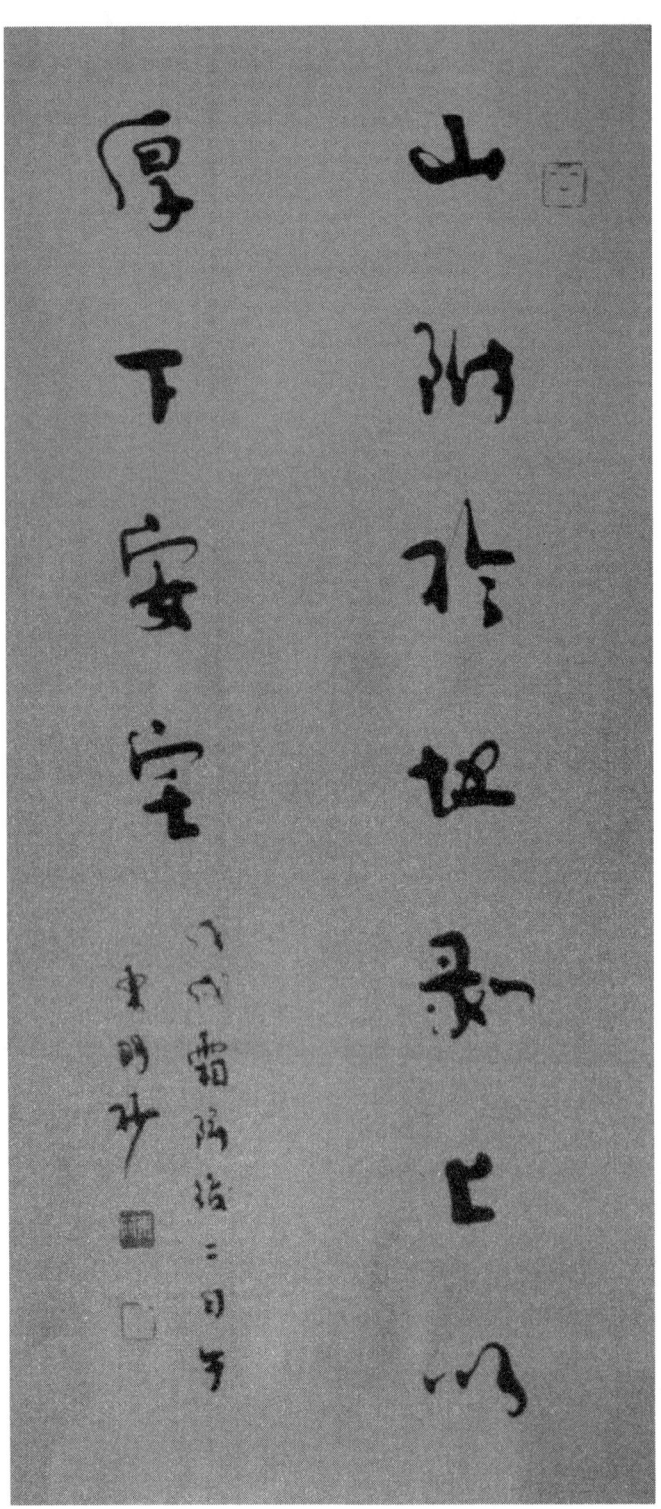

山附于地,剥:上以厚下,安宅

岳善因,笔名东门,1946年出生,河南荥阳人,写字读书篆刻,皆主自娱,现为开封大美书画院顾问。

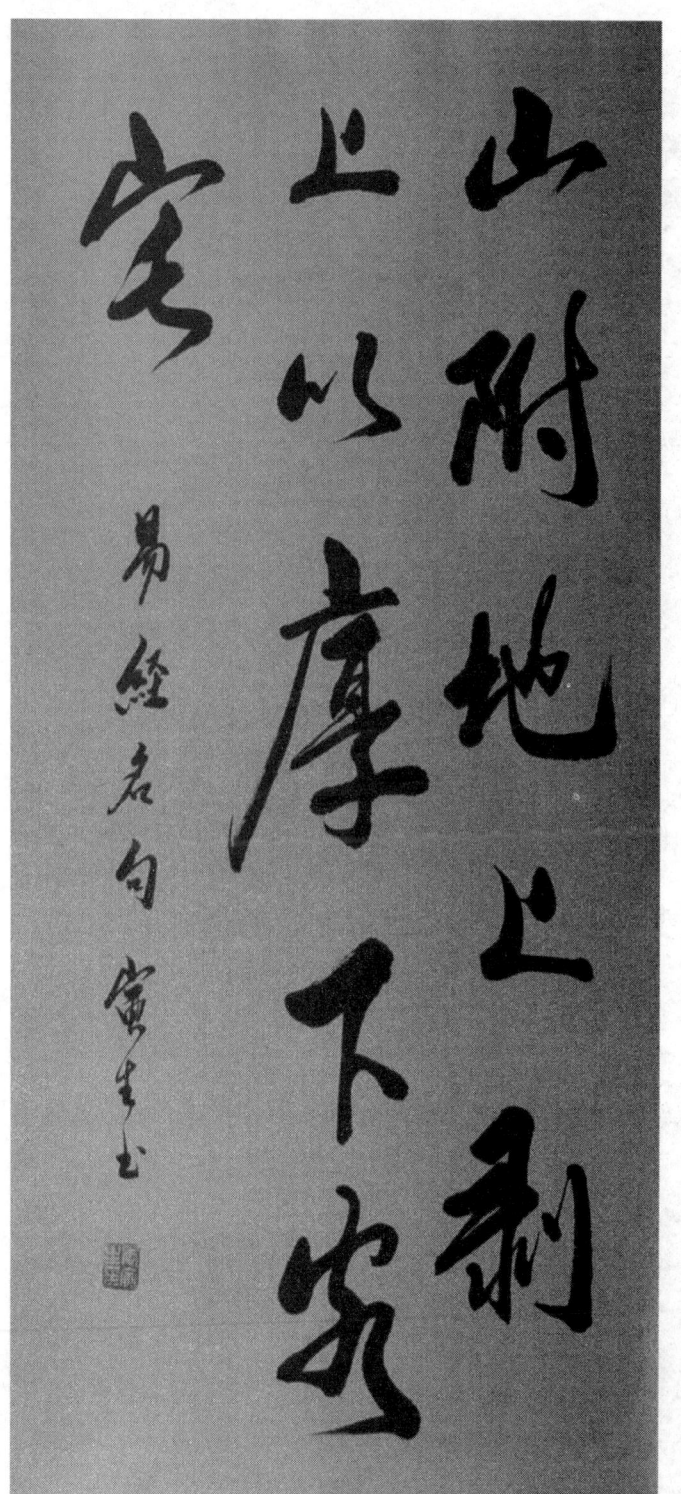

李寅生，1962年出生，河南开封人，现为河南省美术家协会会员、河南省工艺美术大师、河南省残联爱心画院副院长。

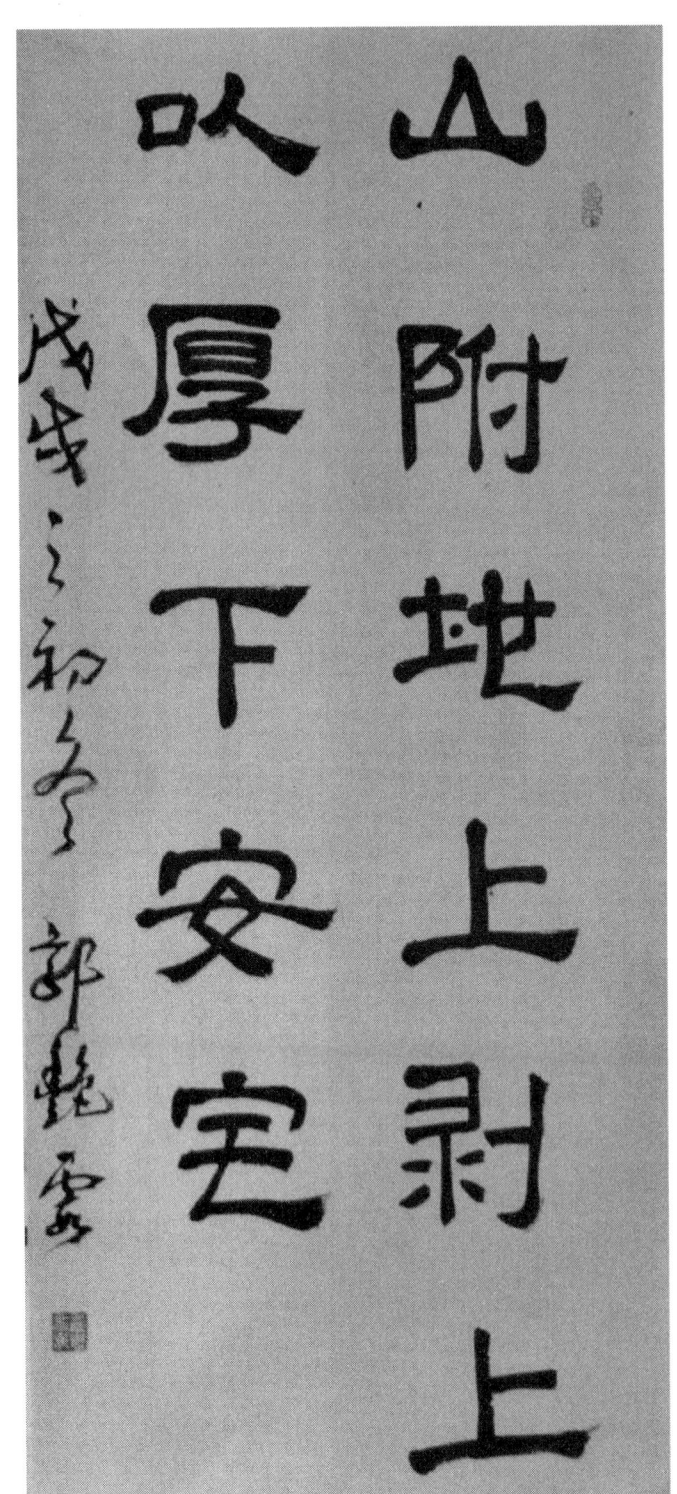

郭艳霞，女，现为开封意拳书画研究会副秘书长、开封名城书画院办公室主任、开封长轩书画院院士。

第二十三章　亲大众　得民心　天下谁人不识君

剥：不利有攸往

　　剥卦是坤下艮上的山地之象。1个阳爻处于上，5个阴爻居于下。阴气张牙舞爪，自下而上、自内而外侵凌阳气，导致阴盛阳衰、生态失衡。山是高大的，地是平坦的。山的高大立足在平坦的大地之上。高大的山容易受到风雨侵蚀而逐渐回归于大地，这种现象即为"剥"，会逐渐消亡。同样，在建筑上，如果要建一座高楼大厦，那么地基一定要厚实，这才是安宅之道。既然是阴盛阳衰，当然就会"不利有攸往"。阴气重的地方，妖孽鬼怪横行。环境决定人的气场，潮湿阴暗的地方，不利于人居住；心情不顺，不利于身体健康。傻子也知道这个道理。家庭阴气重，一天三吵闹，哪里还有心情工作？单位阴气重，小人作乱，好人受气，发展没有出路，谁愿意埋头苦干？事不同理同，对社会、国家是一个道理。世道险象环生，好人难以出头，看不到一点点希望。所以，卦辞提出"不利有攸往"，即好同志不能在这样的鬼地方混，混着混着就"剥"了，即一无所有了。

　　剥卦仿佛对执政者提出了警示：没有大地的承载当然就没有山的伟大，山是依附于地的。正如《道德经》讲的"高以下为本，贵以贱为基""侯王无以为正而贵高将恐蹶"，所以处于上位的领导人一定要注重厚待下属，这样才能安定。为此，对新时代党员领导干部来讲，我们所做的每一项工作，归根结底是做群众工作、走群众路线，这正如习近平同志提出的"一个干部，无论处在什么岗位，只要心系群众，都可以做出一番事业来"。联想到党的好干部焦裕禄，他住在老农家的草庵子里，蹲在牛棚里，和群众一起吃饭、一起劳动，和群众一起寻找治沙、治水、治碱的办法，带领兰考人民治理"三害"，树立起了一座坚实丰碑。但现实中，一些领导干部，对群众的感情淡了，与群众关系远了。有的害怕群众，远离群众；有的甚至以权谋私，消极腐败，损害群众利益，伤害群众感情，受到人民群众唾弃。这是十分危险的。走着走着就会"剥"了。

初六：剥床以足，蔑贞，凶

　　"床"：居家重要的家具，一个人一生约1/3的时间要在床上度过。"床"也意味着安定生活。"剥"往往是从安定生活开始的，所以孟子提出了"生于忧患，死于安乐"的观点。阴气开始从"床"脚滋生，从思想上开始受到腐蚀了，纯正的道义教化被轻视，因此，"凶"也就来了。"足"是"床"的根基，表面上看来好像没有什么大问题，但是根基已受到侵蚀，这是严重的隐患，是大病。

东汉和帝时，窦太后亲临朝政，并由太后兄长窦宪掌握大权，官员们争着逢迎巴结，因此政局混乱不堪。窦氏家族仗势横行乡里，鱼肉百姓，没有人敢揭发其恶行。当时的司徒（丞相）丁鸿借着日食出现的机会，向和帝密奏说："太阳是君王象征，月光代表臣子。日食出现，象征做臣子的侵夺君王权力，陛下千万要小心。历史上记载，日食出现了36次，国君被臣子杀死的有22人，都是因为臣子权力太大！"他控诉窦宪仗着太后权势，包揽朝政，独断专行，连皇帝也不放在眼里。接着他又说："日食出现，是上天警诫我们，我们就应该注意危害国家的灾祸发生。穿破岩石的水，一开始都是涓涓细流；长成齐天的大树，也是由刚露芽的小树长成的。人们常忽略了微小事情，而造成祸患。如果陛下能亲自处理朝政，从小地方着手，在祸患还在萌芽的时候消除它，这样就能够安定汉室王朝，国泰民安。"

汉和帝听从丁鸿建议，革掉了窦宪官职，消减了窦氏家族势力。朝廷除去了隐患，国势慢慢便开始有了好转。

六二：剥床以辨，蔑贞，凶

"辨"：编织的席子，也通"边"。这种轻视纯正道义教化的力量已经开始左右社会。"凶"：更为厉害。阴气上升得如此猖獗，小人形成了气候，正气却不能与其进行积极较量，从而让歪风邪气"如入无人之境"肆意蔓延，表明阳消阴长的势头继续发展，剥蚀渐及于上，已经剥到床边，马上就要接近人体，小人之道越来越猖獗，局势越来越危险。

《韩非子·喻老》讲道：战国时期的神医扁鹊在觐见蔡桓公时，发现桓侯身上有些毛病，就善意劝解："在您的皮肤间有点小毛病，如不及时医治的话，时间长了恐怕就要厉害了。"蔡桓公却说："我没有病。"扁鹊走后，桓侯对身边的人说："医生总是喜欢给那些没有病的人治病，以此作为自己功劳，显示自己医术！"过了十几天，扁鹊又去觐见，发现蔡桓公病情加重，就恳切地对桓侯说："您的病已经到了肌肉里，不医治的话，会更加严重。"桓侯还是不予理睬。扁鹊走后，桓侯更加不高兴。又过了10天，扁鹊再去觐见，发现蔡桓公的病情又加重了几分，就急切地对桓侯说："您的病已经到肠胃中了，不立即医治的话，会更加深入下去的。"到了此时，蔡桓公仍是不予理睬。再过了十几天后，扁鹊在路上远远望见桓侯来了，转身就跑。桓侯感到很奇怪，就特地派人问他。扁鹊说："病在表皮，用热水焐、用药物热敷就能够治疗；病在肌肉里，用针灸就能够治疗；病在肠胃里，用火剂就能够治疗；病在骨髓里，那就只能是司命的事了，医生是没有办法的。现在您的病已发展到了骨髓里，所以我已经无能为力了。"果然，过了5天，桓侯浑身疼痛，就赶紧派人去寻找扁鹊，而这时，扁鹊已经逃到秦国去了。于是，桓侯死了。

故事让人们不仅为之警醒，也为之深思！社会就像人的肌体一样，一旦病入膏肓，再高明的统治者也会无能为力。因此，一个国家、一个民族，要想立于不败之地、保持长久发展，就必须要有"敢于正视问题，敢于自揭疮疤"的勇气，绝不能只听好话、自我感觉良好，尤其不能讳疾忌医或盲目乐观；否则就会导致"剥床以辨"、坏上加坏，一发而不可收。

六三：剥之，无咎

"剥"的时间长了，或"剥"得过快、过急，纸里终究包不住火，难免遭人发现，必然会引起"阳"的警惕。正方也会采取手段，限制"剥"的发展。"剥"的力量因此受到压制而减弱，所以才"无咎"。发现问题，果断处置，这也正是爻辞赋予的真实用意。

如中共十九大后，在治理腐败问题和特权思想运用上就是一个成功典型事例。中共十九届中央纪委二次全会上，习近平总书记谆谆告诫各级领导干部要"坚决反对特权思想、特权现象，保持对人民的赤子之心"。坚决反对特权现象，是党中央一以贯之的坚定政治宣示，也是发现问题解决问题的果断举措。

现实中，在一些党员干部身上，特权思想、特权现象依然不同程度存在。比如，有的违规占有多套住房，超标配备公车，挥霍公款吃喝玩乐；有的奉行"有权不用，过期作废"，把权力当成谋取私利的工具；有的"一把手"搞"一言堂""家长制"，在重大决策上刚愎自用；有的喜欢"封妻荫子""一人得道，鸡犬升天"那一套，明里暗里为子女亲属升官发财奔走；有的两眼朝天，对群众作风粗暴，甚至与民争利；有的以权压法、以权枉法，视法律为儿戏，拿着"印把子"任性妄为。这些问题严重损害社会公平正义，引起群众强烈不满。正如中共十九大报告指出的，人民群众反对什么、痛恨什么，我们就要坚决防范和纠正什么。搞特权不得人心，把全面从严治党引向深入，必须切除特权现象这个毒瘤。

六四：剥床以肤，凶

阴气如果不及时加以遏制，就会得以继续上升，侵入人体。这才开始具备了实质性杀伤力，为此成"凶"。灾难已经临近，阴气已经占据要津，阳气马上就要被侵占，已经到了刻不容缓的地步，必须采取果断措施，大刀阔斧去扭转。

事实证明，腐败问题是中共执政过程中的一大顽疾，腐蚀了党的领导干部，破坏了党群关系，败坏了党在群众中的威望。为此，中央下大力气采取超常措施"反腐"，以改变"剥床以肤，凶"的恶性循环。近年来，中国掀起阵阵"反腐"之风。通过"反腐"，不但打击了歪风邪气，还传播了正能量，为实现

"中国梦"又跨一步。尤其是随着中共十八大的顺利召开，党中央对于党内、军内的反腐及打击奢靡之风、不正之风尤为关注，改变以往对于位高权重的高官无力态度，而采取坚决手段，表现出"苍蝇老虎一起打"的决心。

六五：贯鱼，以宫人宠，无不利

"贯鱼"中的"贯"：贯穿，连贯。"以宫人宠"：像宫中的女子一样受宠。爻辞大意是像穿鱼成串一样，让宫中的女子排好次序获得宠幸。这里强调的并不是厚颜无耻，而是顺势而为，也有一种认清形势、顾全大局、灵活应对的思想。谁都不愿去做"汉奸"，但有时候，明哲保身也是一种人生智慧，当然也是一种生存法则。

在对付小人方面，古人的智慧为今天的"职场安全"提供了有益借鉴。典型的要数为大唐中兴立下赫赫战功的唐朝名将郭子仪，他不仅在战场上战无不胜、攻无不克，而且在待人处世中，还是一个特别善于对付小人的高手。

"安史之乱"平定后，功高权重的郭子仪并不居功自傲，为防小人嫉妒，他反而比原来更加小心。有一次，郭子仪正在生病，有个叫卢杞的官员前来探望。此人乃历史上声名狼藉的奸诈小人，相貌奇丑，生就一副铁青脸，脸形宽短，鼻子扁平，两个鼻孔朝天，眼睛小得出奇，时人都把他看成是个活鬼。正因为如此，一般妇女看到他都不免掩口失笑。郭子仪听到门人报告，立即让身边人避到一旁不要露面，他独自凭几等待。卢杞走后，姬妾们又回到病榻前问郭子仪："许多官员都来探望您的病，您从来不让我们躲避，为什么此人前来就让我们都躲起来呢？"郭子仪微笑着说："你们有所不知，这个人相貌极为丑陋而内心又十分阴险。你们看到他万一忍不住失声发笑，那么他一定会心存忌恨，如果将来掌权，我们的家族就要遭殃。"郭子仪对这个官员太了解了，在与他打交道时做到了小心谨慎。后来，这个卢杞当了宰相，极尽报复之能事，把所有以前得罪过他的人统统陷害掉，唯独对郭子仪比较尊重，没有动他一根毫毛。这件事充分反映了郭子仪对待小人的办法之高明。

不与小人一般见识，保持与小人的距离，这只是在非原则性问题上。如果在大是大非面前，还要果断地与小人作斗争，而不能顺应自然，那样做就失去了为人的正义感。一个没有正义感的人，只不过是"活着"而已，同样令人鄙视。

上九：硕果不食，君子得舆，小人剥庐

上九是"剥极而复"，这是全卦唯一的阳爻，尽管暂时活动力量还不大，但潜力十足。代表"阳"的君子得到"舆"，即得到车子或者舆论，总之是民心所向。代表"阴"的小人势力开始消退。"硕果"：丰硕果实。对于君子来说，在"剥"的世道，那是义所"不食"；对于小人来说，在"剥"已经走到山穷水尽的

地步，也就不能再"食"。剥着剥着就没有了市场，剥到了尽头。爻辞启示：多行不义必自毙，坏事干多了，自然会走向不利，这更加体现出《易经》中物极必反的规律。

《资治通鉴》讲道：唐朝女皇武则天，为了镇压反对她的人，任用了一批酷吏。其中，有两个最为狠毒，一个叫周兴，一个叫来俊臣。他们利用诬陷、控告和惨无人道的刑法，杀害了许多正直的文武官吏和平民百姓。有一次，一封告密信送到武则天手里，内容竟是告发周兴与人联络谋反。武则天大怒，责令来俊臣严查此事。来俊臣心里直犯嘀咕，他想，周兴是个狡猾奸诈之徒，仅凭一封告密信，是无法让他说实话的；可万一查不出结果，太后怪罪下来，自己也担待不起。苦苦思索半天，终于想出一条妙计。他准备了一桌丰盛的酒席，把周兴请到自己家里。两个人你劝我喝，边喝边聊。酒过三巡，来俊臣叹口气说："兄弟我平日办案，常遇到一些犯人死不认罪，不知老兄有何办法？"周兴得意地说："这还不好办！"说着端起酒杯抿了一口。来俊臣立刻装出很恳切的样子说："哦，请快快指教。"周兴阴笑着说："你找一个大瓮，四周用炭火烤热，再让犯人进到瓮里，你想想，还有什么犯人不招供呢？"来俊臣连连点头称是，随即命人抬来一口大瓮，按周兴说的那样，在四周点上炭火，然后回头对周兴说："宫里有人密告你谋反，上边命我严查。对不起，现在就请老兄自己钻进瓮里吧。"周兴一听，手里的酒杯啪哒掉在地上，跟着又扑通一声跪倒在地，连连磕头说："我有罪，我有罪，我招供！"

总之，剥卦是一个阴盛阳衰的卦。从"剥床以足"到"剥床以辨"，再到"剥床以肤"，到"剥庐"，大厦将倾，剥得无法再"剥"，阴气步步紧逼，阳气剥落殆尽。但君子要始终出自公心，真心实意地"让利与人"，自觉杜绝与民争利的言行，剥就会随之消亡。

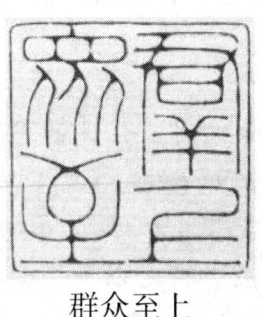

群众至上

【原文】

复：亨。出入无疾，朋来无咎；反复其道。七日来复。利有攸往。

初九：不远复，无祗悔，元吉。

六二：休复，吉。

六三：频复，厉，无咎。

六四：中行独复。

六五：敦复，无悔。

上六：迷复，凶，有灾眚。用行师，终有大败。以其国君凶。至于十年不克征。

复卦是《周易》第二十四卦，讲述的是恢复的原则，引导人们必须根治过去的错误，重新回归善道。《象》曰："雷在地中，复；先王以至日闭关，商旅不行，后不省方。"寓意是进退自如，有利可图；眼下正是时机成熟的时候，应当持之以恒探索经验、寻求正确方向，积极向前便有收获；如果出现意外，也要懂得迷途知返，及时悔改。

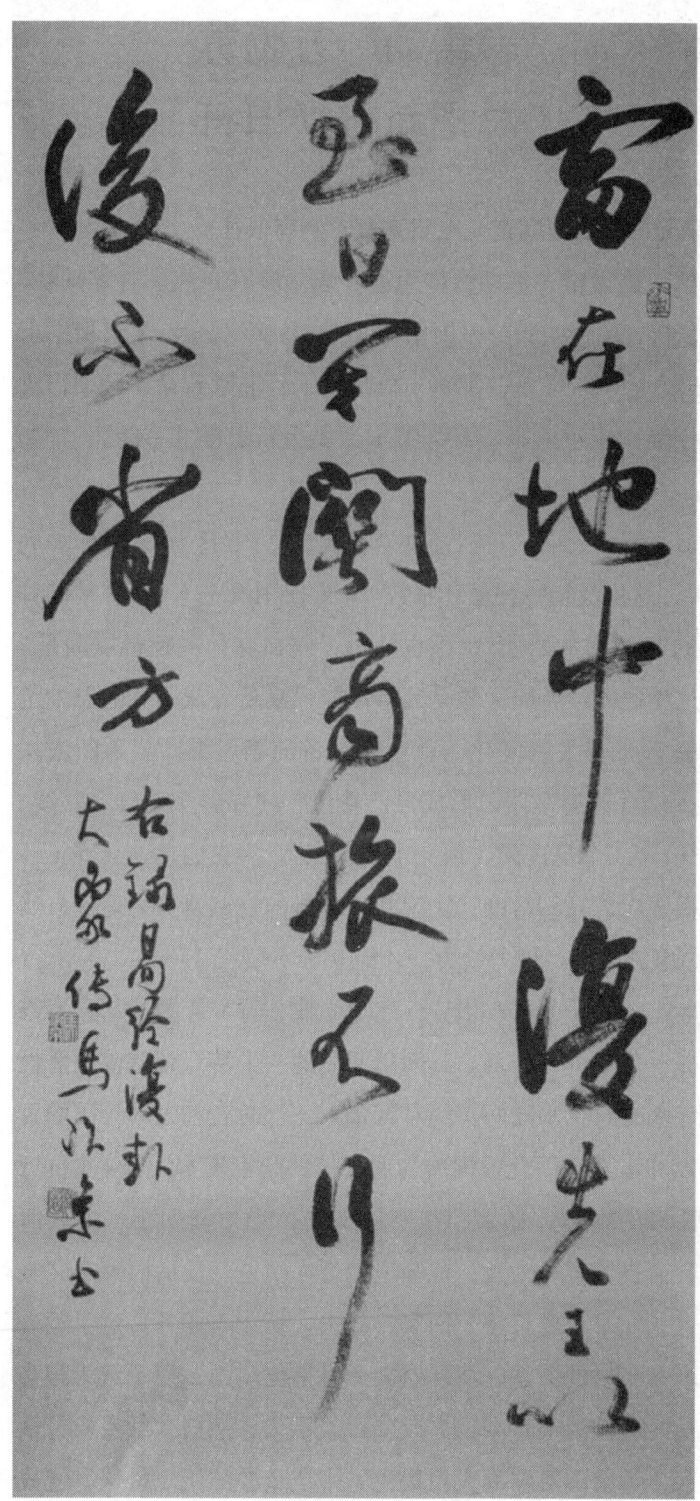

雷在地中，复：先王以至日闭关，商旅不行，后不省方

马汴家，1961年出生，河南开封人，现为河南省书法家协会会员。

第二十四章　春雷动　万物苏　总把新桃换旧符

复：亨。出入无疾，朋来无咎；反复其道。七日来复。利有攸往

复卦是下震上坤之象。震为雷，主动；坤为地，表示顺其自然。卦辞阐释，要立即杜绝过去的错误言行、错误决策，及时更新思维、转变观念，要求稳中求变，不能一条道儿跑到黑、顺水玩漂流，那将十分危险，且非常致命，必须当机立断，取缔不利因素，恢复到正道上来。卦辞警示：要更新思维，不能凭习惯、凭经验办事，经常要反省，否则积重难返。

"亨"：通、顺之意。"疾"：灾祸。"咎"：过失、罪过。"七日"：这里作一周讲，但并不一定就是7天，这里泛指一种循环系数。《汉书·礼乐志》讲："精健日月，星辰度理，阴阳五行，周而复始。"中医也认为，气血在体内运行一周是7天。这种"复"的观念是相通的。卦辞大意是凡事不能只具备一成不变的思维定式，要善于求变求新。适应形势发展变化，就应该具备前瞻思维，要不断去探索，善于学习先进理念，结合现有东西，形成自己特色；还要善于走群众路线，善于团结群众，凝聚人气，"三个臭皮匠，顶一个诸葛亮"，多交朋友，交些正经朋友，关键时候才能互相照应、互相帮助、实现共赢。卦辞强调要努力适应自然运行规律，要刚柔并济、藏锋于内、借力给力，才能立于不败。

晚清重臣曾国藩一生叱咤风云，行权用势，建功立业，舞文弄墨，却又寿终正寝，可谓占尽功名利禄，极令世人羡慕。其间最明显的一个特点就是曾国藩性格刚柔相济。曾国藩刚练水勇时，水陆两军约有万余人，这时若和太平天国的百万之师相抗衡，无异是以卵击石。因此曾国藩为保护他的起家资本，曾4次抗旨朝廷。"刚"是曾国藩性格的本色，如果一味刚硬下去，恐怕确如相术之人所言，在攻克金陵之后便会命丧黄泉。为此，他知道会遭人疑忌，便借回家守父丧之机，带着两个弟弟（也是湘军重要将领）回家，辞去一切军事职务。过了近一年，太平军进攻盛产稻米和布帛的浙江，清廷恐慌，又请他出山，授予其为相当于军委副主席兼国防部长的兵部尚书，掌握军政要权。不久，慈禧太后专权，认为满人无能，就重用汉人，为曾国藩掌握大权提供了一个重要的历史机遇。进攻太平军胜利后，曾国藩仍然小心谨慎。由于湘军抢劫吞没了太平军财物，使得

"金银如海、百货充盈"的天京人财两空，朝野官员议论纷纷，左宗棠等人还上书弹劾。进京之后，曾国藩因怕权大压主，而退出了部分权力；因怕湘军太多引起疑忌，而主动裁减湘军4万；因怕朝廷怀疑南京防务而建造旗兵营房，请旗兵驻防南京，并发全饷；并且还盖贡院，提拔江南士人。这几个动作，朝廷上下果然交口称赞，加之他战功显赫，却依然恭谨如初，取得了朝廷信任。朝廷又赏予其太子太保之衔，赏双眼花翎，赐为一等侯爵，子孙相袭，代代不绝。至此，曾国藩荣宠一时。

初九：不远复，无祗悔，元吉

"复"：返回。"祗"：大。"悔"：错识。爻辞大意是出外不远能即刻返回，比喻时时处处反观内省，感觉到自己做错了事，不任其自然向深渊里滑行，致使错上加错，而要采取果断措施，坚决脱离深渊，从错误中走出来，这种严于修身的功夫，终究不会酿成大错，当然"元吉"。

1961年4月12日，苏联宇航员加加林在太空飞完了108分钟，平安回到地面。这意味着人类圆满完成了探索太空的第一次飞行。加加林因此成为世界级英雄。几分钟后，世界各地电台、报纸争相报道。这个25岁的矮个子宇航明星在国内更是享受非常待遇：与火箭之父科罗廖夫并肩而坐，被苏共中央总书记赫鲁晓夫热情接见，和政要、名人拥抱、举杯，大小勋章挂满胸前，军衔从上尉升为少校。后来，他又被选送到茹科夫斯基军事学院和高等军事学院研究生院深造。他走到哪里都会成为焦点，备受关注和追捧。在非凡荣誉面前，加加林有些忘乎所以，常常驾着国家奖给他的伏尔加轿车在街道上横冲直撞。有一天，加加林开车又闯红灯，撞翻了另一辆汽车，两辆车都变得面目全非。幸好，他与另外那位驾车者都只受了点轻伤。责任本来不难判断，但赶到出事地点的警察认出是加加林，事情就发生了戏剧性逆转。警察微笑着向加加林敬礼，当即保证"追究肇事者责任"。那位真正的受害者虽然负伤，看到面前站着的是加加林，也赔起笑脸。警察拦下一辆过路汽车，嘱咐司机将加加林安全送达目的地，却留下那个真正的受害者。加加林坐在汽车上，心里却像搁了个滚烫的烧饼一样难受。他让司机迅速把车开回肇事地点，在警察和受害者面前诚恳认错，帮助对方修好汽车，主动承担了全部费用。加加林无疑是一个勇者，勇在敢于承认和改正错误。正是他在关键时候的一次"回头"，值得人们更加尊敬和爱戴。

像加加林一样，要时刻自省，不断检讨自己。这是一种修养，而不是一种简单对过去的咀嚼。如果说人生是一盘棋，那么当下到僵局的时候，自省便是指引继续前进的灵感。

六二：休复，吉

"休"：休息，暂时的停止。由于主观方面的资金缺乏、地位低下、实力薄弱等一些不利因素，因而有时候不得不使上马的工程停下来。有时候脑袋发条拧得过紧，不妨停下来冷静思考、总结经验，而不是"明知山有虎，偏向虎山行"，硬着头皮"堵枪眼"，去老虎嘴里拔牙。在身心憔悴的时候，不妨来个中途刹车，舒缓头脑，再次冷静，着力反思，吸取经验教训，而后回过头来再行探索，逐渐前进。"休复"是条件，"吉"是结果，先休止再重复，才吉利；如果只是重复而没有休止，则不一定吉利，或许就是大不吉利。

1935年1月在贵州遵义召开的中共中央政治局扩大会议，对于中国共产党及其领导的中国工农红军来说，是一次具有伟大转折意义的会议。这也正是"休复，吉"的形象概括。第五次反"围剿"失利后，红军再没有组织第"六次""七次"甚至第N次反围剿，而是停下来整顿，总结经验，查找问题，分析原因教训。遵义会议前，"左"倾错误的表现是多方面的，既有政治上的盲动主义、军事上的冒险主义，又有组织上的宗派主义、思想上的教条主义。由于当时处于战争环境，军事路线的错误直接关系到党和红军的生死存亡，而且这些错误已为中央大多数领导同志所认识，也为广大红军指战员所不满，纠正条件已经成熟。遵义会议从当时的实际情况出发，集中力量纠正军事路线的错误。同时，遵义会议成立了由周恩来、毛泽东、王稼祥组成的3人小组负责全军的军事行动。红军通过"休复"，恢复了过去在毛泽东同志领导下作战的正确方针，迂回曲折地穿插于敌军重兵之间，通过四渡赤水、兵临贵阳、威逼昆明、巧渡金沙，彻底摆脱了长征初期的被动局面，最终在极端困苦的条件下保存了红军实力。

六三：频复，厉，无咎

"频"：屡次、不断重复。"厉"：严肃。人生中本就没有一帆风顺的事，要想经得住失败考验，不怕艰难困苦，就要想办法争取，一次又一次去不断努力，直到取得胜利为止。有时候，虽然效果不明显，但自己尽了一定努力，想了不少办法，无奈天不遂意，但群众的眼睛还是雪亮的，照样会得到人民群众的理解和支持。当然，也有一些人，见到困难就退缩，遇到矛盾就让道，最终难逃其责，被钉在历史的耻辱柱上，遭受千人指万人骂。当然世界上本没有绝对的东西，只是人为性地将其区分开来而已。站立点不一，对视点不一，采取的态度也不一。正如儒家代表人物孔子采取积极入世的人生态度一样。他为了恢复周礼，推行"仁、义、礼、智、信"的政治主张，几乎一生周游列国。在他游历期间遇到很多挫折，包括隐士们的冷嘲热讽，但他没有因此放弃立场，仍"知其不可而为之"，积极实施治国平天下的志愿。在理想无法实现时，他也不轻言放弃，转而在学生中推行自己主张，提出"学而优则仕"的读书观念，由读书进而入仕，进而治国平天下。与孔子的积极入世相反，历史上还有许多消极避世的隐士，他们无法接受现实社会的污浊，转而寄情于山水之间，过着淡泊无为的生活。《庄子》记载：尧有意将天下让与许由，许由闻听，不仅没有感到欣喜，反而跑到河边将耳朵反复清洗，觉得尧的话玷污了他。这样的机遇对孔子而言，或许是梦寐以求的，天下唾手可得，正可用来大展宏图。但人各有志，许由所向往的却是逍遥自在的人生，世间功名于他不但毫无意义，且避之犹恐不及。

六四：中行独复

中国科学院院士，工程力学、计算力学专家钟万勰教授勉励中南大学学子用了"中行独复，以从道也"一语，是由该爻而来。"中行"：跟着人家走不应是永远的，更重要的是"独复"——得走自己的路。钟院士以这句话来勉励中南学子，正代表着他对广大中南学子的深切期望。无论是求学问，还是在人生抉择中，在学习前辈的基础上，更应当开拓创新，靠自己站起来、强起来！

在走什么路的问题上，党和国家领导人也进一步提出了治国理念。习近平同志在十八大报告中强调，在改革开放30多年一以贯之的接力探索中，我们坚定不移高举中国特色社会主义伟大旗帜，既不走封闭僵化的老路，又不走改旗易帜的邪路。习近平同志在2013年中央党校春季学期第二批开学典礼上告诫全体学员，对待西方经济学、政治学等方面的理论著作和资本主义经济发展的经验，要注意分析、研究并借鉴其中有益的成分，但决不能离开中国具体实际而盲目照搬照套。对待马克思主义经典著作和世界社会主义运动的历史经验，要坚持学习和运用，也决不能脱离中国具体实际而盲目照抄照搬。盲目照搬，在党的历史上是有过沉痛教训的。

作为国家，要有自己的元素。一个地方也是一样，环境不同，特色不一，治政理念也不尽相同。未来全面改革中，就要结合实情，走自己的路，不仅要借鉴西方、超越西方，更要总结经验、汲取教训，从而实现自我完善、自我超越。这就是该爻中得出的"中行独复"的治政理念。

六五：敦复，无悔

"敦"：敦厚，诚恳。这里表明的是知错就改的态度。一个人要善于认识错误，还要善于改正错误，光有信心和决心是远远不够的，即光喊空口号是没有用的，而要有实事求是的态度，千万不能自我欺骗、玩虚作假，要老老实实、认认真真地去改正错误，才能复归正道。

据《大戴礼记》载：战国时期的一天，孟子的妻子独自一人待在屋里，孟子从外面突然闯进来，瞧见她姿势不雅，顿时无名火起，立即跑到母亲面前告状。他说："老婆对我无礼，我今天非把她赶出家门不可！"孟母问："究竟是出了什么事，惹得你要休妻呀？"孟子答道："刚才她蹲在屋里，那姿态真叫难看，这是对我无礼，妻子不尊重丈夫，我必须休了她！"孟母听这话有点蹊跷，继续追问道："你说说，你是怎么发现她蹲在屋里的？"孟子满有理由地回答："这都是我亲眼所见，我刚才一推门看……""别说了，我听明白了。"孟母问明了情况，大声斥责儿子说："这分明是你无礼，不是你妻子无礼！"孟子有些茫然，他不服气。孟母接着解释说："不是有这样几句俗话嘛：'将入门，问孰存；将上堂，声必扬；将入户，视必下。'不管是进谁的门，都要事先敲一下门，或者大声地咳嗽一声，好叫人家知道有人来了。不能乘人不备，来个突然闯入。这是常人都懂得的礼貌规矩。可你倒好，到你妻子的燕私之处，进门前不敲门，不声不响地往里闯，见了你妻子蹲着，你得赶紧先退出去一会儿，你却还在看，这叫你妻子怎么办？这不正是你无礼吗？怎么能说是你妻子无礼呢？"

孟子没有想到，母亲恰恰从同一事情得出了相反的结论。批评虽很尖锐，但是句句有根有据，于是孟子赶紧认错。

人非圣贤，孰能无过？关键就在于我们对待错误的态度。有了错误，及时纠错，能够将错误所带来的损失降到最低限度，这也是优秀人物必须具备的品德和修养。一个肯承认错误的人特别受人尊敬；反之，一味地掩饰和执拗，越抹越黑，越走越错，结果只能是失败。

上六：迷复。凶。有灾眚。用行师。终有大败。以其国君凶。至于十年不克征

"迷"：迷失道路与方向。"眚"：眼睛上长了白点。这里指内部调理不周而引起的祸患。"行师"：出兵作战。上六爻是复卦的极点，象征到最后还不能迷途知返，必招凶险，天灾人祸相继而来。这时如果有军事行动，必然失败，就会累及

国家处于瘫痪状态，一直到多年之后，还不能翻过身来。大势已去，依然执迷不悟，陷入绝境，无路可走了。

老子说：其实生命都是由无到有、由有再到无，最后总会回复到根源。根源都是最虚静的，虚静是生命的本质，这种生命的本质也是自然之道。合乎这种自然常道的，是为明智；不合乎这种自然常道的，常会带来祸端。知道常道的人，对事情无所不容，无所不包。一切都能包容的，才能大公无私；能够大公无私的，才能做到全然不偏颇；全然不偏颇，才能得天命；得天命，才能合乎大道；合乎大道才能永垂不朽，终其一生都不会有什么危险。祸福无所，唯人自取。人类原本只是生存着，并没有什么权利和野心。但生存的人便有行动，为了行动更方便，人们便需要权力。权力原本是为了让自己有更大的自由，但人却很少去珍惜这个权力，而希望用权力来影响或指挥别人。为达到此目的，人们便有了欲望；有了欲望，便很难完全满足；难以满足，便有了不安；有了不安，便想拥有更多的权力；要有更多的权力，便很容易和人发生冲突；和人冲突，便会带来生命的危机。圣人伟大呀，一言道破天机，想一想，不懂得复归本性，挑战底线，贪婪成性，胡作非为，肯定是不会有好结果的。

读复卦，感悟人生真谛。当"不远复"，即失误还没有酿成祸患时，应及时改过自省；当需要"休复"、退一步海阔天空时，就要当机立断，该放下权利休息时，要自觉放下，要让更年轻更称职的同志在平台上发挥；合理把握"频复"的度，还要懂得"中行独复"，不能跟着感觉走。要"敦复"，善于运用实事求是的态度来悔过；但不能"迷复"，贪婪成性、执迷不悟，必招祸患。因此，当发现自己走在错误道路上的时候，不要犹豫，也不要不好意思，要选择果断放弃，因为无谓的坚持只会使事情越变越糟。

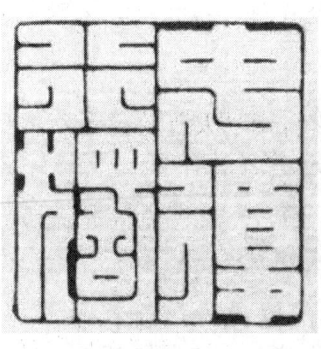

中行独复

【原文】

无妄：元亨利贞。其匪正有眚，不利有攸往。
初九：无妄，往吉。
六二：不耕获，不菑畬，则利有攸往。
六三：无妄之灾，或系之牛，行人之得，邑人之灾。
九四：可贞，无咎。
九五：无妄之疾，勿药有喜。
上九：无妄，行有眚，无攸利。

无妄卦是《周易》第二十五卦，寓意要做到不虚妄、不妄为，讲述的是戒除妄念之道。表示顺利的时候，要坚守正道。凡事要合乎客观规律，不能违背事实。在不妄为时，便亨通顺利，否则就会发生祸患，不利于发展。《象》曰："天下雷行，物与无妄；先王以茂对时，育万物。"寓意是上天用雷的声威来告诫万物，使万物取消妄动妄求的本性。为此，要想成功，就得抛弃空想，不能任性胡来、盲目蛮干，务必得脚踏实地。

天下雷行,物与无妄:先王以茂对时,育万物

许安众,1950年出生,河南开封人,酷爱诗词文学,善魏碑大篆,开封著名书法家。

第二十五章　守正道　不妄求　识时务者为俊杰

无妄：元亨利贞。其匪正有眚，不利有攸往

无妄卦是震下乾上之象，震为雷，乾为天，比喻在天下面有雷声在运行，象征着上天动用雷的威势警戒万物，并赋予万物以不妄动妄求的本性，警示人们不能痴心妄想，要自觉抵制侥幸心理，并做到慎初、慎独、慎微，才能保证灿烂人生。

"无妄"：不痴心妄想、妄动。"匪"：同"非"。"眚"：眼睛上长出了一个长翳。"不利有攸往"：不利于继续前行，不利于再次向前发展。爻辞大意是不痴心妄想、心存杂念，只有始终坚守正道，才会圆通顺利；反之，如果痴心妄想，胡作非为，就如用长了东西的眼睛看问题一样，视野受限，看不清是非曲直，做起事来任意胡为，必然会受到惩罚，当然不能再向前发展了。卦辞提供给我们的启示：要立足实际，不能好高骛远，用假大空的言行，既欺骗别人，又愚弄自己，最后是搬起石头砸自己的脚，得不偿失。

《狼来了》是一个妇孺皆知的小故事。故事中的放羊娃多次因为撒谎说"狼来了"而失去了邻里对他的信任，结果真得因为狼来了而丢失了生命。这个放羊娃就是一个妄言典型。利用假话欺骗人次数多了，一旦被发现就会失去别人对他的信任，最终招致生命之伤。

"无妄"，告诫人们要立即停止一切假大空的恶行，要真心实意、一心一意。结合2014年中共在全党开展的群众教育路线实践活动，"无妄"也正是落实该活动的基点。为此，该卦就告诫领导层如何真心实意地对待群众。实践证明，哪个地方干群关系好、感情深，哪里的发展局面就好、社会也就会和谐美丽；反之，亦反之。新时代做好群众工作，必须继承和发扬我们党的优良传统，进一步密切同人民群众的血肉联系，像孔繁森、郑培民、沈浩、张玉衮等先进模范人物那样，视群众为亲人，与群众交朋友，带着感情、怀着诚意，面对面说掏心窝子的话，实打实办吹糠见米的事，感情上与群众相融、思想上与群众共鸣、行动上与群众合拍，以真心换真情、以信任赢支持，才能真正成为群众的知心人、暖心人、贴心人。

初九：无妄，往吉

"无妄"：不搞虚情假意的一套，光明磊落地做人处世，不论走到哪里，都会受到他人的欢迎，都能得到认可。本身不妄想，不算计别人，就会得到别人的交口称赞。没有人喜欢跟精明算计的小人打交道。不去算计别人，本分处世，心底无私天地宽，当然会"吉"。

初九爻辞中强调的"无妄"典型要数明朝中后期的海瑞，他也是中国历史上有名的清官，是倾力反对贪官污吏的政治实干家，是敢于冒死骂皇帝荒淫无道的忠勇之臣，是为腐败官场所不容的刚直不阿的坚贞之士，是深受黎民百姓爱戴的"海青天"，是被史家誉为"古今一真男子"的大丈夫。

海瑞为官一生，为民为国操劳一世，其以一人之身反抗满朝贪污腐败的高风亮节，在明朝时期朝纲不举、政事不修的萎靡社会风气中，注定了其悲剧性的命运。

海瑞在福建省南平县任了将近4年的县学教谕，虽屡屡冒犯上司，但由于其为人正直，业绩斐然，深得一些正派官员的交相推荐，嘉靖三十七年（1558）海瑞终于得到京师吏部的垂青，被委以浙江淳安知县一职，这一年海瑞已经46岁。在海瑞上任之前，淳安县的风气颓废、治理混乱出乎海瑞意料。海瑞到淳安上任后，做的第一件事就是革除县府各官的"常例"。所谓的"常例"是明朝中后期各级官吏敲诈勒索下级官员和黎民百姓的一种较为文雅的叫法。后来，不少官吏也学着海瑞一样，督促自己的家人或织布，或垦田，以作日常周济之需。

在京师做低级官员时，面对昏庸的皇帝和颓废的朝政，海瑞毅然买好棺材上疏死谏，写了一篇《治安疏》（又称《直言天下第一事疏》）的著名奏章。海瑞这篇奏疏被史家们看作是史无前例的天下奇文。嘉靖皇帝虽被气得暴跳如雷，但不得不承认海瑞的忠心耿耿，想杀了他，又怕落得个杀忠臣的千古恶名。海瑞出狱后受到了朝中六部中下层官员和京师百姓的夹道欢迎。

在苏州、南京做南直隶等高官时，海瑞开始展开了一场肃贪倡廉的行动，声势浩大地在南直隶境内展开。海瑞上任一个月后，被送到南京刑部的贪官就有100多人。在江南高官云集的宦海中，海瑞几乎找不到一个支持者，但海瑞面对威逼利诱，不为所动，终于完成了乡官退田还民工作。因遭乡官的报复，海瑞唯一的儿子海中行被人捂死后丢进了苏州河。此案一直没有了结，海瑞又陷入了新的麻烦和灾难中，失去儿子的海瑞之妻吴氏吊死在自己的房间。随后，海瑞因得罪了满朝文武，被迫罢官，归老家海南。

15年后，海瑞以72岁的高龄东山再起，任南京右都御史，再举反贪污腐败的大旗，对罪大恶极的贪官实施极刑，声震天下，受到贪官集团的合力反对。万历十五年（1587）海瑞死于任上时，家里的钱竟不足以办丧事用。真正为海瑞的去世悲号不已的是江南的黎民百姓。南京的市面早已罢市数日，只有两种营生的店铺才开门，并且生意兴隆：一是布店，而且只卖得出白布黑纱，南京的市民家家都为海瑞披麻戴孝，供奉灵堂；另一个是画店，海瑞的头像在画师的笔下还未彻底完成，旋即就有人迫不及待地抢购而去，画师们的手都画肿了，海瑞的头像还是供不应求。一个雨雪交加的日子，海瑞的灵柩由京师运回海南岛，丧船由秦淮河出发，两岸挤满了南京的市民学子、士绅官吏，还有当年南直隶境内的百姓们。两岸的哀号、两岸的泪水、两岸的依依惜别之情连绵不绝。

六二：不耕获，不菑畬，则利有攸往

"菑"（zī）：开垦荒地；"畬"（yú），已经耕种过两年的熟地。不在刚开始耕作时就期望立刻获得丰收，不在荒地刚开垦一年时就期望它立即变成良田，能够这样，才不是妄动妄求，因而利于向前发展。爻辞告诫：要打消非分之想，要淡定，自觉去适应事物发展的规律，不能不切实际地投机取巧，搞浮夸风，如同秋后的蚂蚱、烈日暴晒下的雪花，逞得了一时却逞不了一世。

从前，有一位爱民如子的国王，在他英明领导下，人民丰衣足食，安居乐业。深谋远虑的国王却担心在他死后，人民是不是也能过着幸福日子，于是他召集了国内的有识之士，命令他们找到一个能确保人民生活幸福的永世法则。3个月后，一位学者把3本6寸厚的帛书呈献给国王说："国王陛下，天下的知识都汇集在这3本书内，只要人民读完它，就能确保他们的生活无忧。"国王不以为然，因为他认为人民都不会花那么多时间来看书，所以他再命令这位学者继续钻研。两个月内，学者把3本简化成1本。国王还是不满意。又过了一个月后，学者把一张纸呈上给国王。国王看后非常满意地说："很好，只要我的人民日后都真正有这宝贵的智慧，我相信他们一定能过上富裕幸福的生活。"说完后便重重地奖赏了这位学者。原来这张纸上只写了一句话：天下没有不劳而获的东西。

六三：无妄之灾，或系之牛，行人之得，邑人之灾

"无妄之灾"：没有妄为而招来灾祸，无缘无故地遭受不白之冤。好比有人将一头牛拴在村边道路旁，路人顺手把牛牵走了，邻居却被怀疑成偷牛的人，不明

不白地蒙受了冤枉。这种灾难不是因为自己有过错而导致的，而是由于某种客观原因的巧合所造成的，或者是由第三方因素所突然导致的。

《阅微草堂笔记》载：唐执玉任保定知府时，曾经核查过一件案子，并定了案。一天夜里，他正秉烛独坐，忽然听到了哭泣声，好像有人渐渐走近窗户。他叫小丫头出去看看，丫头大叫一声吓晕了。他打开帘子一看，只见一个满身带血的鬼跪在阶下，叩头说："杀我的是甲某，县官误判了乙某，仇不报，我死不瞑目。"第二天，唐知府便按鬼的说法，改判了乙某，尽管原来的审判官百般申辩，他始终不听。唐的一个幕僚觉得别有缘故，便私下问唐："鬼从哪儿来？"唐答："自己来到台阶下。"又问："鬼从哪儿去？"唐答："越墙走了。"幕友便说："凡是鬼都应该是有形无质，去的时候应该突然隐去，不应该越墙！"便随唐知府实地勘察，发现越墙的地方，砖虽然无损，但好几处都留下了隐隐约约的泥脚印。幕友指着这些痕迹说："这是真正的凶手买通了本领高强的盗贼干的！"唐这才恍然大悟，改回原判。这位想为民申冤的官老爷为什么险些失误，根本原因就是为假象所迷惑，对复杂事物不做周密的思考和深入调查。而幕友的高明处，则是不被假象所蒙蔽，能够客观分析，澄清那些疑似。

九四：可贞，无咎

"贞"：可以理解为"正而固"。爻辞大意是能够坚守正道，所以没有灾祸。坚守正道的品德是其本身所固有的，所以，自始至终坚守正道，才能使自己免遭灾害。

司马光在《交趾献奇兽赋》中有"正心以为本，修身以为基"之说。他认为自古以来修炼正直的、高尚的品格是安身立命的基石。周恩来同志一生严于自律，为世人所景仰，这是他平生注重道德修养的结果。他年轻时代，贴手书警句于大立镜旁，言"面必净，发必理，衣必整，纽必结；头容正，肩容平，胸容宽，背容直，气句勿傲勿怠，颜色宜和宜静宜庄"。纵观周恩来同志的一生，不论局势如何动荡、严峻，他都能做到照镜自勉、坚守高尚，赢得了中国人民乃至世界人民的尊敬。

正义是道德的核心，是一切社会准则的灵魂。作为正直的人，在面对强暴、威逼、利诱之时，必须毫不动摇地为正义而战！南宋末年，宋都临安被元军攻破，文天祥面对元军高官厚禄的诱惑，毫不动心。元军毫无办法，只得把他囚禁起来，折磨他，但为了民族大义，他始终没有屈服，反而写下了令人钦佩的《正气歌》,最后英勇就义。文天祥以自己的生命为代价,捍卫民族大义,为后世树起了一块丰碑,真正做到了"可贞,无咎"。

九五:无妄之疾,勿药有喜

"无妄之疾":不妄动妄求却身染疾病。"勿药":这种疾病不需用药材医治,因为"心病还要心药医",光用生化药品是解决不了问题的,只能治表,不能治本。所以,人更重要的还是注重身心健康,社会也得注重健康。病态的社会吃生化药当然解决不了问题,为此,必须得从源头上整治,得靠修养自己、检讨自己才能达到不吃药即可康健的效果。只有将"无妄"作为习惯,坚守正道,不去苛求,不经意间,"无为"也会变成"有为",化恶为善,遇难呈祥,才会"有喜"。

乾隆二十五年(1760),吏部按惯例举行3年一次的会试,要从全国举人和低级官吏中选拔后备干部,筛选出300人参加最后殿试(由皇帝亲自出题并主持的考试)。毕沅、储重光、童凤3人也在其中,他们都是军机处的小吏。考试前的这天晚上,储、童二人见毕沅为人老实,便对毕沅说:"你书法比我们差远了,今晚你就在这值班吧,我们回去准备一下,有望明天夺魁。"毕沅想想也是,就答应了他们,无聊之时随手翻了翻案头的几份奏折,夜深之时,看到一份关于新疆屯田事宜的奏折,就把这份奏折详细研读一遍。令人意想不到的是,第二天殿试题目正是关于这份奏折的内容,毕沅得了头筹,高中状元,储、童二人得知此事后,后悔不已。

常言道:圆石头垒墙靠不住。做人不能偷奸耍滑,有时甘于退让、不与人争的老实人,往往是人生的大赢家。

上九:无妄,行有眚,无攸利

虽然不能妄动妄求,但是仍然不宜于行动,如果勉强行动,就会招灾惹祸,得不到一点好处。这是由客观时机所造成的灾祸,而不以人的意志为转移,枪打出头鸟,只能"退一步海阔天空"。在这方面,范蠡就是最好的典型。

周景王二十四年(前496),吴国和越国发生了槜李之战(地点在今浙江嘉兴),吴王阖闾阵亡,因此两国结怨,连年战乱不休。周景王二十六年(前494),阖闾之子夫差为报父仇与越国在夫椒(今江苏太湖中洞庭山)决战,越王勾践大败,仅剩5000人逃入会稽山。范蠡向勾践陈述"越必兴、吴必败"之断言,进谏:"屈身以事吴王,徐图转机。"被拜为上大夫后,范蠡陪同勾践夫妇在吴国为奴3年,"忍以持志,因而砺坚,君后勿悲,臣与共勉"!3年后归国,他与文种拟定兴越灭吴九术，是越国"十年生聚，十年教训"的策划者和组织者。为了实施灭吴战略，范蠡运用了九术之一的美人计。他亲自跋山涉水，终于在苎萝山浣纱河访到德才貌兼备的巾帼奇女西施，让西施深明大义献身吴王，里应外合兴越灭吴。

范蠡事越王勾践20余年，苦身戮力，卒于灭吴，成就越王霸业，被尊为上将军。范蠡认为有功于越王，但"飞鸟尽，良弓藏；狡兔死，走狗烹"难以久居。他深知勾践为人"长颈鸟喙"，可与共患难，难与同安乐，遂与西施一起泛舟齐国，变姓名为鸱夷子皮，带领儿子和门徒在海边结庐而居。他戮力垦荒耕作，兼营副业并经商，没出几年，就积累了数千万家产。他仗义疏财、施善乡梓。范蠡的贤明能干被齐人赏识，最后齐王把他请进国都临淄，拜为主持政务的相国。他喟然感叹："居官至于卿相，治家能致千金，对于一个白手起家的布衣来讲，已经到了极点。久受尊名，恐怕不是吉祥征兆。"于是，3年后，他再次急流勇退，向齐王归还相印，散尽家财给知交和老乡，归隐山野。

总之，无妄卦是引导人们"识时务"的卦。天在上，雷在下，人的行动往往要听从天的安排，这个"天"，就是事物发展的客观规律，即人们要时刻遵循规律，顺着规律发展。有了机遇时，当进则进，"往吉"有利；认清侥幸心理害死人、出来混早晚是要归还的道理。为此，不能贪婪，步了要放慢些。遭受不公正待遇时，要平心静气想通，坚信这些只是暂时的，乌云终究遮不住太阳。要永远保持做个好人，坚信好人必有好报，才能"无咎"。身正不怕影子斜，顺其自然，坏事将会发展变化，成"有喜"。得意不可再往，该退时要当机立断。圣人英明啊，告诫人们千万不能妄动妄求，始终要保持低调做人，这样所有的事儿大都会沿着常态轨迹平稳持续发展。

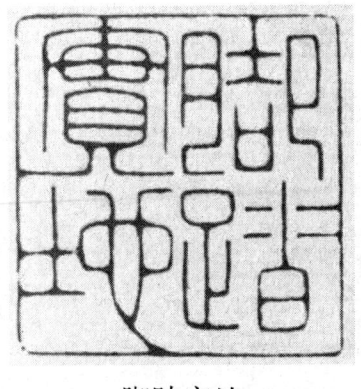

脚踏实地

【原文】

大畜：利贞。不家食，吉。利涉大川。
初九：有厉，利已。
九二：舆说輹。
九三：良马逐，利艰贞。曰闲舆卫，利有攸往。
六四：童牛之牿，元吉。
六五：豮豕之牙，吉。
上九：何天之衢，亨。

大畜卦是《周易》第二十六卦，讲述的是积蓄栋梁之道，表示大量任贤用能，才能利于国家发展、人民安定团结。《象》曰："天在山中，大畜；君子以多识前言往行，以畜其德。"寓意是效仿大山精神，积蓄丰富的知识和良好的德行，脚踏实地，厚积薄发，就能够兴旺发达。

天在山中，大畜；君子以多识前言往行，以畜其德

谢　涛，1966年出生，浙江绍兴人，现为河南省美术家协会会员、河南省书法家协会会员、开封市宋都书画院秘书长、开封意拳书画研究会艺术顾问。

第二十六章　强自身　肯容人　莫愁前路无知己

大畜：利贞。不家食，吉。利涉大川

"畜"：蓄藏、容纳、包容。大畜卦是乾下艮上的卦象。乾为天，艮为山。天虽大却虚空，山虽小而坚实。"不家食"：不在自己家里吃饭。在吃公家饭，貌似是享受财政拨款的公务人员，当然比一般的老百姓看起来要幸运多了，有位置才能更有作为。这些"大畜"的人可能因平时工作忙碌，一心为公，品德高尚，平时工作加班加点，难得与家人团聚，但依然任劳任怨，为别人幸福而甘愿牺牲自身利益。具备这样大格局的人，当然是一方百姓福气。"利涉大川"：能承担重要责任，真正实现"为官一任，造福一方"。为此，为人做事格局要高，要善于容人容事容得进不同意见。

历史上大凡能成就事业的人都是心胸开阔有气度的人。在战国时期，赵国舍人蔺相如奉命出使秦国，不辱使命，完璧归赵，所以被封了上大夫；又陪同赵王赴秦王设下的渑池会，使赵王免受秦王侮辱。赵王为表彰蔺相如的功劳，封蔺相如为上卿。老将廉颇认为自己战无不胜、攻无不克，蔺相如只不过是一介文弱书生，只有口舌之功却比自己官大，对此心中很是不服，所以屡次对人说："以后让我见了他，必定会羞辱他。"蔺相如知道此事后以国家大事为重，请病假不上朝，尽量不与他相见。后来廉颇得知蔺相如此举完全是以国之大事为重，就向蔺相如负荆请罪。之后两人和好开始尽心尽力辅佐赵王治理国家。因为赵国"文有蔺相如，武有廉颇"，使其他国家不敢进犯。这里强调的就是大局意识，不计个人得失，放下个人恩怨，换来的则是国家的长治久安。

初九：有厉，利已

"厉"：凶险、危害。"已"：停止。爻辞大意是当事情遇到凶险时，不妨停下来分析形势，停止不前，或许还要有意后退，但这并不意味着永远的停止或后退，而是为更进一步前进埋下伏笔。如同武术中的马步冲拳，并不一味地只是向前冲拳，而是适可停止，或收回，再反击，这样冲力才会更为强劲。做人做事也是如此，当进则进，当止则止，当退则退，不能不明形势，一味地盲目冲动。止是为了更好的"畜"，大止才能"大畜"，蓄势待发，厚积才能薄发。

三国时，刘备在沛城被吕布打败后，失去了栖身之地，只好投身曹操麾下。后来，曹操移师许昌，也带着刘备，目的是直接控制刘备。刘备既不甘久居人下，又怕曹操加害自己，因此装作胸无大志的样子，还在住处后院开了一块菜地，亲自种植浇灌。一天，曹操请刘备喝酒。喝到中间，曹操对刘备说：现在这个世界上，能成大事者也就剩下我们俩了。刘备以为曹操看出了自己心思，心里一惊，喝汤的小勺掉地上摔成了两半，非常尴尬。正巧天正在打雷，又下起了大雨。刘备随机应变说："古代人说过打雷狂风必会下暴雨，一阵雷声，我害怕呀。曹操又问：雷雨是自然现象，你怕什么呢？刘备说，我从小就害怕雷声，一听见雷声，我就生怕无处藏身。刘备言外之意就是，曹爷，您老人家饶了我吧，这个英雄我可不敢当呀，您只要让我好好活着，让我干什么我就干什么。曹操听后，满意地笑了，认为刘备这货原来也只不过是个小儿科，不值得把他当作对手，从此放松了对他的警惕。刘备用韬光养晦的策略从曹操的监视中安然脱身，日后图得了三国鼎立之势。

《菜根谭》说："君子之才华，玉韬珠藏，不可使人易知。"不露锋芒，并不是销蚀锋芒，而是指人应隐其锋芒，不要恃才恃权恃财而咄咄逼人，应该使自己更容易被社会、被他人所接受，这也是强化自己的学识、才能和修养的过程，更是为人处世智慧的表现。

九二：舆说輹

"舆"：车厢。"说"：这里不是说话的意思，指脱离。"輹"（fù），车厢与车轴衔接的部件。车厢脱离了车轮，自然不是好事。这也是说明能成大事者，要言行一致、上下一致，而不能说得与做得不一样、对上与对下不一样，那样就易脱离群众，没有了民心，失去了群众公信度，时间长了，必会自乱。为此，爻辞本意在警示人们要讲诚信。

春秋战国时，秦国商鞅在秦孝公支持下主持变法。当时处于战争频繁、人心惶惶之际，为了树立威信，推进改革，商鞅下令在都城南门外立一根3丈长的木头，并当众许下诺言：谁能把这根木头搬到北门，赏金10两。围观的人不敢相信如此轻而易举的事能得到如此高的赏赐，结果没人肯出手一试。于是，商鞅将赏金提高到50金。重赏之下必有勇夫，终于有人站起将木头扛到了北门。商鞅立即赏了他50金。商鞅这一举动，在百姓心中树立起了威信，而商鞅接下来的变法就很快在秦国推广开了。新法使秦国渐渐强盛，最终统一了中国。

而早在400年前同样在商鞅"立木为信"的地方，也曾发生过一场令人啼笑皆非的"烽火戏诸侯"的闹剧。周幽王有个宠妃叫褒姒，为博取她一笑，周幽王下令在都城附近20多座烽火台上点起只有在外敌入侵需召诸侯来救援的时候才能点燃的烽火（边关报警信号）。结果诸侯们见到烽火，率领兵将们匆匆赶到，弄明白这是君王为博宠妃一笑的花招后又愤然离去。褒姒看到平日威仪赫赫的诸侯们手足无措的样子，终于开心一笑。5年后，犬戎大举攻周，幽王烽火再燃而诸侯不愿二次上当未到。结果幽王被逼自刎而褒姒也被俘虏。

一个"立木取信",一诺千金;一个帝王无信,"烽火戏诸侯"。结果前者变法成功,国强势壮;后者自取其辱,身死国亡。可见,诚信对一个国家的兴衰存亡起着非常重要的作用,对单位、对个人也是如此。

九三:良马逐,利艰贞。曰闲舆卫,利有攸往

"逐":追赶奔驰。"利艰贞":走正道,艰苦创业中保持一颗平常心。"曰闲舆卫":平常就要习练防卫本领和驾驭能力。"利有攸往":无所不能,无往而不胜。这里把执政者比作一名驾驶员,"火车跑得快,还得车头带"。各级领导干部在平时就得多了解群众需要什么,最需要解决什么,该如何得到解决,在全心全意为人民服务中坚守阵地,甘作"良马",即作百姓的贴心人,真心实意地带领群众走上共同富裕的道路。要练就真本领。一个为民谋利的好干部,当然能得到百姓拥戴,而不是关键时候为了争取选票去作秀。曾经在网上报道的一些高级领导干部去帮老百姓种地、插秧、锄草,笔者认为并不值得宣传或炫耀,这不是高级领导干部的职责,深入民心不是去作秀,而是要对照自己职责抓好工作落实,而不是为了图个人英雄主义去越俎代庖。该哪一级干的事,哪一级要干好,省部级干部把村干部的活都承包了,还要村干部有什么用?

原天津港煤码头公司操作队党支部书记孔祥瑞,参加工作30多年来,几十年如一日,把岗位工作当作课堂,把技术改造当作课本,在生产实践中注重学习与摸索。为尽快掌握设备性能与操作技术,他每天都把技术资料带在身边,有空就背,背完再到设备前对比了解。经过不懈努力,他不仅克服了自身的知识屏障,而且练就了听音断病的一手绝活,成为门机大王和排障能手。近年来,他主持技术创新项目180多项,为企业节约增效过亿元。"电缆卷筒防出槽下滑保护装置改造"和"大型散货取料机走行防碰撞保护装置改造"等创新成果获得国家级实用新型发明专利。2009年,他主持完成的"降低皮带机万吨故障时间"攻关项目,把皮带万吨接卸故障时间降低近六成,填补了中国港口系统设备接卸煤炭的一项技术空白。

对于一个干部来说,不干事,无异于丢掉了立足之本;干不成事,就等于失去了成长和发展的支柱。干事体现的是一种责任,干成事则体现的是一种能力。评价一个干部行不行,除了德的表现外,主要看他肯不肯干事、能不能干成事、有没有实干精神,等等。

六四:童牛之牿,元吉

"童牛":头上还没有长角的牛犊子。"初生牛犊不怕虎"中"牛犊"就是"童牛"。为什么不怕虎?因为刚出生时间不长,没有一点临战经验,不知道轻重;敢去挑战老虎,自寻死路。这里也暗指一些毛头小子或缺乏执政经验者,要慎之又慎。"牿":是为防止公牛伤人,在两只牛角上带两个圆形木头防具,加以约束,而不去有意纵容。大意是,作为父母,对孩子的教育要从小抓好,而不是等着孩子犯了错误被法律严惩的时候，再去约束，这样后悔就来不及了。现行社会，独生子女较多，大都娇生惯养，但越是这样，越不能放松家庭教育和约束，要从小培养孩子的爱心和公德意识，而不是任其个性自然发展。作为领导人也是一样，要带领部属共同进步，而不是任其部属胡作非为，要紧跟经常性思想教育工作和经常性的管理工作，而不是去"大畜"，即一味去包容，如若此，只怕是害了别人的同时也害了自己。

林州市公安局隐瞒民警郭某摔伤女婴一案就是典型个例：2013年8月17日，媒体披露河南省林州市公安局隐瞒民警郭某摔伤女婴案件后，河南省委高度重视，根据省委要求，省委政法委派出督导组，省公安厅派出工作组进驻林州市，直接指导案件查处。根据调查情况，安阳市有关部门对相关责任人依法依纪作出了严肃处理：8月22日，对林州摔婴犯罪嫌疑人郭某以涉嫌故意伤害罪批准逮捕，开除公职、开除党籍，依照法律程序抓紧起诉、审判；对瞒报的林州市公安局有关负责人，分别作出撤销魏某林州市公安局局长、党委书记职务，留党察看并撤销杨某林州市公安局政委、党委副书记职务，撤销苏某林州市公安局党委副书记职务，并将魏某、杨某2人清除出政法队伍。

林州民警摔婴案件，是一起典型的损害群众利益、侵害群众生命安全的恶性案件，既暴露出个别党员干部宗旨意识淡化、群众观念淡漠、特权思想突出、法制意识缺失，也暴露出领导干部不能严格要求部属，最终因部属发生严重问题使自己受到牵连的严重后果。

六五：豮豕之牙，吉

"豮（fén）豕"：指阉割过的公猪。形容非常凶恶的动物，往往用"青面獠牙"来形容，牙齿就代表了其凶的表象。但是，刚暴之物，源自于性，只有割除了它的暴性，纵使牙齿再长也无济于事。这里也暗指，打蛇要打七寸，要善于找出主要矛盾，从源头上治理，变恶为善。

只要善于抓住主要矛盾，其他问题就会迎刃而解。其实这反映的是一个人如何在复杂的矛盾之间，保持头脑清醒、把握事物发展方向、解决问题清晰的思路。理清自己的工作思路，终归是一个方法问题。

战国时期，有位著名的思想家叫杨朱。有一天，他的邻居跑丢了一只羊，于是全家出动寻找，又来请杨朱的奴仆帮助寻找。杨朱问道："仅仅丢了一只羊，为什么需要这么多人去找？"邻居说："村外的岔路太多了，所以人去少了不行。"于是杨朱就让奴仆和邻居一起去找羊。过了半天，找羊的人陆续都回来了。杨朱问邻居："羊找到了吧？"邻居垂头丧气地说："跑丢了，没有找到。"杨朱又问："怎么会找不到呢？"邻居答道："岔路太多了，岔路之中又有岔路，谁知道羊跑到哪里去了，所以找不到。""原来是这样。"杨朱沉思了好久，半天没有笑容。他的学生见他这样,感到非常奇怪,不解地问:"丢了一只羊,并不是一件大事,况且又不是老师的,为什么这样闷闷不乐呢?"杨朱回答说:"我并不是为了一只羊,而是由这件事联想到我们学习和研究学问的事。如果我们在学习方面,东抓一把,西抓一把,不能专心致志,也会像在岔道上找羊一样,结果一无所获。"

杨朱的话阐述了一个非常深刻的哲学原理,就是告诫人们做任何工作时,都要注意抓主要矛盾。

上九:何天之衢,亨

"衢":四通八达的道路。如同天空一样畅通无阻的阳光大道,没有任何阻力,具备了容人容事的博大胸怀、成大事的能力,"心底无私天地宽",当然可以纵横驰骋,即"亨"。

很久以前,在深山庙里,有一个年轻的小和尚,他过得很不快乐,整天为了一些鸡毛蒜皮的小事唉声叹气。后来,他对师傅说:"师傅啊!我总是烦恼,爱生气,请您开导开导我吧!"老和尚说:"你先去集市买一袋盐。"小和尚买回来后,老和尚吩咐道:"你抓一把盐放入一杯水中,待盐溶化后,喝上一口。"小和尚喝完后,老和尚问:"味道如何?"小和尚皱着眉头答道:"又咸又苦。"然后,老和尚又带着小和尚来到湖边,吩咐道:"你把剩下的盐撒进湖里,再尝尝湖水。"弟子撒完盐,弯腰捧起湖水尝了尝。老和尚问道:"什么味道?"小和尚答道:"纯净甜美。"老和尚又问:"尝到咸味了吗?"小和尚答道:"没有。"老和尚点了点头,微笑着对小和尚说道:"生命中的痛苦就像盐的咸味,我们所能感受和体验的程度,取决于我们将它放在多大的容器里。"小和尚若有所悟。

总之,大畜卦是告诫人们要善于充实自己、修养自己,要善纳百川,应有天空一样的胸怀,要包容一切事物;"大畜",有大胸怀,才能成大气候。自古成大事者,无不如此。为此,要善于包容别人、容纳万物、修养自身,才能不至于在小事上斤斤计较;而将更多精力投入事业,才能"化干戈为玉帛",使自己能有更多的机会,工作或生活中不至于四面受敌、束缚手脚,从而更好地成就自己。

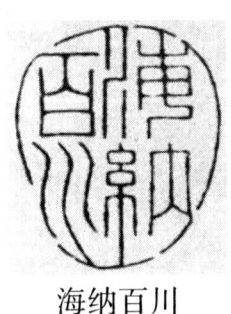

海纳百川

【原文】

颐：贞吉。观颐，自求口实。
初九：舍尔灵龟，观我朵颐，凶。
六二：颠颐，拂经，于丘颐，征凶。
六三：拂颐，贞凶。十年勿用。无攸利。
六四：颠颐，吉。虎视眈眈，其欲逐逐，无咎。
六五：拂经，居贞吉。不可涉大川。
上九：由颐，厉吉。利涉大川。

颐卦是《周易》第二十七卦，该卦顺承上卦大畜，因为具备了丰盈厚实的蓄积才能得到充分的颐养，讲述的是颐养之道，表示坚守正道，掌握科学颐养的方法，才能够获得吉祥。《象》曰："山下有雷，颐；君子以慎言语，节饮食。"寓意要谨言慎行，培养良好的德行；控制饮食，培养健康的身体。唯有身心健康，事业方有所成。

山下有雷，颐：君子以慎言语，节饮食

许岱，1954年出生，河南开封人，现为河南省书法家协会会员、刘庚三书法研究会副会长、宋都书画研究会副会长、大华书画院副院长。

第二十七章　慎言语　远是非
风物长宜放眼量

颐：贞吉。观颐，自求口实

"颐"：保养、休养。颐卦是要求人们如何修身养性、确保健康的卦。看看古代圣哲思维有多超前，连养身都囊括了。颐卦是震下艮上的山雷象，震为雷，艮为山，预示雷出山中，万物萌发。"颐"卦卦形如同人的口腔，研究颐养之道，在于自食其力。君子观此卦象，要反思父母生身养育之恩，从而谨慎言语，避免灾祸，节制饮食，修身养性。

"颐"又特指嘴巴。要管住嘴巴，主要用意是防止病从口入、祸从口出。病从口入，即从养身学角度出发，人要保证身体健康，就得忌口，不能胡乱贪吃，要控制饮食，适量饮食。看看现在人群，大鱼大肉营养过剩，脂肪摄入量明显增加，"富贵"病就会缠身，高血压、血脂稠、脂肪肝等皆由此引起。祸从口出，要谨言，不能口无遮拦，更不能背后议论人，这是作为人的基本道德之一。"来说是非者，必是是非人"。没有人愿意跟长舌妇打交道，别说与其共事，否则有一种炼狱般的煎熬。隋朝著名将领贺若弼出身于鲜卑军事贵族家庭。史书记载贺若弼为人慷慨，勇猛异常，少有大志，并且能骑善射，涉猎群书，博闻强记，在当时绝对是属于文武双全的青年俊才。北周齐王宇文宪十分喜爱贺若弼，便让他到自己身边做记室参军（贴身秘书）。没过多久，备受赏识的贺若弼就被封为当亭县公，升任小内史。

就在贺若弼少年扬名、春风得意的时候，其父的惨死让他受到了前所未有的打击。父亲贺若敦为人豪爽敢言，对把持朝政的晋国公宇文护颇有微词。更重要的是其十分自负，见其他人都当上了大将军，自己却只做了个中州刺史，再加上曾在湘州之役中因他人失败被牵连受责罚，对宇文护更为不满，从而牢骚满腹。要知道，宇文护可是杀过元廓、宇文觉、宇文毓3位皇帝的心狠手辣之辈，岂能容贺若敦对其如此，大怒之下将贺若敦罢官召回，逼其自杀。贺若敦临死之际悟出了祸从口出的道理，用锥子刺破贺若弼的舌头，告诫他说话一定要小心。这件事对年仅22岁的贺若弼触动很大，也是父亲用生命换来的血淋淋教训让他铭记于心。恰恰就是这件事情后来救了年轻的贺若弼，且促其成熟。

初九：舍尔灵龟，观我朵颐，凶

"舍"：放置。"灵龟"：代指财宝、财富，这原是占卜用的非常珍贵并富有灵性的东西。"朵颐"：如同花朵圆鼓鼓的，非常饱满，也是丰衣足食的象征。爻辞大意是自己蕴藏着大量的财宝，还要再去羡慕嫉妒他人的财富，必然导致危险。爻辞发出预警：为人要力戒贪婪之心，要保持良好心态，确保身心健康。

从前有一位富翁，虽然他家财万贯，衣食无忧，但他总闷闷不乐，因为他觉得自己生活很压抑，没有找到真正的快乐。于是他拿了点银子，便开始了寻找快乐的艰难历程。有一天，他来到了一个小村子，这里环境非常幽雅美丽，人们日出而作，日落而息，过着悠闲生活。富翁在地里看见一位正在干活的老农民。他主动前去，和对方打招呼："老乡，我看见你正在地里干活，显得很轻松。虽然我有钱，可是我并不快乐，整天郁郁寡欢。问一下你获得快乐的秘诀是什么呢？"老农听后，哈哈大笑："人活一辈子，只要快乐就可以了。虽然我们过的是穷日子，可是我们过得很充实。我们白天干活，虽然劳累辛苦，可是到了秋天，当看到硕果累累时，就会感到劳动的价值和快乐。你虽然有钱有势，可是每天总是打发时间，无所事事，所以感到很无聊，身心疲惫，活得很累。你要想获得快乐，就要放下对名利的追求，放下贪婪之心，只有这样，你才会感到做人的快乐。"富翁听后恍然大悟，茅塞顿开。虽然他在物质上很富有，可是他的精神生活却很贫乏。所以他想获得快乐，就要满足精神上的快乐和追求。于是富翁决定投身慈善公益事业，将自己的钱用来救济穷人，帮助那些真正需要帮助的人。后来，当他看到自己的帮助给别人带来快乐的时候，他顿时意识到自己做人的价值和意义，一种成就感油然而生，快乐之情溢于言表。

诚然，一个人为了谋求生存，追求金钱和名利是无可厚非的。可是万事总有度，一味追求而忘乎所以，过于痴迷却忘记本性，整天总是为了赚钱而拼命，从来不能抽出时间来享受美好的生活，这样的生活只会让人感到单调、寂寞无聊。

六二：颠颐，拂经，于丘颐，征凶

"拂经"：这里指垦荒开田。"颐"：颐养。"征"：征伐、攻击。"颠"：通"巅"，山坡之意。大意是为了糊口，迫于无奈在山坡上开荒种地。为了生计而从别人那里去征讨，去拦路抢劫，干违法犯罪的勾当，这当然是十分危险的活儿。这已经颠倒了颐养之道。本来儿女天生要孝顺父母，却为了一己之利，反倒干起了"坑爹"的勾当，可能一时得到了满足，但是这种"颠颐"的做法不合常理，也极不道德。

研究中国古代文化，端详一下"钱"字，它的繁体是"錢"，左边是一根"金"条，右边是两个"戈"，就是两把刀，为了一根金条，导致兄弟两人"拔刀相向"，这个就是"钱"：因为金钱而刀戈相向，乃至于兄弟之间反目成仇。如果兄弟之间为了争夺财产来打官司，败象已露，这样给自己的儿孙也作了一个坏榜样。为了钱，到了置亲情于不顾的地步，自己的儿孙潜移默化中就会效仿，在这样家教中成长起来的孩子，相对而言道德是不怎么过硬的。

六三：拂颐，贞凶。十年勿用。无攸利

"拂颐，贞凶"：违背颐养规律，虽正亦凶。"十年"是约数，大意指时间很长。爻辞大意是违背颐养规律，去胡整乱搞，把颐养流于形式，图虚名，搞一些文过饰非、粉饰太平的政绩工程，经不起时间检验；若不彻底根治改变，长期下去必将无所作为，没有一点实际意义。

希特勒上台后对德国进行了一系列的经济改革，尤其是在社会福利上，前所未有地做到了对产业工人的生活保障。按说，他走了一条正确的经济发展之路。然而，这条路的指导思想却是历史上最邪恶的东西：剥夺宪法赋予民众的自由权利，实行种族屠杀，对外发动残酷的侵略战争。二战时期的日本，学习西方，努力改革，在很短时间里，竟然做到了富国强兵，成为迄今为止亚洲唯一一个有胆量与能力悍然发动对美国军事袭击的亚洲军事强国，日本的经济发展显然是值得亚洲国家效仿的正路，但这条"富国强兵"的路却是在邪恶的军国主义思想的牵引下，让日本犯下了令人发指的大屠杀罪恶，最终把大和民族带上了邪恶深渊。

六四：颠颐，吉。虎视眈眈，其欲逐逐，无咎

"颠"：颠倒。"眈眈"：目不转睛地瞪大眼睛注视。"逐逐"：没有止境的样子。爻辞大意是颠倒了次序，上向下求养，所以吉；下求是什么意思呢，就是要不耻下问，不能眼睛总盯着上面，那不就太势利吗？要善于团结群众，向人民学习，这样，不断从"照镜子"中发现问题，努力改正，当然是件大好事儿。要严肃认真地倾听群众意见，甘当小学生，如饥似渴地去求教，当然没有灾祸可言。

2014年，党的群众路线教育实践活动开展后，《人民日报》刊登了一篇评论员文章，里面有段照好"群众的镜子"的内容，其中写道："人之命在元气，国之命在人心。"我们党来自人民、植根人民、服务人民，党的根基在人民、血脉

在人民、力量在人民。失去了人民群众的拥护和支持，党的事业就无从谈起。在教育实践活动中，每名党员干部尤其是领导干部要自觉用群众这面镜子来对照自己，对照群众的期望和要求反省自己、改造自己，永葆共产党人的公仆本色。照好"群众的镜子"，要弄清楚"我是谁"，摆正同人民群众的关系，深刻认识党和人民群众是鱼和水的关系、舟和水的关系、种子和土地的关系，自觉让群众在心中扎根，把群众放在心中最高位置；照好"群众的镜子"，要弄清楚"为了谁"，匡正自己的价值追求，牢记联系群众是"最大优势"、脱离群众是"最大危险"、服务群众是"最大责任"，坚持面向基层、服务群众，了解群众所思所想所忧所怨，多干让群众受益的事；照好"群众的镜子"，要弄清楚"依靠谁"，找到工作的力量源泉，在思想上牢固确立人民群众的主体地位，真正相信人民群众是党的生命之源、力量之本、执政之基、工作之师，虚心向群众学习，依靠人民群众的伟大力量推进党的各项事业。

对党的事业是这样，要保证其健康运行，就要常思不足、谦虚改正，自然"无咎"；否则，置人民利益而不顾，高高在上，只能被人民所抛弃，失去了群众基础，何谈政治健康？

六五：拂经，居贞吉。不可涉大川

开荒种地，过平安日子，但能安贫乐道。对上服从，遵守法纪，不改变原有的规律，这是种从上心理：上面规划什么，沿着既定方针办事，这只是从暂时角度出发，"头疼医头，脚疼医脚"，也可以保证复原；但是放在社会发展进程中来讲，是经不起历史检验的，只能在一个时间段中有成效，过了某个时间段，就会发生问题。

西汉丞相萧何死后，曹参因德高望重继任。曹参继任后，顺应民心，仍然执行萧何所制定的政策治理国家，要求丞相府的官员对萧何所制定的政策法令，全部照章执行，不得随意改动；对萧何时所任用的官员，一个也不加以变动，原有官员依然各司其职。曹参对他们按职权范围该处理的事情，从不加以干预，因此在朝廷丞相变动的关键时刻，没有引起任何波动，朝中君臣和原来一样相安无事，朝政也和原来一样井然有序。

时光飞逝。其间，曹参既没有设计出"胡服骑射"的变法蓝图，又没有提出和匈奴建立"战略伙伴关系"的外交新思路，这使对他寄予厚望的汉惠帝迷惑不解。于是一天惠帝对曹参说："你有什么想法，请照直说吧！"曹参想了一下回答说："请陛下好好地想想，您跟先帝相比，谁更贤明英武呢？"惠帝说："我怎么敢和先帝相提并论呢？"接下去，曹参又问："陛下看我的德才跟萧何相国相比，谁强呢？"汉惠帝笑着说："我看你好像是不如萧相国。"曹参接过惠帝的话说："陛下说得非常正确。既然您的贤能不如先帝，我的德才又比不上萧相国，那么先帝与萧相国在统一天下以后，陆续制定了许多明确而又完备的法令，在执行中又都是卓有成效的，难道我们还能制定出超过他们的法令规章来吗？"接着他又诚恳地对惠帝说："现在陛下和我们这些做大臣的，应该遵照先帝遗愿，谨慎从事，恪守职责。对已经制定并执行过的法令规章，就更不应该乱加改动，而只能是遵照执行。我现在这样照章办事不是很好吗？"汉惠帝听了曹参的解释后说："我明白了，你不必再说了！"

就这样，一场轰轰烈烈的伟大变法运动被消弭于几句简单的问答之中，汉朝政治稳定，经济发展，国家兴旺，人民生活日渐提高。曹参逝世后，百姓们编了一首歌谣称颂他说："萧何定法律，明白又整齐；曹参接任后，遵守不偏离。施政贵清静，百姓心欢喜。"史称"萧规曹随"，一时传为佳话。

当然，这是处于特殊的政治时间段上，是由特定的时期所决定的。过了这个时期，随着社会的发展和人民的需求等，其政策必然要过时。曹参的做法有他所处的历史局限性所决定，既有政治上的考虑，又要结合当时的背景。而要想真正去"涉大川"（成就事业），就得结合实际搞变革，如果一味地死搬教条，必然也会导致失败。

上九：由颐，厉吉。利涉大川

"厉"：艰难。颐养，由易到难，苦尽甘来。这本身是事物的正常规律。世上本没有一帆风顺的事，只有通过攻克艰难险阻才能成就自己，步入更重要的岗位。这就要求人们要持之以恒地去做好事，才能悟出人生真谛，继而扩充自我，心大则志大，豁达乐观，不但事业辉煌，家庭有成，还能承担重任，当然大"吉"。

周成王分封诸侯以后，在岐阳（今陕西岐山县东北）盟会诸侯，楚子熊绎异常高兴，因为这是楚国有史以来第一次以诸侯身份出席朝廷召开的盟会。于是他兴致勃勃地按期赴会。在举行盟会仪式之前，诸侯们均散坐会场四旁。熊绎见会场布置得整肃庄严，祭品丰盛，热闹非常，心中十分高兴。但在宴会中却被周朝大臣以"小小楚子，蛮夷之族，不能入席"的理由羞辱，并命其看守火炬。

熊绎回来后，向文武大臣们讲述周王室欺他国小位卑、不给席位的情况。为了不受欺侮，于是，他带领楚人在自然条件很差的荆山垦地。《左传》中说他们是"筚路蓝缕，以启山林"，意思是说就地取材制成车子，穿着破衣服，去开发荒山野林，艰苦创业。

经过50多年的艰苦奋斗，楚国的疆土不断扩大，财富日益增多，军事力量不断增强，楚国竟然成了江汉一带的霸主。周王朝不把它当作诸侯，它对周王朝也就不很尊重，甚至在某种行动上还有所冒犯。

周王朝对这样的诸侯国当然不能容忍。一天周昭王亲率大军，向楚国杀来。周王朝大军过了汉水踏上楚国的疆土，只见到处是深山老林，不见楚军，但经常受到从树林中钻出来的小股楚军的袭击。一些毒蛇猛兽也经常找他们的麻烦，特别是性情凶野的犀牛群乱窜，常把周军撞得人仰马翻。庞大的军队在这深山密林中无法施展，周昭王只好带着大军回去。过了3年，昭王又亲自率军南征。这一次他只带了久经沙场、个个骁勇善战的御林军——守卫镐京的"西六师"。他们一过汉水，仍不见一个楚军，以为和上次南征一样，楚国无大军抵挡。正在这时，猛听得一阵雷鸣般的鼓声，前后左右涌来无数的楚人，周军被打得大败而逃。周昭王当然不甘心失败，亲率"西六师"第三次渡过汉水进攻楚国，又被楚军团团围住厮杀。最终最精锐的王家"西六师"被消灭了，周天子落江而死。周王朝的大臣们不敢举行葬礼，怕把这不体面的事张扬出去，只悄悄地把昭王埋了。

总之，颐卦告诉人们：由于人类离不开自然，个人离不开社会，所以"天地养万物，圣人养贤以及万民"，天地为万物提供了丰富的生存资源，构成了一个全宇宙的颐养系统，圣人为每一个社会成员提供了满足生存需求的机会，构成了一个全社会的颐养系统，站在这种哲学的高度，才能深刻理解颐养之道所蕴含的伟大意义。

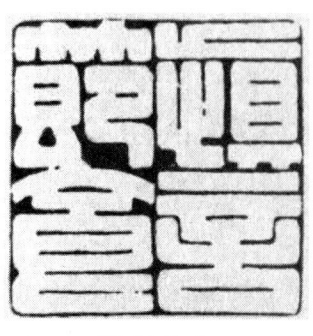

慎言节食

【原文】

大过：栋桡。利有攸往。亨。

初六：藉用白茅，无咎。

九二：枯杨生稊，老夫得其女妻。无不利。

九三：栋桡凶。

九四：栋隆，吉。有他吝。

九五：枯杨生华，老妇得其士夫。无咎无誉。

上六：过涉灭顶，凶。无咎。

大过卦是《周易》第二十八卦，讲述的是大过救亡之道，表示房屋受重压而弯曲，可能引发危险，如果能及时妥善解决，就能平安无事。《象》曰："泽灭木，大过；君子以独立不惧，遁世无闷。"寓意是出现隐患，甚至危机四伏时，务必要谨慎小心，不能过度自信，也不能刚愎自用，在人生不如意时要坚持操守，不必刻意在乎他人的议论；如意时也要淡泊名利，不为曾经的不如意而自甘苦闷。

泽灭木,大过:君子以独立不惧,遁世无闷。

曹山河,1971年出生,河南兰考人,现为河南省书法家协会会员、开封宋都书法研究会副会长、开封意拳书画研究会副秘书长。

第二十八章　辨是非　远大过
　　　　　　　　明月行看照归路

大过：栋桡。利有攸往。亨

　　大过卦是下巽上兑之卦形。兑为金，巽为木，金克木，如同一把斧子正在砍伐树木，破坏生态发展，这样根本不利于社会和谐发展。当然，"大过"并不指犯了什么天大的过错，也可以解释为罕见现象。有时候符合常道，但不常见，大过于常，就是"大过"。由此可见，研究《易经》不能思维太局限，要学会变通，如同两军对垒一样，务必得采取灵活机动的战略战术。

　　本卦卦辞"大过，栋桡。利有攸往。亨。"中的"栋"：古代建筑中最高的横梁，主要负重者，今有"栋梁"一说，泛指起重要作用的人或力量。"桡"：今指船桨。从卦辞中来看，圣人卦意不是在意"大过"，而是要求主动脱离"大过"，有意在告诫人们特别是那些能承担重要作用的人们要远离是非，及时发现不足，脱离泥潭，坚守正道，发挥正能量，对社会发展起到助推作用。

　　很久以前，有一个凶恶的地方官吏，名叫赵玄坛，负责地方官府的钱粮征收，他为人歹毒，每到一户人家，就要该户给他杀鸡吃，不然，就要多收征户的钱粮，并拳脚相加，百姓对他敢怒不敢言。

　　一日，他来到大源乡桥头村，进入一户人家，要求杀鸡给他吃，可是该户人家只有一只母鸡带一窝小鸡，他认为母鸡无法吃，也只好作罢。于是该户人家开始在小风炉里煮竹笋给他吃，正当竹笋下锅的时候，突然母鸡飞上风炉，将锅打翻，赵玄坛想吃笋也没有吃成，母鸡也被火烧去了许多鸡毛。赵玄坛非常纳闷，风炉上生了火，母鸡敢冒着生命危险打翻锅，感觉此事蹊跷，于是问主人笋从何来。主人带他来到挖笋的竹林，找到了出笋地方，只见一条蕲蛇（本地最毒之蛇）盘在原处。他当即泪雨如飞，对天而跪，仰叹道："天要亡我，又何救我！"原来，老天有意要灭他这个凶神恶煞般的钱粮官，派出蕲蛇来咬竹笋，喷上特别毒液，欲置他于死地，可母鸡不计前嫌，大仁大义，奋不顾身，救他一命。

　　从此以后，他辞去了钱粮官一职，决心遁入空门，修心为善，后来终成菩萨。

初六：藉用白茅，无咎

　　"藉"：草垫子、铺垫、基础。"白茅"：指白色的茅草。坚持用茅草铺地，才不会滋生腐败贪婪之心，意在警示人们：出来做事儿，要先当配角再当主角，要甘为人梯，而且要同"白茅"一样平淡，不去争名夺利，要谨慎小心，沉稳处事。自古以来，越是成就大事者，越具白茅般的品德。看看当今社会，大凡有点小本事就自吹自擂者，能有几个成就大事？

据2013年7月《新消息报》载：四川省射洪县瞿河镇派出所所长覃某向堂妹"显摆"本事的录音曝光，自曝在城里拥有4套房子、门面3个，一个门面就值上百万元；自曝赌博一晚输掉4000元，还参与经商。于是被县纪委县公安局联合调查，调查显示：覃某涉腐涉赌没有直接证据，但其吹牛言行给公安系统造成恶劣影响，射洪县公安局决定免除覃某职务。这正应了"吹牛也上税"的笑话。该派出所所长因为吹牛被上了"税"，有人觉得他有点冤枉，因为他的吹牛并没有太坏的目的性，不是为了骗钱，也不是为了骗色，只是为了在堂妹面前显摆一下自己。但是口无遮拦，胡言乱语便是"大过"，便罪有应得。一个公职人员，最基本的底线，就应该具备正确的人生观。单从这一点上来说，"吹牛所长"就是不合格的。把物质追求、把金钱多少、把有无工程、把赌博大小当作有无"本事"的标准，这就是人生观错了，也就是官德错了，这样的公职人员，官做得越大，给人民群众带来的危害就会越大。因为吹牛，这位派出所所长丢了"宝座"，这"税"报得很有标志意义。

面对这起事件，我们应该有所警醒：中国梦的实现，不需要任何"吹牛干部"！这种干部之所以能够存在，一方面是因为源于党性不纯，认识不到位，缺乏责任心和事业感；另一方面是因为干部"官本位"思想严重，民本意识淡薄，只考虑个人升迁，搞"数字游戏"。这些干部不会扎扎实实工作，只会毛毛躁躁讲成绩，宣传做得好，效果太差劲，这不仅会助长人浮于事、推诿扯皮之风，更耽误事业、败坏党风政风。为此，更要具备"白茅"品性，加强党性修养和锻炼，多学习、常"充电"；同时还要强化责任意识、认真履行职责、敢于负责，把心思花在干事业上、把劲头放在搞建设上、把精力用在促发展上，努力用实际行动和实际效果取信于民。

九二：枯杨生稊，老夫得其女妻。无不利

"稊"：新枝。爻辞大意指早已枯死的老白杨树又从根上发出了新芽。杨树是最容易感触阳气的树种，初春天气比较寒冷的时候，其他植物尚未苏醒，杨树就开始萌动。"老夫得其女妻"：一个多年失去老伴的老头子又重新开始了他的第二春，喜欢上了一个年轻漂亮的小媳妇儿。老牛想吃嫩草，看起来是违背常理的，即"大过"，但这一对夫妇却能相亲相爱，不怕风言风语，也不是什么大不了的事。这本属于个人权利，双方自愿，又不损害第三方利益，其他人无权干涉，时间长了，自然会得到别人的理解和支持，当然"无不利"。

九三：栋桡，凶。

"栋桡凶"：承担重要责任的人出现"大过"，对社会的损害是非常危险的，也是非常致命的。其意在警告各级领导干部，务必要加强个人修养，提高自身素质，预防职务犯罪；反之，则"凶"。

古代有一则《灭官烛》的小故事讲道：一天晚上，差役从京城送来一封公函，州官急忙让公差点燃蜡烛，挑灯阅读；刚读一半，他急忙把官烛吹灭，然后点上了自己所买的蜡烛，读完了另一半书信。公差大惑不解：难道公家提供的蜡烛不如州官自己买的亮吗？后来才知道，州官看的那封信，后半部分谈到了他留在京城家属的情况，他认为这属私事，不可占用官烛。一根官烛，本来微不足道，为官者在这种小事上还要公私分明，乍听起来的确有些好笑，但细细思量，倒令人生出一种敬佩之情，值得今天广大领导干部深刻反思。作为新时代领导干部，要不为世俗所扰、不为财物所动、不为美色所迷，时刻检视自己言行；要把为人民谋利益作为自己全部的出发点，洁身自好，在市场经济的喧哗与骚动中，力戒浮躁，用言必信、行必果的作风感化群众，正确处理个人和集体的关系，做到待人厚、自奉薄、律己严、贪心无，扎扎实实为人民办事，安心做人民的公仆。这样才能化"凶"为吉。

九四：栋隆，吉。有他吝

"隆"：向上突出。大意是有才能并积极上进，这是利民利己的大好事儿，但是，有才能不能过分张扬。看看古代圣哲，太明智了。这既警告人们要克服自满，还要求人们要"吝"才，不能太张扬，恃才放狂就会招来"大过"。

《道德经》第九章讲：用杯子去盛开水，如果灌得太满，开水会溢出来，烫到手，所以不如灌到九分满就可以了，适可而止。把刀剑磨得很锋利但无法长久保持。比如历史上武力最强大的秦朝，只有15年就灭亡了。中医里面说，人参杀人无过，大黄救人无功：比如有人阴虚阳盛，还去吃人参，本来就阴虚，还补气，结果就暴阳而亡，但人参是最好的补气药，就算杀了人，也还是最尊贵的；比如有人大便不通，热毒，灌一大碗大黄汤就好了，但大黄吃了是令人虚乏的，人人都讨厌大黄，就算救了人，也被认为是最低贱的。秦始皇就好比是大黄，吃力不讨好。人参就好比是美女，就算把人搞得精尽人亡，也还是爱它。家里的黄金和美玉堆满了屋子，又能住得多长时间呢？因为有钱，变得懒惰，不想做事；因为有钱，酒肉朋友多，酒多了降低智商失去理性，肉吃多了肝肾气虚。美女多了肾虚无力。拥有得多了，人便失去了克制力，贪婪成性，将这些留给子孙后代，其实是坑害了他们，助长了子孙的贪婪心理。为此，人要懂得见好就收、适可而止，这就是最好的道理。

《三国演义》中的许攸之死也是一个很好例子，他早先在袁绍帐下做幕僚，确实给袁绍出了不少好的建议，也颇受袁绍赏识。因此，他觉得自己本事颇满。

后来他凭借敏锐眼光，另谋良主投靠曹操。据说当时惜才如命的曹操得知许攸投奔曹营时，喜出望外，光着脚丫子去迎接并委以重任，官渡之战的胜利，许攸确实功不可没，后来跟随曹操平定冀州，又是功劳显赫，被曹操敬如上宾。但在胜利面前许攸就表现出了狂妄自大、目中无人的性格，对曹操直呼其名，口无遮拦，当众羞辱曹操及其将领，最终激怒了曹操，被曹操搬去了脑袋。

九五：枯杨生华，老妇得其士夫。无咎无誉

即将枯死的老杨树又长出了新的树叶，老太太喜欢上了帅小伙子。两人结婚，肯定既违背中国人几千年的人伦体制，又导致阴阳失调，虽然不能横加干涉，但也不能提倡。其实九二中的白发老头与小女人结婚与六五中的老太太爱上帅小伙都是一个道理。但前者是"无不利"，后者是"无咎无誉"。这是古人受中国封建社会男女不平等体制的影响而定的，也是受孔老夫子"唯女子与小人难养也"的歧视而定的。其实不管是老头子与大姑娘还是老太太与帅小伙子结合，都是一个道理，都在外人看来有"伤风败俗"之嫌，不能提倡，但法律也没有明确，为此不能禁止。这也指两个身份悬殊的人为了共同的目标结合，虽是常人眼中的"大过"，却"无咎无誉"。如电视连续剧《西游记》唐僧扮演者迟重瑞于1990年娶了比他大11岁的中国女富豪陈丽华。当时这条消息爆出后，就引发了人们的热议。但二人生活很幸福，平日里相敬如宾，当然是"无咎无誉"。

上六：过涉灭顶，凶。无咎

"过涉"：渡过江河，就是攻克难关。"灭顶"：遇上了生命危险的事儿。但是，敢于超越常理，赴汤蹈火，最终万死不辞，这种人品，纵使一时出现点问题，也不会出现大事。

"国难显忠臣，家贫出孝子。"所谓的大灾难来临时，必有忠臣良将挺身而出。越是在"大过"的时候，越能显现出一个人特别是一个有才能人物的品质出来。为此，纵使肩负重任，也在所不惜，自然"利有攸往，亨"。

金哀宗天兴二年（1233），蒙古军攻陷了金朝国都汴梁，金哀宗完颜守绪退往蔡州（今河南汝南）。次年一月，南宋、蒙古的联军攻陷了蔡州，完颜守绪被迫上吊自杀，完颜承麟也不降战死，金王朝灭亡了。这个时候，金朝绥德州的守将汪世显也得到了蔡州失陷、金朝已亡的消息。汪世显是个贪生怕死的软骨头，他不愿服从粘葛完展的节制，打算背后捅刀，去攻打巩昌，作为投降蒙古军的进见之礼。可是他又害怕风翎府知事郭虾麻支援巩昌，就派说客去劝说郭虾麻共同杀害粘葛完展，投降蒙古，结果遭到了郭虾麻的严厉斥责。汪世显遭到郭虾麻的严词拒绝后，就独自出兵，杀害了粘葛完展，投降了蒙古军。

金哀宗天兴三年（1134）春季，完颜守绪上吊自杀、完颜承麟战死的消息传遍了金国各地，关西各州郡纷纷投降了蒙古，唯有郭虾麻依然坚守孤城，准备同蒙古军以死相拼。次年十月，蒙古军派大军前往围攻。郭虾麻自知不能持久，便下了"宁作刀下鬼、不作亡国奴"的决心！他将城中所有的金银铜铁全部集中起来，混合融化，铸成大炮。在蒙军攻城后的作战中，他身先士卒，同敌人昼夜不停地厮杀。金军士兵们在他这种不畏强敌、舍生忘死的精神的感召下，人人奋勇作战，一次又一次地打退了蒙军的进攻。但由于兵力悬殊实在太大，经过长期作战，虽然杀伤了大量敌军，金军也越来越少。就在城池岌岌可危的最后关头，为避免城破后将士妻儿被蒙军侮辱，郭虾麻令人在府衙周围堆满干柴，将自己的家眷和金军将士的妻儿老小，全部集中在一所房屋里，准备焚烧。他的爱妻泪流满面地走来向他诉说死别的衷肠，郭虾麻误以为她想苟且偷生，一剑将她杀死。蒙军入城后，府衙点着了大火，他率领着所剩无几的将士，在大火周围，张弓持箭，等待敌人。蒙军大队人马包围圈越来越紧，郭虾麻他们拒不投降。金军将士一个个奋勇跃入熊熊大火，英勇自焚。郭虾麻见将士们伤亡殆尽，便抱着一捆羽矢，爬上一个大草堆，用门板遮蔽着身体，继续坚持战斗。他以死相拼时，充分发挥了精湛的善射技艺。蒙军头顶坚盔，身披重甲向草堆反复冲击，他利用敌人举手的机会，专门射击敌人腋下无甲掩蔽之处，弦响人倒，每发必中，一连杀伤了蒙军数十人。最后，羽矢用完，大火也已经烧到脚下，郭虾麻毅然将弓和配剑抛入火中，自己也投火自焚，壮烈殉国。从郭虾麻将军的身上，可以看出杰出人物在国难当头的英雄本色。

总之，大过卦是引导人们如何避免错误的卦。面对风云变化的社会万象，大过卦启示人们：在大是大非面前，按照"独立不惧，遁世无闷"这两种精神来做事，进则"独立不惧"，独立支撑起将倾大厦，挽狂澜于既倒，而不惧怕，虽然有可能会遭遇凶险，但也会有名垂千古的机会；在独木难支、回天乏术之后，退则"遁世无闷"，隐身遁世，独善其身，不怨天尤人，才不觉得苦闷。

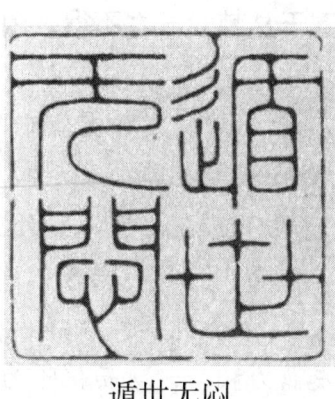

遁世无闷

【原文】

习坎，有孚，维心亨，行有尚。

初六：习坎，入于坎窞，凶。

九二：坎有险，求小得。

六三：来之坎坎，险且枕，入于坎窞，勿用。

六四：樽酒，簋贰，用缶纳约自牖，终无咎。

九五：坎不盈，祗既平，无咎。

上六：系用徽纆，寘于丛棘，三岁不得，凶。

坎卦是《周易》第二十九卦，形容重重艰险，如水奔流一样，处于危险境地，讲述的是险难求生之道，表示四周都是水，情景非常危险。在这种险象环生的情况下，就要有一种处变不惊的态度和解难救急的方法。《象》曰："水洊至，习坎；君子以常德行，习教事。"寓意是处险情而不坐以待毙，要学会观察，冷静分析，懂得沟通，保持良好的自我，自然会有朋友鼎力相助，从而化险为夷。

水洊至,习坎:君子以常德,行习教事

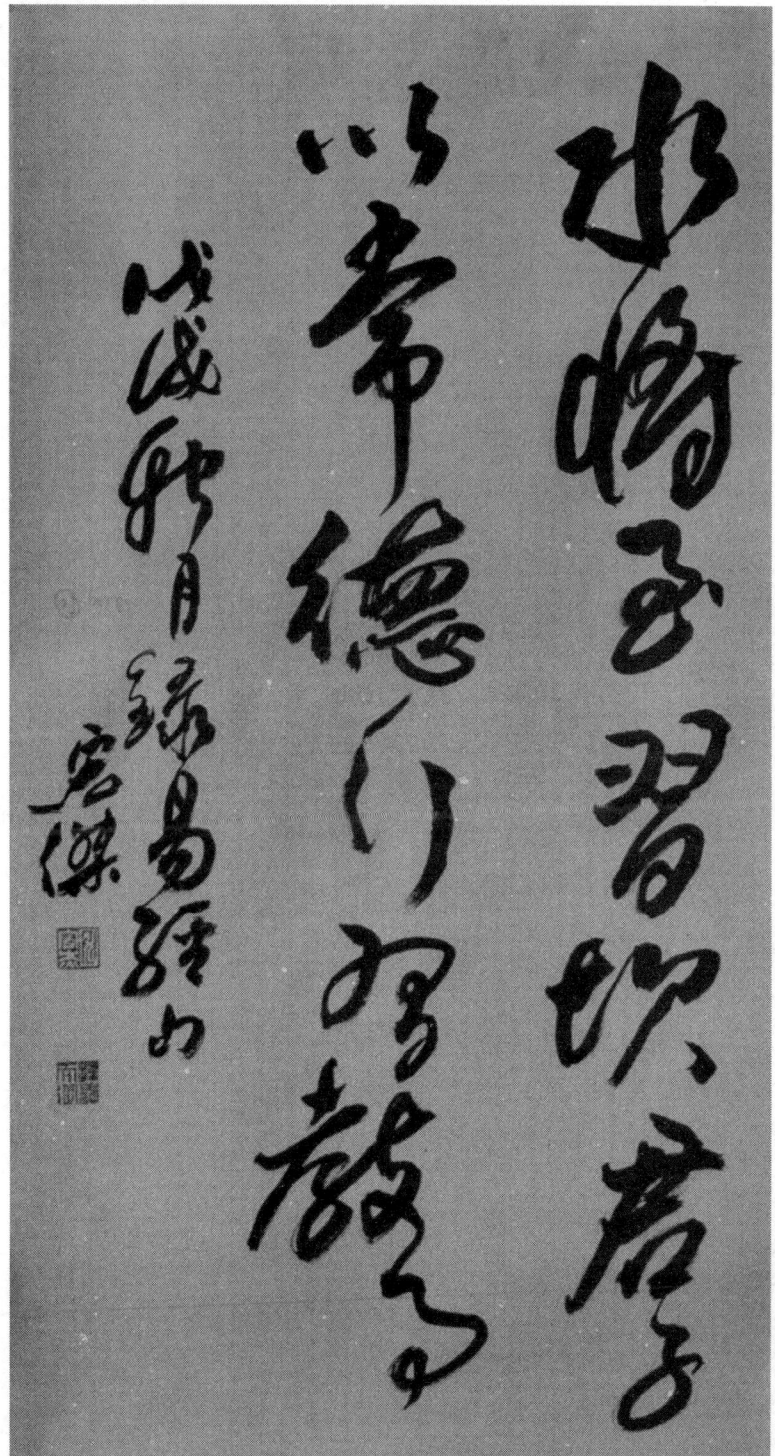

田宏杰,男,1963年出生,河南开封人,开封日报社书画院原院长、河南省书法家协会会员、中国书画家协会开封分会副会长、中国毛体书法艺术协会河南分会副会长。

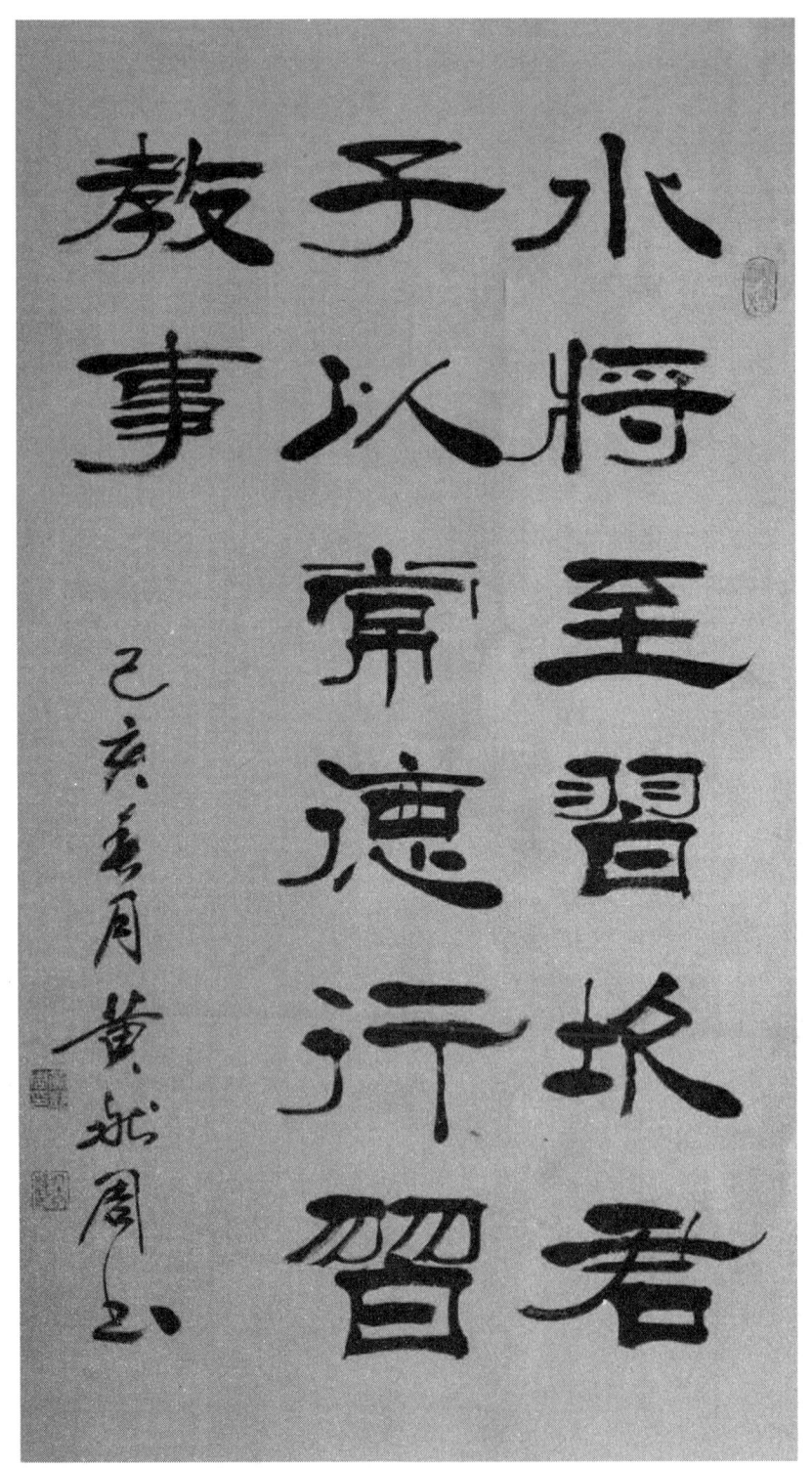

黄献周，1954年出生，河南尉氏人，现为河南省司法警官学院特聘书法教授、中国古今文化艺术研究院副院长、北京华夏风情书画院副院长、郑州电力职业技术学院校报总编辑。

第二十九章　入险境　诚则灵
　　　　　　　前度刘郎今又来

习坎，有孚，维行亨，行有尚

　　坎卦是上下二坎同卦相叠的卦象。坎为水，为险，二坎相重，险上有险，险象环生，诸事不顺，使人心烦意乱。针对如何摆脱困境，卦辞给出了答案，即"习坎，有孚，维行亨，行有尚"。其中，"习"：重复。"孚"：诚信。"维"：保持。大意是遇到灾难重重时，要始终保持诚信方可融会贯通。坎为水，如同水奔流一样，胸怀坚定的信念，执着专一，内心才能不畏艰险而获得亨通，这种奔流不止、坚强刚毅的行为必然被人们所崇尚，也会遇难呈祥，化险为夷。

　　有一则《井底的驴》的寓言，非常形象地对坎卦本卦给出了诠释。故事讲道：有一天，一个农民的驴子掉到了枯井里。可怜的驴子在井里凄惨地叫了好几个小时，农民在井口急得团团转，就是没办法救驴上来。最后，他断然认定：驴子已经老了，这口枯井也该填起来了，不值得花如此大精力去救驴子。为了免除驴的痛苦，农民把所有的邻居都请来帮忙，一起将井中的驴埋填。大家抓起铁锹，开始往井里填土。驴子很快意识到将要发生祸事，起初，它只是在井里恐慌地大声哭叫。不一会儿，令大家不解的是，它居然安静下来。几锹土过后，农民终于忍不住朝井下看，眼前情景让他惊呆了：每一锹砸到驴子背上的土，它都迅速地抖落下来，然后狠狠地用脚踩实。就这样，没过多久，驴子竟把自己升到了井口。它纵身跳了出来，快步跑了。在场的每一个人都惊诧不已。

　　其实，生活也不过如此。各种各样的困难和挫折，如同尘土一般落到头上，要想从这苦难的枯井里脱身逃出，走向人生的成功与辉煌，办法只有一个，那就是将它们统统都抖落在地，重重地踩在脚下。

初六：习坎，入于坎窞，凶

　　"窞"（dàn）：小而深的坑。不能坚守正道，置于艰险的道上越走越远，滑入万丈深渊，自己又自暴自弃，这是非常致命的。试想一下，一个不按规矩行事的人，犯了错误之后不痛定思痛下决心悔改，却脚踩西瓜皮任其自然堕落，时间长了，就会坠入万丈深渊，达到无可救药的地步。

　　据报载，广东省韶关市市委原常委、政法委书记、公安局长叶某受贿人民币、港币1800多万元，另有人民币1600多万元巨额财产来源不明。叶某被提审时说，自己也曾为简单的日子而快乐满足过，却最终仍难以摆脱心理上的不平衡。就是这种心理上的不平衡，导致了他逐步滑向罪恶的深渊。如同叶某一样，诸多贪官在忏悔时几乎如同一辙，都是放松学习，抵御不了物欲考验，一步一步滚雪球似的滑向罪恶深渊。历史和现实告诉人们：随着私欲的滋生、膨胀，廉洁水闸就难以控制，放松要求的同时，思想随之出现较大滑坡，把金钱看得过重，腐败现象也就自然产生了。加之监督上存在的问题，使诸多贪官长期游离于监督之外，逐渐没有顾虑，在腐败道路上越陷越深。当世界观蜕变、人生观扭曲、价值观失衡、自身免疫力减退的时候，拜金主义、享乐主义和极端个人主义的泥坑就会自动招手。警惕呀，大祸即将临头。

九二：坎有险，求小得

"求"：争取、努力。不小心掉入危险境地，虽不能及时脱险，但在一定程度上还可以解决一些小问题。爻辞告诫人们：身处险难境地，切不可操之过急，应想办法逐步脱离危险。为此，应具备坚忍不拔的毅力。坚强是一种品质，也是一种心态。黎明前的黑暗是最令人感到无助和绝望的，蝴蝶破蛹而出的瞬间也最容易折断翅膀。遭遇挫折、坎坷时，面对不公正厄运与不幸时，就要顽强坚持，千万不能放弃。

"5·12"汶川大地震虽然已经渐渐远去，但这场灾难留在中国人民心中的烙印却永远无法磨平。抗震救灾中涌现出来一大批榜样，他们坚强面对灾难的精神永远不会磨灭。如抗震救灾小英雄林浩，在天崩地裂、房屋垮塌的瞬间机智地跑出了教室，躲过了灾难，但是当他看到废墟下压着的小朋友时，就毅然勇敢地冲进已经倒塌的教室，成功地救出了多名同学。在震灾中失去3岁女儿、家里多位亲属遭受震灾打击的人民警察蒋敏，化悲痛为力量，始终坚守在抗震救灾第一线，不停地抢救伤员、安慰伤者，无日无夜，直至昏倒在地。她是一个坚强的警察，是一位坚强的女性，更是一位坚强的母亲。不难想象她在失去小女儿后的心痛。她不但没有一蹶不振，反而咬紧牙关奋战在抗震救灾一线。在巨大的灾难和悲痛面前，选择坚强的人就能够勇敢地战胜困难。蒋敏这样的举动不仅慰藉了女儿的在天之灵，而且彰显了英雄母亲的坚强气概。这种面对困难坚强以对、永不放弃的精神在四川灾区的每个角落都能发现。

爻辞启示：每个人身处逆境时，要正确面对，千万不能把困难想象得过于可怕，也不要认为一旦产生了困难就再也没有翻盘的余地。困难只不过是人生旅途上的又一处风景，应用一种永不放弃的态度去化解，一切难题都将会变得异常简单。

六三：来之坎坎，险且枕，入于坎窞，勿用

"坎坎"：一个难关接着一道难关。前面是险，后面是险，已经到了险象环生的地步。"枕"：休息，停顿下来。大意是向前走很危险，往后退很困难，进退两难时，不妨暂时停下来。已经陷入危险的深处了，任何行动，都不会有用。到这种时候，爻辞告诫人们：面对重重危险，万不可轻举妄动，应先求自保以待其变。

古时有一则故事，讲的是卞庄子想刺杀老虎，旅馆一个孩子制止说："两只虎分吃着一头牛，吃得正香时，必然争抢，一旦争抢必然争斗，争斗结果是大虎受伤、小虎死去。然后，跟随受伤老虎便刺去，这样肯定能一下子获得刺杀两只虎的英名。"卞庄子认为是对的，站着等待。一会，两虎果然争斗，大虎受伤、小虎死去。卞庄子跟随受伤老虎便拔剑刺去，一下子果然有了获得刺杀两只虎的功绩。故事中旅馆的小孩子足智多谋，在于审时度势、乘虚而入。而且，他能给卞庄子因势利导，非常贴切。面对困难或强劲对手时，不能轻举妄动、贸然行事，而要避其锋芒、见机行事或扬长避短、出其不意，采取灵活机动的战略战术。看起来，要使困难迎刃而解，需见机行事，不能光头钻刺窝。同样，与对手交锋时，不能硬碰硬，要如贾谊《过秦论》所言"因利乘便"。

六四：樽酒，簋贰，用缶纳约自牖，终无咎

"樽"（zūn）：古时酒器。"簋"（guǐ）：装谷物的竹盘。"缶"（fǒu）：没有文饰朴素的瓦器。"贰"：二。"约"：俭约。"牖"（yǒu）：窗户。从爻辞中能看出，讲的是喝酒吃饭的日常生活琐碎事儿。大意就是一杯水酒、一碗淡饭，用很普通的餐具盛载，非常简单不过，而且不是从大门里端进去，而是从窗户里传递过去。犯了罪进号子了，只能从窗户栅栏里看人送饭，心里浑然不是滋味；再不能如同以往坐吃山珍、乐享美酒、酒足饭饱之后纵情享受，要走另外一种人生道路了。面对出现的新困难，应打破常规，不能按老经验办事，要诚心悔改，自然会脱离危险境地，当然会消灾。

有一则故事讲道：从前，有一个地方住着一只蝎子和一只青蛙。蝎子想过池塘，但不会游泳。于是，它爬到青蛙面前央求道："劳驾，青蛙先生，你能驮着我过池塘吗？""我当然能。"青蛙回答，"但在目前情况下，我必须拒绝，因为你可能在我游泳时蜇我。""可我为什么要这样做呢？"蝎子反问，"蜇你对我毫无好处，因为你死了我就会沉没。"青蛙虽然知道蝎子非常狠毒，但又觉得它说得也有道理。青蛙想，也许蝎子这一次会收起毒刺，于是就同意了。蝎子爬到青蛙背上，它俩开始横渡池塘。就在它们游到池塘中央时，蝎子突然弯起尾巴蜇了青蛙一口。伤势严重的青蛙大喊道："你为什么要蜇我呢？蜇我对你毫无好处，因为我死了你就会沉没。""我知道。"蝎子一面下沉一面说，"但我是蝎子，我必须蜇你。这是我的天性。"

传统智慧鼓励人要有像青蛙一样的思维。它对你耳语，人的天性是可以改变的。任何一个人，只要下功夫，想干什么就能干什么。作为一名领导，其天职就是促成这种改变,就要制定一套规章制度来控制员工的不良倾向;同时要教会他们各种技能,以填补他们的空缺。而优秀经理们对此断然摒弃。他们铭记在心的,恰恰是青蛙所忘掉的:每个人都像蝎子一样本性难移。他们认识到,每个人各有自己的动机,以及独特的思维方式和交往风格。他们知道,改造一个人是有限度的,但是,他们并不为这些差异而悲哀,也不试图消除它们,而是加以利用。他们力图帮助每个人在其独特天性的基础上持续进步。为此,有时候在常规事情中不妨使用些非常规的招数应对,才能不为所困,自觉摆脱僵局,达到"终无咎"。

九五:坎不盈,祗既平,无咎

祗:小土丘。"盈":充满。相当于流入坎中的水,已到达平面,不久即可溢出,亦即脱险,所以无咎。该爻提供给人们的启示:已经看到希望的出口,马上就可脱险了,不能坐失良机,得创造有利时机以成就自己。

居里夫人说:"弱者等待时机,强者创造时机。"这是一句至理名言。《台北民族晚报》曾载林语堂博士当年的一段故事:有一天,一位先生宴请美国知名作家赛珍珠女士,林语堂先生也在被请之列,于是他就请求主人把他的席次排在赛珍珠边上。饭局中,赛珍珠知道座上有许多中国作家,就说:"大家如果有新的大作让美国出版界印刷出版发行的话,我可以帮忙介绍。"座上的客人当时以为这不过是一些客套话而已,都没有表态。想来也是,酒桌上哪里有什么真话?而林语堂却一口答应,饭后回到住地,用了整整两天,搜集了自己发表在中国的英文小品并装订成册,送到了赛珍珠处,并请为其斧正。赛因此对林博士印象至佳,之后就全力助其成功。据说,当日座上客中还有吴经熊、温源宁、全增嘏等先生,以英文造诣讲的话,均不在林语堂之下,如果他们当时也这样能把握时机,则今天的林语堂未必能这样出名。由这段故事看来,一个人能否成功,固然要靠天才,要靠努力,但善于创造时机,及时把握时机,不因循、不观望、不退缩、不犹豫,想到就做,有尝试的勇气,有实践的决心,诸多因素整合起来才可以造就一个人的成功。

上六:系用徽纆,寘于丛棘,三岁不得,凶

"徽":三股的绳子。"纆"(mò):两股的绳子。二者较为形象地比喻"五花大绑"这种现象。"寘"(zhì):通置。"丛棘":监狱,周代时牢狱四周都布满荆棘,相当于现在的铁丝网,或电网,怕罪犯逃跑。大意是,已经被五花大绑,绳之以法,投进了监狱。"三岁不得,凶":"三岁"只是个约数,比喻很长时间得不到自由,已到非常危险的地步。该爻告诫:身处险难中不可妄动,要诚心悔改,尚有出头之日,否则愈陷愈深,就无法自拔了。

在这方面,一代谋臣刘伯温的次子刘璟就是一个实例。明代开国功臣刘伯温"博通经史,于书无不窥,尤精象纬之学",治军打仗、治国理政都是拿手好戏。没有他的"时务十八策",朱元璋成不了大气候;没有他的"天命所在"论,朱元璋萌生不了帝王心;没有他的"陈氏灭,张氏势孤",朱元璋平定不了江南;没有他的"劾无所避",朱元璋的骄兵悍将早就无法无天了。如此大的功勋,没能封公封侯,只被封为诚意伯,应该是刘伯温"固辞不受"的结果。

但是,刘伯温的次子刘璟却使他很不放心。刘璟"弱冠通诸经""喜谈兵",个性刚直,这一点很随刘伯温。关键一点,刘璟跟皇家走得很近。刘伯温归老于乡后,朱元璋"每岁召璟……入见便殿,燕语如家人"。朱元璋特别喜欢刘璟,刘璟迟早是要在官场上混的。为此,刘伯温嘱咐刘璟:"夫为政,宽猛如循环。当今之务在修德省刑,祈天永命。"刘伯温是个"慷慨有大节"之人,凡事"不耐繁剧",说话注重骨架,不谈细节。他这话,从大略上,说的是如何治国、理政;从细微处,说的则是如何修身、处事。

建文元年(1399),朱棣发动"靖难之变",刘璟随朱橞回到南京,并向建文帝朱允炆"献十六策",但没被采纳。后来,刘璟成为草包将军李景隆的帐下参事,随李景隆一起跟朱棣对杀。李景隆兵败后,刘璟回到浙江青田老家。建文四年(1402),朱棣攻破南京称帝后,突然想起了之前在棋局、战场上屡屡跟自己做对的刘璟,"召璟,称疾不至。逮入京,犹称殿下"。刘璟自知难逃一死,于是在狱中上吊自杀。

总之,坎卦描述的是陷入困境不利的卦象,但并不是永恒的不利,而是倡导人们要具备坚忍诚信的品质,要防止入"坎",入"坎"后要随机应变,随时随地创造机遇,但不可盲目冲动,更不可在"坎"中信马由缰、放任自流,等着自由受限再后悔就晚了。当然,坎卦的寓意绝不是单纯困顿所能包含的,其相当广泛深刻。坎到头了便是光明,即便身处困顿之中,也要怀着一颗至诚至贞的心,不抛弃、不放弃,相信光明就在眼前。

习坎有孚

【原文】

离：利贞，亨。畜牝牛，吉。
初九：履错然，敬之，无咎。
六二：黄离，元吉。
九三：日昃之离，不鼓缶而歌，则大耋之嗟，凶。
九四：突如其来如，焚如，死如，弃如。
六五：出涕沱若，戚嗟若，吉。
上九：王用出征，有嘉折首，获匪其丑，无咎。

离卦是《周易》第三十卦，"离"为丽，有附着、结合的意思，讲述的是光明继照之道，表示坚守正道，就能够亨通顺利，如同母牛一样温顺可亲，一切皆会吉祥如意。《象》曰："明两作离；大人以继明照于四方。"寓意是光明在天空中连续照耀大地，领导者要学习太阳恩泽四方的精神，用高尚的品德治世，但要防止激进，否则盛极必衰。

明两作离：大人以继明照于四方

路统信，1949年出生，河南开封人，原中共开封市委纪律检查委员会调研员，现为开封意拳书画院研究会艺术顾问，长期从事书法理论研究与书法创作。

第三十章　敬天地　奉日月　正是江南好风景

离：利贞，亨。畜牝牛，吉

　　"离"为火。离卦是上下二火相重的卦象，位居《周易》上经之末，是承上启下的过渡卦。火光冲天，一片光明景象。"离"又为太阳，太阳又是光明的使者、美丽的本源。看看每天早晨，太阳公公准时红着脸从东方上班，又红着脸从西方下班，从不计较个人得失，也从不迟到早退，从不牢骚满腹、消极怠工，更不炫耀争宠；即便有时候遇上阴雨天气，也能从容应对，坚持按照自己的轨迹行事，给万物带来的永远是光明的一面，而自己却从不索取计较。为此，离卦给人类带来了启示：在太阳光芒的沐浴下，作为自然人要反思，应自觉把太阳作为自己的榜样，如同太阳一样，扎扎实实地走好自己的路，留下光辉的足迹，成就辉煌人生。

　　离卦卦辞中的"畜"：饲养、培育。"牝牛"：母牛。想一想，牛是人类最忠厚的朋友，也是养育人类、长期生产生活中必不可缺的劳力之一，帮人们耕田犁地，其性情温顺，特别是母牛，则更温顺些。这里强调的恰是忠诚老实的老黄牛精神，让干什么就干什么，从不怨天怨地。这是一种美德。"离"：日月丽天，光明之象。善良柔顺是发自内心的体现，而不是源于外表，如同母牛，源于本性。为人就要行善事、结善缘、求善根，方能得其善果。这也是佛家思想倡导的精髓所在。为此，一个人要始终怀着一颗感恩的心，敬奉天地、感恩父母、感恩社会，感恩他人。心怀感恩，天空才会越来越大，格局也会越来越高，自己的人生必将越来越辉煌；反之，心存小九九，处处存私心，目空一切，必将惹火烧身，不但成就不了"离"，反会酿成大祸。

　　人只有学会感恩，才能日月丽天，生就光明之象，自然成就辉煌人生。学会感恩生活，也就是学会感激在生活中面对的林林总总，感激一切令自己成长的人，特别是面对别人曾给自己的创伤时，不生恨怨痛伤之心。不妨换个方式，感激他们给自己意志般的磨炼，令自己在痛苦中坚强，微笑着给他们一份真诚祝福。同时，面对来自无声的责怪，或许感觉"躺着也中枪"，不要沮丧，应该心怀感恩，感激他们为自己提供的一个重新认识和提高自己的机会。只有学会感恩，学会感激，也才能拥有全部的自我，拥有一个全新世界。心胸豁达，天地拓宽，社会自然和谐，这就是离卦在新时代赋予人们的真实用意。

初九：履错然，敬之，无咎

　　"履错然"：好像有一种图景，有一个人听到外面脚步声杂乱无章，心里极度恐慌，一骨碌从床上跃起来，由于没有预先的征兆，下床后可能穿错了鞋子，左脚穿在了右脚的鞋子里，或许一只鞋子又跑到了床底下，因为思维高度紧张，所以最后只能临时穿着不合适的鞋子仓促应急。下一句"敬之，无咎"：不打无准备之仗。平时思维就要高度集中，养成良好习惯，要防在平时，戒在经常，才不至于在遇到一些突发性事件或自然灾害时惊慌失措，造成被动局面。

2008年5月，四川汶川特大地震灾害给几十万群众带来了生命和财产的惨重损失，也造成中国人民心灵上的严重创伤。天灾无情人有情。大灾面前再次彰显了中华民族"一方有难，八方支援"的传统美德，再次向世界昭示了中华民族坚挺的脊梁。同时党的号召力、凝聚力、战斗力，再次经受住了严峻考验。但在地震震出党和民族亮点的同时，也震出了中国某些方面管理中的缺憾和弊端。比如，在这次地震中，机关、学校、医院、厂矿等房屋均有不同程度的倒塌，其中学校房屋倒塌最为严重，学生的伤亡最为惨重。其实国家对城乡建筑物的抗震性是有规定的，就拿学校来说，国家规定楼高不超过5层，楼层必须现场浇铸。可在地震中见证到的却是6层预制板的教学楼。该次地震中，公路、桥梁与其他公共设施毁坏也十分严重，给灾后救援带来了巨大的困难。该次地震虽然震级高、毁灭性大，然而，历经几千年经受无数次地震考验的古代建筑完好无损的比比皆是。事实证明：地震可怕，而比地震更可怕的是人的劣根性。豆腐渣工程、形象工程、短期效应工程、腐败工程等都是汶川地震中遇难人员的罪魁祸首，一定限度上暴露了某些制度和法律执行中的软弱性。这些必须得提前预防，否则后患无穷。

关注民生，重视社会发展，增强依法防灾救灾减灾的能力和力度，真正能够应对百年不遇甚至几百年不遇的自然灾害，这是新时代摆在中国人民面前的一份严肃考卷，也是促进中国梦早日实现提出的更高要求。这也正是爻辞发出的强烈信号。

六二：黄离，元吉

中华民族向来以炎黄子孙著称于世。几千年封建体制统治形成了一种特有的中华文化，黄色也就专门被作为中正、神圣、吉祥、敦厚的色彩，慢慢也演绎成为一种思想观念。"元吉"：大吉大利。大意指为人要正直、不卑不亢，既不盲目尊大，也不妄自菲薄，走到哪里都是辉煌人生。

春秋末年齐国宰相晏子奉命出使楚国，因他身材矮小，楚国人就在大门旁边开了个像狗洞的小门，请晏子从小门进去。晏子不肯进，说："只有出使狗国的人，才从狗门进。我现在出使的是楚国，不该从这个门进。"司仪只好带领他改从大门进去会见楚王。楚王说："齐国难道没有人了吗？"晏子回答说："齐国的临淄有300个居民区，所有人要是把衣袖举起来，可以组成一道围墙；大家甩一下汗水的话,就像下了一场大雨,怎么能说没有人呢?"楚王说:"那为什么派你当使者呢?"晏子回答说:"齐国派遣使者根据出使国的情况而定。贤能的人就派往有贤明君主的国家,那些无能的人则被派往君主无能的国家。我晏婴最无能,所以出使楚国。"最终楚国无言以对。这里强调的是与人交往时应该保持的机智自信姿态。

九三:日昃之离,不鼓缶而歌,则大耋之嗟,凶

"昃":表面看是上面有太阳,但即将西下,已是夕阳余晖。"缶":用质朴的瓦器敲击发出的声音,对天而歌,这是古代葬礼的一种方式。"耋":80岁的老人。爻辞描述得有些悲伤,"夕阳无限好,只是近黄昏"。美好的生活自然是美好的,但人无千日好,花无百日红。阴晴圆缺,从古到今都不可避免。人到见好就收的时候,就要看得开,要急流勇退,不能一味地去患得患失,这样极不利于健康。不能以曾经的权力、地位和名利而过度纠结。要试着放弃,给自己一个完美的退路。不能一味的顽固前进,世上有几人能如姜子牙、百里奚、黄忠一样?领导干部一样,到退居二线的时候,要主动交出帅印,让年轻同志有个更多的锻炼机会;相反,如果一味贪功近利、想入非非,最终就只能造成垂暮之年的叹息,最终或许去了不该去的地方。

纵观二十四史,大凡开国元勋,其结局大都十分悲惨。如春秋末年,吴王赐剑给功臣伍子胥令其自杀。而具有戏剧性的是,越王勾践在范蠡和文种的辅佐下,经过卧薪尝胆之后,一举灭掉了吴国。然而越王却用当年吴王赐伍子胥那把剑,赏赐于文种。文种遂以无比悲愤的心情引颈自刎。还有,如赵匡胤"杯酒释兵权"等,无不折射出封建帝王极其虚伪与残暴的一面。封建帝王之所以那样做,一是,由于封建君主要竭力维护其统治地位,确保皇权不受丝毫威胁,于是,便想方设法对付功臣,甚至不惜采取极端手段将其全部消灭;二是,那些功臣们自己一点也不自觉,自恃功高、得意忘形,甚至在君王已发出警告的情况下,还继续"顽抗"到底。

九四:突如其来如,焚如,死如,弃如

"如":样子。"焚如":烈火灼烧的情景。心急如焚地想建功立业,采取不正当手段,偷工减料,用表面文章来糊弄搪塞,一味地搞形象工程、政绩工程。殊不知,经不起历史检验,最终来得迅速,去得也迅速。如同烈火一样,烧得过于急猛的时候,一会儿工夫就灰飞烟灭了,好像昙花一现的空中楼阁,非常遗憾,终究会被扫入历史的垃圾堆。为此,爻辞从反面昭示,做人做事来不得半点虚伪,要诚信作为,而不能搞应景之作,假东西总有露馅的时候,因为"打铁还需自身硬"。

"打铁还需自身硬",也是习近平讲话中用过的一句中国传统白话,形象地点出了当前党所面临的机遇和挑战,既是忧患,也是承诺。诚如习近平所言,我们党面临着许多严峻挑战，党内存在着许多亟待解决的问题，尤其是一些党员干部中发生的贪污腐败、脱离群众、形式主义、官僚主义等问题，必须下大气力解决。面对这一系列问题，全党必须警醒起来。执政党的党风关系着党的形象，关系着党和人民事业成败。过去的成绩固然显著，但是可不能就此躺在功劳簿上睡大觉，自身不够硬，过往的成绩也会得而复失。面对人民群众对美好生活新期盼，我们唯有牢记使命，从严治党，切实解决自身存在的突出问题，切实改进工作作风，密切联系群众，才能维系强大的战斗力和生命力，才能为科学发展注入强劲的推动力，才能满足人民群众追求更好生活的愿望，才能得到他们发自内心的拥护和支持。道理不难理解，但落到实处却实非易事。特别是在新时代，面对利益分化、思想多元的现实，继续推进改革，分歧阻力可想而知，尤其在经济社会发展已经具备一定高度的基础上，延续过往的高速度，实现国民生产总值和国民人均收入双翻番，对新一代领导集体来说，是一项极具挑战性的工作。这就更加要求我们党要夙夜在公、勤勉工作，以实实在在的成绩，来践行自己的庄严承诺。

六五：出涕沱若，戚嗟若，吉

"涕"：是鼻涕、眼泪。"沱若"：流水一样。"戚"：悲伤。爻辞大意是到了伤心透顶的时候，鼻涕眼泪如同水一样往外流，但最终结果是"吉"。爻辞侧面提示：与人合作时，不可太过强势，要低调，才会引起别人同情，才会化被动为主动，使自己有所作为；相反，如果处处轻浮跳脱、得意忘形，就会引起人们反感，往往结果不会太好。正所谓骄兵必败、哀兵必胜。爻辞启示：低调做人是一种境界、一种修养，不只是在心态上调整好自己，更重要的是要在行为上调整好自己。

北魏节闵帝元恭是献文帝拓拔弘的侄子，孝明帝时，元义专权，肆行杀戮，元恭虽然担任常侍、给事黄门侍郎，总担心有一天大祸临头，索性装病不出来了。那时候，他一直住在龙华寺，和谁也不来往，就这样装哑巴装了将近12年。孝庄帝永安末年，有人告发他不能说话是假、心怀叵测是真，而且老百姓中间流传着他住的那个地方有天子之气，元恭听了这个消息，急忙逃到上洛躲起来，但没过几天就被抓住送到了京师。关了好几天，由于抓不到什么证据，不得已又放了他。北魏永安三年（530）十月，尔朱兆立长广王元晔为帝，杀了孝庄帝。那时，坐镇洛阳的是尔朱世隆。他觉得元晔世系疏远，声望又不怎么高，便打算另立元恭为帝，但又担心他真的成了哑巴。于是便派尔朱彦伯前去见元恭，摸清真实情况。事已至此，元恭也知道形势发生重大变化，见到尔朱彦伯后开口说："天何言哉！"12年的哑巴说了话，彦伯大喜。不久，元恭即位当了皇帝。人生的路跌宕起伏，逆境虽然痛苦压抑，但对一个有作为、有修养的人来讲，在各种磨砺中可以锻炼自己的意志，从而由逆向顺。为此，谦卑是一种智慧，是为人处世的黄金法则，懂得谦卑的人，必将得到人们的尊重、受到世人景仰，自然也能成就自己。

上九：王用出征，有嘉折首，获匪其丑，无咎

"嘉"：喜事。"折首"：斩首。"丑"：敌人。爻辞大意是跟着国王亲征时，对首恶之人当击毙为喜，但对其手下战将俘虏，能不用极刑则不用，不能斩尽杀绝，而要懂得围师必阙的道理。

《孙子兵法·军争篇》中列举有用兵打仗的8条原则，其中之一就是"围师必阙"，强调包围敌人时要虚留缺口。通常，无论在野战阵地还是在城寨防守作战中，面临被围境地的敌人，很可能出现3种想法：一是投降，二是死战，大多数则是第三种观望，听命于指挥官。在这种情况下，如果四面合围敌人，就可能促使敌军指挥官下定拼命死战的决心；相反，如果故意留一个缺口，就可能使敌军指挥官在逃跑还是死战之间摇摆不定，同时也使得敌军士兵斗志涣散。更重要的是，虚留缺口并非放任不管，而是要在敌人逃跑的必经之地预设埋伏，使敌人在仓促逃跑中陷入埋伏圈。特别是围困坚守城堡的敌人，一旦敌人弃城而逃，便可免去攻城之苦，在野战战场上彻底消灭敌军。相比之下，与逃窜之敌作战的难度显然要比与死战之敌作战要小得多，代价也会少得多。所以"围师必阙"是历代战将常用的一个战法，更是一种思维方法。其核心是要求人们处理事情时要掌握分寸、留有余地，话不要说得太满，事不能做得太绝，给对方或矛盾产生变化的空间和时间，如果超过了一定的限度，往往就会适得其反。

总之，离卦是一个讲究光明的卦，更是一个讲究策略的卦。为人要常怀感恩之心，只有懂得感恩，才能赢得广泛朋友，群众公信度强了，自然也就会成功。要防患于未然，做到表里如一、诚实守信、谦恭礼让。无论做什么事，都得留有余地，这是古代圣哲思想发出的强音，寓意非常！感悟离卦，成就大美人生。

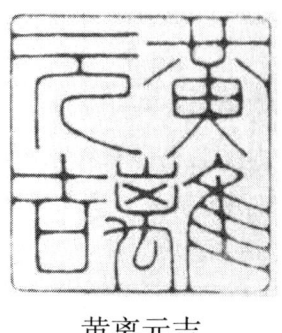

黄离元吉

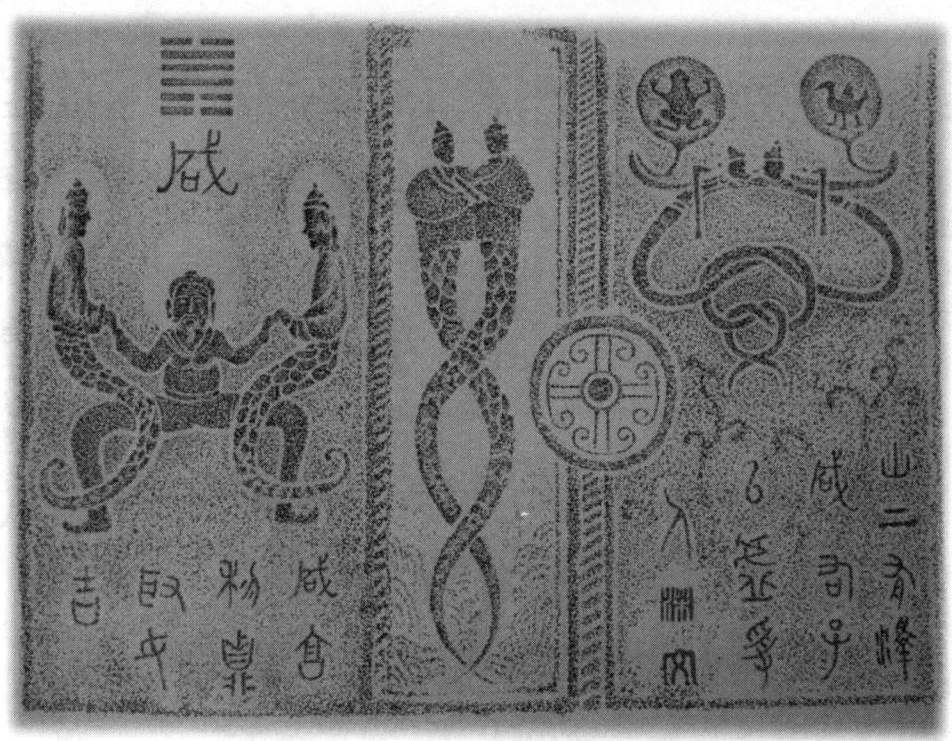

【原文】

咸：亨。利贞。取女吉。

初六：咸其拇。

六二，咸其腓，凶。居吉。

九三：咸其股，执其随，往吝。

九四：贞吉。悔亡。憧憧往来，朋从尔思。

九五：咸其脢，无悔。

上六：咸其辅颊舌。

咸卦是《周易》六十四卦的第三十一卦，讲述的是相互感应之道，表示顺利亨通有利于坚守正道，像母性一样虚心求教方得大美人生。《象》曰："山上有泽，咸；君子以虚受人。"寓意是君子应该效法山水相容的精神，以虚怀若谷的精神包容他人，以诚相交，方能成功。

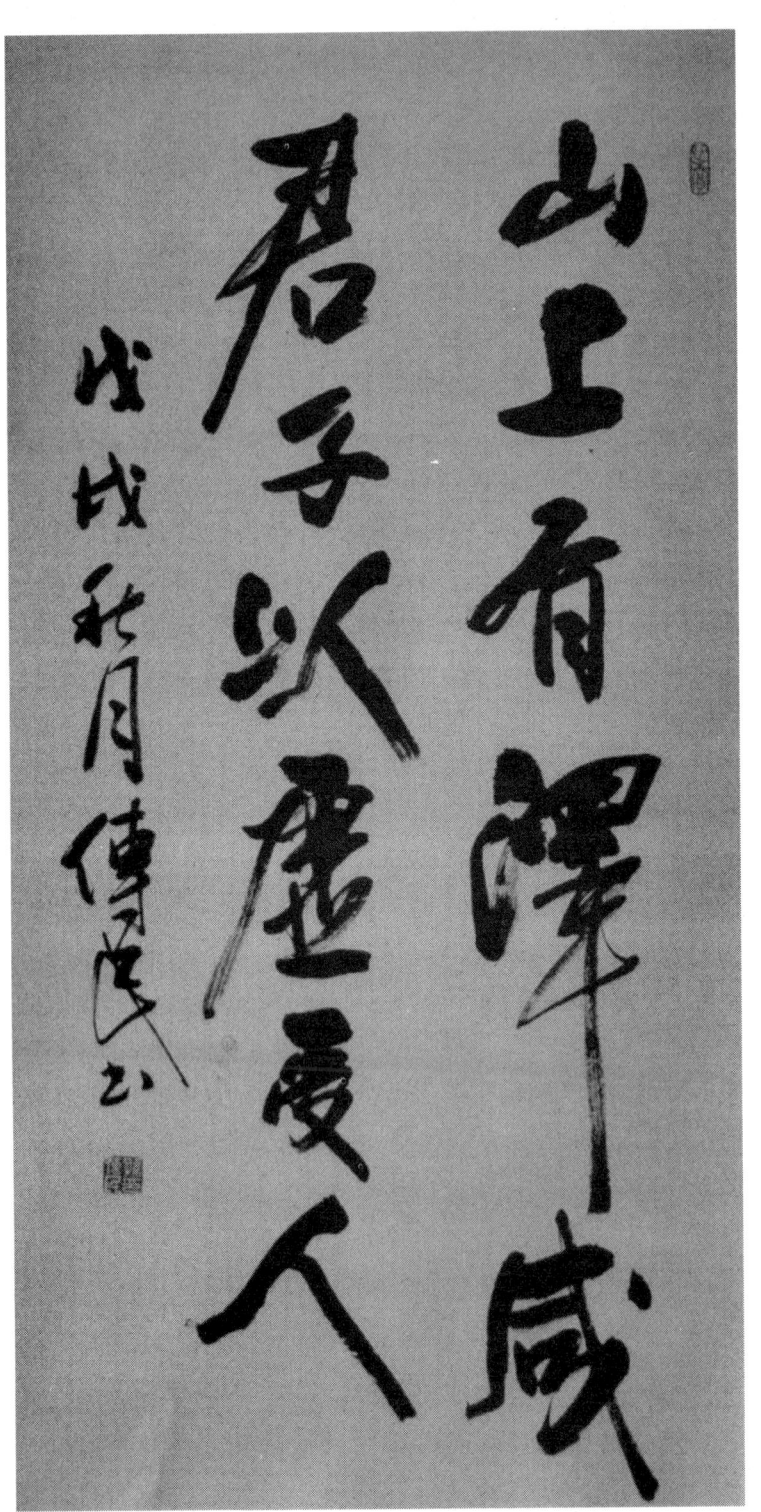

山上有泽,咸：君子以虚受人

孙传民，1963年出生，河南开封人，现为河南省书法家协会会员，长期在部队服役，现供职开封市公安局。

第三十一章　和为贵　万事享　上有黄鹂深树鸣

咸：亨。利贞。取女吉

咸卦是《周易》下经首卦，是下艮上兑相叠的泽山象。艮为山，为刚；兑为泽，为柔，泽具有至柔至静至美的品质。兑柔在上，艮刚在下，水向下面渗透，柔上而刚下，二者交相呼应，达成共鸣，实现双赢。"咸"：是一种味道，更是一种感觉。为此，古人云："天地感而万物化生，圣人感人心而天下和平。"

本卦卦辞"咸：亨，利贞；取女吉"。大意是如果效仿山水交融的精神去为人处事，凡事则非常顺利，而且要坚持不懈。"取女吉"：其中的"女"在这里并不单纯指娶媳妇，而着重强调的是一种母性观念，呼唤一种温柔贤良的品性。择其柔性，向别人虚心求教，以便壮大自己；相反，如果目空一切，则处处树敌，顺利的概率小得多。

《道德经》中所言"大盈若缺，大智若愚"，大致意思是说最大的声音反而听不见，最白的东西反而有污点。整天穿金戴银的人恐怕不一定真有钱，柔弱的人不一定真胆小，糊涂的人不一定真傻。圣人的胸怀空虚得好像天地间的风箱，又好似山间的低谷，无边无际，所以圣人始终不会自满。因为低谷最容易充满，而高岭则最容易失去。只有汇小溪、纳百川，才能成为江海湖泊。

《菜根谭》云："建功立业者，多虚圆之士。"古代建立功业者全都是谦虚圆融的人士，那些执拗固执、骄傲自满的人往往与成功无缘。文王谦虚，渭河之滨访太公，最终成就了周朝800年基业；刘备谦虚，三顾茅庐请卧龙，最终天下三分之一归于蜀汉。做人大忌，就是得意忘形。纵观历史，凡得意忘形者，必没有好的下场。汉武帝刚刚即位时，舅父田蚡掌握大权，不把朝臣放在眼中，忘乎所以，最后连汉武帝也难以容忍，田蚡落了一个疯癫下场。得意者终必失意。人生在世，无论什么时候都要懂得收敛、学会谦虚。谦虚使人敦实，有海纳百川的吞吐之势；得意忘形就好比海上扬波，即使风波滔天裂岸，风平浪静之后，也要复归大海的沉静。故而，人不能得意，更不能忘乎所以。这便是卦辞的良苦用意。

初六：咸其拇

"拇"：表象指脚的拇趾，直接说，这里指咸之初，刚感应到拇趾，拇趾比喻感应稍浅；意味着感觉很微弱，只是一种初次见面的感觉，触及不到对方的心里。大意是讲，好感固然是有的，但还打动不了对方。这个时候千万不可轻举妄动,急功近利的思想要不得。

美苏争霸期间,在海军力量的发展上,美国侧重于航母,苏联侧重于核潜艇。苏联最开始并不看好航母。直到美国造出来之后,苏联看到它可以大幅度提升战机的作战半径,还能成为海上的移动机场、移动指挥所,一到两艘航母编队,甚至都可以支撑一场局部战争,苏联才意识到必须要有航母才可以。通常来说,一艘航母从前期的设计、建造到测试,这个过程怎么说也需要好几年的时间。

本身苏联在建造航母的时间上就已经晚了美国太多,为了追赶上来,就只能先在数量上能够过得去。苏联高层不断地对造船厂施压导致航母建造囫囵吞枣,细节问题根本就没有处理好,把正常建造母的时间大幅度缩短。由于太急功近利,缩短了航母的建造时间,使航母下水7天就进水,船身出现了300条裂缝,70亿美元瞬间就打水漂。

六二:咸其腓,凶。居吉

"腓":腓肠肌,胫骨后的肉,俗称"腿肚子"。脚动,腿肚子才能跟着动,腿肚子妄动就意味着凶险加一点感觉,有凶险。"居":停止不动。而六二爻以阴居中得位,所以具备居吉静顺承的品格。由于自己的谦虚低调,从对手那里学到了经验,自己应当吸收,但是目前实力尚不具备。为此,爻辞警告说"凶",不能随意妄动。从全局看,敌我双方势力悬殊,就轻易不要动,动则致命,最好是避其锋芒,隐蔽不动,才会吉利。爻辞进一步启示:当时机不成熟时,要耐心等待,要三思而后行事。

季文子在中国历史上是一个出名的贤相,遇事总能三思而后行。正是因为他的三思而后行,才使他在鲁国执国政33年。《史记·鲁世家》载:季文子当政时,"家无衣帛之妾,厩无食粟之马,府无金玉"。《国语·鲁语》说:季文子身居位高权重的鲁国上卿大夫,掌握国政和统兵之权,有自己的田邑,但是他的妻子儿女却没有穿绸缎衣裳,他家里的马匹只喂青草不喂粟米。孟献子的儿子仲孙很瞧不起季文子这种做法,于是就问季文子:"你身为鲁国之正卿大夫,可是你的妻子不穿丝绸衣服,你的马匹不用粟米饲养。难道你不怕国中百官耻笑你吝啬吗?难道你不顾及与诸侯交往时会影响鲁国声誉吗?"季文子回答:"我当然也愿意穿绸衣、骑良马,可是,我看到国内老百姓吃粗粮穿破衣的还很多,我不能让全国父老吃粗饭着破衣,而我家里的妻子儿女却过分讲究衣着饮食。我只听说人们只有具有高尚品德才是国家最大的荣誉,没听说过炫耀自己的美妾良马会给国家争光。"孟献子闻知,怒而将儿子仲孙幽禁7天。受到管教的仲孙,改过前非,亦仿而学之。消息不胫而走,在季文子倡导下,鲁国朝野出现了俭朴风气,并为后世所传颂。

九三：咸其股，执其随，往吝

"股"：大腿，势力强大。"执"：掌握，意为执笔、执政。"随"：跟着，顺从。"吝"，过分爱惜，吝啬。"咸其股"：从字面上来看，感应到大腿。爻辞整体分析，由于自身素质不过硬，不具备吃掉敌方大部队的条件，所以，爻辞要求"执其随"，在打击对手的时候，应当尽量避免自己受到损失；要以小胜多，分散注意力，从而牵制对方，利于保全自己。由于敌我双方势力悬殊，务必要因地制宜，采取灵活机动的战略战术，不能以卵击石；布置兵力时，要谨小慎微，以有限的力量牵制对方，出其不意地战胜对方。

《红楼梦》中有王熙凤巧灭尤二姐的例子，从侧面可以反衬该爻寓意。故事讲道：王熙凤的老公贾琏在外边置了一处不大的房子，在那里包了尤二姐做二奶。天下没有不透风的墙，此事后来传到王熙凤耳朵里，她直接去找尤二姐，表示热烈欢迎。比如给她腾出高楼宅院、让人好好伺候，一切按大奶待遇等等，哄得尤二姐高高兴兴。王熙凤厉害就厉害在这里，如果去强闹，则势必让贾琏烦她，让贾府主子鄙视她，从而削弱自己在贾府中的地位，影响自己形象。于是，她强忍痛苦，变成一个真正的笑面虎。等到她把尤二姐接到贾府以后，我的地盘我作主，尤二姐所有的情况都被她掌握得一清二楚，而处处设防，最后活活将尤二姐给折磨死了。

九四：贞吉。悔亡。憧憧往来，朋从尔思

"贞吉"：坚持下去吉利，面对敌强我弱的形势，应当坚持逆来顺受和顽强拼搏的态度。"憧憧"：往来不定，摇曳不定，人影憧憧。"朋"：敌对势力。"尔"指自己。"憧憧往来，朋从尔思"：指敌方摇曳不定，只得顺从我方的意思而转移。爻辞大意是坚持采用灵活机动的战略战术，将消极被动和顽强拼搏的态度相结合，其结果必然吉利；在牵制对手的过程中，或多或少地对其造成一定重创，使其军心涣散，不得不按照我方意图行事，也就达到了自己的目的。爻辞启示：在敌我双方力量悬殊时，必要时将计就计，用以麻痹对方，从而找准机会，转败为胜。

蜀汉建兴七年（229）四月，诸葛亮兵出祁山，分作三寨，专候魏军到来。闻知蜀军进犯，魏军统帅司马懿以张郃为先锋、戴凌为副将，率军10万前往祁山迎敌。大军到达祁山后，下寨于渭水之南，前先锋郭淮、孙礼二将禀报了军情。司马懿用心想出了一条计策，对着郭淮、孙礼说：明日我亲自领兵出阵与诸葛亮交战，你二人可急从小路前往增援武都、阴平，并从背后掩袭蜀军，这样可使蜀军阵势自乱，我军再乘乱出击，可获全胜。郭淮、孙礼二人受计后，立即领5000人马从陇西小路，直奔武都、阴平，并将按计就势，从蜀军背后发起奇袭。却未料二人领兵正行进间，忽然哨马来报，说是武都、阴平已先后被蜀将王平、姜维攻破。郭淮、孙礼二将率领的魏兵前锋已离蜀军不远，孙礼听到这一讯息，心中顿时一阵疑惑慌乱，对着郭淮说："蜀军既已攻破二城，为何尚陈兵城外？其中必定有诈，莫如赶快退兵！"郭淮赞成孙礼的意见，正要下令退兵，忽听一声炮响，山背后闪出一支军马来，大旗上写着"汉丞相诸葛亮"。旗门开处，诸葛亮端坐在一辆车上，左有关兴，右有张苞。郭、孙二人见此情景，不禁大惊失色。只听见诸葛亮坐在车上大声笑道："郭淮、孙礼休想逃走，司马懿搞声东击西计，怎能瞒得过我？他每日派人在正面阵前与我军交战，暗地里却教你们袭击我军背后，妄图乱我大营，我只还他个将计就计，现在武都、阴平已被我军攻取，你二人还不早早投降？"郭淮、孙礼听到这话，更是十分慌张，却又听到背后喊杀连天，原来是王平、姜维又领一支蜀军杀到，与前面的关兴、张苞形成前后夹攻之势。一时间，魏兵大败，郭淮、孙礼也只得弃马爬山而走……

这则"司马懿声东击西，诸葛亮将计就计"的故事，也是从历史实践中对爻辞作出的有力诠释。

九五：咸其脢，无悔

"脢"：猪、牛等脊椎两旁的条状瘦肉，即"里脊"。"咸其脢"：表面意思是给对手的里脊地方给予袭击，意思是出其不意地从敌方的后面予以打击，形容巧妙地打击对手，爻辞说"无悔"。该爻表明对方的良好素质是对我方有利的潜在因素，我方素质不佳，可以利用对方的良好素质，这种有利的潜在因素成为事实。对方的良好素质，就像是一块里脊肉，我方应顺势而为，借力给力。

俗话说：借力发力不费力。懂得借力发力的人，就能够以小博大、以弱胜强、以柔克刚，就能够四两拨千斤。英国大英图书馆，是世界上著名的图书馆，里面的藏书非常丰富。有一次，图书馆要搬家，结果一算，搬运费需要几百万英镑，根本就没有这么多钱。有一个高人，向馆长出了一个点子，结果只花了几千元就解决了问题。原来图书馆在报上登了一则广告：从即日开始，每个市民可以免费从大英图书馆借10本书。结果，许多市民蜂拥而至，没几天，就把图书馆的书借光了。借出去的书最后又还到新馆。就这样，图书馆借用大家的力量搬了家，还节约了天文数字开支。其实，有时候，遇到困难的时候，人们不妨体验一下"借"的魅力。因此，一个"借"字，天地广阔，大有文章可做。

上六：咸其辅颊舌

"辅"：指面颊，人的颊骨部位。"颊"：人的面部两侧从眼到下颌的部分。"辅颊舌"：咸的程度上升到了头部，也就是到头了，已经太过分了。《象》说："咸其辅颊舌，滕口说也。"其意即仅仅是玩弄口舌而已。此时，咸的因素已在消退，无可奈何。当面说好话、背后下毒手，就是"咸其辅颊舌"的生动写照。警惕呀，对方口是心非、阳奉阴违、两面三刀，这是非常致命的。要防止生活中的假好人，不要被假象所迷惑，这就要求人们要独具慧眼，提高辨别是非的能力。

历史上最有名的伪君子是王莽，王莽篡汉的故事很多人都知道。王莽在西汉末年，是非常有名的圣贤，礼贤下士，对人非常好。他把家里的钱和粮都拿出来送给别人，自己却过着非常简朴的生活，就像现在的大慈善家一样。有一年，他的儿子做了坏事，他还逼着儿子自杀。当时，谁都以为王莽是忠臣，谁能想到，有一天他会托古改制篡位自立，做了皇帝。于是人们就说，王莽是个伪君子。后来，绿林军和赤眉军造反，把王莽的新朝给灭了。

白居易在一首诗中写道："周公恐惧流言日，王莽礼贤下士时。若是当时便身死，千古忠佞有谁知。"周公在武王死后辅佐少年成王，被奸臣陷害他有心篡位，引起了别人怀疑，后来真相大白，成王才知道周公是忠臣，如果周公在流言横行时死了，就会留下千古骂名。而王莽辅佐西汉平帝，最初也表现得谦恭敦厚、礼贤下士，如果当时死掉，他就会被定格成一代圣贤。所以，很多事情其实说不清。

为此，该爻提醒人们：不要被假象迷惑的同时还要时时处处自警，与人交往，最重要的莫过于真诚，要以心换心。"人无信而为天下耻，交不诚而为众人弃"。

观咸卦，提醒人们务必要以诚感人、以诚待人。

悟咸卦，感知世上本没有小人，只是人为性地将人区分成了小人与君子。身边小人的多少，也取决于一个人心胸的大小。心胸狭隘，处处树敌，小人便多；反之，豁达大度，格局升高，小人便少。所谓苍蝇不叮无缝的蛋，正是这个道理。

虚感受人

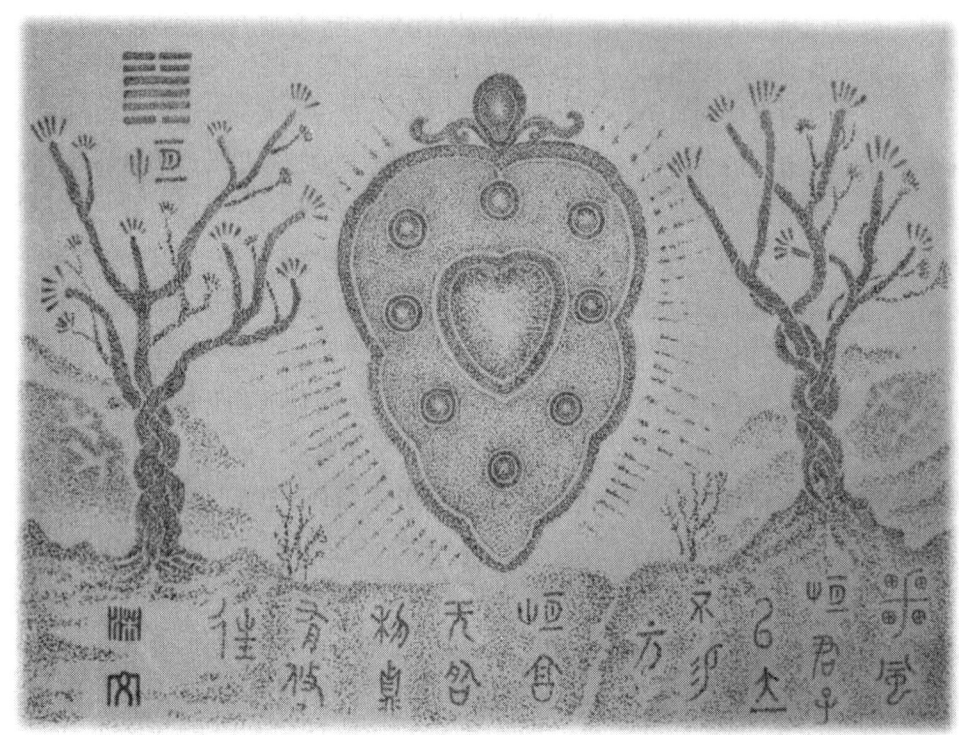

【原文】

恒：亨，无咎，利贞，利有攸往。
初六：浚恒，贞凶，无攸利。
九二：悔亡。
九三：不恒其德，或承之羞。贞吝。
九四：田无禽。
六五：恒其德，贞，妇人吉，夫子凶。
上六：振恒，凶。

恒卦是《周易》第三十二卦，讲述的是夫妻之间彼此包容、彼此帮助、彼此关心、共同面对、感情恒久的意思，表示无论环境如何变化，坚守正道、坚守贞操的本性绝不能轻易改变，只有阴阳相互滋长，才能吉祥如意。《象》曰："雷风，恒；君子以立不易方。"寓意是持之以恒，果断行动，事情就会向好的方向转化；切忌半途而废、见异思迁，如此将会一事无成。

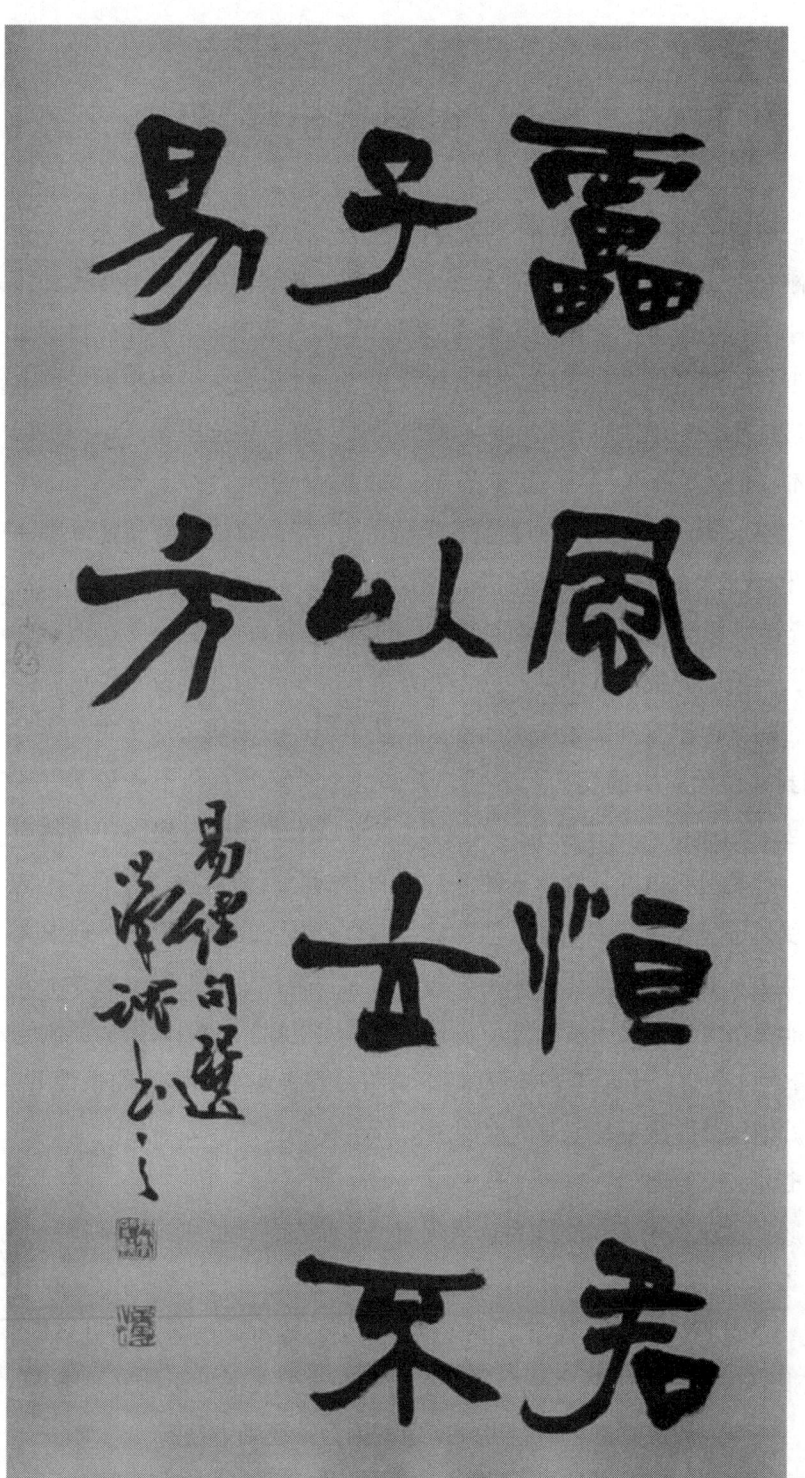

雷风，恒：君子以立不易方

张学明，1955年出生，河南开封人，现为中国书法家协会会员、中国当代知名书法家、刘庚三书法研究会名誉会长。

第三十二章　树雄心　立奇志　记得芭蕉出槿篱

恒：亨，无咎，利贞，利有攸往

恒卦是震刚在上、巽柔在下。雷在天上轰鸣，其性刚健；风在地下吹拂，其性轻柔。二者刚柔相济，符合常道。震为动，巽为草木，就像草木一样扎根于土地，根不动，但枝叶却可以左右摇摆，就这样终其一生。震为大，由小到大、由低到高循序渐进地生长。恒卦也在昭示人们要学草木一样一生立不易方，一生都在生长，一生都在恒久、长久。

本卦卦辞"亨，无咎，利贞，利有攸往"中的"亨"：通达，顺利，万事亨通。"利贞"：利于坚持。"利有攸往"：利于有所前进。卦辞大意是要想成就自己，就得不断坚持，只有持之以恒，才能达到目的。

在这方面，典型的要数《红楼梦》的作者曹雪芹。少年时代的曹雪芹过着锦衣玉食的生活，后来由于受到统治阶级内部政治斗争牵连，家境一落千丈。曹雪芹清醒地看到封建统治阶级的腐朽、贪婪，看到这个阶级的百孔千疮和不可救药，于是立志创作长篇小说《红楼梦》，以自己亲身经历和感受，揭露和批判当时阶级的罪恶，抒发他无力挽救临近崩溃的封建制度的悲哀和愤懑。为了实现这个志愿，他忍受着"庐结西郊黄叶村""举家食粥酒常赊"的穷困生活。据说无钱买纸时，他就用从朋友乡邻那里讨来的旧历书背面代替稿纸。他唯一的爱子因天花而夭折，他悲伤成疾，又无钱求医，在只写出《红楼梦》的80余回后就搁笔长逝。"字字看来皆是血，十年辛苦不寻常"。曹雪芹在极端艰难困苦的条件下，坚持《红楼梦》创作，应该说是恒卦的典型个例。

初六：浚恒，贞凶，无攸利

"浚"：疏通，挖深，浚河。爻辞大意是疏通恒久状态，无原则地去坚持就会招来凶险。联系实际来讲，就是刨根挖底地执迷追求长久之道，结果必然凶险，没有一点好处。这里警告人们：遇事不能死钻牛角尖，要审时度势，该进当进，该止当止，该退当退。爻辞也从另一个侧面启示：为人要灵活，不能好高骛远，如果不辨形势，一味地激进冒进，就会出现问题，因为欲速则不达。

日本历史上，产生过两位伟大的剑手，一位是宫本武藏，另一位是柳生又寿郎。而柳生又寿郎恰又是宫本武藏的徒弟。

柳生又寿郎少年的时候，放荡不羁，不肯接受父亲的教导而专心习剑，还做了种种错事，父亲一气之下，就把他逐出家门。受了刺激的柳生，发誓成为一名伟大的剑手让父亲看看，于是就独自跑去求见当时最负盛名的宫本武藏，要求拜师学艺。宫本武藏看他资质不错，就收下了他。这时，柳生热切地问道："师父，假如我努力学习，需要多少年才能成为一流剑手？"武藏说："你的全部余年！"。柳生更急切地说："我不能等那么久，只要您肯教我，我愿意下任何苦功去达成目的，甚至当你的仆人跟随你。那需要多久的时间？"宫本武藏说："也许需要10年。"柳生急了："哎呀！家父年事已高，我必须要在他生前就看见我成为一流剑手。10年太久了，如果我加倍努力学习需要多久？"武藏缓缓地说："也许要30年。"柳生急得快哭了，说："如果我不惜任何苦功，夜以继日练剑，需多少时间？"武藏说："那可能要70年，或者这辈子你再没希望成为剑手了。"此时，柳生心里纠结着一个大疑团："为什么我越努力，成为第一流的剑手的时间就越长？"武藏平和地说："欲速则不达，练剑要讲求自然平和，急功近利就会偏离大道。"

欲速则不达，急功近利、揠苗助长，往往适得其反。这恰是爻辞的寓意所在。

九二：悔亡

"亡"：消失。后悔已经消失了，当然是好事。自己条件具备，但善于察言观色，善于知进退，当然无悔。生不逢时，然而坚定不移、持久地保持中正，就不会发生有悔之事。九二爻辞其实恰是"生于忧患，死于安乐"的现实写照。

温水煮青蛙的故事并不陌生。有时候，一个简单的道理足以给人意味深长的生命启示，那就是生于忧患，死于安乐。究其青蛙在温水中丧生的原因，就是安逸。温水中的青蛙虽然隐约感觉到外界温度的慢慢变化，却因为习惯性惰性而丧失了立即往外跳出的动力和勇气，最后被温水煮熟而不知。青蛙的悲剧在于其根本不知道舒服的温水里潜藏着致命的危险。而作为万物灵长的人类，理应对此引起警觉。古往今来，此类事例屡见不鲜。秦朝末年，农民陈胜首举义旗，对抗暴秦，后称王。富贵了的陈胜不仅忘记少年时的承诺，而且变得贪图享乐，最终兵败被杀。

随着社会的快速发展，竞争无时无刻不环绕在人们身边。在这个新时代学习型社会中，只有常怀忧患之心，不断学习充电，加重知识砝码，才不会江郎才尽、黔驴技穷。

九三：不恒其德，或承之羞。贞吝

"不恒其德"：如果不在思想意识上保持恒久。"或承之羞"：也许会蒙受耻辱。"吝"：困难。爻辞大意是如果不保持持之以恒的品德，眼睛向上，会遭人不耻，也会陷入尴尬境地。一个人，如果一味地阿谀奉承、拍马迎合，就会失去自我，虽然坚持走上层路线本没有错，但忽视群众基础，就会成为孤家寡人，这种思想要不得。没有根的东西往往不会牢固。以理欺人，虽然正义，但也不会有好的结果。这恰好又是"得道多助，失道多寡"的最好启示。

自古得民心者得天下。这样的历史事例不胜枚举，其中最有名的要数秦末时期的项刘之争：原来的楚国贵族项羽身材高大，力大无穷，趁乱起兵，依靠自己的军事天才和贵族优势成为各个反秦势力中最强大的一支。另外一支势力是刘邦，他从小不学无术，游手好闲，用语粗俗，毫无王者风范。但是项羽在初期取得成功以后，便随意屠杀诸侯，杀死各路义军的总统帅楚怀王，对民众苛刻，连投降的40万秦朝士兵都杀得一个不剩；对谋士的建议充耳不闻，刚愎自用。而刘邦因从小和平民打交道，所以爱惜民力，待人宽厚，而且自知没有太大本事，因此十分尊重人才，对投降士兵愿意留下的则收编，不愿意的就让他们回乡，十分受人爱戴。在长达5年战争中，刘邦虽然多次失败，但是仍然不断得到民众支持，所以能够不断地反扑。残暴不仁的项羽在被刘邦打败后，就众叛亲离，所有的军队一夜之间都离他而去，最后被迫自刎于乌江。而刘邦因为得到全国人民爱戴而最终登基称帝，开创了统治中国长达400余年的汉朝。

"得民心者得天下"，中国共产党深明此理。中国共产党以"打土豪，分田地"的方式，赢得了广大农民的心；以无产阶级当家做主的宗旨，得到了工人阶级的心；以实行民主的方式，得到知识分子的心；以倡导反腐败反独裁的方式，得到青年学生的心；以多党合作、政治协商的主张，获得了各民主党派的支持；提出团结各族人民，实行民族区域自治制度，赢取了各族人民的心。中国共产党正是凭着"解放全中国，让人民当家做主人，全心全意为人民服务"的宗旨最终赢得了全国民心。

九四：田无禽

表面上看是田野没有野禽，天天守株待兔，最终是两手空空，一无所获。人心不正，抱着侥幸心理，投机取巧，即便再下功夫坚持，也不会有什么好的结果。

侥幸心理，实质上是一种破罐子破摔的违法心理，底线就是对抗、逃避。抱有侥幸心理的腐败官员在第一次违纪违法时，也会对照党纪和法律来推断自己会受到何种处理，比照和自己类似情况受到惩处的官员，虽然心有余悸，但仍不警觉、警醒，在违纪违法的道路上一步步滑向深渊。他们从破纪开始，逐步滑向

"破法"，直到被查处时才认罪服法。侥幸心理，实质上也是一种冒险的违纪心理。所谓的"不懂法、不明纪"都是一种不负责任的说辞。大多数违纪官员在违纪行为发生时都清楚可能导致的后果，但可怕的"试试看"心理使他们不知止、不知惧，如果这种冒险没有被发现、被查处，得以逃脱，他们就以最大的冒险保住了最小的安全系数，以违纪违法犯罪获得更多的违法所得。侥幸心理，实质上又是一种赌徒的妄为心理。贪腐官员都明白，每一次贪腐行为的发生都是一场赌博，自身的"赢"都是暂时的。为谋取私利铤而走险，是拿党纪国法与人民赋予的权力在豪赌。如果不能把控住私欲，尽管在开始阶段不易被发现、被察觉，但在广大干部群众的监督下，在巡视利剑的斩腐震慑下，腐败分子终会被揪出。

六五：恒其德，贞，妇人吉，夫子凶

爻辞大意是要经常保持柔顺、顺从的品德，贞节守道，对女同志来讲比较好，而对男同志来讲，某些方面并不是好事。时时事事气（妻）管严，随风飘浮，没有定力，当然不是好事。

有一则《骑驴》的小故事讲道：一位爷爷和孙子骑着一头小毛驴去朋友家，一位中年人看见了，说两人骑一头驴，都把驴给压死了。老爷爷听了觉得也是，就下来让孙子一个人骑。一会儿被一个老人看见了，说这孙子太不孝敬老人了，老爷爷连忙叫孙子下来，自己骑上去。走了不远，一个小孩看见了，说没见过这样的爷爷不爱护自己孙子，于是爷爷赶紧下来和孙子一起走路。几个种菜的看见了，说他们真笨，有驴不骑。爷爷摸摸脑袋，不知如何是好。

爷孙俩骑驴的行为惹人好笑。一路上爷孙俩一会儿听这的，一会儿听那的，像墙上的草儿一样，随风摇摆，到最后都不知道如何是好。该爻也进一步启示：做人要有自己的定力，不能像墙头草一样，随风摆动；特别在生活和学习中，任何时候都应该有自己的思想，要有自己的主见，不能人云亦云，要敢于坚持自己的观点。

上六：振恒，凶

"振"：通震。上六爻辞大意是经常性的振荡不定，有凶险；摇摆不定，不能坚守恒久之道，整天变来变去，终将一无所成。"无志之人常立志，有志之人立长志"，正是爻辞体现的寓意。就是说，没有志向的人目光短浅，经常立志；有志向的人，立下长远的目标，并矢志不渝去完成。

《三国演义》中的吕布，幼年习文，年长习武，在战场上堪称千人不敌、万夫难挡，故时人语"人中吕布，马中赤兔"。可惜，吕布虽然骁勇善战，却为人

无谋,反复多变。他不断换主投靠,又不断加以背叛离弃,最后军中上下离心,不敌曹刘联军,终被绞死于白门楼。吕布一生轻狡反复,多变无端,这与他的诚信缺失症有着不可忽视的关联。在混战不断的乱世三国,诚信突出体现在一个人对主公的忠诚度,显得相当重要。可吕布少信寡诚的突出表现,就是不停地易主,达6次之多。不是因为吕布骄纵恃功,而是其变化无常,甚至势利弑主。纵观吕布一生,可谓疾如流星,由于他自视甚高,因而缺失诚信,在乱世中不断投靠他人,却又不断利用他人最终落得个少信寡诚的恶名,可悲可叹。为此,上六爻辞进一步启示:为人处事要讲究诚信,欺诈一时或许可行,欺诈一世当是妄想,做人做事还应当还得脚踏实地,还得遵守基本的道德原则。

总之,恒卦是一个倡导恒心有成的卦。诸事无不成于恒,持之以恒,必有成效。恒乃成功之本。为此,务必要动机纯正、守静而勿躁,不可急于求成,也不可固守死道,应从个人实际出发。切忌人云亦云,最宜随机应变,如此,诸事顺利而成。要循序渐进,不要在一开始就期望值过高,也不能因一时失利而放弃追求,应脚踏实地,从实际出发,不好高骛远,更不可自不量力,勿冒险激进,勿反复无常。坚信宇宙常新,不断修正自己,便是走向成熟的表现。

悟恒卦,乐道其中。

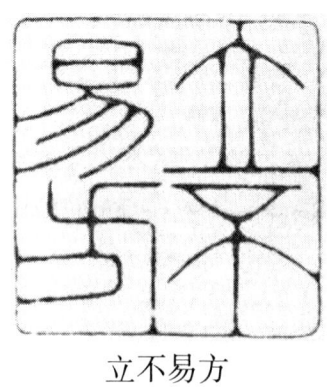

立不易方

【原文】

遁：亨。小利贞。
初六：遁尾，厉。勿用有攸往。
六二：执之用黄牛之革，莫之胜说。
九三：系遁，有疾厉。畜臣妾，吉。
九四：好遁，君子吉，小人否。
九五：嘉遁，贞吉。
上九：肥遁，无不利。

遁卦是《周易》第三十三卦，"遁"为"遯"，即逃避、躲闪的意思，讲述的是适时回避、隐遁之道，表示小人当道，处境异常艰难；在这种情况下，要不自甘堕落，也不能贸然行事。善于与小人周旋，既是一种人生智慧，又是一种生存法则。《象》曰："天下有山，遯，君子以远小人，不恶而严。"寓意是错过机遇时，不要着急，要静观其变，从容应对，有时候不妨甘居退隐、全力总结提高，以此等待新的转机。

"天下有山"遯：君子以远小人，不恶而言

孙耀和，1944年出生，河南封丘人，现为中国摄影家协会会员、河南省奔小康文化传播有限公司董事长兼总经理、河南大华书画院院长。

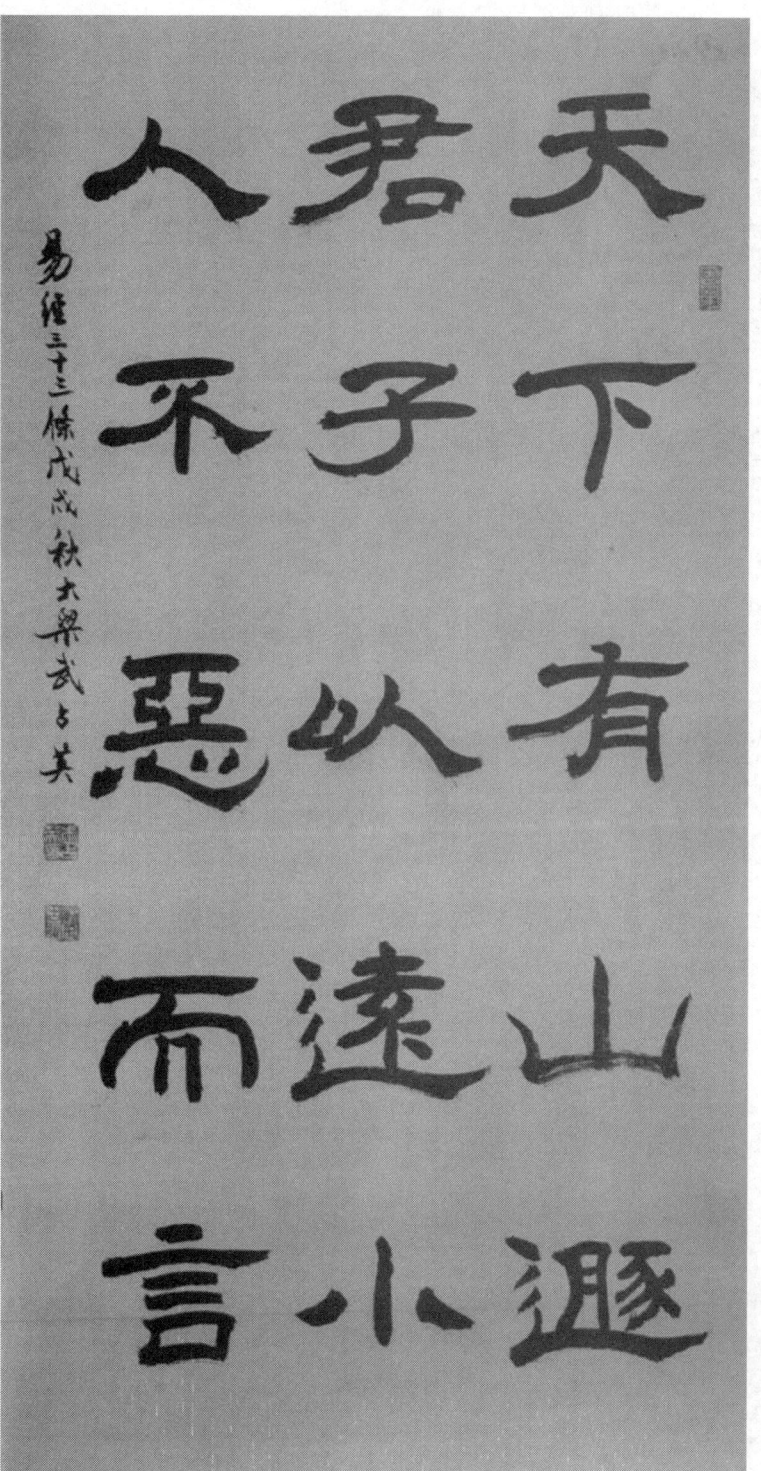

武占英，1954年出生，河南开封人，中共开封市委宣传部原常务副部长。现为中国书法家协会会员、焦裕禄干部学院特聘教授。

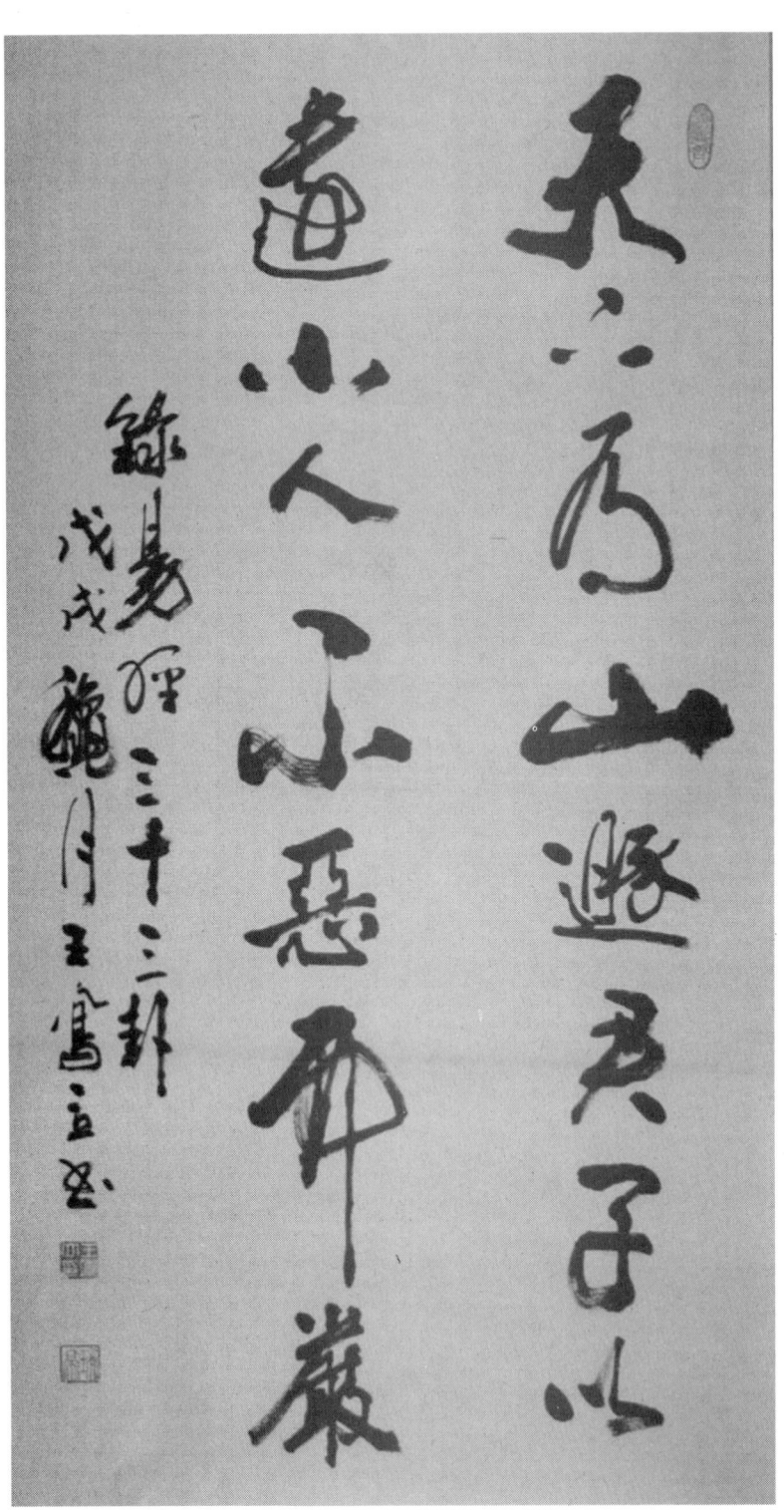

王凤立,1957年出生,河南开封人,著有长篇乡土小说《几度桃花红》。

第三十三章　识时务　善进退　盖进人间恶路歧

遁：亨。小利贞

遁卦是下艮上乾相叠的天山卦象。乾为天，艮为山。天下有山，山高天退。阴长阳消，小人得势，君子退隐，明哲保身，伺机拯救天下。"遁"：是退、避，隐退之意。显然，遁卦是昭示人们要识时务，善于进退，见好就收，当止则止，当退就退。从本卦卦辞来看，"小"：朱熹认为"小"在这里讲的是"小人"。意思是小人当道，形势严峻，但不可受制于人。

俗话说：小人道长，君子道消，凡事宜退不宜进，穷则独善其身，养晦修身。当时运不济时，应考虑退隐，勿与不正之人同流合污，但不是消极逃避，而是要蓄积实力，总结经验，善于把握时机，待机而出。

该卦中的"遁"，不是简单意义上的逃跑，而是一种人生智慧。《史记·萧相国世家》中，"萧何自污"的故事就是一个典型。故事讲道：萧何帮助刘邦建立汉朝后不久，黥布谋反，高祖御驾亲征，其中派遣使者数次问萧何在做什么。回报说："因为皇上在军中，相国正鼓励百姓拿出家财辅助军队征战。"这时有个门客对萧何说："您不久就会被灭族了。您身居高位，功劳第一，不可能再得到皇上的提拔重用。可是，自您进入关中，一直得到百姓拥护，如今已有10多年了；皇上数次派人问及您的原因，是害怕您受到关中百姓的拥戴。现在您为何不多低价买田地，少抚恤百姓，自损名声呢？皇上必定会因此安心的。"

萧何认为有理，便依计行事，抢夺百姓田地。后来，高祖得胜回朝途中，有百姓拦路控诉相国。高祖不但没有生气，反而高兴异常，也没对萧何进行任何处分。天晴防下雨，防患于未然。国家要生于忧患。这是生存之道，也是做事的一种智慧，预留出口，是更好地为了柳暗花明、绝境逢生。当然萧河处在封建帝王时代，有其时代局限性。作为新时代的党员干部，绝不能去效仿他主动干坏事自损名声，而是要从其事中悟出点为人智慧。

初六：遁尾，厉。勿用有攸往

"尾"：根部，底线。"厉"：危险。退到不能再退的地步，后面再没有空间时，异常危险。横竖都是死，拼搏一把，或许有所转机。处在退无可退、忍无可忍的地步时，不能再继续往后退的时候，故"勿用有攸往"，这个时候不妨勇敢站出来，置之死地而后生，为自己找寻一条出路。

公元前205年，汉王刘邦派韩信率领刚刚剿灭魏国的几万军队攻击赵国。赵军统帅陈余立刻在井陉口聚集20万重兵严密防守。此时，赵国谋士李左车向陈余献计：韩信此次出兵一路凯旋，然而，战车和粮草后勤保障力量必定落后，如果派人从小道抄其粮草，定让他不战而退，并请求自带3万兵马，用不了几天便可活捉韩信。但陈余却听不进去，以韩信兵力很少，又是长途跋涉，像这样的敌人都不敢打，会遭别国轻视的理由回绝了李左车。韩信得知后十分高兴，难得碰上陈余这样的迂腐之人，但对有远谋的李左车心中很是佩服。他下令军中，不得杀李左车，生俘者赏千金。随后，韩信把兵马集结在离井陉口30余里的地方。韩信派2000名轻骑兵，每人带一面汉军红旗，从小路迂回到赵营侧后方埋伏起来。韩信命令他们，待赵军倾巢而出时袭入其大营，拔去赵军旗帜，全部换上汉军旗帜。韩信又派1万人马做先头部队，沿着河岸摆开阵势。陈余见韩信把兵马置于背水之处，大笑韩信不懂用兵，率领赵军全力迎战。汉军2000名轻骑见赵军全营出动，立即闯进赵营拔掉赵旗，换上汉旗。此时韩信假装败退，向河岸阵地退去，以此诱敌中计。背水结阵的士兵因为没有退路，回身猛扑敌军。赵军无法取胜，正要回营时，忽然看到营中已插遍了汉军旗帜，于是四散奔逃。汉军乘胜追击，打了一个大胜仗。

在追求理想的道路上，总会遇到许多挫折，要具备"泰山崩于前而色不变"的大将风度和永不放弃追求的斗志，在最困难的关头咬住不放，在绝境中创造机会，才能在无望中找到希望。

六二：执之用黄牛之革，莫之胜说

"黄"：中正之色。"牛"：柔顺之物。"革"：皮革。大意是要保持平常心，绝不能让其放任自流。特别对歪风邪气要始终保持一颗平常心，立稳脚跟，不被外界所迷惑，不被假象所左右，不让邪恶因素钻了空子。

有一个学僧到法堂请示禅师道："禅师！我常常打坐，时时念经，早起早睡、心无杂念，自信在您座下没有一个人比得了我更加用功，为什么我就是不能开悟？"禅师拿了一个葫芦、一把粗盐，交给学僧说道："你去将葫芦装满水，再把盐倒进去，使它立刻溶化，你就开悟了！"学僧依样画葫芦，遵守照办，过了不多久，跑回来说道："禅师，葫芦口太小，我把盐块装进去，它不化；伸进筷子，又搅不动，我还是无法开悟。"

禅师拿起葫芦倒掉了一些水，只摇了几下，盐块就溶化了。禅师慈祥地说道："一天到晚用功，不留一些平常心，就如同装满水的葫芦，摇不动，搅不得，如何化盐，又如何开悟？"

学僧说："难道不用功就可以开悟吗？"禅师道："修行如弹琴，弦太紧会断，弦太松弹不出声音，中道平常心才是悟道之本。"学僧终于开悟。

世间事，不是一味执着就能进步，读死书而不活用，不能受益。留一点空间，给自己一个转身的机会，不急不缓，不紧不松，拥有平常心，便是自然人生。

九三：系遁，有疾厉。畜臣妾，吉

人生在世，难免要与小人相遇并过招。"系遁"：被小人所连累，情形不容乐观。在这种情况下，只有蓄养小人，与狼共舞，不能疏远小人，远离小人就会被小人怨恨，早晚会被算计，"躺着也中枪"绝非夸大其词。过于亲近小人，近墨者黑，必定会被污染，时间长了就会被卷入浑水之中。只有坚持不断地与小人周旋，若即若离，才能顺利。其实，生活中被自己认为的小人，并不全是品德低下者，有些因为职场竞争，人为性地被划入小人范畴。爻辞也在有意提醒人们：不要一味地以恶报恶，而是要感谢对手，实现双赢，因为，人生奋斗的过程，就是与对手合作的过程。

日本北海道出产一种味道珍奇的鳗鱼。这种鳗鱼生命非常脆弱，只要一离开深海区，要不了半天就会死亡。奇怪的是有一位老渔民天天出海捕捞鳗鱼，返回岸边后，他的鳗鱼总是活蹦乱跳。而其他几家捕捞鳗鱼的渔户，处置捕捞到的鳗鱼回港后几乎全部死光。鲜活的鳗鱼价格要比死亡的鳗鱼几乎贵出一倍以上，所以没几年工夫，老渔民一家便成了远近闻名的富翁。周围的渔民做着同样的营生，却一直只能维持温饱。老渔民临终之时，把秘诀传授给了儿子。原来，老渔民使鳗鱼不死的秘诀，却是在整仓的鳗鱼中，放进几条叫狗鱼的杂鱼。鳗鱼与狗鱼非但不是同类，还是出名的对头，势单力薄的狗鱼遇到成仓的对手，便惊慌地在鳗鱼堆里四处乱窜，这样一来，反倒激活了满满一仓死气沉沉的鳗鱼。

一种动物如果没有对手，就会变得死气沉沉。同样，一个人如果没有对手，那就会甘于平庸，养成惰性，最终导致庸碌无为。一个群体也是这样，如果没有对手，就会因为相互依赖和潜移默化而丧失活力、丧失生机。一个政体如果没有对手，就会逐步走向懈怠，甚至走向腐败和堕落。一个行业如果没有对手，就会丧失进取意志，也会因为安于现状而逐步走向衰亡。有了对手，才有危机感，才会有竞争力。反过来一想，便会发现拥有一个强劲的对手，倒是一种福分、一种造化，因为一个强劲的对手，会让人时刻有种危机感，会激发起更加旺盛的精神斗志。

九四：好遁，君子吉，小人否

"好遁"：是喜欢退隐、好像没有故意去隐居的人。这里是一种语法倒置——"遁好"，为摆脱世俗牵累，放弃优厚待遇，这可不是一般人所能做到的，需要的是一种果断放下的勇气，不为名利遮望眼，这是一种超然的智者心理；而自私的人，为了贪图利益，不舍得已到手的利益，看不开，放不下，又不甘心，所以就会招来祸患。事实上，人们很多时候放不下：有了功名，就对功名放不下；有了金钱，就对金钱放不下；有了爱情，就对爱情放不下；有了事业，就对事业放不下。因为心中还有念想，比如对爱还存有希望，期许未来会改变，心中贪欲还在作梗，对方的行为还没有触及自己的承受底线等，所以没有让自己痛到必须撒手的地步。放下其实也是一种顿悟。优柔寡断的人常常思前想后，拿起来慢，放下也慢。倘若经历过一次重大变故，比如与死亡擦肩而过，重击会让一个人猛然醒悟。看开了、看淡了，自然也就能放得下了。

之所以痛苦，是因为有欲望，天天背负着欲望和想法的人，自然很累。见物喜物，见人喜人。买了新房，就开始疯狂地购置东西，多年以后，自然会发现，房间已被堆得像一个小胡同。当觉得特别压抑时，就想扔些东西出来，最终，看看这个，盯盯那个，哪个也不舍得扔掉，于是就只能忍受狭小与压抑。终有一天，房间漏雨，导致没有下脚的地方，于是才有了扔的勇气。爻辞寓意也正在这里，不要等到疼了再放弃，要智慧，该放弃时要果断放弃，坚信放弃就是为了更好的得到。

九五：嘉遁，贞吉

"嘉"：美好，成功。"嘉遁"：功成身退，见好就收。当然非常理想，这种精神值得千古传颂。隋朝冯盎的经历便是这种精神最好的明证。

隋朝左武卫大将军冯盎少年时很有谋略，英勇善战。不久，冯盎便以祖辈功勋而受任宋康县县令。虽然仕途起步是个小小的县令，但是就当时来说已经很是不错。开皇十年（590），番禺夷人王仲宣起兵造反，隋文帝因冯盎平叛有功，任命他为高州刺史。后来冯盎跟随隋炀帝杨广出征辽东，因功升任左武卫大将军。

义宁二年（618），冯盎在左武卫大将军任上时突然传来隋炀帝在江都被缢弑的消息。冯盎为自保连夜赶回岭南，集聚民众，自任首领，不久便在岭南统率部众5万人。冯盎虽然占据岭南，但并没有像秦末赵佗一样割据岭南、称王一方，公然和汉朝对立，而是放下心来治理岭南等待中原王朝的招安。

唐武德三年（620），广州、新州的贼帅高法澄、冼宝彻杀死隋朝原官吏，占据二州，归附于林士弘。冯盎率军打败他们，于是占据广州、苍梧、朱崖的地盘，自称总管。之后因冯盎治理有方，故岭南局势稳定，成为南方难得的安宁之地。

武德五年（622），冯盎见中原大势已成定局，见好就收，接受唐朝名将领李靖的檄文，率领部属归顺唐朝，被封吴国公，其子被任为一方刺史。贞观二十年（646），冯盎病逝于任上，朝廷追赠他为左骁卫大将军、荆州都督。

上九：肥遁，无不利

"肥"：肥大，空阔。"肥遁"：宽裕充实，隐退空间充足，无牵无挂，非常洒脱。"无不利"：没有任何负担与拖累，可以超然离去。这里也表达了另外一层意思：为人要善于包容，见好就收，得饶人处且饶人。

爻辞提醒人们：人非圣贤，孰能无过？当别人犯了错误或有意无意间冒犯了自己时，应该得饶人处且饶人，给予人们理解、关怀与帮助，致使其改过自新，少一份怨恨、斗争和陷害，多一个真心的朋友；同时，懂得宽容别人的人，同样也会受到别人的尊重和敬意。

宋太宗也正是以宽容得到臣子的爱戴。有一次饮酒时，两个臣子侍奉酒宴，但他们却喝得大醉，互相争吵不休，失去了臣下礼节。内侍请太宗将二人定罪，但太宗不肯，并命人送他们回家。次日，二人一起跪在皇帝面前请罪，太宗微笑着说："昨晚，朕也喝醉了。"宋太宗假装糊涂，既宽恕了臣下，表现了大度，又收买了人心。

总之，遁卦是讲求隐退的卦象。在不得志的时候，或居于山林、荒野，或到水边垂钓，远离纷杂争斗的尘世，寻求人间的快乐。但是，隐退是一件非常痛苦的事，不是所有人都能做得到的，它需要的是一种勇气，并且是一种非凡的勇气。俗话说"留得青山在，不怕没柴烧"，当发现某个地方或领域不适合继续生存与发展时，人们自然就会想到马上离去，不论称作"逃跑"还是叫作"撤离"，其本质都是为了保存实力，以图东山再起。适者生存，是宇宙万物的生存法则，人们想生存发展，就要选择适合自己的发展空间，今天适合不等于明天仍然适合，故而陈抟老祖告诫"优好之所勿久恋，得志之地勿再往"。

总之，为人处世要具备大智慧，善于权衡利弊，当进则进，当止则止，当退则退。

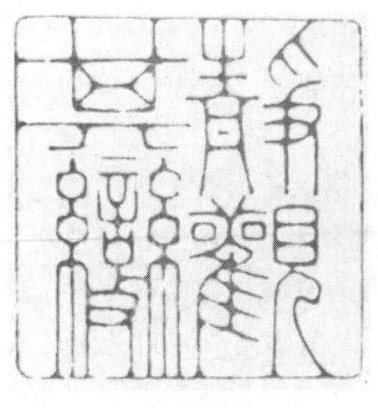

静观其变

【原文】

大壮：利贞。

初九：壮于趾。征凶，有孚。

九二：贞吉。

九三：小人用壮，君子用罔。贞厉。羝羊触藩，羸其角。

九四：贞吉。悔亡。藩决不羸，壮于大舆之輹。

六五：丧羊于易，无悔。

上六：羝羊触藩，不能退，不能遂。无攸利，艰则吉。

大壮卦是《周易》第三十四卦，讲述的是长远强盛之道，表示一个人只有始终抱着如履薄冰、如临深渊的态度，才能阻止自己滑向贪欲的无穷之壑，才能坚守正道，踏实做事。《象》曰："雷在天上，大壮；君子以非礼弗履。"寓意是与不同见解的人沟通时要求大同存小异，不能斤斤计较，不要去搞无谓的争执，而要发扬风格，细微之处见精神。

雷在天上，大壮：君子以非礼弗履

马云龙，1962年出生，河南开封人，中国名人书画艺术界联合会常务委员、篆刻家、中国硬笔书法协会会员。

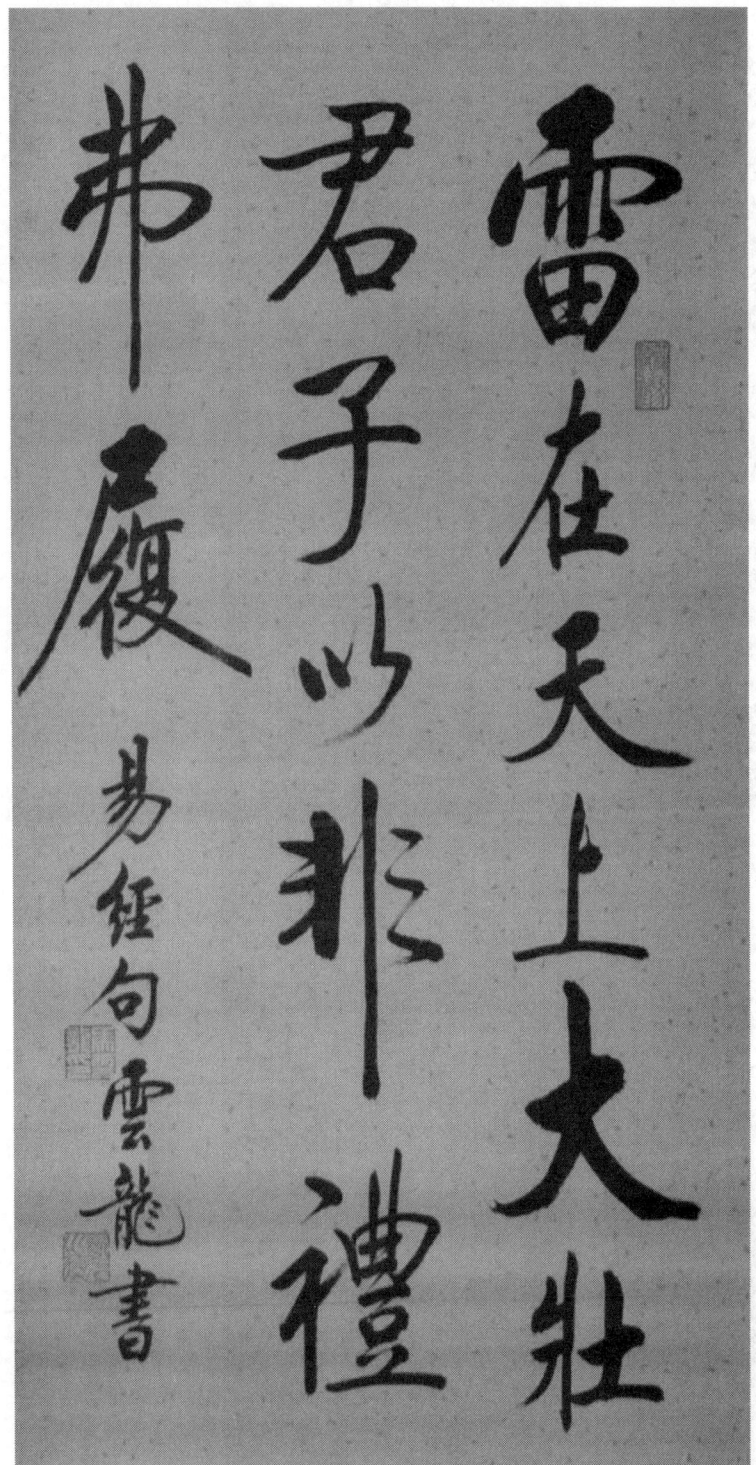

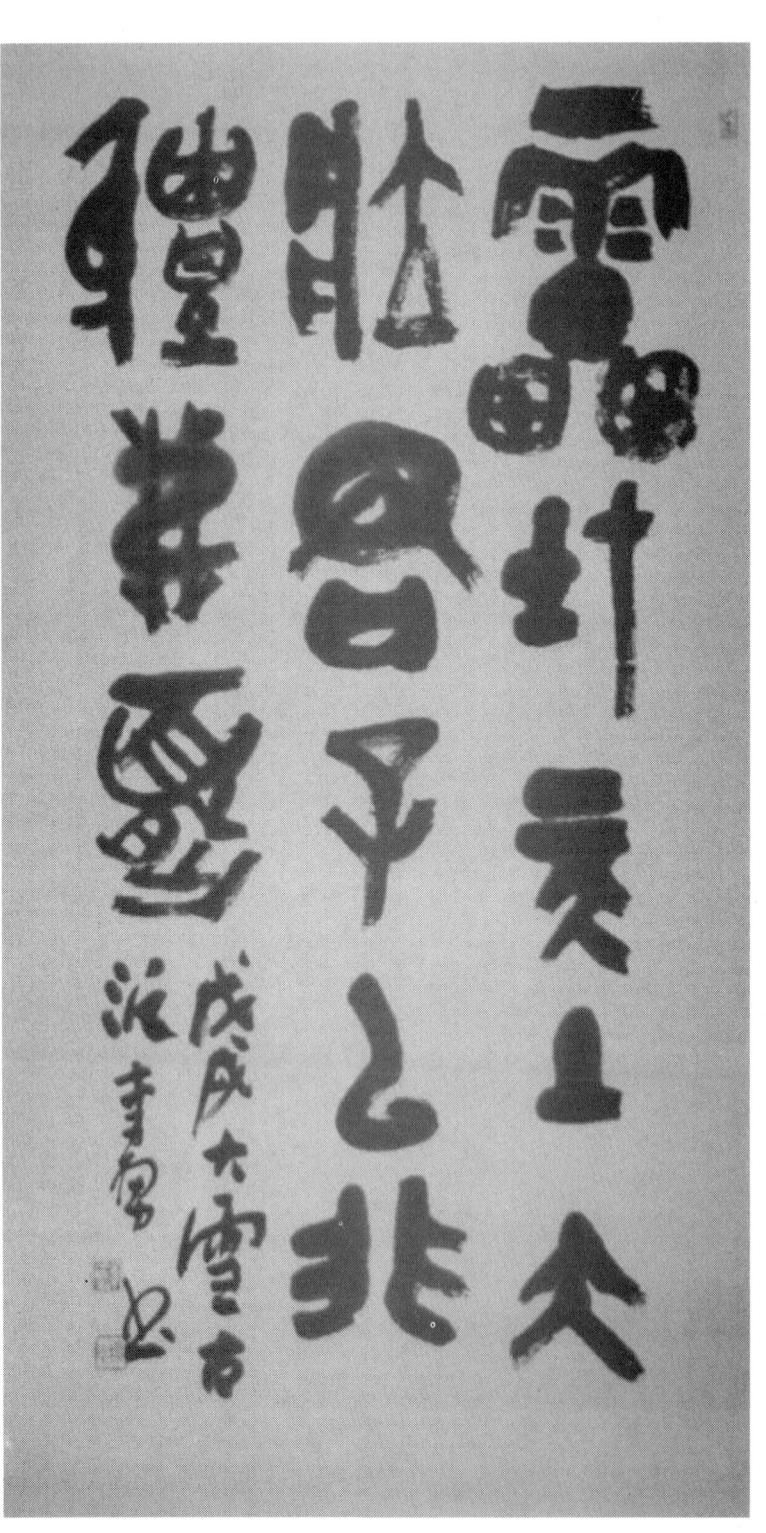

李勇,1973年出生,河南开封人,现为河南省美术家协会会员、开封市云文书画院院士。

第三十四章　执虚器　如执盈　坐看青竹变琼枝

大壮：利贞

大壮卦是乾下震上的雷天卦象。乾为天，震为雷。雷在天上轰鸣，声震四海，极其壮观宏大。春风之后，阳气上升，一片欣欣向荣之气。人到了这个阶段，诸事顺利，事业有成，家庭幸福，财气招人，处处一幅成功派头。但是紧接着卦辞提出要"利贞"：就是宜从正道，正者无敌。"大壮"讲求的是正大光明，而不是横行霸道、胡作非为。到了大壮时，人要特别谨慎。《象辞》提出："雷在天上，大壮，君子以非礼弗履。"其中"弗"：不要；"履"：履行。大意是当事业有成时，要自觉杜绝不正之风，不做不合礼仪之事，要不贪不占，按照常规行事，自觉消除特权思想。

《弟子规》说：即使拿着空空的容器，也要像盛满东西时那样小心翼翼；走进无人的空房子，也要像主人在家一样，时刻要注意言行举止，不能随随便便。不论何时何地，或明或暗，或在人群，或于独处，都要时时警惕、守正不桡，刻刻戒惧、谨慎不苟。这里强调的正是为人要慎独的意识。

"慎独"是中华传统文化在道德修养方面一个高度概括的准则和方法，是衡量一个人道德水准的试金石。《礼记·中庸》最早提出"慎独"思想："莫见乎隐，莫见乎微，故君子慎其独也。"意思是说，隐蔽的东西和微小的事情，最能显现出一个人的品质，所以一个有道德的人在别人看不见、听不到的情况下，也要特别谨慎，不因别人不在场或不注意自己时而做有违背道德伦理的事情。东汉时，昌邑县官王密听说恩师杨震调到东莱担任太守，正好途经昌邑。为感谢恩师提拔举荐之恩，王密趁着夜黑给杨震送去10根金条，杨震坚辞不收。王密说："现在夜深无人知道。"杨震答道："天知、地知、我知、你知，何谓无人知？"后人称其为"四知先生"。杨震堪称古代"慎独"典范。

初九：壮于趾。征凶；有孚

"趾"：脚趾。"征"：行动。"孚"：诚信。大意是刚学会走路，就妄想去飞，带着浮躁情绪做事，十有八九注定会失败。爻辞警示：为人处世要打好基础、练好硬功，不能学点东西，就胡乱显摆，浮躁做事，最终会以失败而告终。字里行间强调为人处事要脚踏实地，只有脚踏实地才不会摔跟头，才有安全感。

脚踏实地的典型要数北宋时期的司马光，他虽在政治上是保守的，但在史学方面的成就却相当辉煌。他主编的《资治通鉴》同西汉司马迁的《史记》是史学史上的两颗明珠，至今仍为世人所推崇。

《资治通鉴》记载了1362年的历史，全书294卷，还有考异、目录各30卷。其规模之大，令人叹服。司马光为编写《资治通鉴》翻阅了大量的书籍资料。宋神宗允许他借阅"集贤""昭文""史馆"三大书库的所有书籍，并特许可借阅"龙图阁、天章阁及秘阁"的藏书，还将自己私藏的2400余卷书献出来，供司马光参考。除此之外，司马光还参阅了大量的野史、谱录、正集、别集、墓志等资料，共222种3000多万字。

司马光学风严谨，对自己要求很严格。他为自己规定，每3天修改1卷。1卷史稿4丈长，平均一天修改1丈多，若遇事耽误了，事后必须补上。每天晚上他总是让老仆人先睡，自己点上蜡烛阅读到深夜，第二天凌晨又起身继续工作，天天如此，19年如一日。夜里，他怕因困乏睡过了头，便让人用圆木做了个枕头，木枕光滑，稍稍一动，头即落枕，人便惊醒。后人称此枕为"警枕"。司马光的住处，夏天闷热，无法工作，司马光便让人在屋子里挖一个大坑，砌成一间地下室，地下室冬暖夏凉，成了他编书的好地方。而当时的大官僚王宣徽每到夏天便到他名园的高楼上避暑享受，人们笑说："王家钻天、司马入地。"

司马光修改过的书稿堆满了整整两间屋子。书法家黄庭坚曾看过其中的几百卷，发现这些书稿全部是用工笔楷书写成的，没有一个草字。司马光为编写《资治通鉴》用了19年时间。开始编写时，司马光48岁，编完后，他已是66岁的老人。这19年，司马光"秉烛至深夜，警枕破黎明"。长期伏案工作，耗尽了他的心血，刚过60岁，他便视力衰退、牙齿脱落、面容憔悴。《资治通鉴》写成后，还没等出版，司马光便与世长辞。为悼念这位伟大的史学家，宋哲宗亲自临丧，并下旨为他举行隆重的官葬。他家乡山西夏县的人们为纪念他，特为他建了墓碑亭，竖起一块巨碑。这块巨碑连同底座高达9米，比帝王神道碑和墓碑还要高大。碑额刻有宋哲宗的御篆"忠清粹德之碑"字样，大文学家苏东坡为其撰写了碑文。

如司马光一样，但凡成就一番事业，都需要付出坚强的心力和耐性，要踏踏实实、实事求是，更要认真、自信而不虚浮、不浮躁；反之，凭侥幸、靠运气夺取丰硕的果实，只想坐收渔利，只能是白日做梦。

九二：贞吉

"贞"：中正之意。爻辞大意是坚持走中正之路，不骄不躁，必然会有好的结果，教育人们千万不要在成绩和荣誉面前沾沾自喜、忘乎所以，无论做任何事，始终都要保持清醒头脑，要客观认识自己。

毛泽东同志在中共七届二中全会上告诫全党：务必保持谦虚、谨慎、不骄、不躁的作风，务必保持艰苦奋斗的作风。"两个务必"发人深思，也正是爻辞中倡导的"中正"，要坚持走中正之道，不能只是躺在功劳簿上享受，只有居安思危，才会不断地从失败转为成功、从胜利走向胜利。

九三：小人用壮，君子用罔。贞厉。羝羊触藩，羸其角

"罔"：通"网"，制度，道理。"厉"：危险。"羝羊"：公羊、领头羊，经常以羊群里面的老大自居，好斗成性。爻辞大意是当遇到矛盾时，平常人总喜欢挥动拳头，以武力征服对手；而非凡人则动用法律，以理服人，以智慧赢得胜利。挥动拳头解决问题的人如同羊群中的头羊公开抵触篱笆约束一样，一头砸过去，自己的角却被篱笆牢牢套住。小人恃强凌弱，君子以德治世。二者形成鲜明对比。

爻辞也与墨子"非攻"思想不谋而合。墨子认为，凡事只讲争先，不讲礼让是不可能的。中国自古就是礼仪之邦，素有礼让三先的传统。"非攻"是墨学的重要范畴，是墨子军事思想的集中体现，也是和平主义、人道主义的理论基础。"非攻"，向前延伸，指的是非权力影响力，用人格魅力感染对方，而达成不战而屈人之兵。

一次，墨子听说楚王请公输盘造了攻城之梯，准备攻打宋国，非常着急。他准备先后说服公输盘和楚王停止攻打宋国。楚王讲理讲不过墨子，便要赖，以公输盘已造好云梯为借口，怕不打下不了台。墨子知道这不过是楚王攻打宋国的由头，于是决定给他们点颜色。他用腰带、小马扎等模拟实兵推演方式将公输盘的攻城之法一一化解。公输盘斗输后，非常尴尬，对墨子说："我知道怎么取胜于你，但不想说出来。"墨子回敬："我也知道怎么破解你，也不想说。"楚王不解，问其原因。墨子答："公输盘的意图，不过是想除掉我。我死了，就没有人替宋国守城。而我早已将生死置之度外，在来之前，已安排学生禽滑厘带300人，带着我制造的武器守候在宋城上，用来破除你们的攻城招数。即使我死了，你们也难以攻城。"楚王被智勇双全的墨子说得哑口无言，最后放弃攻打宋国。墨子也是凭借人格魅力感染了对手，攻心为上，最终实现了自己的目的。

九四：贞吉。悔亡。藩决不羸，壮于大舆之輹

"决"：冲破。"舆"：车厢；"輹"：加固车轮的辐条。爻辞大意是坚持走正道，这是无悔的抉择。精诚所至，金石为开；篱门攻破，畅通无阻。

楚国人熊渠子，自小就想成为一名射箭高手。15岁时，他外出求名师学箭。开始时，师傅既不给他弓也不给他箭，而是让他反复举石锁。尽管不理解师傅的真实用意，但他知道师傅让他做每一件都有道理，于是每天十分认真地用两只手轮换将50斤重的石锁举了一次又一次，从不懈怠。一年后，熊渠子便举重若轻。师傅便给他换成100斤重的石锁让他继续苦练臂力。5年后，当熊渠子能举起300

斤重的大石锁时，师傅交给他一把大硬弓，但还没有给他箭，让他对着目标练习瞄准，并且叮嘱他张弦时手不能有丝毫颤动。当他按照师傅的叮嘱又练了3年空弦后，师傅终于拿出箭来。练就强大臂力的熊渠子，加上一幅敏锐精细的眼力，又在师傅教导下，开始举弓搭箭，对准目标，百发百中。更为精彩的是百步穿杨的本领，使其很快成为远近闻名的神射手。

一晃10年过去了，熊渠子辞别师傅返回家乡，一路上晓行夜宿。有一天，行至荒郊时已是夜间。突然发现一只老虎伏在路边，吓得他出了一身冷汗，下意识地抽出箭来，拉开硬弓，奋力朝虎射去，不偏不倚正好射中。熊渠子莫名其妙，一只庞然大虎居然悄无声息地死去。待他走近一看，原来是块石头，而且箭头已深扎于石头之内。眼前景致使他颇为奇怪，自己哪里来的这股神力？于是他又重新回到原来的位置，张弓搭箭，使足力气，向石头再发一箭，却未入石。他又接连发了几箭，却见箭与巨石相击火星飞迸中，箭却远远被石头弹飞。

该则故事不难看出，一个人只有在聚精会神的时候，才会产生意想不到的效果，这就是"诚心"所产生的力量。具备这种专一精神，一切艰难困苦将会迎刃而解。这也正是爻辞中发出的深层寓意。

六五：丧羊于易，无悔

"易"：道理。"羊"：羝羊，暗指冲动的性格。"丧"：是摔打磨砺。爻辞大意是经过岁月的磨砺，冲动的个性已经被岁月打磨得极其平整。认识不足，努力改正，让自己慢慢变得成熟起来，这是件好事儿，故"无悔"；反之，凭个性发展，我行我素，必定会陷入自己设置的死胡同。

在这方面，关羽就是一个典型。关老先生以忠、勇、义而著称三国，在《三国演义》里，深受尊敬，粉丝遍地。但是他有一个致命个性，整天牛气哄哄，根本不把别人放在眼里。导致他失败的原因，也在于其刚愎自用的个性。"大意失荆州"之事，其实绝非大意，而是必然。由于关羽平时的个性，结果把刘备费尽心机骗来的荆州放了水。吕蒙调陆逊替代自己职务，关老先生一见这位名不见经传的陆逊，居然不放眼里，认为是"竖子"（小娃娃），警惕性消除了大半；同时他又认为荆州必然无事，又将坚守荆州的兵将抽出一半去攻打樊城。荆州失守后，关老先生还不相信，仓促之机还坚守个性不放，听不进王甫建议，妄想再夺荆州，结果遭到吴、魏大军拦截追杀，使他进退无路。穷途末路的关老先生只得被迫坚守麦城，但麦城内无粮草，外无救兵，唯一的救兵刘封是刘备义子。刘封平时却遭受关老先生白眼，被多次训斥，这早已为刘封不发救兵埋下了祸根。无奈之际，关羽改道弃城走西川。在大道与小路兵力输送中，王甫认为小路有敌兵设伏，应该走大路。但关老先生又犯了致命性错误，仰仗自己武功超群，有恃无恐，扬言"纵有埋伏，有何惧哉"，最终听不进劝解，飞蛾扑火，父子双双遭擒身死。

其实，人倒霉往往就在于不识时务、倔强固执、狂妄自大，而且自古使然。

上六：羝羊触藩，不能退，不能遂。无攸利，艰则吉

羝羊被篱笆锁住了角，前进不得，后退不能，但这种困难是暂时的，只要不断地改进，坚持走中正之道，最终就会突破困难、实现自我。黎明前最黑暗的时候，务必得坚持不懈，方能冲破藩篱，走向人生的康庄大道。这里讲求的也是为人得有自信，有自信才能有自然人生。

《墨子·非命上》说："今有执命者之言，是覆天下之义。"大意是现在要听主张有命的人的话，这是离经乱道的话。命运永远掌握在自己手中，做人要有自信，做人就要做最好的自己。墨子主张命运不能等靠，而得自己去积极争取。一个人如果不坚持自己，就没有思想，一个没有思想的人，处处生活在别人的影子里，也是非常可悲的。

的确，做人要有自信，不能任由别人摆布。像莫扎特、凡·高都是较为高端的榜样。他们没有向命运屈从，最终向命运发起挑战，成为自己的主人。做人首先得正确认识自己，把握自己命运，实现自己的人生价值；如果随大溜，跟着感觉盲从，这样的人生只能活在别人的影子里，将是没有光环的人生、暗淡的人生，也将失去了人生的意义。

总之，大壮卦不是单纯为写"大壮"而说"大壮"，而是"大壮"者必须对"大壮"有清醒的头脑、正确的态度，不能像"雷在天上"一样，到处示强；不能做恃强凌弱、以强施暴、横行霸道等非礼之事。这才是"大壮"要表明的宗旨。大壮卦呈现的是在阳气过盛的情况下，要懂得物极必反的道理，要始终保持慎独意识，戒骄戒躁，收敛个性，做好自己的同时彰显人格魅力。

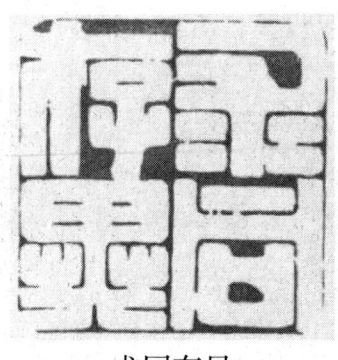

求同存异

【原文】

晋：康侯用锡马蕃庶，昼日三接。

初六：晋如摧如，贞吉。罔孚，裕无咎。

六二：晋如愁如，贞吉。受兹介福，于其王母。

六三：众允，悔亡。

九四：晋如鼫鼠，贞厉。

六五：悔亡，失得勿恤；往吉，无不利。

上九：晋其角，维用伐邑；厉吉，无咎；贞吝。

晋卦是《周易》第三十五卦，有求进发展的意思，讲述的是晋升、晋见之道，表示因为才能出众，得到国家和领导人的重视。《象》曰："明出地上，晋；君子以自昭明德。"寓意是如同阳光普照大地一样，君子也应向太阳学习，努力发挥自己的作用，充分展示自己的才德，确保利于长期发展。

明出地上"晋"：君子以自昭明德

高洪宪，1961年出生，河南杞县人，现为中国甲骨文书法艺术研究会会员、河南省书法家协会会员。

谭卫兵，1966年出生，河南开封人，现为开封市书法家协会会员、开封意拳书法研究会副秘书长、刘庚三书法艺术研究会会员。

明出地上晋
君子以自昭
明德

录易经句 胜利

第三十五章　上不骄　下不忧　必登岳楼把天瞻

晋：康侯用锡马蕃庶，昼日三接

晋卦描绘的是下坤上离阳光普照的卦象。离为日，为光明；坤为大地。太阳高悬，阳光普照大地，大地柔顺，万物滋长，光明磊落，柔进上行，比喻事业蒸蒸日上。日出地面，普照大地，有光明上进之意。

本卦辞中的"康侯"：指周武王之弟卫康叔，也泛指普众，因为"普天之下，莫非王臣"。"锡"：通"赐"。"蕃"：繁多。"庶"：天下百姓，众多之意。"接"：接见。"用"：作用、功用、效用、利用、用于等。卦辞大意是为了让下级发挥作用，上级不惜给予许多物质奖励，居然打破常规一日破格接见3次，又给予了最高精神安慰奖，这种待遇怕不多见。如曹操对待关云长一样，"三日一小宴，五日一大宴"，正是这种求贤若渴的精神、公正开明的态度，感化了义薄云天的关二爷，最终在华容道上，致使关云长冒着杀头危险放跑了曹操。

卦辞讲求两个方面：一方面对领导者提出了要求，作为上级，不能骄横，不能自高自大，要赏罚严明，不能失实失正，要唯德才是举，论功行赏，在公正开明的环境中，以人格魅力感召部属；另一方面，作为部属，也要主动听从指挥，要紧紧围绕上级正确决策开展工作，抓好落实，不邀功，不发牢骚，在长期密切配合中，将自己的才德展现在成绩中，靠政绩显著获得赏赐晋升，感觉到前途一片光明，犹如太阳冉冉上升，信心十足。上下级大都是在工作中培养出的深厚感情，互相心照不宣，自然和谐，令人向往。

初六：晋如摧如，贞吉。罔孚，裕无咎

"如"：语气词。"摧"：排挤，挫败。"贞"：中正，无怨无悔。"罔"：通"无"。"孚"：诚信，信任。"裕"：宽裕，豁达大度。这里强调的是一种官场哲学，理论与实践在结合中总有些许出入，天下没有绝对的事儿，并不一定工作出色就必须会得到提拔重用，而局限于各个方面的因素，有自然的，也有他人的，导致在符合晋升条件时，却因方方面面的因素暂时没有得以顺利晋升，郁闷之极，抱头对天大哭，问苍天为什么受伤的总是我？因此，爻辞给出了答案：千万不能心怀怨恨，那只是不成熟的做法而已。纵使工作尽职，暂时得不到上级信任与赏识，也要乐观并豁达处之，坚信天生我材必有用，做到不发牢骚、不讲怪话、任劳任怨，该做什么做什么，就不会埋下祸根。

古时候有一个秀才，自认为学富五车、满腹经纶，却仕途不佳。终于有一天他看破红尘、不堪忍受时，便想自杀。秀才来到海边，刚跳进海里，却碰巧被一位好事的老渔夫打捞上来。秀才非常生气，反怪渔夫搭救了自己。老渔夫诧异问其自杀原因。于是秀才把自己怀才不遇的境况详细告诉了渔夫，由于自杀未遂，愤愤不平地一个劲儿又埋怨渔夫。老渔夫告诉秀才自己可治这种怀才不遇的怪病，秀才高兴地向其求解。老渔夫不急不缓弯下腰，从沙滩上拾起一粒沙子，用力往外一扔，然后让秀才把刚扔出去的沙子捡回。秀才满脸疑惑，下意识地认为打鱼老头耍了他。渔夫又试着换了一颗珍珠，用同样的方法扔到沙子里，让秀才去捡。秀才很快就把珍珠捡了回来，并略有所悟。

其实，世上本没有怀才不遇的事。有些马自认为是千里马，常常抱怨世上没有伯乐，但其实压根就不是千里马。孔子说："不患无位，患所以立；不患莫己知，求为可知也。"意思是不要担心没有自己的位置，而是要担心自己能否胜任位置。每天都在寻找千里马的伯乐是常有的，而且非常多。不过伯乐老先生有时候年纪大了，眼睛不太好使，而且很明显也有点审美疲劳，如果自己不是非常出众，伯乐老先生就不容易辨认。所以为了避免怀才不遇，唯有努力做沙子中的珍珠，因为有为才能有位。

六二：晋如愁如，贞吉。受兹介福，于其王母

"愁"：发愁。"兹"：通"此"。"介"：大。"王母"：指祖荫。没有一个人不想进步，唐僧取经也是想求取正果，何况是人，但晋升也是有条件的，不是随随便便都能得以晋升，所以说，晋升之前大都绞尽脑汁。这里要求为人处世要保持一颗自然心，做好两手准备，当然吉利。一旦得到晋升后，也不要自以为是，应该想到这是祖荫庇佑的结果；佛家轮回中倡导人要做善事，六道轮回，祖上世代行善，必然会福祉后辈。现指自己进步的同时，不要总以为这只是个人努力的结果，要常怀感恩之心，感恩组织、感恩领导、感恩同事，怀着感恩之心面对晋升，才不会自大，才会更加埋头苦干，加倍回报组织，力争做出更大贡献，努力成就自己。

"滴水之恩，当以涌泉相报"。不难理解，古人对感恩的崇尚。正因为如此，"乌鸦反哺，羔羊跪乳"已成为中华民族感恩文化的象征，而感恩则成为中华民族的传统美德，成为人们立身处世的道德准则和生活态度。作为社会人，需要感恩的人很多很多，有父母的养育之恩、有亲友的关爱之恩、有老师的教育之恩，等等。一名党员干部更是如此，无论所处岗位，无论职务高低，都离不开组织的培养，没有组织，就没有平台，也就没有自己施展才能的地方。

六三：众允，悔亡

"允"：信任。爻辞大意是用诚心工作的实绩赢得大众认可，具备超强的群众公信度。一个人，只有被大家认可的时候，做任何事才会更加顺利。这里强调的

是群众基础的重要性，得民心者得天下。如果失去民心，一切就如空中楼阁，说话没人听，群众不愿跟随，将是一件十分可悲的事儿，也非常危险。

《史记》中的风云人物，当推项羽和刘邦。项羽是一个"力拔山兮气盖世""近古以来未尝有"的英雄，是楚国贵族，是推翻秦王朝的第一等功臣。在灭秦战争和楚汉战争中，项羽战无不胜、攻无不克。刘邦则是个贫民、流氓，是一个酒色之徒，没有打过几次胜仗，也没有攻克过几座城池。秦亡之时，项羽握兵40万，而刘邦仅10万人马，双方相比实力悬殊。但是，楚汉相争，刘邦得了天下而项羽却自刎乌江。这个结局，与近代中国国共两党之争极其相似，正应了"得民心者得天下"这句话。从民心得失看，刘邦得民心，项羽失民心。刘邦引军入咸阳，见秦宫重宝美女想据为己有，但听了樊哙"欲有天下，还是欲作富家翁"的警告后，立即还军霸上，与民约法三章，即"杀人者死，伤人及盗抵罪"，写了"诸所达毋得掠卤（通'虏'）"的安民措施，于是"秦人喜"，深得民心。项羽入咸阳，屠咸阳，杀子婴，焚宫室，血洗关中，收其宝货妇女而东。这样的"霸王"，老百姓自然不会爱戴。从将心得失看，项羽用人刚愎自专，不知笼络人才；而刘邦则虚怀若谷，知人善任。项羽最强胜之时，天下将才都来投奔他，但他逞个人主义，不能识人也不能重用人才：用了范增，可关键时不听其建议，鸿门宴放走刘邦，留下巨大后患；不重用韩信，结果韩信成为刘邦的一员大将。而刘邦不仅知人善用，而且善于听取不同意见，麾下笼络了一大批将才，个个能谋善断。总而言之，项羽只是一个军事家、一个暴发户，而刘邦是一个政治家、一个董事长。项羽从8000名子弟兵，发展到40万人马的庞大军队，然后节节失利，垓下大败，自刎乌江；而刘邦，从一个亭长，到10万大军，最后成就拥有天下的君主。

九四：晋如鼫鼠，贞厉

"鼫（shí）鼠"：又名五技鼠，这种鼫鼠"能飞不能过屋，能缘不能穷木，能游不能度谷，能穴不能掩身，能走不能先人"；引申为没有本领，靠行贿、溜须拍马得到了晋升，但晋升后，不能胜任工作，漏洞百出，如果长期发展下去，必然会付出沉重代价。"贞厉"中的"贞"是"坚持下去"，信马由缰，任其自然发展。"厉"：严格。综合起来，该爻大意是身无专技的鼫鼠晋升以后，不思进取，形势严峻。但从另一个侧面，该爻又发出了警示：晋升后，要积极主动地利用当前机会改善或提升素质，比如，提高学习技术、摸索经验、积累资本、结交能人，尽力缩短自身能力与岗位需求的差距；否则，只谋其位，而不尽其责，就会遭人遗弃。

"木桶效应"讲：一只木桶盛水的多少，并不取决于桶壁上最高的那块木块，或全部木板的平均长度，而是取决于其中最短的那块木板。因为，水的液面是与最短的木板是平齐的。要想提高木桶的整体效应，不是继续增加那些较长木板的长度，而是要下功夫补齐最短的那块木板长度。这块短板就成为这个木桶盛水量的限制因素（或称"短板效应"）。若要使此木桶盛水量增加，则只有换掉短板或将短板加长。人们把这一规律总结为"木桶原理"，又称"短板理论"。

实践证明，用人，不能过于迁就。因为劣势决定优势，劣势决定生死，这也是市场竞争的残酷法则。作为领导，务必要强化忧患意识，要努力寻找自己的短板并想方设法补齐，还要规劝部属补齐短板，否则造成的损失将无法估量。有些人也许不知道木桶定律，但都知道"一票否决"，这是中国的"木桶"，有了它便知道木桶定律的重要性。

六五：悔亡，失得勿恤；往吉，无不利

"失得勿恤"中的"失得"是针对晋升而言的。"得"：得到晋升。"失"：指失去晋升机会。没有晋升机会而维持现状，不在其位、不谋其政，自己没有压力；有晋升机会，可能受益，但却有相应的职责缠身。这就是有失有得。因此，不必为此忧虑。"恤"：担忧。"往"：指前往，前进。大意是只有摆脱担忧心理，不计个人私利去追求梦想，才能比较顺利。

相传庄子和惠施（惠子）是多年的好朋友。有一年，惠施在梁国当了宰相，庄子想去见见这位好朋友。有人急忙报告惠子说："庄子这次来，是想取代您的相位啊！""有这回事吗？"惠子有点怀疑，心里也很恐慌，于是派人在国中搜寻了3天3夜，想阻止庄子前来，然而，却不见庄子行踪。有一天，庄子突然从容地来到惠子官邸拜见惠子。惠子很有礼貌地接见了这位老朋友。相互寒暄之后，惠子开门见山地询问庄子的来访目的。庄子也许知道那些谣传，于是很委婉地说："老朋友啊，您听说过一个故事吗？"惠子迷惑不解："什么故事？"庄子从容道："南方有只鸟，名叫凤凰。这只凤凰展翅而起，从南海飞向北海，非梧桐不栖，非竹子的果子不食，非甜美如醴的泉水不饮。有一次，一只猫头鹰正在津津有味地吃着一只腐烂的老鼠，恰巧凤凰从头顶飞过。猫头鹰急忙护住腐鼠，仰头看着凤凰，愤怒地大喝一声：'吓！你也想来吃鼠肉吗？'凤凰鄙视着猫头鹰，哈哈大笑，扬长而去。老朋友，现在您也想用您的梁国来吓我吗？"惠子羞愧无语。故事中，在庄子眼里，宰相位高权重、名利富贵双收的官位，不过是一只腐烂的老鼠而已。

对庄子这种"不为名利所累"的行为，新时代是提倡还是反对，姑且不论，但至少会使一些"学而优则仕"的读书人，在取得所谓成功的同时，依然会觉察到内心存在的秘而不宣的羞耻与无奈。爻辞也进一步启示：精神是可贵的，精神是有贞操的，自由的精神世界往往比庸俗的名利场高贵且永恒。

上九：晋其角，维用伐邑；厉吉，无咎；贞吝

"维"：保持，保全，维护。"伐"：攻打，声讨，讨伐。"邑"：城市，都城。"厉"：严格。"咎"：怪罪。"贞"：坚持下去。"吝"：过分爱惜，舍不得。爻辞意思是高处不胜寒，职务晋升的时候，职责也就更加加重了。当职务达到顶峰时，自己也如同失去了自由，该为自己寻找退路了。整天处在严密的监视体系中，在刀锋浪尖上过日子，只有严格自律，公正守法，不生贪心，才会得以保全。晋升中，不能胡乱坚持，贪得无厌，已经走到最高处了，物极必反，要知足常乐，与上级争权，必然会遭受反击，从而权利受限、性命难保。

有一则故事，讲道：爱斯基摩人捕猎狼的办法十分特别而有效，世代相传。严冬季节，他们在锋利的刀刃上涂上一层新鲜的动物血，等血冻住以后，再往上涂第二层血，然后等冻住后，再涂，如此反复，刀刃就被冻血埋藏得严严实实。这时，把刀反插到地上，即刀把扎在土里，刀尖朝上。当狼顺着血腥味找到这把刀时，会兴奋地舔食刀上的冻血。融化的血液散发出强烈的气味，在血腥味的刺激下，狼便越舔越快，越舔越馋，越馋越用力，不知不觉就把所有的血舔个干净，锋利的刀刃就暴露出来。但因这时狼已嗜血如狂，故猛舔刀刃。在血腥味的诱惑下，狼就感觉不到舌头被划开的疼痛。在北极寒冷的夜晚，狼完全不知道它这时舔食的正是自己的鲜血，变得更加贪婪，舌头抽动得更快，血流得更多，直到精疲力竭地倒在地上。

总之，晋卦意味着德才双进，犹如太阳升出地面，大地万物顺从并依附于太阳，循着柔顺之道不断发展。既要坚定信心、又要稳步但坚决前行，以诚心赢得上级信任、群众支持，当然，要在坚信机遇的同时还要创造机遇。观晋卦，其妙无穷，正合了机遇的降临、个人的努力、贵人的扶持、群众的支持的成功四大条件。

笔者叹曰：超然晋卦，妙哉晋卦！

自昭明德

【原文】

明夷：利艰贞。

初九：明夷于飞，垂其翼。君子于行，三日不食。有攸往，主人有言。

六二：明夷，夷于左股，用拯马壮，吉。

九三：明夷于南狩，得其大首，不可疾贞。

六四：入于左腹，获明夷之心，于出门庭。

六五：箕子之明夷，利贞。

上六：不明晦。初登于天，后入于地。

明夷卦是《周易》第三十六卦，讲述的是用晦而明之道，利于艰难中坚持，表示光明受到阻挡、目标一时很难实现，只能隐忍待发。《象》曰："明入地中，明夷；君子以莅众，用晦而明。"寓意是在艰难的情况下更要坚守正道，保持应有的操守和纯洁的品德，有意隐藏自己的实力的人，不经意之间就会重启光明。

明入地中,明夷;君子以莅众,用晦而明

薛 玲,女,1968年出生,河南开封人,现为河南省书法家协会会员、中国国际青年书画家协会会员、中国硬笔书法家协会会员。

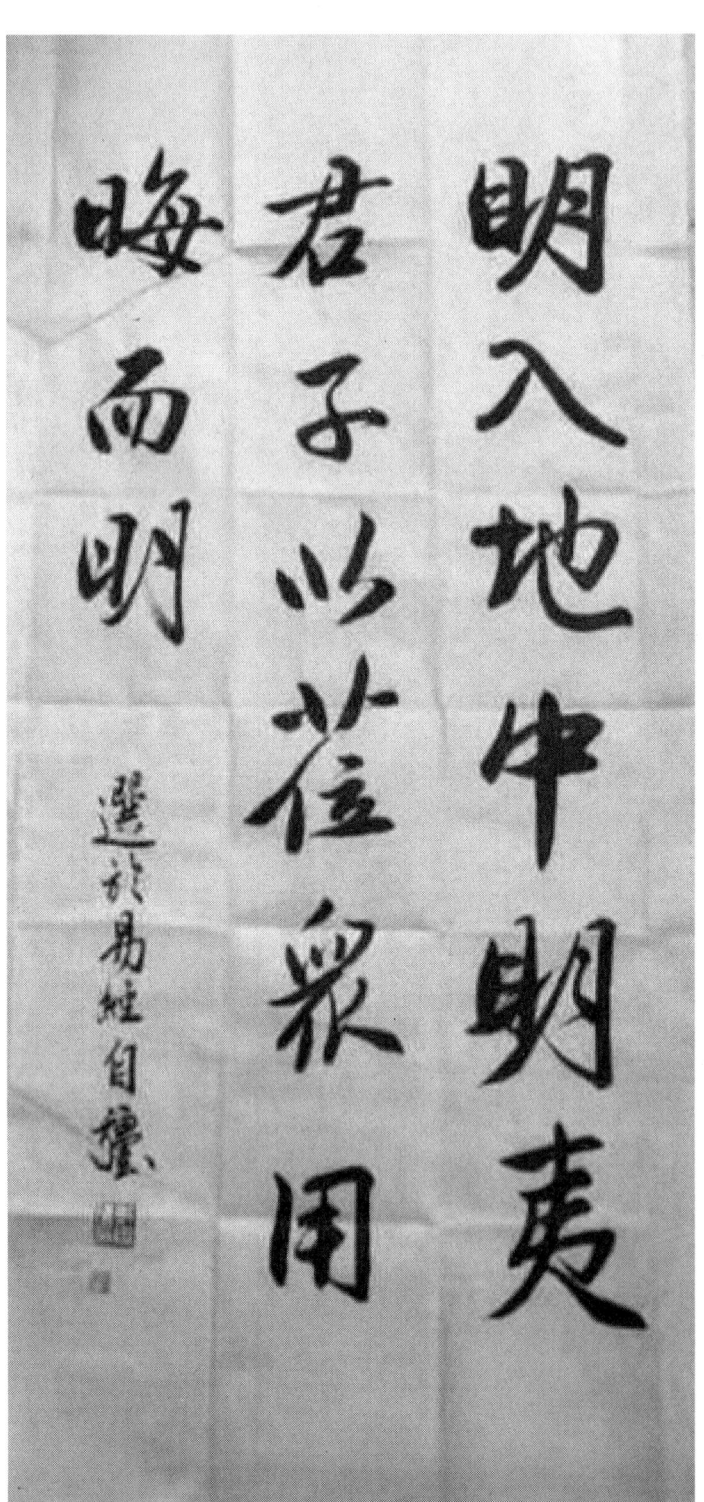

郭自强，1963年出生，河南舞钢人，现为中国民协会员、河南省作家协会协会会员、舞钢市书法家协会秘书长。

第三十六章　处厄运　宜艰贞
潮落江平未有风

明夷：利艰贞

　　明夷卦是下离上坤相叠的卦象，恰与晋卦卦象相反。离为日，为光明；坤为大地，为柔顺。太阳西斜，已近黄昏，伸手不见五指。光明受损，前途不明，花环退隐，乱世当道，自己如同无头苍蝇，不小心跳进了火坑里，虽呈现一片光亮，但自己却如同被人架在火上烧烤一样极其痛苦。这个时候，宜遵时养晦、坚守正道，暗喻百事阻滞、小人加害、遇事迷茫的时候，就要坚守，静待时机而动。卦辞"明夷，利艰贞"，意在警告：处于不利环境时，要坦然处之，增强心理素质，承受各种压力，能伸能屈，前景会变得更加光明。

　　唐朝初期，太子李建成、齐王李元吉联合加害秦王李世民，先是利用高祖宠妃吹枕边风，离间李渊与李世民的关系；以请李世民去东宫赴宴的手段，在酒中下毒，好在秦王防范较紧，发现尚早，请医服药后及时排除，才没酿成大患；用金钱收买李世民手下大将尉迟敬德，被严词拒绝；等等。一连串阴谋，秦王明知在心，却不作正面计较，同时为了皇家威严，也不想揭破。李建成、李元吉却未停止，反倒变本加厉，利用突厥兵进犯中原为由，上本建议让李元吉替代李世民带兵北征，条件是要秦王得力干将敬德、秦琼和程咬金以及秦王府的精兵强将划归李元吉指挥，其目的是调虎离山，采用釜底抽薪的损招谋害李世民，这已经严重触及了李世民的底线，没有退路的他，只好变退为进。于是李世民当晚先期奏本，言明李建成、李元吉加害自己的事实。唐高祖答应等翌晨三兄弟殿前对质。次日早上，李世民早已安排长孙无忌和尉迟敬德带一支精兵埋伏在李建成、李元吉上朝必经的皇宫北面的玄武门。等到李建成、李元吉到达时，埋伏的精兵就动手截杀。激烈角逐后，秦王除去了李建成、李元吉。这就是著名的"玄武门之变"。听到消息后的唐高祖一看大势已去，宣布李建成、李元吉罪状，各府将士一律划归秦王指挥。两个月后，高祖交出皇位，安享晚年。李世民顺理成章地接管政权，成为唐太宗。

初九：明夷于飞，垂其翼。君子于行，三日不食。有攸往，主人有言

　　"垂其翼"：从明夷卦象中来看，"离"为火鸟，上边是坤位，如同火鸟的一对翅膀。"垂"：耷拉。"言"：怨言，埋怨。爻辞大意是，在不如意时，不能高调作为，要以谦和、低调的态度处世。历史的经验告诉人们：明君盼望的是贤臣，治世才有动力，德才兼备的人才能有用武之地，才能施展抱负；而低庸之辈当权时，最忌讳别人超过自己，想方设法排挤打压，这个时候，就要放慢脚步，如同火鸟一样，就要放下翅膀慢飞低飞，不能让人看出破绽，否则，就会破财伤身。"君子于行，三日不食"中的"三日"：是约数。"不食"：没有心思去吃饭。此句大意是为了追求光明之道，有才德者绞尽脑汁、殚心竭虑，还得承受来自各方面的压力。比如，弃暗投明，凤凰涅槃，必然背负叛主压力，往往会被扣上"背信弃义"的帽子，遭受旧主痛恨在所难免。

实践证明，恰当的场合显露才华是十分必要的，但是带刺的玫瑰最容易伤人，也容易刺伤自己。为此，露才一定要适时适地，时时处处才华露现只会招致嫉恨和打击，导致做人及事业的失败，这根本不是智者的所作所为。放眼生活，大多数人都会犯自以为是的毛病。试想一下，若是看到别人锋芒毕露，自然也会心中不适，尤其是身居上位者，见到下属锋芒太露，心中就会产生不安全感，害怕失去权力，为了巩固自己的领导地位，锋芒毕露的下属自然就没有好日子过。遗憾的是，很多人并不懂得这个道理。从古至今，恃才傲物、目空一切、骄傲自大者，没有一个落得好下场；反之，谦虚内敛、等待时机、蓄势而发之人，往往会取得大成功。身在官场，就应当学会隐其锋芒，才能让自己更加接近成功。

六二：明夷，夷于左股，用拯马壮，吉

"夷"：伤。"股"：大腿。"拯"：救助。大意是作战时，左大腿被刺伤了，好在伤势不重。周时，中国礼教以右为上、为重。为此，左腿，并不见得就是左面的大腿，这里强调的是轻重之分。受了轻伤，想逃跑保命时，正好得益于自己健壮的战马跑得快，关键时候保护了自己。在困难之中，人只有借马力，有贵人扶持，助推一臂之力，才会化险为夷，走上光明大道。人在江湖，受伤在所难免，关键时候要认清形势，不能盲目对抗。"谦受益，满招损"。拿着鸡蛋碰石头，只会失败受损，这是极不可取的，只会自寻死路。

《三国演义》中的祢衡是一个纯粹的文人。其自恃有才，不知天高地厚，甚至目中无人、粪土一切。尤其是在被孔融吹捧为"不可多得"的"非常之宝"后，祢衡更加狂妄失常，甚至有了许都城内除"大儿孔文举，小儿杨德祖，余子碌碌，莫足数也"的感觉。令人想不到的是，这位丝毫不懂政治的文学青年，竟然在曹操面前出言不逊，大放厥词，引起曹操的强烈愤恨与不满。对付这样一个不识时务、自命清高、蔑视权贵的酸腐文人，曹操自有独特办法，通过"不命坐""令为鼓吏"和"不起身相送"等方式，在礼法上有意怠慢他，在人格上极力羞辱他。曹操并非不想除掉祢衡,只是想到祢衡不过是一个狂傲之徒,顶多会恶语中伤、胡说八道,不会危及自己的统治;再者自己霸业未成,如果杀掉祢衡就会冷落人心,最后,曹操在祢衡到荆州后因以其出言不逊为由,结果借刘表之手让一介武夫黄祖砍去了他的脑袋。

九三:明夷于南狩,得其大首,不可疾贞

"南狩"中的"南":五行中南方属火位。《象》曰:"南狩之志,乃大得也。"在南方的猎区里,拉弓射箭,获得一些大野兽。《象辞》说:决心在南方狩猎,大称其意。在明夷情况下被迫南征,意外捕获到了敌人的重量级头目。但是为了大局利益,却不能意气用事、一屠为快,这个时候却不可操之过急,而要沉稳持重、顺势而为。

在这方面,"西安事变"就是最好的例证。1936年12月12日,为劝谏蒋介石改变"攘外必先安内"的既定国策,促其停止内战、一致抗日。时任西北剿匪副总司令、东北军领袖张学良和时任国民革命军第十七路总指挥、西北军领袖杨虎城在西安华清池发动兵变,扣留时任国民政府军事委员会委员长和西北剿匪总司令的蒋介石。张、杨二人虽得其"大首",但未意气用事,没有马上杀了蒋介石,因为还要争取更大的利益,以期达成停止内战、一致抗日目的。而后在中共中央和周恩来的主导下,最终以蒋介石接受"停止内战,联共抗日"的主张而和平解决,促成了第二次国共合作。"西安事变"标志着抗日民族统一战线的初步形成,为中华民族的抗日战争胜利奠定了坚实的基础,属奇功一件。

六四:入于左腹,获明夷之心,于出门庭

"入于左腹,获心意也。"《象辞》说:回到深隐之处,就满足了退隐的心意。互相换位思考,钻进昏君的肚子里,感受一下到底还有没有可救药之处。经过深入考察之后,发现已不可挽回,就下定决心退出。爻辞讲求的是一种静观其变的能力,深藏在内是一种洞悉智慧。

有一个流浪汉,走进寺庙,看到菩萨坐在莲花台上被众人膜拜,非常羡慕。流浪汉对菩萨说:"我可以和你互换一下吗?"菩萨点头同意,但补充一句:"只要你不开口。"流浪汉便高兴地坐上了莲花台。他的眼前整天嘈杂纷乱,要求者众多,他始终忍着没开口。一日,来个富翁。富翁说:"求菩萨赐给我美德。"磕头起身,不小心钱包掉在了地上。流浪汉刚想开口提醒,想起了菩萨的话,便不再提醒。富翁走后,来个穷人。穷人说:"求菩萨赐给我金钱。家里人病重,急需钱。"磕头起身,看到一个钱包正掉在地上,穷人想:菩萨真显灵了,千恩万谢之后,拿起钱包就走。流浪汉想开口说不是显灵,那是人家丢的东西,可他想起菩萨的话，便强忍不言。后来，进来一个渔夫。渔夫说："求菩萨赐我安全，出海没有风浪。"磕头起身，刚要回身往外走的时候，却被进来寻找钱包的富翁揪住。为了钱包，两人扭打起来。富翁认定是渔夫捡走了他的钱包，而渔夫觉得受了冤枉无法容忍。看到这时，流浪汉再也看不下去，大喊一声"住手"，把一切真相告诉了他们。一场纠纷就这样平息了。

　　隐退的菩萨现身后，反而责怪流浪汉开口的不正确做法，于是让他去继续做他的流浪汉。菩萨说："你开口以为自己很公道，但是，穷人因此没有得到那笔救命钱，富人没有修来好的德行，渔夫出海又赶上了风浪葬身海底。如果你不开口，穷人的命有救了，富人损失了一点钱但帮了别人积了德，而渔夫因为纠缠无法上船，躲过了风雨，至今还活着。"于是流浪汉无言以答，默默离开了寺庙，继续流浪。

　　毛泽东说过："没有调查就没有发言权。"有时候人们身处迷境之中，不妨静观其变，经过认真分析后，答案便豁然眼前。

六五：箕子之明夷，利贞

　　商纣王无道，商臣箕子无奈佯装为奴才苟且活命，在这种情况下只能坚贞不渝地信守正义信念，从而度过黑暗统治。其退隐守正，光辉形象千古不灭。虽处明夷的险恶处境，仍然以坚贞不渝的态度，含垢忍辱，直到明夷结束。

　　李忱是唐朝的第十六位皇帝，人称"小太宗"。李忱刚开始并不受先皇唐宪宗李纯重视。即使别人恶意相向，他也忍气吞声，装疯卖傻长达36年。除母亲郑氏外，没有人知道李忱的真相。唐武宗李炎也不把自己的叔叔放在眼里，甚至还欺负自己的叔叔，目的在于取乐，封他为"光叔"。无权无势的李忱被迫忍受屈辱，生活十分艰难。

　　后来，忍辱负重长达36年的李忱翻身后，立即杀死了太监马元贽。李忱掌权后，抑制宦官权力，平定了中原和内疆地区，解决了边境之乱。

上六：不明晦。初登于天，后入于地

　　"不明晦，初登于天，后入于地"：只注重表面文饰，不作实际改变，只能是死路一条。君主无道昏暗，刚登基开始执政时尚好，像升上了天空；后来执政黑暗，就像月黑风高之夜，使国家陨落如入于地中。这里似乎是讲商纣王的统治，开始他对统一中华文化有贡献，蒸蒸日上，如日中天。后来他过分信奉武力杀伐、穷兵黩武，直至商朝覆灭。这是历史的规律，封建统治时期，君主一般刚走上君位后，执政大都符合实际，大都能坚持谨慎自律的作风，使国家兴亡，为"初登于天"；取得一定政绩后，在威望大增的同时，狂妄自大，听不得不同意

见,使国家衰败下来。此为"后入于地"。这些都是君主不明治国之道造成的。

南北朝时期,在北方政治动乱的时候,南陈王朝获得了一个暂时的安定局面,处处一片繁华景致,如"初登于天",但是传到第5个皇帝,此人却是一个荒唐出奇的陈后主。陈后主名叫陈叔宝,是个完全不懂国事、只知喝酒享乐的皇帝。他大兴土木,造起了3座豪华楼阁,让他的宠妃们住在里面。他手下的宰相江总、尚书孔范等,都是一伙腐朽文人。陈后主和宠妃经常在宫里举行酒宴,通宵达旦地喝酒赋诗作乐。陈后主这样穷奢极侈,对百姓的搜刮当然非常残酷,百姓被逼得流离失所,到处可见倒毙之尸。陈后主过了5年的荒唐生活。这时候,北方的隋朝渐渐强大起来,决心灭掉南方的陈朝。589年正月,隋军打进皇宫,在后殿井里抓到了陈后主和他的两个宠妃,南朝的最后一个朝代陈朝随之灭亡,正可谓"后入于地"。

总之,明夷卦表面借日出日落、天明天黑之意表达君子出行时的内心体验,尤其处在出行途中的艰难境遇,饥肠辘辘,酒店老板百般刁难,加之自身身体的伤病,油然而生归隐之心。当然,也有狩猎时所获甚丰的顺利,但全卦的语调却在突出行旅的艰难和归隐心思。这种行路难的倾诉,展示的是一种疲惫与无奈。人生路漫漫,日出复又入,何时有尽头,何处是归宿。感慨万千中,包含有对个人存在价值的关注。人生固然是一场战斗,为求功名利禄,为求家事国事安稳;但得到之后,要停下来抚慰创伤、静心思虑。太阳有日中也必有日落之时,事业再辉煌同样也有难以为继的时候,人生再顺畅照样免不了随之而来的这样那样的灾祸。剪不断,理还乱,永远给不出正确的答案。这个时候,不如放下,隐没于与世隔绝的世外桃源,无欲无求无牵无挂,如此实为大好境界!

悟明夷,走出"明夷",光明一片。

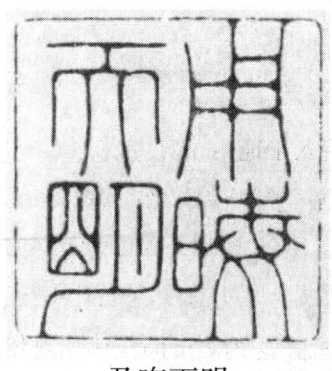

及晦而明

【原文】

家人：利女贞。

初九：闲有家，悔亡。

六二：无攸遂，在中馈，贞吉。

九三：家人嗃嗃，悔厉吉。妇子嘻嘻，终吝。

六四：富家，大吉。

九五：王假有家，勿恤，吉。

上九：有孚威如，终吉。

家人卦是《周易》第三十七卦，讲述的是治家之道，寓意一切事物皆应以内为本，然后伸延到外，比喻先要治家才能治天下，家道正，则天下安。《象》曰："风自火出，家人；君子以言有物而行有恒。"寓意是外部的风与出自内部的火一样，家庭的作用也来自于内部管理，君子应慎重言行、勤俭持家，懂得阴阳合和的道理，确保家和万事兴、博爱兴天下。

风自火出"家人：君子以言有物而行有恒

梁国禄，1951年出生，甘肃古浪人，一生勤学好问，笔耕不辍，并热衷于中医研究与实践。

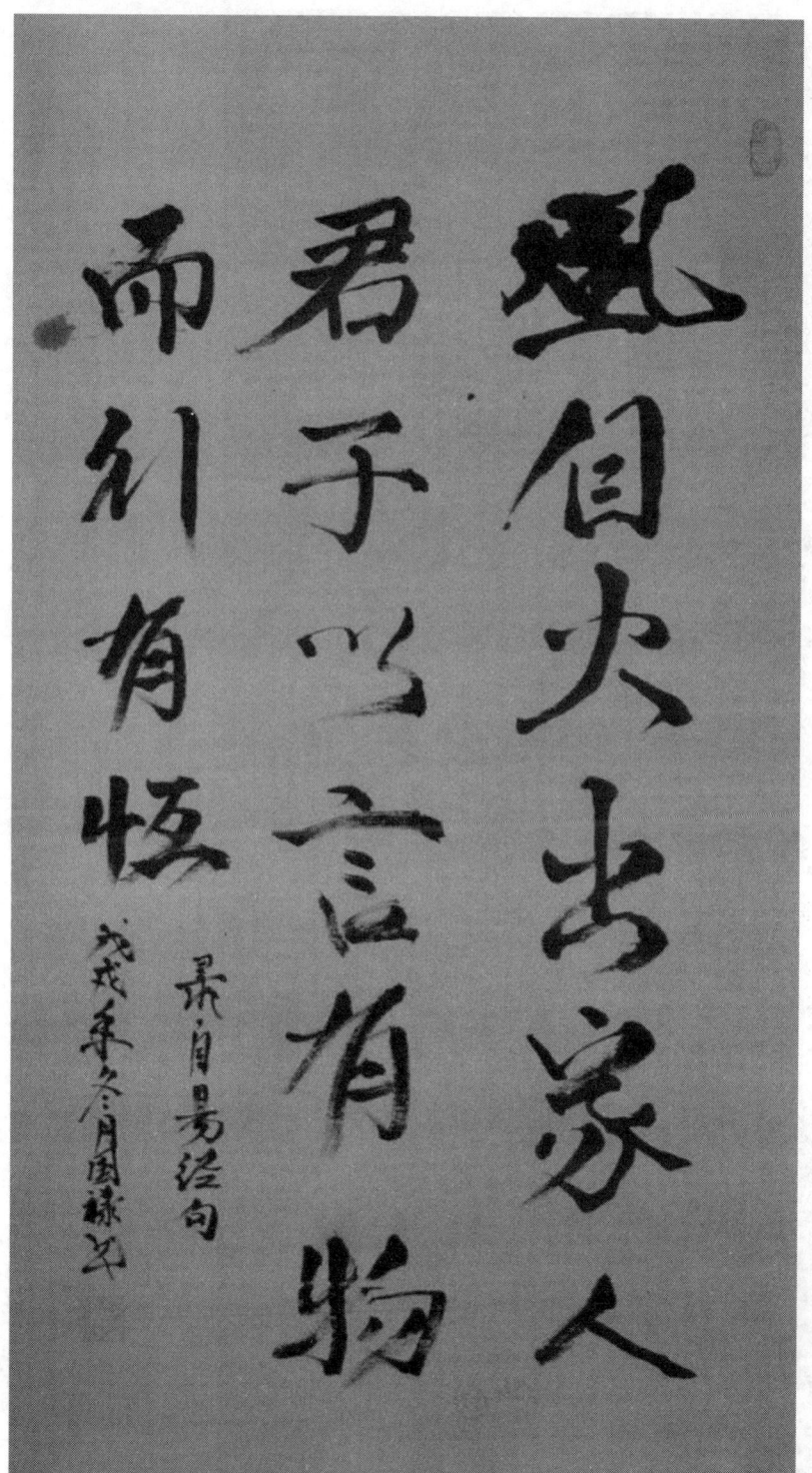

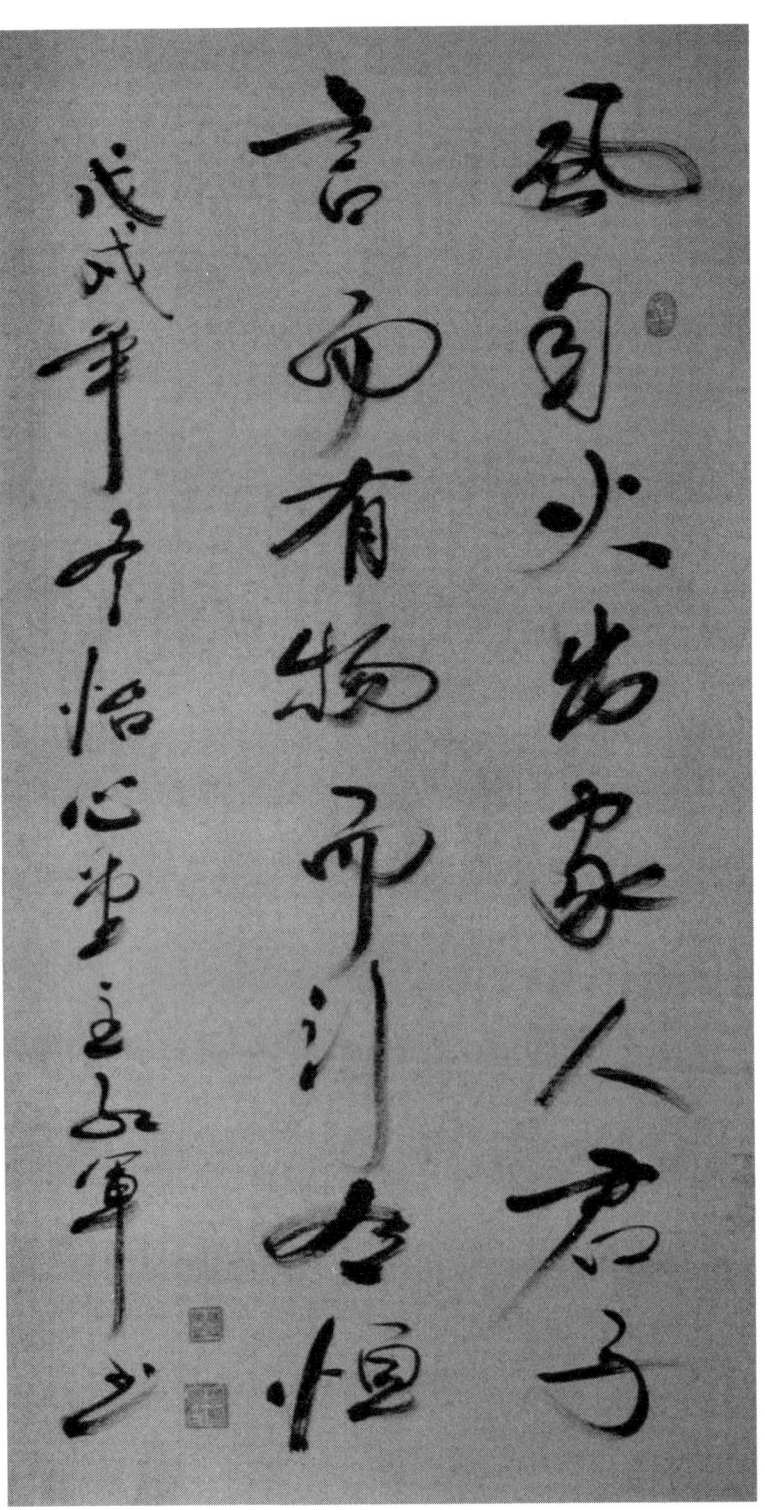

葛红军,1954年出生,河南开封人,北京市翰林之友诗书画研究会副会长、开封意拳书画研究会顾问。

第三十七章　琴瑟和　宽严济　心有灵犀一点通

家人：利女贞

"家人"：即一家人，象征家庭伦理与治家之道。中国远古时期的甲骨文，大都形如其物。"家"字的上面是一个宝盖头，象征房子，下方"豕"字表示的是猪，猪在屋中便是最早的家。分析到这里，感觉十分奇怪，家里没有人却有猪。究其原因，据考，远古人类择穴而居的时代，便有养野猪的历史。当时人虽住在洞穴，却单独盖了猪圈，目的是防止猪逃跑或被盗，又便于饲养。后来人类迁徙平原居住后，除建造猪圈外，还为自己建起了房屋。这一时期，人畜同居，房屋的下面便是猪圈，也就成其为"家"。

家人卦是下离上巽的风火卦象。离为火，巽为风。房屋中有火，风吹火旺，在冬天可以取暖，并且保证一家人能吃到热菜热饭。卦辞"家人，利女贞"：从字义中看，有利于女子守持正道。中国汉字，总是有一种让人拍手称奇的感觉。单就平安的"安"字，上面是宝盖头，就是房子，下面是女人，就是家中有女才方为安。实际在一个家庭里面，女了，也就是母亲，作用发挥至关重要，因为女主内，男主外，女子在一家之中起着非常重要的作用。俗话说"妻贤夫祸少"，一个家庭要想过上幸福和睦的生活，必要条件便是女主人的贤德。女主人贤惠，可保持家庭关系内部顺畅，大小平安无事；反之，如果女主人是非不断，一个家庭整日乌烟瘴气，不出祸事才怪。

初九：闲有家，悔亡

远古时代的房屋虽然简陋，但都有院落。院子大门像两片木栅栏，闲：阑也、栅栏、楗柣。所谓"闲"，不但可以防范外人进来，阑：以木横持门户也。主人一旦打开门发现来者不善时，可以用这根横木进行自卫。相对于一个家庭来讲，平时懂得用横木把门插好，懂得除危就不会有悔恨之事发生。

"闲"：也作空闲、平时。"有"：治理。大意是平时就要做好治家工作，要防微杜渐，而不能等出现意外时，才去抱菩萨的脚，祈求菩萨显灵帮助自己，这根本于事无补。古代大圣贤，讲出了今人的心里话，居家过日子，怎一个难字了得？柴米油盐酱醋茶，细微之处见真情。治家应治在平时、防在平时，靠点滴积累而成，平时就要做好防微杜渐的工作，而且要长久坚持下去才能见效；相反，中途如有改变，就会有所损失。

从前，中原伏牛山下住着一个农民，他一生勤俭持家，日子过得无忧无虑，十分美满。他临终前，曾把一块写有"勤俭"二字的横匾交给两个儿子，告诫他们说："你们要想一辈子不受饥挨饿，就一定要照这两个字去做。"后来，兄弟俩分家时，将匾一锯两半，老大分得"勤"字，老二分得"俭"字。老大把"勤"字恭恭敬敬高悬家中，每天日出而作，日落而息，年年五谷丰登。然而其妻却过日子大手大脚，孩子们也常胡乱浪费，久而久之，家里没有余粮，只能勉强度日。老二自从分得半块匾后，也把"俭"字当作"神谕"供放中堂，却把"勤"字忘到九霄云外。他疏于农事，又不肯精耕细作，每年收获粮食自然就少。尽管一家几口节衣缩食、省吃俭用，毕竟也是难以持久。有一年天遇大旱，老大、老二家中早已空空如也。他俩情急之下扯下字匾，将"勤""俭"二字踩碎在地。这时候，突然有纸条从窗外飞进屋内，兄弟俩连忙拾起一看，上面写道："只勤不俭，好比端个没底的碗，总也盛不满！""只俭不勤，坐吃山空，一定要挨饿受穷！"兄弟俩恍然大悟，"勤""俭"二字原来不能分家，应是相辅相成、缺一不可。吸取教训以后，他俩将"勤俭持家"4个字贴在自家门上，提醒自己，告诫妻室儿女，身体力行，此后日子渐渐好转，过得一天比一天好。

六二：无攸遂，在中馈，贞吉

"攸"：如同水一样急流。"遂"：浪费。"在"：保存。"馈"：积蓄。六二爻辞大意是不能奢侈浪费，要保持应有积蓄，作为居家的合理开支，长期坚持下去，必然会顺心如意。爻辞提醒：积蓄尚少，要珍惜，不能胡乱浪费，要用这一点点财富来颐养家人，这时要吝惜，而且要长久地坚持下去才好。作为执政者也是一样，要颐养人民，不能奢侈荒淫，只有这样，才能得到人民拥护。

2013年年初，北京一家民间公益组织推行光盘行动。恰逢春节年关，应酬不断，"光盘"则倡导人们在点餐时要量力而行，吃不了也要打包带走。这一行动在腾讯微博上开展之后，引发了人们的纷纷响应。中央再令机关厉行节约、反对浪费，全国各地积极响应，纷纷掀起勤俭节约风。坚持和发扬艰苦奋斗精神，就是要求每名党员干部严于律己、勤俭修身，不铺张、不浪费、不奢靡，不惑于灯红酒绿、不迷于声色犬马、不计个人得失，始终保持简朴廉洁的正气、昂扬向上的朝气、攻坚克难的锐气。党员干部要把艰苦朴素作为一种政治品德来传承、作为一种党性修养来坚持、作为一种生活方式来倡导，自觉做艰苦奋斗的精神传人，把这种精神传递给每个人，使之遍及社会，从而积蓄勤俭节约的正能量，为实现伟大复兴中国梦助力。

九三：家人嗃嗃，悔厉吉。妇子嘻嘻，终吝

"嗃（xiào）嗃"：家人大声号叫。贫困之家，众口嗷嗷待哺，这是愁苦之事，但能辛勤劳作，可以脱贫致富，也未失正派家风。而富贵之家，骄奢淫逸，妻室儿女只知嬉笑作乐，终将败落，有失勤俭之道。表明家法过于严明，家人有点受不了，若能适时调整，对整个家庭将非常有利；相反，管理上过于松散，放任自流，家人想说什么就说什么，想干什么就干什么，整日嘻嘻哈哈，没有一个家的样子，终究有害。

九三爻辞通过对比手法，表达了两种不同的治家方式：治家过严，使大家感觉痛苦，时间长了，就会有抵触情绪，不利于家庭稳定，所以要适当调整；相反，治家太松，溺爱娇惯，反而是害了家人，烦恼不尽。因此，只有治家宽严适当，才能使家庭获益。一家人虽然有扯不断的亲情，但是治家也要有理性，使家人得到成长进步，成为有能力、有担当、有责任心与爱心，对社会有用的人；相反，若靠感性治家，就会使家人骄奢淫逸、好逸恶劳，会给家庭带来无穷无尽的烦恼。一个家庭是这样，一个单位、一个国家更是这样。

六四：富家，大吉

家庭富裕，即大为吉祥。这个家庭富裕表现在物质与精神的双重富裕。爻辞也在提示了一个亘古不变的规律，那就是"厚德载物，家和万事兴"。

中唐名臣郭子仪，在"安史之乱"中屡立大功，史家评价他对唐朝有"再造之功"。其因此被唐代宗十分倚重。而且，郭子仪为人十分忠恳，赢得天下普遍赞誉。郭家是一个大家族，长安城中亲仁里四分之一为郭宅所占。郭子仪有八子七婿，他们都是显贵出身。唐代宗之女升平公主，又嫁给郭子仪的儿子郭暧为妻。古代常把公主叫金枝玉叶。唐制，公主下嫁时，由公婆拜公主，公主则拱手不答。郭暧年少气盛，对这一礼仪十分看不惯，但因为是新婚故不便发作。

不久，郭暧母亲过生日，所有儿子儿媳、女儿女婿都去拜寿，郭暧便让升平公主也出去拜寿。公主当时十五六岁，她自小生长于皇宫，从来没有过自己给别人行礼的事情，说什么也不下拜。于是，围绕此事，小夫妻反目，郭暧动手打了公主。郭暧在气头上说："你倚仗你父亲是天子，我父亲还不屑做天子呢！"升平公主从小娇生惯养，哪能容忍郭暧打骂，一气之下跑回宫去，在代宗面前哭哭啼啼地告了一状。

唐代宗却不是一个糊涂皇帝，他对公主说："他父亲实是不屑做天子，要不然，天下岂是我李家所有？"刚好这时郭子仪回来了，听说儿子把公主打回皇宫，他又急又怕，忙把郭暧捆绑起来，押到皇宫，请代宗发落，自己则跪在一边请罪。唐代宗一见，急命左右扶起郭子仪，笑道："不痴不聋，不做阿家翁。小儿女闺闱之言，怎么能在意呢？"于是代宗下令将郭暧松绑，并将劝好的升平公主一同打发回府。归府后，郭子仪严厉地训斥郭暧，又令仆人用板子打了他数十下，以教训他出言犯上之罪。据传，由于郭暧和升平公主之间闹了拜不拜公婆的矛盾，唐代宗便想改定公主出嫁时拜见舅姑的礼仪。可能由于朝廷事情太多，没有改定。直到780年，唐朝才正式下诏，公主拜见舅姑及丈夫的叔、伯、兄、姐的礼仪，和普通人家一样。郭子仪虽然官位显赫，富贵非常，但是做人有德，处事有道。此双重富贵，当属大吉。

九五：王假有家，勿恤，吉

《象》曰："王假有家，交相爱也。"《象辞》说，君王光临家庭，是无上荣光，不用担心，这是非常吉祥的事。因治家有方，使家庭兴旺发达，具有了较大影响力，以至于吸引君王也来到家庭，受到极端重视，对普通家庭来说是蓬荜生辉、光宗耀祖。对这种情况不用担心，非常好，应当毫无顾忌地去作为，而不应当患得患失、消极等待。这是家庭的最好状态，但是，话锋一转，不能过分，贪得无厌，如此就会前功尽弃。富可敌国，就有政治风险。

"跌倒和珅，吃饱嘉庆"，就是一个鲜明事例。和珅家产折合白银11亿两。当时清政府一年收入约7000万两白银。换算一下，和珅掌权20多年，敛财相当于清政府15年的国库收入。在中国古人观念中，私有财产不是神圣不可侵犯的，前提条件是私有财产不能危害社会。而和珅的私有财产，极大地危害了社会。和珅从乾隆时期开始敛财，隔了20多年，到嘉庆亲政才被诛杀并没收财产，这说明了中国古代的另一个特点：对于造成社会危害的私有财产，即便在某些时候受到保护，但是，社会始终也保持追溯的权力。而且，这个追溯权，往往是没有明确时限的。

上九：有孚威如，终吉

"孚"：诚信。"威如"：威严的样子。《象辞》说，君王能杀罚立威，终归吉利，因为君王能够内省己身、外树威望。上九爻辞似乎与九三爻辞有异曲同工之处，也讲治家之道，男子治家要重威严，女子持家要夫唱妇随，重诚信；男主外政，女主内政。这里强调的是内外互补，是人的本性反映。从人的生理、心理角度看，男女各有不同特点：男人偏强、外向，女人偏弱、内向。因此治家应有不同分工。从另一个层面讲，管理者在管理部属时，要软硬兼施、恩威并举，采取胡萝卜加大棒的管理方式，最终会取得吉祥。

在这方面，唐太宗李世民可以说是一个驭人高手。他一边扮演慈母，一边挥舞利剑。在处理与李靖关系上，或许就能略窥李世民的驭人之术。贞观四年（630）春天，李靖一举平灭东突厥，为大唐帝国立下了不朽之功。凯旋回朝之日，本来满腔豪情准备接受嘉奖的李靖却突然被人参了一本。参他的人是时任御史大夫温彦博，其弹劾理由是"（李靖）军无纲纪，致令房中奇宝，散于乱兵之手"（《旧唐书·李靖传》）。听到自己被弹劾的消息，李靖就像从三伏天一下子掉进了冰窟窿里，凯旋的喜悦还没褪去，功高不赏的忧惧已经袭来。"房中奇宝散于乱兵之手"？李靖一边硬着头皮入宫觐见皇帝，一边回味着这个让人莫名其妙的弹劾理由。

见到太宗李世民的时候，李靖内心的恐惧几乎达到了顶点。因为李世民的脸上果然罩着一层可怕的冰霜。李世民根据温彦博奏疏中提到的那些事端和理由，把李靖劈头盖脸地训斥了一顿，然而却矢口不提此战的功勋。李靖不敢辩解，更不敢邀功，只能频频叩首谢罪。

后来，太宗又传召他进宫。李靖带着一种赴难的心情去见皇帝。太宗用一种语重心长的口吻对他说："从前隋朝的将领史万岁击败西突厥的达头可汗，回朝后却有功不赏，被随便安了一个罪名就杀了。这些事情相信你也很清楚。不过你放心，朕是不会干这种杀戮功臣的事情的。朕想好了，决定赦免你的罪行，奖励你的功勋！"听完这一席话，李靖顿时感激涕零。随后，李世民就下诏加封李靖为左光禄大夫，赐绢1000匹，并赐食邑（与前共计）500户。又过了几天，李世民又对李靖说："前些日子有人进谗言，说了一些对你不利的话。朕现在已经意识到这一点了，你可千万不要为此介怀啊！"随即又赐绢2000匹，拜李靖为尚书右仆射。那一刻，李靖真有一种冰火两重天的感觉。他几天前还在担心罹祸，现在居然频频获赏，并且出将入相、位极人臣！如此跌宕起伏、乍起乍落的境遇真让他不胜唏嘘、无限感慨。

也许正因为此，贞观九年（635）李靖再度出师大破吐谷浑、却又再次遭人诬告谋反时，他就深刻汲取了上次教训，赶紧闭门谢客、低调做人。虽然史书称太宗很快就把诬告的人逮捕治罪，证实了李靖清白，可李靖却从此"阖门自守，杜绝宾客，虽亲戚不得妄进"（《旧唐书·李靖传》）。

从这个意义上说，也许正是因为唐太宗李世民能够把这种"恩威并施"的帝王术运用得炉火纯青，从而牢牢掌控手中权力，所以才能与绝大多数元勋宿将相安无事、善始善终。

总之，家人卦讲述的是家的重要性与如何治家的问题。首先，家是避风的港湾，是温情温馨的地方，每个人都需要有家，也离不开家。因为有家才有国，有国才有家。一个人在家里，只有和家人处理好关系，才能在外面和他人处理好关系，能爱家人，也才能爱他人；能服从家的管理才能服从单位管理，也能宽容对待家人才能宽容对待他人。总之，家是人的根本。其次，一个家庭要有尊卑次序。讲尊卑，看起来好像不平等，实际上并非如此。因为尊卑是客观存在的，也是可以变化的。比如说，父尊子卑，因为父亲岁数大，社会经验丰富，又对子女有养育之恩，所以子女就应该尊重父亲。而且这也是会变的，等儿子将来做了父亲，自然就又成为尊者，他的子女就要尊重他。朋友之间也要相互尊重，友谊才能长存。长辈居于尊位要以美德治家，子女居于下位要孝敬父母，这样的家庭才是真正的和谐善美。对家庭里的尊卑问题，应该客观来看，要用发展的眼光来看，这就叫治家之道。家人卦告诉人们，治理一个团队，要互相尊重，讲究秩序，该严厉的时候要严厉，该顺从的要顺从，这样才能和谐。另一方面，家人卦又给我们提供了启示：家里不能有闲人，不能说闲话，闲而生非；家人要各司其职，该做什么就做什么；治家要把握住度，宁严勿纵，放纵的结果就是失常；治家要和谐，和气生财，厚德通天；治家要互相关爱，要以诚待人，修身反省，威严作则。作为家长、作为管理者、作为执政者应该从家人卦中寻找规律、引以为戒。

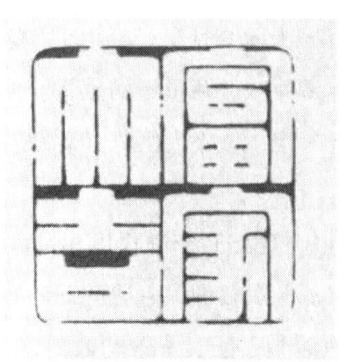

富家大吉

【原文】

睽：小事吉。

初九：悔亡，丧马勿逐，自复。见恶人，无咎。

九二：遇主于巷，无咎。

六三：见舆曳，其牛掣。其人天且劓，无初有终。

九四：睽孤，遇元夫。交孚，厉无咎。

六五：悔亡，厥宗噬肤，往何咎。

上九：睽孤，见豕负涂，载鬼一车。先张之弧，后说之弧，匪寇婚媾。往遇雨则吉。

睽（kuí）卦是《周易》第三十八卦，"睽"为乖异、离异之事，表面上看双方意见不合、南辕北辙。借此讲述的是求同存异之道，表示对待不和谐的因素，应采取柔顺的办法，才能转离为合、变摩擦为和谐。《象》曰："上火下泽，睽；君子以同而异。"寓意是与不同见解的人沟通时要求大同存小异，不能因鸡毛蒜皮的事发生争执而影响大局。

上火下泽,睽:君子以同而异

张培华,女,1946年生,河南开封人,现为中国书法家协会会员、宋都书画研究会顾问、开封市老年书画研究会副会长、开封意拳研究会顾问。

第三十八章　求大同　存小异　千金散尽还复来

睽：小事吉

睽卦上卦为离，离为火；下卦为兑，兑为泽。火的特点是炎炎向上、越高越亮；泽中之水，其特点是泥水浑浊向下渗透。一个向上，一个相下，南辕北辙，互相对冲。"睽"：表示叛逆、背离之象。意见不合、彼此争斗、互不协调，即矛盾冲突。就是这种情况，双方各自打着小算盘，不利于共事。"小事吉"：鸡毛蒜皮的小事儿倒还能行得通。卦辞提示：在与人合作时，要自觉排除"睽"心，或者将"睽"消失在最低状态，要求大同、存小异；双方不能横挑鼻子竖挑眼，互相看着不顺眼，否则最终就会由一个问题引发多个问题、简单问题导致复杂问题，矛盾频频升级，最终战争爆发，生灵涂炭。

1955年，在亚非万隆会议上周恩来首次提出求同存异的方针。周恩来指出，亚非地区已经发生了巨大变化，但殖民主义在这个地区的统治并没有结束，经济上还很落后，因此这一地区的国家不仅要求政治上独立，而且同时还要求经济上独立，改变经济落后面貌，争取完全独立。为此就要保障世界和平，促进亚非国家之间的友好合作。而要实现这个目标，亚非国家之间就应该求同存异，不要因意识形态和国家制度的不同而造成分裂。周恩来紧紧围绕当时的历史需要，通过寻求共同点来消除分歧，通过接纳不同观点来搁置争议，最终争取到一切可以争取的因素，团结到一切可以团结的力量，达到了会议目的。

周恩来这种求同存异的思想，是深受中国传统文化熏陶的，蕴含着中华民族"和合思想"的历史传承，因此受到了世界各国的普遍响应和支持。

初九：悔亡，丧马勿逐，自复。见恶人，无咎

"亡"：消失。"丧"：丢失。"逐"：追赶。"复"：返回。"恶人"：是怀有不同意见、敌视情绪的人。爻辞大意是别懊丧，马儿跑了，不要刻意去找，要静守，马儿撒个欢儿自己就会回来。所谓老马识途，即马总能找到回家的路。纵使遇到不同政见的人，也不要有意排斥，而要包容。《象》曰："见恶人，以辟咎也。"大意是说，遇见坏人之所以无灾祸，是因为意在消除恶人的恶意。这里讲的是一种淡定策略，即遇事不能惊慌失措，只有从容面对，才不会雪上加霜；反之，如果以牙还牙，则会两败俱伤，并且损失将无法估量。

美国总统布什卸任前最后一次访问伊拉克。一次记者会上，一名仇视他的伊拉克记者连续两次向他投掷鞋子。在电光火石的两三秒间，布什接连避过。更令人拍案叫绝的是，他虽然被称为"牛仔总统"，却没有如当年英国副首相普雷斯科特一样以牙还牙，反而表现从容，面带微笑，不但安抚大家要冷静，还以笑话为自己解困："这就像有人在政治集会上叫嚣一样，想引人注意呀！我没受影响。他掷中我又如何？真相是，那是一只10号鞋，多谢关心。"虽然成了"跛脚鸭"总统的布什早已声名狼藉，但他这次的临场反应与对答，还是赢得了普遍的正面反响。

相反，2001年5月，英国大选进行得如火如荼时，英国前副首相普雷斯科特到北威尔士的里尔城进行竞选活动，一下车即面对抗议人群，其中一位农夫向他投掷鸡蛋。年少时曾当过业余拳击手的普雷斯科特竟然一显工党粗线条硬汉本色，以准确的角度对该示威者报以老拳，双方迅即扭作一团。这段新闻理所当然被英国报刊大做文章，工党大选纲领旋即被人抛在脑后。所幸当时工党首相布莱尔声望如日中天，最终仍连任成功，否则普雷斯科特便成为工党罪人。

九二：遇主于巷，无咎

"巷"：是左右两边高墙对立、中间长长曲曲、前后有出口的狭长小道。"主"：贵宾，领导。从字面上理解，好像是在街巷之处碰见了领导，不会出现意外。因为中国古代，官方出行，百姓不能迎头，而要采取肃静方式进行回避。这里避之不及，也没有受到官方责难。一方面，呈现出官方的大度。笔者认为，这里应该是"遇主似巷"，即在与领导谈话时，态度要诚恳，不能由着性子、信口开河，这样容易给领导留下一个冒冒失失、极不成熟的影响，而要像有曲、长、深，有缓冲、循序渐进的街巷一样。如同进到别人家，一进去就是卧室，主客两方同时尴尬，不是太好；应该先入庭，即院落，现在是客厅，后才能到堂，居住人的地方。实际指与领导谈话时要考虑细致周全、谨慎谦虚，想好了再说，强调要循序渐进，否则就会引起领导的不满。爻辞警示：为人只有功而不骄、有德内养，才能消除灾祸，获得吉祥。古人也有"满招损，谦受益"的箴言，忠告世人虚怀若谷，对人对事的态度不要骄狂，否则就会陷入四面楚歌的境地。

回想当年中共中央和解放军总部离开西柏坡前往北京前，毛泽东意味深长地说："今天是进京赶考的日子。"对于"进京赶考"，长期以来人们都主要从拒腐蚀、保持清正廉洁、不贪污不受贿这方面着眼。曾经受到毛泽东高度称赞的郭沫若的《甲申三百年祭》，其主旨也是告诫人们要从李自成军队进京以后因腐败蔓延而导致失败中吸取教训。其实，毛泽东所说"进京赶考"也应该包括继续地、长期地、永远地保持谦虚谨慎、不骄不躁的意思，只是这层意思长期受到了忽视。

实践证明，谦虚不仅是一项基本要求，还是一种人生境界。凡是低调、谦虚的人，群众基础就好；凡是骄傲自大的人，尽管能做出一些成绩，但得不到群众拥护。身为领导干部，仅仅做到不贪污、不受贿、不腐败那是远远不够的，不贪污、不腐败，这是底线意识，是起码要求。作为一名党员领导干部，凡涉及群众生命财产的重大决策，必须"如履薄冰"，深入调查、反复研究、严格论证、谨慎决策。这才是九二爻辞给出的启示。

六三：见舆曳，其牛掣。其人天且劓，无初有终

"曳"：拖，拉。"掣"：牵引。"劓"（yì）：古代割去鼻子的一种残酷刑罚。"天"：仰面朝天。爻辞似乎勾勒出一幅水墨画：老牛拉一辆破车，在风雨无阻地前进。虽然赶牛的人受到颠簸，一路上风尘仆仆，也可能途中被摔得鼻青脸肿，但是始终没有改变前行志向，最终冲破艰难险阻到达目的地，取得了成功。"革命尚未成功，同志仍须努力"，不言自喻，中国革命先驱孙中山先生提醒人们还要继续发扬艰苦奋斗的精神。

在这方面，周恩来总理堪称典范。其勤俭节约的故事，妇孺皆知，一时成为美谈。他一贯倡导勤俭建国、艰苦奋斗，要求一切招待必须是国货、必须节约俭朴，切忌铺张华丽、有失革命精神和艰苦奋斗的作风。朱光亚曾回忆过这样一则故事：1961年12月4日，周恩来召集专门委员会对当时第二机械工业部的一个规划进行审议，会议从上午开到中午还没结束，周总理留大家吃午饭。餐桌上是一大盆肉丸熬白菜、豆腐，四周摆几小碟咸菜和烧饼。周总理同大家同桌就餐，吃同样饭菜。这个故事至今让人深受教育。

新时代，要求党员干部永葆艰苦奋斗的政治本色。艰苦奋斗是我们党宝贵的精神财富和政治本色，是党保持同人民群众血肉联系的重要法宝。坚持艰苦奋斗的根本目的，就是要为最广大人民的根本利益而不懈努力。党员干部只有深入基层、深入群众，倾听群众呼声，关心群众疾苦，才能保持党同人民群众的血肉联系，才能真正做到权为民所用、情为民所系、利为民所谋；只有倾听群众呼声、体察群众情绪、关心群众疾苦，把群众的安危冷暖时刻放在心上，让群众感受到党和政府的温暖，以艰苦奋斗的优良作风和人格力量影响和带领人民群众，才能凝聚力量，共同实现伟大的中国梦。

九四：睽孤，遇元夫。交孚，厉无咎

"孤"：孤独，孤单。"元夫"：贵人，朋友。"孚"：诚信。"厉"：严重，危险。大意是一个人孤独无靠，行事比较危险。孤军作战，必受损失，但只有通过诚心，把心交出来给对方，以心换心，赢得别人信任，在关键时候才能得到别人

帮助，最终才能化险为夷、转危为安。

小施特劳斯是圆舞曲之王老施特劳斯的儿子。当年，其母亲被老施特劳斯遗弃后，她对小施特劳斯苦心栽培，使他有了很大成就。但老施特劳斯运用自己在音乐界的权威，令维也纳各大舞厅都把小施特劳斯拒之门外，小施特劳斯只好到城郊一家咖啡馆的花园里举行露天音乐会。音乐会上，小施特劳斯的每一个节目都能赢得热烈掌声。其中，圆舞曲《理性的诗篇》，在如痴如醉的观众要求下，竟然反复演奏了十几次之多，就连台下老施特劳斯的经纪人也忘情地给予鼓掌。最后，小施特劳斯请观众安静下来。在他指挥下，乐队奏起了节目单上没有的一曲柔和乐章。听众们简直不敢相信自己的耳朵，这竟是老施特劳斯最负盛名的圆舞曲《莱茵河畔迷人的歌声》。大家终于明白了它的深意：小施特劳斯演奏父亲的这部作品，不仅表达了子女对父辈的敬意，也是希望父亲宽恕的一种请求。台下，人们不由得都热泪盈眶，小施特劳斯的艺德、人品感动了维也纳的观众。在这个故事中，小施特劳斯用情理结合的方式唤醒了亲情，解决了两难问题。

六五：悔亡，厥宗噬肤，往何咎

"厥"：其。"宗"：同属一个派系，自己人。"噬肤"：进入内部而不是停留于表面。"往"：前进，发展。大意是不分厚此薄彼，重用德才双佳之人，并不只是嘴上说说，而是在实际行动中落实。这里讲求的是一种实事求是的作风。

习近平在出席中央党校2013年春季开学典礼时强调："实事求是作为党的思想路线，始终是中国共产党人认识世界和改造世界的根本要求，是我们党的基本思想方法、工作方法和领导方法，是党带领人民推动中国革命、建设、改革事业不断取得胜利的重要法宝。党员领导干部作为党的代言人，对党和人民事业肩负着光荣而重大的领导责任，各级领导干部要把实事求是贯彻到领导工作的全过程中，自觉做坚持实事求是的表率。强调领导干部一定要求真务实，讲老实话、办老实事、做老实人。"但现实中，仍有一些党员干部在坚持实事求是的思想路线方面尚存在一些问题：比如有的领导干部常年坐在办公室，只听汇报，很少下基层去接触群众，根本不了解民情，更不知道群众想什么，要什么；有的领导干部一切从本本出发，唯上、唯书、不唯实，教条主义严重；有的领导干部因循守旧，思想和工作落后于形势发展要求，不求发展，安于现状；有的领导干部不按客观规律办事，急于求成以至于蛮干、瞎干；有的领导干部为了迎合或满足某种需要，说假话、大话、空话，甚至欺上瞒下，弄虚作假；有的领导干部在某些事上为了明哲保身，明知是错，却听之任之，不批评制止；还有的领导干部不喜欢听真话实话，不愿意修正错误、择善而从。基于上述问题，党始终把实事求是作为全党思想路线的核心内容。

上九：睽孤，见豕负涂，载鬼一车。先张之弧，后说之弧，匪寇婚媾。往遇雨则吉

"豕"：猪。"涂"：化妆。"鬼"：奇形怪状。"弧"：弓箭，武器。"说"：脱离，改变。"匪寇"：土匪，强盗。"婚媾"：结婚。"往"：前进。大意是在孤单行程中，看见一辆大车满载着打扮得奇形怪状的人，还有一头被染过色的大猪，不明就里的孤独客马上搭弓欲射，后来见这伙人并非恶人，随即放下弓箭，到跟前一看，这伙人并不是强盗，而是准备前去订婚迎亲。一场误会如同天降大雨，被洗释一净。爻辞启示：不能疑神疑鬼，在是非恩怨中首先要学会自我检讨，作出深刻与自我批评，只有主动承认错误，才能化干戈为玉帛，最终也会冰释前嫌、重修于好，达成双赢局面。

荀子《劝学》写道："君子博学而日三省乎己，则知明而行无过矣。"讲的是道德高尚的人，一方面要博学，另一方面还要反省自身，才能知识日增，防患于未然，减少过失。同样，一个人有缺点或过失并不可怕，关键是要敢于正视，正视缺失就等于改正了一半的错误。正如希腊哲学家德莫克利特所言："追悔可耻的行为是对生命的拯救。"追悔就是正视错误、自我反省。一个优秀的管理者，必然要善于自省，对于错误也会勇于承担，甚至还会向部属道歉，善于作自我批评；反之，犯了错误而不敢承认，是缺乏自信的表现，因为一个有自信、有实力的人，会更好地把握自己，承认自己的价值和能力。

总之，睽卦揭示的是化睽为合的道理，也是倡导修正自身、改进作风的卦。凡事要先从自身查找原因，要做好矛盾的转化工作：一要提升顺其自然、以德报怨的君子风范；二要保持谦虚谨慎的工作作风；三要发扬艰苦奋斗的光荣传统；四要以坦诚之心赢得资源；五要言行一致、实事求是，不人前一套、人后另外一套，始终要坚持表里如一；六要经常性开展批评与自我批评，主动反省自我。如果能做到上述"六要"，最终就会求大同存小异、实现双赢。

以同存异

【原文】

蹇：利西南，不利东北。利见大人，贞吉。

初六：往蹇，来誉。

六二：王臣蹇蹇，匪躬之故。

九三：往蹇，来反。

六四：往蹇，来连。

九五：大蹇，朋来。

上六：往蹇来硕，吉。利见大人。

蹇卦是《周易》第三十九卦，"蹇"为山高水深、困难重重，要见险而止、明哲保身，可谓智慧。该卦讲述的是排除艰难之道，表示陷入困境中无法脱离时，要始终怀着谦恭礼让的态度，善于向他人求教，坚定信心才能转危为安。《象》曰："山上有水，蹇；君子以反身修德。"寓意是如同山上的积水一样，在身处艰难险阻时，君子应回过头来好好反省自己，自觉提升自身素质，一举攻克难关。

山上有水，蹇：君子以反身修德

李旺枝，1940年生，河南开封人，现为河南省书法家协会会员、开封市书学研究会副会长、开封市老年书画研究会副会长、开封市关心下一代委员会常务副主任、开封意拳研究会顾问、刘庚三书法艺术研究会顾问。

第三十九章　智不惑　德不孤　指挥若定失萧曹

蹇：利西南，不利东北。利见大人，贞吉

　　蹇卦是《周易》中的四大难卦之一，是一个比喻行动非常艰难的卦象。《象》曰："山上有水，蹇；君子以反身修德。"蹇卦大意是上卦为坎，坎为水；下卦为艮，艮为山，山上怪石嶙峋，水流曲折，非常难行。君子观此卦象，悟行道之不易，从而反求诸己，修养德行。卦辞说"利西南，不利东北"。笔者认为，这里只是一种比喻，并不指单纯意义中的方位，按后天八卦讲，东北位属艮位，西南位属坤位。"大人"：即高层领导、贵人或朋友之意。"见"：求见或有求于的意思。这里所谓的"东北""西南"，其实恰指的是两种不同的为人秉性。"东北"位属高山，有一种高山仰止的感觉，比喻高高在上。水至清则无鱼，人至察则无徒。整天自高自大、牛气冲天，仿佛能把天捅个窟窿一样，自然受人鄙夷，成为孤家寡人一个，当然不利。相反，"西南"位属大地，象征谦恭柔顺的仁爱德行。"德不孤，必有邻"，朋友多了路好走，关键时候才能聚合人心、聚焦人气，也自然会赢得他人的支持和帮助。卦辞大意是当举步维艰的时候，要顺其自然，保持谦恭礼让的德行，而不能高高在上，如同茅坑里的石头，又臭又硬，那就比较危险。

　　《孙子兵法》云："军事之难者，以迂为直，以患为利。""迂"是曲折、绕弯的意思。迂与直、患与利、退与进之间的关系是辩证的，是互相转化的。其大意是与敌人争夺有利的制胜条件，最难的是在于如何通过迂回曲折的途径达到直近的最佳目的，化不利为有利。在两军相争的战场上，绕远，意味着花费的时间相对多一些；直近，意味着花费时间相对少一些。但是，军事对抗的双方都在绞尽脑汁地破坏对方计划的实现，如果一味地求多图快，反而会适得其反。所以，在某种情况下，表面上看来，走的是迂回曲折的道路，而实际上却为更直接、更有效、更迅速的获胜创造了条件。

初六：往蹇，来誉

　　"往"：前进。"来"：退回，回来。"誉"：肯定，正确。爻辞大意是不能前进时就要考虑退回来，退一步海阔天空。这是明智之举，至少不会作无谓的牺牲。

当然"退"不是永远放弃，只是一种迂回战术，以时间换取空间。"退"也是为了更好地积蓄能量，寻求时机，以图再进。

《道德经》讲：委曲反能保全，屈枉反能伸直；低洼反能充盈，敝旧反能生新；取少反而自得，求多反而迷惑。因此圣人坚持自然之道，作为天下整顿的法式。不自己表现，反能得到显明；不自以为是，反能是非昭彰；不自我夸耀，反能见到成就；不自我矜持，反能显出特长。正因为不与他人争，所以天下没有人能和他相争。古人所言的委屈所能保全的话，并非空话，完全是能够达到的。其实也是一种人生智慧、一种大德。

三国时代，刘备在四川当皇帝，碰到天旱，夏天长久不下雨，为了求雨，乃下令不准私人家里酿酒，因为酿酒也会浪费米粮和水。命令下达后，执行命令的官吏在执法上发生了偏差，有的在老百姓家中搜出酿酒器具也要处罚。老百姓没有酿酒，而且只搜出以前用过的一些做酒工具，根本算不上犯法。但是执行的坏官吏，一得机会，便花样百出，因为这样不但可以邀功求赏，而且可以借故向老百姓勒索敲诈。其实刘备命令中并没说搜到酿酒工具要处罚，可是天高皇帝远，老百姓有苦无处诉，弄得处处民怨。有一天，刘备与妻弟简雍俩同坐一辆车子一起出游视察。两人正向前走，简雍一眼看到前面有一个男子与一个女子在一起走路，就对刘备说："这两个人，准备奸淫，应该把他俩捉起来，按奸淫罪法办。"刘备说："你怎么知道他们欲行奸淫，没有证据，怎可乱办？"简雍说："他们身上，都有奸淫工具！"刘备听完哈哈大笑："我懂了，快把那些有酿酒器具的人放了吧。"这又是"往蹇，来誉"的一幕闹剧。

六二：王臣蹇蹇，匪躬之故

"王"：君王。"臣"：部属。"匪"：通"非"。"躬"：自身。爻辞大意是为了响应君王的号召，臣子想方设法，历尽万难去抓落实，而不是以自身利益着眼，去图省事、图私利，搞上有政策、下有对策的被动应付；为了国事犯难，臣子而兢兢业业，这里讲求的正是一种大公无私的圣贤之德。

笔者生活在八朝古都开封，这里有一位廉政的精神代表包青天。包青天的故事在全国可谓家喻户晓，人人皆知。特别在开封府与包公祠，每天游客络绎不绝。在新时代，党员干部就要继承和发扬包公精神。从大义灭亲忍痛铡包勉的故事中，我们深刻感受到包公的光明磊落，这警示每一名党员干部要有一身浩然正气，不徇私舞弊、不朋比为奸，即使面对亲朋好友也要敢于坚守正义、维护底线，只有这样才会赢得群众发自内心的尊重；从包公不惜丢官铡当朝太师庞昱的故事中，我们领悟到包公的执法严明，这又告诫党员干部要敢于担当、敢于坚守原则，不官官相护，不唯上、不唯权，只有坚持依法维护社会正义，做到明察秋毫，即使面对强权也要敢于坚持真理、恪尽职守，也才会赢得群众支持；从包公陈州放粮的故事中，我们又能亲切感受到包公的亲民爱民情怀，这也提醒党员干部要时刻心里装着人民，坚持群众利益无小事，深刻认识到党员干部和人民群众是鱼水、血肉的关系，这样人民群众才会打心底里拥护和爱戴党员干部。时代在变，但"道"不会变。这就要求每一名党员干部都要清醒地认识到，立党是为了国家，执政是为了人民。每个党员干部都要有无私情怀，践行为人民服务的宗旨，这样才能无愧于自己、无愧于国家、无愧于人民、无愧于新时代。

九三：往蹇，来反

"反"：相反。"来"：返回。大意是在困难险阻中行进不通时，不妨退回来立于原地进行思考。《象》曰："往蹇来反，内喜之也。"大意是说出门困难重重，归来笑逐颜开，这是发自内心的喜悦。通过反思，总结教训，找到了解决问题的答案，最终获得令人满意的结果。此爻阐明：在遇到风险的关键时刻，最好的办法就是回到原处作理性思考，而不是闷着头瞎撞，撞得头破血流才能醒悟；冒进并不是解决问题的办法，盲目式的前进也就等于自掘坟墓，冲动行为导致最终的苦果。

历史上隋炀帝役民过重、急功近利，妄想建立丰功伟业、一统千秋。他曾三征辽东，不仅消耗了大量的主力部队，而且给人民带来了沉重负担，加之修建大运河时役民，严重损伤国体。一系列开疆拓土的战争，同样消耗了大量的人力物力。隋炀帝因过分自信与轻敌，导致第一次出征高丽失败，并陷入战争泥潭，致使不满的士兵发动兵变。劳动人民也为逃避沉重的负担纷纷起义造反，为大隋王朝的覆灭埋下了伏笔。

六四：往蹇，来连

"蹇"：困难。《说文解字》中的"连"：负车也，其实讲的就是现在的车。表面讲在前进中遇到险阻，要坚决退回来，想个办法。走路行不通，改轮船或者飞机才会顺利。"车"也就自然引申为方法、计谋。

东汉末期，北边羌人叛乱。朝廷派虞诩平定叛乱，虞诩的部队在陈仓崤谷一带受到羌人阻截。这时，羌人士气正旺，又占据有利地势，虞诩不能强攻，又不能绕道，处于进退两难之地。虞诩决定骗羌人离开坚固据点，他命令部队停止前进，就地扎营。对外散布行军受阻，向朝廷请派增援部队。羌人见虞诩已停止前进，等待增援部队，就完全放松戒备，纷纷离开据点，到附近劫掠财物。虞诩见敌人离开据点，下令部队急行军，日夜兼程，每日超过百里，通过山谷。他命令在急行军时，沿途增加灶的数量，今日增灶，明日增灶。敌人误以为朝廷援军已到，自己力量已经分散，不敢轻易出击。虞诩顺利地通过陈仓崤谷，转入外线作战，羌人在时间和空间上被卷入被动局面，不久羌人叛乱被平定。

九五：大蹇，朋来

大难当头，必有贵人出现，但前提条件是自己必须有德。"德不孤，必有邻"，关键时候才能凝聚人心，得到他人帮助。《象》曰："大蹇朋来，以中节也。"大意是处境极为艰难，却有众人来协助共同渡过难关，表明自身能够坚守正道，行为合乎准则，所以才能在关键时刻有众人前来协助。

新时代，领导干部如何把人民群众更好地凝聚在党的周围，使党不断发展壮大，形成全国上下一心向党的良好局面，这个问题非常重要，也极其必要。归纳一下，应做到"六要"：一要靠清廉的内外形象。作为领导干部，一定要明白，清廉才能得到部属信任和群众拥护，为此，领导干部要常思贪欲之害，常修为政之德，常怀律己之心，用自己的模范行动，赢得群众的拥护和百姓爱戴。二要靠过硬的能力素质。作为领导，要充分认识到，素质是胜任本职的资本，是赢得尊重的关键。三要靠公正的为人处世。领导干部无论是处理公事还是私事，都要做到一视同仁、不分亲疏内外，要坚持公道，以此赢得人心，获得尊重。四要靠豁达的胸怀。领导干部要善于换位思考，用大度胸怀凝聚人心。五要靠真挚的人文关怀。领导干部一定要树立"基层至上、群众第一"的思想观念，用真心真情凝聚人心意志。六要靠亲和的人格魅力。领导干部在位时，在待人处事上一定要人性化，多想别人难处，多做得人心的事，从而使部属从内心深处信任，使群众愿意跟随。

上六：往蹇来硕，吉。利见大人

"硕"：收获。"大人"：并不是仅仅指领导，而是指群体，也指人心、人气。大意是向前不顺陷入险境，退回去却可以大有收获，这样做必然吉祥。但前提条件是要赢得人心，得民心者得天下，只有聚合众力，万众一心，才能走出困境。一个人的力量是有限的，群体的力量才是无限的，只有团结一切可能团结的力量，才能走出被动局面，从胜利走向胜利。爻辞启示：遇到困难时，要善于团结他人，凝聚力量，最终众志成城，才能无坚不摧。

有一个反面事例：东周第12代天子周景王姬贵，在位第21年（前524）和第

23年（前522）时，做了两件不得民心的事情：一件是铸大钱，一件是铸大钟。大钱就是币值高的钱。景王试图以铸行大钱的方式来收缴民间小钱。大钟即编钟。景王准备铸造两组巨型编钟，一组是无射，一组是大林。他打算把这两组编钟上下悬挂在一起配合演奏。景王身边大臣单穆公对此很担忧，极力劝阻。他认为铸大钱不利于流通，是对平民百姓的残酷掠夺；而铸大钟更是劳民伤财，既得不到悦耳的美妙享受，又加重百姓负担。所以这样做将会使百姓离心，国家危险。但景王听不进去。司乐大夫伶州鸠也劝阻说，编钟的声律强调和谐，如果百姓怨恨，那就没有和谐。他引用民谚"众心成城，众口铄金"来表明自己观点：老百姓共同喜欢的东西，很少不实现的；而他们共同厌恶的东西，也很少不废灭的。但景王依然我行我素，3年间，既铸了大钱，也造了大钟。结果，景王在第二年就死于心疾，周王朝也随即爆发了长达5年之久的内乱。

总之，蹇卦是阐释人处在困境时的原则问题。人必然要遭遇困难，面对危险，应当用柔，不宜用刚；应当积极谋求对策，不可退缩；应当反省，要坚持正义；应当充分了解状况，而且要量力而行，不能去轻率冒险。一旦陷入危险，要有奋不顾身的彼此相救才能脱险。明知有危险，万不可冒险侥幸，莫如退守自保，先求安全，再寻出路。必须冒险犯难时，也应当团结他人，增强力量。尤其要坚持正义，只有得道多助，才能感召人气，应当结合贤能、追随贤能，才能转危为安。总而言之，蹇卦强调了一个相对立而又统一的矛盾，在顺畅与艰险并存的前提下，通过研究蹇卦，顺利把握自己，权衡利弊，作出正确选择，以便合理处置。

反身修德

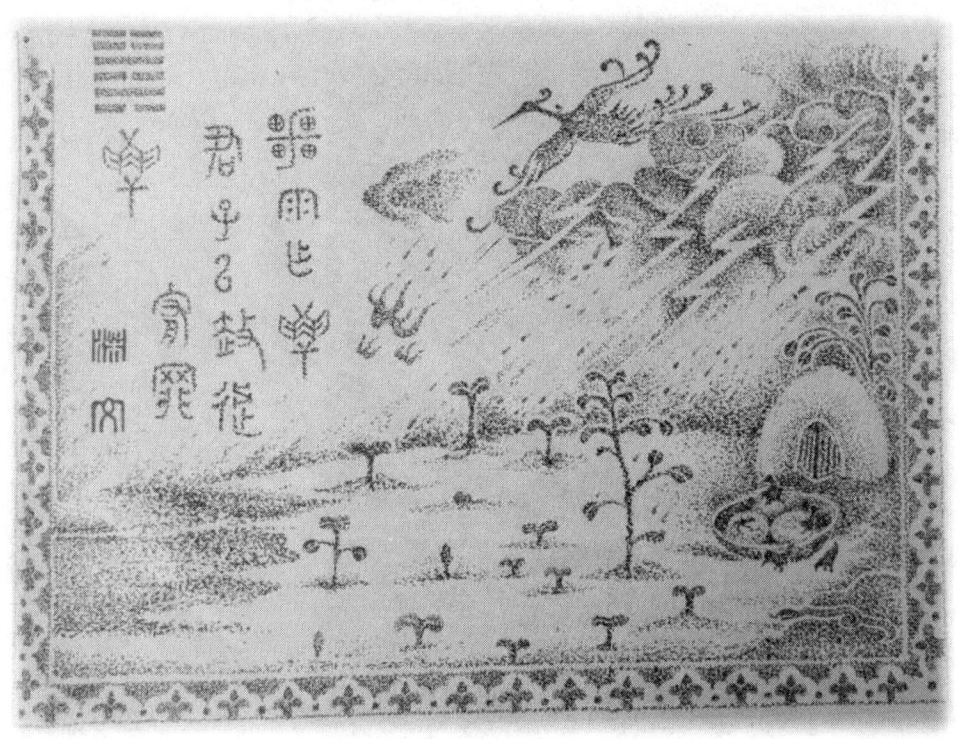

【原文】

解：利西南。无所往,其来复吉。有攸往,夙吉。

初六：无咎。

九二：田获三狐,得黄矢。贞吉。

六三：负且乘,致寇至;贞吝。

九四：解而拇,朋至斯孚。

六五：君子维有解,吉,有孚于小人。

上六：公用射隼于高墉之上。获之无不利。

解卦是《周易》第四十卦,讲述的是排忧解难之道,表示在没有灾祸的时候就应该安守本分,发生灾祸时则要及时调整、积极应对、合理解决。《象》曰："雷雨作,解；君子以赦过宥（yòu）罪。"寓意是如同暴雨清洗万物一样,君子应包容他人缺点,宽恕他人失误,使曾经有过失的同志能放下包袱、轻松上阵,从而创造辉煌成绩。

雷雨作，解：君子以赦过宥罪

扈存生，1956年出生，山东曹县人，现为中国国家书法家协会理事、河南省书法家协会会员、山东书画院副院长、大美书画院执行副院长、刘庚三书法艺术研究会艺术顾问。

范礼成，1962年出生，河南开封人，现为中国书画家协会会员、开封大宋书画研究会理事、开封敦复书画院副院长。

第四十章 蓄厚德 万事解 守得云开见红日

解：利西南。无所往，其来复吉。有攸往，夙吉

解卦是上卦为震下卦为坎的雷水解之象。其上卦为震，震为雷；下卦为坎，坎为流水、为雨。故二者为雷雨作之象。春雷催雨，万物复苏，春回大地，好一片生机。《说文解字》讲："解，从刀判牛角。"大意是有的牛生性凶猛好斗，不便于饲养驾驭，就要去想办法切除牛角尖锐的一段，才能减少其危害，也就随之化解了饲养和活动中的危险。《象》曰："雷雨作，解。君子以赦过宥罪。"其中的"宥"：宽恕，原谅；"赦"：免除。大意是说君子要豁达大度，多使恩泽，以德报怨，只有以厚度容人，如同细雨润无声一样，悄悄地为他人奉献爱心，这样，纵使暂时遭遇不公正，问题最终也会迎刃而解。

"利西南"：后天八卦中西南方代表坤位，表示低调、柔顺的人生态度。"地势坤，君子以厚德载物"，豁达大气，如同大地一样包容万物，当然会大吉大利。"无所往，其来复吉"：如果感觉没有必要继续前进的话，退回来静守也未尝不可，同样吉利。"有攸往，夙吉"中的"夙"：及早。如果目标明确，则宜当机立断，提前行动也没有什么不好。双重吉利，还有选择的余地。解卦仿佛勾勒出了一幅水墨画：春雷大作，大地解冻，冬去春来生机再现。提醒人们随自然而作息，以宽厚之德容人容事，这样便可进退自如。

电影《手机》播出以来，引发了许多家庭战争。于是女主人不时巧妙地检查男主人手机内容，男主人也不甘示弱，声东击西，偷翻妻子手机短信。以上种种，是因为太想拥有，在太想拥有中，犯了猜疑的爱情天敌症。因为猜疑，误会也会成为解不开的死结；因为猜疑，玩笑就会成为不可原谅的证据；因为猜疑，心情沉重，目光呆滞，眼睛里看到的只是阴霾的天空，看不到绚丽的花园。于是整日诚惶诚恐，忧心忡忡，患得患失。越惶恐，就越忧心；越忧心，也就越怕失去；越怕失去，也就越想拥有。这就正如大师手中的沙子。殊不知，就在猛力一握的刹那间，沙子也就顺手而落。为此，为人不能太自私，要放松手中的沙子，随心而起，随心而落，豁达处之，给心一个自由翱翔的空间，宽松舒适的环境也就自然而至了。

初六：无咎

爻辞中只有"无咎"二字，非常简单，也非常直接。《象》曰："刚柔之际，义无咎也。"大意是处在刚柔相济、相辅相成的地位时，本着与人为善，只要利于大众，虽然解决问题的手段会打破常规，但出发点是好的，也是出于公心，最终目的就是为了解决问题。正如屠夫杀猪一样，杀头杀屁股，各有各的杀法，都是通过手起刀落达到猪死的目的，问题解决了。或许某些方面不近情理，但无伤大雅，毕竟化解了险难。

中共十一届三中全会后，"黑猫白猫论"成为中国将社会工作重心转移到经济发展上的一个理论标志。由此，个体正当的利益驱动得到了表演机会，从而极大激发了整体潜能。1980年末统计显示了这一点：坚守在人民公社阵营里边的产量不增不减，包产到组的地方增产10%到20%；包产到户的地方增产30%到50%。从此，"黑猫白猫论"贯穿于改革开放的各个阶段，乡镇企业、特区、私营经济、证券、股票……在很多场合都可以看到它的影子。与此同时，由"黑猫白猫论"开启的思维之门已经洞开，个体、群体的创造趋于丰富，市场变得异常活跃。

九二：田获三狐，得黄矢。贞吉

"三"：并非3只，这里只是约数，比喻好多。"黄矢"：金黄的箭头。大意是狩猎时捕获了好多只狐狸，又意外得到了黄铜箭，财利双收；凡事当留余地，只有仁德忠贞之人才会吉祥。该爻用3只狐狸来象征结局华丽美好，用黄矢象征执掌政权、立君建侯。在这种大好形势面前，就不应当去胡乱折腾，而应当坚守，长久地保持下去才好，所以告诫人们"贞吉"；相反，如果不满于大好形势，一味地激进式贪婪，失之于贪，必然会走向吉祥的反面。

爻辞意在诫贪。《朱子家训》里面有一句"勿贪意外之财"的训话。"意外之财"：关键在于"意"，"意"即心，就是指不属于自己的东西。人生一世，每个人都有好多收获，属于自己的始终就是自己的，不属于自己的任何时候都不要过分惦记。用这种心态去品味箴语，就可品出真谛蕴意，这里的贪，就是不择手段，属于自己的也要，不属于自己的还要，这样势必物极必反、惹祸上身。

"手莫伸，伸手必被捉。党与人民在监督，万目睽睽难逃脱……"出自陈毅《七古·手莫伸》，意思是说，法网恢恢，疏而不漏，人民群众的眼睛是雪亮的，党纪国法是不容冒犯的，任何人如若胆敢以权谋私，以党和人民赋予的权力做筹码，伸手谋取不法之利，都必将受到严惩！其实，在2013年，该年俗称公务员的"禁令之年"，党中央出台了14部约束党政机关工作人员各项行为的规定，这些规定涵盖了其工作生活的各方面。这些面面俱到的禁令，直指当前官场之积弊要害，非常有针对性：管住了嘴，不该吃的不吃；管住了手，不该拿的不拿；管住了腿，不该去的地方不去；管住了脑，不该做的不做。既要不断扎紧制度的笼子，又要防微杜渐，给党员干部戴上"紧箍咒"。然而，在多种因素综合作用下，滋生腐败的土壤依然存在，金钱、美色等各种"糖衣炮弹"的攻击无处不在。但是，苍蝇不叮无缝的蛋，由于一些党员干部理想信念不够坚定，道德防线不够牢固，故往往经不住诱惑，抱着侥幸心理，忍不住去"伸手"，做了金钱的俘虏，最终落得个身败名裂、身陷囹圄的下场。仅2013年一年中，10多名省部级"大老虎"纷纷被"锁手"，"苍蝇"更是被"拍掉"无数。这些铁一般的事实无不在反复证明一个真理："手莫伸，伸手必被捉。"

六三：负且乘，致寇至；贞吝

"负"：背负。"乘"：乘车。"致"：吸引。《象》曰："负且乘，亦可丑也；自我致戎，又谁咎也？"大意是说肩扛着沉重的东西，却又坐在华丽的大车上，这样掩耳盗铃的行为简直过于丑陋，必然会招来灾祸；由于自身原因而招致灾祸，不能怪别人，只能是自作自受。所以，不能一味地麻木坚持。"贞吝"：到节制的时候了。

某地方报登了一则故事：领导下乡慰问，出发前事先与乡村干部进行联系。领导车还未到时，一群乡村干部早已在村口等候。接着检查团一行人浩浩荡荡地来到一贫困户家中。该户户主是一位残疾人，他已经得到通知，等候在门前，看到检查团到来，显得十分局促。在摄影机镜头前，领导把一个装着200元钱的信封递给了户主，短短5分钟不到，就算完成了慰问任务。紧接着一位乡干部把一张写着感谢话语的红纸递给那位受助贫困户，让他照着纸上的话对着镜头背下来。只见户主按照乡干部的指示，对着镜头"说"了起来，像一位熟练的演员，眼含热泪，表情动人，听上去那些"台词"在他的嘴里背诵得十分流畅，似乎早已烂熟于心。此种状况令人非常不解。一些地方领导干部已将"送温暖"当成一场作秀，动辄前呼后拥，招摇过市，各级官员随行，记者紧紧跟进，完全做不到轻车简从。往往是一桶食用油、一袋面粉，见了面官话套话一大堆，没有倾听困难家庭面临的困难，更没有为他们摆脱贫困出谋划策，使重复慰问年年发生。为此，这样的情形应该肃清，应当吝中又吝、慎之又慎。

九四：解而拇，朋至斯孚

"解"：解脱，解除。"拇"：脚的拇趾，这里借脚趾头说理小人。"朋"：朋友。"孚"：诚信。爻辞大意是如果能摆脱纠缠，剩下的自然就是至诚至信的真朋友。爻辞意在提醒：少与小人打交道。奸猾势利小人如同拇趾里面的污垢一样：当你得志的时候，甜言蜜语，趋炎附势；当你失势时，落井下石，四面设障。对这样的小人必须采取措施，果断清除。爻辞其实阐述的是如何识人的道理。

赵洞门出任御史大夫时，门前车马来往不绝，来拜访他的人几乎在路上排起队来。等到他被免职、离开京城出城门时，来送行的只有三五个人。过一段时间，他被朝廷召回重新起用，以前离开的那批人又像当初那样来拜访。当时只有吴菌次每次落落大方，气质不凡，不因富贵、失势改变对赵洞门的态度。赵洞门常常目送他出门，回头跟儿子友沂说："将来我去世后，最终要依赖这个人来办事。"没多久，友沂过早去世。赵洞门也因失去儿子而悲痛，死于外地客寓。他的两个孙子无依无靠。吴菌次一边哀悼，帮助办理后事；一边扶助他们，把小的那个当自己儿子看待，又把自己爱女嫁给他。一时间，人们都感叹赵洞门善于识别他人。

"路遥知马力，日久见人心。"这句古训在这个故事中得到了鲜明体现。赵洞门当官时，门庭若市；被免职后，门前冷落可罗雀；当再次被起用，门前车马又络绎不绝。这真像是一幕闹剧，世态炎凉尽在其中。而大千世界也不尽然，吴菌次就是一个不以富贵失势而改变对他人态度的人，他对赵洞门的升迁和免职在态度上始终如一，特别是在赵洞门和儿子亡故后，他更是把赵洞门的小孙子视同自己儿子。吴菌次的品质确实令人肃然起敬。该爻也在提醒人们：要擦亮眼睛，不要被那些阿谀奉承、拍马迎合的人花言巧语所蒙蔽；同时，做人要正直、光明磊落，要像文中的吴菌次那样，不因别人有势力就奉迎，也不因别人不得势而冷落。这又恰恰讲述的是一个如何做人的问题。

六五：君子维有解，吉，有孚于小人

"维"：束缚，如同缆索缠身。爻辞大意是君子通过战胜艰险解除束缚，必然轻松自在；同时，也只有这样，才有可能征服小人，使其心服口服。《象》曰："君子有解，小人退也。"大意是说君子如果能够征战消除解脱危难祸患，小人就自然会畏惧退避。这里的小人不只是卑鄙无耻的人，也可能指对手。

1936年西安事变爆发后，周恩来作为中共全权代表前往西安参与处理事变，在他"主谋"下，"西安事变"得以和平解决。事后，张学良将军在护送蒋介石回南京后被扣留。这样一来，东北军中一些少壮派纷纷把怨恨指向周恩来，甚至要对他动"真格"。危难之中，周恩来再次显示了卓越的平息非常事件的才能：一些东北军青年军官杀气腾腾地先一步闯进周恩来住所，要与周恩来评理和算账。在这紧急关头，周恩来镇定自若，他猛地站起来一拍桌子，既威严而又先发制人："你们要干什么？你们以为这样干就能救张副司令？不！这恰恰是害了张副司令！你们破坏了团结，分裂了东北军，你们在做蒋介石想做而做不到的事情，你们是在犯罪！"在周恩来严厉训斥下，无理闯进来的几个青年军官气焰顿敛，立即跪下来向周恩来认错请罪。

为争取东北军官兵中的大多数，周恩来在王以哲军长被杀后，亲自率领中共代表团成员前往吊唁。吊唁中，周恩来推心置腹的语言深深感动了东北军全体将士，激起了他们对少数少壮派军官闹事的愤恨，孙铭久、应德田、苗剑秋等少壮派军官也意识到自己闯了大祸，要求离开东北军或者引咎自戕。周恩来经过权衡，决定将他们送往红军驻地后再转到天津。他们一走，要替王以哲报仇的人失去了目标，从而避免了东北军内部一场大规模自相残杀的局面。

上六：公用射隼于高墉之上。获之无不利

"公"：王公贵族。"隼"：凶猛的鹰类，可以理解为危害作乱的小人。"墉"：高墙。爻辞大意是王公猎捕高墙上的烈鹰，有了收获，没有什么不好。意在警示：王公射大鹰，其实这里暗喻的是征讨不归顺的诸侯国，是为了天下和平着想，用以震慑其他邪恶势力；要发挥正能量，居安思危，时刻都要准备与坏人坏事作斗争，敢于与不良行为作斗争。这就是所谓的文治武备。

为纪念百色起义、龙州起义80周年和中国共产党成立90周年，广西区党委宣传部、广西广电局、广西电影制片厂等单位联合摄制了革命历史题材献礼剧《红七军》。该剧艺术地再现了红七军这支英雄部队的诞生，再现她艰苦卓绝、英勇辉煌的战斗历程，激励后人为实现中华民族的伟大复兴而奋斗。剧本刻画了红军战士英勇斗争、勇猛顽强的英雄形象，其中祝耀威人性化英雄形象的细节刻画得十分细腻，印象最深的不是他冒着敌人猛烈炮火去炸碉堡的勇敢无畏，而是他敢于向恶势力斗争的精神。退伍后的祝耀威为了赶回家迎娶天晴，抄近路穿到当时广西境内法军领地里板，法军守卫要求他退回去。"我为什么不能过去？""这明明是我们中国人的地方。"虽然祝耀威恳请法军让他过去，然而法军不但不让他过去，还要求他把马留下："你没听见吗？把马留下，你给我滚。"祝耀威最后无法容忍下去，看着那帮法军，眼里流露着痛恨，慢慢握紧拳头然后冲向那帮法军。在迎娶天晴的路上，因为土司欲行驶"初夜权"而强行带走天晴。祝耀威为救回天晴，只身打进土匪窝。虽然祝耀威势单力薄，赤手空拳，但在面对恶势力时，他毫不畏缩，敢于向恶势力斗争。他的眼神里有对恶势力的仇恨，而又充满对美好生活的坚信。祝耀威之后加入农民自卫队，后来又去了李谦的四大队，但不管到哪，他都敢于向土豪军阀、向国民党反动派这些恶势力作斗争，他的骨子里有着红军的不退缩精神。

《红七军》让人们看到了一支为人民幸福而艰苦奋斗的队伍、看到了红军无畏的精神。同样，在恶势力猖狂的今天，敢于向恶势力斗争的精神更值得人们相承，只有不向恶势力低头，民族尊严才能得到维护，才能国泰民安。《红七军》不只是一部怀旧大片，更是适应新时代的一部教育大片。

总之，解卦是一个摆脱困境、战胜困难、走出困境的卦象，前景非常客观。解卦告诉人们：从来没有什么救世主，唯有自己才能解救自己；纵使有朋友的帮助，也是自己通过坦诚赢取的结果。雷雨交融，一切全解，怎一个"解"字能表达得清？

赦过宥罪

【原文】

损：有孚，元吉，无咎，可贞。利有攸往。曷之用。二簋可用享。

初九：已事遄往，无咎。酌损之。

九二：利贞，征凶，弗损益之。

六三：三人行，则损一人。一人行，则得其友。

六四：损其疾。使遄有喜，无咎。

六五：或益之十朋之龟。弗克违，元吉。

上九：弗损益之，无咎，贞吉。利有攸往，得臣无家。

损卦是《周易》第四十一卦，"损"是减少的意思，表示心怀诚意，可获吉祥，则不会有多大危险，可以坚守正道，利于向前发展。《象》曰："山下有泽，损；君子以惩忿窒欲。"寓意是君子应压抑自己的狂躁脾气，摒弃低级趣味，培养高尚情操，这样，就会赢得朋友信任，关键时候就会有人相助。

山下有泽，损：君子以惩忿窒欲

刘士贤，1963年3月出生，河南省开封市人，河南省书法家协会会员，开封市清明上河图研究会理事。

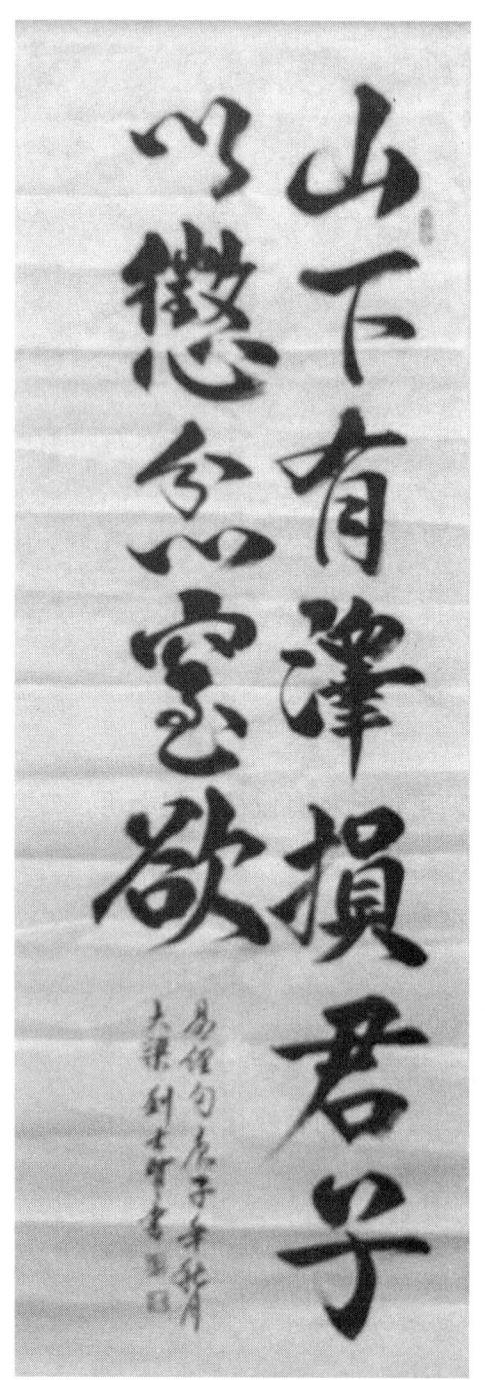

第四十一章　山泽损　得大志 岂因祸福避趋之

损：有孚，元吉，无咎，可贞。利有攸往。曷之用。二簋可用享

"损"：减损、损耗之意。损卦是兑下艮上的山泽象。兑为泽，艮为山，泽中之水可以润湿山上之草木。为此，泽好像是甘愿为山作嫁衣，故为损伤自己、照亮他人。本卦卦辞中的"曷"：多少。"簋"：古代盛饭用的器皿。卦辞大意是执政者要放下架子，表面上看起来是受了委屈，低头甘为人梯，其实这样恰恰又赢得了群众认可，是上等好事，非常利于前进中有所作为。"曷之用。二簋可用享"，即这样对执政者本身减损不了多少，只需两盘食物而已，但态度一定要真诚，明德唯馨，要用真诚来赢得群众信赖。看看，损卦卦辞讲得多好，不光要为人民服务，而且要全心全意为人民服务；不光要善于去做，且在态度上一定要真诚，就像敬奉神灵、孝顺自己的父母一样，不是去被动迎合，而是自然地、积极地去服务，并不是去作秀、浪得虚名。

什么是真正的为人民服务？首先为人民服务明确的是执政者和人民的关系。执政者是人民的仆人，人民是主人，是上帝，执政者必须将自己放在从属位置。就好比一列火车，人民是乘客，执政者是司机，也是提水扫地的乘务员。列车就好比是国家，司机和乘务员通过列车这个平台来为乘客服务。就一列火车来讲，最重要的不是其本身，也不是司机和乘务员，而是乘客，列车和司机以及乘务员都是从属位置。相反，如果没有乘客，列车、司机以及乘务员的存在就显得毫无意义。为此，该卦要求：执政者在人民面前必须躬下身来、低下头来主动为人民开好车，为人民提水扫地搞好服务，这是其位置决定的。

初九：已事遄往，无咎。酌损之

"已"：过去，结束。"遄"（chuán）：迅速。"酌"：考究，考量。爻辞大意是放下手头务虚的工作，立即去帮助需要帮助的人，自己可能或多或少地受点损失，但终究不是什么问题。自己受损而不假思索地救助他人，不计回报惠利大众，这里倡导的恰是一种大公无私的奉献情怀。

曾担任云南省保山地委领导的杨善洲忘我工作，一心为民，为了兑现自己当初"为当地群众做一点实事不要任何报酬"的承诺，退休后，扎根大亮山，义务植树造林，一干就是22年，且将林场无偿上缴国家。这种无私奉献的崇高精神，正是一种"公仆情怀"。实际上，"公仆"二字说起来容易，践行起来却非常艰难。在很多人嘴里只是说说而已，并未当真。还有部分人口说"公仆"，实则"官奴"。对上常阿谀奉承、吹牛拍马、钻营投机，对下则趾高气扬、耀武扬威、假公济私。在这样的人身上是很难找到"公仆情怀"的。而杨善洲不一样，"给乡亲的承诺总得兑现"是他的铮铮诺言，他为这句"做点实事"的承诺，一干就是22年。初上大亮山的杨善洲头发只是灰黑，20多年后却已满头飘雪。杨善洲清贫一辈子、奉献一辈子、奋斗一辈子，感动、激励、振奋着亿万人，为此，原中组部部长李源潮批示：杨善洲同志是老干部中突出的优秀共产党员。通俗地讲，他就是共产党人的"范儿"，这既是对他工作成绩的肯定，又是全国人民的心声。这种坚定的理想信念、对党忠诚的品格、一心为民的公仆情怀、鞠躬尽瘁的崇高境界、大公无私的奉献精神，值得每一位公民学习，更应是共产党人的践行教材，恰恰又对应了该爻。

九二：利贞，征凶，弗损益之

"征"：出征。"弗"：不。"凶"：危险。九二爻辞大意是一味地贬低自己去盲目迎合别人，这种习惯其实并非好事，有时候坚守自我却也有益自己。该爻意在提醒人们：要对自己有一个准确定位，不能盲目妄进；把握自己，要自守而能不自损，这样的秉性应增强而不可减损。

严光与汉光武帝刘秀是同窗，交谊甚笃，他们之间的关系是相尚以道，即圣人之道，不是互相利用的关系，是"君子以道交，天荒而地老"。后来刘秀一统天下，得圣人之实；而严光得圣人之心，隐居深山不出。在同学期间，刘秀就知道严光为人贤良；君临天下后，刘秀三番五次相请严光出山共同治理朝政，才将严光请到当时京城洛阳，并授予高官，但严光拒不接受。他与刘秀在宫中谈论治国之道，非常随意洒脱，夜晚二人在一张床上睡觉，严光睡着后将臭脚丫子放到了刘秀肚子上，刘秀怕打扰他的睡眠，居然没有惊动。朝中大臣夜观天象，奏本对刘邦说："客星犯主！"刘秀笑着说："朕与老同学严子陵在一张床上睡觉而已。"其后，严光还是辞别刘秀回到了富春江去过闲云野鹤的日子，遂为传世美谈。范仲淹就对此评价道："光武之量，包乎天地之外；先生之心，出乎日月之上。"

爻辞强调的是领导关系学的问题，有时候为名利而自损，但却非常有害，应当禁止。必要时，应当向严光学习，视名利如粪土。而时下少部分党员干部，为了钻营取利，削尖脑袋往里钻，不惜血本认干爹、攀高亲，根本顾不得自尊，低三下四拉关系、卑躬屈膝找门子、挖空心思跑官要官，这样可能也会取得暂时成功，但不久长。中央原领导人张高丽曾说："我们坚决杜绝跑官要官。为老百姓的事是干出来的。跑官要官的人，没有一个是有真本事的，真有本事，就不会跑官要官。跑官要官的人得不到人民群众的信任，也不可能为老百姓办实事。"表达了中央对这类人的反对态度。

六三：三人行，则损一人。一人行，则得其友

"行"：共事，合作。"损"：吃亏。六三爻辞表面上似乎呈现出一幅画面：3个人一起出行，因为不能同心，有人往东，有人往西，有人上山，有人观海，形不成一致意见，最后只好手心手背裁决，最终以二比一将其中一人淘汰出局。输的一方也就不得不违心顺从按照事先约定规则进行。由于事先三方言明了规则，意见达成了统一，因而最终也能团结一致；相反，如果一个人行进，就会感觉孤独，就会渴望寻求同行者，在行进中自然而然地会找到支持者。

这里强调的正是多数制原则。少数服从多数也是我们党的民主集中制的基本原则之一，强调党内的事情一经多数人通过或同意，就要按多数人的意见去办。少数人在自己的意见被否决之后，必须拥护多数人所通过的决定，除必要时可以在下一次会议再提出讨论外，不得在行动上有任何反对表示。党组织讨论决定问题时，会产生各种不同的看法，有时甚至出现完全相反的意见，这是正常的，但在作出决定时只能按多数人意见办。如果没有少数服从多数这条原则，各种意见众说纷纭，许多问题就无法决定，工作也就无法正常进行，党组织也就不可能成为具有战斗力的统一整体。其实，爻辞提出多数制原则的目的是为了达成一致，减少不必要的损失。"三人行则损一人，一人行则得其友"，这是古老的"三占从二"原则，也是最简单的多数决定原则。通过多数决定，使众人意志统一，可以减少内耗、增加合力，以此取得更多收获。

六四：损其疾。使遄有喜，无咎

"疾"：疾病，引申为缺点。"遄"：迅速。六四爻辞大意是人有了缺点或疾病，应及时克服弱点、改正缺点，本是一件可喜的事儿；绝不能讳疾忌医，要主动去扬长避短，下决心去及时悔改，就会避免灾祸、有所成就。

"昔仲尼，师项橐"，这是《三字经》里的一句话，讲的是孔子曾拜项橐为师，项橐后来被尊称为"圣公"。圣公山坐落在山东日照碑廓镇北，东有韩家山，西有鸡冠山，风景秀丽，气候宜人，三山环抱着具有传奇色彩的圣公庙。

传说有一天，7岁的项橐与数小童在路当中砌石城玩，恰好孔子师徒路经此处，子路大声喊道："躲开，躲开。"其他孩童纷纷躲在路旁，唯项橐立而不躲。仲尼上前一看，原来路上用石子摆了一个小城。孔子问曰："石于路心何也？"项橐答曰："筑城耳。"孔子曰："城之何用？"项答曰："以假乱真，戏耳。"孔子曰："既然戏之，车至何不躲也。"项橐曰："城高门关，焉能过乎？"孔子无言以对，思有良久曰："我过又待如何？"项答曰："城躲车马，车马躲城？"孔子无奈，谓徒子曰："绕城而走。"

孔子一行未走多远，正碰上项橐之父锄地。孔子好奇地问："看您忙碌一天，

您手中的锄能抬多少次?"项父支吾良久,回答不出来。正说之间,项橐正好回到父亲身边,见孔子问话离奇,难住了自己的父亲,便走近前来,对孔子曰:"我父是农人,不曾读书习文,无法记数,诸位乃是读书之人,借问诸位所骑之马,马蹄一天能抬几数?"孔子师徒你看看我,我看看你,谁也答不上来。

仲尼对项橐曰:"你年纪尚小,懂事却不少,二次难住我等众人。我现有一题,看你能答出否。"项问曰:"什么题,您尽管说来,不过我也有个条件,你出之题若能难住我,我甘拜下风,拜你为师。如若答出,并能难住你等,那你应拜我为师。"孔子欣然同意。孔子曰:"人生于世,托日月星辰之光,地生五谷,方养众多生灵,且问天上有多少日月星辰?地上有多少五谷?"项答曰:"天上星辰三百三十六万三千六百个,地上五谷乃黍、谷、稷、菽、稻。"项橐自知这是孔子特地难为他而已,随即又对孔子曰:"人之眉目上,天天可见,人人皆知,二眉生毛有几多?"孔子师徒无言可答。项橐曰:"有言在先,君子不应失信,失信非君子也。"孔子无奈,便跪在地上,口称:"师父在上,受弟子一拜。"项橐曰:"徒儿请起。"这就是项橐三难仲尼,也就是《三字经》上所记载的"昔仲尼,师项橐,古圣贤,尚勤学"的典故。

试想,孔子在当时已是红极天下的贤人,但是,在一个孩子面前,他认识到自己的不足和错误并勇于拜师,就是靠这些点滴的细节修炼,才铸就这位千古传颂的大儒。

六五:或益之十朋之龟。弗克违,元吉

"或":大概,也许。"益之":接收赠予,得到。"十朋之龟":价值十朋贝币的龟,商周时用贝壳做货币,十贝为一朋,十朋说明非常值钱,比较名贵。"龟":商周时期用来占卜的动物,有灵气,比较圣洁,俗称"灵龟"。"弗克违":不要拒绝,要顺理成章。解读该爻,从治理国家的角度来讲,是在国库有余的时候应该减损自己的财富去弥补人民大众的财富,从而达成损上益下的最终结果。事实上,当国民通过这种途径获得生活水平的提升后,自然而然就会对国家产生忠诚与信赖,必将催生凝聚力与向心力,对国家产生增益作用。这里强调的恰是一心为民的宗旨。

2004年度感动中国十大人物的呼和浩特市委原书记牛玉儒正是一心为民的代表,也是该爻的最好写照。

2003年农历腊月二十八,牛玉儒与呼和浩特市民政部门负责人踏雪走访贫困户,来到肢残老人孙震世家中,当得知孙家为供养上大学的女儿已欠下2万多元的债务,而且一直没有争取到助学贷款的情况后,他当即带头并倡议随行干部捐款。他掀开米缸、解开面袋,看到孙家存放的米面不多,也没有电视机,牛玉儒随即指示民政部门负责人展开调查,尽快摸清全市所有家里没有电视机的贫困户数,并拨出专项

资金统一为他们购买电视机,节前送到每家每户。临走时,他将3000元慰问金递到孙震世女儿手中。民政部门根据他的指示,赶在节前为全市近500贫困户送去了电视机。

至2004年8月14日4时30分,牛玉儒因病医治无效在北京不幸逝世,享年51岁。数以千计的市民自发吊唁。8月20日骨灰安放仪式那天,各界民众冒雨为他送行的场面感人至深,永远都忘不了。

上九:弗损益之,无咎,贞吉。利有攸往,得臣无家

"弗损":不减损自己,不损公肥私。"无家":并非无家可归的意思,而是为了大家顾不上小家,公而忘私,如同大禹治水,三过家门而不入。上九爻辞大意是为上者不损公肥私,能主动站在大多数人民立场上秉公办事,只有这样长期坚持,自己不但不受什么损害,还有益于大多数人,当然对自己也是件大好事儿。同样,这种精神只有以上率下传承下去,下级才会自觉效仿,才会引领一批公而忘私的贤才能人助其发展,这本身是一种较高境界。损的本义在于通过损自身而去帮助别人,但是该爻的最高境界是不损而益,让自己在没有亏损的情况下做到增益别人。

爻辞其实恰是对各级领导干部提出的要求,即要尚德,把德放在干部队伍建设的首要位置。只有坚持为政以德,切实做到自身正、自身净、自身硬,才能确保风清气正,促进和谐发展。

总之,损卦提出的是损上益下、损内益外、损己利人的大义。卦辞陆续对新时代执政者提出了一系列要求:要宁愿自己受损,也要不假思索地去惠利他人;要善于判断、有的放矢,取缔那些本没有意义的损失;要尊重规则,为了大多数人的利益甘愿牺牲个人利益;要善于发现自己身上存在的毛病,并下决心及时悔改,避免酿成灾祸而悔之晚矣;要谦虚谨慎去赢得人心,得民心者得天下,这是执政之基;要大公无私、公而忘私,只有这样才能赢得信赖,从而上行下效,必将构建一个和谐奋进的良好社会。

损中有益,尽自己最大努力去奉献社会,最终在美化社会的同时美化了自己,何乐而不为?

惩忿窒欲

【原文】

益：利有攸往，利涉大川。
初九：利用为大作，元吉无咎。
六二：或益之十朋之龟，弗克违。永贞吉。王用享于帝，吉。
六三：益之用凶事，无咎。有孚中行，告公用圭。
六四：中行告公从。利用为依迁国。
九五：有孚惠心，勿问元吉。有孚惠我德。
上九：莫益之，或击之。立心勿恒，凶。

益卦是《周易》第四十二卦，其引申义为增加、增益、增强，讲述的是增益防损之道，表示狂风惊雷、互相激荡、相得益彰，有利于作用促使能量生成，利于成就事业。《象》曰："风雷，益；君子以见善则迁，有过则改。"寓意是君子应当向良好的行为看齐，要知错就改，不断锤炼和提升自己良好的德行，以便更好地去担当重任。

风雷,益:君子以见善则迁,有过则改

陈天福,号石桥居士,又名添福,1954年出生,河南开封人,现为河南省高级工艺美术师、河南省民主促进会书画院副院长、河南省大善书画院常务副院长、开封意拳书画研究会副会长。

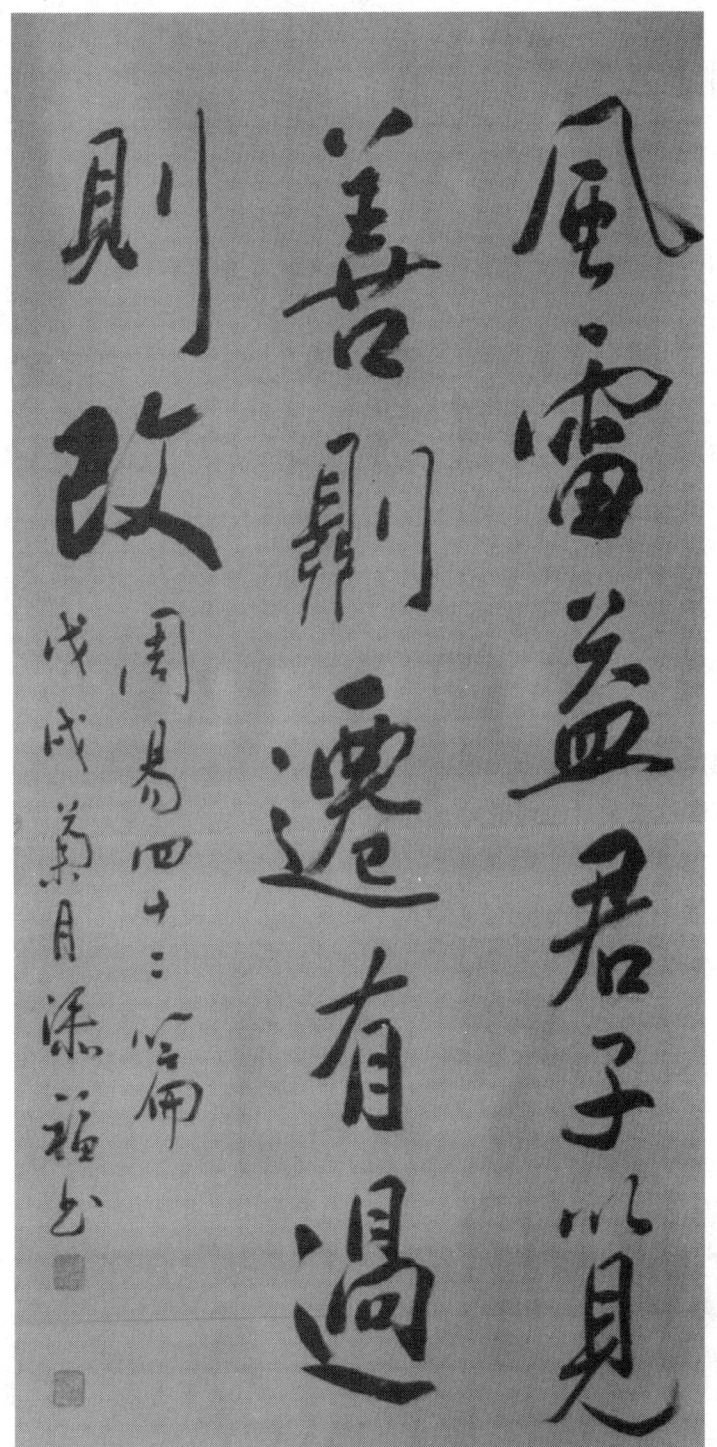

第四十二章　风雷益　涉大川
直挂云帆济沧海

益：利有攸往，利涉大川

益卦卦象是上巽下震，其中巽为风，震为雷，故为风雷益象。《说文解字》讲："益，饶也。从水皿。皿益之义。"大意是器皿里贮存的水太满就会溢出。风猎猎，雷轰轰，雷助风势，风借雷威，风雷激荡，二者相得益彰。同时"益"又是一个双意词，有当益不益、反溢成损的可能性。由此可知，"损"与"益"二者之间相互矛盾、相互作用，损中有益、益中有损。"利有攸往"：利于向前发展。"利涉大川"：利于发展伟大事业。卦辞大意是行善要如风一样柔和，注重在点点滴滴；而改正错误要如雷一样迅速。高尚的人品、高尚的风范才会承担更重要的责任，也同样会在益于他人的同时在另外一个层面使自己受益。

古时候，一个盲人走夜路，手里总是提着一盏照明的灯笼。人们很好奇，就问他："你自己看不见，为什么还要提着灯笼呢？"盲人说："我提着灯笼，既为别人照亮了路，同时别人也容易看到我，不会撞到我，这样既帮助了别人，又保护了自己。"这则故事告诉人们：遇到事情一定要替别人着想，替别人着想的同时也是为自己着想。生活中，当人们面对某一问题时，如果仅仅从自己的利益得失去考虑，而置别人的利益于不顾，往往就会失之偏颇，甚至伤害他人。凡事设身处地，换一个角度为他人着想，原本疑惑不解的问题，都可能会变得豁然开朗、迎刃而解。为此，为他人着想，本身就是一种修养，是一种素质，更是一种睿智表现；替他人着想，是一种胸怀，一种博爱，更是一种境界。这样，才会"利有攸往，利涉大川"，才能成为大益。

初九：利用为大作，元吉无咎

"大作"：即大出息，大有作为。初九爻辞是从益卦卦辞中引申而来的。因为善于替他人着想，这种境界导致自己赢得了他人的尊重与支持，身边群众聚集多了，所以就会有号召力。坚持与人为善，时时处处替别人着想，就会有大的作为；相应地，越能替别人着想，以心换心，也就越能赢取别人在关键时候替自己着想，从而以益人求得益己。

据史载，萧王刘秀在做皇帝之前，曾扩大疆土、扩充实力，他所有的举措都是以"柔"为中心。因为他相信"柔能克刚、弱能制强"。他连续出兵，先后在馆陶

(今属山东)、蒲阳（今属河北）等地打败铜马、高湖、重连多起民军，并将其收编。他明白这些不相统属、各自为政的山大王，有的心怀二心，随时准备反叛或逃窜。刘秀派人对他们进行整顿，自己多次只身视察他们的部队，对他们亲如兄弟，没有一点戒备。这些柔的举措使那些归降他的头领们十分感动。他们对刘秀说："萧王推赤心置人腹中，安得不投死乎？"意思是你刘秀把自己的心都放进我们的肚子里了，我们怎能不为你卖命呢？不难看出，如果萧王刘秀不以"赤心"，而是怀有戒备之心；不是"只身"，而是前呼后拥、居高临下、恣意傲慢、盛气凌人，那是决然不会得到山大王及其属僚们衷心拥戴、心服口服地为其卖命的效果。恰恰相反，他平易近人，毫不戒备，只身前往，亲如兄弟，"推赤心置人腹中"，才会事半功倍、水到渠成。抛弃封建王权统治思想不谈，单说刘秀的推心置腹、益人益己的精神就值得我们新时代所有的共产党员思考与借鉴。

六二：或益之十朋之龟，弗克违。永贞吉。王用享于帝，吉

"十朋之龟"：比喻非常贵重的礼品。"弗克违"：确实无法拒绝或推辞。"永贞吉"：始终保持公正之心。"王用享于帝"：君王用来祭祀天帝。中国自古以来都是以礼仪著称世界，人情之风遍布每一个角落，如果有人送来价值不菲的东西，因自然或人为因素无法拒绝时，只有坚守中正之道，想方设法处理周全，绝不贪婪据为己有，这才能既除却了授人以柄的麻烦，又赢得了别人敬重。

无私方面，周恩来总理就是这样一个千百年来不二的杰出代表与完美典型，值得新时代每一个共产党人学习。1961年，青海省委知道中央机关的生活很艰苦，就从青海湖打捞了2000多斤鲤鱼运到中央办公厅。周恩来知道后，要求退回去。但因为路途遥远，退回去，鱼就会腐烂，他才同意作价，把款汇过去。为此事，中共中央、国务院专门发了通报，要求各省、市以此为戒，不准再送东西给中央。凡是送给他个人的礼品，他一律退回；不能退的，他就付款，然后交有关部门处理。他认为在中国这个经济文化比较落后、封建主义思想影响很深、民主传统十分缺乏的国度里，干部往往会被看得特殊一点。请客送礼不仅加重了人民的负担，更重要的是助长一种腐败的社会风气。他不仅对自己严格要求，而且对亲属也是一样严格要求，总理生前对亲属制定了10条家规：晚辈不准丢下工作专程来看望；来者一律住招待所；一律到食堂排队买饭菜，无工作者总理付伙食费；看戏以家属身份买票入场，不准用招待券；不允许请客送礼；不允许动用公家汽车；凡个人生活，能自己做的事，不要别人来办；艰苦朴素；不炫耀自己；不谋私利，不搞特殊化。

六三：益之用凶事，无咎。有孚中行，告公用圭

"凶"：灾难，祸患。"孚"：诚信。"圭"：长条形的玉器，这里强调的则是虔诚的行为。六三爻辞大意是用来承接上文，将益于大众的成果用来拯救以往出现的一些矛盾或灾难，不再将错就错、错上加错，只有真诚地忏悔，去努力改正，才可以挽回一些不良影响，从而改变或自己。

1970年12月7日，是大雪过后东欧较为寒冷的一天。刚刚对捷克、波兰进行国事访问后，时任联邦德国总理维利·勃兰特冒着凛冽的寒风来到华沙犹太人死难者纪念碑下，向犹太人死难者碑敬献花圈。他伫立凝视一幅幅受难者浮雕时突然双膝跪在死难烈士纪念碑前湿漉漉的大理石板上，并发出祈祷："上帝饶恕我们吧，愿苦难的灵魂得到安宁。"勃兰特以此举向二战中被纳粹党无辜杀害的犹太人表示沉痛哀悼，并虔诚地替纳粹时代的德国认罪、赎罪。在细雨蒙蒙中，这一超出礼仪的惊人之举感动了成千上万的波兰人，使在场的来自世界各地的外交官和记者无不动容。勃兰特的这一跪，胜过千言万语。

一个朋友曾经问过当地的犹太人：你们恨德国人吗？他们说不恨，因为德国是一个光明磊落的民族！奥斯威辛集中营的幸存者安妮小姐，当年仅是个17岁的女孩，惨遭德寇强暴后被剃了光头，换上黑白条的号衣，受尽了非人折磨。她目睹了法西斯匪徒摧残人类文明的暴行——打活人靶、枪杀、电刑、绞刑、剥人皮、毒气、人工干馏（把毒死的人推进平盘式干馏炉炼人油）。安妮因年轻无病留在集中营里服劳役才幸免罹难。1944年1月27日，苏联红军解放了这座欧洲最大的人间地狱时，安妮·费兰克亲眼看到从仓库里搜出的400多公斤人发、900多公斤人皮、1200多公斤人油。无意中她发现男友罗宾右臂刺有红色玫瑰花文身的人皮时，惨叫一声，哭得昏厥过去……以后，安妮辗转来到华沙，并结婚生子。当得知勃兰特总理来华沙赎罪的消息时，她百感交集，热泪盈眶，特派小女儿莎莎为勃兰特献上法国"黄和平"玫瑰。勃兰特接过鲜花，含泪亲吻了小姑娘的面颊，连声道谢致歉，并祝福安妮夫人健康长寿。这时，纪念碑前广场欢声雷动，人们不禁高呼："历史悲剧不能重演！"对于奥斯维辛集中营的残暴酷刑，德国两任总理下跪道歉；对于德国发动二战给全世界带来的灾难，如今的多数德国人都有着强烈的忏悔意识。战后德国的表现赢得了世人的称道，令人感到这个民族经过浩劫之后的更加成熟。

六四：中行告公从。利用为依迁国

"从"：顺从。"中行"：坚守中正之道，不卑不亢。"迁国"：表面上指国家的政治、经济中心地从一地迁往另一地，实指国家的大政方针正在更新颁布实施。"中行"：暗指的是不为自己着想，实现对上负责与对下负责相一致，不是一味地去巴结迎合上级而苛责百姓，而是抱着有益于国家、有益于社会、有益于群众的公心去向上级提出一些必要的意见建议，获得上级的采纳，从而惠及于民、造福社会。

北宋包公担任三司户部副使时，常常不辞辛劳，深入下基层体察民情，救民于水火之中。江南地区有一次发生旱灾，百姓们饥饿得难以生活，包公了解到情况后，立即下令开仓放粮救济，以解燃眉之急。若按当时惯例，开仓放粮是件大事，必须得事先请示皇帝，等批准以后才能打开粮仓救济百姓。但当时情况紧急，如果将文书送到京城，等待批示下来，怕要等上几个月时间，到时候不知要饿死多少百姓。所以，包公一边派人急奏朝廷，一边果断开始放粮，终于使很多百姓免于灾难。还有一次，江淮大地的人民大范围受灾，百姓已缺粮断炊。而地方的官吏们为了虚报政绩、讨好上级，以利升迁，便隐瞒灾情，置人民生命于不顾。不仅如此，还反过来逼迫百姓们交粮卖米。包公了解到灾情后，就给皇帝写《请救济江淮灾民疏》，要求立即纠正不法官员误国害民的行为，并予严惩。皇帝采纳了他的建议。从此，包公被江淮人民称为"再生父母"。现在仍然在上海地区上演的戏剧《陈州放粮》，就是根据此事编写而成，并非凭空臆造。

九五：有孚惠心，勿问元吉。有孚惠我德

"孚"：诚信。"惠心"：恩惠之心。"勿"：不要。"德"：恩德。爻辞大意是只要自己有一颗诚信惠民之心，不计个人利益，全心全意去帮助别人，就不必去过多地追问结果，当然是非常美好的。不但美好，而且反过来受益，为别人付出得多了，自己的恩德自然会得到回报。

有两位钓鱼高手到鱼池垂钓。他们各展身手，没多久工夫，皆大有收获。他们的表现吸引了一大群游客观望，有的看到这两位高手轻轻松松就把鱼钓了上来，不免感到羡慕，于是到附近买了一些钓竿来试试自己运气。但这些不擅此道的游客，怎么钓也都毫无成果。而那两位钓鱼高手，性格各异。其中一人孤僻而不爱搭理别人，独享垂钓之乐；而另一位高手，却是个热心、豪放、爱交朋友的人。

爱交朋友的钓鱼高手，看到游客钓不到鱼，就说："这样吧！我来教你们钓鱼，如果你们学会了我传授的诀窍，每钓到10尾鱼就分我1尾。不满10尾就不必给我。"众人均欣然同意。要求学习的人很多，这位高手教完这一群人，又到另一群人中，尽其所能传授钓鱼技巧。这一天，他把所有时间都用于指导垂钓者，但最后他获得的不仅仅是满满一筐鱼，还认识了许多新朋友，并赢得了他们的尊敬。而另一位钓鱼高手恰恰相反，钓到的鱼没有同伴多，同时也没有享受到这种助人的乐趣。

诚然，许多人的成功诀窍，并不在于他所拥有的高超技术和过人能力，而更大限度地取决于他的态度。

上九：莫益之，或击之。立心勿恒，凶

"莫益之"：不贪图私利。"击"：打击，制裁。"恒"：持久。爻辞大意似乎在规劝与警告：千万不能再贪图利益了，贪婪之心要早日戒除，否则就会引来祸患，轻者伤身，中者丧失自由，再重者危及性命。

《东方网》曾报道：湖南省郴州市委副书记曾某被有关部门带走，接受调查。此时，距离曾退休年龄只有一个多月。曾某在郴州有"曾矿长"和"曾大人"之称，被老百姓称作"郴州第一贪"。此前，便有媒体报道了当曾某被有关部门带走时，郴州市举城欢庆，鞭炮齐鸣，甚至还有市民自发地打出了"感谢党中央为郴州人民除害"的巨幅标语。可见，曾某的下台是民心所向、罪有应得。而其三大外号，便十分直白地反映出了民众对其的痛恨、对贪官的仇恨。其实，曾某的三大外号，活脱脱地勾勒出了一个贪婪成性的贪官形象。曾某利用纪委书记这个别人难以监督的特殊权力，摆开权力黑市，大搞权力寻租，与无证开采的煤矿企业明目张胆地勾结在一起，公然索要保护费，肆无忌惮、为所欲为、唯我独尊，那种贪婪与街头抢劫无异。难怪其倒台，市民以燃放炮火称快，那种高兴的心情就不难理解了。

总之，益卦是倡导人们用爱人之心益己、诚信之心益人，深入持久地为他人着想，不计较个人得失去做一个有益于整个社会的高尚的人；而不是为满足一时私欲，中饱私囊，导致贪婪成性、回天无力，遭历史与人民所不齿。反而，卦辞警示人们要用"惠心""有孚"的诚心，"永贞"的恒心而有益于天下、有益于人民、有益于整个社会，这才是大益。

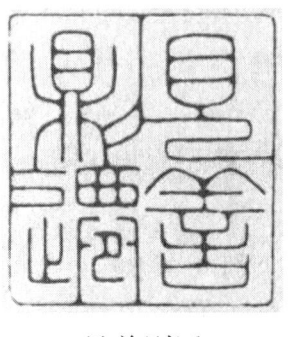

见善则迁

【原文】

夬：扬于王庭，孚号，有厉，告自邑，不利即戎，利有攸往。

初九：壮于前趾，往不胜为咎。

九二：惕号，莫夜有戎，勿恤。

九三：壮于頄，有凶；君子夬夬，独行遇雨，若濡有愠，无咎。

九四：臀无肤，其行次且。牵羊悔亡。闻言不信。

九五：苋陆夬夬，中行无咎。

上六：无号。终有凶。

夬（guài）卦是《周易》第四十三卦，讲述的是决断小人之道，表示当众揭穿小人的把戏，这样不利于事业发展；告诫人们此事危险，应当善于与小人周旋。《象》曰："泽上于天，夬，君子以施禄及下，居德则忌。"寓意是从水分蒸发化作雨的现象来看，君子得到向百姓广施恩泽的启迪。态度决定一切，只有心里想着百姓，时时处处为百姓考虑，百姓自然会追随。

泽上于天,夬:君子以施禄及下,居德则忌

田建新,1972年出生,河南开封人,挚爱地方文化,现从事文化保护与交流工作。

第四十三章　克奸佞　守自邑　奇正相合化真形

夬：扬于王庭，孚号有厉，告自邑，不利即戎，利有攸往

　　夬卦卦象是上兑下乾，兑为泽，乾为天，水在天上，水与天齐，像天池之水，水天一线，犹如大自然奇观；然而，水满则溢，必有溃决的时候。比如一个国家，臣子势力过强，就会自恃功高而对上位者产生一种潜在威胁，久而久之，君臣之间就会互相猜疑。为此，做人臣者应及时加以遏制或收敛，否则将会遭到讨伐或铲除。

　　卦辞"夬，扬于王庭，孚号，有厉，告自邑，不利即戎，利有攸往"中的"扬"：宣传令。"王庭"：帝王宫殿前议事的地方，相当于现在的首长办公室。"孚"：诚信。"厉"：危险。"戎"：军事，战争。"告"：告诫。"邑"：表示疆域、领地。大意是召开高层重要会议，大肆宣传并忠告大家要注意危险，这股看不见的暗流正蠢蠢欲动，此时不宜妄动，而要注意防范。卦辞大意是有江湖的地方必有小人出没，对付小人，要讲究方式方法，不能一味地与其正面交锋，因为小人总是防不胜防。在小人得势的时候，最好的应对方法就是不断告诫自己，要严格管住自我、坚守红线，切不可与其正面交锋而授人以柄。

　　春秋时期，齐国大治，征服了割据一方许多的诸侯，终于称霸中原。但唯有楚国自恃强大，上不尊周天子王命，下不听齐国号令，时时侵略邻国，掠夺土地财物。齐国深知若不能征服楚国，霸业形同虚设，盟主地位就难以巩固。为此，齐桓公召集群臣，垂询征服楚国之策。当时，齐国几员大将纷纷请战，建议集结重兵再联合诸侯的军事力量攻打楚国，借以兵威震慑楚国称臣。相国管仲力排众议，借用妙计征服楚国。

　　不久，齐国商人奉相国之命到楚国去购鹿，并四处扬言："齐桓公好鹿，不惜重金。"当时，楚国多鹿，只作为一般可食动物，价格便宜。楚国商人见有利可图，就纷纷做起这桩生意，使鹿价暴涨。楚成王和大臣们闻知此事感到可笑，他们认为齐桓公为购鹿耗费齐国钱财，和10年前卫懿公好鹤亡国没有什么区别，楚国从此高枕无忧，等待齐国大伤元气，霸业随即可得，而楚国正好坐收天下。于是，楚成王暗中下令，把鹿价继续提高。楚国人见一头鹿的价格已经与数千斤粮食相差无几，谁也不肯放弃这个发财的大好时机，于是做工的离开作坊，种地的抛下农田，纷纷购买猎具钻进深山老林去捕鹿，几乎要把整个楚国的鹿群捕尽杀光。楚国官兵见了眼红，也停止训练，将行军作战的兵械改成猎具，偷偷上山加入捕鹿大军。楚国大富，铜币堆积成山。谁知次年，楚地大荒，农田无人耕种，粮米只有二三成收获。楚人欲用铜币去邻国买粮，但哪里还能买到？原来管仲早已联络各国，禁止各诸侯国与楚通商，不准卖给楚国粮食。楚成王这时才明白齐桓公好鹿是管仲的计策，追悔不及。管仲见时机已到，请齐桓公下令出征，集合八路诸侯之军，浩浩荡荡开往楚国边境，大有席卷残云、摧枯拉朽之势。此时楚军人饥马瘦，战斗力大为削弱，不堪与齐国精兵、各路诸侯劲旅交锋。楚成王内外交困，无可奈何，只好派大臣向齐桓公低头求和，表示愿意听从齐国号令、不再割据一方、欺凌邻国。管仲不战而屈强楚，对于巩固齐国霸主的威望，起到了重要的推动作用。

初九：壮于前趾，往不胜为咎

"前趾"：脚趾的前端。"往"：前往，前行。"不胜"：不能胜任。"咎"：祸患。爻辞大意是脚趾前端肥壮有力，行动比较鲁莽，如果不顾一切冒险激进，不自量力，就会祸患无穷。爻辞警示：无论做任何事情，都要深思熟虑，切不可逞匹夫之勇，不顾客观条件去争强好胜，那将是一件非常危险的事。

《三国演义》中的张飞虽说粗中有细、勇猛无比，但是其死因正是鲁莽性格所导致的。张飞脾气暴躁，在阆中镇守，闻知关羽被害，旦夕号泣、血泪湿衣襟。诸位将领以酒劝解。张飞酒醉后，怒气更大，帐上帐下，只要有过失士兵就用鞭打，以至于几多士兵被鞭打至死。刘备知道后，就劝他：鞭打士兵，还让士兵追随左右，早晚都会发生祸患，并劝他平常对待士兵应该宽容。有一天，张飞下令军中，限3日内制办白旗白甲，三军挂孝伐吴。次日，帐下两员末将范疆、张达入帐告诉张飞："白旗白甲，一时无可措置，须宽限才可以。"张飞大怒，喝道："我急着想报仇，恨不得明日便到逆贼之境，你们怎么敢违抗我作为将帅的命令！"就让武士把二人绑在树上，每人在背上鞭打50下，打得二人满口出血。打完之后，张飞用手指着二人说："明天一定要全部完备！如果违了期限，就杀你二人示众！"。范、张二人回营商议，决定先下手刺杀张飞。是夜张飞又喝得酩酊大醉，卧在帐中。范、张二人探知消息，于初更时分各怀利刀密入帐中，把张飞给杀了，当夜拿着张飞首级，逃向东吴去了。一代名将张飞就是这样死得不明不白、悲惨异常，令人扼腕。这就是典型的"壮于前趾，往不胜为咎"的例子。

九二：惕号，莫夜有戎，勿恤

"惕"：警惕。"号"：大声呼喊。"莫"：同暮。"夜"：晚上。"暮"：天色昏暗，比喻暗中袭击。"戎"：军事行动。"勿"：不要。"恤"：忧虑，害怕。爻辞大意是一阵急促的紧急集合号，提醒大家，今晚有强敌来犯，一场与敌短兵相接的军事行动难以避免，要大家提前做好准备、各行其职、听令行事，且不可惊慌失措。爻辞预示铲除邪恶行动要提前预防，不能盲目激进，但也不可能被动挨打，要适时随机应变。实际上这就是《孙子兵法》中的"谋定而后动，知止而有得"的道理，也在有意提醒人们要注重预测预防，不能打无准备之仗。

2007年8月份以来，国内一些地方陆续发生重大事故：13日，湖南省湘西自治州凤凰县沱江大桥发生坍塌事故，造成64人死亡；16日至17日，山东新泰市因山洪暴发，河水灌入地势低洼的西都沙井后溃入华源矿业公司三号井井下，172人被困井下下落不明；19日，山东魏桥创业集团所属铝母铸造分厂发生铝水外溢事故，截至20日10时，死亡人数上升至14人。

透视该年发生的3起重大事故，从表面上看有腐败和不可预测等因素，但从本质上看，与一些地方党委、政府和企业领导，在思想上没有引起足够重视、事前不注重抓好防范有直接关系。因为在凤凰县沱江大桥发生坍塌事故后，中央领导就作出重要批示，要求各级要认真吸取教训，确保安全生产。后来山东发生的两起重大事故说明，中央领导的批示没有完全得以落实，对吸取沱江大桥坍塌事故教训走了过场。其结果导致事前麻痹大意、事后被动应付，给国家和人民财产造成重大损失。这也用事实提醒人们：预防事故事前胜于事后，既不能做事前的"糊涂虫"，也不做事后的"诸葛亮"，要时时刻刻绷紧安全弦，注重防患于未然，随时发现问题和薄弱环节，随时解决，不留任何隐患。

九三：壮于頄，有凶；君子夬夬，独行遇雨，若濡有愠，无咎

"頄"（qiú）：颧骨。"夬"：决断，二夬连用，表示非常果断。"独行遇雨"：表面上看是一个人外出行走，遇到下雨，其实是行走于江湖，碰到了小人，非常不顺眼。"濡"：淋湿。"愠"：恼火。九三爻辞仿佛勾勒出一幅水墨画：一个高颧骨，不怒自威的汉子，独自行走在雨地里，雨水淋湿了衣服，汉子好不恼火，但表面上装作不在乎，隐真示假，大步流星地离开是非之地，最终没有发生危险。该爻引导人们，不与小人一般见识，要经得起利益诱惑，善于与小人周旋，从而得以保全自己。

大凡刚正之人，喜怒哀乐随时显在脸上，极易遭小人暗算。朱熹对此深有研究，他说："君子之去小人，不必悻悻然见于面目。"此话是说自己对于不满意的人、不满意的事，心中明白就可以，尽量不要从脸上表现出来，有时候，要隐真示假，善于保全自己；不过，最终还是要远离小人、远离邪恶是非，适时采取灵活的策略有时候会事半功倍。这也在用心告诫人们：不可墨守成规，必要时就要守正出奇。

孙膑指挥的桂陵、马陵一战，就是守正出奇的杰出范例。桂陵之战后，魏国虽元气大伤，但经过几年休整，逐渐恢复元气，开始对外进攻。公元前341年，魏国再次发兵攻打韩国，围攻韩都郑县（今河南新郑），韩国向齐国求援。齐威王采用孙膑"深结韩之亲而晚承魏之弊"主张，与韩结好却不急于发兵。待韩军五战五败、魏军实力大损时，才于次年以田忌为主将、孙膑为军师，发兵救韩。韩国得到齐国答应救援的允诺，人心振奋，竭尽全力抵抗魏军进攻，但结果仍是五战皆败，只好再次向齐告急。齐威王抓住魏、韩皆疲时机，以田忌、田婴、田盼为将，孙膑为军师，率军经曲阜、亢父(今山东济宁)，由定陶进入魏境，矛头直指与大梁（今开封）近在咫尺的外黄(今民权)。孙膑在齐军中的角色一如桂陵之战时那样充任军师，居中调度。

魏国眼见胜利在望，却被齐国从中作梗，其恼怒愤懑自不必多说。魏惠王待攻韩的魏军撤回后，即命太子申为上将军、庞涓为将，率雄师10万之众，气势汹汹扑向齐军，企图同齐军一决胜负。齐军已进入魏国境内纵深地带，魏军尾随而来。孙膑针对魏兵蔑视齐军的实际，认真研究战场地形条件之后，定下减灶诱敌、设伏聚歼的作战方针，造成在魏军追击下、齐军士卒大批逃亡的假象，同时在马陵利用有利地形选择齐军中1万名善射弓箭手埋伏于道路两侧，规定到夜里以火光为号，一齐放箭，并让人把路旁一棵大树的皮剥掉，在上面书写"庞涓死于此树之下"字样。庞涓在接连3天追击以后，见齐军退却避战而又天天减灶，武断认为齐军斗志涣散、士卒逃亡过半，于是命令部队丢下步兵和辎重，只带着一部分轻装精锐骑兵，昼夜兼程追赶齐军至马陵，见剥皮的树干上写着字，但看不清楚，庞涓就叫人点起火把照明。字还没有读完，齐军便万弩齐发，给魏军以迅雷不及掩耳的打击，魏军顿时惊恐失措，大败溃乱。庞涓智穷力竭，眼见败局已定，遂愤愧自杀。齐军乘胜追击，又连续大破魏军，前后歼敌10万余人，并俘虏魏军主帅太子申。

孙膑在马陵之战所用的战略，其实便是《孙子兵法》中所说的"能而示之不能，用而示之不用""以利动之，以卒待之"等虚实原则。

九四：臀无肤，其行次且。牵羊悔亡。闻言不信

"臀"：俗称屁股。"肤"：表皮。"次且"：不稳当。"其行次且"，走起路来趔趔趄趄的样子。"亡"：丢失。"悔"：后悔，悔恨。"闻"：听说。爻辞大意是屁股上表皮腐烂，行走起来异常困难，一副趔趔趄趄的狼狈样子，要多难受就有多难

受；牵着羊儿上路，由于不听他人劝告，毛毛草草行事，因而导致路上丢失了羊；虽是借无肤之臀，实说稳不住神，就会不假思索，急于出手，因而导致成功率低，加之对他人的劝诫听不进去，难免会坐失良机。爻辞告诉人们一个简单道理：要稳定身心，善于倾听不同意见，从而去伪存真、去粗求精，把握时机，采取果敢行动，以此制胜；否则，就会坐失良机、遗憾终身。

百里奚原是虞国大夫。当时虞国近邻晋国势力较大，晋献公想称霸诸侯，早就想灭掉虢国，可中间隔着虞国不便行动，便向虞国借道进军。当时虞王身边近臣宫之奇、百里奚等早已看透晋国的阴谋诡计，再三向虞王进谏劝阻，可是虞王贪图晋国所送来的宝玉、骏马，不听忠告。结果，晋国在灭虢回军途中，也把虞国灭掉，虞王和百里奚等都成了晋国俘虏。后来，秦穆公派人到晋国求婚，晋献公答应把女儿嫁给秦穆公，百里奚便作为陪嫁奴隶，跟着送婚队伍前往秦国。百里奚觉得很耻辱，半道里便偷偷跑到宛，被楚人当作是别国诸侯派来的奸细抓住。当时百里奚已70多岁，楚人看他上了岁数又挺老实，便让他去放牛放马。秦穆公结了婚，发现少了一个陪嫁的奴隶，经查问，方知逃走的百里奚原是虞国的一个很有才能的大夫，十分惋惜，便想用重金去楚国赎回。有人劝阻说："楚人让百里奚放马，是因为不知道他是一个有本事的人，要是您送重礼去请，这不是告诉楚王百里奚是个能人吗？那他还会放百里奚回来吗？"秦穆公一听有理，便按照当时普通奴隶的身价，派人拿上5张公羊皮去楚王那儿说："敝国有个奴隶，叫百里奚，逃到贵国，请让我们赎回他，治他的罪。"楚国痛痛快快答应了。百里奚来到秦国，深为感动，倾其所知，和穆公谈了3天。穆公知其果然贤能，遂任命百里奚为国相，授之大权。举国尽知，他是国君用5张羊皮换回来的，所以称之为"五羊大夫"。百里奚还向秦穆公推荐蹇叔，二人一起辅佐秦穆公，使秦国逐渐强大起来。

九五：苋陆夬夬，中行无咎

"苋"：马齿苋，一种柔脆多汁、不容易干的草本植物。《本草纲目》说："一名商陆，其根至蔓，虽尽取之，而旁根复生。"意思是盘根错节，很难斩草除根。爻辞大意是强硬地像铲除根坚叶柔的苋陆草一样把邪恶势力铲除掉，这样坚贞不屈的行为便值得后世称颂。

1932年5月9日，在苏维埃临时中央政府所在地红都瑞金，随着一声正义枪响，一个罪恶生命结束了，掀开了中共反腐倡廉的序幕。被处决的是时任叶坪村苏维埃政府主席谢步升，这是中共处决的第一个贪官，将他永远钉在历史的耻辱柱上。

谢步升的罪恶与许多贪官相比，有过之而无不及，他偷盖公章、伪造证件、叛党通敌、走私获利、谋财害命、强奸未遂、作风不正、生活腐化……1932年2月的一天，叶坪村谢深润的妻子朱秀秀来到瑞金县苏维埃裁判部，举报谢步升杀人。原来，谢深润是谢步升做生意时的老搭档。叶坪村成立苏维埃政府后，划分阶级时，群众要给谢深润定富农，是谢步升凭着手中权力及往日交情，把他家定为贫农，为此，谢深润一家对谢步升非常感谢。为报答谢步升，朱秀秀常邀请他到家吃饭，日子长了，二人就勾搭成奸。有一次，二人偷情时被谢深润抓着，谢深润说要去告谢步升。为保全自己，不久，谢步升派人杀死谢深润。得知事情真相后，朱秀秀鼓起勇气，检举谢步升。人命关天，瑞金县苏维埃裁判部审判员谢正平向当时的中共瑞金县委书记邓小平作了汇报。邓小平当即指示，由裁判部负责调查，严惩凶手。

　　在调查谢步升案件时也遇到了保护伞，其为谢步升的入党介绍人、时在苏区中央局任职的谢春山。他认为谢步升并无大错。在没有调查的情况下，苏区中央局领导通知瑞金县裁判部释放谢步升，并称由中央局调查处理谢步升问题。得知消息，邓小平十分气愤："像谢步升这样的贪污腐化分子不处理，我这个县委书记怎么向人民群众交代？此风不刹，何以了得？"他决定亲自到苏区中央局反映谢步升的犯罪问题，同时，让杨世珠向时任临时中央政府主席毛泽东汇报此事。

　　接到报告后，毛泽东作出指示："腐败不清除，苏维埃旗帜就打不下去，共产党就会失去威望和民心。与贪污腐化作斗争，是我们共产党人的天职，谁也阻挡不了。"1932年5月5日，瑞金县苏维埃裁判部对谢步升进行公审判决，判处谢步升死刑。谢步升不服，向中华苏维埃共和国临时最高法庭提出上诉。1932年5月9日，中华苏维埃共和国临时最高法庭开庭审理，否决谢步升上诉，维持原判。当日下午，红都瑞金响起了中共惩治腐败分子的第一声枪响。

上六：无号。终有凶

　　"无号。终有凶"：还没有得到君主号令，就去铲除邪恶；先斩后奏，冒冒失失行动，最终会有危险。

　　中国古代，一切行动要服从君主号令，一旦过分积极，超越君主号令，先斩后奏，无论目的多么善良、对君主多么忠诚，大多会招凶险。岳飞的悲剧就是这样，是一个典型的"无号。终有凶"的案例。他是一位军事家，在枪林弹雨中打出了自己的荣誉、地位和权力。1137年二月，岳飞奉命进京述职。皇帝赵构在他的"寝宫"召见了岳飞，并对岳飞说："光复国土、中兴大宋这项事业，我就托付给你了。从此以后，除韩世忠、张俊外，其余军队全部由你节制。"在古代汉语中,"节制"一词带有约束、指挥、管辖的意义,岳飞按照皇帝许可,从此统率了大宋将近3/5的兵力,在淮西、川陕、荆襄3个正面战场上,对金兵形成了全面反攻的战略态势。至此,岳飞迎来了自己生命中的黄金岁月。揣度此时的岳飞心情,其自我感觉应该是相当不错。但要命的是,岳飞触犯了皇家最大的忌讳:手握重兵的主帅,对皇帝的继承人问题上发生了兴趣。在一次闲聊时,岳飞莽撞地提出希望皇帝早日解决继承人的问题。这对几年前在金兵追杀下丧失生殖能力的赵构来说,几乎无语。于是赵构呵斥岳飞:"你虽然出于忠心,但是这种事情不是你所干预的。"岳飞的确是一位相当杰出的军事家,但不是一位杰出的政治家。后来他不明白宋高宗要保住自己的皇位,而不愿意迎回二圣;他又不听皇帝号令,12道金牌调不回来。他创建岳家军,引起皇帝疑心,害怕他将来会势大谋反。所以岳飞在宋高宗首肯和支使下,被秦桧以莫须有罪名冤杀。岳飞悲剧是中华民族的悲剧,相反如果南宋在岳飞复克中原后趁机中兴起来,那么在后来与蒙古对抗中结果可能会大不一样,说不定南宋不会灭亡、也不会死那么多人,或许还会免除那场血雨腥风的浩劫。

总之,夬卦是倡导君子远离小人的卦。小人不一定特指具体的哪一个人,可能是一种场合或势力,或者是一种思想行为。君子道长,小人道消,是一种科学、健康的发展大势。一个单位、一个团队如能达到如此状态就会长远发展、风清气顺、事业兴隆。一旦有小人当道,便会陷入黑暗思潮,务必呼唤正义势力与之"夬夬",及时果断清除小人思想,注重自我修为,利国利己利他,恰是一种快乐人生。

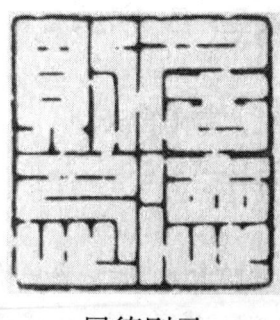

居德则忌

【原文】

姤：女壮，勿用取女。

初六：系于金柅，贞吉。有攸往，见凶，羸豕孚蹢躅。

九二：包有鱼，无咎，不利宾。

九三：臀无肤，其行次且，厉，无大咎。

九四：包无鱼，起凶。

九五：以杞包瓜，含章，有陨自天。

上九：姤其角，吝，无咎。

姤卦是《周易》第四十四卦。"姤"是一种相遇状态，象征一个人的志愿和理想，只要能像风一样流通，就会遇到实现的机会。该卦表示不合时宜的事出现时，要及时加以制止；否则，就会祸患不断。《象》曰："天下有风，姤；后以施命诰四方。"寓意是风吹遍布大地的时候，与万物相遇，领导者应号令四方、聚集力量，在防止小人暗算的同时，又要自省自强。

天下有风,姤:后以施命诰四方

李中华,字晓风,1953年出生,河南长垣人,现为中国人民艺术家协会会员、黄河水利委员会书法家协会副秘书长、河南省毛体协会常务理事。

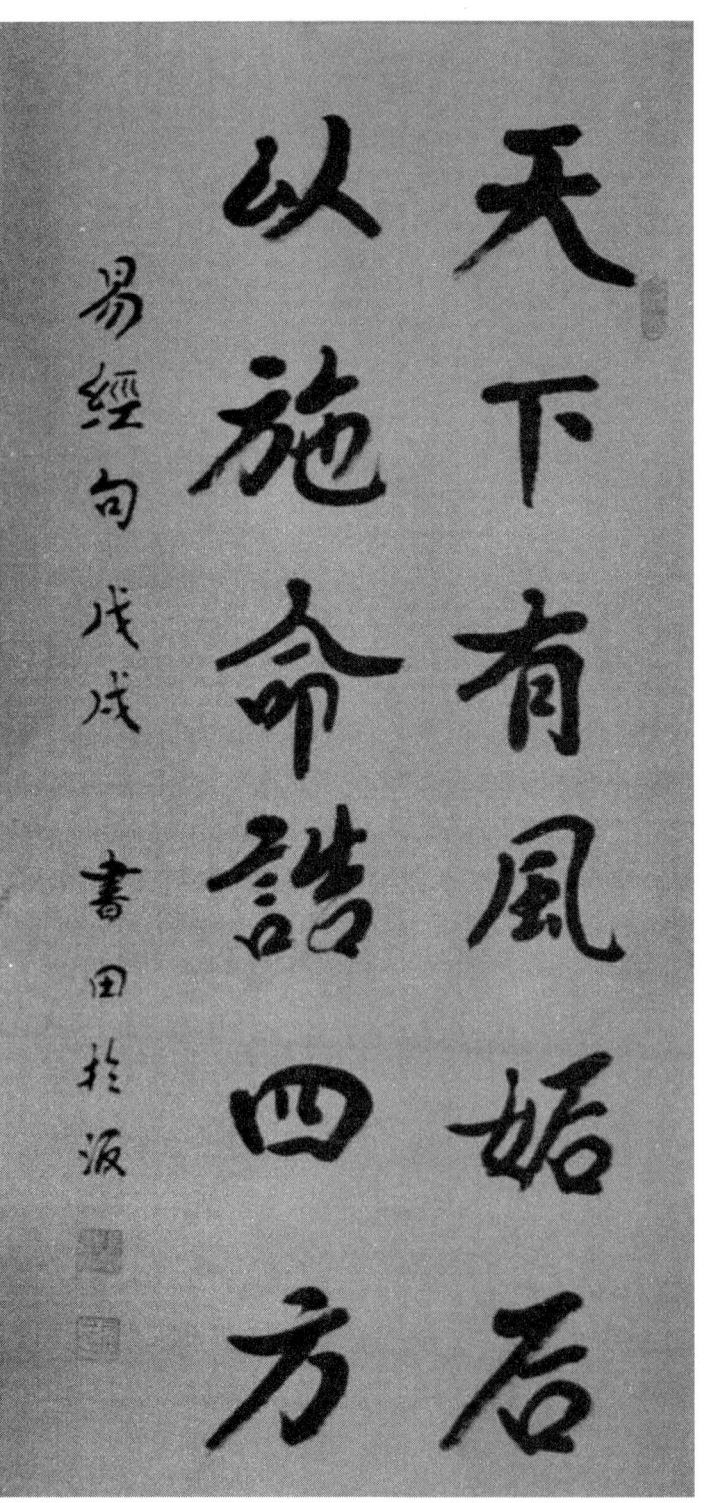

张书田，1940年出生，河南开封人，现为河南省书法家协会会员、开封市书法家协会理事。

第四十四章　合时宜　懂取舍　任尔东南西北风

姤：女壮，勿用取女

姤卦是巽下乾上的天风相遇卦象。巽为风，风有声而无形；乾为天，天高远而空阔。姤卦成就了一幅风行天下的自然景象。一阴一阳谓之道，阴阳适中，催生万物，秩序井然，万民和谐。但是这种天风相遇，并非一成不变，而是随着时空转换，时而狂风大作，朝代更替；时而虚无缥缈，无为而治；时而阴阳相合，协调共进。如同君王发布命令，借风之势传遍四海，君王带头执法守法，王公贵族自觉践行，百姓群体遵规守纪，则世界大同，万民之幸。反之，无视法纪，社会不治自乱，人人自危。

"姤，女壮，勿用取女"中的"姤"：相遇，即阴阳相遇、男女相遇。但从卦象上看，五阳一阴，表面看是一个女人周旋在5个男人中间，女性积极、主动，而且身体健壮，气势强盛，一看便知，这种女人不适合娶来做妻子。因为与这样的女人结婚成家，必将祸乱不断，轻则败家，重者损命。卦辞向前引申，邪恶势力取得优势，如果不及时加以遏制，正义因素就会渐渐衰退，随着邪恶势力的不断上升，正义因素就会耗费精光，成为朽木粪土，无可救药。

北宋第八位皇帝宋徽宗赵佶即位后，开始几年还励精图治，不久就露出骄奢淫逸的嘴脸。皇帝一动贪图逸乐的念头，立即有一班溜须拍马之徒逢迎上来。首先就是蔡京、蔡攸父子。蔡京首先从理论入手，提出了"丰亨豫大"的口号，意思是皇帝应当在富足繁荣的太平盛世及时享乐，不应效法前朝惜财省费、倡俭戒奢之"陋举"，为宋徽宗奢靡挥霍张目。

一次，宋徽宗大宴群臣，拿出玉盏、玉卮等贵重酒器说："朕欲用此吃酒，恐人说太奢华。"蔡京道："臣当年出使契丹，他们曾持玉盘、玉盏向臣夸耀说南朝无此物。今用之为陛下祝寿，于礼无嫌。"宋徽宗说："先帝筑一小台才高数尺，言不可者甚众，朕深觉人言可畏。这几件酒器已置办许久，倘人言复兴，朕难以辩白。"蔡京振振有词："事苟当于理，多言不足畏也。陛下当享天下之奉，区区玉器，何足计哉！"蔡京还搬出《周礼》中的"唯王不会"，宣称君王开销，自古以来就不受任何预算、审计制约。王安石变法时，曾提出"苟当于义理，则人言何足恤"之说，表达排除阻力坚持改革的坚定信念，蔡京却转而用之为宋徽宗奢侈腐化提供理论依据，这真是天大的滑稽！

宋徽宗最宠信最重用的将相大臣，个个都是聚敛私财挥金如土的高手。他们骄奢淫逸的所有负担最终悉数压到百姓头上，使社会经济遭受严重破坏，后来终于在两浙、黄淮等地爆发了声势浩大的方腊、宋江起义。民众反抗严重动摇了北宋统治的根基，使北宋政权在金兵来侵时不堪一击、轰然覆亡。

初六：系于金柅，贞吉。有攸往，见凶，羸豕孚蹢躅

"柅"（nǐ），是挡住车轮不使其转动的木块。"金柅"：铜块，系缚于固定不动的铜块之上，是静止不动的意思，即车闸、刹车。"系"：连接，继承。"见"：出现，显露。"羸"：缠绕，困住。"豕"：猪。"蹢躅"：徘徊不进的样子。爻辞表示要像金属制成的刹车器一样自觉抵制歪风邪气，长此坚持，就会有好的势头出现；倘若不加限制地任其自然发展，就必定会出现危险，虽发展缓慢，貌似进退之间，但是潜在威胁相当，要时时处处警惕。该爻警示：要严格律己、明察动向，不能对点滴失误听之任之，要及时防微杜渐，否则；因小失大，必将贻害无穷。

真正的高手是防微杜渐，而实际上，有许多人往往看不到预防为主的重要性，总舍不得花成本来预防问题的产生。他们存在着种种侥幸心理，以为问题根本都不会产生。管理学上有个著名的墨菲定理，说到事情如果有变坏的可能，不管这种可能性有多小，它就总会发生。也就是说，如果没有做最坏打算，那么最坏的结果一定会来到。事后控制不如事中控制，事中控制不如事前控制。防重于治，要有防患于未然的敏锐洞察力，尽最大可能去化解经营中的潜在风险。可惜好多人都未体会到这一点，就好比亡羊补牢，总是要等到错误决策造成重大损失时才寻求弥补，这样损失就会惨重，对事业发展极为不利。

九二：包有鱼，无咎，不利宾

"鱼"：借鱼示物，表示美餐，或美好的东西、利益等。"有"：发现。"宾"：客人，与众分享。九二爻辞大意是发现美好的东西后，应不贪不占，保持中正品质，这样就不会发生危害；如果将其贪为己有，这种猎取不义之财的做法会令人不耻，必须及时戒除，否则因小失大，后患无穷。

清宣统年间，滕县南沙河北街有个叫王克供的人，他开个"增益店"的杂货店。王克供一生行善，常用开店赚来的钱接济乡民。有一年，从南方来个赶考举子，病倒街头。王克供知道后，把这位举子背到家里，请郎中给他看病。几天后，举子病情好转，但仍不见笑脸。王克供问他缘由，举子道出实情，原来他身无分文，离京还有千里多路，可考期马上面临，步行一定赶不上。王克供听后，在举子的行李里放好钱，又花钱雇了一架上等马车，嘱咐马夫，要风雨无阻、快马加鞭、日夜赶路，并承诺要是不误考期，回来有赏。马夫即刻打马上路，日夜不停赶往京城，果然没误考期。日后举子金榜题名，该举子被任山东某地知府。他人马喧天地离开京城，不去府衙先去滕县。到滕县换上便衣，抄小路步行到南沙河，在"增益店"和王克供见面。二人非常亲热，叙谈别后经过。这时，王克供听大街上有兵马通过，不知何故，忙出门探望。举子叫人把带来的黄灯笼挂在门头。没过多久，各州县官吏全部到齐，王克供这才知道举子高中，而且位居要职。次日，知府问王克供共收拜帖多少，王克供说："有九州十府单八县，共递127道书。"知府试探地问收礼多少，王克供摇头，表示分文没收。知府说："您亏了我的好心了。我这么办，是想让您成为百万富翁，可是，您太厚道了。"王克供说："大人，小人不取不义之财。"知府回到济南，差人送来两包茶叶，王克供正忙生意，顺手把茶叶包放置在货架后面。过了3个月，王克供才想起知府大人送的两包茶叶，叫儿子拿来打开一看，这哪里是茶叶，是省试举人的两张考卷……

九三：臀无肤，其行次且，厉，无大咎

"臀"：俗称屁股。"肤"：表皮。"次且"：不稳当。"其行次且"：走起路来踉踉跄跄的样子。"厉"：刚正，克制力。"咎"：危险。爻辞大意是处在不良环境中，受其影响，身心是一种煎熬，也是一种非常考验；特别是处在权钱、美色关口，就要具备刚正的品格、壮士断腕的决心，断然拒绝诱惑，而不去与之同流合污。爻辞警示：人们要始终保持定力，出淤泥而不染，自觉抗得住来自外界的各种诱惑。

詹天佑，中国著名的铁路工程师，国内首条铁路的设计修建者。当初詹天佑留学海外时，因成绩优秀而被国外大公司承诺重金聘用，可以为他提供一切先进的技术条件，但被詹天佑委婉拒绝。不是因为诱惑不够，而是他心中装着自己的祖国。尽管近代中国各方面都很落后，但他毅然回国，担负起科学兴国的重任。他拒绝诱惑，虽然失去了国外优厚的工作待遇和优越的生活条件，但是他赢得了国民赞誉。拒绝诱惑，让他的人生更有了崭新轨迹。

九四：包无鱼，起凶

"包无鱼"：并不是说盘子里没有鱼，而是自己已经改变初衷，丧失了应有立场，中正的品格随着环境的改变随波逐流，从这时起，就播下了危险的种子，祸患也就开始慢慢临身。该爻辞警示人们：要始终坚守底线，不因身处逆境而随意改变志向，变节求荣，唯利是图。

众所周知，变节求荣的人，即使能力再强，在人品方面，也是有缺陷的，始终为人所不齿。

杨松是《三国演义》中的第一大贪官。杨松是张鲁手下的一个谋士，虽然为主公张鲁出谋划策之事名不见经传，但是为人极贪贿赂的事迹却臭名昭著。这一点，刘备的谋士诸葛亮知道，曹操的谋士贾诩也知道。刘备在攻取西川刘璋时，刘璋求助于张鲁，张鲁派屈身帐下的马超去助战。张飞和马超打得热火朝天、难分胜负。刘备"见马超英勇，甚爱之"，便问计于诸葛亮。诸葛亮献计，利用杨松对钱财的贪婪，离间了张鲁与马超的关系，使马超被迫投到刘备帐下。第二年，失去了马超这员大将后的张鲁，在曹操的强势进攻下节节败退，张鲁只好启用了马超的部将庞德。庞德武艺高强，深受曹操赏识，曹操想让庞德归降。贾诩献计，利用杨松对钱财的贪婪，离间了张鲁与庞德的关系，使庞德中计被曹操收服。随后杨松给曹操写了密书，说自己愿作为内应，帮助曹操平定张鲁。中计后的张鲁亲自出战，被杨松关在城外。张鲁被曹操活捉后封为镇南将军，其他将领都有封赏，只有杨松被曹操下令"斩之于市曹示众"。正是由于杨松喜爱金银、贪婪成性，使张鲁失去了两员一等一的大将；正是杨松见利忘义、卖主求荣，使张鲁轻易丢失领地被俘。杨松的爱财卖主的行为，虽然在一定程度上对曹操的西征扫清了很多障碍，对曹操统一大业发挥了积极作用，但是曹操从内心里对这种为了黄白之物而贪婪成性、毫无原则、卖主求荣的无耻小人，是不会原谅的，索性杀之而后快。

九五：以杞包瓜，含章，有陨自天

"杞"：杞柳，可以用来编织盛装物品的筐、篮子、箱等。"章"：文才，才能。"陨"：降落。该爻大意是用大柳筐包装好吃的甜瓜，质朴无华才是上等之美，强调的是为人要谦虚低调，要含蓄，好运自然才会降临到头上。

斯大林的武断是出了名的，特别是在苏联的卫国战争期间，他根本容不下别人意见。就连总参谋长朱可夫元帅的建议，都常被他说成是"痴人说梦""胡说八道"，朱可夫还被免去了职务。后来出任红军总参谋长的华西列夫斯基元帅是一个非常聪明的人。聪明的华西列夫斯基就只有通过与斯大林"闲聊"时，才"不经意"地谈些军事问题，他既不是有理有据，也不是郑重其事，更没有侃侃而谈。可奇怪的事发生了，等他一走，斯大林常能想出一个好的计划。在这种情况下斯大林的计划往往相当完美，几乎是无懈可击。此后，人们对于斯大林的深谋远虑，就由衷赞叹，斯大林因此也十分高兴。在会上，华西列夫斯基总是首先讲述3条正确意见，但他口齿含混不清，用词啰唆，并前后矛盾，而且反复颠倒，没有条理。原因就是他只讲给身边的斯大林听，然后又讲几条错误意见，这时的他会精神振奋，声音洪亮，用词准确，思维缜密，条理清晰，让所有的人都能听得到。轮到斯大林发言，他首先将华西列夫斯基的那些漏洞百出的意见批判得体无完肤，接着他就条分缕析、逐条逐句地阐述自己的决策。当然，他的决策就是华西列夫斯基刚才含混不清的表述，只是斯大林稍加润色而已。因为当时大家都没有听华西列夫说些什么，都认为这都是斯大林的奇思妙想，对斯大林的决策佩服得五体投地。

时间久了，人们认为华西列夫斯基这个参谋总长只是一个摆设，一条意见也没有被斯大林采纳。有人就认为是失职，更是渎职。对这些责难华西列夫斯基从来就是一笑而过。多年后，华西列夫斯基说："如果我和别人一样聪明、一样正常，期望最高统帅的当面赞赏，那么我的意见就会被丢进垃圾筒。我没有选择，只能那样做。要想让斯大林接受我的意见就只有装傻。在那种情况下，我想的只是正确意见被采纳，只想让前方将士少流血、多打胜仗。我认为这比被斯大林当面赞赏重要得多。既然如此，我个人受点委屈算不了什么。"

上九：姤其角，吝，无咎

"角"：《周易》把人体分为趾（足）、腓（小腿）、股（大腿）、限（躬、背，就是躯干）、首（头）、角（发髻）六段，童年作总角，也有"崭露头角"一说，角也是人体的最顶端。"吝"：麻烦。爻辞借"角"喻义，教育人们做人要有底线，要敢于坚持原则，要树牢正确的道德操守，虽然可能一时会伤及面子，唾手而得的利益皆成泡影，但是自觉抵制诱惑，最终不会走入危险境地。

在这方面，共和国开国元帅陈毅可谓敢于坚持原则的典型。观其一生，陈毅始终坚持党性原则、清正廉洁、刚正不阿，素以心直口快著称，在他几十年的革命和建设生涯中，始终认定一句话："讲真话，天不会塌。"

1962年2月、3月间，全国科学工作会议和全国话剧、歌剧、儿童剧创作座谈会同时在广州召开，周恩来根据中央关于调整党和知识分子关系的政策精神，在会上作了《论知识分子问题》的讲话，肯定绝大多数知识分子属于劳动人民，承认过去在这方面有错误。陈毅也在大会上讲了话。他直率地讲道："工人、农民、知识分子，是我们国家劳动人民中间3个组成部分，他们是主人翁。不能够经过了12年的改造、考验，还把资产阶级知识分子这顶帽子戴在所有知识分子的头上，因为那样做不合乎实际情况。""你们是人民的科学家、社会主义的科学家、无产阶级的科学家，是革命的知识分子，应该取消资产阶级知识分子的帽子。今天，我给你们行'脱帽礼'"！说到此，陈毅站起来向全场知识分子深深地鞠了一躬，场下响起了如雷的掌声。陈毅的讲话在会议上产生了强烈的反响，使很多知识分子受到了鼓舞。

虽然一贯讲真话的陈毅在"文化大革命"中受到冲击，被诬为"二月逆流"中的"黑司令"，但他始终坚信共产党的领导、坚持讲真话的本色不改，真正达到了"姤其角，吝，无咎"。

纵观姤卦，完全就是要求人们严格自律的卦。鲁迅先生讲过："解剖自己胜过解剖别人。"一个人要质朴无华，不贪图享乐；要防微杜渐，不以小害大；要洁身自好，不贪意外之才；要懂得取舍，不盲目激进；要坚持正义，不唯利是图；要大智若愚，不张扬显摆；要坚守底线，不为利益所惑。新时代，读懂自己，严格自律，值得每一个公民深思与实践。

系于金柅

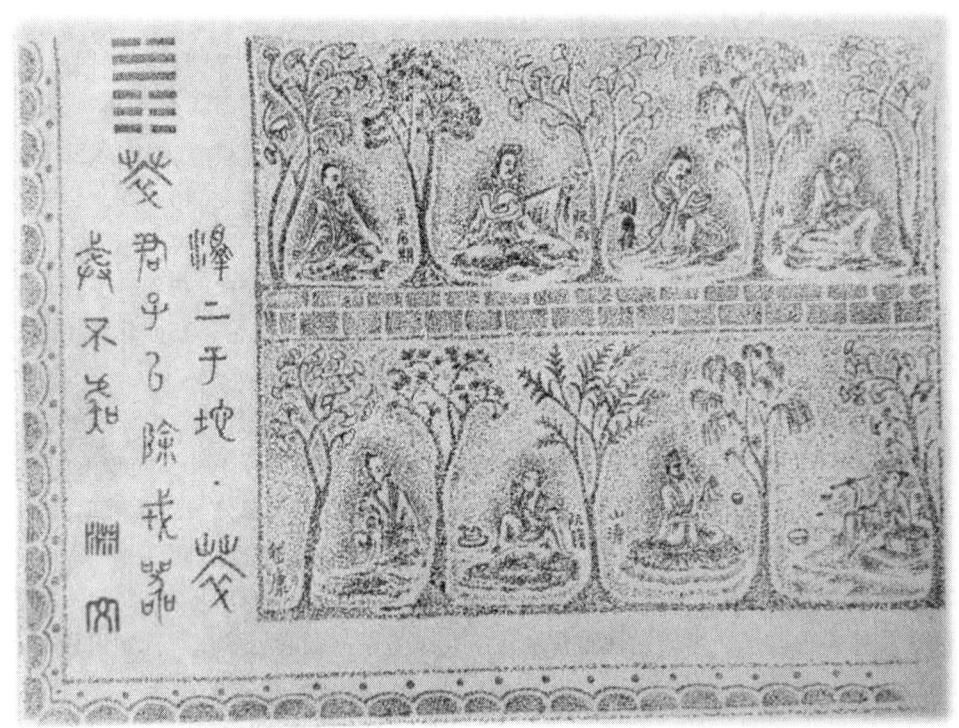

【原文】

萃：亨，王假有庙。利见大人，亨，利贞。用大牲吉，利有攸往。
初六：有孚不终，乃乱乃萃，若号，一握为笑，勿恤，往无咎。
六二：引吉，无咎，孚乃利用禴。
六三：萃如，嗟如，无攸利，往无咎，小吝。
九四：大吉，无咎。
九五：萃有位，无咎。匪孚，元永贞，悔亡。
上六：赍咨涕洟，无咎。

萃卦是《周易》第四十五卦，讲述的是萃家之道，形容的是执政者与天下贤才聚集在一起，强强联手，利国利民，表示领导人与民同乐，有利于树立敦正的民风，也会带来意想不到的吉祥，更加有利于团结一心，共图发展大计。《象》曰："泽上于地，萃；君子以除戎其器，戒不虞。"寓意是在大好环境中做事，有利于把事情做得更好，但应更加谨慎小心，防止随即出现的激烈竞争和自然灾害。

泽上于地,萃:君子以除戎器,戒不虞

陈家珮,河南开封人,现为河南省书法家协会会员、开封书学研究会副会长、东京书画院副院长。

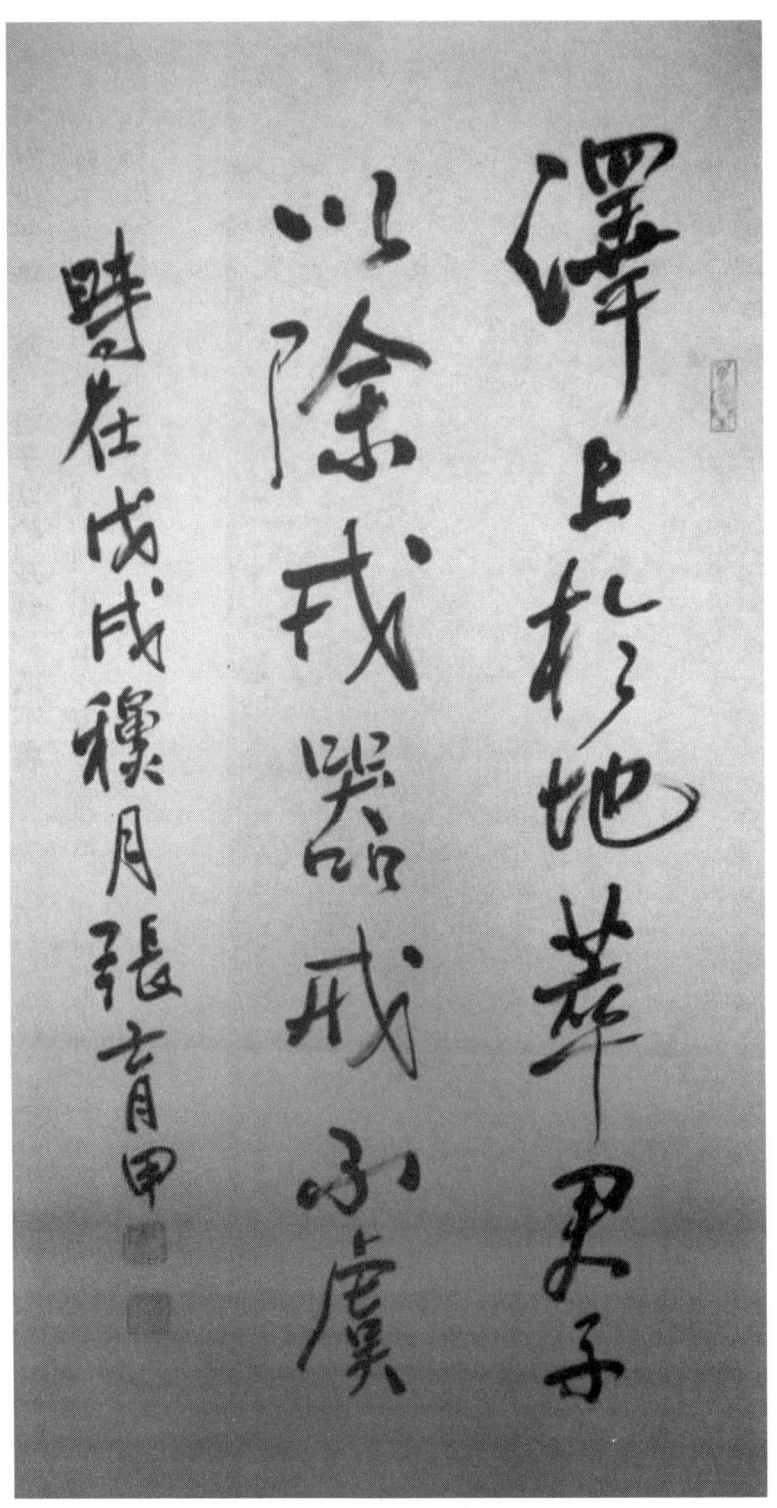

张育甲，1984年出生，河南开封人，现为重庆市美术家协会会员、河南省美术家协会会员、河南省花鸟画研究会会员、河南省政协书画院理事。

第四十五章　德不孤　必有邻
　　　　　　　萃集贤良得福缘

萃：亨，王假有庙。利见大人，亨，利贞。用大牲吉，利有攸往

　　萃卦是下坤上兑之卦形。兑为泽，也为少女，情窦初开，花枝招展，怀春心态豁然而出。坤为大地，像一位慈祥的老婆婆。萃卦一出现，仿佛绘就一幅自然景象：春回大地，草木即放，一位怀春少女在踏青中途，正为路无知音暗自失意，不曾想抬头居然遇到了街坊一位慈祥的老婆婆，正在寻找她想促成一对佳缘。谁知不说倒罢，一说出对方的那个小伙儿居然又是姑娘自己魂牵梦绕的心上人儿。真是梦里抱金砖，佛祖也难挡。听到这个激动人心的消息后，少女居然与这位老婆婆忘情地拥抱一起……可见，萃卦美，一个充满生机勃勃的美好景象豁然眼前，如遇此卦，一般皆会顺心如意。

　　卦辞"萃，亨，王假有庙。利见大人，亨，利贞。用大牲吉，利有攸往"中的"萃"，原义是丛生的草，有聚集的含义；兑为泽，坤为地，水在地上聚集成泽，滋润万物，为民造福，用来比喻聚集。"假"：至、到的意思。"庙"：宗庙，祠堂，供奉先祖的地方。"用大牲吉"：字面看像是供奉如牛一样的大牲畜，其实并非此意，据笔者理解，表面上是用大牲吉，点明祭祀要有诚心、要大大方方，既不能马马虎虎，又不能随心所欲；还讲求一种忠诚度，要做正义之事，不能干一些蝇营狗苟之事。中国民间讲"头顶三尺有神灵"，估计与此有直接关系。宗庙是祖先灵魂聚集的场所，也是子孙精神集中所在，象征一心一意、同心同德。个体聚集为群体，就需要加以治理，否则就会各唱各的调，易成一盘散沙，陷入混乱之中。为此，萃卦无形中为领导者提出了一个要求：要德才兼备，以正义之举德化四方，不令而令；只有品德高尚的伟大人物领导群众，舍弃小利益，为了大多数人的利益而为之，才能亨通。

初六：有孚不终，乃乱乃萃，若号，一握为笑，勿恤，往无咎

　　"孚"：诚信。"号"：呼号，召唤。"恤"：担心。爻辞大意是具有诚信而不能坚持到底，麻烦和祸乱就会积聚而来；如果能真诚地号召，并和大家一握为笑，就不用担心，如此下去便不会产生大的麻烦。此爻反映的是人们有诚信但不能持之以恒坚持落实的弊端。如果真心与大家相待，纵使以前有再大的恩怨，具备宽阔的心襟与肚量，过去的不愉快也会随之融化。"度尽劫波兄弟在，相逢一笑泯恩仇"。团结起来一切向前看，便是该爻的寓意。

2015年11月7日下午，中国大陆领导人习近平与中国台湾地区领导人马英九，在新加坡香格里拉酒店第一次握手，举行会面，坦诚交谈，就巩固两岸和平发展成果、推进两岸交流等问题交换意见。他们一致认为，应建立两岸领导人会面常态机制，努力使两岸和平发展的现状继续保持下去，使台海成为和平之海、发展之海。这是66年来，两岸领导人第一次会面，会面在亲切、亲和的气氛中展开，引起全球媒体的广泛关注。海内外同胞为两岸领导人勇敢迈出关键一步而欢欣鼓舞、奔走相告。这也是"相逢一笑泯恩仇"的典范与创举。

六二：引吉，无咎，孚乃利用禴

商朝时期的春祭、周朝时期的夏祭，都称作"禴"（yuè）。《诗·小雅》中有"禴祠尝蒸"的诗句。《毛传》说："春曰禴，夏曰祠，秋曰尝，冬曰蒸。"古代祭祀活动因节令不同而称谓各异。所谓"禴"，也就是春天祭祀时，一种不以杀生害命为宗旨的简单祭祀活动。其告诫人们，在祭祀时，不一定非要兴师动众、大造声势，不一定非得杀猪宰羊，非要有一种轰轰烈烈的场面，而是要诚心诚意。心诚则灵，即便是祭祀活动搞得简简单单，相信神灵也不会怪罪，同样会赐福。爻辞大意是指，只要真心实意地与人相处，人心都是肉长的，时间稍长些，周围的人就会被自己的诚心所感化。

中国自古以来就强调德的作用，提倡修身养性、重义崇德，并把修身正己作为齐家治国平天下的前提。"厚德载物""德行天下""先天下之忧而忧，后天下之乐而乐"，这些耳熟能详、脍炙人口的古语，承载的是几千年来中国人对优秀道德情操的美好向往和由衷褒扬。

中共作为执政党，一贯高度重视党员特别是领导干部的道德修养。早在革命时期，毛泽东就强调对党员思想的改造和自我改造。中华人民共和国成立后，为适应社会主义建设的需要，毛泽东提出，干部要"又红又专"。邓小平根据党的工作重心转移和干部队伍的实际情况，提出干部队伍"四化"方针，强调"首先是要革命化"。面向新世纪，江泽民提出"依法治国"和"以德治国"相结合的重要思想。胡锦涛反复强调，全党同志要进一步加强道德修养，鲜明提出"德才兼备、以德为先"的选人用人重要标准。十八大后，习近平又提出用"三严三实"的标准来规范党员领导干部言行的从政理念，从而达到以德化民的目的。

六三：萃如，嗟如，无攸利，往无咎，小吝

"萃如"：相聚的状态。"嗟如"：叹息的样子。爻辞大意是干任何一件事时，只要有利于大众，大家相聚一起时，就要团结一心，再大的困难都要勇往直前；相反，如果唯利是图、犹豫不决，春风如意时便兴高采烈，稍有不如意或者是自身利益稍有受损时，便打退堂鼓，时间长了便一事无成。该爻有意在强调信仰的

作用、信仰的力量；相反，对那些信仰不坚定而见利忘义的人，即便身怀绝技，也终成就不了大事，最终会被历史所遗弃，成为反面典型而落万世骂名。

在这方面，南北朝时期著名叛将侯景便是反面实例。侯景是北魏怀朔镇人氏，早年在北魏边镇当兵，后因带兵击败葛荣而升任定州刺使，受封濮阳郡公。后来北魏的实权分别被高欢和宇文泰控制，侯景投靠高欢。北魏分裂成为东魏与西魏，高欢任东魏丞相，为东魏实际掌权者，对侯景很不放心，高欢死后侯景果然带人马投降西魏。西魏宇文泰了解侯景的为人，宇文泰接受侯景投降，但是要求侯景务必来长安述职，实际就是想解除其兵权。侯景是聪明人，又选择投降南方的梁朝。梁武帝萧衍不顾群臣劝阻准备接纳侯景，让萧渊明带5万人马北上接应侯景。萧渊明在路上遭到东魏军队的进攻，兵败被俘。东魏军队趁胜进攻侯景，侯景大败，逃到南梁境内的寿阳。东魏此时不愿和南梁发生战事，遣使愿意归还俘虏萧渊明。得知此消息的侯景，想借此试探梁武帝接纳他的诚意，遂派人假冒东魏使者，提出用侯景交换萧渊明的罢战条件，梁武帝答应了。侯景得知梁武帝这一态度后，马上又叛变，招兵买马，一直打到建康。梁武帝被俘，最终被饿死，侯景扶持了两个傀儡皇帝后，最后干脆自己当皇帝，国号汉。侯景到处屠杀掠夺，给老百姓带来深重灾难，史称"侯景之乱"。后来，梁朝大将王僧辩、陈霸先率领大军从江陵出发，进攻建康。侯景叛军兵败，侯景只带几十个心腹乘坐一只小船狼狈逃走，半路上被他的部下所杀。侯景此人先叛东魏，接着又叛西魏，后来又背叛南梁，还差点吞并整个南梁，改写历史！他正是反叛类的"最高境界"，但终究没有逃出规律。

九四：大吉，无咎

"大吉"：表面上看来是上下级相处尽善尽美。一团和气的现象只能是暂时的无咎。无原则、无规矩的一团和气并不是真正的和谐，也与发展是相悖的，久而久之，带坏风气、损害集体、危害个人。

中共十八大后修订的《中国共产党章程》明确提出"党员领导干部对违反政治纪律和政治规矩等错误思想和行为放任不管，搞无原则一团和气，造成不良影响""违反党的优良传统和工作惯例等党的规矩，在政治上造成不良影响"等违反政治纪律和政治规矩的行为，并对处分情形作了明确规定。2015年4月至5月，湖北省落实中央八项规定精神检查组在抽查中发现，全省地税系统领导班子成员办公用房面积超标问题十分突出，超标率竟然超过60%。中央和湖北省委三令五申要求清理整改办公用房面积超标问题。而湖北省地税局原党组书记、局长许某，也曾做出了一些表面反应，会也开、讲话时也强调；对于系统内的一些问题，他也批评教育、诫勉谈话。但是板子高高举起，每每轻轻放下。许某是个学者型官员，在工作业务上他的能力还是被认可的，但是在对税务系统党员干部的监督管理上，他却睁一只眼闭一只眼，对有问题的领导干部放任不管，有了问题不严肃处理，搞无原则的一团和气，致使班子组织涣散、纪律松弛，影响极坏。是年6月26日，许某因落实主体责任不力、执行中央全面从严治党精神不到位，被免去职务。对于这样的结果，许某后悔不已。

九五：萃有位，无咎。匪孚，元永贞，悔亡

古时称皇帝为九五之尊。九五刚毅、中正，在君位，以德布政，聚集天下于一身，所以"萃有位，无咎"。贤明之君治理天下，朝政持续有常，百姓安居乐业，当然不会出现大的灾难。"匪"：不的意思。"悔亡"：没有悔恨。大意是说：官居极位时，要有与之相配的德，或称德位相配，官阶升高，心胸越大，德行越高。如果天下还有一些不能归顺的力量，或者是仍然有一些"招安"不了的，这个时候也不能操之过急，而要反思自己的言行是否得当，从而以礼去感化大众、以中正之德迎得万民信任，使大众万民积极响应。相反，如果急于强求民意，以粗暴式干涉众人情绪，就只能激化矛盾升级，使上下离心离德。所以，执政者只有随时检点自己、反省自己，时时处处利民心、顺民意，才能巩固政基。这一爻，恰恰强调的是以德服众的重要性。

以史为鉴，与百姓、将士同甘共苦者一定会得到人心、得到人们的永久传扬。"有盐同咸，没盐同淡"是当时红军中流行的一句话，这也是"有福同享，有难同当"的另一种说法。1928年冬，湘鄂西红军初创时期，贺龙带领部队转战于湘鄂边的崇山峻岭之中，当时红军的生活条件十分艰苦，指战员们经常喝不上一口粥、吃不上一粒盐。有一次，炊事员想方设法弄到了手指头大小一点盐巴，特地给贺龙炒了一碗有盐的辣子。贺龙尝了一口，发现菜中有盐，就把那碗辣子倒进了大锅。炊事员上前劝阻，贺龙笑着说："红军嘛，共产党的部队，官兵一致，有盐同咸。"

所以，若想成就一番事业，尤其是创业初期，主要靠管理者与下属同甘共苦、患难与共，在这种情况下，上下凝聚合力，便会无坚不摧，自然会取得成功。

上六：赍咨涕洟，无咎

"赍（jī）咨"：悲伤的怨声。"涕"：流眼泪。"洟"：流鼻涕。"上六"已是萃卦的终结，柔弱到了极点，真正成了孤家寡人，没有人愿意追随效力，因而独自异常悲伤、叹息涕泣。这是因为自以为是的高高在上已成习惯，因私利导致众叛亲离、孤立无援，以致"高处不胜寒"，不能安心。该爻又揭示了一个规律：凡事自有规律，领导者高傲自大、私心过重，必将使部属伤心；上下离心离德，在关键时刻自然没有人会为其两肋插刀，或者助力前行，只有在悲泣中走向末日。

这正与所谓的"德不孤，必有邻"的思想不谋而合。

2015年5月23日，在中日友好交流大会上，习近平讲道："邻居可以选择，邻国不能选择。'德不孤，必有邻'。只要中日两国人民真诚友好、以德为邻，就一定能实现世代友好。""德不孤，必有邻"出自《论语·里仁》篇，朱熹在《论语集注》中说："邻，犹亲也。德不孤立，必以类应，故有德者，必有其类从之，如居之有邻也。"这句名言应该包括两层含义：一是对德行修养的肯定。孔子的社会治理理想就是通过道德治理来达到的，立德是国之本，施行仁德是国家的根本任务。他希望通过君子的道德示范作用，来教化民众，通过对道德的坚守与修炼，实现"仁"的理想境界。孔子对人的道德提升充满信心，对君子所代表的道德楷模寄予希望。二是对道德感召力的坚信。德乃人心所固有，有德之人必然令人尊敬。物以类聚，人以群分，同声相应，同气相求，周围的人"见其德者，固愈加亲近，闻其风者，亦翕然信从，就似居处之有邻家一般，有不招而自来者矣。故人君修德于上，则万姓归心，四夷向化，而天下为一家"。"德不孤，必有邻"表现出孔子的自信，这是一种对道德感召力的坚信。

总之，萃卦阐释的是群体的结合法则，也是为人处世的基准法则，同时也是诠释如何做一名好领导的卦辞。作为领导者，要善于团结一切可以团结的力量，真心实意地与部属相处；要以德率下，靠非权力影响来感染群体、感召部属，才能赢得民心在关键时刻与己共同担当。领导方法要科学，既不能无原则迁就，又不能暴力执政。只有领导英明，以诚施政，才能意志集中，步调一致，有效发挥群体力量，为全民造福。领导者还要经常反思言行，及时修正与悔改失误，坚持刚毅中正、至善坚贞与以德服人，才能使他人心悦诚服；同时，还要力除私心，及时站在群众利益上考虑问题，这样才能赢得群众，达成理想境界。

大吉无咎

【原文】

升:元亨,用见大人,勿恤,南征吉。
初六:允升,大吉。
九二:孚乃利用禴,无咎。
九三:升虚邑。
六四:王用亨于岐山,吉。无咎。
六五:贞吉,升阶。
上六:冥升,利于不息之贞。

升卦是《周易》第四十六卦,讲述的是持续上升之道,表示只要方向正确,就要坚持不懈努力,终究会取得成功。《象》曰:"地中生木,升;君子以顺德,积小以高大。"寓意是树木从小到大逐渐生长,君子也一样,通过顺应天道培养自己的良好品德;由小积大,定会塑造出承担重任的完美人格,加速事业发展。

地中生木,升:君子以顺德,积小以高大

沈 慧,女,1963年出生,河南开封人,现为开封市诗歌艺术委员会秘书长、开封市酒文化博物馆馆长、刘庚三书法研究会艺术顾问、开封仁俊书画院院长。

第四十六章　　顺天时　接地气　飞入寻常百姓家

升，元亨，用见大人，勿恤，南征吉

升卦是巽下坤上的地风升之象，地下生风，轻轻吹拂，万木皆生。卦辞"升，元亨。用见大人。勿恤，南征吉"中的"元亨"：光明顺达。"用见大人"中的"用"：重用，意思受到上级重用，职务得以晋升。"勿恤"：不用担心。"南征吉"：南方属火，象征光明。"征"：担当，承担。卦辞大意是遇到"升"卦，标志着该时来运转了，不要担心上级的突然召见，马上就要得到重用了，职务在提升的同时，意味着又承担起了重要责任，要朝着国家强盛、政治清明、社会安定、百姓安乐的方向发展，这样才为"吉"。卦辞启示：只要方向对头，虽然任重道远，但只要矢志不渝，尽管大胆地努力往前走，前途就会一片光明。

有关矢志不渝的典型，要数隋唐时期的玄奘法师。他是中国历史上杰出的翻译家、法相宗的创始人。

贞观元年（627），法师决意西行。因从中土前往西域，必须要得到皇帝特许，他二度上表陈情，没有获得批准，但他仍冒险出关，由长安经秦州(今甘肃天水一带)、兰州抵达凉州(今甘肃武威)。可是刚到不久，长安的追捕令也紧随其至。法师唯有昼伏夜行，历尽艰险，穿过甘肃走廊，抵达瓜州（今甘肃西北部），不顾留难，执意前行。

玄奘法师以探险家般的胆魄、勇士般百折不挠的意志，只身一人，进入了方圆800里的莫贺延碛大沙漠。莫贺延碛大沙漠位于罗布泊和玉门关之间，今称"哈顺戈壁"，其"上无飞鸟，下无走兽，草木不生，人迹罕绝；时而风卷沙石，时而暴晒湿蒸；时而见枯骨遍野、战场遗迹，时而见凶恶野兽、鬼魅影像"。白天，太阳的暴晒使地表温度极高，根本无法落脚，法师只能把自己埋在沙间，待到夜间出来赶路。大沙漠广阔无垠，玄奘法师一时迷失了方向。不仅如此，在迷途中，他不小心打翻了水袋，茫茫沙海中，失去了饮水意味着丧失了一切生存下去的希望。在几近绝望的境地下，法师几乎要放弃西行的计划，但最初的志愿一直鼓舞着他。法师以"宁向西天一步死，不向东土半步生"的决心，忍饥挨渴，怀揣一腔追求真理的热情和为众生求福祉的悲愿，以坚强的意志，九死一生，最终战胜了种种磨难。

此后，法师游历五天竺圣迹，遍访名师，凭借天生资质与后天努力，一时名震五天竺，成为当时印度宗教哲学的最高权威，获得了"大乘天""解脱天"的美誉。玄奘法师虽然声震天竺，然而，他始终未曾忘记当初离开故土、西行求法的初衷。他无时无刻不在思念自己的祖国，希望学成后东归，振兴中土的佛教。最终玄奘放下优厚待遇和脱离重重阻挠回到长安。唐太宗曾两度劝他弃道辅政，法师均以"愿守戒缁门，阐扬遗法"为由推辞。太宗只好遵从法师志愿，辅助他的译经事业，建立了长安译经院，下诏让他翻译取回的经典。他译经19载，共译出经论75部1335卷，将印度所学尽传中国。

玄奘法师圆寂后，唐高宗惊闻噩耗，哀伤不已，反复说："朕失国宝矣！"出殡当天，500里之内，四众送葬者有100多万人，当夜留在白鹿原墓地为玄奘法师守灵的四众弟子有300万人之多。

初六：允升，大吉

"允"：信，诚。"初六"是阴爻，主柔顺，又居最下位，在上升时，柔顺的"初六"，靠自己的力量，不能上升，只能跟随上升，非常吉祥。爻辞说明在行进中，一方面，自己要具备良好的道德修养和过硬的自身实力；另一方面，还要服从命令，听从上级招呼，这样才会顺利，升迁有望，才会"大吉"。反之，我行我素，就会"大咎"，即灾祸发生。讲服从是职场和军队生存的基本素质，更是一种敬业精神。

《人民日报》2016年10月26日05版人民日报评论员文章《"讲服从"没有任何例外——牢记共产党员这个第一身份》里面讲道："懂不懂规矩、守不守纪律、讲不讲服从，是党性问题，更是方向问题。这里的方向，意味着道路如何走、旗帜怎么扛，检验着一名党员干部的'核心意识'。"

1938年4月17日，张国焘发表书面声明脱离共产党。是年10月，毛泽东在向党的六届六中全会作报告指出："鉴于张国焘严重地破坏纪律的行为，必须重申党的纪律：（一）个人服从组织；（二）少数服从多数；（三）下级服从上级；（四）全党服从中央。谁破坏了这些纪律，谁就破坏了党的统一。"这是我们党从血与火的考验中总结出的信条，是这个组织中任何人都不能成为例外的铁律。

党员有其特殊的政治使命，入党意味着在政治上讲忠诚、在行动上讲纪律、在组织上讲服从。抗战时期，中央军委政治部找李先念谈话："先念同志，组织决定你到八路军第一二九师当营长，你有什么意见吗？"当时红军缩编，此次岗位调整是从军级降到营级，李先念毫不犹豫地说："坚决服从组织安排。"这就是老一辈无产阶级革命家为我们树立的榜样。

九二：孚乃利用禴，无咎

"孚"：诚信。"禴"：祭祀。爻辞大意是诚信最重要，不必拘泥于形式，搞一些不切实际的假大空东西，一味地去迎合玩味，摆花架子，脱离民心搞"政绩"工程，这样就不是"无咎"，而是"过咎"。爻辞强调的恰恰是反对形式主义的问题。

明朝皇帝朱元璋为打天下历经艰辛，坐了江山后，为让子孙们"知外间辛苦"，便立下一条家法：每顿饭必有粗菜。但到他的后代，这"忆苦饭"慢慢变了味，做豆腐的原料从豆子变成了鸟的脑髓，一份豆腐有时需要宰杀近千只鸟。本是教育子孙艰苦朴素的好初衷，但恰恰因为过于看重形式，缺少精神传承、对内容实质的把握和制度机制的建立，结果不仅起不到警示作用，反而助长了官僚奢靡之风，最后徒留笑柄。

九三：升虚邑

"虚邑"：无人的村落。《象》曰："升虚邑，无所疑也。"大意是一心升进，前方又是空虚无人的村落，没有任何疑虑，可以放心大胆地前进。爻辞启示：只要方向正确，目标明确，就不能前瞻后顾、畏首畏尾，而应当勇往直前。

1932年奥林匹克世运会的英雄之一、美国女子蔡含瑞，她独得80米高栏与标枪双料冠军、跳高亚军。世运会后，她转习高尔夫球，不出数年即勇夺美国与英国两项业余大赛的冠军。许多人在赞叹之余，难免会说："她真是个天生的运动家，注定要得冠军。"

但是蔡含瑞是如何学习高尔夫球的呢？首先她分析球杆的挥力、研究球速及曲线，直到她认为自己完全了解为止；然后每日练习12小时，平均每天击出1000个球，一直练到球杆握不住为止，这就是她为成功付出的代价。这样的人得到冠军，并非天意如此，而是她自己执着的追求与奋斗争取来的。

爻辞启示：明确的目标可以使生命变得单纯，同时使能力集中焦点。柔和的阳光透过放大镜的焦距，可以立即倍增温度，甚至点燃木材。人的能力也需要凝聚、需要锤炼，有时候，目标明确，加之执着追求，实现的概率就会更大些，速度也会更快些。

六四：王用亨于岐山，吉。无咎

"用"：重用。"岐山"：文王封地，西岐。爻辞大意是要立足本职，尽心做好分内的事儿，时间长了，就会被上级看重，并适时受到重用，这样就像在岐山上祭祀一样，吉祥，没有灾难。因为祭祀必然诚心诚意，只要诚心诚意，任何事情就都有成功的希望。爻辞也在预示要力戒浮躁心理，不要想着一夜暴富，不能投机倒把，要坚持脚踏实地，做个有原则的人，顺应正当途径去求"升"，即有所作为。

关于脚踏实地，习近平总书记在兰考重要讲话中指出："实实在在做人做事，做到严以修身、严以用权、严以律己，谋事要实、创业要实、做人要实。"这段话集中起来，强调的是一个"实"字，这和古人讲的"天下万事，皆成于实"是同一道理。"实"既是人们成功的起始条件，也必须贯彻在做事的整个过程中；"是"既是人们追求的，也是要受时代和历史的检验与考量，求实求是，才能得人成事。焦裕禄在兰考工作的时间不长，他之所以一直为党和人民所铭记，是因为靠的就是脚踏实地、求实求是。

六五：贞吉，升阶

"贞"：坚持真理，信守正道。"阶"：台阶，逐级。爻辞大意是信守正道，自然吉祥，其事业必然逐步发展。这里有意在强调：此时已具备发展的条件，应该稳中求进、顺势而进、拾级而上，千万不能错过机会，这是用兵常识，也是生存之道。

春秋五霸中的齐桓公的厉害，源于他的太极推手功夫，核心不过是"稳重"两个字。稳重，再稳重，如果细加体味，人们不能不承认，这才是政治上的大智慧、战略上的大手笔。齐桓公的成功，取决于他的稳重。由于稳重，他才善于权衡利弊，及时变招，一旦遇上问题或挫折，知道从中认真吸取教训，尽快刹车，此路不顺换他路，而不至于一条道走到黑，直至闹到不可收拾的地步。齐桓公刚登基时，也一样雄心勃勃、血气方刚，老是想做一番惊天动地的伟业，早早确立起齐国的霸权，汲汲于"欲诛大国之无道者"。管仲谏阻他，告诉他时机并不成熟，"不可，甲兵未足"。可他全然当作耳边风，一意孤行由着自己的性子去做，满心以为中原霸主的宝座可以唾手可得。

长勺之战后，他引以为豪的强大齐军，居然让曹刿率领的鲁国兵马杀得丢盔弃甲、狼狈逃窜，真是败得窝囊透顶。不过这次出乎意料的惨败也有一个好处，就是使得齐桓公急功近利的浮躁心态平复下来。既然单纯的战争手段连鲁国这样军力很一般的国家都摆不平，那么，想靠它去对付比鲁国强大十倍的楚国、比鲁军能打仗的戎狄，简直是天方夜谭。看来不能单纯依赖战争来实现自己的称霸目标，而应该更多地运用政治、外交手段，伐谋、伐交、伐兵三管齐下，才是正道。齐桓公马上调整了自己的争霸战略方针，改急取冒进为稳重待机，变单凭武力为文武并举。而正是这种稳重的做法，才保证了他日后少走弯路，一步步走向事业巅峰。

正因为齐桓公处事稳重，深合中国文化中的中庸之道，所以，尽管他在霸业上的成就似乎不及晋文公、楚庄王，然而在后世所得到的褒扬则远远胜过其他霸主，所以人们一提起他，总是想到他曾"一匡天下"，好像离了他，春秋这段历史就成了漆黑一团，全是子弑父、臣弑君的烂账。幸亏有了这位"九合诸侯，一匡天下，不以兵车"的人物，才给人以三分宽慰、三分希望。

上六：冥升，利于不息之贞

"冥"：人死后的去向被称为冥界，引申为昏冥。"冥升"：被利益冲昏头脑，不顾一切地去求取。"不息"：不停止。"贞"：正道。大意是说不顾一切地钻营，不择手段去索取，已经到达盲目的地步，对坚守正道是有利的；否则，盲目上升到极点,离"冥界"(即死路)不远了。爻辞告诫:在升进中必须要有所节制,不能盲目,否则后力不继,最终前功尽弃。

古人论及春秋战国时的兵家,通常将孙武、吴起并列。然而追溯2000多年来的兵书史籍,对孙武的赞颂汗牛充栋,吴起却备受非议甚至被列入"古来不义之人"的典型。吴起出仕鲁、魏、楚三国,均建奇功,且留下用兵治国的《吴子》名篇启迪历代兵家,却又因"诛邻止谤""母丧不临""杀妻求将"的行径为后世的道德维护者所鄙夷。辉煌与阴影,都集中到这个引发千年争议的名将身上,对今人也会引来如何处理功利追求与道德底线关系的反思。

诚然,战场上的吴起确是个军事天才,弱小的鲁军在他训练统领下,竟一战击败在春秋战国时素称强大的齐国,引来天下震惊。不过作为孔子故乡的鲁人不耻吴起之德行,擢升他的鲁君也为此人心狠手辣而内存惊悸,不久便下了辞退书。功利欲极强的吴起转投魏国,被正在开始变法求强的魏文侯起用。他在魏26年,"曾与诸侯大战七十六,全胜六十四",其余也打成平局,同时又"辟土四面,拓地千里"。吴起任西河守将时再以寡兵击败庞大秦军,占据了黄河以西700里之地,使原来强大的秦国一度岌岌可危,魏国变成战国头强。

平心而论,春秋战国的两位著名兵家孙、吴,比著述孙胜于吴,比武功则吴过于孙。后世史家和将领往往尊孙武而轻吴起,恰是不但爱才还重德。吴起虽在史册上留下供后人赞叹的武功,其为争功利不择手段之举却应视为古代兵家遗产中的糟粕。著名史家司马迁在《史记》中对吴起的结论便是"以刻暴少恩亡其躯。悲夫"。观其一生,诚如斯言。

总之,升卦是阐释升进的原则。爻辞中的"吉""亨""无咎",大多展示给人们的是喜庆、希望、信心,但前提条件很明确,就是要首先做到"贞吉",即信守正道。要诚信,柔顺谦恭,还要不断地修炼自我,这样才能建立群众基础,得到人民拥护,就可以施展抱负,向前升进。升进应追随前人的足迹,作为借鉴,才会顺利;而且应有诚意,才能得到支持;更应当有目标,知道节制,盲目冒进,将无以为继。

实践证明,升卦描绘的并不全是一片喜气洋洋,升进中有顺境也有逆境,只有走过漆黑,才是一片大好。

贞吉升阶

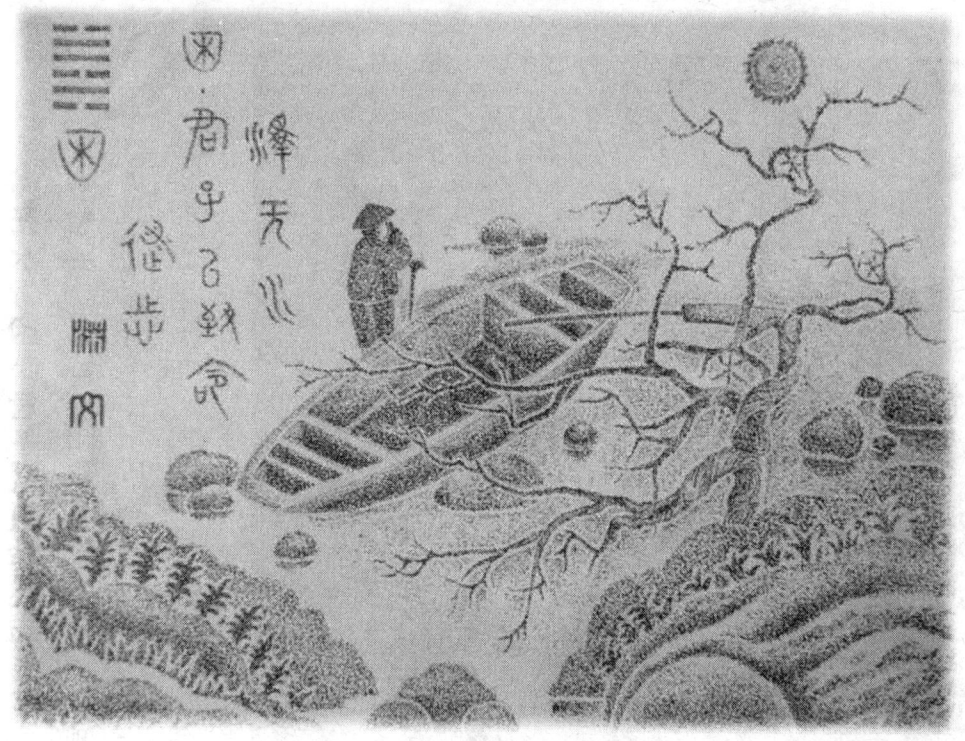

【原文】

困：亨。贞，大人吉。无咎。有言不信。
初六：臀困于株木。入于幽谷，三岁不觌。
九二：困于酒食，朱绂方来。利用亨祀，征凶，无咎。
六三：困于石，据于蒺藜。入于其宫，不见其妻。凶。
九四：来徐徐，困于金车，吝有终。
九五：劓刖，困于赤绂，乃徐有说，利用祭祀。
上六：困于葛藟，于臲卼；曰动悔有悔，征吉。

困卦是《周易》第四十七卦，讲述的是人面临困难的一种态度，表示在困境中，要坚信自己，不能盲从轻信，只有不甘心失败，一切才会有转机。《象》曰："泽无水，困；君子以致命遂志。"寓意是泽中无水，处境非常艰难，君子即使身处穷困也应泰然自若，为实现理想，不惜一切，就是奉献生命也心甘情愿。

泽无水,困:君子以致命遂志

梁留安,1951年出生。河南新密人,现为中国书画家联谊会会员、中国职工书法家协会会员、全国卫生书画家会员、刘庚三书法研究会艺术顾问、大梁书画院副院长、开封文化客厅特聘画师。

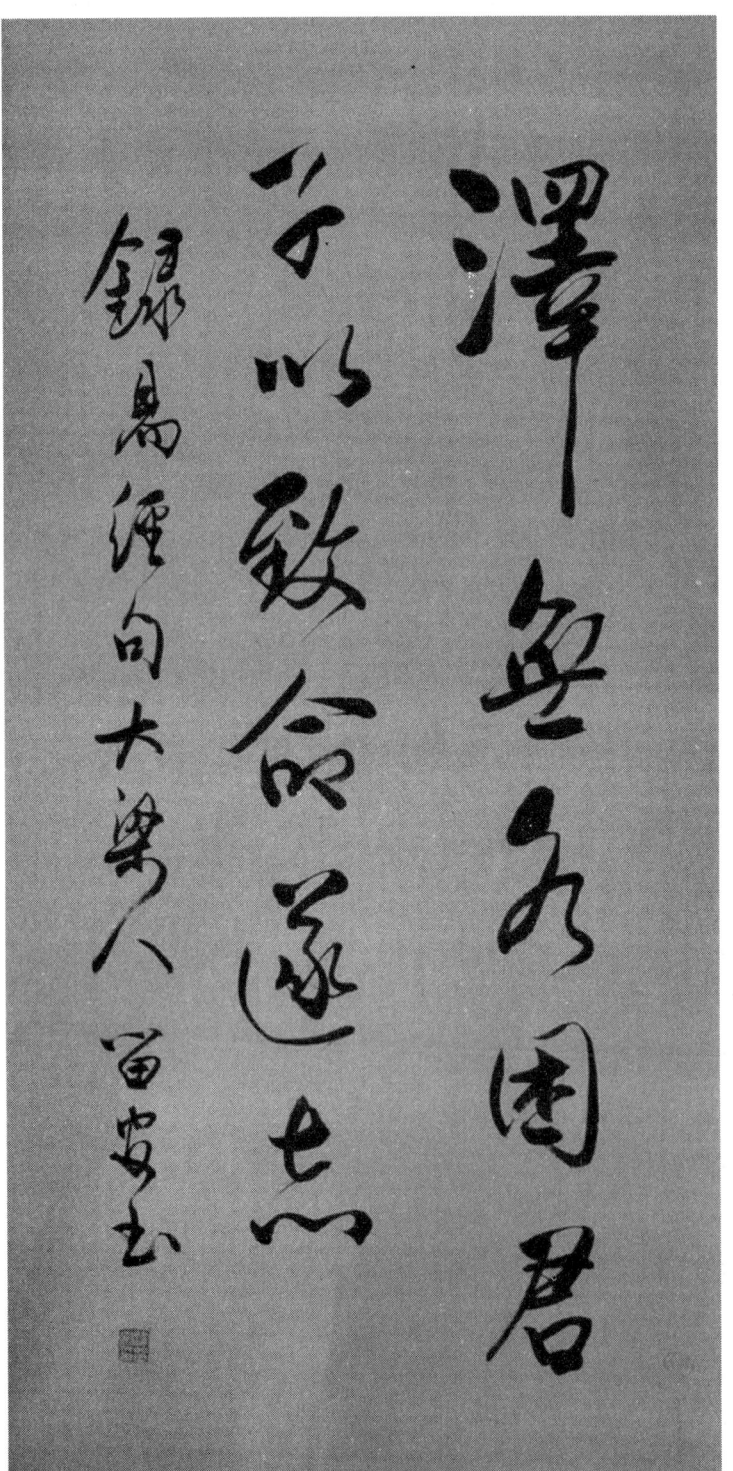

第四十七章　陷绝境　挺直腰
门前流水尚能西

困：亨。贞，大人吉。无咎。有言不信

　　困卦居于《周易》四大难卦之首，是坎下兑上的泽水象，坎为水，兑为泽：沼泽地里本来就是有水的，但是水却流到了下面，表示干涸、一片困乏之象，好不凄惨！"贞"：信守正道。"大人"：这里讲的并不一定非是道德品行的高尚或卑劣，而是面对困难的一种强劲态度。"有言不信"中的"言"：特指花言巧语、文过饰非的言辞。大意是指处在困境中，要信守正道、正身修德，要乐天安命，同时不受外界的一些不良因素干扰。只有这样，路走着走着就通了。反之，自己没有主见，受外界因素干扰，或听信于花言巧语，就会发生问题。卦辞大意是在困境中，要自信，不忘初心，不迷失方向，也不轻易弯下脊梁，便能跨过一切艰难困苦。

　　困卦，并不单纯强调的是困难重重，而指从更深层次上表明应对困难的一种态度。中国古代有一篇《列子·愚公移山》的故事，是一篇具有朴素的唯物主义和朴素辩证法思想的寓言故事。文中借愚公形象的塑造，表现了我国古代劳动人民有移山填海的坚定信心和顽强毅力，说明了"愚公不愚，智叟不智"，只要不怕困难，坚持斗争，就定能获得事业上的成功，这对人们有很大的启发，也是对本卦卦辞的诠释。

初六：臀困于株木。入于幽谷，三岁不觌

　　"株木"：古代官府用的刑杖。"幽谷"：深谷。"三岁"：这里是约数，形容时间比较漫长。《周礼·秋官》说牢狱关人："能改者，上罪三年而舍，中罪二年而舍，下罪一年而舍。"关3年，那就意味着要被判重罪了。爻辞大意是屁股上挨了板子不说，还要被收监，沉沦于幽谷之中，3年都见不着人，形容困顿之极，无人闻问；遇到这个时候，只能平心静气，贞正自守，静待出脱之机。

　　乌干达著名的盲人拳击手拉玛森原来是一名拳击运动员，可是，在1996年，一连串不幸突然降临在他身上：眼睛瞎了，一直照料他的祖母去世了，妻子与他离婚了，连以往亲热的兄弟姐妹也突然对他不理不睬……后来，他甚至无法独自生存，只能靠当地清真寺的一点善款来维持生活，靠孤儿院的孩子们帮他煮粥充饥。在这样的情况下，遭到亲人遗弃、朋友冷落的拉玛森没有恼怒憎恨，他宽容地说："他们都有自己的难处，我要走自己的路。"

终于，在经历了数年苦练后，拉玛森重返拳击场——他靠耳朵、鼻子来分辨对手的声音和气味，靠鼻息的大小判断对方的方位……尽管困难重重，但他的拳击依然鲜有对手。后来的拉玛森，已成了乌干达民众的偶像，他向人们证明了，失明并非世界末日。

所以，生活中，要做到得意而不忘形、不趾高气扬，失意而不失志、不怨天尤人，这是人生的一大智慧，也是一种高超的精神境界。

九二：困于酒食，朱绂方来。利用亨祀，征凶，无咎

"困于酒食"：这里并不是指困顿在大吃大喝的环境中到无法自拔的情况，而是说明物质条件尚不具备，一种缺吃少穿的贫困状态。"朱绂（fú）"：红色官服，即权贵象征，表示荣华富贵。"亨祀"是一种动态，表示要像敬奉神灵一样的虔诚。"征"：战胜。"凶"：艰难困苦。受"学而优则仕"的儒家思想影响，自古寒门出贵子，在艰难困苦中，数载沉潜，心志与学养都得到了锻炼，能激发出超常的斗志和上进热情；加之全力而为，这样战胜一切艰难困苦，自然不是事儿。爻辞预示：要全力以赴，应对困难，战胜困难。

一小孩搬石头，父亲在旁边鼓励："孩子，只要你全力以赴，就一定搬得起来！"最终孩子未能搬起石头，他告诉父亲："我已经拼全力了！"父亲答："你没有拼尽全力，因为我在你旁边，你都没请求我的帮助！"全力以赴就是这样，要想尽所有的办法，用尽所有可能用的资源，即竭尽全力去做。

六三：困于石，据于蒺藜。入于其宫，不见其妻。凶

"石"：石头。"据"：依附，攀附。"蒺藜"：一种带刺的有毒植物。"宫"：家。"妻"：伴侣，志同道合的人。爻辞大意是说困境尚未结束，走路的时候，被石头绊倒了，双手抓在了有毒的蒺藜上，扎到手上，全身痛麻；向前不能深入，又困在荆棘行走不了，似乎到了进退两难的境地；返过头来，却寻找不到一个志同道合可以援助自己的人。一幅惨景，不由得让人倒吸一口凉气。

爻辞启示：到了前不着村、后不着店的地步，前行不能、后退不得，只有敢于自我解放，冲出藩篱，打破僵局，才不致坐以待毙。这可谓绝处逢生。

春秋战国时期，在将军乐毅率领下，燕国部队接二连三占领了齐国70多座城池。最后只剩下莒城和即墨两个地方没有被占领。乐毅将军很快就带兵攻打到即

墨城下，即墨城里守城的将军拼命抵抗，但不幸的是在战斗中负伤死了。

即墨城里没有了守将，差点儿乱了起来。有一个叫田单的人，他是齐王的远房亲戚，曾经带兵打过仗。城里的百姓纷纷推举他为将军，带领大家守城。田单临危受命，丝毫没有当官的骄傲，而是主动跟士兵们同甘共苦，还把本族人和自己的家属都编在队伍里，抵抗燕兵。即墨百姓都很钦佩他，守城士气一下子就旺盛起来。

3年过去后，即墨城一直没有被攻下。又过了两年，燕昭王去世，其儿子燕惠王即位。田单一听到这个消息，认为是个好机会，暗中派人到燕国去散布流言，说乐毅本来早就能攻下即墨，却一直不主动进攻，是因为想收买人心，自己想当齐王，要是燕国再派另外一个将军，一定能攻下即墨。

燕惠王听信谣言，果真把乐毅赶回了赵国。听到这个消息，田单立刻命令城里的军队做好决战准备，并打发几个人装作即墨富翁，偷偷给燕国新派来的将军送去金银财宝，并借以即将投降想借燕国将军保全家小。正是这种状况，燕国军营上下毫无斗志，将士们都懒懒散散的。

然而，即墨城里田单将军却挑选了1000多头牛，把它们打扮起来。在牛身上蒙一块被子，上面画着大红大绿、稀奇古怪的花样，又在牛角上绑上两把尖刀，尾巴上各系着一捆浸透了油的芦苇束。到了午夜，田单下令凿开十几处城墙，把牛队赶出城外，在牛尾巴上点上火。牛尾巴一烧着，1000多头牛被烧得牛性发作起来，朝着燕军兵营方向猛冲过去。齐军的5000名敢死队员拿着大刀长矛，紧跟着牛队，冲杀上去。城里，无数老百姓都一起来到城头，拿着铜壶、铜盆，狠命地敲打起来。一时间，一阵震天动地的呐喊声夹杂着鼓声、铜器声，惊醒了燕国人的睡梦。许多士兵毫无抵抗之力。

就这样，田单带领着即墨城的军民打了一个大胜仗，整个齐国轰动起来，那些被燕国占领地方的将士百姓，都纷纷起兵，杀了燕国守将，迎接田单。田单的军队打到哪儿，哪儿的百姓群起响应。不到几个月工夫齐国就收复了被燕国和秦、赵、韩、魏4国占领的70多座城。

齐湣王的儿子在莒城继承王位，即齐襄王。田单带着军队将齐襄王从莒城迎接回临淄，这下齐国终于从几乎亡国的境地中恢复过来。齐国在田单将军的带领下，绝处逢生，终于摆脱了亡国的危险。

九四：来徐徐，困于金车，吝有终

"徐徐"：行动迟缓的样子。"金车"：豪车，如现在的宾利、宝马等。"吝"：小心谨慎的样子。"终"：结束。九四爻辞大意是要以谦虚谨慎的态度行事，而不能驾着豪车风光奔跑。爻辞提醒：小心驶得万年船；反之，过度张扬，就会出现问题，也在关键的时候得不到别人帮助。

"山不辞石，方能成其大。"一个人只有虚心接受外来批评建议，弯下腰来学习别人的长处，才能成为一个"大人"。"谨慎能捕千秋蝉，小心驶得万年船。"谨言慎行是立足于世所必须具备的德行。正如《呻吟语》中讲："世间事各有恰好处，慎一分者得一分，忽一分者失一分，全慎全得，全忽全失。"朱熹说："真正大英雄，都从战战兢兢、临深履薄处，做将出来。"这个世界彼此因果相连，牵一发而动全身。一点失误，就能招致了不得的祸患。诸葛亮一生谨慎，唯有一时疏忽，用了马谡一次，招致街亭之败，间接导致了整个北伐事业的失败；曹操战胜袁绍之后，麾下猛将过千，谋士满百，志得意满，一时不察，赤壁之战大败而还；等等，不胜枚举。

九五：劓刖，困于赤绂，乃徐有说，利用祭祀

"劓（yì）"：削鼻子。"刖（yuè）"：断足之刑，削足。二者均象征人还没能大行其志之状。仿佛碰了一鼻子灰，脚也被刖了站不住，直不起身来。按常识讲，被剔去膝盖骨的人是不能坐的，因为他没有膝盖骨，腿不能弯曲。汉朝以前的古人都席地而坐，所谓的"一席之地"，即看能否席地而坐，占据一席之地。不能弯曲的双腿根本不可能为自己争取到一席之地。奴隶的膝盖骨被剔去就意味着他是没有地位的人，只能毕恭毕敬。"困于赤绂"：即难得锦绶，获得一次建功立业的机会，职务得到晋升的同时责任也变得更加重大，将受常人不能受的约束。自古以来，权利与义务都是相匹配的，位置有多高，权利有多重，责任也就将意味着有多大。高处不胜寒，自古如此。这个时候怎么办，卦辞紧接着提出，"乃徐有说，利用祭祀。""徐"：慢慢。"说"：同脱。"祭祀"：诚心诚意，虔诚之心。大意是说，要放慢节奏、脚踏实地，还要怀着一颗敬畏之心，这样才能脱离困境。

爻辞给人们提出了启示：为官者，不能只重虚名、贪图享受，而是始终要怀着一颗敬畏之心，要敬畏手中的权力，只有脚踏实地，一步一个脚印，去为人民着想，这样，才能从困境中自觉解脱出来，走得更远，肩负更大责任。

新时代，常怀敬畏和戒惧之心，是对党员领导干部为官用权之道的谆谆告诫，只有敬畏权力，才能用好权力。习近平总书记要求各级领导干部，"心中要有敬畏，知道什么是高压线"，始终保持"如履薄冰，如临深渊"的谨慎态度。历史和现实也一再证明这个道理。反观当下，不少领导干部恰恰成为权力的牺牲品，手握权力为所欲为，把公权当成私器，没有半点敬畏之心、戒惧之意。于是一个个鲜活的例子展现在人们眼前：万庆良在被组织调查的前几天还到私人会所大吃大喝，谭力落马前在私营企业老板陪同下打高尔夫球，韩先聪在中央纪委对其立案调查的当天还安排了两场饭局……在我们党如此坚决地反腐攻势下，他们仍然阳奉阴违，顶风违纪，这绝非偶然，归根结底就是这些领导干部大权在握不知天高地厚，就是其众星捧月、前呼后拥的权势早已淹没了敬畏之心，自以为能瞒天过海甚至能只手遮天。

上六：困于葛藟，于臲卼；曰动悔有悔，征吉

"葛藟"（gélěi）：植物名，又称"千岁藟"，即葛藤，缠绕不已。"臲卼"（nièwù）：一种动荡不定、忐忑不安的状态。在仍困于混乱的情况中，必须动悔有悔，才能吉。"动悔有悔"：大意是说对自己可悔之事，要做真诚的忏悔，才能翻转逆境，由困而通。儒家的自省、自反、自律、自讼己过精神，在此又表现无疑。

自省源自孔子提出的"见贤思齐焉，见不贤而内自省也"。这是孔子提出的对提升自我道德修养和自我认识的方法。孔子的意思是说，遇到贤良的人，我们要认真学习，向他看齐；遇到不贤良的人，我们就要以他为参照，反省自己是否也有同样的毛病。

总之，人到困境时是非常压抑的，如同水渗到地下而沼泽干涸一样，但应保持君子气节，不弯腰、不低头、不抛弃、不放弃，跨过黑暗，光明总会到来，终究会"亨""贞""吉""无咎"。纵观其上，困卦强调的并不是困境，而是脱困之境，是一种生活态度，是一种人生智慧，也是一种奋斗精神。

致命遂志

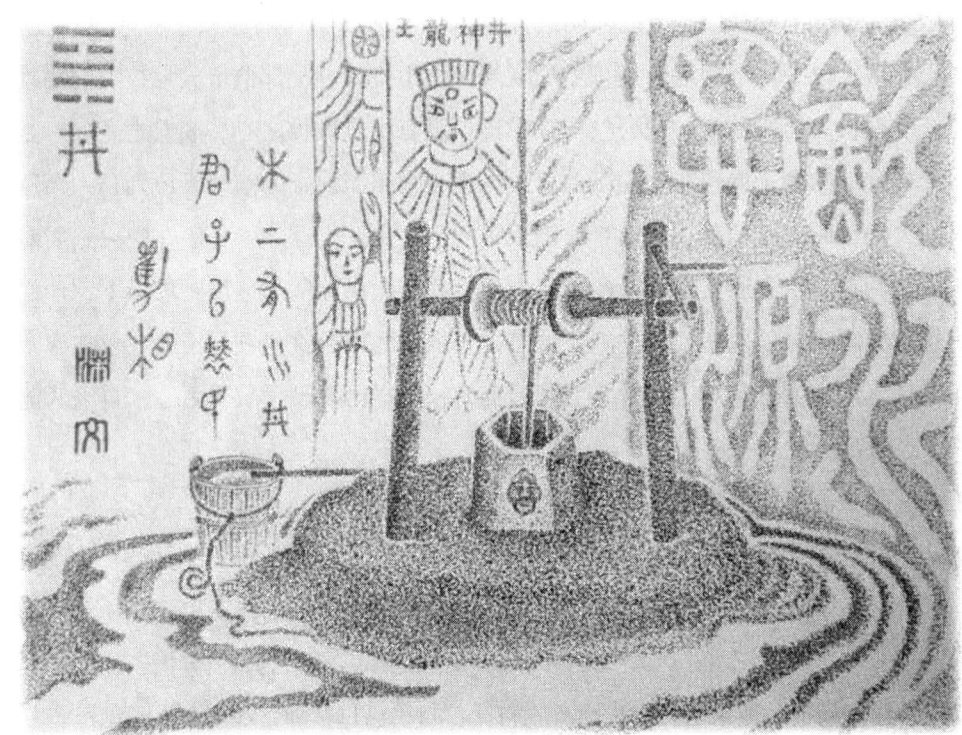

【原文】

井：改邑不改井，无丧无得。往来井井。汔至，亦未繘井，羸其瓶，凶。

初六：井泥不食，旧井无禽。

九二：井谷射鲋，瓮敝漏。

九三：井渫不食，为我心恻。可用汲，王明并受其福。

六四：井甃，无咎。

九五：井冽，寒泉食。

上六：井收勿幕，有孚元吉。

井卦是《周易》第四十八卦，古往今来，人靠水井生活，水井由人挖掘而成，讲述的是井德养贤之道，表示相互为养，经久不竭，人应取此德而勤劳自勉。《象》曰："木上有水，井；君子以劳民劝相。"寓意是井水源源不断地被树干吸收，君子应效法这种美德，努力引导百姓，为大众谋取利益。

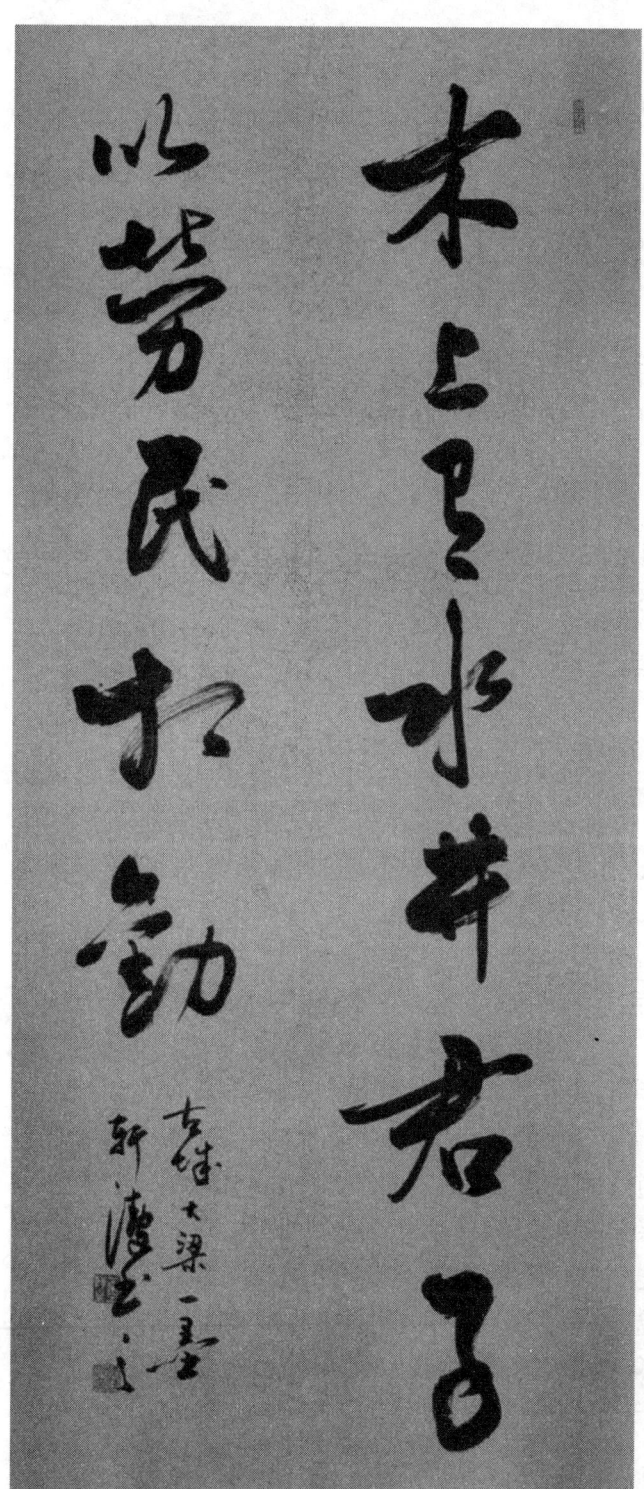

木上有水，井：君子以劳民相劝

张清波，1971年出生，河南开封人，现为开封宋都书画研究会理事、河南大华书画院开封分院副院长、开封城摞城书画院特邀院士、刘庚三书法研究会会员、中国水墨丹青书画院特邀书法家。

第四十八章　欲取之　先予之
门前风景雨来佳

井：改邑不改井，无丧无得。往来井井。汔至，亦未繘井，羸其瓶，凶

　　井卦是巽下坎上的水风象。巽为木，即为木桶。古代的水桶大都是木板做成的。坎为水，坎水在巽木之上，明显一副水桶里装满水的卦象。也可以理解为用木桶从井里打水，为汲水之象。井卦卦辞"井，改邑不改井，无丧无得。往来井井。汔至，亦未繘井，羸其瓶，凶"中的"邑"：小村落。"丧"：失去。"汔（qì）"：几乎，将要。"繘"：系在木桶上汲水用的绳子。"羸"：毁坏。"瓶"：古代汲水用的陶罐，底部尖，便于沉下去打水，提着起来，放在固定的地盘上或者松软地方，不至于使水倾倒出来。卦辞大意是村落里的人可以迁徙，但村落里的井是无法改变的，井水始终保持常态，不干涸，也不外溢；一口水井养一方人，井边挑水吃水的人特别多，来往不穷，但是，时有陶罐碰到井壁损毁的情况，水也自然就随罐毁而流出来，难免会伤亡。这正应了古人的一句"瓦罐不离井口破，大将难免阵前亡"的谚语，只是时间而已。

　　"井"的美德给人启发：外界的东西随时都可以改变，而人的秉性很难改变。做人就要像井里的水一样，不自大，也不自卑，不管有多少人来向它索取，它始终都毫不吝啬地奉献众人，给予他人得多，向他人索取得少；反之，只知索取，不知奉献，时间长了，容易滋生自私狭隘的心境，当然不利于发展，这非常致命。应当及时转变观念，像井一样靠水惠泽他人、滋养万物。"吃水不忘挖井人"，要怀着感恩之心，不能坐享其成。只有学习水井精神，心怀感恩，真诚奉献，不断丰富自己的才能，才能受到社会重视。

初六：井泥不食，旧井无禽

　　"泥"：混浊。"食"：饮用。"旧"：过时，废弃。"禽"：野兽。爻辞大意是说，井水混浊得不可食用了，废弃的井口连野兽的踪迹都没有，它们已不再光顾。证明人们已将这口井舍弃不用了。一副墨守成规、窘迫潦倒的样子。爻辞警示：人是需要成长的，不能一成不变，那样终究为一团死水，把自己困死。流水不腐，只有紧跟社会发展趋势，不断去创新求变，才能生机勃勃。正如井里的水一样，是滋养万物的，不能给人滋养的时候，如"旧井无禽"，终被舍弃。为此，提醒人们要做一个利于他人的人，这样势必会得到众人欢迎；相反，那些自私自利的人，迟早会遭众人嫌弃。

　　《谁动了我的奶酪》中的小老鼠嗅嗅、匆匆和小矮人哼哼、唧唧，同时享受着一堆美味的奶酪。有一天，奶酪突然不见了！面对这突如其来的变化，两只小老鼠马上接受了这一残酷的事实，积极地采取措施并开始行动，努力寻找新的奶酪，结果如愿以偿，很快找到了很多更加美味的新奶酪。而两个小矮人在刚开始时一直苦于猜测究竟是谁拿走了和为什么要拿走他们的奶酪？唧唧经过一番苦思后，采取了寻找新奶酪的行动，经过艰苦努力，终于找到了新的奶酪。而哼哼在这种变化面前，除了一味地苦苦思索、怨天尤人，没有采取任何行动和对策，结果是一无所获，面临了严重的生存危机。这个故事里的"奶酪"，很显然是人们日常生活中的必需品，包括食品、工作、技术、财产、金钱、身体、健康等；两只小老鼠和两个小矮人，则分别代表着面对变化时的4种不同的思维方式。故事带给人们的启示：在社会环境和条件发生深刻变化时，仅凭陈旧观念以及传统经验是远远不够的，不切实际的想入非非是不能解决问题和走出困境的，只有创新求变，做到即时应对复杂多变的各种现状，才能寻找到更多的"奶酪"，以缓解因为社会环境和条件变化带来的生存危机。

九二：井谷射鲋，瓮敝漏

"井谷"：井中出水的穴窍。"鲋"（fù）：小鱼。"射"：古人用射枪捕鱼。"瓮"：陶罐。"敝"：破漏。爻辞大意是说，在井口里张弓射井中的小鱼，瓮瓶又破又漏，毫无利用之象。众所周知，小井里是养不了大鱼的，只能蓄养一些小鱼苗或者是小蛤蟆之类，再加之用破罐子打水，恰恰又碰到了井壁上，收获空空，一点用都没有。不得不佩服，圣人之贤明，借"井谷射鲋"说明眼光不长远，只是盯着蝇头小利，没有大的志向，时间长了，前途可想而知。为此，爻辞启示：要有足够的眼界与胸怀，不能满足于现状，还要自觉脱离低级趣味的圈子，这样，胸怀大志，前景才能一片光明。

毛泽东在《纪念白求恩》一文中高度赞扬白求恩毫无自私自利之心的精神："一个人能力有大小，但只要有这点精神，就是一个高尚的人，一个纯粹的人，一个有道德的人，一个脱离了低级趣味的人，一个有益于人民的人。"作为新时代的共产党员、国家公务人员就要做这样一个脱离了低级趣味的人。

九三：井渫不食，为我心恻。可用汲，王明并受其福

"渫"：清除污秽，清洁井水。"恻"：悲伤，可惜。"王明并受其福"：君主圣明，启用了贤才良将，大家跟着一起沾光，是万民之福。爻辞大意是，井水里面有淤泥，现在已清除干净了，水是可以用了，但是人心里发怵，却没有饮用，令人伤心不已；其实现在完全可以来打水了，因为到时候了，君主圣明，万民洪福。爻辞有一种触景生情的感叹，盼求执政者英明，才能呼唤贤才，使天下黎民百姓共同享有获得感。这里营造的是一种政治清明的大好氛围。

中国历史上有一个"文景之治"，正像爻辞描述的大美场景。"文景之治"是指西汉汉文帝、汉景帝统治时期出现的治世。汉初，因多年战乱导致社会经济凋敝，朝廷推崇黄老之术，采取"轻徭薄赋""与民休息"的政策。汉文帝二年（前178）和十二年（前168）分别两次"除田租税之半"，文帝十三年（前167），还全免田租。同时，汉文帝对周边敌对国家也不轻易出兵，维持和平，以免耗损国力。这就是轻徭薄赋的政策。

文景时期，重视"以德化民"，当时社会比较安定，快速使百姓富裕起来。到景帝后期时，国家的粮仓丰满起来，府库里的大量铜钱多年不用，以至于穿钱的绳子腐烂，散钱多得无法计算。随着生产日渐得到恢复并且迅速发展，国家出现了多年未有的稳定富裕景象。人民的生活水平得到了很大程度的提升，汉朝的物质基础也大大增强，是中华文明迈入帝国时代后的第一个盛世。

六四：井甃，无咎

"甃"（zhòu），以砖瓦砌的井壁。六四爻辞大意是水井经过修葺，井水可以继续使用；引申为才能虽然小，但没有达到"朽木不可雕也"的地步，只要方向明确、人尽其才，就可以发挥本来的作用。爻辞启示：作为领导者，不能求全责备，要结合实际、因材施教，不论部属能力大小，只要尽力，就不能责怪。

选用人才不宜求全责备，这是由客观条件决定的。俗话说："尺有所短，寸有所长。"任何人都是优点和缺点的复合体。毫无缺点、十全十美的人，只存在于人们的理想追求里。聪明的人能够经营好自己的长处，愚笨的人却总拿自己的缺点与他人的优点作对比。事实上，弥补自己的缺点比经营自己的优点困难得多，因为用有限的时间精力做收效甚微的事情，明显捉襟见肘。这个道理，亦可放之人才的选用上，不可老是盯着一个人的缺点，否则就会感觉这个人一无是处。所以，全才人人都很渴望，但是，专才也不可拒绝。在全才稀少的现实情况下，领导者要善于发现每个人的长处，敢于用其所长；同时，也要清醒地认识到，选人用人中要求不搞求全责备绝不是降低标准、降格以求。

九五：井冽，寒泉食

"冽"：清凉。寒冷的冬天到了井中的水清凉可口，甘甜醇正，尽管放心大胆地去饮用。《象》曰："寒泉之食，中正也。"爻辞大意是水洁泉寒、清凉可口，象征人得走中正之道，要德才兼备，以德为先。

"德才兼备"一词源于《论语》。子曰："骥不称其力，称其德也。"意思是千里马称骥，并不是赞美它的气力，而是赞美它的品德。孔子用千里马作比喻，说明德和才对于一个人的重要性，还是着力把德放在首位。同时，他还认为"为政以德，譬如北辰，居其所而众星拱之"，即以道德原则治理国家，就像北极星一样处在一定的位置，所有的星辰都会围绕着它。

中国共产党历来重视干部的选拔工作。早在20世纪30年代，毛泽东就告诫全党，没有多数才德兼备的领导干部，是不能完成我们党所肩负的历史任务的。习近平总书记在党的十九大报告中指出："要坚持党管干部原则，坚持德才兼备、以德为先，坚持五湖四海、任人唯贤，坚持事业为上、公道正派，把好干部标准落到实处。"这是新时代干部工作的根本指针和行动指南，为如何选人用人指明了方向。可以说，"德才兼备、以德为先"这一选人用人的基本原则，是在不断总结历史经验的基础上，结合具体实际提出来的，是对古代用人原则的继承和完善。以前都只是说"德才兼备"，没有说"德才兼备，以德为先"，没有十分突出地强调"德"。现在选人用人在看重德和才的同时，更加注重德。所以说"德才兼备，以德为先"的出处源远流长，具有极其深厚的中华民族传统文化底蕴。

上六：井收勿幕，有孚元吉

"收"：汲取。"幕"：遮盖。"孚"：诚信。爻辞大意是说从井中汲水，而不必遮盖，真心实意地滋养万物本身就是一种上好功德，当然"元吉"。爻辞启示：不加伪装地对人，长久广施于人，给予他人的越多，自己受益也就越大，在无私奉献中恰恰又成就了自己。

邓稼先为我国航天事业做出了极其卓越的贡献，为两弹一星奉献出了自己光辉的一生。

邓稼先将自己扎根于荒无人烟的罗布泊。那时，由于条件艰苦，科学家们使用算盘进行极为复杂的原子理论计算，为了演算一个数据，一日三班倒。算1次要1个多月，算9次要花费1年多时间，又请物理学家从出发概念进行估计，确定正确，常常工作到天亮。而且从事核武器研究工作，不仅条件艰苦，还是一件非常危险的工作，因为核辐射极有可能使人患上癌症。然而为了国家大计，为了帮助国家发明出核弹以应对当时复杂的国际局势，邓稼先身先士卒，不怕危险，从1964年至1984年，在这长达20年时间里一共参与核试验32次，其中亲自去罗布泊参与现场指挥工作就多达15次。1979年，幸运之神没有再眷顾这位伟大的物理学家，邓稼先在寻回未爆的核武器弹头时，身体受到了核辐射影响，但是他依然坚持带病工作，1984年参加了他人生中最后一次核试验。1985年8月，邓稼先做了切除直肠癌的手术，次年3月又做了第二次手术，但是没能在死神手中被抢回来。1986年7月29日，邓稼先因病去世，年仅62岁，举国悲恸。

总之，井卦描绘的是一幅汲水之用图。一个人如同一口井，假如"旧井无禽"，如死水一眼，则毫无用处；也不要"井谷射鲋"，成为井底之蛙；要"可用汲""井甃无咎"，坚持不断进取、不断刷新，才能成长成熟；并要使其"井洌寒泉""井收勿幕"，毫不保留地养德修行，在奉献众人的同时修炼自我，用一颗公心做事做人，在平凡岗位上能体现出不平凡的价值。

劳命相劝

【原文】

革：己日乃孚，元亨，利贞，悔亡。
初九：巩用黄牛之革。
六二：巳日乃革之，征吉，无咎。
九三：征凶，贞厉；革言三就，有孚。
九四：悔亡，有孚。改命吉。
九五：大人虎变，未占有孚。
上六：君子豹变，小人革面；征凶，居贞吉。

革卦是《周易》第四十九卦。"革"代表的是一种变化，也是宇宙的一种更替规律，讲述的是革除弊端之道，表示变革能使群众服气，带领人民坚守正道，前景一片大好，也将更加利于事业向前推进。《象》曰："泽中有火，革；君子以治历明时。"寓意是五行相生相克，君子应根据五行相互作用规律，制定历法，让百姓明辨四季变化；让大家清醒地认识到，改革恰逢其时，大胆改革，方能成功。

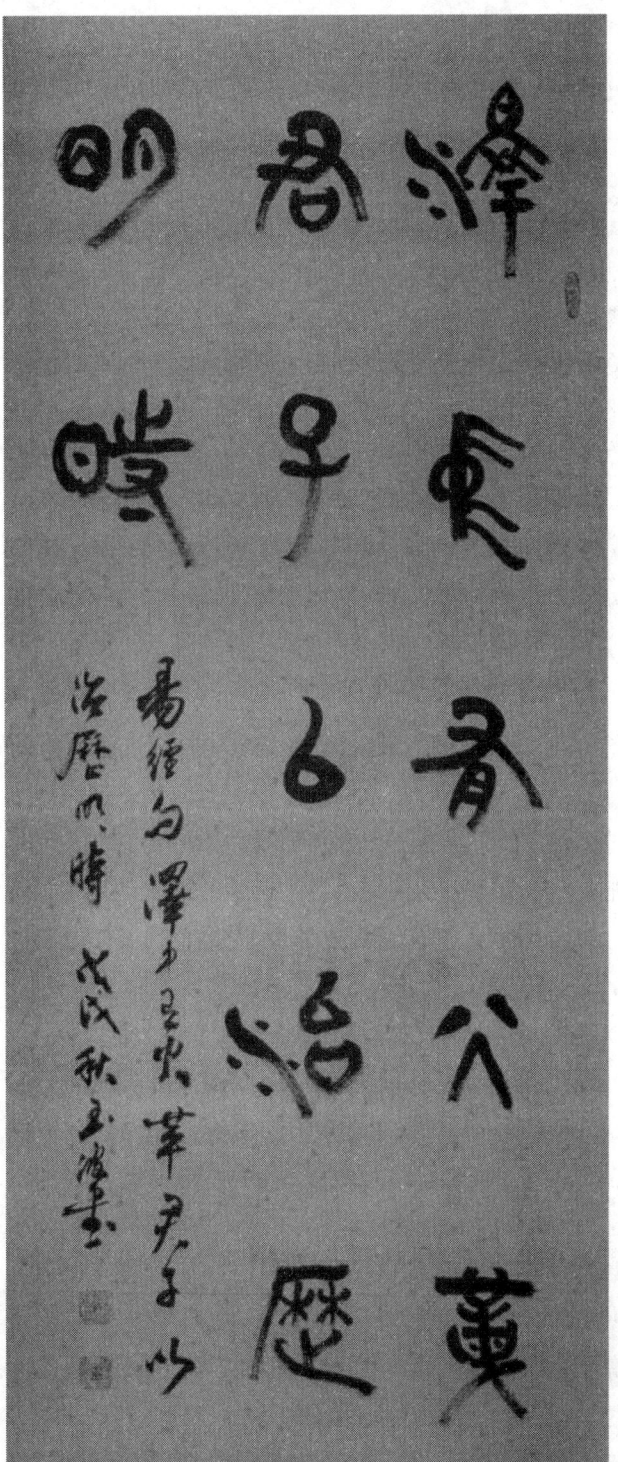

泽中有火，革；君子以治历明时

李军强，字玉波，1981年出生，河南开封人，现为河南省书法家协会会员、中国艺术家协会会员、中国公益润财书画院荣誉院长、开封市宋都书画研究院理事、开封市墨韵书画院副院长、三和堂书画院顾问、开封市意拳书画院艺术顾问。

第四十九章　顺乎天　应乎地　爆竹声中一岁除

革：己日乃孚，元亨，利贞，悔亡

革卦是下离上兑的卦象，离为火，兑为泽，沼泽下面有火在燃烧，要么是火燃烧起来烧干沼泽中的水，要么是泽中的水淹灭燃烧的火，水火不太相容，注定得变革。看起来变革是一个烫手洋芋，谁见谁头疼，不能盲目乱改，但有时候也不得不改，于是就出现了革卦。

革卦卦辞"革，己日乃孚，元亨，利贞，悔亡"中的"革"：变革旧的事物；"己日"中的"己"在十天干中处于第六位，正处于中间位置，不前不后，意思是恰逢变革的大好时机，恰到好处的意思。"元亨"：大亨，大顺，陈旧的习惯，称之为陋习，已经到非改不可的地步了，就要想着变革，变革的目的是以旧换新，所以"革"就可以"元亨"。"元亨"："穷则变、变则通、通则久"。"利贞"：利于正道、不怀私心。"悔亡"：不会后悔。卦辞大意是变革旧的事物并不是轻而易举的事情，因为人们对旧的事物早习以为常，已适应并深入骨髓了，一下子要变革他们早已形成的习惯、早已适应的东西，是绝对不会马上理解并接受的；但是恰逢改革的大好时机，只要遵循正道，坚持原则去推行变革，纵使时间长久，险阻再多，最终也能成功，就不会后悔。卦辞强调：变革不是一蹴而就的，是需要时间来取得人们的信任与理解的，只有把握有利时机，用诚信去赢得大家信任，变革才能通达。

显德元年（954），周世宗柴荣即位，广泛收罗人才，大力推行改革。在政治上，澄清吏治，严明赏罚，惩治贪赃，倡导节俭，力戒奢华。在经济上，他鼓励逃户回乡定居，减免各种无名科敛，安抚流民，招民垦殖逃户田，编制《均田图》，派遣使者分赴各地均定田租，查实隐匿耕地，使之均摊正税，废除曲阜孔氏的免税特权，动员民众兴修水利，疏浚漕运；停废敕额（朝廷给予寺名）外的寺院3万余所，敕额外僧尼一律还为编户，禁私度僧尼；收购民间佛像铜器铸钱，缓解了唐末以来长期缺钱的局面。在军事上，他整肃军纪，于显德元年处决了与北汉作战时临阵溃逃并劫掠辎重、扬言周军已败的禁军大将樊爱能、何徽以及中级将校70余人；班师后，检阅禁军，裁汰老弱，选募壮勇，组成了精锐的中央禁军。周世宗还修订刑律、历法，考正雅乐，广搜遗书，雕印古籍。次年，世宗采用王朴提出的先易后难的战略方针，致力于统一全国的大业，先出兵后蜀，收回4个州。955年伐南唐，经过3年苦战，收回淮南、江北14州60余县。959年征辽，收回燕云16州中的3州。是年五月间，世宗乘胜进取幽州，突患重病，被迫班师，六月卒，年39岁。世宗柴荣在政治、经济和军事上的改革及成就，为北宋统一全国奠定了坚实基础。

初九：巩用黄牛之革

巩：固守、保守。"革"：皮革。"黄牛"：这里用黄色的牛来形容牛的性情，并不单纯强调指黄色。"黄"：特指大地的颜色。大地既柔顺，又中正，表示的是一种性情。爻辞大意是用黄牛皮束缚着的东西较其他更加牢固。言外之意是，根深蒂固的东西一下子很难改变过来，就需要顺丝劈柴，而不能妄动妄行，引申为得不到上级的支持，盲目采取行动，必然劳民伤财，注定会失败。这里启示要用"黄牛"之力，不敢轻举妄动，要固守本分，顺势而变。

春秋时，楚庄王打算以大夫之礼来埋葬自己的爱马。群臣都认为他的做法太荒唐，劝谏他不要这样做。沉浸在悲痛之中的楚庄王暴怒："我意已决，有谁胆敢再拿葬马这件事进谏，杀无赦！"事情陷入僵局之际，身份低微的优孟一反常态，大哭而来，为楚庄王的爱马吊唁。与百官的坚决反对不同，优孟认为楚庄王以大夫之礼葬马规格还太低，应该以国君之礼来安葬：要以美玉作为马的棺椁，调动全国的军队挖墓穴，让全国的老人孩子背土培坟，让韩魏的国君陪灵，让六国的国君吊唁，以最高的太牢之礼来祭祀。并不糊涂的楚庄王立刻意识到自己的想法太荒唐了，急忙悔改，问优孟该怎么做。优孟幽默地回答："以铜锅做棺椁，配上葱姜蒜，把马安葬于人的肚腹之中。"楚庄王欣然同意，一场云暗天低的紧张氛围就这样被轻描淡写地化为无形。

文武群臣忠心为国、直言进谏，不仅没让问题得到解决，而且还将自己陷于危险的境地；关键时刻，优孟三言两语，却解决了众多大臣解决不了的问题，化国家大灾于无形。原因在于优孟采用"黄牛"之术。百官直言进谏，总是说不，而优孟和这些人不同，他让自己的思维转了个弯，先顺着说"行"，进而让楚庄王自己意识到自身做法荒唐而主动改正。这是语言的技巧，更是思维转弯的智慧。

六二：巳日乃革之，征吉，无咎

"巳日"：改革黄金期。"征"：强行推进，果断执行。爻辞大意是说改革到了实施阶段后，要当机立断地执行改革措施，才不会出现问题。有时候，人们的思想一旦形成习惯，很难被说服并改变习惯，如果轻描淡写用讲道理的方式劝说被改革的人跟上脚步，这是一件非常难的事儿。这个时候，就不能瞻前顾后，而要果断采取措施，将人们的思想引领到正确道路上来，而不是一味地采取"无为"之术，听之任之，时间一长，必将贻害无穷。

皇兴五年（471），北魏孝文帝拓跋宏即位。此后，农民起义依旧有增无减，而朝廷残酷的镇压非但没有平息人民的起义，反而更加激发了内部矛盾和斗争。为了缓和社会矛盾和民族矛盾，冯太后与孝文帝先后进行了一系列改革，统称为孝文帝改革。为便于学习和接受汉族先进文化，进一步加强对黄河流域统治，拓跋宏决心把国都从平城（今山西大同市）迁至洛阳。他怕大臣们反对迁都主张，首先提出要大规模进攻南齐，遭到众大臣纷纷反对，最激烈的是任城王拓跋澄。孝文帝很恼火，说："国家是我的国家，你想阻挠我用兵吗？"拓跋澄反驳说："国家虽然是陛下的，但我是国家的大臣，明知用兵危险，哪能不讲？"孝文帝想了一下，就宣布退朝，回到宫里，再单独召见拓跋澄，跟他说："老实告诉你，刚才我向你发火，是为了吓唬大家。我真正的意思是觉得平城不是个用武的地方，不适宜改革政治。现在我要移风易俗，非得迁都不行。这回我出兵伐齐，实际上是想借这个机会，带领文武官员迁都中原，你看怎么样？"拓跋澄恍然大悟，马上同意魏孝文帝迁都主张。

太和十七年（493），魏孝文帝亲自率领步兵骑兵30多万南下，从平城出发，到了洛阳。正好碰到秋雨连绵，足足下了一个月，到处道路泥泞，行军发生困难。但是孝文帝仍旧戴盔披甲骑马出城，下令继续进军。大臣们本来不想出兵伐齐，趁着这场大雨，又出来阻拦。孝文帝严肃地说："这次我们兴师动众，如果半途而废，岂不是给后人笑话。如果不能南进，就把国都迁到这里。诸位认为怎么样？"大家听了，面面相觑，没有说话。孝文帝说："不能犹豫不决了。同意迁都的往左边站，不同意的站在右边。"一个贵族说："只要陛下同意停止南伐，即使迁都洛阳，我们也愿意。"许多文武官员虽然不赞成迁都，但是听说可以停止南伐，也都只好表示拥护迁都主张。孝文帝把洛阳一头安排好后，又派拓跋澄回到平城去，向那里的王公贵族宣传迁都好处。后来，他又亲自到平城召集贵族老臣，讨论迁都之事。平城贵族中反对的还是不少，他们搬出的每一条理由，都被孝文帝一一驳倒。最后，那些人实在讲不出道理来，只好答应迁都。

事实证明，孝文帝所推行的汉化改革措施有利于缓和阶级矛盾，为社会经济的恢复和发展发挥了积极作用。他当时为了国家的繁荣昌盛，做出了一系列大胆改革，这是常人所不及的，正印证了爻辞中提出的"已日乃革之，征吉，无咎"。

九三：征凶，贞厉；革言三就，有孚

"征"：强行推进，冒险行事。"贞"：坚持不变，固守。"厉"：危险。"言"：政策，主张。"孚"：诚信。爻辞大意是强行冒险行事是非常致命的，但顽固不化、拒绝变革也是非常危险的，正确的主张要分步完成，这样才能让更多的人心悦诚服。实践证明，改革要顺应历史潮流，要为大多数人去谋利益，切不可搞冒险式变革，但在迫在眉睫的地步，就要使舆论先行，做好引导教化工作，取得大家的理解与支持，才能为变革奠定坚实基础。变革进程中遇到的不确定因素很多，舆论引导必不可缺，正如新政策出台前或大政方针实施前，都要出台安民告示。这也是"有孚"的具体表现，以此推进变革沿着既定路线正确顺利实施。该爻强调的也是以德服众，使众人诚心接受新政并能主动跟随。

玄武门之变后，在对待太子李建成的部下问题上，唐太宗征求魏征意见。魏征明确主张怀柔招抚，反对镇压。当时，太子李建成的部下遍布全国，在玄武门之变后，他们人心惶惶，由于担心遭到杀害，许多人准备造反。魏征从大局考虑，向李世民建议说："陛下要不计私仇，对他们要以公处之，否则杀之不尽，有无穷之祸，不利于国家稳定。"李世民接受了魏征的建议，派他为特使，给以便宜行事的权力，让他去李建成势力较为集中的河北一带安抚人心。

魏征到了河北后，看到两辆去长安的囚车里装着玄武门之变中逃走的李建成的部下李治安和李思行。魏征说："我离开长安以前，皇上就已下令赦免了李建成和李元吉的部下，现在把他们逮捕，这不是自食其言、失信于人吗？临行时，皇上让我便宜行事。现在把他们放了，让他们跟我一起去招抚别人，这样别人也就安心，定会取得很好效果。"由于李世民以德报怨，不计旧仇，得到了人们的信任和支持，很快就安抚了河北一带并稳定了局势。

九四：悔亡，有孚。改命吉

"悔"：懊悔，悔恨。"亡"：消除，失去。"孚"：信心。"命"：命令，主张，措施。由于人们习惯于旧的规则和秩序，因而一下子难以接受或适应新的规则和秩序，为此在运作过程中，对新的大政方针出台一定会说三道四，甚至会拒绝接受，这个时候，就应该抓住有利时机，按照事物的客观规律去改变，动之以情，晓之以理，让他们慢慢改变自己原有的想法，主动适应并自觉跟随大政，结果自然会很吉祥。

有一位年迈的老人，家周围有一群调皮的孩子，欺负老人行动不便，总喜欢往老人家里扔石头，老人追也追不上，也骂过他们，并告诉过孩子们的家长，甚至动用过警察，结果孩子们变本加厉，扔得更凶，老人为此伤透了脑筋。终于有一天，老人把孩子们召集在一起，对他们说："孩子们，我发现现在离不开你们每天向我院子里扔石头了，这样吧，你们每天坚持扔，我每人给你们5元钱！"孩子们乐得接受！过了一段时间，老人有把孩子们召集在一起，对他们宣布：我的经济有些紧张，每人每天只能给3元钱。孩子们虽然不高兴，还是同意了。又过了一段时间，降到了1元钱，最后，老人无奈地宣布：我已经没有钱给你们了，你们能不能免费向我院子里扔石头？结果，孩子们异口同声地拒绝了。从此以后，老人家里再也没有人扔石头了。

九五：大人虎变，未占有孚

"大人"：品德高尚且掌握权力的人。"虎变"：虎是就其皮革的毛色亮丽美妙而言的，越变越美。"占"：看，问。"孚"：诚信。爻辞大意是说执政者推行新政，美德光照天下，不用想，就是诚信于人的结果。

爻辞启示：实施大变革时，依靠的并不完全是领导者的地位和职权影响，还要依靠领导者的人格力量去唤起群众的信任和热情，这样人们自然就会拥护，所做的事也容易成功。简言之，该爻强调的则是领导者要提高非权力影响力的问题。

非权力影响力是由领导者自身非权力因素所产生的自然影响力。它是建立在被领导者对领导者崇敬和信服的基础上而产生的一种吸引力、感染力和凝聚力。构成领导干部非权力性权威的基本要素大致包括品格因素、知识因素、能力因素、情感因素等方面。当这些修养要求在领导干部的行为上表现出来时，便是一种高超的领导方法和领导艺术。

上六：君子豹变，小人革面；征凶，居贞吉

"豹变"：虽然也是威猛行动，但远不如"虎变"有气势；虽然都是变，但豹子的变远不如老虎的变漂亮，这暗指采取的手段或措施不一定符合大多数人的意愿。"小人"：人民群众，被领导者。"革面"：表面顺从，但从内心里是不欢迎也不情愿接受新政，只是被迫顺从而已。"征"：强行，霸道。"居贞吉"：保持常态，维持原状就是好的。爻辞大意是执政者不注重实际，采取突如其来的行动变革，百姓虽然在表面上也支持，但从内心里是不服气的，这样通过权利忘乎所以强行推行的变革是不长久的，也是受人民质疑的，当然会影响或祸害自己的执政地位，还不如回归常态，不折腾！

总之，革卦强调的是革古鼎新、革除弊端、增加活力的卦。卦辞引导人们：当时机不成熟的时候，要像黄牛一样中正、顺从，要等待时机；时机到了，就要果敢行动，不能畏首畏尾；领导者要讲求诚信，要靠非权力影响力去德化，而不能不顾实际去采取霸王变革；通过自我革新，不断完善、丰富自己，而不能在变革中忘乎所以，不顾他人的感受去乱折腾，这样最终有百害而无一利。警惕呀，果断革除不利因素是对的，但考虑到时间等多元因素也是有必要的。

治历明时

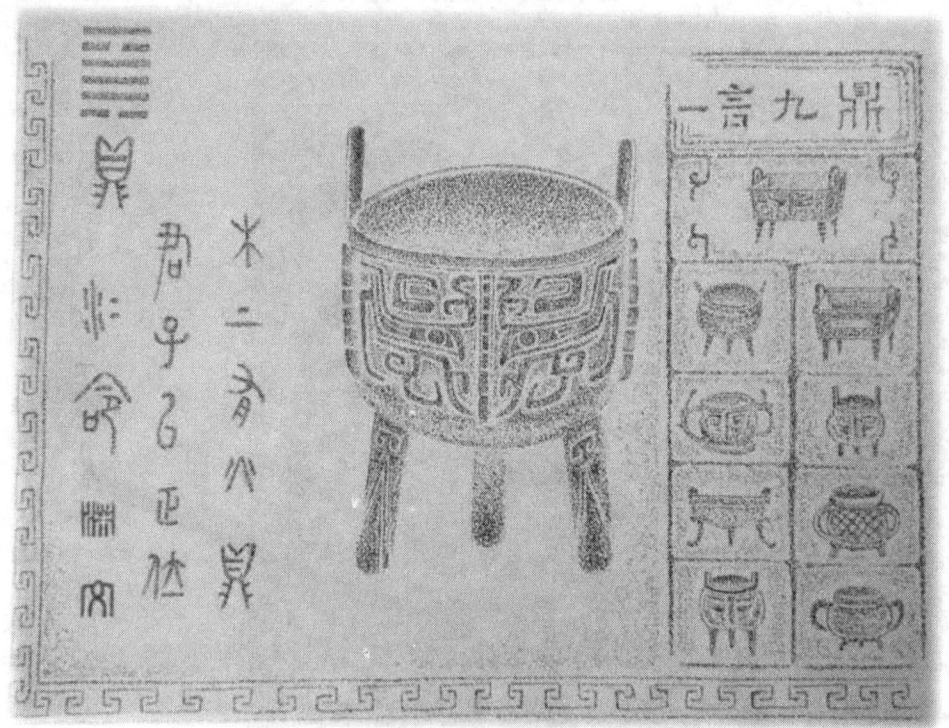

【原文】

鼎：元吉，亨。

初六：鼎颠趾，利出否。得妾以其子，无咎。

九二：鼎有实，我仇有疾，不我能即，吉。

九三：鼎耳革，其行塞，雉膏不食。方雨亏悔，终吉。

九四：鼎折足，覆公𫗧，其形渥，凶。

六五：鼎黄耳，金铉，利贞。

上九：鼎玉铉，大吉，无不利。

鼎卦是《周易》第五十卦，有稳定图变的含义，讲述的是鼎信及威权之道，表示一场改革之后，形势一片大好，事业会变得顺畅。《象》曰："木上有火，鼎；君子以正位凝命。"寓意烹饪时需要点燃柴火，比喻君子应该像煮饭的鼎一样沉稳牢靠，这样更加利于事业向前推进。

木上有火,鼎:君子以正位凝命

韩宇慧,女,1995年出生,吉林蛟河人,现为河南省书法家协会会员、书法教育工作者。

梁鸿芳，女，2001年出生，甘肃古浪人，现大学就读，自小痴爱书法写作。曾获全国三峡杯小学生作文竞赛一等奖、全国硬笔书法优秀奖。

木上有火鼎君子以正位凝命

戊戌冬月鸿芳书

第五十章 火风鼎 阴阳和 今宵贳酒与君倾

鼎：元吉，亨

　　鼎卦是离上巽下的风火卦，离为火，巽为木，木在下面燃烧，一片火光，风风火火，形势一片大好。卦辞为"鼎：元吉，亨"4个字，都是上好之言。"鼎"：鼎定，和美，多主吉。"元亨"：大吉大利。"亨"：亨通。卦辞大意是革故鼎新，非常和美，吉利且亨通。卦辞启示：正当时来运转，燃木煮食，化生为熟，除旧布新，形势一片大好。在此基础上适宜变革，利于事业发展。

　　在《周易》六十四卦中，"革"卦与"鼎"卦出场顺序一前一后，表面意思看起来相差无几，实际却大不一样，"革"卦强调的是废除旧的不合时宜的制度，而"鼎"卦强调的则是建立新的体系或制度。新旧是相对的，恰好是一个形象对比。如隋朝科举制恰恰是适应新的形势，打破固有建立的一种适合社会发展的新型模式。这是比较隋朝之前而言的。科举是中国古代读书人所参加的人才选拔考试。魏晋以来，官员大多从各地高门权贵的子弟中选拔，权贵子弟无论如何优劣，都可以做官；许多出身寒微但有真才实学的人，却不能到中央和地方担任高官。为改变这种弊端，隋文帝开始用分科考试来选举人才。隋炀帝正式设置进士科，考核参选者对时事的看法，按考试成绩选拔人才。中国科举制度正式诞生，正是一种鼎新的表现。科举制从隋朝大业元年（605）开始实行，到清朝光绪三十一年（1905）举行最后一科进士考试为止，经历了1300多年。

　　科举制在封建社会的出现，利于大多数人，特别利于出身寒门的人，为此成就了"鼎，元吉，亨"。

初六：鼎颠趾，利出否。得妾以其子，无咎

　　"鼎"：三足鼎立的器具，革新。"颠"：倒立。"趾"：鼎的3只脚，利于支撑。"利"：利于。"出"：倾倒。"否"：污秽物，杂质。"得妾以其子"：受封建社会"不孝有三，无后为大"的糟粕影响，为了得到儿子继承事业，娶个小老婆，是"无咎"，即不是什么坏事。爻辞大意是说，把鼎倒过来三脚朝天，利于倒出时间长了积淀的渣滓，或者想得到儿子利于事业后继有人，娶个小老婆，是无过咎的。鼎新的目的是为了大有，向更好的方向发展。老妇因不能生儿子而被废黜，君主为了要生儿子而弄个妾，是有利而无咎的。"得妾以其子"，只是一种比喻而已，这里强调的是鼎新的一种方式，但比较形象而贴切；或传统的东西通过扬其精华、剔除糟粕，便于传承并弘扬，并持续发展下去。

　　中国共产党是中国优秀传统文化的忠实继承者，她以马克思主义的眼光和时代精神，传承和弘扬积极的、合理的内核，否定和抛弃消极的、没落陈腐的因素，在批判中继承，在继承中发展，形成了理论联系实际、密切联系群众、批评与自我批评、求真务实、艰苦奋斗等优良传统和作风，保持了党的先进性和纯洁性。改革开放以来，传统文化的精华重新焕发，但一些糟粕也沉渣泛起。有的党员干部忘记了党的理想信念宗旨和优良传统作风，不正之风嘟瑟到群众眼皮底下；既想当大官，又要发大财，抱粗腿拜码头，搞小圈子，封妻荫子，严重侵蚀党执政的政治基础。其中，既有现实环境因素，也有传统文化糟粕影响。全面从严治党、营造风清气正的政治生态，既要继承弘扬优秀传统文化，又要与时俱进，使其与革命文化和先进文化相融合，赋予其时代品格。

九二：鼎有实，我仇有疾，不我能即，吉

"鼎有实"：家境殷实，衣食无忧。"仇"：对手，敌对势力。"疾"：疾病，害人之心。"不"：不过。"即"：小心提防。爻辞大意是家里有饭吃，不怕贼偷，但怕贼惦记，担心小人作怪，还得小心防范，这样才"吉"。爻辞启示：要居安思危，防患于未然，强调处在安定的环境中要想到可能产生危害的情况，这样才不会发生问题。

有一家人家盖了新房，因厨房没有安排好，烧火的土灶烟囱砌得太直，土灶旁边堆着一大堆柴草。

一天，主人请客。有位客人看到主人家厨房的这些情况，就对主人建议厨房应该整顿。理由是烟囱砌得太直，柴草放得离火太近，容易发生火灾。建议将烟囱改砌得弯曲一些，柴草也应搬远一些。主人听后，没有放在心上。

后来，这家人家果然发生了火灾，幸亏左邻右舍赶来奋力扑救，大火终于被扑灭，总算没酿成大祸。

为了酬谢大家的全力救助，主人杀牛备酒，置办酒席，按功劳大小请大家依次入座，唯独没有请那个建议改修烟囱、搬走柴草的人。

大家高高兴兴地吃着喝着。忽然有人提醒主人应该将那位及时提醒他改建烟囱、搬走柴草的人请来，坐在上席。主人恍然大悟，急忙将那位客人请来，请他坐了上席，众人也都拍手称好。

事后，主人新建厨房时，就按那位客人的建议去整改落实，把烟囱砌成弯曲形，柴草也放到安全地带。此后再没有失火。

实践证明，凡事都要有预见性，如果自己没意识到，要多听别人的建议，听人劝吃饱饭也是好事，防患于未然总比出了险情再去补救更为重要。

九三：鼎耳革，其行塞，雉膏不食。方雨亏悔，终吉

"耳"：耳把。"革"：脱落。"雉"：山鸡，古时有用腊山鸡，作为陪鼎，也就是副菜的礼节。"膏"：鸡汤。"方雨"：正赶巧下雨。"亏"：消除。爻辞大意是鼎失去了鼎耳，移动十分困难，美味的雉膏中看而不能吃到，非常遗憾；天降大雨云开雾散，僵局即将打破，不再懊悔，终将会转向好的方面。爻辞启示：一时怀才不遇的时候，就需要坚守正道，相信总有伯乐会出现，以备他日出头，最终结果是美好的。

《习近平的七年知青岁月》一书讲的是习近平总书记青少年时代上山下乡、在黄土高原的小山村梁家河"苦其心志、劳其筋骨、饿其体肤、空乏其身"的历练故事。故事的一条红线，就是他在艰苦环境中实现了精神升华，告别了最初的迷惘和彷徨，找到了坚定的目标，建立起了对党、对党的事业、对为人民服务的坚定和执着。可以说，苦是习近平总书记7年知青岁月的底色，吃苦是青年习近平面对困难的勇敢选择。

九四：鼎折足，覆公餗，其形渥，凶

"足"：腿。"公"：王公贵族。"餗"（sù）：珍馐美味、美食。"渥"：沾湿，沾满。爻辞表象是鼎腿折断后，打翻了公侯的美食，满地一片狼藉，当然有凶险，暗指在鼎立新生政权时，出现弊乱，滋生腐败、奸佞醒酲、谄媚贪婪、胡作非为，把好端端的政权搅得一塌糊涂，致使万民受害，当然非常危险，这恐怕不仅仅是能力问题，也是道德败坏、品质恶劣的问题，若是让这种坏人得逞，国家将是一场劫难。

公元前662年，鲁庄公死去。庆父是个贪婪残暴、权欲熏心、品行极坏的人，与其嫂（鲁庄公夫人哀姜）私通。因哀姜没有子嗣，他与哀姜密谋，欲立哀姜妹妹叔姜之子开为鲁君继承人。公子般即位不到两个月，便被他派人杀死。其欲自立。支持公子般的公子友逃往陈国。庆父派人杀死公子般后，另立闵公（子开）当国君。由于他制造内乱，激起了鲁国百姓极大的愤慨。但庆父依然我行我素，继续制造内乱，企图浑水摸鱼，以致把鲁国闹得极不太平。

齐桓公便派大夫仲孙湫（qiū）到鲁国去了解情况。不久，仲孙湫把了解到的鲁国情况向齐桓公作了报告，并下结论说："如果不除去庆父，鲁国的灾难是不会终止的！"事实果然如此。过了一年，庆父又杀死了鲁闵公。两年之内，鲁国两个国君被杀，使鲁国局势陷入了严重的混乱之中，百姓们对庆父恨之入骨。庆父见在鲁国实在无法再待下去了，便逃往莒国。鲁僖公继位后，知道庆父这个人继续存在，对鲁国是个严重威胁，便请求莒国把庆父送回鲁国。庆父知道自己罪孽深重，回到鲁国没有好下场，便在途中自杀身亡。

六五：鼎黄耳，金铉，利贞

"铉"（xuàn）：鼎耳，用于抬举大鼎。"黄耳"：商周时以青铜器为多，即铜耳，这里的"黄"象征大地，居中之意。金铉：铜铉，器物与挂件相匹配。"贞"：坚守。爻辞大意是国家政局稳定，原因在于执政者公正无私、辅佐者忠心无二，上下一心，局面恒久坚持，便是万民之洪福。这里表述的恰恰是孔子的德政论述。

孔子主张为上者要"正"，为臣者要"尽忠"，要尽职尽责、奉公守法。

在孔子所处的春秋时代，诸侯国君目无周王天子，失臣之礼分在所难免，诸侯国内部，人臣犯上、目中无君也屡见不鲜。以鲁国为例，鲁君失政，季、孟、叔三家大夫专权，可以说已经失去了臣之职分。而季氏的家臣阳货曾囚季桓子而专国政，上行下效，何谈"忠君"？阳货曾欲令孔子见己，孔子未往。朱熹《论语集注》评道："孔子未尝如此，而亦非不欲仕也，但不仕于货尔。"在这样的背景下，孔子强调"臣事君以忠"有其特殊意义。

上九：鼎玉铉，大吉，无不利

"玉铉"：玉石做的环，即玉环，表示温润感。爻辞大意是说坚实的大鼎配上温润的玉环抬举起来，非常美好，将无所不利。这里表示的是一种刚柔相济、上下安分、阴阳和谐、没有任何凌乱侵夺的现象。

老子提出：阴和阳是相对存在的，没有阴，阳就不存在。相应地，没有阳，阴就不存在。阴阳从性质上来讲是相反的，比如阳性物质具有向外扩张、显性、主动等特性，阴性物质具有向内收缩、隐性、被动等特性，但它们却不是对立的。阴阳对立只是整个阴阳理论中当阴阳严重失去平衡时可能出现的一种状态而已。有些人把阴阳学说简单概括成两个相反的事物，这就是犯了以偏概全的错误。比如人的手，手掌相对于手背是阴，因为它具有主动、灵活等特点；手背相对于手掌就是阳，具有支持手掌活动的特点。阴和阳的相互依赖性就像是手掌和手背，缺其一，另一方也就无法存在。这个道理很容易理解，可是应用起来却相当困难。比如在政治领域中，一个进入相对民主进程的社会，就会产生具有阴阳性质的党派关系，有的偏左，有的偏右，有的极左，有的极右。无论他们在大选竞争中如何针锋相对，最后的执政党一方在政策上都会去平衡另一党派，以维持大的环境稳定。反对党的消失就意味在相对民主的世界里，执政党也就丧失了存在价值。这里所言的民主也是相对的，过于民主，而缺少集权的制约，会导致过分自由化、丧失效率、无政府主义、个人主义的滋生。当然过于集权，而缺少民主的政权必然会导致腐败。一个稳定的政治格局是民主和专制的和谐统一，即阴阳的平衡。

总之，鼎卦在不断的除故纳新中被赋予了新的含义，从思想到内容，从里到外，全面彻底地去更新，在改制中要"鼎颠趾"，抛出落后思想；再到"鼎有实"，充实新的内容；持续到"鼎耳革"，心净自然凉，乌云终究遮不住太阳，"鼎折足"，警惕不正之风，把权力关在制度的笼子里；最后到"黄耳""玉铉"，上下一心，鼎立人生自然成就！

悟鼎卦，站稳人生脚跟，大胆去鼎新而立吧！

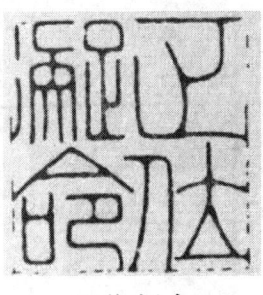

正位凝命

【原文】

震：亨。震来虩虩，笑言哑哑。震惊百里，不丧匕鬯。
初九：震来虩虩，后笑言哑哑，吉。
六二：震来厉，亿丧贝。跻于九陵，勿逐，七日得。
六三：震苏苏，震行无眚。
九四：震遂泥。
六五：震往来厉，亿无丧，有事。
上六：震索索，视矍矍，征凶。震不于其躬于其邻，无咎。婚媾有言。

震卦是《周易》第五十一卦，讲述的是震动、震撼、震惊、震慑等意思，也指一般人承受压力造成的惊骇局面，表示打雷时万物皆慌，唯有君子谈笑风生、淡定如初。《象》曰："洊雷，震；君子以恐惧修省。"寓意是雷声响动，君子应及时回过头来反省自己的行为，在处于不利局面时，要尽快检点自我、积极寻求应对之策。

洊雷,震:君子以恐惧修省

李效战,1964年出生,河南开封人,现为河南省书法家协会会员、开封市作家协会会员、开封市影视家协会会员、评论员、专栏作家。

第五十一章　勤反省　早回头　醍醐警醒重为人

震：亨。震来虩虩，笑言哑哑。震惊百里，不丧匕鬯

　　震卦是上下二卦皆为震的卦象，震为雷、为动。从卦象中来看，阳气从地面升腾，雷声轰动，好一片春回大地、万物复苏的美景。卦辞"震：亨。震来虩（xì）虩，笑言哑哑。震惊百里，不丧匕鬯（chàng）"中的"虩虩"：如同老虎来了一样，让人非常恐惧。"笑言哑哑"：笑声变了调，一下子不知所措。"丧"：丢掉。"匕鬯"："匕"是古代的一种勺子，"鬯"为香酒；匕和鬯都是古代宗庙祭祀时的用物，表示虔诚的祭祀、专心致志的样子。爻辞大意是山摇地动，但却是亨通之象。原因在于"震"，因为帝出乎震。古人认为帝王天子的出现和灭亡与自然现象有关，所以就把"震"与催生非凡领导人联系起来。一般大地震来临时，大家都吓得面如土色、心惊胆战，说话的声音也变了调。但在执政者深入民间体察民情时，老百姓见到大领导时也有点惊讶，如同大街上见到老虎来了一样，说话的声音变了调，如同天作一声炸雷，惊动百里之远，但是始终吓不倒镇定自若的人，他们虔诚专注、敢于担当。为此，还是比较顺利的。卦辞启示：在发生大的事端时，要镇定自若，不要紧慌失措，要沉着应付，当然这要赖于平常要警戒自省；长期修养提升自己，坚持就会胜利。

　　晋武帝在位时，宰相谢安非常喜欢下围棋，他下得很慢，常常把后几步棋思考清楚后才运子。当时他的一批朋友都不如他，有时候，棋友看到他镇定自若的神情就已经气馁。他做事也是这种风格，了解他的人知道他是胸有成竹，不了解他的人反而替他着急。那时，东晋北面的边境常常遭到前秦骚扰。谢安推荐自己的侄儿谢玄去广陵（今江苏扬州）掌管江北各路人马。朝廷中有个叫郗超的官员，一直与谢玄不和，听说谢安推举谢玄，便感叹道："谢安的高明，在于他能不避嫌疑，以国事为重，推举自己的侄子；谢玄的才能则保证他担当重任，不辜负谢安的重托。"

　　面对苻坚号称百万的军队南下，特别是对付东来的前秦水军，出发前，谢玄特地去见谢安，请教宰相面对兵力远远超过自己的敌军，该怎么打才是。谢安像没事似的说："不要急，我自有安排。"谢玄只得等着谢安安排。可是老半天，谢安还是没开口。谢玄只好回了家，但心里仍然放心不下。

吃过晚饭后，谢安把他对战事的分析和估计才一一说明，把每个将领的任务也一一交代清楚。就像他下棋那样，有条有理、步步稳当、绝不马虎。谢玄听后，原有疑虑一扫而光。众将领充满信心地回到军营。在荆州的桓冲知道苻坚进攻来势很猛，不由为建康的安危担心，派出3000名精兵赶到建康增援。不料谢安对他们说："我已安排妥当。你们还是快赶回去把西面把守好。"桓冲听了回来将士的报告，仍然很不安。

再说苻坚到了寿阳，他以为晋军人数少，不堪一击。正在这个时候，谢玄派出刘牢之带领5000名精兵，对在洛涧（在今安徽淮南东）的秦兵发动突然袭击。这支北府军就像猛虎下山一样，直向秦军冲杀过去。秦军哪里是对手，刚一交手就垮了下来。秦军将军梁成被晋军杀了。其他秦军争先恐后渡过淮河逃命，大部分被淹死在河里。

初九：震来虩虩，后笑言哑哑，吉

"后"：君王，震也。《说文》说："继体君也，象人之形。施令以告四方，故之从一，口。发号者，君后也。"初九爻辞大意是自然奇观出现后，连主要领导人都有点担心，但最终这是吉利的象征。该爻强调，人要有敬畏之心，敬畏自然、敬重规律，不能忘乎所以，只有在敬畏中，才能不断总结经验，持续前进。

浙江一家水产公司，利用千岛湖独特的湖水养殖了一种叫"胡子鲶"的鱼。他们坚持养殖利用的水体不得超过千岛湖的1%，每亩产量不超过1000公斤，对鱼的生长和捕捞执行严格的标准；同时还研制烹调用料，形成了独家风味，并且只限在千岛湖范围内上市，专供游客食用，绝不外卖；每天实行限鱼捕捞量、限每桌供应量、限每天餐桌量"三限"制度，而且不管多么热销，"胡子鲶"就是不涨价。被调足了口味的游客都为品尝鱼宴，慕名而来。曾有多家企业前去洽谈合作事宜，准备扩大生产，在全国各地开设连锁店，都被婉言谢绝。很多人对他们"有钱不赚，有肉不吃"的做法表示不解，公司总经理却说，合作是好事，但有些合作是冲着暴利来的，势必导致为利而渔、盲目扩张，只能造成水体恶化。为鱼而渔，品质无法保障，甚至会竭泽而渔，到那时，千岛湖鱼宴就无魅力可言，也无法吸引世界各地游客。

六二：震来厉，亿丧贝。跻于九陵，勿逐，七日得

"厉"：危险。"亿"：众多。"贝"：奴隶社会用于交换的一种有价值的东西，相当于货币。"跻"：达到，升登。"九陵"：九是大数，即很高的山，翻山越岭，异常辛苦。"逐"：追逐。"七日"：古人形容时间的计量词，大约是1周，有周而复始、循环往复的意思。爻辞大意是雷电交加时，十分危险，惊慌中丢失了宝贝；不辞辛苦地翻山越岭，到头来发现却是白忙活一场，心中始终委屈，但是1周以后就回归常态，发现再好的物质也只是物质而已，生命才是最重要的。爻辞启示：路在走不通时，不能死钻牛角尖，而要学会变通，要学会转弯，要胸怀大局，这才是真理。

人们常用钻牛角尖来形容遇事思维僵化、办事不知变通的人，这种人从不考虑事情的各个方面及事物的多样性，只认定一个想法。这样的人最终只能是自己走进死胡同、陷入绝境，就像下面说到的章鱼一样。

一只章鱼的体重很大，身体却非常柔软，而且由于没有脊椎，它几乎可以将自己塞进任何它想去的地方，甚至可以缩成细长的形状穿过一枚银币大小的洞。章鱼捕食的时候，先将自己的身体塞进海螺壳躲起来，等到鱼虾游近后，就咬破它们的头部，注入毒液，使其麻痹而死，然后美餐一顿。这个特性使得它几乎是海洋里最难对付的生物之一。但是，渔民们有办法制伏它。针对章鱼的习性，他们把小瓶子用绳子串在一起沉入海底，章鱼见到小瓶子，都争先恐后地往里钻，不论瓶子多么小、多么窄。随后，渔民只需轻轻将瓶子提起，就将这个不可一世的庞然大物捉到手了。在海洋里称王称霸的章鱼，却因这种爱钻牛角尖的习性成了瓶子里的囚徒。

六三：震苏苏，震行无眚

"苏苏"：微微发抖的样子。"眚"：灾祸。爻辞大意是出门时遇到电闪雷鸣，感到疑惧不安，这样谨言慎行，终究不会发生问题。爻辞启示：世事无常，务必得谨慎从事，小心无大错。这里的小心并不是怕担当而不敢作为，而是强调要冷静面对混乱局面。如果在复杂局势面前，盲目妄动，就会将简单问题变得更加复杂；反之，在冷静思考中，将问题变得不再成为问题，才是上策。

三国时，司马懿统领的大兵已来到诸葛亮驻守的西城县城下。前军见到这种情形，都不敢贸然前进，急忙向司马懿报告。司马懿不相信，结果看到城楼上诸葛亮笑容可掬地端坐，在袅袅上升的香烟间，正旁若无人、安然自得地沉浸在自己所弹奏的琴音中。城门口处，有20余名老少百姓正低头洒扫街道，有条不紊，不惊不慌。司马懿看了许久，听了很长时间，无论从对方人物的表情动作还是诸葛亮所弹出的琴声中，都看不出丝毫破绽。最终司马懿神色一变，露出紧张模样，忙下令撤军。直到撤离西城很远处，司马懿才心有余悸地向大家解释："诸葛亮一生最是谨慎，从不做没有把握的事，更甭说冒险从事！今天大开城门，故意显出是座空城，肯定有埋伏，我军若贸然轻进，必中其计。"

西城中的诸葛亮，见司马懿带兵退去，笑道："兵法云，知己知彼，方可百战不殆。司马懿知我一生谨慎，从不弄险，今天见这情况，故判断我在用计骗他入城，所以反而慌忙退走。而我知司马懿了解我的这一贯作风，所以便借用这种心理，而乘机算计了他，也是知己知彼才敢如此啊。若换上司马昭或曹操统兵，我绝不会如此！"众人叹服。

九四：震遂泥

"遂"：坠落。"泥"：淤泥地，困境。爻辞大意是雷声坠入泥淖之中，闷而不响。爻辞启示：如同掉在泥淖里一样衰弱无力的时候，不能甘于停滞沉溺在泥淖里，应当坚守恒正之道，以自励求自救。

中国古典文学名著《红楼梦》就是曹雪芹在身处逆境的情况下写成的。他在亲自经历了显赫达百年之久的官僚贵族家庭急剧败落的变化之后，看到了封建统治阶级的盛衰轮替以及无可挽救的命运，深感自己生不逢时、怀才不遇，决心写出一部前无古人的传世小说。但身陷逆境的曹雪芹遇到的是难以想象的困难。在封建社会，读书人的唯一路径是读经书、考科举，写小说被认为是"不肖""不才"行径。当时又是清朝文字狱盛行的时期，在写作中稍有不慎，就会触怒统治阶级，轻则被充军流放，重则被满门抄斩，甚至株连九族。那时候除缺吃少穿等物质生活上的困苦之外，特别受不了的是精神上的折磨。上层统治者和文人学士，又习惯于从小说中捕风捉影，猜度其中影射什么、揭了哪家隐私。而曹雪芹写的恰恰是一部怨世骂时的书，遭到了族人的不满和统治者的猜忌。除了二三好友支持他外，世人都认为他是傻子、疯子。统治者甚至用拆毁他的房屋、令他几度搬迁来阻止他的写作活动。面临这样的逆境，曹雪芹没有消沉退却，相反却从中激发出动力，更加努力地进行写作。曹雪芹正是把逆境当成动力，才没有被饥饿吓倒，也没有因缺钱买纸而停笔，更没有因穷困潦倒、备受欺凌而草率写作。他把全部心血都倾注到《红楼梦》的写作上，逆境中"披阅二载，增删五次"，终于写出了令世人称颂不已的千古绝唱《红楼梦》。曹雪芹生前尽管没有得到更多的物质享受，但他却从《红楼梦》的创作中得到了无限的满足和幸福。

六五：震往来厉，亿无丧，有事

"有事"：春秋时称的祭祀活动，借指宗庙社稷。"无丧"：不会有大的损失，这里指江山社稷稳固。爻辞大意是当雷声震动之时，上下往来会有危险；以恐惧之心谨守中道就会万无一失，江山社稷也可以长盛不衰。爻辞启示：面临突发事件，有树倒猢狲散之象，这个时候，应该采取谦虚谨慎的态度，小心行事，还要巩固群众基础，才能顺利走出困境。看起来人在什么时候都不能离开民心，民心问题至关重要。

周文王是一个现实而理性的政治家，其最重要的训示是要以民为本。他认为"民何向非利""信何向非私"，即承认百姓行为具有自利性。周文王并不逆转百姓的这种本性，而主张利用人民关注利益的本性，循循善诱。他对太子姬发说："汝慎守勿失，以诏有司，夙夜勿忘，若民之向引。"意在劝诫儿子时刻不要忘本，要顺着人民的本性施政。周文王还强调人民的作用，认为人民是社会的根本，他用颇具哲学思想的语言说："非本非标，非微非煇。壤非壤不高，水非水不流。呜呼，敬之哉！倍本者槁。"意思是，没有根本就没有枝叶，没有低微就没有高贵，上面土高是因为有下面土为基，前面的水流是因为有后面的水推动，因此，一定要谨慎，舍弃根本就要枯萎。

除要求子孙做到克制内心的欲望外，周文王还告诫他们应当认清并遵循人类的社会行为、经济生产的相关规律，提出"山林非时不升斤斧，以成草木之长；川泽非时不入网罟，以成鱼鳖之长，不麛不卵，以成鸟兽之长""无杀夭胎，无伐不成材，无堕四时"。意即砍伐树木、捕捞鱼虾、猎捕鸟兽都应该遵循时节，以保护资源，最终达到"工不失其务，农不失其时，是谓和德"的目的。这其实是民利为上、慎守中道的前提条件。

最典型反映周文王强调遵守外在规范、规律思想的，是他的临终遗言《保训》。在《保训》中，他一再要求武王慎守中道。他说：舜出身民间，能够自我省察，不与百姓的愿求违背；在朝廷内外施政，总是设身处地考虑，有恩于左右远近，后来地位虽然有所改变，但他依然慎守中道，从来没有违背阴阳之序，最终实现了政通人和。舜的慎守中道和恭敬不懈，得到了尧的赏识，最后，尧把帝位传给了舜。在这篇文章中，文王把中道上升到了哲学层面，要求子孙务必遵守。

在周文王训诫之下，周人以一个关中地区的地方小国，打败了有数百年基业的商王朝。同时，其子侄辈出现了武王、周公、召公等一大批有作为、有建树，并在历史上产生深远影响的杰出政治家。

上六：震索索，视矍矍，征凶。震不于其躬于其邻，无咎。婚媾有言

"索索"：恐惧战栗的样子。"视矍矍"：因惶恐而视线模糊。"征"：出行。

"躬"：自身。"于其邻"：受害的是邻居。"婚媾有言"：并不是结婚开心的样子，而是遭受人的指指点点，即非议。爻辞大意是雷电交加时，行人大都非常担惊受怕；电闪雷鸣时，视野一片模糊；雷电之后倾盆大雨即将来临，如果不及时预防或躲避，就必定会被大雨淋湿。由于"我"的预先防范，带着避雨工具，雨没有淋湿自己，却打湿了周围人的衣服，虽然对"我"来讲不是坏事，但这种异常举动使人羡慕的同时，却遭受别人的指指戳戳。爻辞启示：在好事来临时，必定会受到他人嫉妒，正常不过，这种情况下，要始终保持清醒头脑，要有定力，不能骄傲自大，也不能受世俗干扰，认准目标，大胆努力向前这是一种勇于成就事业的定力。

  定力是控制自己欲望和行为的能力，是定心、定神、定行之力，是干部修身齐家治国的重要能力。没有定力，就难有自律、难有担当。2017年2月13日，在省部级主要领导干部学习贯彻中共十八届六中全会精神专题研讨班开班式上，习近平要求领导干部尤其是高级干部要"增强政治定力、纪律定力、道德定力、抵腐定力"。新时代，作为党员干部特别是党员领导干部，就要有"泰山崩于前而色不变，炸弹落于侧而身不移"的政治定力，有"咬定青山不放松，立根原在破岩中"的纪律定力，有"富贵不能淫，贫贱不能移，威武不能屈"的道德定力，有"不管风吹浪打，胜似闲庭信步"的抵腐定力。

  总之，震卦表面描述的是自然灾害发生时的情况，实际上却是如何应对自然灾害的卦象。在自然灾害或突发事件来临时，就要有敬畏自然、敬重规律之心；要灵活机动，学会变通；要先知先觉，小心谨慎；要自立自救，不甘堕落；要有扎实的群众基础，得民心者制胜；要有定力，不受世俗干扰。荣辱不惊，笑看庭前花开花落，春雷一响，万物复苏，不变的人格，以不变应万变，这样才是震卦体现的自然人生。

恐惧修省

【原文】

艮其背。不获其身。行其庭，不见其人，无咎。
初六：艮其趾，无咎，利永贞。
六二：艮其腓，不拯其随，其心不快。
九三：艮其限，列其夤，厉薰心。
六四：艮其身，无咎。
六五：艮其辅，言有序，悔亡。
上九：敦艮，吉。

艮卦是《周易》第五十二卦，讲述的是如何抑止自己不当言行的卦象，即当行便行、当止便止。卦象说明思想是行动的先导，要注重自我修炼、保持内心平静，既是一种生活态度，也是一种人生智慧。《象》曰："兼山，艮；君子以思不出其位。"寓意是君子的思想应当符合自己的身份和所处地位，处于停滞不前的状态时要及时调整。

兼山，艮：君子以思不出其位

曾广，1959年出生，河南开封人，现为开封文化艺术职业学院工美系主任、教授，中国书法家协会会员，河南省美术家协会会员，开封市书法家协会副主席，开封市书法家协会篆刻委员会主任。

第五十二章　谨于言　慎于行　何必随人看桃花

艮其背。不获其身。行其庭，不见其人，无咎

艮卦是上下艮重叠的卦象。艮为山，山相对是静止的、稳定的，两座山叠合起来，表示异常稳定。关于艮卦的得名，程颐说："乾坤相交生艮，一阳在上，不能再往上动；二阴在下，阴本属静，上为阳所止，上止而下静，就成为艮。"卦辞中的"艮其背"：背部相对于人的身体部位来讲，一般是不动的，稳健的，因为背部有脊梁骨在支撑，人无脊梁，将会成烂泥一堆，扶不起来。"不获其身"：其他地方无法动弹。"庭"：房间的中心位置，强调的是人的内心。"行其庭，不见其人"：不是指在客厅里散步、不见其他人的意思，而强调的是思想是行动的先导、保持内心平静、不受外界干扰的意思。卦辞大意是因为有脊梁骨支撑，所以人的身体才能相对稳定；心无杂念，才不会上当受骗，当然会"无咎"。卦辞启示：随之而来的诱惑太多，要挺直腰杆做人，不可盲目妄动；始终保持平静的内心，不为名利所惑，这样将没有灾祸可言。

元末明初的戏曲家高明，出生在一个书香之家，受家庭环境熏陶，青年时的高明才华横溢，声名远播。但是，高明并不满足于已取得的成绩，又跋山涉水前去著名理学家黄溍那里苦修学业。后来，高明不仅通晓天文地理，诗文俱佳，而且痴迷于戏曲创作。1345年，高中进士的高明，不得不收起对戏曲的热爱，收起行囊奔赴处州任职。总要忙里偷闲，走街串巷收集民谣民调，尽兴时便写上几首自乐。后因工作不顺心，无法专心于戏曲创作，他便放弃多次名利诱惑。他知道如果继续混迹于官场，终将会远离自己的梦想。于是，高明果断辞掉朝廷和其他人的高薪聘请，就在宁波城西的栎社村隐居下来，闭门谢客，开始撰写构思已久的《琵琶记》。

《琵琶记》问世后，迅速在民间引起轰动，有人甚至把书进献给明太祖朱元璋，明太祖读后给予了很高评价："五经四书，布帛粟菽也，家家皆有；高明《琵琶记》，如山珍海味，富贵家不可无。"不仅如此，明太祖还几次聘请高明出来做官，结果高明"佯狂不出"，于是"高皇不复强"。

初六：艮其趾，无咎，利永贞

"趾"：脚趾，身体的最下位。"贞"：正道。爻辞大意是在脚趾迈出前发现错误时就应该马上停止，这样就不会有什么过错，并有利于长期坚守正道。爻辞启示：当止则止，不失其时。形势难以捉摸时，最好要保持冷静头脑，预感危险的事情发生前，要知错就改、停止不动，不会招灾惹祸且利于长期坚守。

赵匡胤年轻时就喜欢练武，随身总是携带一根盘龙棍。一个盛夏夜晚，他在赌场上输得分文皆无，提起盘龙棍，灰溜溜地出了赌场。饥渴难耐时，他瞅见了路边的一片西瓜园。于是，赵匡胤轻手轻脚地进了瓜园，放下盘龙棍，摘了一个又大又圆的西瓜，一拳砸开，就狼吞虎咽地啃起来。突然，他觉得不对劲儿，抬头一看，原来是看瓜的王老头站在他面前。赵匡胤提起盘龙棍，拔腿想跑，不料，汗衫被王老头抓住了。只听王老头说："你不是来吃瓜的吗？吃完了怎么不付钱呀！"赵匡胤以为王老头要讹他，就想耍赖，把脖子一梗，问："你要多少钱？"没想到王老头伸出一个手指头说："一文钱！""一文钱憋死英雄汉"，赵匡胤把衣袋掏了又掏，翻了又翻，身上确实一文钱也没有！万般无奈，他只好双手捧着盘龙棍递给王老头做抵押。王老头接过盘龙棍，对着那铁棍说："盘龙棍啊盘龙棍，你要是叫英雄拿在手里，可以建功立业、治国平天下；可惜啊，你落在浪子手中，只能在赌场上耍威风、瓜棚里做押头，你来到这世上还有什么用呢！"说罢，把盘龙棍往路边一扔，回头向瓜棚走去。

赵匡胤听了这番话，羞得无地自容，低着头掉了一阵子眼泪，走出瓜园，弯腰拾起盘龙棍，心里默默地说："盘龙棍呀盘龙棍，从今以后，我一定要改邪归正，让你随我大显威风！"从此，赵匡胤真的不再出入赌场。他和几个朋友白天推着木制独轮车贩卖粮食，晚上就专心练武。没过几年，他成了一名战士。过了几年，他成了殿前都点检。又过了几年，他成了宋朝的开国皇帝。

王老头作古后，为感谢王老头当年的教育之恩，赵匡胤下旨为王老头大修坟墓，并立下一块石碑，上面刻着"义士王老头之墓"。王老头岂止是个瓜农，在那个时代，能教育一个浪子回头成皇帝，也是一个非常了不起的教育专家。

六二：艮其腓，不拯其随，其心不快

"腓"（féi）：腿肚子。"拯"：举起，抬起。"随"：跟随，随从。爻辞大意是腿肚子一时揪住筋了，无法转动，不能按照自己的意志行事，只能随机而变，内心非常无奈。如同生活中，当自己意识到危险将要发生采取防范措施时，可是上级领导却听不进自己的建议，只能勉为其难地陪同领导一起去冒险，确实无奈。爻辞强调的并不是要人们去被动迎合错误决策，而是在关乎大局时，要有主见，勿盲从他人，要善于周旋。

《三国演义》中的赵云就是这样一个善于周旋的主儿，这一点从"截江夺阿斗"中足以可见。面对突发事件，四五骑对500人，实力如此悬殊，胜败难料，但赵云还是追去了，因为他有另一个素质，就是文中提到的善于周旋、讲道理、

重分寸。小说写道：赵云入舱中，见夫人抱阿斗于怀中，喝赵云曰："何故无礼！"云插剑声喏曰："主母欲何往？何故不令军师知会？"夫人曰："我母亲病在危笃，无暇报知。"云曰："主母探病，何故带小主人去？"夫人曰："阿斗是吾子，留在荆州，无人看觑。"云曰："主母差矣。主人一生，只有这点骨血，小将在当阳长坂坡百万军中救出，今日夫人却欲抱将去，是何道理？"夫人怒曰："量汝只是帐下一武夫，安敢管我家事！"云曰："夫人要去便去，只留下小主人。"夫人喝曰："汝半路辄入船中，必有反意！"云曰："若不留下小主人，纵然万死，亦不敢放夫人去。"

这是一位掌内事的官员与领导家属的言辞交锋，读来煞是有趣。面对孙夫人蛮不讲理的呵斥，赵云不卑不亢，并不正面回答，而是通过巧妙的一步步的反问，将孙夫人带入无理的尴尬境地。如不让诸葛亮知道，是违制；带刘备唯一骨血走，是夺情。等等，理由相当充分。当孙夫人诬其谋反时，他也充耳不闻，不反驳、不争辩，只求达到目的，堪谓有理有节。

九三：艮其限，列其夤，厉薰心

"限"：界限，限度。"列"：分开，互不相连。"夤"（yín）：人的脊柱。"厉"：危险。"薰心"：心急如焚的样子。爻辞大意是腰部扭伤不能动弹，扯着脊背疼痛难忍，身陷危险境地而心忧如焚。

腰部疼痛时，全身不由自主地跟着受伤，这是无法控制的，如烈火薰心一样难受。爻辞强调的是在应该作出决断的时机而犹豫不决，就要产生祸乱，指做事应当机立断，否则后患无穷。

《史记·春申君列传》："当断不断，反受其乱。"春申君失朱英之谓邪？战国时，楚考烈王无子。赵国一个叫李园的人，瞅准时机，把自己的妹妹嫁给春申君，待其妹妹怀孕后，又怂恿她说服春申君，把自己献给楚王。李园的妹妹到楚王那里不久就生下了一个儿子，被楚王立为太子，她也被册封为王后。李园由此成为王亲国戚。

李园担心春申君会将此妹妹怀孕之后的消息泄露出来，便私养刺客，策划刺杀春申君。这事被春申君家臣朱英发觉并提醒春申君谨防李园杀人灭口并建议春申君先下手杀掉李园以防不测。但春申君并不在意，最终被李园私养的刺客杀死。司马迁叙述后评论说：该下决心如果不下决心，结果贻误了战机，自己反受其害。春申君的悲惨遭遇，不就是当初不听朱英劝说而带来的严重后果吗？

六四：艮其身，无咎

"身"：上身。腰部以上便是上身。"身"的特点是直、正，不同于手与脚，却与腰、腿能和谐相处，从不自行其是；手足可以乱动，但上身却不能妄动妄为。爻辞大意是停止上身的随意活动，不再有危险的事儿发生。爻辞启示：榜样的力量是无穷的，要自律，挺直腰板，走好自己的人生之路。

黄公略是中国工农红军高级指挥员，是中央军委确认的我军36位军事家之一。黄公略军长率红6军在赣西南打游击期间，尽管军事环境险恶、军需给养困难，但在上述双重困难面前，他依然带头严守红军各项纪律。当时黄公略因日夜操劳军务身体很虚弱，支援红军的积极分子、房东鲈妈妈为给黄军长补身体，将自家的一只老母鸡杀了炖好，托黄军长警卫员高书官送给黄军长。警卫员将鲈妈妈炖好的鸡端给黄军长时，黄军长严肃地问鸡是从哪里弄来的？警卫员说明情况后，黄公略便嘱咐警卫员到经理处领取自己下月的薪饷1块大洋，作为鸡钱付给鲈妈妈。警卫员爽快地答应坚决照办，同时恳请黄军长将鸡吃了补补身体。黄军长则一边答应"我吃鸡"，一边却端起鸡走进红6军第3纵队一个连队厨房，把鸡全倒进锅里，又操起锅铲将整只鸡铲成碎块。随后黄军长在连队食堂同该连士兵一起吃了这顿饭。红6军第3纵队徐彦刚纵队长当时目睹了这一过程。

当晚，徐彦刚找黄军长汇报工作时，正逢黄军长伏案聚精会神读书，见徐彦刚进来便指着书上一段文字念道："夫将帅者，必与士卒同滋味而共安危，敌乃可加，故兵有全胜，敌全湮灭。昔者良将之用兵，有馈箪醪者，使投诸河，与士卒同流而饮。夫一箪一醪，不能味一河之水，而三军之士思为致死者，以滋味之及已也。"警卫员高书官因听不懂古文，于是问黄军长："军长，这段话是什么意思？"黄军长循循善诱地解释说："兵书上说，将帅须与士兵共甘苦，才能战胜敌人。书中还举例说从前有个善于用兵的将军，有人赠他一竹筒酒，他叫人把酒倒进河水里，与士兵共同而饮河水。一竹筒酒虽不能使河水都有酒味，但全军将士却因此受到激励，愿跟随将军拼死而战。"接下来黄公略说道："我们红军每次打仗都有许多群众上前线，搞交通、侦察、运输、向导、送饭、救护伤员。群众为什么拥护我们？因为我们是为工农打仗。如果我们违背为工农打仗的宗旨，我们就失去群众。在外失去群众、在内失去士兵，我们就会打败仗。"

黄公略以其高尚的品行，赢得了广大士兵与群众爱戴。1931年9月15日，黄公略率部参加方石岭追击战，歼灭国民党军第五十二师等部，在指挥部队转移途中，不幸于吉安东固六渡坳遭敌机袭击，身中数弹，壮烈牺牲，时年33岁。

六五：艮其辅，言有序，悔亡

"辅"：面部的两颊，这里指嘴巴。"序"：头绪，条理。爻辞大意是停止脸部两颊活动，就是要管住嘴巴，说话要忠恳、要有条理，则不会有灾祸。实践证明：言多必失，要谨开口、慢开口，说话要看对象，要有分寸，不能口无遮拦、随意伤人。

《晏子》讲道：齐景公让马夫喂养自己最喜爱的马，但这匹马却得急病死了。齐景公大怒，命令侍卫拿刀肢解马夫。这个时候，晏子正好陪伴着景公，看见侍卫手握钢刀往前走去，就制止了侍卫并且问景公，说："请问古时候尧、舜肢解活人，先从身体的哪一部分开始？"景公听了这一问猛然惊惧起来，尧舜哪里会肢解活人呢？一个仁君爱民如子，怎么能够随意就这样的下令肢解活人？于是他就下令停止，说："把他交给狱吏来治罪。"

晏子接着说："请允许我数说他的罪状，让他知道自己的罪过，然后再交给狱吏治罪。"景公说："可以。"晏子对马夫说："你的罪状有3条：君主让你养马，你却将马给养死了，应当判死罪，这是第一条；而你养死的是君主最喜欢的马，当判死罪，这是第二条；因为你养死了君主的马，使得君主为了一匹马的缘故而杀人，百姓听了之后一定会怨恨我们的君主，诸侯听了以后一定会轻蔑我们的国家，这是你应当被判死罪的第三个原因。所以，应把你交给狱吏治罪。"齐景公在旁边一听，若有所悟，叹了一口气说："把他放了吧！"

诚然，一个人脾气一上来，往往就会丧失冷静，做出错误判断，说出过分偏激的话，做出一些出格的事。古人告诫"良言一句三冬暖，恶语伤人六月寒""利刃割体痕易合，恶语伤人恨难消""火烧功德林""覆水难收"等，都把惩忿制怒作为修身的基本功。所以，说话要慎之又慎，这才是六五爻辞的实际用意。

上九：敦艮，吉

"敦"：敦厚，厚道。"艮"：安然稳重。爻辞大意是如山一样的安然稳重，平静而敦厚，当然"吉"，非常顺利。爻辞启示：做人要堂堂正正，要厚道朴实、坚笃始终，长此下去，则好事不断。

在西汉的诸多皇帝里，汉文帝可以说是一个忠厚长者的形象。有一天在朝堂之上，汉文帝对大家说了这么一番话："法律的作用，是为防止大家犯错误，引导民众向善的。可现在的法律里有这么一条：一个人犯了罪，他的父母、妻儿、兄弟姐妹都要跟着受处罚，甚至要罚做奴隶，我觉得有点过分，大家商量一下这个问题。"听到皇帝这么说，掌管相关事宜的官员赶紧回答："陛下，老百姓自制力差，所以才制定法律来约束他们。实行亲人连坐的制度，就是为了让大家不敢轻易犯法，这已经是延续好多年的法律了。"汉文帝看属下不上路，就继续开导："我听说要是法律公正，老百姓就会诚实守信；要是法律合理，老百姓就会遵守法律。再说，引导老百姓向善是当官的责任，要是我们既不能引导老百姓向善，又不能用适当的法律去约束他们，这就是坑人，是引导百姓犯罪。我不觉得这个连坐制度有什么好处，大家再仔细考虑一下。"看皇帝这软中带硬，刚才顶嘴的官员也就不敢再坚持自己的意见了，就同意了废除连坐制度。

过了几年，汉文帝又在朝堂提出："古人治理天下的时候，都是在朝廷里设一面旌旗，老百姓可以站在下面提意见；还在朝廷外面放了一个木板，大家对朝廷有意见都可以写在上面。这样天子才能倾听百姓意见，才能更好地治理国家。可现在咱们的法律里有一条诽谤和妖言惑众罪，这么一来大家就都不敢再提意见了，我也就不能听到子民们真正的心声，我觉得这一条法律应该废除。"汉文帝说完后扫视群臣，看大家都低头不语，就接着说："现在的情况是这样的，不管是当官的还是老百姓，他们会聚在一起骂一骂朝廷，可事后又会翻脸去告发对方。按照现在的法律，这就是大逆不道。还有一些人，就是发一发牢骚，可当官的会按照他们是诽谤朝廷治罪。其实这些啊，都是因为一些人愚昧无知才犯下的错误，虽然有点气人，可罪不至死。这样吧，从今日开始，如果有人再触犯这条法律，就不用治罪。"汉文帝这么做，不但是体谅臣民，而且也是为江山社稷着想。这时候他已坐稳了江山，所以对于不合理的东西已经开始强硬废除，由此，才迎来了中国历史上有名的文景之治。

总之，艮卦以两山重叠、峰峦隔断为取义的象征，集中阐述了有关"停止"的问题。就社会生活来说，倡导什么，反对什么，追求什么，放弃什么，都包含"止"的内容。"止"与"行"，是一对矛盾，其中存在着辩证关系，能止才能行，有所行必有所止。其用意无非是点破生活中存在着貌实不符、表里不一的情况，因此，只有看清真相，才能实施自我调控，做到"时止则止，时行则行"，一切要从实际出发。

悟艮卦，明哲保身，方能进退自如，使自己永远立于不败！

敦艮赏吉

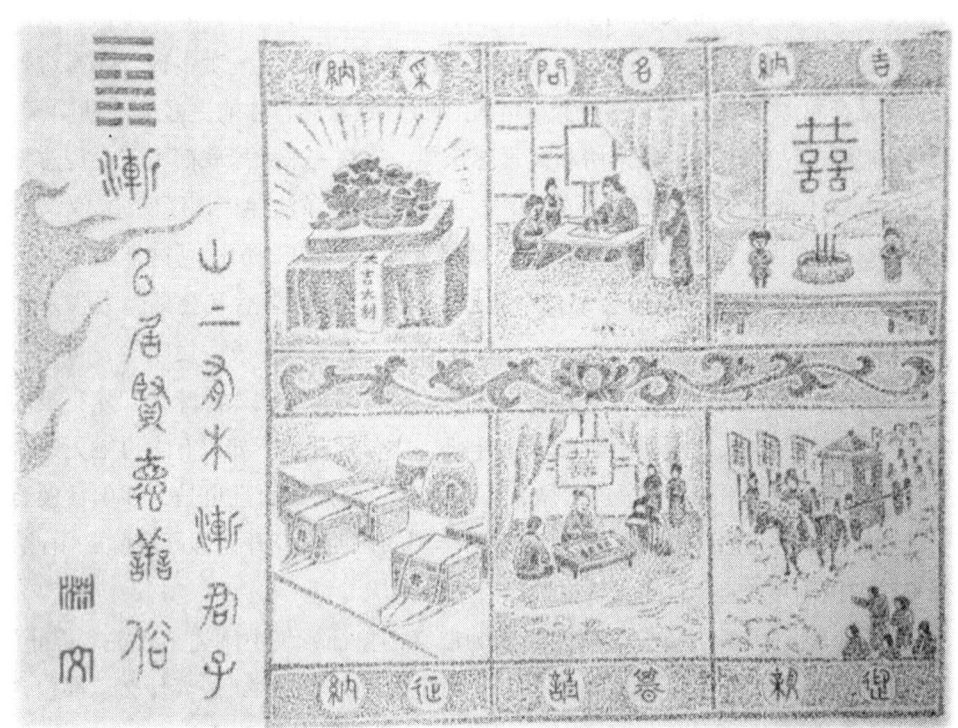

【原文】

渐：女归吉。利贞。
初六：鸿渐于干。小子厉，有言，无咎。
六二：鸿渐于磐，饮食衎衎。吉。
九三：鸿渐于陆。夫征不复，妇孕不育，凶。利御寇。
六四：鸿渐于木，或得其桷，无咎。
九五：鸿渐于陵。妇三岁不孕，终莫之胜，吉。
上九：鸿渐于陆，其羽可用为仪，吉。

渐卦是《周易》第五十三卦。"渐"有循序渐进的意思，讲的是事物由量变到质变的规律，表示凡事应遵循事物发展的内在规律，必然吉祥；反之，则会发生意想不到的问题。《象》曰："山上有木，渐；君子以居贤德善俗。"寓意是要循序渐进，君子应效法山上逐渐长成的树木，修身养性，逐步改善社会的风尚和礼仪；切忌急躁，要脚踏实地。

山上有木,渐:君子以居贤德善俗

岳邦俊,1940年出生,河南开封人,现为中国书画家协会会员、中国书画研究院研究员、河南省书法家协会会员、河南名家书画研究协会会员、开封老艺术家协会副会长、开封大美书画院院长、刘庚三书法研究会顾问。

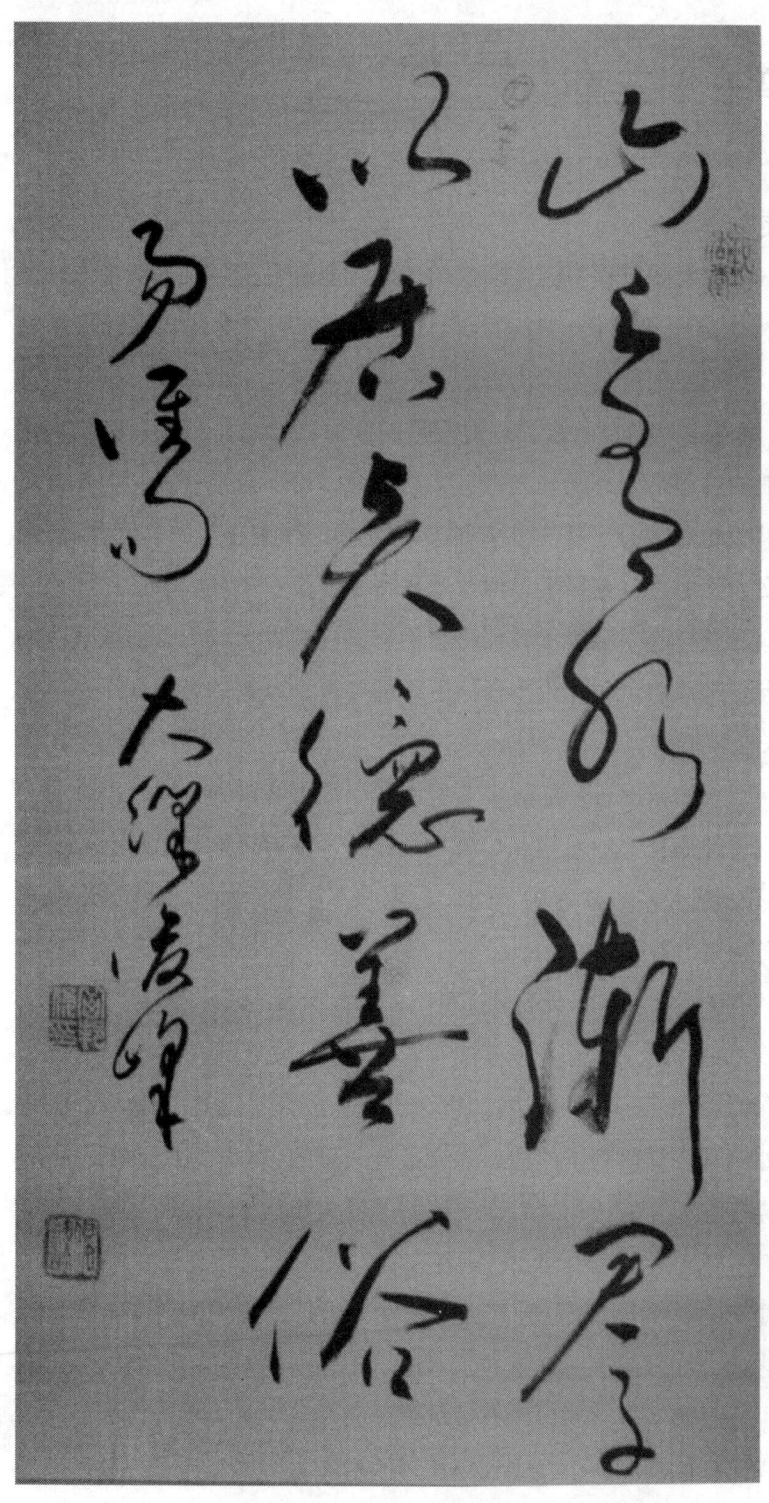

第五十三章　重内修　依外化　六宫粉黛无颜色

渐：女归吉。利贞

　　渐卦是阐明事物在发展过程中循序渐进的道理。渐卦上巽下艮，巽为木，艮为山，山上有木，木随山势而长，有逐渐长成之义。卦辞"女归吉，利贞"的"归"：古代认为，女子生来就是要嫁出去的，是别人家的人，所以女子出嫁的过程，就叫"归"，意思是回到自己家了，对父母的家而言也只是娘家而已。古代女子出嫁有个烦琐的过程，要有媒妁之言、父母之命、占卜合婚、六聘之礼方可出嫁，而出嫁的礼仪也很复杂，需一步步地有序进行，故喻之为"渐"。卦辞大意是顺应天命，女大当嫁，这是好事，但按照程序要一步步来。"利贞"：如果一见钟情，三下五除二就拉起手私奔了，那将会不利，这在古代认为是伤风败俗的事情，令人所不齿。卦辞启示：无论干任何事，都要符合事物的客观规律，要循序渐进，才利于长久发展。

　　古代宋国有一则《拔苗助长》的故事众所周知，故事客观地说明，事物的发展自有它的规律，单纯靠良好的愿望和热情是不够的，很有可能效果还会与主观愿望相反。寓言还告诫人们：欲速则不达，心急吃不了热豆腐，要尊重自然规律。这恰与渐卦寓意相得益彰。

初六：鸿渐于干。小子厉，有言，无咎

　　"鸿"：鸿雁，总是和游子、思乡、漂泊有着联系，远去的鸿雁衔来友人的书信，又带走了深深的思念。"干"：岸边。"厉"：负重。"言"：指教，教导。大意是新媳妇出嫁，如鸿雁一样落到了岸边，并夹带着父母的思念。"小子厉"：古时有"嫁汉嫁汉，穿衣吃饭"的谚语，针对娶媳妇的毛头小伙子来说，无疑就加重了责任，以前是"一人吃饱，全家不饿"，现在媳妇儿跟着过生活，由一人变成了两人当然负重更多，为此"厉"。卦辞大意是女大当婚，嫁到了新家，即意味着寻找到了栖身之地，如同鸿雁一样落在了岸边。年轻人面对新家庭的组建，要承担养家的责任，这是新问题，所以要有危机感。面对新家庭，年轻人生活在一起难免要遇到这样那样的问题，也会受到年长者的指教，但毕竟是成长过程中的问题，只要主动接受并改进即可，无伤大雅。当然，结婚是人生成长过程中的一个关口，是从孩子变为成年人的必备环节，肩上多了一副担子，相应就得有一种担当精神。

中共中央组织部和中央广播电视总台联合录制的《榜样3》专题节目播出后，一批优秀共产党员和党组织代表在节目中述说入党经历，展示了新时代共产党人的担当作为和精神风貌。

先进典型心中有责任，拿出了敢担当、能担当、会担当的决心和行动。李元敏临危受命，出任盖买村党支部书记。上任伊始，她大刀阔斧搞改革，整顿村干部工作作风，带领大家治懒治穷。她把村民当作自己的家人，把各族村民团结在一起，并认真听取村民建议与意见，短短几年，便把盖买村从"后进"村变成了"治村强村"示范村。正是像她这样的典型，把责任和担当体现在为群众干实事、做好事、解难事中，努力为人民群众服务尽责。这也正是爻辞字里行间体现的新时代意义。

六二：鸿渐于磐，饮食衎衎。吉

"磐"：平而大的石头，形容稳定。"饮食衎（kàn）衎"：《帛书》中提到"酒食衎衎"一词，形容女子出嫁时欢乐的婚宴场面。爻辞大意是新组建的家庭如磐石般安稳，夫妻恩爱，一幅男耕女织、自得其乐的画面，家庭幸福美满，如同出嫁时的场面一样，非常和顺。爻辞启示：美好的事物并不是唾手可得的，而要自食其力，要善于维护并靠打拼去争取，经历了风雨才能见得彩虹；反之，如果想不劳而获，只能坐吃山空。

战国时，齐国有个人上无片瓦，下无立锥之地，自己又无一技之长，没有谋生的手段，每天只有靠在城里乞讨度日，生活过得十分困窘。

那时的城市又不大，他天天走的都是那几条街巷，讨的总是那几户人家。开始，人们出于一种同情心，还给他一点残羹剩饭。时间长了以后，人们就觉得他来得次数太多，令人生厌，于是谁也不愿意再给他一些食物。于是，他只有忍饥挨饿。

恰在此时，有个姓田的马医因忙不过来，需要找一个帮手。这个乞丐便主动找上门去，请求在马厩里给马医打打杂工，以此换取一日三餐。这样，他再也不用沿街乞讨，晚上也不必再漂泊流浪，安定的生活使他的日子变得逐渐充实起来，干活也变得格外卖力。可是，又有人在一旁取笑他："马医本来就是一个被人瞧不起的职业，而你不过是为了混口饭吃，又去给马医打杂，这不是莫大耻辱吗？"乞丐平静地回答："依我看，天下最大的耻辱莫过于寄生虫，靠乞讨度日。过去，我为了活命，连讨饭都不感到羞耻。如今能帮马医干活，用自己的劳动养活自己，又怎么能说是耻辱呢？"

可见这个齐国人的生活态度是正确的，劳动本没有高低贵贱之分，在任何情况下，人都得自食其力。

九三：鸿渐于陆。夫征不复，妇孕不育，凶。利御寇

"陆"：旱地。"征"：打仗，出征。"不育"：流产。"寇"：来犯之敌。爻辞大意是鸿雁落到了旱地，无食无靠，好有一股凄凉孤独的感觉；出征的丈夫可能不再回返，怀了孕的妻子又流产。"屋漏又遭连夜雨，行船偏遇打头风"，倒霉事儿连在一起了，一个好端端的家庭就这样被毁了，没有再比这更坏的事了。爻辞又紧接着提出"利于寇"，即有利于抵御敌寇，说明家人能够同心同德，保家卫国。爻辞启示：有国才有家，人，始终要识大体、顾大局，要公而忘私。

战国时期，齐威王的小儿子田婴封号为靖郭君。他起初担任齐国将军之职，在马陵之战中担任主帅，打败魏国军队。因为立有战功，田婴被提拔为齐国宰相。后来，田婴自恃位高权大，居功自傲，为了发展私人势力，要在薛地建造城池，并对劝谏者百般阻拦，令守门官不得通报。众人皆着急并无奈。有一天，有一个齐国人对守门官说，大意是请求对宰相说3个字，如多一字，则请求一死。守门官见情况特殊，便向田婴报告，田婴于是接见了他。那人说了"海大鱼"3个字，转身向外跑去。田婴好奇，命他留下并继续讲出原因，并许诺不加怪罪。于是那人才说：海里的大鱼，渔网不能捕捞它，鱼钩不能钩住它。可是如果它游荡在陆地上，失去了海水，那么蝼蛄、蚂蚁都能得意去欺侮它。现在齐国，也就好比是相国赖以生存的海水，相国长期有齐国的庇护，还要造薛城干什么呢？再者说失去齐国，把薛城再建造得雄伟壮观也无实际意义。田婴听后，茅塞顿开，于是放弃了建城计划。

故事启示：办事情要顾大局、识大体，一旦整体遭到瓦解，局部利益也将无法保全。

六四：鸿渐于木，或得其桷，无咎

"木"：树木，房屋的廊檐。"桷（jué）"：《说文解字》说"榱（cuī）也。椽方曰桷"，圆的叫椽，方的叫桷，即屋顶上承载瓦片露出的木条头。爻辞大意是鸿雁停落在屋檐下栖身，有时候只能抓住屋檐上露出的木块头，维持生计，但是这种情况下却不会有灾难发生。究其原因，在丧夫失子的情况下，无奈回到了娘家，古人有"嫁出去的女儿如泼出去的水"一说，所以说勉为其难；"在人屋檐下，不得不低头"，但凭借自身具备的温顺贤淑之德，靠自己的德化感染了哥哥

嫂嫂及周围的亲人，最终被理解而接纳，化险为夷。爻辞启示：是非只因强出头，只有具备谦逊温顺的性格，以德报怨，才能稳中求变，转危为安。

很早以前，有一个武状元，自恃功高官大，常常欺侮邻居白胡老汉。这天，白胡老汉将3个儿子喊到面前，说："我当了一辈子家，常常受人欺负，惹得你们也怄了许多闲气。现在我老了，轮到你们当家了，今天我给你们每人10两银子，出门做一件功德事回来，谁有美德，就让谁当家。"

过了几个月，3个儿子都回来了。大儿子说："我走到河边，看见一个妇女跳河自杀，我跳进河里把她救上岸来。她身怀有孕，我救了两人性命。"白胡老汉点点头，没有言语。二儿子说："我走过村庄，看见一户人家失火，这天刮大风，全村人都很危险，我只身跳进火里，将火扑灭，保住许多人家的生命财产。"白胡老汉笑眯眯地，没有说话。小儿子说："爹，对不起您老人家，我做了一件蠢事，救了一个仇人。那天，我路过大山，看见邻居武状元出征胜利归来，高兴地喝醉了酒，倒在悬崖边睡着了，一翻身就要摔到崖下，粉身碎骨。我本来想把他掀下崖去，可是又一想，边疆正需要他去防守，沙场需要他去征战，最后我还是把他喊醒了。他羞愧满面，深深给我作了一个揖，上马去了。"白胡老汉听罢，哈哈大笑，便要小儿子当家。大儿子和二儿子都不服气。白胡老汉说："救命保住一人，救火保住一家；只有国家富强，老百姓才能安居乐业。你弟弟丢弃个人怨恨，先为国后为家，这是最高的美德。"

小儿子当了家，武状元也非常感激他，承认了自己以前的过错，从此两家和睦相处，变成了很好的朋友。

九五：鸿渐于陵。妇三岁不孕，终莫之胜，吉

"陵"：高山。"三岁"：是约数，象征多年。"终"：最终，结果。"胜"：取代。爻辞大意是失去了丈夫后，孤独的鸿雁只好停落在山陵上；因怀念自己死去的丈夫，多年不会怀孕，但心里坦荡，在她心里，谁也替代不了自己的丈夫。古代倡导的贞洁之妇，虽守寡但不会移情别恋，令人称赞，故"吉"。爻辞启示：人，始终要有正确的信仰，要忠贞不渝，"穷且益坚，不坠青云之志"，方得万世称赞。

古往今来，歌颂爱情的诗句不胜枚举，最为人知的，莫过于"愿得一人心，白首不相离"，这是一个关于汉朝卓文君和司马相如动人的爱情故事。卓文君出自巨富之家，姿色娇美，精通音律，善弹琴，有文名。她在初嫁丈夫过世返回娘家住后一个偶然的机会，有一天得知了父亲在家里招待天下著名才子司马相如，并隔帘偷听司马相如弹曲凤求凰。多情而又大胆的表白，让久慕司马相如之才的卓文君，一听就非常倾心。不料此时一阵风吹开了帘子，她正和司马相如打了个照面。

后来，卓文君再也控制不了心里的爱慕，向司马相如倾吐了满怀的爱意，愿意跟他一辈子。卓文君的艳丽和热情，也深深地感动了司马相如。于是过了几天，他便携带卓文君一起私奔去了成都。到了成都司马相如的家里，卓文君才发现，原来司马相如真是穷得家徒四壁，虽然生活清贫，却也过得快乐。但是，过了数月，夫妻俩日子举步维艰，只能又到临邛，希望老丈人能帮衬一下。但是卓王孙说他们败坏风气，拒绝认亲。后来卓王孙不得已才给女儿一大笔钱和一批仆人，于是，司马相如和卓文君又成为有钱人。

有一天，司马相如的文章被雄才大略的汉武帝相中。汉武帝召司马相如进京。皇帝的旨意没有人敢违抗，卓文君只好满怀忧愁地送走了司马相如。司马相如到了京城，得到汉武帝的赏识和信任，不到几年就做了高官，奉命去招抚边疆小国。当他的高车大马经过临邛时，满城的官员和财主都来迎接。这时卓王孙大摆筵席为他接风洗尘，并有了叙不完的翁婿之情。

但是，好景不长，由于功高名大，司马相如遭到了奸臣妒忌，并被设计关进监狱。这个消息传到卓王孙耳里，他赶紧逼迫女儿改嫁豪门。然而，卓文君就是不听，并连夜逃回成都老家去想办法，誓死要救出丈夫。在度日如年中度过一年，司马相如的冤情终于得以昭雪，被朝廷释放，并恢复官职。

意气风发的司马相如，经过这次打击，对名利淡薄，于是告了病假，到一个叫茂陵的地方休养。恰好在休养的房子邻居，住着一位羡慕他才情的美貌姑娘，姑娘经常来问候他。可是司马相如根本不在意，他盼望的是皇帝把他放回家乡，与卓文君一起过那清贫的日子。卓文君得知丈夫出狱的消息后十分高兴，但随着又听到了她的丈夫在茂陵纳妾的传闻。在一个漫长的夜里，她用悲愤的心情，写成一首《白头吟》，托人带到茂陵。司马相如含着热泪读完了妻子亲手写的《白头吟》，便立刻派人将卓文君接到了茂陵，夫妻重聚，再也没有分离过，直到他们白头的时候，依然相亲相爱。

上九：鸿渐于陆，其羽可用为仪，吉

陆：山头。"仪"：古时候人举行仪式的道具，用鸟羽编织。"祥"：祥瑞。爻辞大意是鸿雁落在山头上，它美丽的羽毛可以用来编织舞具，给人们带来无穷的快乐，这是吉祥之兆。爻辞启示：人，不但要注重仪表美，而且要蓄养温顺谦逊之德，做到内外兼修、表里如一，无论走到哪里，都会受他人的欢迎。

1949年10月1日，工作人员见参加开国大典的张澜没有出席庆典的新衣服，建议他定做或买一套现成的。张澜不依，反以周恩来节俭的事例做工作人员的思想工作。工作人员只好作罢。当天下午，在北京天安门城楼上，毛主席身边站着的就是这样一位脚蹬旧而又旧的布鞋、身穿褪色的土布长衫、长须飘拂的张澜。后来政务院为张澜先生做了一身新衣服，张澜先生只是在参加外事活动或庆典时才穿，回到家里就脱下放到箱子里小心存放。

张澜在四川任省长时，由于清正廉洁，更是被人们称为布衣省长。他早在任川北宣慰使的时候，就由于经常资助贫困百姓，欠了不少的外债。回家后，为了还清外债，他把家里最后的地契拿出来抵债。张澜刚到四川任省长时，一心想雄霸四川的熊克武不相信张澜是清官，便命副官石清阳去南充抄张澜的老家。石青阳到了南充后发现张澜家家徒四壁，其母亲与妻子都穿着布衣并且是以务农的方式养活一家。石清阳看到此情况后深受感动，他向熊克武报告，省长家里家徒四壁，实在是无东西可抄。这事件让熊克武不得不相信世界上真的还存在清官。

四川北部西充县莲池乡观音堂村张官沟的张澜故居广场中央，有块用大理石锻造的笔直表方石。表方石正面镌刻着毛泽东对先生的评价——"表老者，天下之大老也"，高度称赞了张澜先生的高尚品德；背面镌刻的则是张澜孙女的题词——"表里如一，方正做人"8个大字，真实地诠释了张澜先生方正清廉的一生。

总之，渐卦阐释的是由停顿的状态，迈步向前时应采取循序渐进的原则。前进才能有所发展，但前进当然要果断，还要把握中正之道，不可强取冒进，应当稳当，脚踏实地，一步步地循序向前迈进。在顺应规律中要甘于担当、主动作为，要有全局意识，还要蓄意养德：不睚眦必报，要以德报怨，不变节求荣、华而不实，要忠贞不渝、表里如一。

悟渐卦，不为名利所累，方可进退自如。

女归迪吉

【原文】

归妹：征凶，无攸利。
初九：归妹以娣，跛能履，征吉。
九二：眇能视，利幽人之贞。
六三：归妹以须，反归以娣。
九四：归妹愆期，迟归有时。
六五：帝乙归妹，其君之袂，不如其娣之袂良。月几望，吉。
上六：女承筐无实，士刲羊无血，无攸利。

归妹卦是《周易》第五十四卦，讲述的是男婚女嫁之道，表示行为不能违背常理，要自觉杜绝急于求成、鲁莽行事的习惯，否则就会出现危险。《象》曰："泽上有雷，归妹；君子以永终知敝。"寓意是夫妇关系和睦、白头偕老，暗示事物发展进入新的阶段后，作为主体就要有长远眼光，要主动求新求变，万不可墨守成规。

泽上有雷,归妹:君子以永终知敝

曹志云,字松石,1946年出生,河南开封人,几十年在书海中笔耕不辍,现为开封意拳书画研究会艺术顾问。

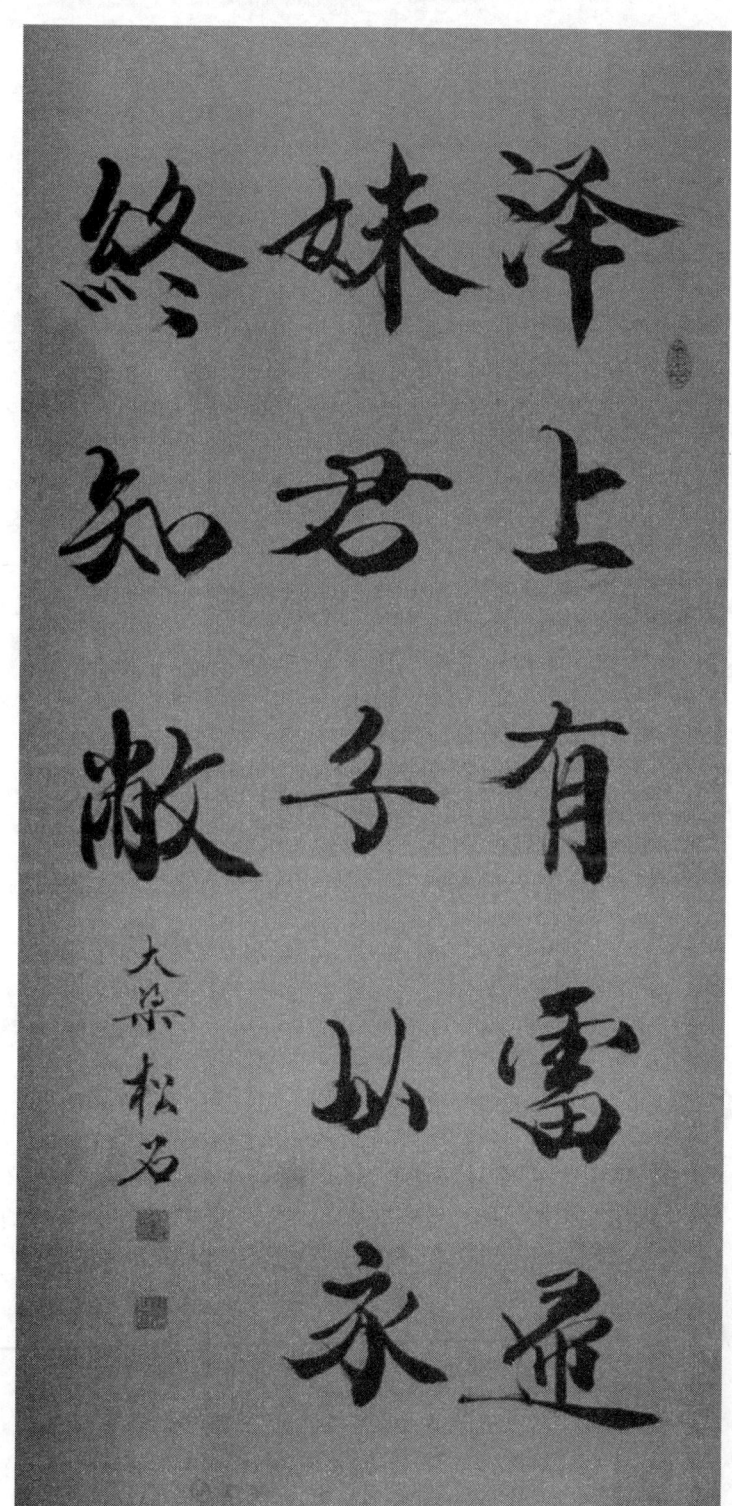

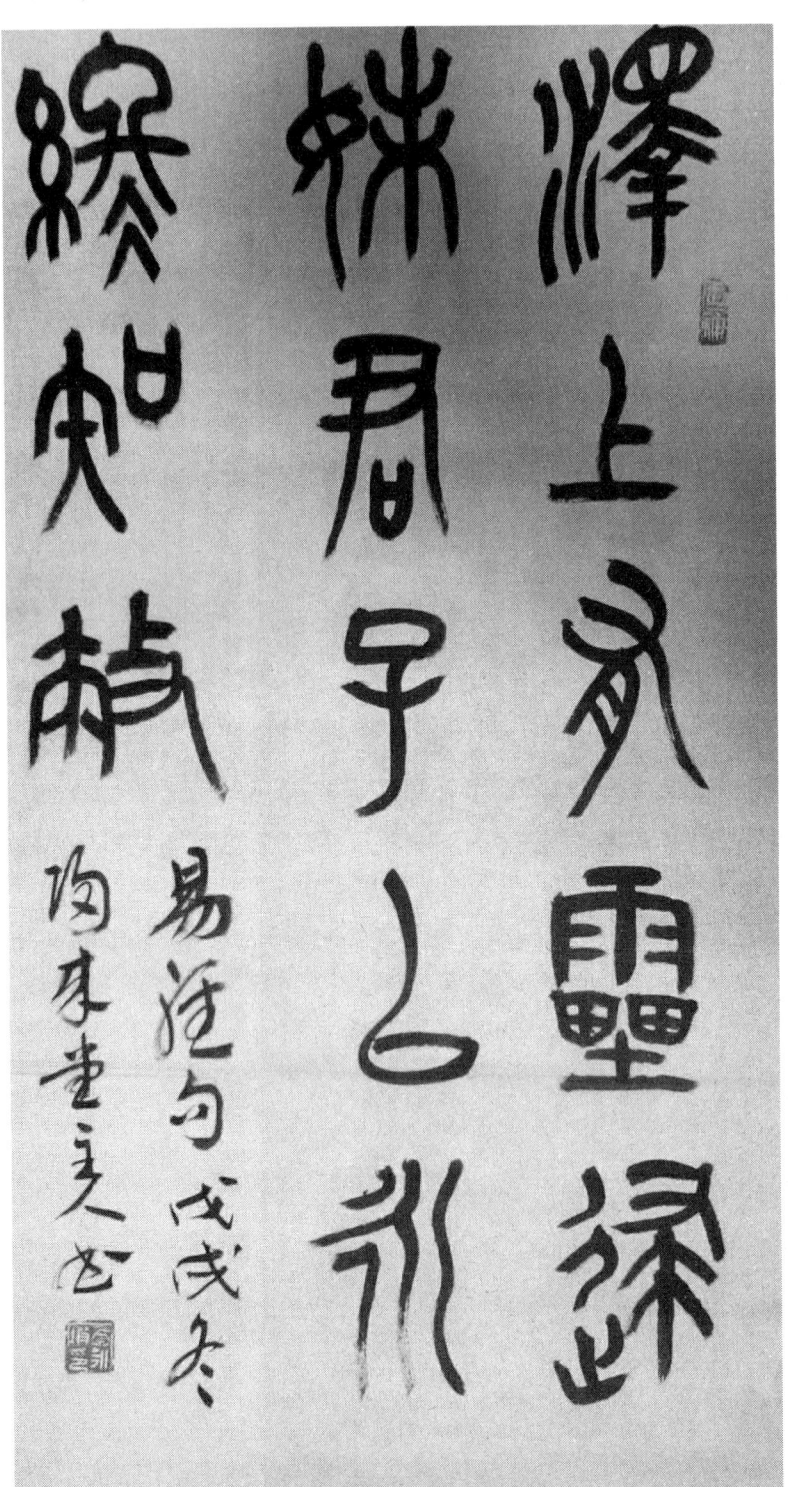

秦永波，1982年出生，河南开封人，现为河南省书法家协会会员、启仁印社常务理事、启仁文化中心主任、云文书画院秘书长。

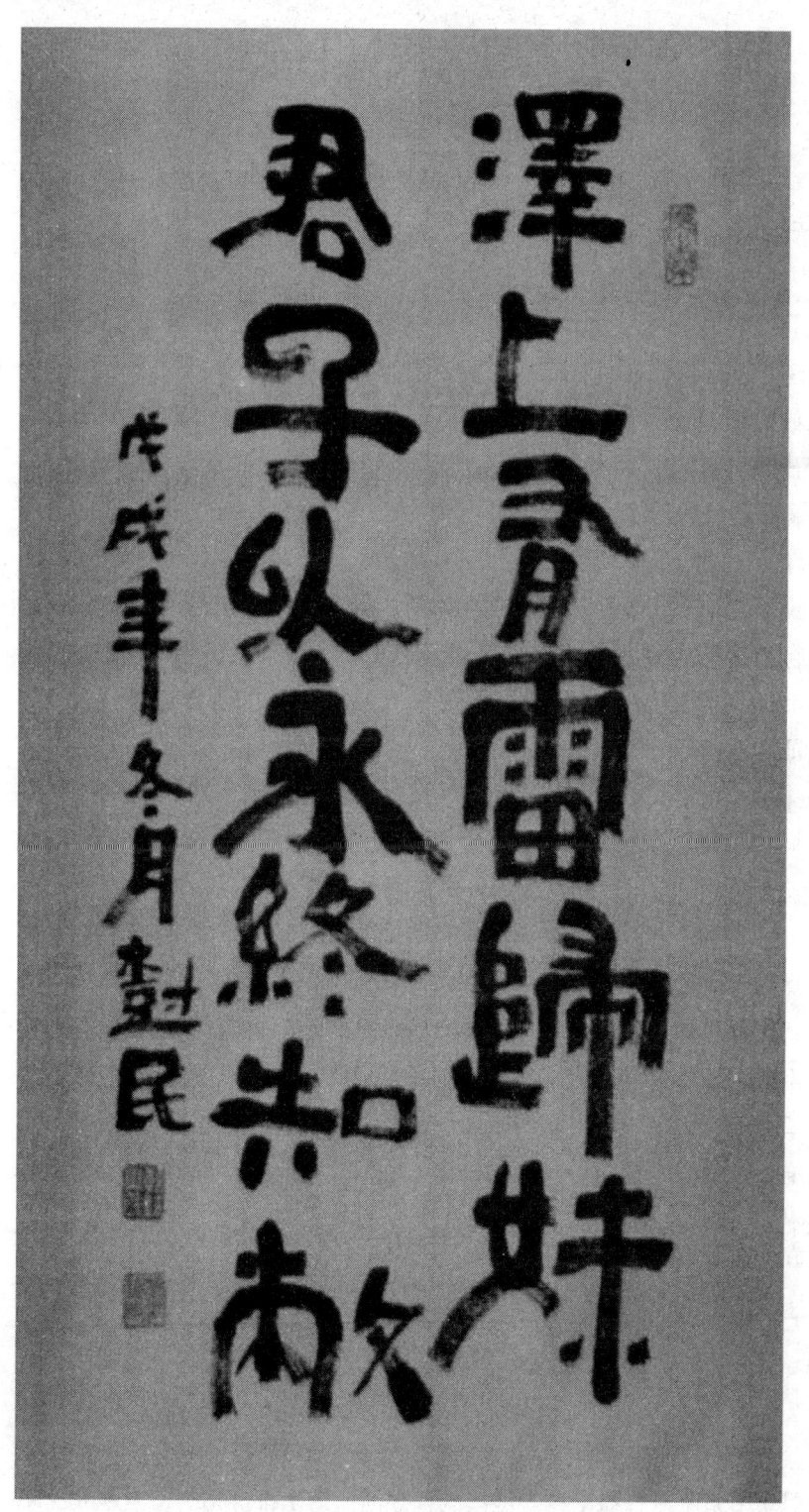

韩树民，字玩石。1955年出生，河南正阳人，现为中国书画研究院研究员、中国玄奘书画艺术院常务院长、中原王锋书画研究院副院长、河南省书法家协会会员。

第五十四章　顾大局　利彼此　团团结就玲珑面

归妹：征凶，无攸利

　　归妹卦，其下卦为兑，兑为泽；上卦为震，震为雷。天上打雷，预示着马上就要下雨，润泽大地。比喻男女倾心相爱最终成为眷属。"归妹"：并不指妹妹要出嫁的意思。这个还是要结合当时周文王所处的时代特征来分析。当时周文王处在商末，商人尊母统，帝位传承是以兄终弟及为主，仍然保留了母系氏族的特点，如1939年出土的后母戊大方鼎（原称司母戊大方鼎，又称后母戊鼎）。这样登峰造极的青铜重器是为母亲所铸，可见母亲的地位之崇高。武丁的妻子妇好能征惯战，功劳赫赫，她的墓葬规模之大、随葬品之豪华是罕见的，也可看出妇好的地位极其显赫。商纣王宠妲己，对她言听计从，周武王说她是母鸡司晨。以上种种都说明商族是母系氏族。周人尊父统，随着周灭商，母系氏族和归妹婚姻逐渐淡出历史舞台。归妹婚姻是母系氏族的男嫁女婚姻，也如现在的"倒插门""入赘"等。"征凶"：强行冒进。"无攸利"：一点好处都没有。归妹卦辞大意是强行冒进，一味地追求"归妹"，即男嫁女（倒插门）的婚姻，这样是不会幸福的。比如：一个大小伙子，甘愿下嫁到富婆家里，肯定会受到非议，议论的人多了，夫妇俩就会矛盾不断，婚姻也就会动摇，闹腾着分手的概率就大，当然为"凶"。卦辞启示：要遵守事物发展的客观规律，尊重生活习惯，做事不能违背常理，也不能违背习俗，否则是非不断。

　　风俗习惯，大多体现在农村，而农村的风俗习惯，又集中体现在红白事上。几千年来，老祖宗留下的一套程式，一直左右着一代又一代人，谁也不愿意从自己头上开刀变革。一者怕因不尊祖制带来后患，二者怕同村人说长道短。

初九：归妹以娣，跛能履，征吉

　　"娣"：古代女子出嫁时，随其陪嫁的女子。姐妹共嫁一夫，幼为娣，长为姒。受封建时代社会体制制约，婚姻并非一夫一妻制，所以说二女共嫁一夫，并不奇怪。"跛"：一高一低。"征"：出行。爻辞大意是姊妹共嫁一夫，这是古代贵族婚嫁的常规。位置一高一低，这个"娣"，相当于小媳妇，受男人管制不说，还要取悦于大媳妇，内心极其委屈。这个委屈如同跛腿走路一样，极其难受，但是还得小心忍耐，忍受多了，就会出头，当然不会有坏事。

　　每年当干旱季节来临时，撒哈拉大沙漠的杜兹河流的水都会枯竭，当地农民便再也无法从河流里取到水以饮用。为省事，当他们在劳作口渴时，便会深挖出河床里的淤泥，找出几条深藏在其中的肺鱼，肺鱼体内的肺囊里储存了不少干净的水。农民们将挖出来的肺鱼对准自己的嘴巴，然后用力猛地挤上一顿，肺鱼体内的水便会全部流了出来，帮他们方便解渴。然后，农民便会将其随意一扔，不再顾及它们的死活。

有一条叫"黑玛"的杜兹肺鱼就不幸遇见了这样的事情：一个农民挤干了它的水分后，便将它抛弃在河岸上。黑玛被太阳晒得冒油，最后终于跳回到了之前的淤泥中，重新捡回一条命，但是，很快又被一个搭建一座泥房子的农民毫不知情地打进泥坯里。泥坯晒干后，那个农民便用它们垒墙，黑玛很自然地便成了墙的一部分，完全被埋进墙壁里。墙中的黑玛已完全脱离了水，而且没有任何食物，它必须依靠囊中仅有的一点水，迅速进入彻底的休眠状态。

在黑暗中整整等待了半年后，久违的短暂雨季，将包裹黑玛的泥坯轻轻打湿，水汽开始朝泥坯内部渗入。湿气很快将黑玛从深度休眠中唤醒过来，体衰力竭且体内水分已基本耗尽的黑玛，开始拼命地整天整夜地吮吸，好将刚进入泥坯里的水汽和养分一点点地全部吸入肺囊中——这是黑玛唯一的自救办法。当再无水汽和养分可吸之时，黑玛又开始新一轮休眠。

很快，新房盖好后的第一年过去，包裹着黑玛的泥坯依旧坚如磐石，黑玛如同一块"活化石"被镶嵌其中，一动不动。黑玛唯有静静等待。第二年，在自然变化以及地球重力作用下，泥坯彼此之间开始有了些许松动。黑玛不再休眠，而是开始日夜不停地用全身去磨蹭泥坯，生硬的泥坯刺得黑玛生疼，但它始终没有放弃。在黑玛昼夜不断的磨蹭下，第三年它周围的空间大了许多。第四年，难得一见的暴雨，呼啸而至，更可喜的是，由于房子年久失修、泥坯松落，直至最后完全垮塌。此时，黑玛用尽全身最后的一点力气，与暴风雨内应外合，一较劲，破土而出。重见天日的黑玛很快便游到不远处的一条河流中，肺鱼黑玛终于战胜了死亡，赢得重生。这是杜兹，也是整个撒哈拉沙漠里的生命奇迹。而这个奇迹的名字便叫坚持和忍耐。

九二：眇能视，利幽人之贞

"眇（miǎo）"：缺了一只眼睛，或眼睛有残疾，比喻眼不大好使。"幽人"：深藏于绣阁中的黄花闺女。"贞"：正道。爻辞大意是寻找了一个窝囊废的丈夫，都怪当初眼睛瞎了，这才是"眇能视"的形象比喻。这个时候，不能再怨天尤人了，只有谈笑如常地过日子。想一想也对，生气不如争气，还不如面对现实过好生活。爻辞启示：要安心静气地面对现实，不抱怨生活，只有靠自身努力才能改变现状，达到目的。

有一名年轻的农夫,划着小船,给另一个村子的居民运送自家的农产品。一天天气酷热难耐,汗流浃背的农夫心急火燎地划着小船,希望抓紧完成运送任务。突然,农夫发现一只小船沿河而下,迎面向自己快速驶来。眼看就要两船相撞,但对面的船却丝毫没有避让的意思。最终两船相撞,农夫彻底被激怒。当他怒目而视小船时,却发现船内空无一人。听他大呼小叫、厉声斥骂的小船原来是只空船。

在多数情况下,当我们责难、怒吼的时候,我们的听众也许正是那一艘"空船"。那个我们认为令人怒不可遏者,绝不因我们的斥责而改变。为此,"山不过来,我就过去"。与其一味地抱怨与指责,不如尝试着去改变。改变自己,改变现状,让生活变得更加如意起来,正是爻辞所赋予的实际意义。

六三:归妹以须,反归以娣

"须":等待。"娣":小媳妇。爻辞大意是急欲媚上待嫁而不得嫁时,只好返回等待,结果误了青春,无奈只好给别人充当了小老婆。《象》曰:"归妹以须,未当也。"意思是女子想要嫁为正室,一直未找到合适的对象,还在等待,这是不正当的。爻辞启示:天下没有后悔药,做人一定要认清自己,那些犹豫不决却固守自己的人,只能错失良机,最终自食其果。

《三国演义》中有一段曹丕错失良机的故事,讲道:没有人会无缘无故投降,当年曹操大军南下逼降,孙权尚且拒绝;曹丕还未发兵,孙权今日却主动求降,其中必有缘故。刘晔就因此分析:孙权外有刘备强敌来袭,又怕被曹丕乘机攻击,因此派遣使者送于禁等人返回曹丕处,卑辞奉章,一来可以防止曹魏发兵攻击,二来还可假借曹魏援助,不但可迷惑刘备,还可安定吴境军民。因为吴蜀二小国互相救援,曹魏并无机会下手,现在二国互斗,在蜀攻击吴境时,不如曹魏也同时发兵攻击,不出10天,吴国就可灭亡。吴国灭亡后,蜀国势力孤单,也不会支持太久。但是曹丕根本听不进意见而给予拒绝。

真是太可惜,刘晔分析相当正确,拥有当时天下五分之四的曹魏,正面攻击都苦无空隙,何况是有机会令孙权措手不及。曹操临死前屡攻东吴皆铩羽,不得不半途而撤退;现今正有机会,两面夹攻孙权,孙权光是抵挡任何一方都勉为其难,若是双管齐下,后果可想而知。曹丕攻击东吴,就算不能拿下孙权,也能趁机侵占土地,反正趁火打劫,孙权无法两方同时面面俱到。甚至于曹丕转攻汉中及益州,趁刘备东征不能兼顾,同样可占尽便宜。

采取隔岸观火的方针,导致的结果是魏不助吴,也不助蜀,让蜀吴二国互相残杀,如果到时候只剩一国,最后再来发动攻击也不迟。这种中庸讲法,可惜已经落入吴国计谋的圈套。因为三国一直处在战争状态,虽有一时和平,但将来难免互相战争，突然间暂停战争不出兵，令人奇怪。

曹魏自赤壁之战以来，与孙权交战连连，濡须、合肥等地，屡次发生过十几万人以上的大规模战争，甚至于皖城、南郡等地还被孙权侵略占领，后来曹丕还多次对孙权发动战争，曹魏对东吴不是从此和平不打仗。孙权投降的目的，就是不希望曹丕攻击，曹丕不出兵，正符合孙权意图。曹丕放弃趁机攻击孙权的机会，让孙权无后顾之忧地应付刘备攻击，可谓错失良机。机会不是常常敲门，一旦错过，下一次不知何时会再来。

九四：归妹愆期，迟归有时

"愆期"：耽误期限。"迟"：迟迟。"归"：嫁人。"有时"：有所等待。爻辞大意是出嫁时超过了婚龄，迟迟不嫁是因为有所钟情的人。爻辞启示：好饭不怕晚。人生路上难免有所坎坷，只要心中目标确立，笑到最后，就是赢家。

著名的鲁尼恩定律讲道：竞争是一项长距离的赛跑，一时的领先并不能保证最后的胜利，阴沟里翻船的事并没少发生。同样，一时落后并不代表会永远落后，奋起直追，就会成为笑到最后的人。通用汽车公司与福特汽车公司对汽车行业主导权的纷争，就为人们提供了一个绝佳案例。

20世纪初期，汽车还是富人专有的象征。1903年，亨利·福特建立了福特汽车公司。福特目标非常明确，就是要制造工人们都买得起的汽车。经过多年的精心研制，亨利·福特终于造出了自己梦想中的汽车。这种T型车坚固结实，容易操纵，售价825美元。1908年，T型车推向市场，当年就卖出了1万多辆。接着，福特不断削减各种成本，到了1912年，T型车的售价就降到了575美元，这也是汽车售价第一次低于人们的年均收入。到1913年，福特汽车的年销量接近25万辆。

要为大众制造汽车，就必须让人们买得起，这就意味着必须要建立一种规模经济，进行大规模生产，这样才能降低成本。一次偶然机会，福特参观了芝加哥一家肉品包装厂。当时他看到肉品切割生产线上的电动车将屠宰后的肉品传送到每位工人面前，工人们只需切割事先指定部位的肉品。福特大受启发，回来就为自己公司建立了汽车装配线。装配线的建立，让福特公司拥有了明显的效率优势，远远胜过了竞争对手。在1908年至1912年，装配线的建立让汽车售价降低了30%。到了1914年，福特公司的1.3万名工人生产的汽车超过26万辆。那一年，其他所有汽车制造商总共才生产了28.7万辆汽车，仅仅比福特公司多出10%。

1920年，美国经济出现衰退，汽车需求量随之减少。由于福特汽车的成本很低，因此他们能够将自己汽车的价格再降低25%。这时的通用汽车公司就无法像福特汽车公司那样去做，销售额急剧下滑。1921年，福特汽车的销量占据了整个市场份额的55%，而通用汽车公司所有汽车的销量仅仅占了整个市场份额的

11%。在与福特竞争中败下阵来的通用汽车公司总裁斯隆明白，自己不能与福特公司的低成本T型车展开竞争。经过权衡利弊，斯隆认为，福特公司只制造一种类别的汽车，这虽是他们的优势，但也是他们的劣势。随着人们对汽车需求的改变，产品多样化、消费者分层化应该是汽车发展的一个方向。于是，斯隆为通用汽车公司制定了"满足各类钱袋、各种要求"的汽车新战略，参照人们经济状况的不同，提供出不同价位和档次的产品。

在斯隆领导下，通用汽车公司的业绩节节上升。1927年5月，它逼迫亨利·福特不得不关闭了自己钟爱的T型车装配线，转而向产品多样化和分层化方向努力。1940年通用汽车公司的市场份额上升到了45%，而福特汽车公司的市场份额则下跌到16%。斯隆的战略取得了辉煌成就。

六五：帝乙归妹，其君之袂，不如其娣之袂良。月几望，吉

"帝乙归妹"：商周时代，贵族通婚盛行陪嫁习俗，陪嫁不仅是陪嫁妆，而是新娘要将自家的妹妹或表妹带着一起出嫁，谓为"媵妾"，又叫"娣"。"袂"：华丽的衣服。"月几望"：月亮快要圆了。爻辞大意是为了稳定局面，进行必要的政治联姻，双方都达到了某种目的，如月亮圆一样，这是好事。爻辞启示：为了大局，牺牲局部利益，最终皆大欢喜。

帝乙是商纣王的父亲，史称殷高宗。帝乙的父亲在位时，杀了周族首领季历以后，商周关系开始恶化。季历之子姬昌（周文王）继位后，积极积蓄兵力，准备为父报仇。这个时候，商朝国势已趋于没落，而且由于与周边小国的关系不睦，可以说是腹背受敌。为改变这种局面，修好与商周间的臣服关系，帝乙决定将胞妹嫁于周文王姬昌，并采用和亲的办法来缓和商周矛盾，稳定全局。周文王虽然一心想灭掉商朝，但是觉得自己国力弱小，时机还不成熟，为了稳住商王，同时争取充足时间，同意与商联姻。于是帝乙亲自择定婚期，置办嫁礼。成婚之日，周文王姬昌亲自去渡水相迎，以示其郑重之极。周人自称"小邦周"，称商为"大邑商"，能够与商王之妹联姻，觉得是"天作之合"。

商王帝乙的妹妹太姒就这样踏过那道跨越界河的桥梁，她一身所系，是两个国家的命运，肩膀的那头是母国，肩膀的这头是夫国。她带来了大国的风范和仪规。从前，这些只是用在祭祀的场合，而一旦令不信鬼神的周文王得到，就变成了正教化、变风俗的礼乐文明。她带来了女人看世界的观点，这个世界不是能够被厮杀和武力所能征服的，那些想凭借力量占有天下的人必然不能够长久，长久来自于圆满德行、不断求新的柔性力量；她改变了年轻气盛的周文王，使他懂得忍耐、懂得安时处顺、懂得静悄悄地审时度势，追求递世而传的功业，尽管这些东西不一定在周文王自己的手中实现。

诚然，这次联姻，使商朝暂时少了一个劲敌，同时使周朝获益。当时周朝是西部边界上刚刚崛起的一个部落，各方面非常落后，因为帝乙的妹妹带去了大量嫁妆，还有殷商数百年来的沉淀的传统文化。商周双方皆大欢喜，商周重归于好。帝乙嫁妹，以此得福，大吉大利。

上六：**女承筐无实，士刲羊无血，无攸利**

"承筐"：新娘在祭祀时恭敬地捧着的筐，内装各种祭品。"女"：年轻女子，即新娘子。"士"：男子。"刲"：宰割。爻辞大意是新娘子捧个筐，筐里没有任何祭祀的东西；新郎以刀刺羊，但不流血；二者没有任何意义。爻辞启示：有名无实、同床异梦的合作，必然会毫无意义。

血缘纽带的长期存在并影响政治，决定了中国传统政治的最原生形态必定是"兄弟政治"。如《左传》中记载的西周初年天子大封同姓诸侯。武王驾崩后，成王年幼，此时出来摄政的，乃是周公。可见，西周统治者是希望推行"兄弟政治"来巩固"小邦周"对"大邦殷"骤然取得的军事胜利，维持统治机器的正常运转。

然而，动机虽然很好，但在具体运作中，效果却不佳。最初跳将出来反抗周室的，竟然是成王的亲叔叔，周公旦的表兄弟管叔、蔡叔、霍叔一伙，他们先是散布政治谎言，蛊惑人心、搅乱朝廷，接着又策动纣王之子武庚举起叛帜，彼此狼狈为奸，沆瀣一气，向周天子亮出刀枪，妄想重新洗牌，专擅天下。闹得周公不得已说服吕公，发表《大诰》，"内弥父兄，外抚诸侯"，亲自挂帅，率师东征，费尽九牛二虎之力才把叛乱镇压下去。此事史称"管蔡之乱"或"三监之乱"。"兄弟政治"从一开始便亮起了红灯，同床异梦中当然"无攸利"。其前途可见一斑。

总之，归妹卦是讲婚配的卦，卦里卦外突出的则是合作规则。从一开始的不堪忍辱负重，到正确面对现实，到不错失良机，到认准目标，笑到最后；到顾全大局，再到合作中的名副其实。其中无处不散发着合作之美、互相谦让之德的光辉。

帝乙归妹

【原文】

丰：亨。王假之，勿忧，宜日中。

初九：遇其配主，虽旬无咎。往有尚。

六二：丰其蔀，日中见斗，往得疑疾，有孚发若，吉。

九三：丰其沛，日中见沫，折其右肱，无咎。

九四：丰其蔀，日中见斗，遇其夷主，吉。

六五：来章，有庆誉，吉。

上六：丰其屋，蔀其家，窥其户，阒其无人，三岁不觌，凶。

丰卦是《周易》第五十五卦，讲述的是丰大殷实之道，表示事业辉煌、如日中天，应及时防变，否则物极必反。《象》曰："雷电皆至，丰；君子以折狱致刑。"寓意是雷电到来时场面盛大，君子应该像雷电那样光明正大，在前途一片顺畅时，还要防止乐极生悲。

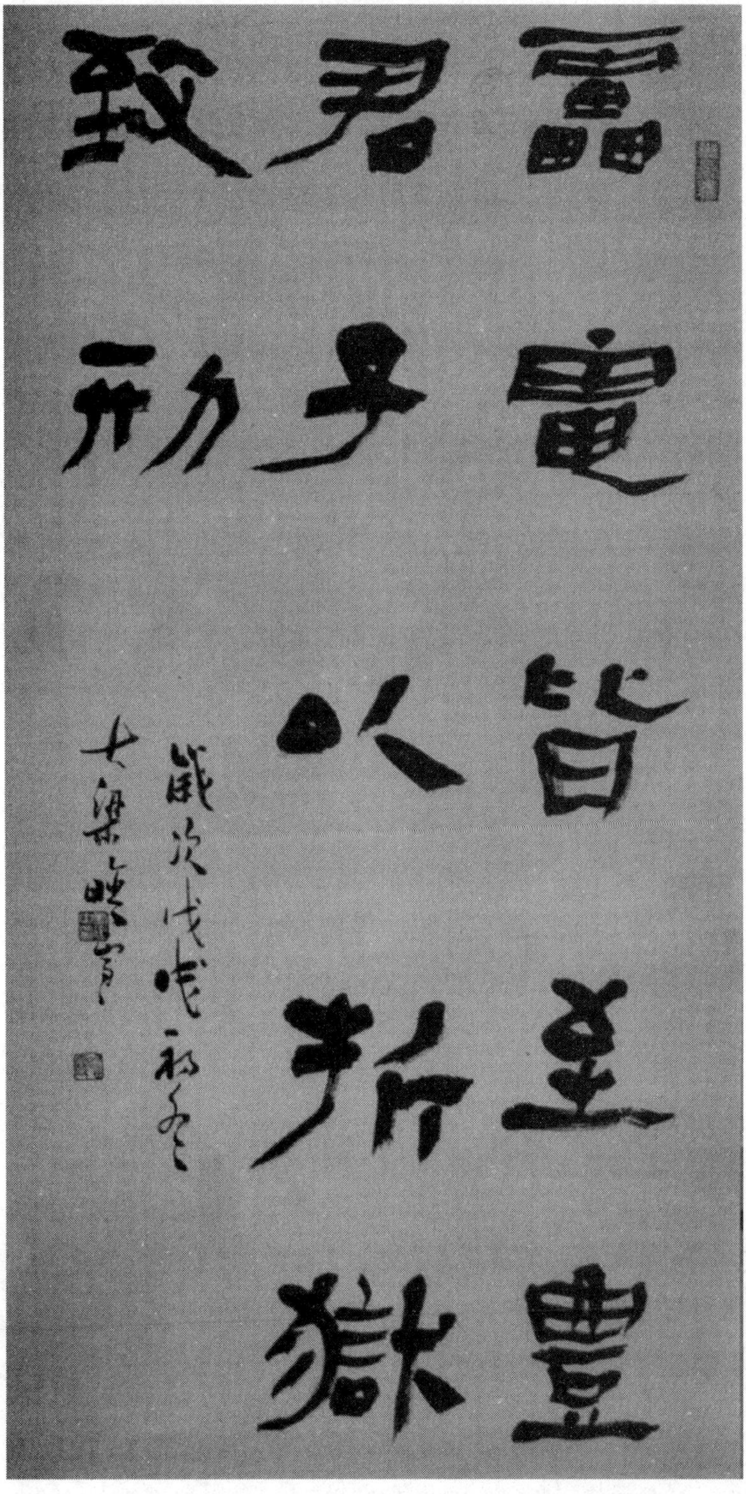

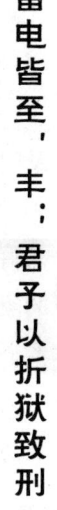

雷电皆至,丰：君子以折狱致刑

刘建中，1954年出生，河南开封人，现为中国书法家协会会员、中国书画家协会理事、开封大梁书画院副院长、刘庚三书法研究会艺术顾问、开封意拳书画研究会艺术顾问。

第五十五章　多主动　少抱怨　成由勤俭败由奢

丰：亨。王假之，勿忧，宜日中

丰卦是震上离下的雷火丰之象。震为雷，离为火、为电，预示着雷电交加，及时雨即将从天而降，润泽万物。"丰"：丰收，盛大。"假"：充当。"忧"：担心。"日中"：中午时分。卦辞大意是非凡天象出现时，执政者混杂在百姓队伍中与百姓一同观看，即微服私访、体察民情、与民同乐；不要担心，这是繁华盛世的象征。但是，按照《周易》原理，每一卦都不是尽善尽美的，几乎都是否中有泰、泰中有否，都不是绝对的，这也符合《易经》中透析出来的哲学原理。卦辞中的"宜日中"值得玩味：日正当中，无法持久，不久就会偏斜，提醒人们时刻要防止骄傲自大，否则便会乐极生悲。治乱相因，盛衰无常，不可不警惕呀！

《道德经》第五十五章认为福可为祸、正可为奇、善可为妖，事物发展到极限就会向相反方面转化，也就是物极必反。这种聪明的想法可以概括为，一件事物，一旦过于圆满，就会开始减损。这个道理适用于普天众生、万事万物，这是老子哲学思想的精髓，也是丰卦体现的主旨。

事实上，乐极生悲是经常发生的。比如李闯王进京，崇祯皇帝自缢身亡，江山得来如此容易，李自成及麾下的一些大将们得意忘形，以为天下大定，可以为所欲为。他们纵容部下、骄奢淫逸、烧杀抢掠、军纪败坏，无所不为，结果从1644年三月十九日到四月三十日只"乐"了42天，形势就来了一个大逆转。大顺军先是退出北京，最后退到了九宫山，一代豪杰兵败身亡，落得个乐极生悲的下场。

初九：遇其配主，虽旬无咎。往有尚

"配主"：与自己的才能相匹配的领导者，即德才兼备的领导人。"旬"：古人以"旬"作计时单位，10日为一旬，沿用至今。"尚"：收获。爻辞大意是遇到明主，虽然过了十天半月，但至少没有错过自己施展才华的平台，还可以大有发展。爻辞启示：英雄择明主而辅佐，只要志同道合，则可弃暗投明，不要在乎别人的嘴巴，尽管大胆去追逐并实现自己的梦想。

1948年12月22日，傅作义被列入战犯名单的新闻发布后，他颇感失望，贸然决定乘机离开北平（今北京），并决定中断与中共方面谈判。彭泽湘闻知此情，立即去找侯少白，请侯向傅详陈得失，劝其绝不可走。彭还找到傅作义的老师、挚友刘厚同，请刘力劝傅不可采取这种下策。很快，中共地下党联系人向彭泽湘、张东荪传达了中共有关方面的意见，说战犯名单虽有傅，但和平起义后自不成问题，希望傅能与中共合作，勿生退意。彭、张向傅转达中共方面意见后，傅较前平静许多，特派出他的民事处少将处长周北峰作为他的正式代表，并请彭泽湘、张东荪陪同，再次与中共方面谈判。

在中国共产党的积极争取和各方面力量的推动下，傅作义终于下定决心，排除各种阻力，克服重重障碍，准备迈出和平起义的关键一步。

12月28日，傅作义派专机到包头将邓宝珊接到北平。邓是傅十分信赖的朋友，又与中国共产党长期保持着友谊。邓宝珊到北平后，二人频繁地进行交谈。此时傅派出少将处长周北峰、民盟成员张东荪与解放军平津前线司令部再次谈判，并草签了会谈纪要。傅对是否接受正有所犹豫时，经与邓宝珊推心置腹地交谈，消除了思想上的疑虑，毅然决定派邓宝珊作为他的全权代表，再次出城谈判。

1949年1月14日，邓宝珊由周北峰陪同，在通县马各庄解放军平津前线司令部招待所与林彪、罗荣桓、聂荣臻正式会谈，原拟谈判内容包括平、津、塘、绥4地实行和平解放。是日，解放军平津前线司令部下了对天津总攻令，当晚天津解放。中共中央指示绥远问题留待以后解决。为此，双方就北平和平解放问题达成了协议。

六二：丰其蔀，日中见斗，往得疑疾，有孚发若，吉

"蔀（bù）"：搭棚用的席子，用来遮挡阳光的帘子，"斗"：北斗星。"疑疾"：猜疑症。"孚"：诚信。"若"：对方。爻辞大意是世道浑浊，光亮遭到云的蒙蔽，好比明亮的白天却看到了夜晚的北斗星，前往行事会被猜疑；如果能以自己的至诚之心去感化对方，那么最终是吉祥的。爻辞提供给人们启示：追求盛大，容易迷失方向；精诚所至，金石为开，靠诚信以拓展其盛大之志。

"水滴石穿""铁杵磨成针"的故事教育了无数的中国人，也在无时无刻警示人们，缺乏耐心是无法成就事业的。中国如此，外国也是如此。美国玛丽·凯化妆品公司的董事长玛丽·凯在创业初期历经失败，承受了种种痛苦。然而，她从来不灰心，经过努力，最终成为一名大器晚成的化妆品行业"皇后"。20世纪60年代初期，玛丽·凯已经退休回家。可是过分寂寞的退休生活使她突然决定冒险。经过一番思考，她把一辈子积蓄下来的5000美元作为全部资本，创办了玛丽·凯化妆品公司。为支持母亲实现狂热的理想，两个儿子也加入到母亲创办的公司中来，宁愿只拿250美元的月薪。玛丽·凯知道，这是背水一战，是在进行一次人生中的大冒险，弄不好，不仅自己一辈子辛辛苦苦的积蓄将血本无归，而且

还可能葬送两个儿子的美好前程。在创建公司后的第一次展销会上，她隆重推出了一系列功效奇特的护肤品。按照原来的想法，这次活动会引起轰动、一举成功。可是"人算不如天算"，整个展销会下来，她的公司只卖出去1.5美元的护肤品。意想不到的残酷失败，使她控制不住地失声痛哭。

她经过认真分析，终于悟出：在展销会上，她的公司从来没有主动请别人来订货，也没有对外发订单，而是希望女士们自己上门来买东西。商场如战场，从来不相信眼泪，成功也不是哭出来的。玛丽擦干眼泪，从第一次失败中站了起来，她不允许自己倒下，始终坚持着自己的信念，在重视生产管理的同时，加强了销售队伍的建设。经过20年的苦心经营，玛丽·凯化妆品公司由初创时的雇员9人，发展到现在的5000多人；由一个家庭公司发展成一个国际性公司，拥有一支20万人的经销队伍，年销售额超过3亿美元。事实说明，是坚持，让玛丽·凯终于实现了自己的梦想。

九三：丰其沛，日中见沫，折其右肱，无咎

"沛"：通"旆"，即幔幕。"沫"：小星星。"肱"：手臂。爻辞大意是大布幔遮住了太阳，中午的时候只能看到小星星丁点亮光，如人折断了常用的右臂，但是"无咎"，这是大环境影响，不是自己造成的，当然对自己带来的影响不大。人到了这个份上，虽然不会造成灾祸，但也是相当苦闷与压抑的，只能靠自我调适。爻辞启示：困难只是暂时的，不能被其吓倒；形势所迫时，只要坚贞不屈，就会改变困境。

天汉元年（前100），苏武奉命以中郎将持节出使匈奴，结果被匈奴扣留。匈奴贵族多次威逼利诱，想让苏武投降匈奴。在苏武没有答应的情况下，匈奴贵族又将他送到北海（今俄罗斯）的贝加尔湖去放羊，并威胁他什么时候答应投降便回来，否则等公羊生出羊羔再回来。

结果，苏武历尽艰险，不为所动，留居匈奴19年持节不屈，至始元六年（前81），方获释回到汉朝。苏武去世后，汉宣帝将其列为麒麟阁11个功臣之一，彰显其节操。

九四：丰其蔀，日中见斗，遇其夷主，吉

"夷"：平等，相当。爻辞大意是世事浑浊，暗无天日，但大乱必有大治，明君呼之欲出，天下有救，大吉。爻辞启示：正当黑暗不明的时候，要采取行动，寻求志同道合的人，共同突破难关，就会吉祥。

中国春秋时期的著名军事家孙武，世称东方兵学鼻祖。他领兵打仗，战无不胜，曾与伍子胥率吴军破楚，五战五捷，率兵6万打败楚国20万大军，攻入楚国郢都，北威齐晋，南服越人，显名于诸侯。他所著的《孙子兵法》13篇，为后世兵法家所推崇，被誉为"兵学圣典"，成为国际最著名的兵学典范之书。

一次，有人问孙武："怎样布阵才能不被敌人击败呢？"孙武说："你如果打蛇的脑袋，它会用尾巴反击你；你去打蛇的尾巴，它又会用头部来袭击你；你如果打蛇的腰部，它就用头尾一齐来攻击你。所以，善于布阵的将才，也要会摆成蛇一样的阵势，头尾能互相救援，使全军形成一个整体，前、中、后彼此照应，才不会被敌人击溃、打散……"那人这才明白军队要想得胜，应该摆成蛇字形，但又产生了疑问，不知道士兵会不会像蛇一样，首尾互相照应呢？

孙武说："这是不必担心的。战场是生死之地，战争迫使军队必然齐心协力。比如两个仇人，平日见面恨不得彼此吃了对方。但是他们同乘上一条船渡海，遇到了狂风恶浪，眼看就有葬身海底的危险时，就会忘记旧仇，同心协力与风浪搏斗以避免船翻人亡的危险。连仇人在危险之时尚能同舟共济，何况没有冤仇、兄弟情深的将士，所以军队必然会像蛇一样成为一个整体，首尾相顾、彼此救援的。"这个人听了孙武的解释之后，觉得非常有道理，于是更加佩服孙武。

六五：来章，有庆誉，吉

"章"：文采，美丽的花纹，在此作美德讲。"庆誉"：值得载入史册的功勋。爻辞大意是本身并不具备条件的领导者，好的是有一批仁德之士来辅助，如果领导者能礼贤下士，就照样有所作为，当然吉祥。爻辞启示：只有求贤若渴、广纳贤士，才能追求盛大。

古时候，有个国君，最爱千里马。他派人到处寻找，找了3年都没找到。有个侍臣打听到远处某个地方有一匹名贵的千里马，就跟国君说，只要给他1000两金子，准能把千里马买回来。那个国君挺高兴，就派侍臣带了1000两金子去买。没料到侍臣到了那里，千里马已经害病死了。侍臣想，空着双手回去不好交代，就把带去的金子拿出一半，把马骨买了回来。侍臣把马骨献给国君，国君大发雷霆，说："我要你买的是活马，谁叫你花了钱把没用的马骨买回来？"侍臣不慌不忙地说："人家听说你肯花钱买死马，还怕没有人把活马送上来？"国君将信将疑，也不再责备侍臣。这个消息一传开，大家都认为那位国君真爱惜千里马。不出一年，果然从四面八方送来了好几匹千里马。

上六：丰其屋，蔀其家，窥其户，阒其无人，三岁不觌，凶

"窥"：窥视。"阒"（qù）：寂静。"觌"（dí）：见。"三岁"：是约数，形容多年、很长时间。爻辞大意是把自己锁在屋子里，封闭起来，只能通过门缝向外看，安静得如同无人之地，很长时间得不到外面信息，处境非常危险。爻辞启示：闭关锁国、搞自我孤立的人，时间长了，自然会被社会所淘汰。

清八旗军盛衰的历史教训主要是与故步自封不改革有关，就其实行封闭的用人制度来讲，致使人才危机日益严重。

八旗制度规定军职世袭：兵员都从旗人子弟中选募，旗人不得与汉人通婚，

以保持血统纯正；初级军官主要靠世袭或由官学中学习满汉语言、骑射功夫的八旗军官子弟中间选拔，属于中级军官的佐领，有勋旧、世管、互管、公中诸种，除公中佐领外，其余都是由某一个或几个世家子弟承袭；高级将领，如都统、副都统全都由满洲贵族世代垄断。由于世袭范围十分广泛，八旗军职的升迁失去了竞争力，失去了公正性，使得八旗军官队伍中充斥了昏庸无能、不思进取之辈。特别是清廷常派缺乏行伍经历及战争阅历的皇亲国戚担任大军统帅。这些人从小生长在深宫官府之中，过惯了骄奢淫逸的生活，大多不具有担任军队统帅的素质，却硬被置于关系到战争胜败、国家安危的重要岗位上，以此往往埋下失败的种子。

清军在征讨噶尔丹、平定准噶尔等作战中屡次受挫，都是由于任用了昏庸无能的八旗贵族做主帅所致。比如清军对准噶尔用兵时，雍正皇帝先后派出怯懦无能、寡谋鲁莽的满族贵族傅尔丹、马尔赛为将，结果损兵折将，一败涂地。而雍正皇帝不自省用人不当的教训，反而极力庇护败军之将，迁怒于汉人将领，赐给傅尔丹御带，却将汉人宁远大将军岳钟琪关进监狱，将汉人署宁远大将军纪成斌处死。有的八旗将领不仅无能，而且怕死，在战场上闹出不少笑话。康熙年间的乌兰布通之战，担任前敌将领的正白旗副都统色格，临阵怯战，推托中暑而下马。他的家人说：二品大员如此临阵退却，将来回去有什么脸面见人呢？又把他扶上马。色格却再次从马鞍上滚下来，躲进草丛。等到打完仗回营时，他还是浑身战栗不已，身穿甲胄、蒙着大被抖到天亮，一时传为军中笑谈。封闭的用人制度所带来种种的不利影响，从清朝可见一斑。

总之，丰卦阐释的是盛衰无常的道理，虽然卦名盛大，但全卦却暗无天日，谆谆告诫着盛极必衰、必须警惕的道理。贤明的领袖应当积极追求发展，创造财富，使天下分享丰衣足食的成果即新时代提出的"享有获得感"；然而也应当了解盛大时容易迷失方向的规律，必须居安思危，以诚信启发全民意志，坚持刚正的态度，精诚团结，任用贤能，积极作为，才能够享受丰盛成果，不致因盛大产生流弊，导致毁灭。否则，得意忘形、自我陶醉，必然使自己闭塞，于孤立中完全陷于黑暗境地。

折狱致刑

【原文】

旅：小亨。旅贞吉。
初六：旅琐琐，斯其所取灾。
六二：旅即次，怀其资，得童仆贞。
九三：旅焚其次，丧其童仆，贞厉。
九四：旅于处，得其资斧，我心不快。
六五：射雉，一矢亡，终以誉命。
上九：鸟焚其巢，旅人先笑后号咷。丧牛于易，凶。

旅卦是《周易》第五十六卦，讲述的是在外做客的旅行状态，表示行进虽然属小事，但也得小心谨慎，以求吉祥平安。《象》曰："山上有火，旅；君子以明慎用刑，而不留狱。"寓意是火势蔓延如同游人赶路一样，君子应当谨慎地使用刑法、明辨是非，处于多元状态时，还要顺势而为。

山上有火，旅：君子以明慎用刑而不留狱

葛天福，1962年出生，河南开封人，现为河南省书法家协会会员、开封大翰书画院院长，宋都书法研究会副会长。

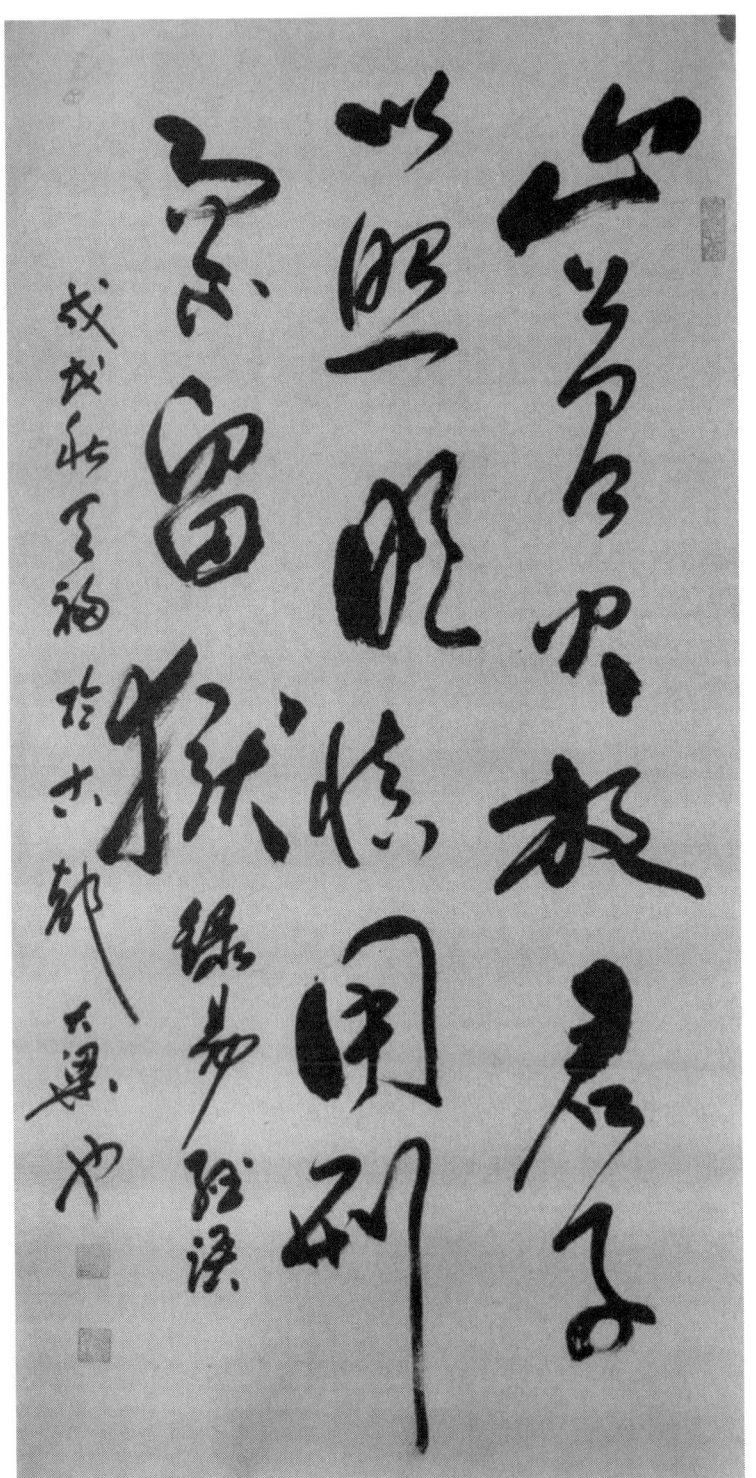

第五十六章　讲谦让　话舍得
　　　　　　　山色空蒙雨亦奇

旅：小亨。旅贞吉

　　"旅"：羁旅，在外旅行。旅卦是下艮上离的火山爆发之象。艮为山，离为火，山上燃起了火，火势蔓延，不停地往前燃烧，就像旅行的人，急着赶路一样，所以为旅卦。卦辞"旅：小亨。旅贞吉"是说，旅行本就是一种经常变换场所不安定的行动。古人讲得好：好出门不如歹在家。家才是温馨的港湾。居无定所，当然只是一人或少数人为寻一时的开心，所以称为"小亨"。卦辞又紧接着提出"旅贞吉"：只有沿着正确轨道发展才是顺利的。卦辞大意是人们出外旅行，大都是去没有到过的地方，处在陌生环境中，情况不太明朗，"十里不同天"，方向感也差，如果任意前行，也只能是侥幸取胜；"听人劝，吃饱饭"，还是乖乖听导游的话，按照规定的路线旅行，当然是吉利的；否则，容易迷失方向，或者出现意外。卦辞启示：情况尚不明确时，就不要草率行事，侥幸心理取胜的概率是存在的，但不是常态；要想顺利吉祥，就要沿着正确轨道发展。

　　1899年，瑞典著名的探险家斯文·赫定来到中国塔克拉玛干沙漠探险。他的骆驼队在沙漠中艰难地行走了很多天，却没有一点收获，而他们的当务之急是找到水源，因为人和骆驼都坚持不了多久。他们走到一个低洼的地方，斯文·赫定发现那里好像隐藏着水源。人们准备挖坑的时候才想起来，他们带来的铁锹丢在了上一处休整的地点。于是，斯文·赫定派出了经验丰富的当地向导奥尔得克沿原路返回去找铁锹。在奥尔得克第二天早晨返回的时候，他不仅带回了丢失的铁锹，还带来了一块很大的木雕。他对斯文·赫定说，这是他在回程途中的一个岔路口捡到的，那里还有很多这样的木雕。斯文·赫定研究后发现木雕上的图形非常漂亮、精致，他猜测木雕散落的地方一定大有文章。随行的人们也对这块木雕感到好奇，他们都叫嚷着让奥尔得克赶紧带领人们赶到木雕散落的地点，但是，斯文·赫定却阻止了大家。大家补充了足够的淡水以后，斯文·赫定就带着骆驼队走出了沙漠，这次探险他们无功而返。

　　次年3月，斯文·赫定决定再次去塔克拉玛干沙漠。他又找到奥尔得克，在他带领下，斯文·赫定找到了1座佛塔和3间坍塌的建筑物。后来证实，斯文·赫定发现的地方就是闻名世界的古楼兰王国的遗址。

当时，斯文·赫定带着这个发现回到瑞典后，在宴会上，一位公爵问他："请问您上次既然已经发现了古楼兰王国遗址的蛛丝马迹，为什么在一年之后才有所行动呢？"斯文·赫定回答："假如把这次成功当成一篇好文章，那么它就应该包括开头、主体和结尾部分。现在的宴会是我这篇文章的最好结尾，那么发现它的过程就是文章的主体，而无功而返的第一次就是开头，要知道，那时我们的队伍人困马乏、物资短缺，如果再贸然前往，就一定会遇到不可预知的危险。既然我的文章开头已经定好，那么不如等到时机成熟后再另起一段，继续写文章的主体部分。"

诚然，斯文·赫定的做法是值得学习的，毫无计划去草率前进有时反而不如在原地按兵不动等时机成熟后再去做这件事，因为草率的后果往往是人们难以估量的。

初六：旅琐琐，斯其所取灾

"琐琐"：琐碎品，心眼较小的人。"斯"：这是。"其"：自己。"取灾"：埋下危险，招来灾祸。爻辞大意是在一起旅行中，因为过于吝啬，所以招来灾难。爻辞启示：不可斤斤计较，应当学会谦虚忍让，从大处着眼，才能利于长久发展。

中国古人认为：谦让、礼让，是德的主体、礼的主体。一人让，从而带动人人让，国家便可安宁久长。

春秋时期，晋国和齐国在鞌这个地方大战，战斗进行得异常激烈，最终晋军大败齐军。晋军凯旋时，上军副帅士燮最后进入国都，他的父亲说："你不知道我盼望你吗？为什么不能早点回来？"士燮说："一般军队胜利归来，国内的人们必然热情欢迎。如果先回来，一定会特别引人注意，这岂不是要代替主帅领受殊荣吗？因此，我不敢先回来。"父亲对他的做法很是赞赏。

论功行赏时，晋景公对统帅郤克说："这次我军大胜是你的功劳啊！"郤克回答："这完全是君王的训教和几位将帅的功劳，我有什么功劳呢？"晋景公称赞士燮的功劳与郤克同样大。士燮说是听从荀庚命令、接受郤克统帅的结果。景公称赞栾书，栾书说："这次胜利有赖于士燮的指挥和士兵的奋力作战。"

晋军将领互相谦让、推功及人的美德反映了他们团结协作、共同战斗的精神，这正是大败齐军的关键所在。

几年以后，晋军主帅战死。晋侯检阅军队，派遣士匄率领中军，士匄辞谢，他说："荀偃比我强，请派荀偃吧。"于是，晋侯让荀偃率领中军、士匄辅佐。晋侯又派韩起率领上军，韩起要让给赵武。晋侯就派遣栾黡，栾黡推辞说："我不如韩起，韩起愿意让赵武在上，君王还是听从他吧。"于是赵武率领上军，韩起辅佐。晋国的将帅在名利面前互相礼让，晋国百姓因此团结，几世受益。

六二：旅即次，怀其资，得童仆贞

"即"：就，即可。"次"：旅舍，宾馆。"怀"：装着，拥有。"资"：费用。"童仆"：部属，伙伴。"贞"：忠诚可靠。爻辞大意是旅行累了，就到宾馆休息，但得囊中有钱，还得有忠实可靠的伴随者。古人讲得多好，不但要有钱，还得有忠诚的伙伴，不然，遇到一些见利忘义的人，只能给自己埋下危险伏笔。如2018年5月5日晚上，空姐李某在执行完航班任务后，在郑州航空港区通过滴滴叫了一辆车赶往市里，结果惨遭司机杀害。2018年8月24日发生在温州的20岁女孩被害事件，也是与搭乘滴滴有关。短短3个多月时间，就发生两起滴滴命案。正如《人民日报》官微的评论一样："整改期再出惨剧，称得上是怙恶不悛。这起悲剧完全可以避免。当事人死于无良司机的谋杀，也死于推诿，死于扯皮，死于相关机构的麻木。"可见，只有"怀其资"是远远不够的，还得有"童仆贞"，有忠诚可靠的伴随者，这样才能安心。爻辞启示：外出发展，要有充足的物质条件和忠实的合作伙伴，二者皆不可缺。

九三：旅焚其次，丧其童仆，贞厉

"焚"：失火。"丧"：逃跑。"贞"：坚守。"厉"：危险。爻辞大意是在旅行中，投宿的旅舍失火，随身的僮仆又逃跑了，即便坚守正道，也是比较危险的。爻辞启示：在大是大非问题上，要灵活应对，不能顽固坚守，务必保持谦虚的态度，才能得其助力，转危为安。

221年，刘备正式在蜀中称帝，首都为成都，年号为章武，百姓都称刘备为先主。先主自从二弟关羽被孙权杀害以后，每天以泪洗面、眼中流血。由于思念关羽，又想着光复汉家天下，所以他好几天都没有进食，面容逐渐消瘦，后来在诸葛亮劝谏下，才肯吃饭，过了几天身体也逐渐好了起来。

就在先主回心转意的时候，车骑将军张飞哭着跑进金銮殿，一进殿内就跪下对先主说："陛下现在做了皇帝，早就忘了以前桃园结义之情了吧？二哥被吴狗所害，陛下却不为二哥报仇。"说罢，就放声大哭。先主叹了一口气，说道："朕怎么会忘记以前的盟约呢？只是百官劝阻。"张飞说道："他人怎么知道昔日之盟呢？"说完又哭。

先主也哭，愤愤地说道："朕决定三日后起倾国之兵为二弟报仇，再有劝谏者斩。三弟，你赶快回去准备一下，三日后出兵伐吴，你为先锋。"张飞说道："臣领旨，三日后，定将吴狗杀尽，才能够雪我心头之恨。"可是，当天晚上张飞也被害了，这使得先主更加痛心，发誓：不踏平东吴，誓不还国。昭和三年春三月，先主大兴蜀兵70万人，又借得羌兵5万人，共75万人，号称百万大军，大喊着"踏平东吴"的口号，令关羽的儿子关兴和张飞的儿子张苞为左先锋，令老将黄忠为右先锋。

百万大军就这样浩浩荡荡向东吴开来。吴将看到这样的气势早吓得屁滚尿流，一连十几场仗都输给了蜀兵。后来有人向孙权推荐了陆逊为将领，统帅10万精兵用火烧连营的计策打败了蜀军，蜀军75万军队，最后只剩下几百名受伤骑兵，老将黄忠战死。先主回到白帝城感叹不已，每天忧心忡忡，积劳成疾，不久驾崩。

的确，讲义气、为朋友两肋插刀，本是一件让人敬佩的事情，但是不能太过固执或意气用事，相反要善于倾听他人意见，才能"无咎"。

九四：旅于处，得其资斧，我心不快

"处"：住所。"资斧"：旅行时携带的钱财和防身用具，即盘缠。"快"：痛快。爻辞大意是在外安营扎寨，虽然钱粮充足，但这只是一时而已，不能持久，所以说心中依然担心。爻辞启示：人无远虑，必有近忧，不能鼠目寸光，只重眼前利益，竭泽而渔，必将会走入死胡同；反之，要定位长远、谋划长远，发展前景才会美好。

公元前632年，晋国为了援助宋国，和楚国在城濮（今山东淄县南）打了一仗。当时，论实力楚国占着明显优势。晋文公见楚军来势汹汹，就求计于他的舅舅大臣狐偃说："楚兵多，我兵少，这一仗该怎样打才能取胜呢？"狐偃回答说："我听说善于打仗的人，不厌欺诈。你就用欺诈的办法对付楚军好了。"

晋文公又去征求另一个大臣雍季，并把狐偃的话也告诉了他。雍季不大赞成这样做，就打了个比喻说："竭泽而渔，岂不获得？而明年无鱼；焚薮而田，岂不获得？而明年无兽。诈伪之道，虽今偷可，后将无复，非长术也。"意思是说：把池塘里的水弄干了才捉鱼，哪还有捉不到的？但到明年就没鱼可捉了；把山上的树林烧光了再去打猎，哪还有打不到的？但到明年就将会没有野兽可打了。欺诈的办法虽然可以偶尔用一下，但以后就不能再用，这不是长远之计。后来虽然晋军在毫无他策的情况下采用了狐偃的话，也打败了楚国，但是这种"竭泽而渔"的做法却值得警醒后世：这种做法缺乏长远打算，只重眼前利益，一般是不可取的。

六五：射雉，一矢亡，终以誉命

"雉"：山鸡，猎物。"矢"：箭。"亡"：损失。"誉"：荣誉。"命"：使命，官职。爻辞大意：打猎时射出了一箭，射杀猎物的同时，同样也失去了一支箭，但最终换来的却是名利双收。爻辞启示：客居他乡，要想得到别人的尊重与帮助，自己得首先学会奉献他人，只有在奉献中，才能成长，才会有所收获。

美国某城30英里外的山坡上有块不毛之地，地皮主人见地皮闲置在那里没用，就以极低价格出售给了他人。新主人灵机一动，找到当地政府部门说："我有一块地皮，愿无偿捐给政府，但我是一个教育救国论者，因此这块地皮只能建所大学。"政府如获至宝，当即同意。于是，新主人把地皮的2/3捐给了政府。不久，一所颇具规模的大学矗立在这块不毛之地上。聪明的新主人就在剩下的1/3地皮上修建了学生公寓、餐厅、商场、酒吧、影院等等，形成了大学门前的商业一条街。没多久，地皮的损失就从商业街的赢利中赚了回来。

故事也从另一个层面上讲述了舍得的意义。所谓"舍得"，"舍"在先而"得"在后，其间大有学问，凝聚了古人的智慧与经验。有舍才有得，先舍后得；大舍大得，小舍小得，不舍不得。这一点在商界至关重要，精明的商人都懂得先舍后得之道。爻辞强调的正是这种舍得精神。

上九：鸟焚其巢，旅人先笑后号咷。丧牛于易，凶

"鸟"：鸟飞得高。"焚"：烧毁。"巢"：家业，安身之地。"号咷"：放开声音，痛哭流涕的样子。"丧"：丢失。"牛"：柔顺的德行。"易"：通"场"，即田埂、田畔、界限。爻辞大意：如飞鸟自毁巢穴，行进中的人先是高兴后是大哭，因为在田畔地里丢了牛，坏事一桩。其实，用"鸟"比喻飞在高空的鸟，自高自大。"丧牛"：并不是真正意义上的丢了牛那么简单的事，而是丧失了如牛一样谦恭柔顺的品质。爻辞启示：倔强傲慢的人，开始也许洋洋得意，最后必定号啕大哭，就像巢被烧掉无处安身的鸟、失去温顺性格的牛，终究会自掘坟墓。

夏桀是夏王朝的末代君主。他文才出众，武艺超群；赤手空拳可以格杀虎豹，能把铁钩像拉面条一样随意弯曲拉直。如此文韬武略的男人应该有能力成为一个英

明君王。遗憾的是夏桀把所有的聪明才智都用在暴虐、享乐和瞎折腾上。

夏桀荒淫无度，为满足自己的奢侈生活，不惜民力，大兴土木。夏桀还有许多人尽皆知的暴政，如"酒池肉林"，如放饿虎于市中，欣赏人们惊恐逃命的样子，等等。国中的百姓对夏桀恨之入骨。夏桀继位后的第三十七年，东方部落的首领商汤将一个德才兼备的贤人伊尹引见给桀，伊尹以尧、舜的仁政来劝说桀，希望桀体谅百姓的疾苦，用心治理天下。桀听不进去，伊尹只得离去。太史令终古看到夏桀这样荒淫奢侈，便进宫向夏桀哭泣进谏，夏桀斥责终古多管闲事。终古知道夏桀已不可救药，就投奔了商汤。大臣关龙逢几次劝谏夏桀，最终夏桀下令将关龙逢杀死。这样，夏朝朝政更加腐败，夏桀也日益失去人心、众叛亲离。在此情况下，商汤在名相伊尹谋划下，起兵伐桀，先攻灭了桀的党羽韦国、顾国，击败了昆吾国，然后直逼夏的重镇鸣条（今山西省安邑县西）。夏桀后来也被俘获，被放逐在鸣条而活活饿死。其在位52年，结束了长达近500年的夏王朝。

总之，旅卦意在阐明行旅的道理。在古人看来，行旅生活是孤独而困苦的，也正因此旅卦由旅而难以安定，告诫人们要善处行旅之道。卦辞中提到"小亨""贞吉"，说明"行旅"必须守正，而且又要柔顺持中。事情往往盛大到极点，又会陷入不安定的状态，这种情况下，为解除困难，必须要守正。同时，还要以柔顺持中的态度，获得他人的支持与帮助；所以此卦告诉人们一个道理：旅居在外，处在动荡的生活中，更要坚守中正，这样才能转危为安。

旅卦论述处旅之道，主要体现的是贵柔而不用刚，出门在外这也是常理，不知此理便会招致灾祸。人生的过程，本就是个旅行的过程，也是一个不断修行的过程。悟旅卦，感悟人生之美！

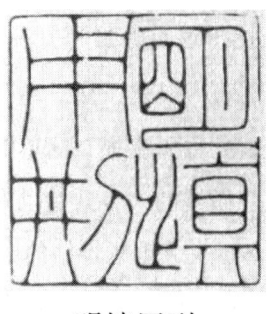

明慎用刑

【原文】

巽：小亨。利有攸往，利见大人。
初六：进退，利武人之贞。
九二：巽在床下，用史巫纷若，吉，无咎。
九三：频巽，吝。
六四：悔亡，田获三品。
九五：贞吉，悔亡，无不利。无初有终。先庚三日，后庚三日，吉。
上九：巽在床下，丧其资斧，贞凶。

巽（xùn）卦是《周易》第五十七卦，讲述的是谦虚交往之道，表示谦虚谨慎的态度是万事成功的基础，也更加利于拓展事业，得到领导和群众的信赖与支持。《象》曰："随风，巽；君子以申命行事。"寓意是谦虚的态度和行为可无往不利，君子应效法风行而万物皆顺的样子进行领导人民；在事态变迁中，还要仔细调查研究，小心从事。

随风,巽:君子以申命行事

仇新和,1957年出生,河南开封人,现为中国书法家协会会员、开封市书法家协会副主席兼副秘书长、开封意拳书画研究会顾问。

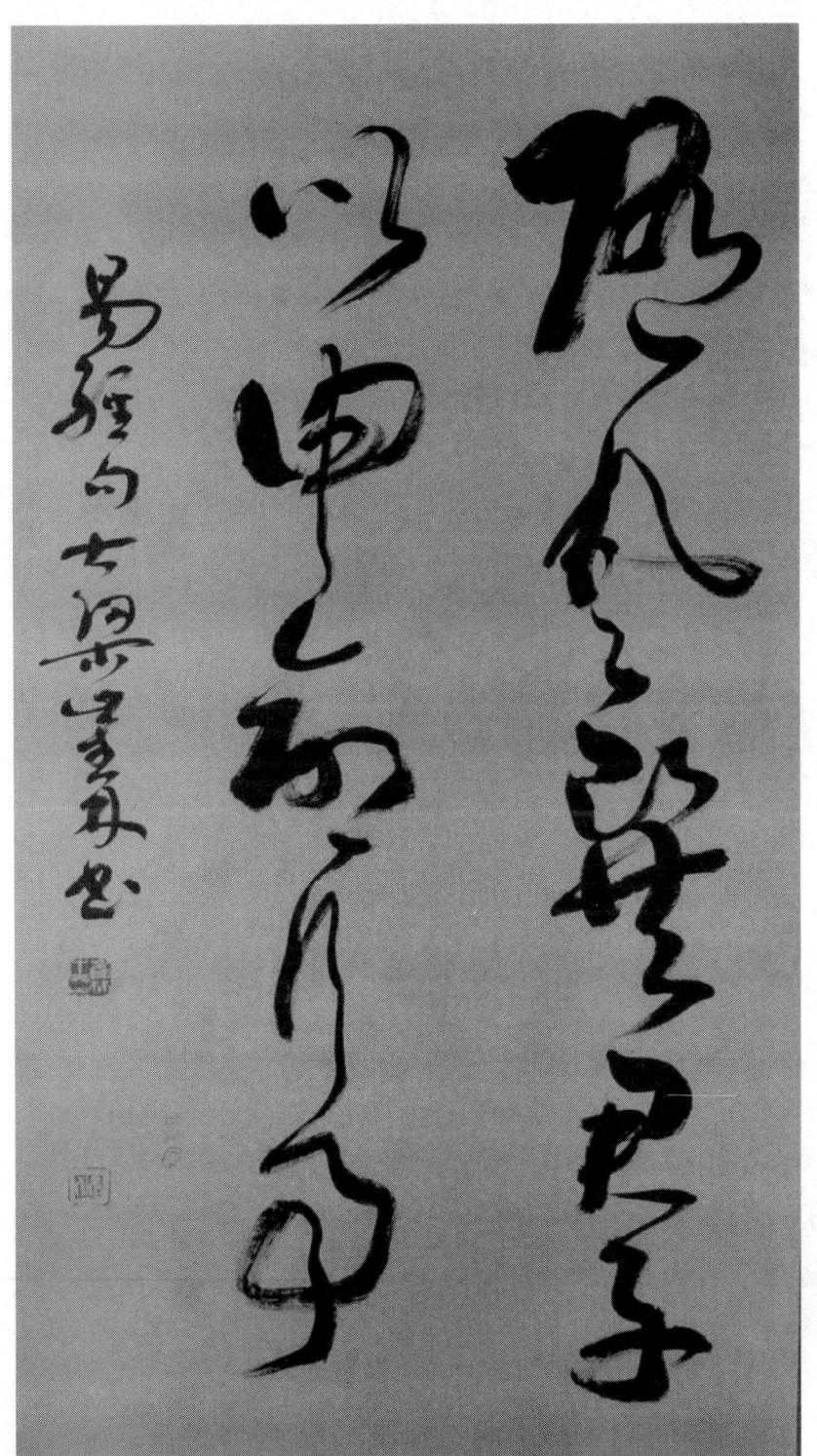

雀　林，字愚木，1955年出生，河南开封人，现为开封书学研究会副会长、东京书画院常务副院长、开封意拳书画研究会顾问、国家一级美术师。

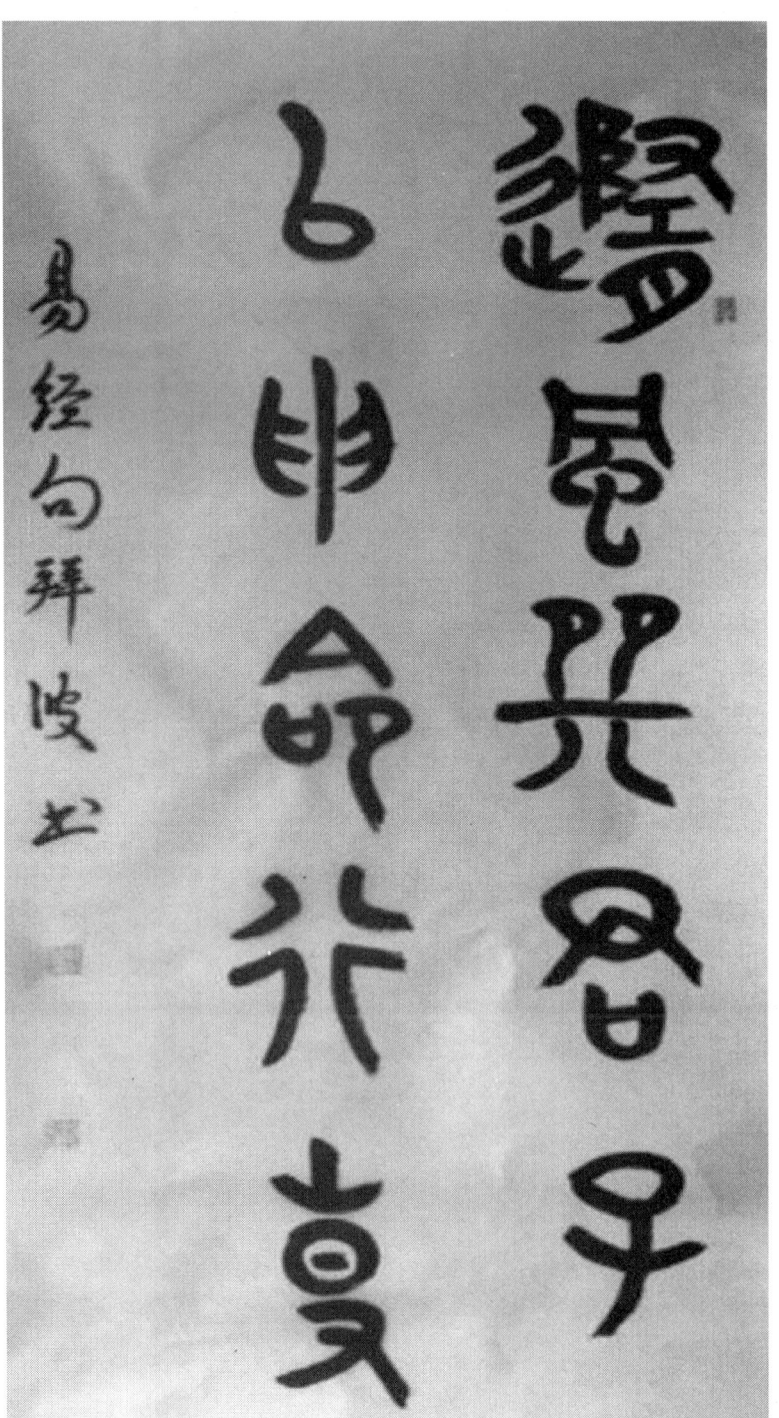

拜　波，回族，1977年出生，河南开封人，现为中国书法家协会会员、中国少数民族作家协会会员、河南省作家协会会员、河南印社社员。

第五十七章　顺时势　巧对局　负阴抱阳成一统

巽：小亨。利有攸往，利见大人

　　巽卦是二巽上下相叠之象，巽为风。二风相重，长风不绝，无孔不入；巽也指顺从，强调谦逊的态度和行为，可无往而不利。风表示为不定之象，时柔顺，时狂暴；时而大好，时而大坏，不易控制。如人的感情随时事变化，都是令人难以掌控的，波折和变化在所难免。卦辞中的"小亨"：因为巽卦居旅卦之后，在外漂泊很久，已经在他乡安居，就得适应外地土壤，也就成就了巽卦，不能一下子完全适应过来，得慢慢去学习并适应他乡特征。如种子刚刚开始萌芽的时候，弱小但可以主动融入并不断强大，此时虽不能急功近利搞大的动作，但是发展潜力非常大，故为"小亨"。"攸往"：向前发展。"见"：求助，请教。"大人"：贵人，位高而有仁德的人。卦辞大意是巽卦象征谦虚顺逊，细微之处见精神，利于向前进展，利于向贵人求助而实现梦想。卦辞启示：新有新的优势，小有小的长处，如果能谨慎随风顺遂，主动争取表现出色，就可奠定未来发展的良好基础。顺从温和的态度，是处理问题的重要手段。要学会顺应时势，该顺从的时候就得顺从、该严厉的时候要严厉。要因势而谋、顺势而为。

　　孔子周游列国，路过一片瀑布，见一老者顺着瀑布走了下去，不一会儿，在百米开外，老者又从旋涡里冒了出来。孔子甚感惊奇，问老者："你是用什么力量驾驭旋涡？"老者说："我哪有那么大的力量去驾驭旋涡，我只是让旋涡驾驭着我，顺势而为让自己顺着旋涡进去，再顺着旋涡出来。"这个故事，令人不禁想到冲浪运动员，他们之所以能够在波峰与浪谷之间起伏翻飞，不是因为他们勇敢地驾驭了浪潮，而是他们聪明地顺应了浪潮。

　　为此，不论做什么事情，不要只想着去驾驭、去征服，有时候，顺势而为，机智地去顺应自然，这样就会让事情做得更为顺利，更为成功。

初六：进退，利武人之贞

　　"进退"：或进或退。"利"：有利。"武人"：军人。"贞"：正。"利武人之贞"：意思是坚持像军人那样以"服从命令为天职"的正确方法比较有利，强调的是令行禁止。爻辞大意是或进或退，就得像军人一样果断，要毫不含糊，不能左右摇摆。卦辞启示：在大是大非问题上，要意志坚定，不能自行其是，也不能犹豫不决，自由主义的思想害死人。

春秋时期，晋国、燕国联合出兵攻打齐国，齐国节节败退。齐景公紧急召见了田穰苴商谈退敌之策，命他为齐军的最高统帅。田穰苴恐怕人微言轻、人心不服，请求齐景公派一位最信任的显贵为监军。于是，齐景公就任命最宠爱的大臣庄贾为监军。田穰苴和庄贾约定于次日正午在军营大门口相会，庄贾平时十分傲慢，仗着是宠臣，无视田穰苴和军中纪律，过了正午他还没到，田穰苴只好独自发布命令。直到黄昏时分庄贾才慢腾腾地来了。穰苴责问庄贾不按时到来的理由，庄贾满不在乎，以喝酒庆祝而搪塞。

田穰苴很严肃地说："一个带兵的人，从接到委任的那一刻起，就应该忘掉自己的家、忘掉自己的亲人；临阵对敌，就应该忘掉自己。今强敌压境，举国上下人心浮动，士卒在边境死战，国君寝食不安，百姓生命难保，社稷危在旦夕，还有心情饮酒作乐？"随即问旁边的军正官："依军法，约定时间而不能准时到达应当怎么办？"军正官说："杀头！"等齐景公的使臣来营救时，庄贾早已人头落地。使臣在军中驾车奔跑也犯了军令，本应斩首，因持有君命，田穰苴命令斩其仆从及左骖，毁其车左边的立木，以晓示三军。

从此，军威大震，无人再敢违抗军令。田穰苴的治军之法，合乎了巽卦"刚巽乎中正而志行，柔皆顺乎刚"的思想要义，也体现了"进退，利武人之贞"的道理，他凭借治军的决心和军事才能临危受命，请宠臣做监军，在其违犯军法之时又能严格执法。这种谦柔做人、刚正做事的方式是非常得法的。

九二：巽在床下，用史巫纷若，吉，无咎

"巽"：谦恭伏拜。"床"：太师椅。"巽在床下"：即伏拜随顺于对方跟前。"史"：史官。古代史官分两种：一种是记录史实的，一种是祝史，专司占卜、祭祀之类，这里可二类并指。"巫"：巫师。民间从事占卜请神之类职业者。"纷"：盛多状。"若"：语气助词。"用史巫纷若"：利用史官、巫师等若干，这可能指某种请神攘灾仪式，也可理解为与这些人结交，因为这些人最通官情民意，通过结交他们可以很快了解各种状况，以利于顺利融入一个陌生的地方，是以"吉"且"无咎"。九二爻辞强调的是与巫师相交，可不是去教人们去大搞封建迷信活动，因为巫师通达风土人情。爻辞大意是伏拜于太师椅前，恭敬地求教于史官或通天象地理的人，很快地进入角色，不至于被陌生环境关之门外。爻辞启示：在情况不明时，忌不懂装懂，要谦虚好学，多向身边的人请教，便于了解并判明情况，及时定下决心，解决问题。

春秋时代的孔子是中国伟大的思想家、政治家、教育家，儒家学派创始人。每事必问，这恰恰是他要求知礼的表现。恰如习近平同志讲的那样"我无论走到哪里，第一件事就是要看地方志，这样做不仅较快了解到一个地方的山川地貌、乡情民俗、名流商贾、桑麻农业，可以从中把握很多带有规律性的东西，所谓"开卷有益"。不但是爻辞文里讲要勤学好问，而从另一个层面也强调了地方志的重要性。尊重史官、尊重规律，几千年前的古人已给出了要求。

九三：频巽，吝

"频"：频繁，过度。"吝"：艰难。爻辞大意是反复地表示谦逊顺从，结果处境还是艰难，形容一个人没有原则性，卑顺得没完没了，那样就会显得非常虚伪。《象》曰："频巽之吝，志穷也。"就是顺从到迎合曲从、苟且讨好，以致志气穷尽，失去了做人之道。

汉朝时，公孙弘想法迎合人，第一是迎合武帝，第二是结交权豪大臣，哪个人在皇帝那儿受宠走红，他就去拜访，低三下四去巴结。见主爵都尉汲黯很受武帝尊敬，他特别去拜见请教。汲黯为人耿直，敢进忠言，曾经大胆批评汉武帝"内多私欲，外施仁义"，气得汉武帝私下骂他是一个憨人。这时，汲黯与公孙弘来往密切，一次议论国家大事，两人相约对原来意见坚持到底，公孙弘也点头同意。哪知武帝升殿，聚众再议，问到公孙弘时，他竟吞吞吐吐地说："臣前议恐有不妥，陛下天纵英明，臣悉听圣裁！"这下可气坏了汲黯，他厉声斥责公孙弘："齐人多狡诈无信，刚才还与我说不宜通夷，现在突然变卦，反三复四，岂非不忠！"武帝便问公孙弘，他是不是食言。公孙弘狡猾地说："陛下了解臣的心，应当说臣忠；不了解臣的心，便说臣不忠。"他是暗示武帝和他的心是相通的，他是顺从武帝心意说的，因此，汉武帝点头认可，过几天便提升他为左内史，不久便迁其任御史大夫。

公孙弘升丞相后，被封为平津侯。正当汉武帝大举贤良时，他却忌害贤才，主父偃被杀，大学者董仲舒被贬胶西，都是他参与陷害所致。

公孙弘无功居相、封侯，诀窍之一就是"悉听圣裁"：皇帝的话，句句照办。封建官僚大都没有自己的语言，而以皇帝的语言为自己的语言。他们完全扭曲了自己的灵魂，没有脊梁骨，所以才演出了无数"君要臣死臣不得不死"的悲剧。

六四：悔亡，田获三品

"田"：通"畋"，指打猎。"三品"，"三"是约数，形容很多种。爻辞大意是懊悔消失，田猎时一举而获得很多猎物。《象辞》中说：狩猎获得各种猎物，说明狩猎大有收获。天下有风，吹遍大地，阴阳交合，万物茂盛。爻辞启示：世界上没有一成不变的事，谁都有过错和悔恨的时候，但能认识到过错就是成功的良好开端，善于总结经验教训就是最好的财富。

中国共产党自诞生以来，不断从胜利走向胜利，其中一个重要原因，就是善于总结经验。正如毛泽东在1965年与程思远谈话时所言："我是靠总结经验吃饭的。"事实证明，从革命年代、建设时期到改革岁月，打完一场仗、建完一项工程、推进一项改革，中共都会及时总结反思，认真发扬优点、纠正失误。正是在不断地总结归纳中，中共才走出了一条符合国情的中国特色社会主义道路，筑牢了事业发展的坚实基础。

九五：贞吉，悔亡，无不利。无初有终。先庚三日，后庚三日，吉

"贞"：固守。"悔亡"：懊悔消失。"无不利"：没有什么不利之处。"无初有终"：没有一个好的开端，却得了一个好的结果，即意外情况。"庚"：十天干之一。从排序上来讲，"先庚三日"，即丁日。"后庚三日"，即癸日。由丁至癸共7日，甲乙丙3日不在其列，这是对"无初有终"的形象说明。爻辞大意是开局不太顺利，但最后却产生了美好的效果，原因是半路出家，来到一个陌生环境中，抱着随缘的态度，经过百般努力，用诚心感化了众人，终于站稳了脚跟。爻辞启示：当形势不利时，要学会顺理成章去适应环境，主动寻求改变之策。

顺从周围，学会适应环境也是一种人生智慧。有一则故事讲道：有一个人总是落魄不得志，有人便向他推荐智者。智者沉思良久，默然舀起一瓢水，问："这水是什么形状？"这人摇头："水哪有什么形状？"智者不答，只是把水倒入杯子，这人恍然："我知道了，水的形状像杯子。"智者无语，又把杯子中的水倒入旁边的花瓶，这人悟道："我知道了，水的形状像花瓶。"智者摇头，轻轻端起花瓶，把水倒入一个盛满沙土的盆。清清的水便一下融入沙土，不见了。这个人陷入了沉默与思索。智者弯身抓起一把沙土，叹道："看，水就这么消逝了，这也是一生！"

这个人对智者的话咀嚼良久，高兴地说："我知道了，您是通过水告诉我，社会处处像一个个规则的容器，人应该像水一样，盛进什么容器就是什么形状。而且，人还极可能在一个规则的容器中消逝，就像这水一样，消逝得迅速、突然，而且一切无法改变！"这人说完，眼睛紧盯着智者的眼睛，他现在急于得到智者的肯定。"是这样。"智者捋须，转而又说，"又不是这样！"说完，智者出门，这人随后。在屋檐下，智者俯下身子，手在青石板的台阶上摸了一会儿，然后顿住。这人把手指伸向刚才智者所触摸之地，他感到有一个凹处。他不知道这本来平整的石阶上的"小窝"藏着什么玄机。智者说："一到雨天，雨水就会从屋檐落下，看这个凹处就是雨水落下的结果。"此人大悟："我明白了，人可能被装入规则的容器，但又应该像这小小的水滴，改变着这坚硬的青石板，直到破坏容器。"智者说："对，这个窝会变成一个洞！"

人生如水，要尽力适应环境，也要努力改变环境、实现自我。做人，应该多一点理性，能够在必要的时候让思维转个弯，因为太坚硬容易折断；多一些柔韧、弹性的人，才可以克服更多困难、战胜更多挫折从而取得更大的成功。

上九：巽在床下，丧其资斧，贞凶

"丧"：丧失。"资"：财物。"贞"：固守。爻辞大意是随便伏拜于对方跟前，丧失了自己全部资财，长此这样下去，异常危险。爻辞提供给人们的启示：谦虚固然好，但谦虚得有底线，如果过度顺从，就是懦弱，就会走向事物的反面。

《红楼梦》中，袭人是一个十分重要的角色。但是，袭人在金陵十二钗中的地位却不高。从表面上看是因为袭人既已为贾宝玉之妾，且有为妾之实，再为戏子蒋玉函之妻，凸显出其无傲骨之性，和贾宝玉之天外来客那种清高实不相配，这与其个人命运和人格特征不无关系。纵观袭人在《红楼梦》中的点点滴滴，不难发现，袭人最大的人格特点是逆来顺受。因此，袭人和贾府上下各色人等的关系都很好。无论是贾母还是王夫人，乃至于王熙凤、薛宝钗这些上层人物，即使是贾府中的男主人如贾政、贾琏等都对袭人都喜爱有加。至于贾宝玉则更是将袭人当作自己的小棉袄。下层人等也对袭人十分敬重，因为袭人总是尽可能地袒护下人。袭人正是这样牺牲自己以减小甚至消弭矛盾的。

袭人服侍贾母时一心一意，转为贾宝玉的丫鬟后，心里眼里也只有宝玉。因为，在袭人看来，既然自己的职责是服侍主人，那么主人是谁并不重要，重要的是自己要履行职责。心里没有自我，只有对方，而不管对方是谁。因此，可以得知，如果贾母当时将袭人给了贾环，袭人照样也会尽心尽力去服侍。

袭人十分警觉，为了不让各方对自己产生误会，总是很敏感地察觉各方需要，并尽可能去满足。正因为如此，她才能让各方都感到一种友好，除晴雯之外。因为，在贾宝玉近身丫头中，晴雯是唯一和袭人一样满怀成为宝玉之妾愿望的丫头，因此，无论袭人怎样去笼络晴雯，宝玉丫鬟中最漂亮、最有浪漫情怀、女红最好的晴雯绝对不能原谅袭人走在自己的前面，有实无名地暗中成为宝玉的妾。袭人暗中成为宝玉的实妾让既骄傲又性情暴烈的晴雯十分失望，因此她才会毫不留情地痛骂袭人和宝玉暗中做哪些不齿之事。可是，无论晴雯怎样骂，袭人都是以一副宽宏的胸怀去原谅晴雯。而袭人之所以这样做，是因为袭人觉得晴雯应该比自己更加具备做宝玉妾的条件。

贾宝玉梦中学会了人事，醒来后即要求和袭人同演警幻仙子所教的人事。而袭人随弯就弯，给自己胡乱找了一个说服自己的理由便随了宝玉的任性。袭人给自己的理由完全是结合自己的期望和其本身性格所致。所以，即使是贾环或者袭人所服侍的任何一个男主人要求袭人同领警幻所教之事，袭人同样不会拒绝。因为，袭人必定会因为性格而给自己找一个理由欣然同意，即使牺牲自己的清白也在所不惜。袭人的谦卑、顺从虽是美德，却不可事事顺从、有求必应，甚至失去人格而盲目服从。实践证明，谦虚过度往往会丧失尊严，在谦顺的外表之下，应该以道德为底线、以坚强的意志做支撑。这正是上九爻辞所强调的道理。

总之，玩味巽卦，能在谦顺与刚正之间，把生活和事业调整到最佳状态，并忠实地维护大局利益。巽卦强调"随顺""融入"，这并不是指单纯意义上的消极，恰恰是一种人生智慧和志向，从而为新的发展奠定基础。站稳脚跟之后还得努力求取发展，以此实现超越自我。此外，要想成功，也需"随顺"，俗话说"强龙难压地头蛇"，先要融入其中才能有所作为。

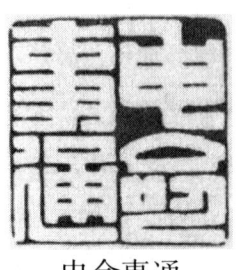

申命事通

【原文】

兑：亨，利贞。

初九：和兑，吉。

九二：孚兑，吉，悔亡。

六三：来兑，凶。

九四：商兑未宁，介疾有喜。

九五：孚于剥，有厉。

上六：引兑。

兑卦是《周易》第五十八卦，讲述的是和悦贸易之道。"兑"象征欣悦，表示双泽相连，利于相互滋润、刚柔相济，而不卑躬屈膝，自然会取得成功。《象》曰："丽泽，兑；君子以朋友讲习。"寓意是泽与水二者相互滋润，彼此获利，君子应效法泽水互动的精神，与志同道合的人一起学习探讨，共同进步。

"丽泽,兑",君子以朋友讲习

张可钟,1957年出生,河南开封人,现为意拳第三代传承人、开封意拳研究会会长、开封意拳书画研究会常务副会长。

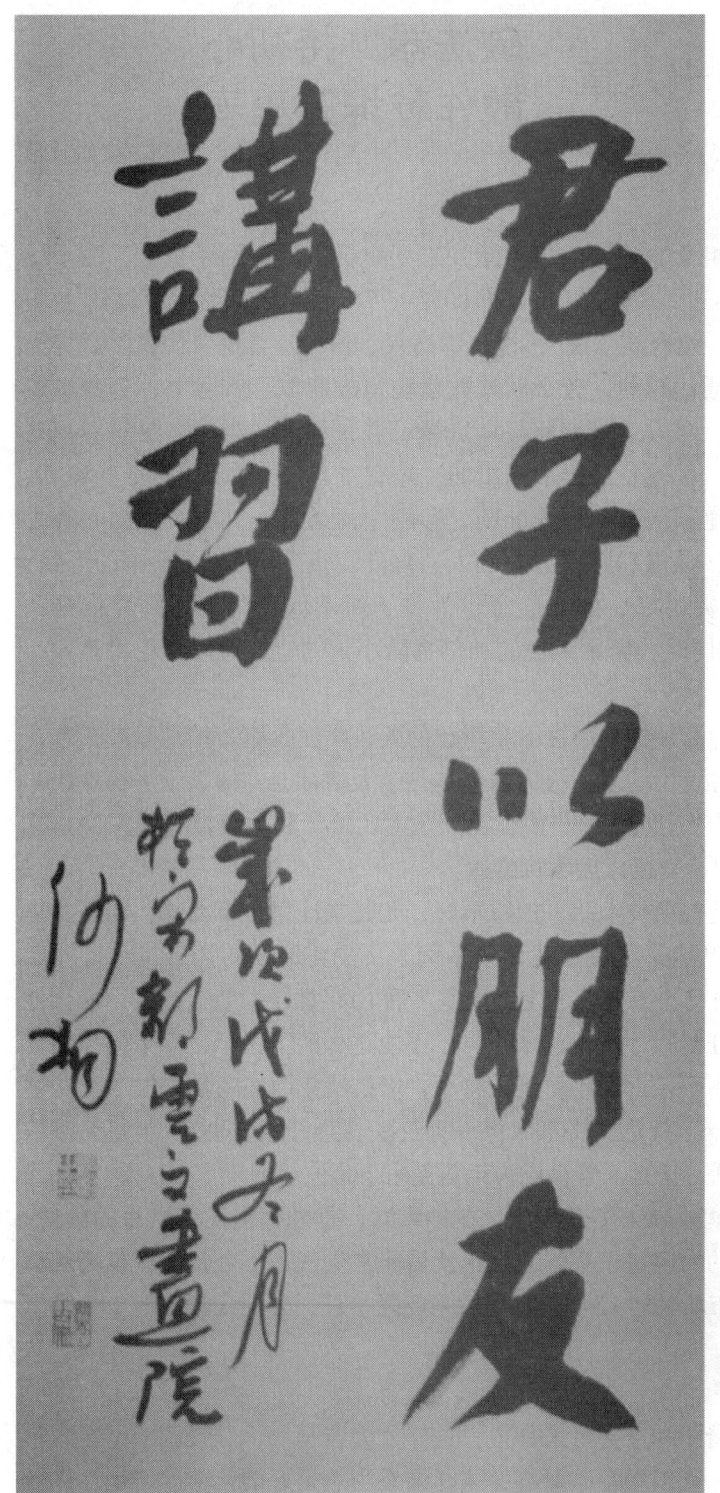

沙桐，原名李晶，1977年出生，河南开封人，现为中国书法家协会会员、河南省书法家协会会员、开封市云文书画院理事、刘庚三书法艺术研究会会员、开封莲池书画院院长。

第五十八章　敬法器　持初心　散作乾坤万里春

兑：亨，利贞

　　兑卦为二兑同卦相叠的卦象。兑为泽，二兑相叠，寓意两泽相连、两水交流之象，比喻上下互通、左右相和，即团结一致、令人欢欣，所以卦名为"兑"。《象》曰："兑，说也。""说"：悦，即高兴、愉快、喜悦、愉悦。卦辞大意是要想图个高兴，通达顺利，务必就要凭借正道去获取。实际上，兑卦讲述的是与人相处的方法，双方应该彼此心情舒畅、气氛和谐。当然，要想做到这一点并不是轻而易举，基础是卦辞中提出的"贞"。"贞"：强调的是正确原则，在古代主要指正确的道德规范和行为准则，即刚中而柔外。"刚中"：内心有主见，有原则。"柔外"：谦虚和气，尊重别人。离开"贞"，人际关系中的舒畅、和谐，也可能变为谄媚讨好、虚情假意，为君子所不取。为此，卦辞在强调"刚中而柔外"处事的同时，警示人们要加倍提防小人的逢迎讨好，免得坠入小人陷阱。

　　史上唯一一位因为溜须拍马而被下令斩首的人，叫汪景祺。拍马屁被斩首在古代听起来是非常不可思议的事，因为古代是一个人情社会，情大于法的现象非常普遍。在古代要想在官场上混，"护官符"是主要的，和上级拉好关系，是非常重要的，这样才有助于自己以后飞黄腾达。

　　然而，拍马屁也是一项技术活，拍得不好，尤其是让皇帝不高兴，那还真是一件有可能掉脑袋的事情，汪景祺就是典型例子。少年时期的汪景祺，恃才傲物，目中无人，导致自己没有什么朋友，中举之后10年都没有怎么提拔，这让他很是郁闷。52岁时，汪景祺才醒悟过来，自己不能这么混下去了，于是他开始见谁都低三下四起来，终于接近了年羹尧大将军，借机给年羹尧写信，极尽歌功颂德其能事。此信名为《上抚远大将军太保一等公陕甘总督年公书》。年羹尧读信非常开心，都爱听好话，于是汪景祺成为年羹尧帐下幕僚。

　　然而年羹尧不久就被雍正皇帝赐死，在抄家时，意外翻出汪景祺写的信件，其中关于吹捧年羹尧的内容过于夸张，雍正读后非常生气，下令将汪景祺斩首示众，头颅被悬挂于菜市场长达12年，直到后来乾隆上任，才让汪景祺的头颅得以下葬。

初九：和兑，吉

　　"和"：协调，和谐，和谐会带来喜悦，这样才为吉利。爻辞强调的是在困难面前仍然能心平气和，能以平常心对待，这样结果当然是好的。爻辞启示：在急难险重事务上，要不急躁、不焦虑，始终要表现从容淡定、胸有成竹、镇定自若的神态，展示笑着面对困难的大气。

三国时期，诸葛亮去他未来的岳父家。据史载，诸葛亮的夫人阿丑奇丑无比，但很有智慧。诸葛亮去他岳父家里的时候，由于当时的女子是不能随便出来见客的，于是阿丑便躲在屏风后面。诸葛亮在外面跟他的岳父谈军事、谈政治、谈未来、谈理想、谈人生。阿丑看到诸葛亮谈到孙权时眉开眼笑，谈到曹操则面色沉重。等诸葛亮走的时候阿丑出来送他，并送了一把扇子给他。诸葛亮说："为什么送把扇子给我呢？"阿丑说："我看到你跟我父亲谈话，谈到孙权时眉开眼笑，谈到曹操就面色沉重，所以把这把扇子送给你。从今以后，当你开心或不开心的时候，就把扇子放在脸上挡住你的表情，不要让旁边的人看到你的情绪。"

所以，要懂得适时隐藏自己，学会控制自我情绪，才能不辜负当下的各种努力；否则，过分张扬只会为自己在成功之前招来不必要的麻烦，让自己当下的努力毁于喜怒形于色的情绪。

九二：孚兑，吉，悔亡

"孚兑"：通过诚信，相互理解。"悔"：仇恨，误会。爻辞大意是相互通过诚信方式，彼此感化对方，从而化敌为友、带来喜悦，不再有仇恨当然吉利。爻辞启示：要遵从圣贤之道，即通过至诚至敬的态度去追随圣贤、教化民众，不能以权压人，要通过诚信来感化他人。

2015年12月，因严重违纪，湖南省株洲市市委原常委、政法委书记谢某被开除党籍、开除公职。纵观其堕落轨迹，除私欲膨胀、迷信"大师"外，谢某还存在作风霸道的问题。在任醴陵市委书记期间，他听不得不同意见，什么事都要自己说了算，对下属颐指气使，甚至曾在班子会上对市长也是霸气指使；一切以自我为中心，要求别人唯命是从。这样的"家长制"作风在不少落马的党员领导干部身上都曾出现。因腐败而被查处的河南省宜阳县委原常委、组织部部长高某曾自诩"霸道总裁"，行事独断专行。一位在他身边工作多年的同事曾这样评价他："高某为人霸道，大家都怕他。凡是他说的话，就是圣旨，即使是错误的，也没人敢说半个不字。"从根上来分析，正是少部分党员领导干部权力至上、唯我独尊、以权压人的官僚主义，导致他们发生了严重的问题，最终被绳之以法也是在所难免。

六三：来兑，凶

"来"：送来，送到，见别人送财物而眉开眼笑。爻辞大意是见钱眼开的人，迟早就会发生危险。爻辞启示：见利忘义，见钱眼开，拿了好处后就进入贪性的怪圈，是存在凶险的，长期这样下去，还会影响社会安宁。

浙江省金华市原副市长朱某就是这样一个典型。刚开始，他只是利用市长身份搞些投资入股、民间借贷、炒房卖房等经营性活动；时间一长，他便通过"借用车辆""投资房产"等所谓的谨慎手段敛财；时间再长，在妻子的推波助澜下，朱某上演了一场夫妻上阵、亲属共贪的大戏。见钱眼开，最终害人害己。

九四：商兑未宁，介疾有喜

"商"：商量，协调。"未"：否定词。"宁"：安定。"介"：只因为这样。"疾有喜"：大病痊愈，转危为安。爻辞大意是对有争议的事坐下来进行谈判协商，就会带来喜悦，因为高兴，大病也会霍然而愈。爻辞启示：在矛盾当头时，要以理服人，心战为上，兵战为下，应采取以礼待人的方式，协商对话，这样，不但将矛盾解决在萌芽状态，更加利于重修于好。

赵惠文王十九年（前280），在乐毅破齐后，命赵奢为将，攻齐的麦丘（今山西高河西北）。赵奢一到麦丘，就命令进攻。而赵括认为，采用强攻办法，很难在短时期内攻下。他以防御麦丘粮食不多为由，建议父亲暂停进攻，避免造成不必要损失，又以城内可能有防御办法多的墨家弟子守城，会使赵军无功而返，于是建议优待齐军俘虏：不但给他们饭吃，还让他们带粮食回城给家人吃。最终，赵奢听从赵括建议，停止进攻，把俘虏全部放了回去。俘虏回去后，传递了赵军人性化的一面，城里的百姓蜂拥着出来投降赵军。齐将见此情况，把有些俘虏关了起来，从而激起了士兵和百姓的怨言。在此基础上，赵奢让围城赵军用抛石机把粮食抛入城中。赵军每天抛完粮食就回营休息，不再提议攻城一事。如此三番，齐军派代表约赵奢停战，但赵奢听从赵括建议，拒绝见面。过了几天，麦丘的人杀死守城齐将投降。赵括正是用这个办法在短时期内攻下了麦丘，达到了不战而屈人之兵的目的，同时也得了赵惠文王的重赏。

九五：孚于剥，有厉

"于"：被动助词。"剥"：损害，打击。"厉"：危险。诚信被损害，就有危险，即不讲诚信的人，不但得不到喜悦，反而有危险；这里还是强调"孚悦"，告诫人们要特别注重讲诚信，从而带来喜悦。

晋惠公即春秋五霸晋文公的哥哥。他父亲晋献公死后，晋公子夷吾结束逃亡生活，回到晋国继承王位当上了国君，即晋惠公。在夷吾逃亡生涯中，曾经答应过秦穆公，若是有一天夷吾能够有机会回国当上国君，夷吾就把5座城镇割让给秦国，当作救命之恩。可是，当上国君之后的夷吾并没有兑现诺言。秦穆公也只是把这个当作玩笑话，也没真问晋惠公要。

后来秦国发生饥荒，晋惠公也没有伸出援手帮助秦国，秦穆公为此怀恨在心。饥荒结束后，秦穆公发兵攻打晋国，很快就打到晋国一个城镇。为了抵抗强大的秦军，晋惠公亲自领兵反抗。他下令拉战车的马，一定要用郑国的骏马。有位大臣看到，连忙对晋惠公说："郑国的马看起来虽然很强壮，但是实际上却很虚弱，打起仗来一紧张就会不听指挥。到那时，进退不得，大王还是不要做此决定吧！"但是晋惠公一点都听不进大臣劝告，果然，没多久晋惠公的马车失利，而晋惠公也被秦军捉住，当了俘虏，晋国因此大败。

上六：引兑

"引"：引导，指引，疏导，通过疏导得到喜悦。一个人心情不好时候，通过他人的劝说和心理医生疏导，能够释放压力，令其开心。同样，在下级迷茫的时候,有坚实的政策作指引,把他们引上一条康庄大道,也会不由自主产生喜悦之心。爻辞启示:以悦民之道引领百姓前进,群众将不顾劳累而紧紧追随;以悦民之道引导大众冒险,大众也会不顾生死而赴之。悦民之道的伟大作用就在于大众因此而劝勉奋进、共济时艰。

古时候,燕国有一个叫赵礼的人,他有一块田就在道路旁。这条道路有一段地势比较低洼,一到下雨时,路上就积了许多水,泥泞难行。行人便都从他的田里绕道走,踩坏了很多庄稼。为此,赵礼在他的地头插了块"禁止通行"的牌子。牌子插上之后,行人仍然熟视无睹、照踩不误。赵礼很生气,便另生一法,在这段低洼路和田地中间挖了一条行人难以跨越的鸿沟。谁知适得其反,这条鸿沟不仅没有堵住行人踩庄稼,反而由于行人要绕大弯子而踩了更多的庄稼。后来,他冷静地想了想:人总是要走路的,而且不愿意走坏路,如果我把这段路修好,他们不就可以不从田里绕了吗?于是,他排积水,填洼处,给行人铺了一段平坦的路。路铺好后,他田里的庄稼再也没有被踩过。

这是一个很有哲理的小故事,它启示人们:堵而抑之,不如疏而导之。这道理很适用于领导干部做群众的思想工作。做群众的思想工作,就是要解决群众的思想问题,而思想问题的解决,靠堵而抑之,是不行的,必须得"引兑",即疏而导之。

总之,兑卦是《易经》中唯一谈论喜悦的卦。告诉人们的道理是,与人相处要多沟通,使双方和谐共处;通过以诚相待的方式,协商解决难题;通过合理疏导,化悲为喜。即告诉人们始终要凭借正道得到喜悦,而不是"来兑",见钱眼开,不顾礼义廉耻,不顾国法原则,剑走偏锋式地图一时之"悦"而丧失底线、道德沦丧,最终必遭法律惩处。兑卦体现的也是《易经》法治与德治相结合的治政思想。用愉悦的方式来治理社会也是周文王区别于历代王朝的一大特色。也正因如此,才有《诗经·大雅·灵台》篇中说的"庶民攻之,不日成之。经始勿亟,庶民子来"。其大意是说:周文王要筑高台,庶民像儿子替父亲做事那样踊跃,很快就筑成了;正因为如此,殷王朝和其他一些邑国的百姓和失意贵族才携带妻子儿女逃到了周国。

朋友讲习

【原文】

涣：亨，王假有庙。利涉大川。利贞。

初六：用拯马壮，吉。

九二：涣奔其机，悔亡。

六三：涣其躬，无悔。

六四：涣其群，元吉，涣有丘，匪夷所思。

九五：涣汗其大号，涣王居，无咎。

上九：涣其血，去逖出，无咎。

涣卦是《周易》第五十九卦，讲述的是如何防治人心涣散的道理，表示领导者要经常深入群体中间与民同乐，有助于凝聚人心，利于共同推进伟大事业发展。《象》曰："风行水上，涣；先王以享于帝立庙。"寓意是过去的君王为了抓住人心，修建庙宇祭祀神灵；人心不齐的时候，更需要坚守正道，坚持不懈就会有好的结局。

风行水上,涣:先王以享于帝立庙

王岳洲,1947年出生,河南开封人,现为中国书法家协会会员、开封意拳书画研究会艺术顾问、开封文化客厅特聘书法家。

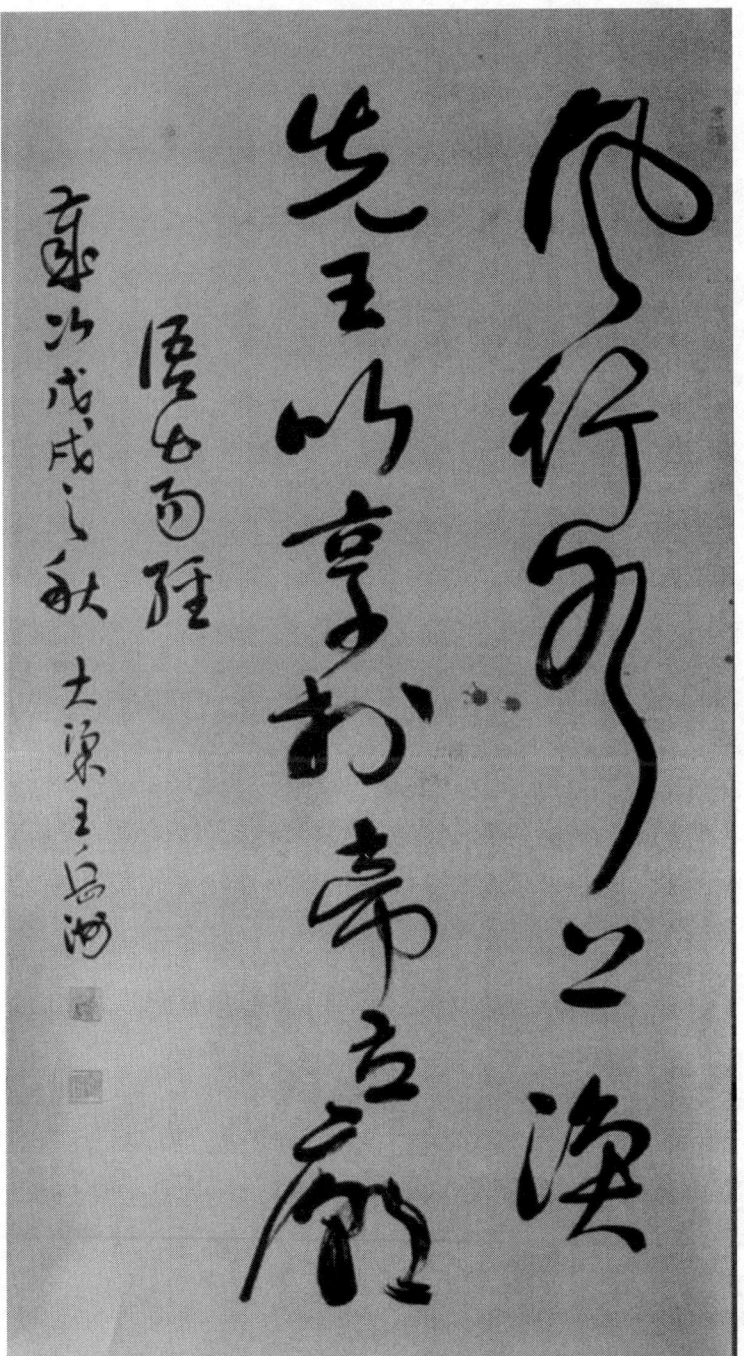

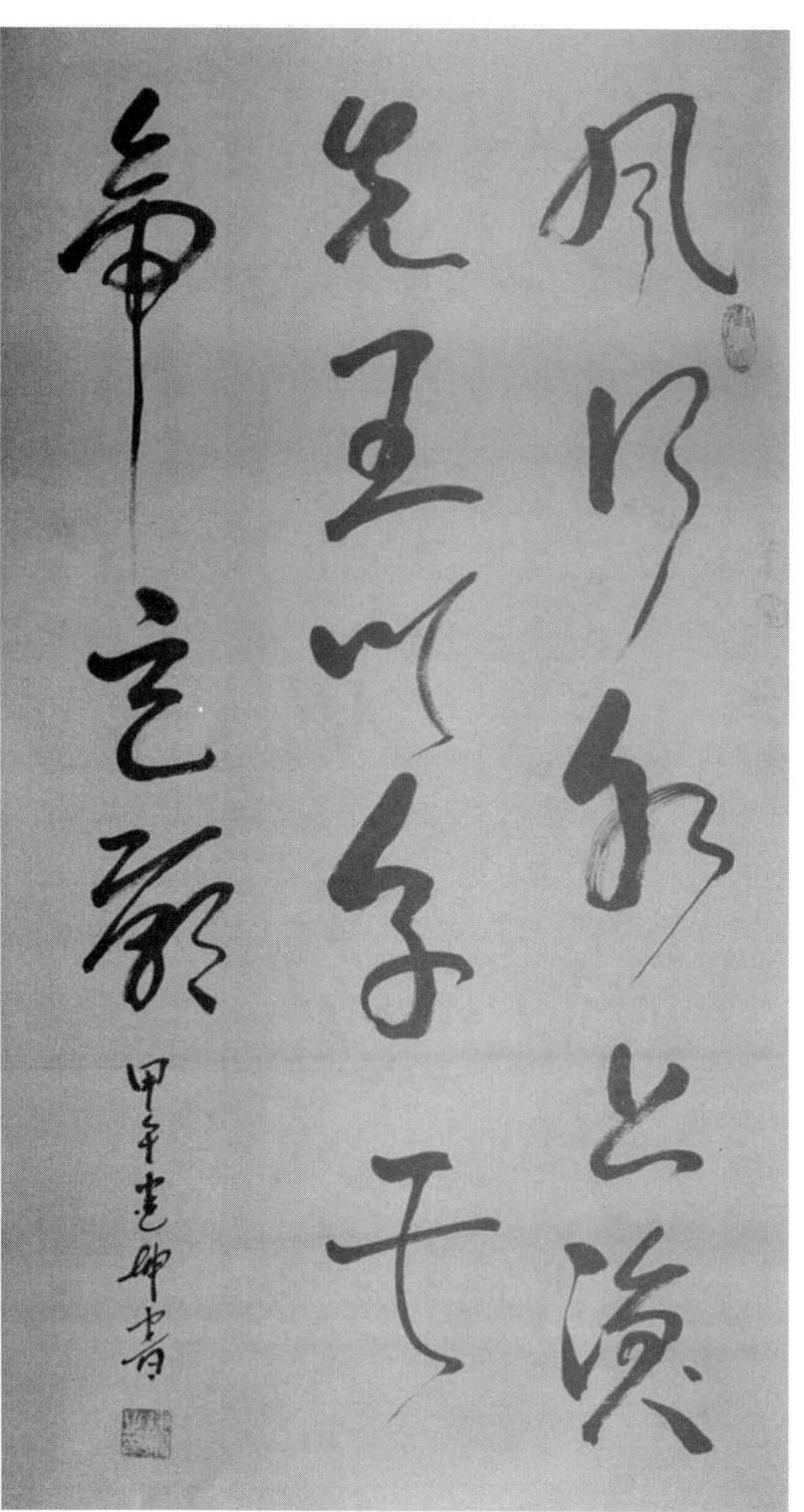

王建坤,1961年出生。河南开封人,现为中国书画家协会会员、九州书画院副院长、中国书画院院士。

第五十九章　欲正人　先克己
二人同心金不利

涣：亨，王假有庙。利涉大川。利贞

　　涣卦是下坎上巽相叠一起的卦象。坎为水，巽为风，风在水上行，推波助澜，四方流溢。"涣"：水流散落，象征人心涣散，无组织无纪律，想干什么就干什么，随意任性；非常时期，务必得采取非常手段，加以治理混乱局面，克服弊端，转危为安。"亨"：亨通。"王假有庙"：执政者深入民间与民同乐。"利涉大川"：利于应对各种艰难困苦。"利贞"：利于长久坚持。卦辞大意是貌似人心涣散，却是亨通之象，主要原因在于执政者要经常下到基层，访贫问苦，与民同乐；由于上级领导的仁政德治，这种亲和力和非权力影响力影响了群体，使涣散的人心逐步凝聚起来，上下一起共同担当困难，这种亲民模式利于长久坚持。从卦辞上来讲，涣卦讲的不是涣散的困境问题，而是如何来治理涣散的问题。卦辞启示：得民心者得天下，只有真心实意地心系群众，关键时候想着群众，群众才愿意并自觉跟随；相反，那些图一时之利而作秀、大搞形式主义的人，只会令群众不齿。为此，只有以百姓之心为心，处处用心，只有以真心换真心，推心置腹，才能凝聚人心。

　　习近平说过，他花时间最多的工作是扶贫，他心中最牵挂的是困难群众。小康路上"不让一个人掉队"，正因为有了这样的牵挂，他为四川凉山州"悬崖村"村民们的出行状态感到揪心，为湖南十八洞村的小伙儿能娶上媳妇而高兴。2017年全国两会上，他听到四川代表谈起"悬崖村"建了新的铁梯，说"心里稍稍松了一些"。在参加新疆代表团审议时，他着重提到南疆脱贫问题，指出要"把南疆贫困地区作为脱贫攻坚主战场"。习总书记谆谆告诫，"脱贫不要脱离实际随意提前""所有扶贫地区的领导干部都要坚守岗位""扶贫开发贵在精准，重在精准，成败之举在于精准""需要下一番'绣花'功夫"……从大处着眼，从细处着手，为各地扶贫工作划出发力的重点。在习近平眼中，人民始终处于主体地位。

初六：用拯马壮，吉

　　"用"：利用。"拯"：拯救。"马壮"：壮马。爻辞大意是借助健壮的马匹来弥补力量的不足，这是吉祥的。爻辞启示：当坏到一定程度时，要借助力量，以图振兴。《象》曰："初六之吉，顺也。"这里指出：初六爻辞之所以呈现吉祥状态，这是由于它能温顺、不自以为是。爻辞强调人们处于危险中，凭借自己的能力难以应对和解决问题的时候，不能被动等死，要及时转过头来寻找有能力的人来依附，自己还要顺从有能力人的思想，借助其力量使自己走出困境。爻辞强调，不但要自己努力去改变现状，还要学会转弯借力。

三国时候的诸葛亮是一位善于借力的高手。有一天，周瑜对诸葛亮说："你3天之内，给我打造10万支箭来。"这是根本不可能完成的任务，诸葛亮还是满口答应。为什么？打造不出可以借嘛！如果他跟曹操说："我想杀你，借我10万支箭好吗？"那曹操除非脑子进水了才会答应。

曹操脑子没有进水，他真的借给诸葛亮10万支箭。在一个大雾蒙蒙的早上，诸葛亮派出几十艘木船，船上扎满了稻草，佯装攻打曹营的样子。曹操一看诸葛亮你真的要杀我呀，我先用箭射死你，命令所有的弓箭手万箭齐发，结果箭一支支射到了船的稻草上。不到一个时辰，诸葛亮就收到曹操送来的10多万支箭。这就是历史上著名的"草船借箭"的故事。

故事启示：谁说借力只能面向同事、朋友、亲人，有时候竞争对手也是很好的借力对象。人生，要的不全是尽力，有时候学会借力给力，也不失为一种上策。

九二：涣奔其机，悔亡

"涣"：冲散。"奔"：同"崩"，即垮塌、陷入危险境地。"机"：同"迹"，即污垢、郁闷。"悔亡"：后悔解除。爻辞大意是洪水汹涌，往前狂奔，将心中的郁闷清理一净。爻辞启示：发展中，要不断地检验自己，要像洪水往前汹涌一般，果断清除自己身上存在的不足，这样才能利于自己更加发展壮大。这里强调的则是要多一点自省意识、少一点名利追逐。

南朝梁人鱼弘，追随萧衍南征北战，功不可没。后来，萧衍当了皇帝（梁武帝），赐给鱼弘15顷田和1座有8万棵林木的山林，但鱼弘却郁郁寡欢，终日不露笑脸。鱼弘的妻子深感不安，于是直言相问："官人，你是不是因为皇帝给你封赏少而不高兴？"

鱼弘沉吟半响说："一个君主，论功要平，惩罚要当，这是常理。我随君主转战各地，出生入死，吃他的俸禄应该不止于此。"他的妻子说："我知道你的功劳不小，但你不应该是那种贪得财富、追求显达的人，因为这不应该是你的为人之道。"这些道理，鱼弘自然听不进去。鱼弘担任郡守仍嫌官小，他财产不菲仍感不足，仗着自己受到梁武帝的信任，竟公开勒索钱财，并且大言不惭地对人说："我做郡守，要做到水中鱼鳖尽、山中獐鹿尽、田中米谷尽、村里人口尽。人生在世，就是要快活享乐，做郡守不享乐，什么时候富贵享乐？"他让下官到民间敲诈勒索，并让民工到深山里砍来高贵的树木，运来高级的花岗石，在一块风水宝地上建造豪华的郡守府。他的车马服饰，不用一般布匹，而用丝绸锦缎，生活十分奢侈，又荒淫无耻，有侍妾百余人。因为生活糜烂、纵欲过度，没几个春秋，他便一命呜呼。因为贪欲太盛，鱼弘自己害死了自己。人的内心中同样有只野兽叫贪欲,一旦醒了过来,就像一只吼叫的狮子,在内心的原野上,四处游走。即便是蓝天之下已有的一切黄金,也很难使贪婪的灵魂安息片刻。如果得到部分满足的时候不愿意收手,还希望拥有更多,那么到最后只能是连自己原来得到的那一份也给丢掉了。实践证明:贪婪是欲望无止境的一种表现,它让人永不知足。永不知足恰恰又是一种病态,这种病态如果继续发展下去,就会贪得无厌,其结局是自我爆炸、自我毁灭。

六三:涣其躬,无悔

"躬":自身。爻辞大意是洪水冲到身上,幸免于难,值得庆幸。爻辞启示:正人者先正己,律人者先律己,执纪者先守纪,要想让别人做好,自己首先就要做好样子,这样才会不令而从。

唐朝人李师古,第三任淄青节度使,李纳之子,为人跋扈,目中无人。他每次走在街上,必有一队人马前呼后拥,行人遇见他必须为他让路。他家强占民宅,欺压百姓,俨然是京城一霸。由于他父亲手握重兵,竟连皇帝也拿他没办法,不敢治他的罪。

整个朝廷中,李师古只畏惧杜黄裳一个人。杜黄裳为官清廉,任何人给他送礼他都不会收。而且杜黄裳也不怕李师古那一套,李师古着实对他有些忌惮,见到杜黄裳,他也会恭恭敬敬地行礼,没有一点嚣张气焰。李师古总想寻找个机会缓和一下和杜黄裳的关系,于是就想办法给杜黄裳送点礼去。他筹备了价值几千串钱的毡车一辆,派手下一个得力干将给杜黄裳送去。手下不敢轻举妄动,害怕直接送进门,会被赶出来,就在杜府大门外守候,待有人出来时,再做打算。可是一连等了好几天,杜府都没有人出门,手下等得不耐烦了,可又怕主人怪罪,只好耐着性子继续等。

终于,这天看到里面出来一辆破马车,那匹马又老又笨,不时地喘着粗气。而车棚也是千疮百孔,看样子只要轻轻一扯,篷布就会顿时被撕得粉碎。再看马车旁边跟着的那两个侍女,破衣烂衫,脸上丝毫没有胭脂水粉的迹象,倒是一脸的菜色,一看就知道营养不良。李师古手下猜,一定是最下等的奴婢,可最下等的奴婢怎么可能跟着一辆破马车出来呢。按理说只有主人才可能乘马车出行啊,可这破马车又怎么可能是主人的呢。一时间,他也想不明白,就悄悄来到看门的那里问,刚刚出门的是什么人,一问才知道,原来车里坐的竟然是杜夫人。手下急忙回去把所见所闻报告李师古,李师古惊得要死,从此再也不敢给杜黄裳送礼,也不敢再做太出格的事。

六四:涣其群,元吉,涣有丘,匪夷所思

"涣":冲洗。"群":人力密集的地方,指群体、大众。"元吉":非常顺利,大幸运。"丘":山丘。"匪夷所思":否则后果难以想象。爻辞大意是洪水冲击到

了人群，但是没有什么不利。原因是人群如同小山丘一样，只冲击到山脚下，幸亏有山丘抵挡，否则后果难以想象。《象》曰："涣其群，元吉，光大也。"大意是冲洗万民，说明执政者德教广施，教化群体，主要是为了发展壮大而积蓄实力而已。爻辞启示：个体的力量是有限的，群体的力量才是无限的；相互间只有牢牢抱成团，才会有信心有力量有担当，团结的力量才可战胜一切。

某外企招聘白领职员，吸引了不少人前去应聘。应聘者头脑聪明、博学多才，是同龄人中的佼佼者。聪明的董事长知道，这些学生有渊博的知识做后盾，书本上的知识是难不倒他们的，于是，公司人事部就策划了一个别开生面的招聘会。

招聘开始后，董事长让前6名应聘者一起进来，然后发了15元钱，让他们去街上吃饭，并且要求，必须保证每个人都要吃到饭，不能有一个人挨饿。6人从公司里出来，来到大街拐角处的一家餐厅。他们上前询问就餐情况，服务员告诉他们，虽然这儿米饭、面条的价格不高，但是每份最低也得3元。他们一合计，照这样的价格，6人一共需要18元，可是现在手里只有15元，无法保证每人一份。于是，他们垂头丧气地出了餐厅。回到公司，董事长问明情况后摇了摇头，说："真的对不起，你们虽然都很有学问，但是都不适合在公司工作。"

其中一人不服气地问道："15元钱怎么能保证6个人全都吃上饭？"董事长笑了笑说："我已经去过那家餐厅了，如果5个或5个以上的人去吃饭，餐厅就会免费加送一份。而你们是6个人，如果一起去吃的话，可以得到一份免费午餐，可是你们每个人只想到自己，从没有想到凝聚起来、成为一个团队。这只能说明一个问题，你们都是以自我为中心、没有一点团队合作精神的人，而缺少团队合作精神的公司，又有什么发展前景呢？"听闻此话，6名大学生顿时哑口无言。

九五：涣汗其大号，涣王居，无咎

"涣汗"：洪水肆虐的样子。"大号"：王宫。"涣王居"：更换王宫，迁都。爻辞大意是洪水肆意横溢，随即淹到了国都，淹到王宫，幸好预先遣散了人群、疏通隐患、整修王宫，没有大的灾难。《象》曰："王居无咎，正位也。"大意是王宫没有遭遇灾难，由于位尊且正，自然无灾难。爻辞启示：保国之大计，在结民心；民心问题至关重要，政权的兴盛废弛，与民心血脉相连、密不可分。

习近平总书记曾在省部级主要领导干部专题研讨班上讲话时指出："一个政党，一个政权，其前途命运取决于人心向背。"全面从严治党永远在路上，而民心就是最好的检验石。民心向背作为政治意义上的标尺，抽象地体现在人民群众生活的方方面面，而民意、民生、民主三者的有机结合就是民心的具体表现。只有做到"民意相和、民生相勤、民主相行"，方可实现"民心相随"。因此，只有牢牢把握民意、民生、民主的需求，方能实现民心向而不背，方能筑牢党执政的根基。

的确，民心是最大的政治，只有时刻保持党同人民群众的血脉联系，确保党同人民群众想在一起、干在一起，才能巩固群众根基。正因为此，才生成了"涣汗其大号，涣王居，无咎"。

上九：涣其血，去逖出，无咎

"血"：借为恤，忧患。"去"：清除。"逖"：通畅，警惕。"出"：产生。爻辞大意是洪水减退之后消除了忧虑，但是不能不加以防备，要防微杜渐、警钟长鸣，才能远离灾难。

抗日战争胜利以后，除了罪大恶极的战犯外，还有高达120万人的日军战俘需要遣送。中国不仅要管他们的生活起居吃喝拉撒，还需要管一系列烦琐的工作。但是这些不知足的日军战俘还经常给中国出难题，提出一些过分要求。战俘们在被遣返前，强烈要求必须带武士军刀回国。军刀象征着崇尚武力，所以诸多的日本军官带军刀过来的目的就是为了宣扬自己的武力，他们疯狂地屠杀无辜的中国百姓，并以此为乐，这些军刀上沾满了中国人民的热血，它是恶魔行凶的凶器。战俘们居然还想带回日本去，简直痴人说梦。对于战俘的无理要求，中国严词拒绝。日本人开始想别的办法，他们想用高价赎走这些军刀。中国人民用血肉拼下的江山，一丝一缕都不会再给别人！当时的国民政府义正词严地拒绝，并且将军刀放在军事博物馆中进行展览。抗日战争的胜利是属于全中国的，谁也没有权力代表全中国人民售卖军刀！生命无价，军刀残害中国多少生命，岂能用金钱衡量？放在博物馆的意义就是为后人敲响警钟，勿忘国耻！在中国台湾的军事博物馆中，一把军刀受到日军政府的格外关注，日军政府反复派遣人员表露想要购买的意向。这把刀做工精美，并且刀面上刻有"南京一役杀107人"的汉字。在南京大屠杀中，日本军官将屠杀中国百姓当作乐趣，并且进行攀比打赌，看谁杀人数量多。这把军刀自然是日本军官在战役中杀害手无寸铁的中国百姓的铁证！实践证明：勿忘国耻，警钟长鸣！犯我中华者，虽远必诛！

总之，涣卦讲的并不是历来易学界专家所注释的"涣散"，而更多谈的是如何防止涣散，更好地发展壮大自己。其中，讲到用"拯马"来补救自己，"涣奔其机"，以及"涣其躬""涣其群""涣汗其大号""涣王居"等问题。从某种意义上来讲，可以说涣卦与丰卦是名不同而道同，都有着强调盛大无比的意思。但有所区别的是，涣卦探讨的是如何通盘壮大强盛自己，而丰卦则着重于用武力去侵伐吞并他人。

悦然利贞

【原文】

节：亨。苦节不可贞。

初九：不出户庭，无咎。

九二：不出门庭，凶。

六三：不节若，则嗟若，无咎。

六四：安节，亨。

九五：甘节，吉。往有尚。

上六：苦节，贞凶，悔亡。

节卦是《周易》第六十卦，讲述的是节制、调节之道，表示有所节制，使事情非常顺利，但是不能刻意节制，否则物极必反。《象》曰："泽上有水，节；君子以制数度，议德行。"寓意是君子应当效法修堤防水的道理，制定规章制度来规范人们的行为准则，不能激进，也不能散漫，而要时时处处维持正常的良好社会秩序。

"泽上有水,节":君子以制数度,议德行

宋振营,1945年出生,山东济宁人,现为河南省书法家协会会员、刘庚三书法研究会常务副会长兼秘书长、开封宋都书画研究会副秘书长、开封意拳书画研究会顾问。

第六十章　懂节制　往有尚　船到桥头自然直

节：亨。苦节不可贞

节卦是下兑上坎的水泽之象。兑为泽，坎为水。沼泽地里的水在水量有限时，沼泽就要面临干涸的危险；水流多了，又会溢到泽外，同样会置周边于危险。如何调整？这里强调的是一个如何把握火候的问题，也是强调要适度的问题，于是便产生了节卦。"节"：就是节制，限制绝对的"自由"，不能任性胡来的意思。卦辞"节，亨。苦节，不可贞"中的"亨"：亨通。"苦"：痛苦。"贞"：过头。卦辞大意是要懂得节制，故亨通。天地有节制而寒来暑往，形成四时节气；国家有节制，因而制定制度，使社会大局稳定；个人有节制，遵守法纪伦理，才能生活更加美好，利于向前发展。但是节制本身就是一件让大家都感觉不舒服的事，因为这种东西如同《西游记》中的孙悟空头上套上紧箍咒那样难受，为此，提醒执政者"不可贞"，即施法不能过头，要适度，若残暴任性乱节，就会物极必反。

关于分寸把握的问题，的确是个技术活。如南朝名医陶弘景认为巴豆最能泻人，是一种泻药。明朝时李时珍经过试验后，又认为巴豆剂量用得重可引起严重腹泻，但是，如果剂量轻，就可治疗腹泻。他用这种方法，治好了一个患慢性腹泻的妇女，以后，又陆续治好了100余个腹泻的病人。

服药治病，剂量必须适当，量小治不了病，量大又会造成中毒。在农业生产中，播种量、施肥量等要适度；在工业生产中，机器的运转速度、运转时间也要适度。孔子说："过犹不及。"意思是说，事情做过了头，就像做得不够一样，同样也达不到预期目的。这也正是卦辞强调的实际用意。

初九：不出户庭，无咎

"户庭"：内院。爻辞大意是闭门谢客，便没有灾祸。《象》曰："不出户庭，知通塞也。"大意是闭门不出，由于事先感觉到前进必然会发生灾祸。如国家明令禁止不可为的事，事先颁布了禁令通告，看到了就不能冒险，就不能令行不止。这样禁令刚刚发布，懂得"枪打出头鸟"的人，知道后果的严重性自己节制而不出院门，如此谨慎行动，当然"无咎"。爻辞启示：当环境受限时，不妨停止不前，静观其变，再行定夺；如果盲目蛮干，肯定要付出惨重的代价。

俗话说得好：出头的椽子先烂。因为有所顾忌，如果言语露出锋芒，就很容易得罪别人，得罪别人也就为自己埋下了隐患；如果行动露出锋芒，就会招惹别人的妒忌，别人妒忌也将成为自己前行的阻力。社会变幻莫测。从根本上讲，社会环境是消弭个性的。个性，即与社会的通行法则及平常人的习惯想法有出入的性格，个性多数是不可能被认可的。试想，我行我素，凡事随意而为，必将引起他人不快、易犯众怒。《三国演义》中的诸葛恪，是诸葛亮兄长诸葛瑾的儿子，自小才思敏捷，天赋过人，并且大家认定他的才能超过其父诸葛瑾。但诸葛瑾并不为有这个儿子感到高兴，反而觉得诸葛恪将来会给家族带来不幸。他认为儿子性格急躁、刚愎自用，而且太喜欢表现自己。果然后来诸葛恪掌权后锋芒毕露，独断专行，引起众怒，最终被吴主孙亮与大臣孙峻设计杀死，自己的家族也被夷灭。

九二：不出门庭，凶

"凶"：危险。爻辞大意是到该出门时却闭门不出，也是有危险的。《象》曰："不出门庭，凶。失时极也。"大意是到了该出门时却闭门不出，也有凶险，由于坐失良机，错误已至。因为事先没有节制自己，导致问题发生，这时候躲藏起来不敢出头担当，只能把单一问题变成复杂问题。这里强调的不是自节过甚而出危险的事，而是有前因必然产生后果；如果不加节制，就会危害社会，这种由自己产生的后果当然得由自己承担。"躲得过初一躲不过十五"，自古如此。爻辞启示：发生问题就要正视问题，不可一味地遮遮掩掩、包庇隐瞒，这样会贻害无穷。

遇到问题不回避，体现的是一种担当精神。电影《我不是药神》就体现了中国作为大国遇到问题不回避、敢于直面问题的担当精神，告诉了人们什么是良心。令人在感动之余，还会思索应该要怎样去做。

剧情中患病的老奶奶握着曹斌的手，颤颤巍巍地说："你难道就能保证，你这一辈子不生病嘛？我不想死，我想活。"医院真的是一个见遍人情冷暖的地方，都说大夫在给病人开药的时候丝毫不会在意病人是否能够承受得起，而在生命面前，大部分的中国人是要讨价还价的。如果一部分药品不能报销很多人都会选择不用，而同款疗效的药品更是有国产和进口之分，但进口药不报销又有多少家庭能够吃得起？2.35万元一盒的"格列卫"和2000元一盒的"格列宁"只是价钱上的差异，但对于普通老百姓来说确实是生与死的差异。程勇是一个卖印度神油的店老板，由熟人引荐结识了慢粒白血病患者吕受益。捉襟见肘的程勇为了赚钱从印度偷运印度"格列宁"卖给慢粒白血病病友，虽越过了法律的红线但能救更多的人。但这个拷问人性的问题摆在了每个人面前：当一件事正确却违法，人们到底该怎么办？程勇在赚得第一笔钱之后选择放弃，但更加现实的问题来了，当初与程勇搭伙卖药的吕受益因治病而倾家荡产，却依然没有战胜病魔。也正是吕受益的离世，真正让程勇从一个无利不起早的商人变成了真正想为病人谋福利的好人。

当病友被抓，当初那个无良商人张长林被抓，当黄毛看到警察，为保护程勇选择自己与警察作斗争的时候，一幕幕都让人感到，他们这是宁愿放弃自己也要保护程勇，因为程勇是广大病友的希望，他们这是在给其他人留下活着的希望。而此时的曹斌已经知道了程勇是一个"假药贩子"，但他的选择也让人感动，但最终程勇还是被抓了。当初他害怕事件败露不让往外省卖药，最后却分文不赚地让思慧联系外省的病友，当所有充满希望目光的小窗口汇聚在一起的时候，整个世界都在落泪，这是生的希望。

喜剧故事的内核永远是悲剧。这部剧片实实在在扎到了中国人的痛点上。"医药、走私、病患、金钱、法律、救人"，这些关键词每一个拿出来都可以刺痛中国人敏感的神经。这部剧片深深地拷问了中国人一个现实问题：普通人在面对疾病的时候，穷真的是原罪吗？剧情中，当所有的慢粒白血病病人站在街上目送已经被收监的程勇时，这让人看到了一个"假药贩子"的人性光辉。但有时，现实却要远比剧片中宽容得多。这部根据现实改编的剧片，就像接程勇出狱的时候曹斌说，这款药进医保了，这就像程勇在法庭上说的"相信会越来越好"，现实真的是越来越好了。只有这种关注底层人民现实状况的剧片，才能引发国民思考，推动政策向着为广大人民利益着想而改变。遇到问题不回避才是真正的大国精神，现在与未来的中国，直面问题，一定会发展的越来越好。

六三：不节若，则嗟若，无咎

"节"：节制。"若"：句末语气助词，无实义。"嗟"：叹息。爻辞大意是懂得了不节制给自己带来的严重危害性，而自顾叹息不已；知错能改，这是值得肯定的，当然不会有大的问题。爻辞启示：要照章办事，按制度节制自身，不断地检点自己；否则，执迷不悟，只能自陷牢笼。

《荀子》云："君子博学而日参省乎己，则知明而行无过矣。"一个人只有把

"自省"当作生命中的重点,才能活得聪明,才能少犯错误,才有可能在人生之路上一步步迈向成功。

传说,无果禅师在深山里专心参禅,一住就是20多年,这些年来,一直得到一对母女细心照顾。但20年来,他并没有认为自己有很大的提升,于是打算外出寻师访道。临行前,母女二人为禅师做了一件衣服,又包了4锭马蹄银送给无果禅师做路费。无果禅师再三拜谢,准备次日一早动身外出,到了晚上,他坐禅休息时,半夜里突然出现一个扛着很大莲花座的童子,邀请他乘坐莲花座到一个地方。禅师认为自己修行程度未到,便加以拒绝。童子告诉他"机会只有一次"。于是禅师便把自己的拂尘插在莲花座上。

第二天准备动身时,母女俩拿了一把拂尘来告诉他,这是昨晚从家中母马肚子里生出来的。无果禅师听后非常吃惊,暗道:"若不是我定力深厚,今天已是你家的小马儿。"于是将马蹄银还予母女二人,作别而去。

人一定要有自知之明,不要相信不靠谱的事情。成功的人之所以成功,就在于他们时时反省,知道什么是自己该做的、什么是自己不该做的;反之,失败的人失败也在情理之中。

六四:安节,亨

"安节":安于节制。"亨":亨通。爻辞大意是习惯于节制自我,遵纪守法,当然会好事连连。安于节俭遵礼的生活之所以吉祥,是由于顺从了执政者的意图。能安于节制的人,可以肯定的说是不会惹祸的。大凡国运处节之时,为弘扬节制,只要安于节制就可能获得嘉奖,遵循法纪礼仪值得人人称颂,当然亨通。

石奢是楚昭王时的国相,他为人刚强正直,廉洁奉公,既不阿谀拳承,也不胆小怕事。一次出行属县,恰逢途中有凶手杀人,差人捕获的凶犯,竟是自己的父亲。他放走父亲,回来便把自己囚禁起来。他派人告诉昭王说:"杀人凶犯,是为臣的父亲。若以惩治父亲来树立政绩,这是不孝;若废弃法律纵容犯罪,又是不忠。因此我该当死罪。"昭王说:"你追捕凶犯而没抓获,不该论罪伏法,你还是去治理国事吧!"石奢说:"不偏袒自己父亲,不是孝子;不遵守王法,不是忠臣。您赦免我的罪责,是主上的恩宠;服刑而死,则是为臣的职责。"于是,石奢刎颈而死,一时名垂青史。

九五:甘节,吉。往有尚

"甘":甜。"甘节":对节制有一种享受感,这就等于是变被动为主动,即主动节制自身。"往":前往。"尚":崇尚。爻辞大意是若能主动节制自身,使节制成为一种享受，就会获得吉祥，继续这样做就会受到社会尊崇。爻辞启示：自制要发自肺腑，要主动，要心甘情愿，不能被动应付；甘于主动检点自己的人，必然会受到社会崇尚。爻辞强调要主动，要朴实无华，发自内心的节制；反之，装模作样图一时之利大搞形式主义，就不会"有尚"，却是哗众取宠、令人不齿。

真正的自由，不是想做什么就做什么，而是挣脱欲望的束缚，想不做什么就不做什么。真正节制自己的人，往往能沉下心来，专注于自己的人生理想。著名演员陈道明就是这样一个人。曾经默默无闻的他凭借《围城》里的方鸿渐一角功成名就，前来找他拍戏的人络绎不绝，开出的片酬也一次比一次高。可他统统拒绝，说"剧本不行，给再多钱我也不拍"。汶川地震发生后，得知冯小刚要筹备《唐山大地震》的拍摄。陈道明主动联系，并表明自己免费参加拍摄。很多人不明白，片酬极高的陈道明为什么"倒贴"？陈道明坦然自己不买飞机大炮，不买航空母舰，只要保证基本生活质量，就没那么多奢望。

实践证明，陈道明是一个有追求的演员，漫长的演艺生涯里，他一直恪守"节制"二字，一次次拒绝越过底线的诱惑，才有了只有肯在"戏里低头"的情景。

上六：苦节，贞凶，悔亡

"苦节"：苦苦节制。"贞"：坚持，固守。"凶"：凶险。"悔亡"：懊悔消失。爻辞大意是坚持固守痛苦地去节制自我，长此以往，对自己是非常危险的；如果把坚持制度当作负担，必生怨恨之心，这样被动的行为长期积郁成疾，当然危险；但是除了精神上的压力之外，不会招灾惹祸，因为不会对外界造成坏的影响。该爻中的节制就如同刹车，一个驾驶员如能善于用刹车或经常能做到缓缓地刹车，这自然很吉祥，且亨通，但用急刹车则很危险；急刹车固然危险，远不如缓缓地刹车，但它终究比不刹车要强，急刹车可以消除撞车或死人的危险，它可以消除这一种后果。爻辞启示：操守节度，要适可而止，也要审时度势，能知变通。强调宜安分守己，切忌贪心不足，诸事必须节制，不宜过分。"闲时不上香，忙时抱佛脚"，菩萨也有不灵的时候，及早警惕，方为上策。

东汉末年，董卓祸乱京都，贾诩时任董氏集团的讨虏校尉，跟着董卓的女婿中郎将牛辅屯兵在陕这个地方。董卓被王允、吕布除掉后，董氏集团余孽都惊恐万分，校尉官李榷、郭汜、张济等欲解甲归田。贾诩煽动他们杀进长安后，打跑了吕布等人。贾诩任职左冯翊行政长官。李榷想要封贾诩侯爵，却被贾诩推却了，贾诩说："此救命之计，何功之有？"此后，贾诩又被董家军将领任命为尚书仆射、光禄大夫、宣义将军等要职，深受器重。

后来，董家军发生内讧。在汉献帝与大臣们逃难期间，贾诩在保护皇帝与其亲随大臣们立了功劳，后又投靠军阀段煨旗下。因贾诩是著名人物，为段煨的属下部将所爱戴。段煨害怕权力被贾诩夺去，对他外表尊敬、内心提防。贾诩知道主子的内心变化，惶恐不安起来。张绣在南阳，贾诩密谋跳槽，另谋高就，派人与张绣沟通，跳到张老板的集团里谋事。有人不理解他为什么要跳槽，贾诩解答说，段老板嫉贤妒能，虽说待遇优厚，但是，我在他那儿待久了，他会阴谋算计我。我离开他，他就会很高兴，更会以为我结了个外援同盟帮他，段老板对我的妻儿老小就会优待加厚待。张老板这边没有参谋顾问，我的加入，他是很高兴的。我这样做，既保全了自己的生存与事业，又保住了自己的妻子儿女。最终，跳槽的结果跟贾诩算计得不差毫厘。

贾诩为了明哲保身，不交结朋友，不结党立派。儿女娶亲嫁人都不跟权贵攀附。曹丕当上皇帝后，封贾诩为太尉，晋爵魏寿乡侯，同时，还封他的儿子贾访为列侯、贾穆为驸马都尉。在曹丕想要进攻吴国与蜀国时，贾太尉力劝其审时度势，要先文后武。但是急于求成的曹丕，听不进忠言。急功近利的军事行动使得曹军有江陵之败。贾诩老死时是77岁，他一生谋划，不但善终，而且子孙世代高官厚禄。这正是一个善于审时度势、懂得灵活应变的智者典型。

总之，节卦阐释的是节制的原则，其中反映的是合乎规律的节制，有利于事物的正常发展，但盲目节制就有凶险。过与不及，都将造成伤害。所以节制应该恰如其分：不应当节制时而节制，会使人丧失活力，失去发展时机；应当节制时而不节制，则会造成伤害。节制应顺其自然，不可勉强，应以中正的德行，以身作则，蔚为风气，使人乐于接受。但矫枉过正，极端节制，都会造成令人痛苦的结果，必然阻塞不通，所以适当节制最为重要。悟节卦，方知火候把握的重要性。

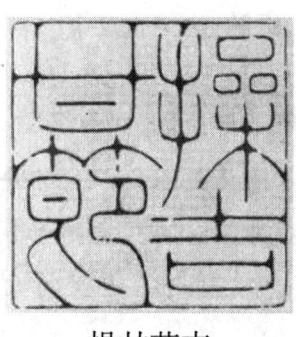

操甘节吉

【原文】

中孚：豚鱼吉，利涉大川，利贞。

初九：虞吉，有他不燕。

九二：鸣鹤在阴，其子和之；我有好爵，吾与尔靡之。

六三：得敌，或鼓或罢，或泣或歌。

六四：月几望，马匹亡，无咎。

九五：有孚挛如，无咎。

上九：翰音登于天，贞凶。

中孚卦是《周易》第六十一卦。"中孚"是讲求诚信的卦，表示诚信的力量是无穷的，可以感化他人，从而积聚能量。《象》曰："泽上有风，中孚；君子以议狱缓死。"寓意是如同风吹水动，诚信无所不及，君子应广施德行，宽缓死刑。这里特别强调的是要以诚信为基础，方能取得成功。

泽中有风，中孚：君子以议狱缓死

姬义海，1951年出生，河南开封人，现为中国书法家协会会员、开封金明书画院院长。

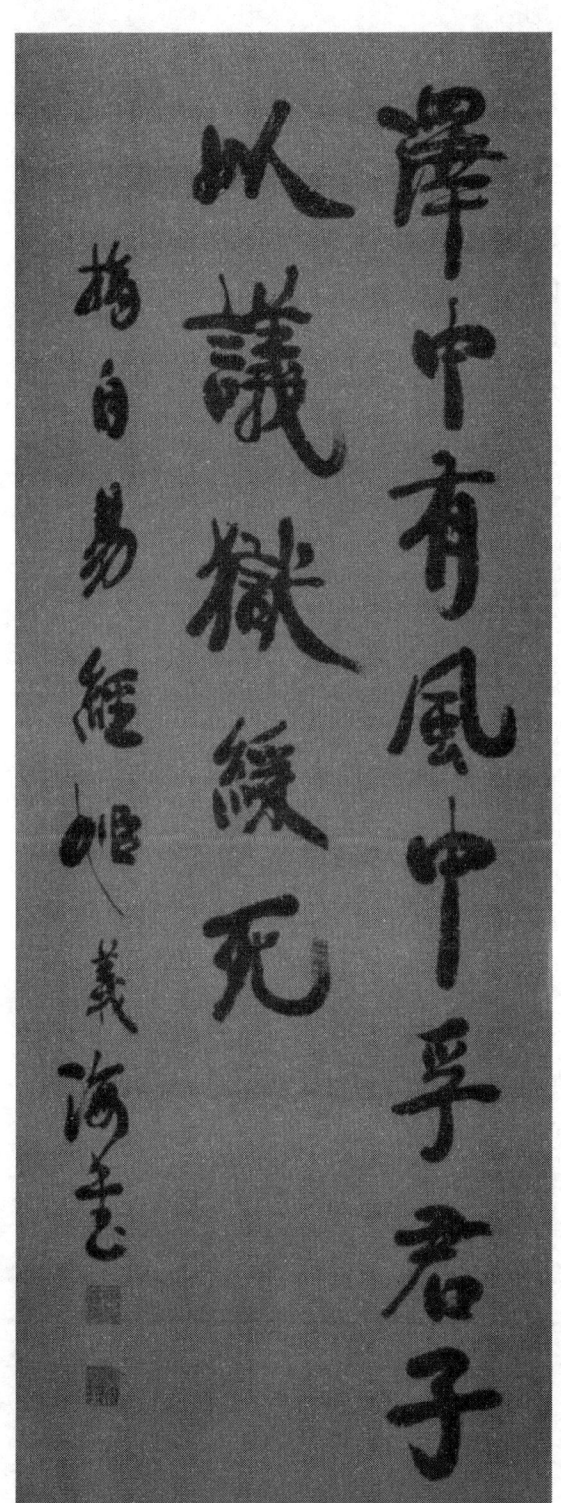

第六十一章　立中孚　居大同　病树前头万木春

中孚：豚鱼吉，利涉大川，利贞

　　中孚卦是上卦为巽下卦为兑的风泽之象。巽为风，兑为泽，风行泽上，无孔不入，表明没有诚信所不能涉及的地方。风又是逊顺的，表明诚信所至，诸事将变得格外顺利。风行沼泽上的画面是轻松悠闲，极其优美的，这样的景色也无不让人愉悦。同样，诚信如风景般美妙，人们的心情会因诚信而变得美好，得到和悦的感觉。为此，中孚就是内心充满着诚信的意思。《杂卦传》曰："中孚，信也。"直接点出了中孚即诚信的意思。

　　卦辞中的"豚鱼吉"：豚鱼，指的是一种动物，形状像小猪般的鱼，即河豚或江豚。豚鱼俗称气泡鱼、吹肚鱼、气鼓鱼等，属温热带近海鱼类，栖于海洋的中、下层，遇到外敌时，迅速充气膨胀，浮在水面上，身上针刺直竖，以抵御天敌侵害。由于此时的形象酷似猪崽（即豚），故有豚鱼的称谓。中孚卦卦辞之所以用豚鱼说事，理由之一就在于豚鱼的习性。因为豚鱼是守信用的象征，平时生活在海洋，但到春末夏初的繁殖季节，便会洄游至江河，如到长江中下游排卵产子，由于每年差不多同一时期洄游，所以被人们视为守信的动物。中孚卦正是看重豚鱼的这一习性，把它作为诚信的象征来叙述。"利涉大川"：中孚卦巽上泽下，巽为木，木已成舟，行于泽上，当然能利于涉越大川。"利贞"：以中正诚信的中孚品质为人处世，当然利于持守贞正。

　　中孚卦卦辞大意是，就要像江豚、河豚等豚鱼一样诚信有道，这样会吉祥的，利于成就事业，利于长期这样坚持。卦辞启示：诚信之性，是人类推崇的高尚品德，应当成为人文追求的价值取向；世界上没有"中孚"施及不到的地方，中正诚信才能感化万物，也可以缩短人与人之间的距离，使之志同道合、众志成城。

　　北宋词人晏殊，素以诚实著称。他14岁时，有人把他作为神童举荐给皇帝。皇帝召见了他，并要他与1000多名进士同时参加考试。结果晏殊发现考试是自己10天前刚练习过的，就如实向真宗报告，并请求改换其他题目。宋真宗非常赞赏晏殊的诚实品质，便赐给他"同进士出身"。

　　晏殊当职时，正值天下太平。于是，京城大小官员便经常到郊外游玩或在城内的酒楼茶馆举行各种宴会。晏殊家贫，无钱出去吃喝玩乐，只好在家里和兄弟们读写文章。有一天，真宗提升晏殊为辅佐太子读书的东宫官。大臣们惊讶异常，不明白真宗为何做出这样的决定。真宗说："近来群臣经常游玩饮宴，只有晏殊闭门读书，如此自重谨慎，正是东宫官合适的人选。"晏殊谢恩后说："我其实也是个喜欢游玩饮宴的人，只是家贫而已。若我有钱，也早就参与宴游了。"这两件事，使晏殊在群臣面前树立起了信誉，也更加赢得了宋真宗的信任。

初九：虞吉，有他不燕

"虞"：驺虞。驺虞是中国古代神话传说中的仁兽，传说它是一种虎躯猊首、白毛黑纹、尾巴很长的动物。据说它生性仁慈，连青草也不忍心践踏，不是自然死亡的生物不吃，《山海经》卷12《海内北经》记载："林氏国有珍兽，大若虎，五彩毕具，尾长于身，名曰驺虞，乘之日行千里。""他"：其他，也通蛇，蛇在我国古代含义复杂，有时代表小龙，在风水中的蛇龟组合成玄武，这是吉祥象征；有时蛇代表狠毒、歹毒、恶毒，比如蛇蝎之心，这与诚信之道是相悖的，为此，爻辞中的"有他"，即蛇，作后者解。"燕"：据说燕子筑巢非常慎重，一旦"飞入寻常百姓家"，就不轻易改变，这里也比喻为诚信之志。爻辞大意是驺虞的秉性是非常吉利的，是兽类中的义兽；相反，蛇却极其狠毒，一点不讲诚信。爻辞启示：为人处世，要具备仁爱正义的精神，要怀诚信友善之志。能安守诚信，乐于助人，内心自然愉悦；反之，如果不守诚信，把帮助别人当作一种筹码，心中算计得失，心存非分之想就不会燕乐。

李嘉诚当年创建长江塑料厂，把从意大利偷师学艺回来的塑料花生产技术应用上，一时间生意火爆。由于产品供不应求，出现了降低产品质量来应付订单的情况。结果许多客户对低质量的产品要求退货，银行追债、客户避款，塑料厂顿时陷入困境，濒临破产。正在李嘉诚苦恼的时候，他的母亲给他讲了一个故事：开元寺法号元寂的主持，因年事已高，希望在两个徒弟中寻找一个合适的接班人。有一天，他把两个徒弟叫到跟前，给每人一袋谷种，次年秋天以收成作为答卷，并许诺哪个徒弟获得的谷子多，就是自己的接班人。第二年秋天，第一个徒弟挑来满满一袋稻谷，而第二个徒弟则两手空空。元寂法师却宣布第二个徒弟为自己的接班人。原来，元寂当时交给两个徒弟的谷种却是用开水煮熟的，根本就无法发芽结果。李嘉诚听了母亲的故事，大梦初醒，才明白了诚信当头无危不克的道理，此后，他改变做法，逐渐在同行业中站稳了脚跟。

九二：鸣鹤在阴，其子和之；我有好爵，吾与尔靡之

"阴"：树荫。"鸣"：呼唤。"和"：应答。"爵"：古代饮酒的器皿，这里指酒水。"靡"：通"无"，即干完的意思。爻辞大意是鹤在树荫下呼唤小鸟，其子在

附近应和着母鹤在呼唤，这是说明母子心灵相通，符合彼此内心的愿望；我有好酒，应约朋友一起同醉，这里其实是托物述理，借用仙鹤母子应和之鸣，为倡导人际交往的诚信作铺垫。酒是中国古代重要的交际媒介，美酒是用来招待贵客的，通常能坐在一起把盏同饮的人，彼此是值得信任的，因为素有"酒逢知己千杯少"的说法。爻辞强调的是同声相和、同气相求的道理，只有相互沟通，诚心相待，才能产生共识，形成共鸣。

周定王二年（前605），楚庄王平息斗越椒叛乱后，在郢都大摆庆功宴，犒赏有功将士，直至夜幕降临。楚庄王命宫人点灯，下令大家接着喝。灯火摇曳中，众人闻着灯香、酒香，个个喝得酩酊大醉。歌舞毕，楚庄王把自己的妃子们叫出来为立功的文臣武将献酒。突然一股急风把大厅里的灯火全都吹灭，霎时间，宫殿里一片黑暗。混乱之中，一位愣头愣脑的将军，趁着黑暗，一手去拉身边美人的袖子，一手去摸美人白嫩的手腕。被吃豆腐的美人叫许姬，一向深得楚王喜爱，她反身揪掉了将军帽子上的缨饰，这样一来，那位造次的将军酒也醒了，慌忙把手缩了回去，吓得魂不附体。许姬取缨在手，快步走到楚庄王身边，附耳向楚庄王告状并以揪下帽子上的缨饰为据要求彻查。

楚庄王就是楚庄王，一不慌，二不怒，三不急，只是说这个问题自有决断。他突然看见宫人正在重新点灯，赶忙阻止。于是，大家就在黑暗中继续饮酒玩乐。后来楚庄王又命大家拽断帽缨，以图尽兴。大臣们一听，纷纷摘下帽子，扯断了上面的缨饰。这时，楚庄王才吩咐宫人把灯重新点燃。大臣们互相一看，各自帽子已面目全非，形状非常可笑，不禁都哈哈大笑。当然，这样一来，越轨者已难以分辨。一场难解的争端就这样消弭于把酒邀月的欢乐气氛之中。

由于楚庄王设身处地地替他人着想，保护了大臣，又平息了美人的怨气，可谓一举两得，工作做到了家。

数年后，楚庄王派兵攻打郑国。副将唐狡自告奋勇，愿率百名壮士为全军先锋。唐狡拼命杀敌，使大军一天就攻到了郑国国都的郊外。楚庄王夸奖统率大军的襄老，襄老说："不是我的功劳，是副将唐狡的战功。"于是，楚庄王决定奖赏唐狡，并要重用他。唐狡说："我就是当年那位拉美人衣袂的罪人，大王能隐微臣之罪而不诛，臣自当拼死以效微力，哪还敢奢望奖赏呢？"

唐狡酒醉失态，调戏楚庄王的宠妃许姬，这在男女授受不亲的时代，是让人很丢面子的事情，尤其是发生在尊贵的王妃身上，这简直是冒天下之大不韪。但楚庄王之举与众不同，他对于调戏自己宠妃的违礼之徒，非但不加责罚，还极力为其掩饰，足见其不仅有宽广的容人胸怀，亦有智慧过人之处。

六三：得敌，或鼓或罢，或泣或歌

"得"：遭遇，遇到。"敌"：对手，敌军。"鼓"：古代强调"闻鼓则进"，即进攻。"罢"：撤退。"泣"：号丧，哭泣。"歌"：高歌，庆歌。爻辞大意是面对被包围的敌人，胜利在握，或者敲起战鼓，使敌军心瓦解；或者围而不战困之，断其粮草，使敌从内部溃散。或者对敌悲伤地唱起思念亲人的小调，扰乱敌心；或者高昂唱起战歌，在声势上使敌人恐惧，不战而屈人之兵。爻辞启示：在包围可以杀敌取胜的情况下，围而不杀使敌屈服投降，这样可以保护很多人的生命，这就是中孚之德的品质。战争的目的不是杀人，不战而屈人之兵，才是目标。

制造一种态势，使敌人认识到如果作战将对自己不利，从而只好放弃作战，这才是不战而屈人之兵的办法。《战国策·西周》有一个故事：楚军向东周和西周两个小国借道，准备进攻韩、魏。东周和西周的国君都十分恐慌。这时谋士苏子对周君说："强楚向我借道，不能够硬抗，应顺着他的意图，将道路加宽，一直延伸到黄河，这样韩、魏必然会十分害怕。齐、秦二国也会害怕楚国夺取周的九鼎，必然同韩、魏二国联合起来一起攻楚。这样，楚国连方城之外的地方都难以守住，还怎么敢取道两周之间呢？假使不激起四国对楚的憎恨，君主就是不答应楚国，也是挡不住楚国大军的。"西周依计而行，果然因此化解了一场危机。

"不战而屈人之兵"这一作战原则不止能用于军事战争中，在人际交往中运用它也未尝不可。

六四：月几望，马匹亡，无咎

"几"：接近。"望"：满月。"匹"：匹配，配套，古代拉车，一般都是套车，不是单纯的一匹马，而是3匹或多匹。爻辞大意是平时自觉地忠诚于组织，忠实于上级，自然事态就能比较圆满，如同接近满月一般，比喻上下级关系接近和谐达成圆满状态；月亮将圆而未盈，好马失掉了匹配，比喻就算是偶有点过错，也不会有什么危险。爻辞启示：怀才不遇时，要忍耐，要始终怀着中孚之德感化四周，凭借这种默默无闻的付出，有些东西当然可以失而复得。

这使笔者想到了一个故事，老家有个表弟，人比较老实，出门在外务工，人生地不熟，总担心他吃亏。趁着回家过春节期间，陪他喝酒，总想开导开导他。不料想，两杯酒下肚后，他倒先打开了话匣子。他告诉我，老实人吃不了亏。包工头看他实在，总是把关键的活让他干，比如说发料、管电机、验土之类。其实，这些活都轻了，不但累不着，工钱一样拿。说着这些，他又讲了一段往事，他告诉我一次挖沟，宽一米深一米的大沟，长度每人20米，别人都老早抢占地段，而他也不抢，碰上什么挖什么。谁知旁边的滑头同事们先后拣较低凹的地段，最后把一段高岗子留给他。哪想，他一挖才明白，那些低凹的地方是汽车轮子长期压过的，而我挖的一段，连人脚都没有踩踏过，土层软，结果，其他人两天没干完，表弟居然不到一天就干完了。

最后，终于悟出了吃亏在于不老实，而老实人不吃亏，表弟的话可不是醉话，恰是六四爻释中论释的道理，也正是爻辞阐述的道理。

九五：有孚挛如，无咎

"有孚"：具有诚信。"挛如"：五指并拢的样子。爻辞大意是怀有诚信，就像五指并拢一样，这样不会发生灾祸。爻辞启示：具有诚信品德，心系天下，把他人当作手足和家人，天下人自然可以同声相和，以此国家安定、国民兴旺，所以没有祸患。

南宋杰出诗人杨万里最初担任永州零陵县令时，宰相张浚因力主抗金被贬居此，闭门谢客。杨万里钦佩其为人，3次前往拜谒而不得见，于是写书信力请，表明自己心境。张浚看了很受感动，接见他说"元符贵人，腰金纡紫者何隙，唯邹志完、陈莹中姓名与日月争光"！他勉励杨万里要效法先贤的"清直之操"，并勉之以"正心诚意"之学。杨万里铭记在心，将其读书之室取名为"诚斋"，以明己志。

随后，杨万里任隆兴府奉新知县。恰值奉新大旱，百姓生活十分困苦。杨万里见牢中关满了交不起租税的百姓，官署府库却依然空虚，深知是群吏中间盘剥所致。于是他下令全部放还牢里的百姓，并下令禁止逮捕、鞭打百姓，然后发给每户一纸通知，放宽其税额、期限。结果百姓纷纷自动前来纳税，不出一月，欠税全部交清。他的不扰民政治，颇获政绩，受到百姓交口称赞。

杨万里写了振兴国家的文章《千虑策》给朝廷，面对中原沦丧、江山仅存半壁的局面，从"君道""国势""民政"几方面深刻总结了"靖康之难"以来的历史教训，直率批评了朝廷的腐败无能，提出了整套的治理国家的方针策略，宋孝宗看到其文章切中时弊，任他为国子博士，杨万里又举荐正人端士朱熹、袁枢等16人。宋光宗即位后，杨万里任秘书监。他立朝刚正，连上3札，要求光宗爱护人才、防止奸佞，做到"一曰勤，二曰俭，三曰断，四曰亲君子，五曰奖直言"（《第三札子》）。一次，他因地震而上书朝廷，给皇帝提了10条意见，提醒光宗要将国家命运系之于人民，节财用、薄赋敛、结民心，民富而后邦宁、兴国，结果触怒了光宗，被贬为江东转运副使。

杨万里一生正义敢言，心怀天下，不事权贵，其人格与那些斤斤营求升迁、阿谀逢迎之辈形成鲜明对照。这正是九五爻辞所蕴藏的实际意义。

上九：翰音登于天，贞凶

"翰音"：公鸡啼鸣的声音，又是鸡的代称。古代祭祀宗庙，依礼祭品中必有鸡，称其为翰；翰音又表示飞向高空的声音，比喻徒有虚声。"登于天"：叫声响彻天空，有些自我炫耀、高处不胜寒的意味。爻辞大意是鸡登上了不该登的高处，不该发声时却高调发声，说明事情做过了头、物极必反，所以是凶兆。爻辞启示：要诚实守信，不能搞自我标榜，而这里呼唤的是一种蕴藏在内心深处的美好品质。

春秋时，鲁哀公经常向周围人说自己是多么渴望人才，多么喜欢有知识有才干的人。有个叫子张的人听说鲁哀公如此欢迎贤才，便从很远的地方风尘仆仆地来到鲁国，请求拜见鲁哀公。子张在鲁国一直住了7天，也没见到鲁哀公的影子。原来鲁哀公说自己喜欢有知识的人只是赶时髦，学着别的国君说说而已，对前来求见的子张根本没当一回事，早已忘到脑后去了。子张很是失望，也十分生气。他给鲁哀公的车夫讲了一个"叶公好龙"的故事，并让车夫把这个故事转述给鲁哀公听。然后，子张就悄然离去了。

现实生活中像鲁哀公这样的人也有不少，他们往往口头上标榜的是一套，而一旦要动真格的，他们却临阵脱逃，这跟叶公好龙又有什么两样。爻辞反复强调，做人不能自我标榜，而要诚实守信。

细观中孚卦，除"柔在内""刚得中""说而巽"特征之外，还有一个鲜明特征，即其犹如一架天平，可喻为司法天平，用以维护天下公民的基本权益。君子只需效法"中孚"之义，广施中正诚信之德，心中装着天平，这样天下才能长治久安、和谐大同。南宋诗人杨万里说："中有玉者外必辉，中有诚者外必孚，孚之为言，此咸于彼，彼信于此，之谓也。是故中孚所发，上行之则顺，下信之则说。"大意是说，内心怀有宝玉则必然会在身体表面上绽放出光辉，内心装着诚信则必然会在其言行举止中表现出真诚，带着诚信说话，以此感动他人，他人必定对其信任，说的便是中孚之意。

人人"中孚"，世界终将一片大同！

诚信天下

【原文】

小过：亨，利贞，可小事，不可大事。飞鸟遗之音，不宜上，宜下，大吉。

初六：飞鸟以凶。

六二：过其祖，遇其妣，不及其君，遇其臣，无咎。

九三：弗过防之，从或戕之，凶。

九四：无咎，弗过遇之，往厉必戒，勿用永贞。

六五：密云不雨，自我西郊，公弋取彼在穴。

上六：弗遇过之，飞鸟离之，凶，是谓灾眚。

小过卦是《周易》第六十二卦，讲述的是规正小过之道，表示利于做小事，但不可以长久坚持发展。《象》曰："山上有雷，小过；君子以行过乎恭，丧过乎哀，用过乎俭。"寓意是君子应当效法略微过分的雷声，在待人处事上要过分恭敬些、对待丧事上要过分悲哀些、日常生活中要过分俭朴些，以此在难以把握的情况下，更要小心从事。

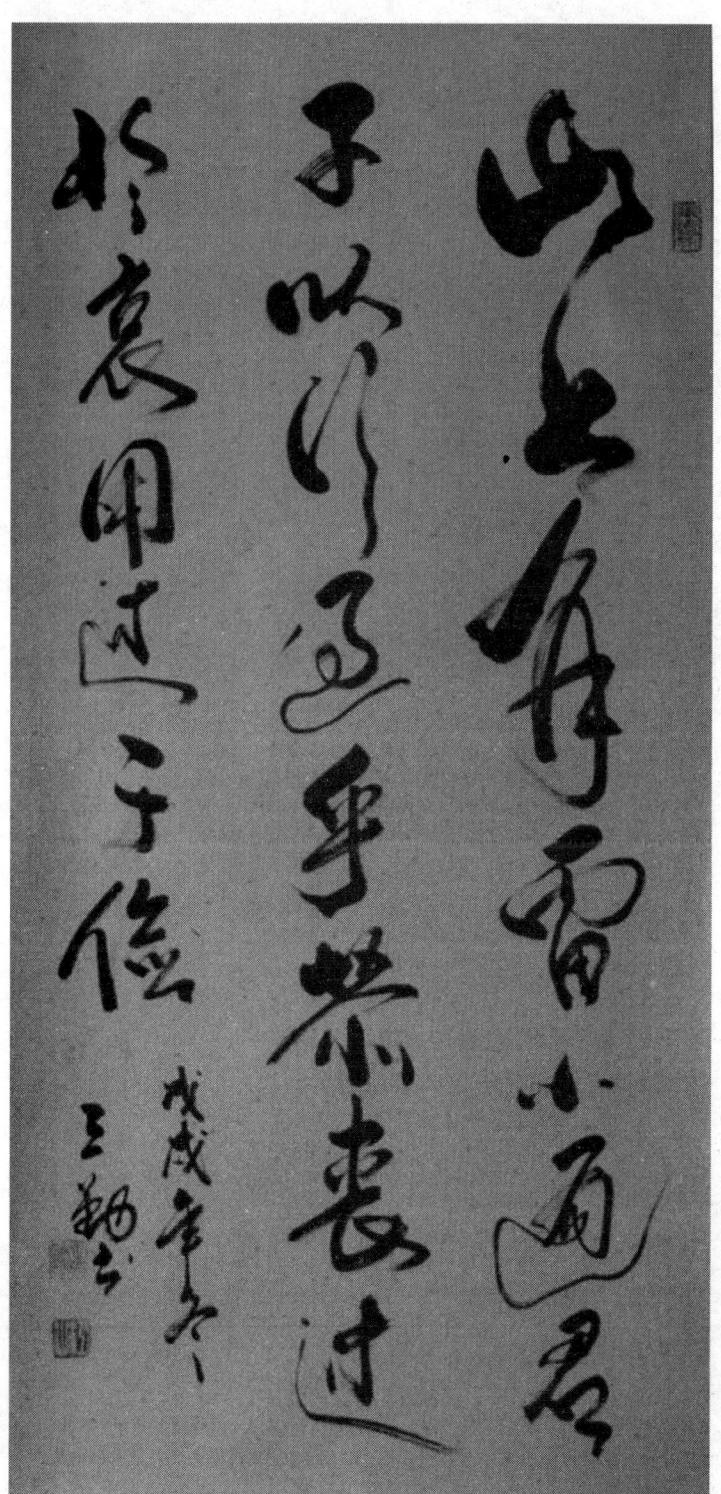

山上有雷,小过:君子以行过乎恭,丧过于哀,用过于俭

王　勤,笔名江山,1959年出生,河南开封人,现为河南省书法家协会会员、河南省书画学会副主席、河南省书画委员会常务理事、开封市摄影家协会会员。

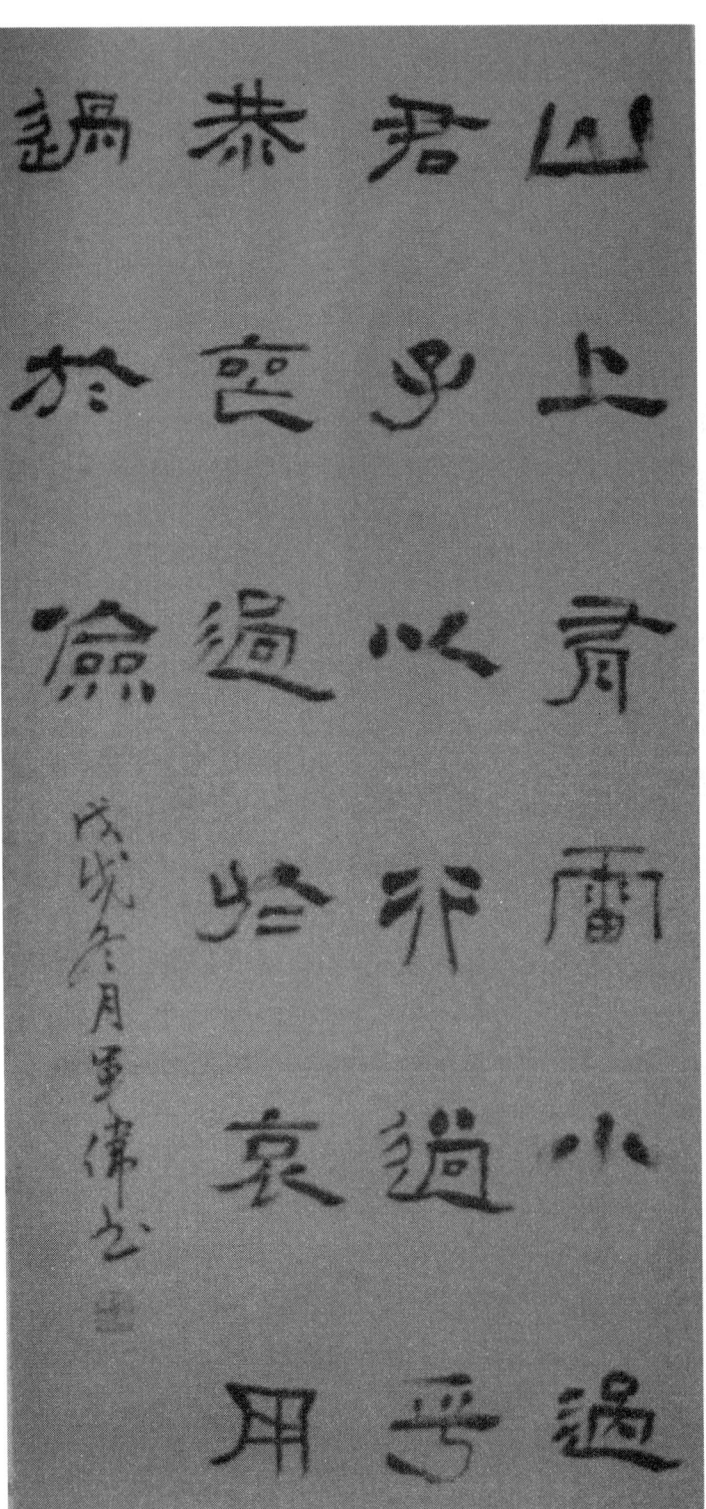

冯军伟，1975年出生，河南开封人，现为中国书法家协会会员。

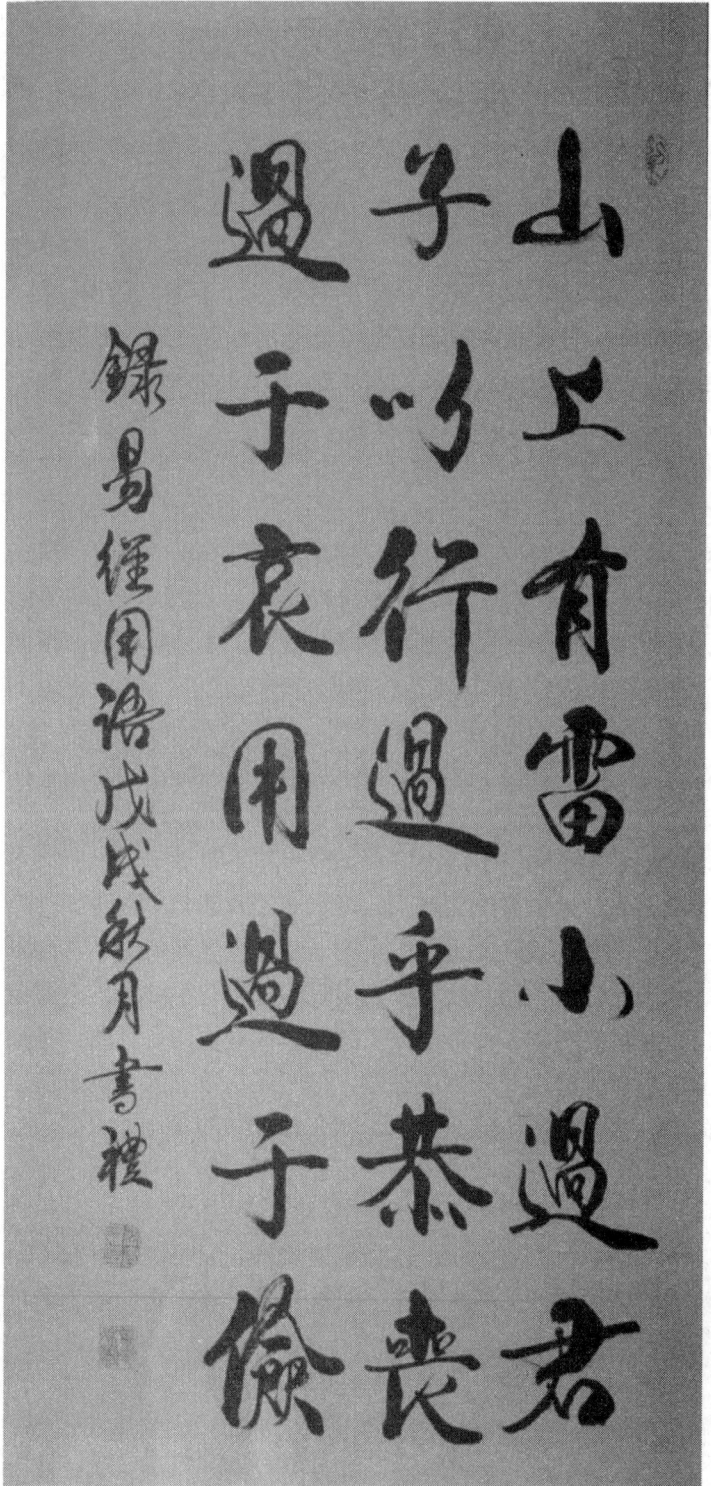

张书礼，1950年出生，河南开封人，现为河南省书法家协会会员、开封市老艺术家协会理事、开封市新区书法协会会长、刘庚三书法艺术研究会会员。

第六十二章　戒浮躁　须静心　凤去台空江自流

小过：亨，利贞，可小事，不可大事。飞鸟遗之音，不宜上，宜下，大吉

小过卦是下艮上震相叠的卦象。艮为山，震为雷，山上有雷声，震动的声音比较大，超过了正常程度。"小过"者，就是小小的过失，而不能以错误论处，过失是介乎正确与过错之间，小过就是在常态基础上显得稍有点过分，但又不是故意为之，还构不成错误，但是不能不加畏惧、不加堤防，因为一失足即导致千古恨。卦辞"小过，亨，利贞，可小事，不可大事。飞鸟遗之音，不宜上，宜下，大吉"中的"遗"：遗留，鸟是活动在天空的生物，可以飞，但是它一定要落至地面。"飞鸟遗之音"：鸟飞过留下的声音，能听到，说明鸟刚飞过去不久。所以小过卦作飞鸟刚刚过去不久理解也是适合的。卦辞大意是有小的过失，但还是比较亨通顺利的；利于做些小事，对长久之计还得权衡再三，如同飞鸟留下的声音一样，不宜上走，应该下飞，寻找栖息之处，只有这样，才是顺畅的。由此可见，卦辞强调的则是要顺势而为，求其通达；否则，矫枉过正，则会麻烦不断。

从前，一个山上有座庙。庙里有一个老和尚和一个小和尚，师徒俩在山上住了很多年。老和尚老了，为了让小和尚早日成熟，于是有一天，就给小和尚一个碗，让他到山下端一碗水上来。小和尚下山去端水，因为担心水洒出来，所以小心翼翼地紧盯着碗里的水上山，生怕撒出一点儿，可水还没有端到半山腰就已经洒完了，一连几回都是这样，于是只好上山如实禀报老和尚。老和尚听小和尚将经过细说之后，告诉小和尚，你上山的时候不要光用眼睛盯着碗里的水，不要指望着水一点儿不能洒出，而最终忽视了你最应关注的路。你只要用心看路，将很小一部分精力放在水上就可以了。小和尚依次去做，果然成功地将大半碗水端了回来。老和尚对小和尚说：如果将眼睛放在碗中，就会忽视路的变化，水撒了自然是难免的，结果什么也做不成。要做成大事就一定要眼盯大的方向，而不能仅理会小的波动。

碗里水的波动代表心的随机波动，上山的路径代表趋势，只要大的方向不出错，有一点小过失，纯属正常；反之，矫枉过正、过犹不及，将会走向事物的反面。

初六：飞鸟以凶

"以凶"：自寻烦恼。爻辞大意是小过卦有飞鸟之象，因为飞鸟会带来灾祸，如同飞鸟一般迅疾而过，就是"凶"。意在告诫：危险来临时，要停止错误的举动，不能硬着头皮往前撞，这样当然危险；无可奈何之时，就要小心谨慎，万不可妄动妄为，否则易招来横祸。

司马懿和曹爽共同辅政期间，曹爽没少难为司马懿。司马懿为了自保便装病在家，让曹爽自己去玩。司马昭十分愤怒，就问父亲为什么要忍受曹爽这个蠢货。司马懿便告诉他，要学会向愚蠢的人低头。但司马懿低头时候不是在看地，而是在看他低头相对的人，看那人的弱点、那个人的愚昧，从而掌握机会。此时的低头为的是以后的昂首。中途，曹爽派自己的心腹李胜去见了司马懿，他却被司马懿精湛的装病演技所欺骗，没有看清司马懿年老而浑浊不堪的眼睛里仍然留着的清明。曹爽果真对他放松了警惕，可司马懿笑到了最后。

故事启示：人，处在不利的时候，要坦然面对失败，不妨学一学司马懿的隐忍，学习他的善败，不要动不动就以牙还牙，导致两败俱伤。

六二：过其祖，遇其妣，不及其君，遇其臣，无咎

"祖"：祖父。"妣"：祖母。"君"：主要执政者。"臣"：辅助力量。爻辞大意是没有见到祖父，却向祖母请安，虽然得不到主要力量的推动，却得到了辅助力量助推，也是没有什么问题的。爻辞启示：在过与不及之间，要善于把握分寸，也是一种人生智慧。

分寸，就像一条橡皮筋，过于用力就会适得其反，即断；力过于小又不行，因为拉不动。所以，要恰到好处去拉，也就是要善于把握分寸。

大仲马在俄国旅行时，来到了一座城市，决定去参观这个城市最大的书店。店主听到消息后，便想方设法做点让这位法国著名作家高兴的事情。于是，他在所有书架上摆满了大仲马的著作。大仲马走进这家店时，见书架上全是自己的书，非常吃惊。他迷惑不解地问店主其他作者的书为什么没有摆上来。店主信口以"全都卖完"为由答复。话一出口，店主非常后悔。书店老板本来想赞美和讨好大仲马，但他的所作所为实在太过，完全不符合实际，缺少真诚的表现，使双方都陷入了尴尬的局面，也使事情完全背离了他所希望的结果。

实践证明：做人做事不能太死板，话不可说得太满，路不能走得太绝，要合理把握分寸，把握好了人生分寸，就等于把握了自己的命运。

九三：弗过防之，从或戕之，凶

"弗"：否定词，通"不"。"过"：加倍，从严从重。"防"：防范。"从"：跟随，放纵。"戕"：伤害。爻辞大意是如果不严加防范，放纵自己就会受到伤害，这是十分危险的事。爻辞启示：遇到过失时，不能听之任之，任其自然发展；反而要严格要求自己，"勿以善小而不为，勿以恶小而为之"，自觉远离灾祸。

1990年10月末，国家审计署太原特派办（太原办）刚刚挂牌成立。本着边组建边工作的原则，太原办派出了第一个审计组，审计一个矿业公司财务收支项目，审计财务收支是否真实合法合规。当时第一任特派员董廷林带领审计组到一个重点矿上审计，到了开饭时间，被审计单位提出大家一起吃个便饭。当看见饭桌上摆放有酒具时，董廷林婉言拒绝。

开饭后，在董廷林的右边坐着的一位陌生人，主动向全桌人员敬酒。董廷林就向他们解释说："同志，我们不喝酒，搞审计工作是有规定的。"右边坐的陌生人当时就看了看董廷林说："管他什么审计不审计的，我就是请你们喝一杯。"这时董廷林也拿起了酒杯说："你们喝，喝个够！"说完就重重地扣下酒杯起身走了。陌生人一直跟到董廷林中午休息的地方，并说："不知道你的官还比我的大。"董廷林说："不管官大还是官小，都是官，是官就得执行国家规定，不能明知故犯。"陌生人坐在那里脸红着低下了头，坐了一会儿走了。后来听说此人是县里一个什么领导，在太原办审计组劝酒头一回碰了个钉子。

当时吃请也是社会的普遍风气，在大环境趋势下，能个别顶住这种风气是很难的。但是审计人员按照审计署的规定在努力做着，外出审计期间一不吃请，二不喝酒，吃饭付款。董廷林在离开被审计单位前，还专门召开了全组人员会议，特别重申了严格执行审计工作纪律的要求。

以小见大，平凡之中见真情。这就是一位老共产党员平凡朴实的一生，也是一位老审计干部廉洁自律的真实写照，令人感慨和感悟，也给人以激励和鞭策。

九四：无咎，弗过遇之，往厉必戒，勿用永贞

"弗过遇之"：没有超过限度。"厉"：危险。"戒"：告诫，制止。爻辞大意是如果不超过限度，就不会有问题；相反，继续向前就得加以制止，不能长久不变。爻辞提示给人们的启示：人要有原则性，但得学会与时俱进，要学会不断地调整自己，而不能一成不变。

《韩非子》记载，春秋战国时期有个郑国人想买一双鞋子，他在家里先拿一根绳子量好了自己脚板的长度，在绳子上打上节，做好标记，然后随手将绳子放在了凳子上，就干别的事情去了。等忙完活计，才想起今天要去赶集，于是匆匆忙忙地出了家门，却忘了带放在凳子上的绳子。来到集市上卖鞋的店铺里，正准备买鞋的时候，一摸兜，才忽然发现自己量脚码的绳子放在家里忘了带来，于是匆匆忙忙地出了鞋店。

他急急忙忙回家，拿了绳子飞跑着赶到集市的时候，太阳都要下山了，看到卖鞋子的店铺已关闭心情十分沮丧。

实践证明：墨守成规在古代是不行的，容易耽误事；到了日新月异发展的新时代，如果依旧墨守成规去行事，更加显得不合时宜。值得警惕！

六五：密云不雨，自我西郊，公弋取彼在穴

"密云"：浓云。"雨"：下雨。"西郊"：周文王当时在商为西北侯，西郊也是其封地的谦称，这是相对于殷商都城来讲的。"公"：王侯贵族。"弋"：用带绳子的箭射鸟。"在穴"：藏在地下，一般讲古代的洞穴，都是比较低的地方。爻辞大意是浓云密布而不下雨，只是从我执政的地方飘浮过去；王公射箭没有猎取到外面的东西，倒是猎取了自己家中的东西；"狗咬尿泡空喜欢"，只是一幅应景之作而已，没有丝毫的实际意义。爻辞启示：做人做事，不能虚张声势，也不能无病呻吟,"空谈误国,实干兴邦"。

《史记》载,战国时赵国名将赵奢之子赵括,年轻时学习兵法,谈起兵法来连赵奢也难不住他。后来赵奢临终前交代夫人,认为赵括视打仗如儿戏,谈起兵法来目空四海,将来如果真用于实践中,怕延误赵国的大事。公元前260年,赵王不听劝阻派赵括接替廉颇为统帅领兵数十万。在长平之战中,赵括只知道照着兵法行事,而不知道结合实际,导致兵败身亡。40万赵军全军覆没,全毁在纸上谈兵的赵括手里。

上六:弗遇过之,飞鸟离之,凶,是谓灾眚

"离":遇难。"眚":灾难。"是":原因。爻辞大意是超过限度,就会乐极生悲,一不小心就会陷入罗网,危险的原因在于不知节制。爻辞启示:天灾人祸在所难免,懂得适时节制,才不会进入危险境地。

一天,梁实秋先生和朋友们一起吃饭。熏鱼端上来后,梁先生说他有糖尿病,不能吃带甜味的东西;冰糖肘子端上来,他又说不能碰,因为里面加了冰糖;什锦炒饭端上来,他还是说不能吃,因为淀粉会转化成糖。最后,八宝饭端上来了,大家都猜他一定不会碰,没想到梁先生居然开心地说:"这个我要。"朋友提醒他:"里面既有糖又有淀粉"。梁大师则笑着说他当然知道,就是因为知道有自己最爱吃的八宝饭,所以吃前面的菜时他才特别节制。梁实秋说:"我前面不吃,是为了后面吃啊;因为我血糖高,得忌口,所以必须计划着,把那'配额'留给最爱。"

正如梁实秋一样,许多伟大的人,都因为他们节制自己,集中力量在特定的事物上,才有杰出成就;否则,凡事皆无节制,招灾惹祸者比比皆是。

总之,小过卦提醒人们在急躁时容易犯错,要小心行事,踏实地做好每一件小事,这样就可以避免大的错误发生。在学习与工作中,不要把目标定得过高,这样自身就会有压力,反而不利于事情的顺利进行;反之要放下身段踏踏实实地完成每一个小的目标,这样离大的目标自然而然也就会更近一些。

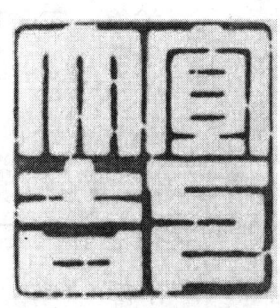

宜下大吉

【原文】

既济：亨。小利贞。初吉，终乱。

初九：曳其轮，濡其尾，无咎。

六二：妇丧其茀，勿逐，七日得。

九三：高宗伐鬼方，三年克之。小人勿用。

六四：繻有衣袽，终日戒。

九五：东邻杀牛，不如西邻之禴祭，实受其福。

上六：濡其首，厉。

既济卦是《周易》第六十三卦，讲述的是稳定繁荣之道，象征成功，有利于坚守正道；表示功德圆满时，要更加小心谨慎，一招不慎，导致满盘皆输的可能性严重存在。《象》曰："水在火上，既济；君子以思患而预防之。"寓意是事情成功就像煮熟的饭菜一样，君子要具备战略眼光，考虑到成功之后引发的重重问题，从而为防止变故，做到未雨绸缪。

水在火上，既济：君子以思患而预防之

高忠兰，1952年出生，河南开封人，现为河南省书法家协会会员、中国书画家协会会员、开封意拳书画研究会副会长、河南省大华书画院开封分院副院长。

第六十三章　有远虑　去近忧　唯见平安火入城

既济：亨。小利贞。初吉终乱

既济卦是离下坎上、异卦相叠、大功告成的卦象。上卦为坎，坎为水；下卦为离，离为火。水处在火上，水势压倒火势，救火之事，大功告成。卦辞"既济，亨。小利贞。初吉，终乱"中的"既"：已经。"济"：《尔雅·释言》说"济，成也"。"既济"：预告着事情已经成功。"乱"：变故。卦辞大意是既济卦总体上讲是亨通的，对着眼前做的小事是有利的；但针对长远的大事来讲，成功之后，容易滋生骄傲情绪，就会慢慢走入反面，导致失败。既济卦的卦象也比喻用火煮食物，食物已熟，象征事情已经成功。为此，卦辞就提出了预警：要怀有远大抱负，在事情成功之后，更要有危机意识，考虑将来可能出现的各种弊端，防患于未然；否则，"终乱"。

明朝作家刘元卿在《猱》的短文中记述了一个故事：猱的体形很小，其四肢长着十分锋利的爪子。老虎的头痒痒，猱就爬上去搔痒，搔得老虎飘飘欲仙。猱不住地搔，并在老虎头上挖了个洞，老虎因感觉特别舒服而未觉察。猱于是把老虎的脑髓当作美味佳肴吃个精光。中央电视台《动物世界》栏目也有过类似介绍：有一种生活在非洲的蝙蝠，专爱吸驴子的血，当这种蝙蝠飞落在驴子身上时，起初驴子本能地会抖动身体或用尾巴去驱赶；只见蝙蝠用细小的舌尖轻轻地舔那驴子，驴子立即产生一种麻痒的快感，再也不驱赶蝙蝠了。一会儿，蝙蝠咬个小口子，吸驴子的血，一只蝙蝠吸饱飞走后，又会飞来另一只蝙蝠继续吸，驴子在不知不觉中被吸干血而死去。当地人称这种蝙蝠叫"杀人蝠"。

经济社会中，类似"既济"的行为很多。很多企业，由强变弱，最终惨遭淘汰出局。尽管这些企业败走麦城的原因各不相同，但共同的因素是缺少一种危机意识。

初九：曳其轮，濡其尾，无咎

"曳"：拉，拖。"轮"：束腰的飘带。"濡"：打湿，沾湿。"尾"：衣后用假尾做的装饰，因为商末周初的人好以假尾为饰。爻辞大意是提着腰带过河，打湿了衣尾，但没有大的问题。爻辞启示：在自然灾害和危险降临时，要科学预判，只有防患于未然，及时采取应对措施，才能把损失降到最低状态。

《诗经》中有一篇题为《鸱鸮》的诗，描写了一只失去了自己小孩的母鸟，仍然在辛勤地筑巢，其中写道："迨天之未阴雨，彻彼桑土，绸缪牖户。今此下民，或敢侮予！"大意是说：趁着天还没有下雨的时候，赶快用桑根的皮把鸟巢的空隙缠紧，只有把巢坚固好了，才不怕被侵害。

爻辞启示：任何时候，都要做到未雨绸缪，事先有所准备，随时都能应对各种困难，以免灾难来临时手忙脚乱。

六二：妇丧其茀，勿逐，七日得

"丧"：丢失。"茀"：头巾，头饰。"勿逐"：不用寻找。"七日"：周而复始。爻辞大意是妇人丢失了头饰，不用寻找，几天内可以失而复得。这里体现的是一种坚守执着的精神。爻辞启示：在遇到不如意时，不要抱怨，失意不失志，坚持修炼自己的内功，坚信自己，是金子总会发光。其强调的是预防失志时而自甘堕落的道理，要坚持坚持再坚持。

战国末期著名的哲学家和教育家荀况在《劝学》中教育人们做事情要有恒心和毅力，要坚持不懈、持之以恒。在哲学思想方面，荀子认为自然发展有其客观的规律，要反对天命，不迷信鬼神，认为人定胜天；还主张因地、因时制宜，充分发挥人的才能，促使万物发展。在教育方面，他用《劝学》来阐明他的教育思想。《劝学》记述了他在教育、学习方面的很多理论，对后世影响十分深远。比如，他认为人接受教育，努力学习是非常必要的，这样才能"青出于蓝而胜于蓝"，使学生超过老师、后人胜过前人。在《劝学》中，荀子还用镂刻金石来说明学习一定要持之以恒的道理。他写道："锲而舍之，朽木不折；锲而不舍，金石可镂。"这16个字也给人们提出了有益启示：学习知识是一个由少到多、日积月累的过程，高深渊博的学识是一点一滴积累而成的，正是"不积跬步，无以至千里；不积小流，无以成江海"。所以人们学习时一定要坚持不懈，只有这样才能取得成功。

九三：高宗伐鬼方，三年克之。小人勿用

"高宗"：名武丁，庙号高宗，盘庚后第三代商王。"鬼方"：国名，西方少数民族部落之一。"三年"：形容多年。"克"：战胜。"小人"：并不是品德低下者，这里相对于"三年"来讲，形容性格上毛躁、急功近利的人。"勿用"：不能重用。爻辞大意是高宗讨伐鬼方的时候，耗时多年才取得了胜利，如果成就大事，就不可重用急功近利的人。

爻辞启示：要耐得住寂寞、经得起考验、受得住历练、沉得住气，才能成得大器。

从前有个人，家里养了只老母鸡，这只老母鸡特别能下蛋，可有一段时间这只鸡老是不下蛋，而且还病歪歪的。那个人想，这鸡不下蛋留着也没什么用了，就杀了这只鸡，破开鸡肚子后发现这只鸡生病的原因原来是生了胆结石，大大小小的胆结石就像鸡蛋一样。杀鸡的时候正巧邻家的快嘴婆祥林嫂过来串门，看到后就四处乱说，说这人杀鸡取卵，鼠目寸光，把好好的一只能下蛋的老母鸡给杀了。

"杀鸡取卵"的故事与爻辞异曲同工，这种只顾局部、不顾整体，只顾眼前、不顾将来的做法，对环境和人类发展是相当有害的。

六四：繻有衣袽，终日戒

"繻（xū）有衣袽（rú）"：即王弼所说的"繻宜曰濡，衣袽所以塞舟漏也"。"袽"：《说文》中作"絮"来讲，古时候无棉花，富者以乱丝为絮，贫者以乱麻为絮。"戒"：小心，警惕。爻辞大意是撑着用败絮塞罅漏的船，整日里提心吊胆；在既济之时，事物即将向相反的方向转化，"人无千日好，花无别样红"。爻辞启示：居安思危，要时刻保持警惕之心，防患于未然。

一只野狼卧在草地上勤奋地磨牙，狐狸看到了，就对它说："天气这么好，大家在休息娱乐，你也加入我们队伍中娱乐吧！"野狼没有说话，继续磨牙，把它的牙齿磨得又尖又利。狐狸奇怪地问："森林这么静，猎人和猎狗已经回家了，老虎也不在近处徘徊，又没有任何危险，你何必那么用劲磨牙呢？"野狼停下来回答说："我磨牙并不是为了娱乐，你想想，如果有一天我被猎人或老虎追逐，到那时，我想磨牙已来不及了。平时我就把牙磨好，到那时就可以保护自己。"野狼磨牙的故事对人类大有启示：做事应该未雨绸缪，要居安思危，这样在危险突然降临时，才不至于手忙脚乱。书到用时方恨少，平常若不充实知识，临时抱佛脚根本是来不及的。同样，也有人抱怨没有机会，然而当升迁机会来临时，再叹自己平时没有积蓄足够的学识与能力，以致不能胜任，也只好追悔莫及。

九五：东邻杀牛，不如西邻之禴祭，实受其福

古代强调"以左为尊"的礼制，按照左东右西的方位原则，"东"自然排在"西"的前边，如果以排序讲，东自然为商朝，"西"也就是周文王的封地。"禴祭"：祭祀名称。爻辞大意指商都人杀牛厚祭神灵，不如西北侯封地人簿祭神

灵，虽然人厚我薄，但是我已尽力，同样能得到神灵福佑。大意是讲为人要谨慎修德，不刻意去追求场面的壮观与否，相反没有实质内容的假大空，一味地徘徊在轰轰烈烈的大场景中，只会贻害无穷；只要用诚心，一样也会取得实效。爻辞启示：搞形式主义、轰轰烈烈的大场景，只是华而不实的瞎折腾而已，没有实际意义；反之，凡事从实际出发，做事删繁就简，不张扬，低调而诚信，才能步步为营，稳扎稳打。

电影《唐山大地震》以一个家庭的悲欢离合为核心，小角度切入历史大事件，并通过大事件透视老百姓最朴素的生活和情感，这一点特别值得肯定。影片的台词功夫和细节的营造处理，也是真诚和实在的，人们在盛赞大导演冯小刚倾力奉献这部令人催泪的大制作的同时，自然而然就会想到《唐山大地震》的编剧，一位处世低调的女作家苏小卫。

苏小卫的低调不仅仅体现在创作上和对自我评价的谦虚上，更重要的是她的剧本被拍成电影获奖后，很少抛头露面。记得她写的《那山·那人·那狗》获得金鸡奖后，苏小卫也获得了金鸡奖最佳编剧提名。而在庆功宴上，苏小卫则手拎提包，静静地待在一边看热闹。而她创作的另一部电影《暖》再次获金鸡奖时，苏小卫也同时被评选为最佳编剧。在金鸡奖颁奖晚会上，人们看到的只是前来领奖的导演霍建起，获得最佳编剧奖的苏小卫却没有露面。

因为电影《暖》改编自莫言的小说《白狗秋千架》，为人谦虚的苏小卫对作家莫言充满了敬重。有一次，一家电视台安排莫言、霍建起、苏小卫做对话节目。在对话中，苏小卫坦诚地对主持人说："莫言老师特别扶持我，我们的距离差得很远，没什么可争的，不是交手的量级。"这是一个编剧对文学的充分尊重，如果没有这样低姿态的胸怀和谦卑的心态，就难以写出震撼人心的文学作品。苏小卫的低调，让人们悟出了一种哲理：低调是一种品格、一种胸襟、一种智慧，更是一种能力。

上六：濡其首，厉

"濡"：湿，淹没。"首"：头顶。"厉"：危险。爻辞大意是涉水过河，水淹没到了头顶，已发生致命的危险了。既济卦是强调成功的卦，预示着人们在成功之后就容易得意忘形，就会放肆。爻辞正是在这种情况时发出预警：成功之后头脑要时刻保持清醒，不可盲目乐观，更不可轻狂放肆、目空一切。

春秋时，孔子带着学生到鲁桓公的祠庙里参观，看到一个可用来装水的器皿，倾斜地放在祠庙里，那时候把这种倾斜的器皿叫欹（qī）器。孔子便向守庙的人问道："请告诉我，这是什么器皿呢？"守庙的人告诉他："这是欹器，是放在座位右边，用来警诫自己，如'座右铭'一般用来伴坐的器皿。"孔子说："我听说这种用来装水的伴坐器皿，在没有装水或装水少时就会歪倒；水装得适中，不多不少的时候就会是端正的；里面的水装得过多或装满，它也会翻倒。"

说着，孔子回过头来对他的学生们说："你们往里面倒水试试看吧！"学生们听后舀来了水，一个个慢慢地向这个可用来装水的器皿里灌水。果然，当水装得适中的时候，这个器皿就端端正正地在那里。不一会，水灌满后，它就翻倒，里面的水流了出来。再过一会，器皿里的水流尽后，又像原来一样歪斜在那里。这时候，孔子便长长地叹了一口气说道："唉！世界上哪里会有太满而不倾覆翻倒的事物啊！"

故事寓意是借用欹器装满水就倾覆翻倒的现象，说明骄傲自满，往往极易向它的对立面而转化，从而告诫人们要谦虚谨慎，不能骄傲自满，凡骄傲自满的人，没有不失败的。"濡其首，厉"，要特别警惕。

总之，既济卦虽然是象征成功、圆满的卦象，但是卦爻之中无不时刻在警示：在没有问题时，要科学预判问题，未雨绸缪；在怀才不遇时，要防懈怠、防堕落，要不抛弃，更不能放弃，坚持就是胜利；大功既济时，还要脚踏实地，不可急功近利；取得成功时，仍要缜密思考、谨慎行事、居安思危。否则，骄傲自大，必然后患丛生。难怪欧阳修在《易童子问》中说："人情处危则虑深，居安则意殆，而患常生于怠忽也。是以君子'既济'，则思患而预防之也。"几句话道出了既济卦的真谛！

未雨绸缪

【原文】

未济：亨，小狐汔济，濡其尾，无攸利。
初六：濡其尾，吝。
九二：曳其轮，贞吉。
六三：未济，征凶，利涉大川。
九四：贞吉，悔亡，震用伐鬼方。三年有赏于大国。
六五：贞吉，无悔，君子之光。有孚，吉。
上九：有孚于饮酒，无咎。濡其首，有孚失是。

未济卦是《周易》尾卦，讲述的是乱中求稳之道，表示水火不容，如果不注重适时调整，在成功即将来临时就会有意外发生。《象》曰："火在水上，未济；君子以慎辨物居方。"寓意是大火在水上燃烧，事情还没有完成，君子要认清事物发展的客观规律，在关键时刻，还得咬牙坚持，防止功败垂成。

火在水上，未济：君子以慎辨物居方

刘建设，1953年出生，河南开封人，现为河南省美术家协会会员、开封市宋都书画研究会理事、刘庚三书法艺术研究会名誉顾问、开封市文联大梁书画院副院长、河南省大华书画院开封分院副院长、开封文化客厅特聘画师、开封意拳书画研究会副会长。

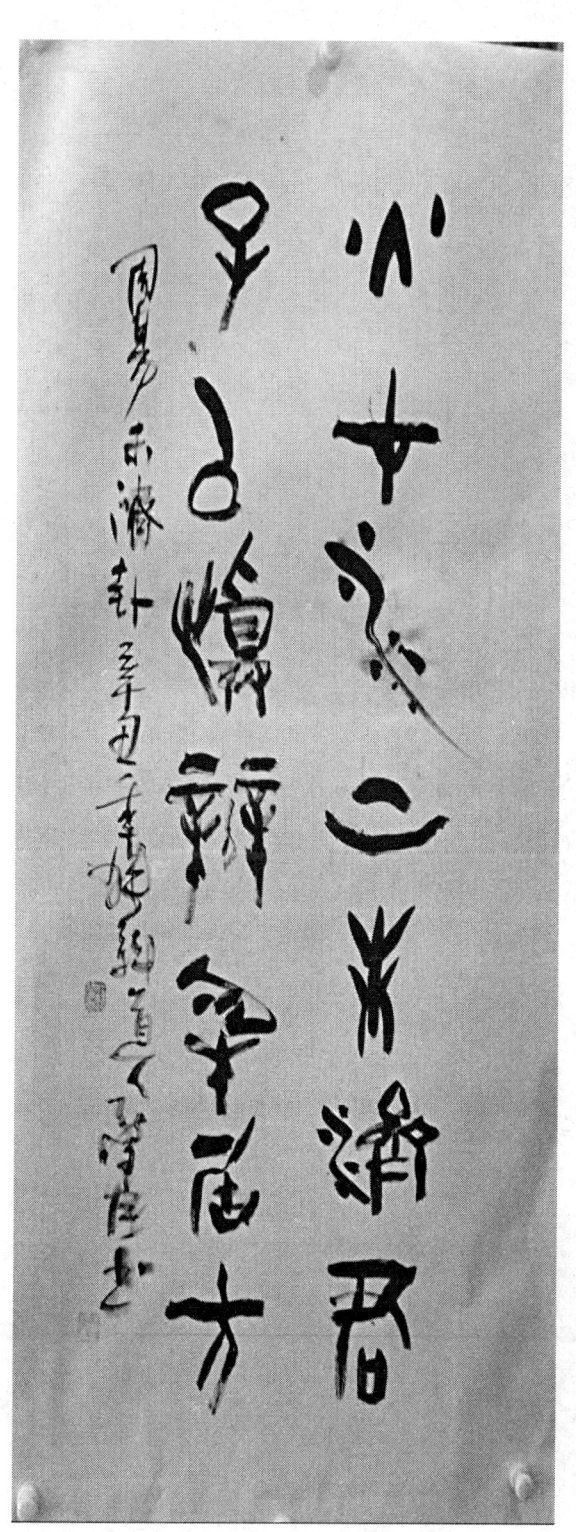

苏擎宇，1963年出生，河南开封人，通诗文、能篆刻，思大略。现为开封市民建委员会调研员，开封市地方史志学会学术委员会副主任。

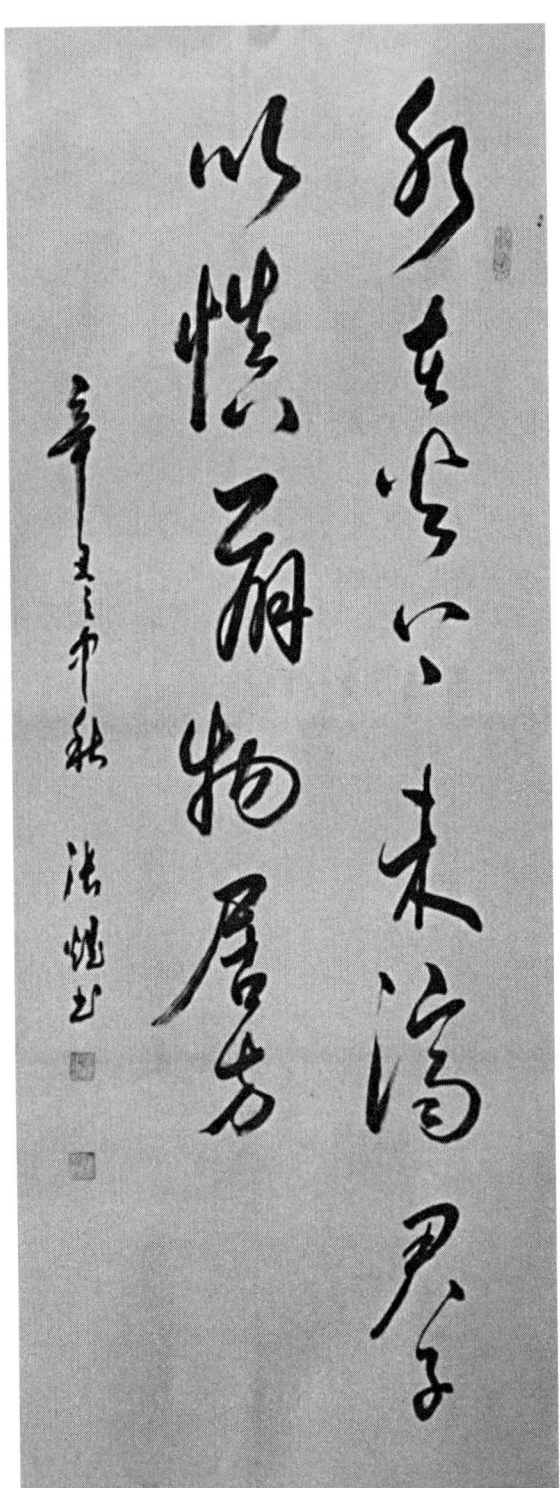

张 勇,笔名张煜,1963年出生,河南召人。现为河南省大华书画院院士,开封市意拳书画研究会顾问,开封市书法家协会会员。

第六十四章　莫轻狂　不懈怠　万物兴歇皆自然

未济：亨，小狐汔济，濡其尾，无攸利

未济卦是离上坎下异卦相叠之卦。离为火，坎为水，火在水上，火势压倒水势，救火大功未成，故称"未济"。水的性情贵柔、至善、至静，利于持久，无所不攻，故有"水滴石穿"一说。而火的性情，则贵急，一点就着，风风火火。本卦运用水火两种性格作比喻，火是急功近利的性子，在无坚不摧但又"善居下"的水面前却显得无能为力，于是就出现了未济卦。往往人们看到一种常见的现象，人在初来世上的时候，总是紧握双拳，恨不得一下子将地球倒转过来，整个一副踌躇满志的样子；但是在离开人世的时候，往往被形容为撒手人寰，就是带着遗憾无奈地走了。因为"未济"，所以遗憾。世上人儿千千万，世上事儿万万千，永远有做不完的功课、写不尽的话。所以《周易》用"未济"收尾再合适不过，大有一种未完待续的场景。

卦辞"未济：亨，小狐汔济，濡其尾，无攸利亨"中的"亨"：亨通。"小狐"：狐狸崽子，小狐狸。"汔济"：打算过河。"濡"：打湿。"尾"：尾巴。"无攸利"：无所利便。爻辞大意是如同小狐狸打算过河一样，涉水以后才发现打湿了尾巴。看起来水比较深，此路不通，无所利，退回来就是亨通的。卦辞启示：凡事要审时度势，明辨是非，先观而后动；否则，如果不辨是非，急功近利，就会得不偿失。

1409年6月，明成祖朱棣任命丘福为征虏大将军，率精骑10万人马，讨伐谋叛的鞑靼主本雅失里。大军出发前，朱棣考虑到丘福平素爱轻敌，特意告诫说：出兵要谨慎，到达鞑靼地区时可能看不到敌人，但应该做好时时临敌的准备。朱棣还进一步指出：不要丧失战机，不要轻举妄动，不要被敌人假象所欺骗。等到丘福率师北进后，朱棣又连下诏令，反复要求丘福谨慎出战，不能轻信那些关于敌军容易打败的言论。

8月，丘福率领军队来到了鞑靼地区。他自己亲率1000多名骑兵先行，当行进到胪朐河一带时，与鞑靼军的散兵游勇遭遇。丘福挥师迎战，将他们个个打败，接着乘胜渡河，又俘虏了1名鞑靼小官。丘福向他询问鞑靼主本雅失里的去向，因为这个人是鞑靼人派出侦察明军情况的奸细，所以便胡编乱造说：

本雅失里闻大军南来，便惶恐北逃，离这里不过30里地。丘福听了信以为真，决定率先头部队去攻杀。各位将领都不同意丘福的这一决定，建议等部队到齐把敌情侦察清楚后再出兵。但是，丘福却坚持己见、拒不采纳。他率部直袭敌营，连战两日，鞑靼军每战总是假装败走，这更加助长了丘福的轻敌思想。丘福一心想要生擒本雅失里，于是孤军猛追。这时，他的部将纷纷劝丘福不可轻敌冒进，并提出或战或守的具体建议。但是，丘福根本听不进去，一意孤行，并下令说："不从命者斩！"随即率军攻在前面，诸将不得不跟着前进。不久，鞑靼大军突然杀过来，将丘福所率领的先头部队重重包围。丘福等军士拼命抵抗，无济于事，最后在突围时丘福战死，明朝后续部队不战而还。

初六：濡其尾，吝

"濡"：打湿。"吝"：谨慎。爻辞大意是涉水渡河，打湿了衣尾，前进有所困难。爻辞启示：一招不慎，导致满盘皆输，在情况不明的时候，就要如履薄冰、谨言慎行，万不可冒险行动。

有一次，苏格拉底的一位门生匆匆忙忙地跑来找苏格拉底，气喘吁吁地说："我告诉你一件事，你可能绝对想象不到。"这时苏格拉底毫不留情地制止了他，并郑重告诉他："你告诉我的话，用3个筛子筛过了吗？"门生察觉情况不妙，不解地摇了摇头。苏格拉底又继续说："当你要告诉别人一件事时，至少应该用3个筛子过滤一遍，第一个筛子叫作真实，你要告诉我的事是真实的吗？"门生说："我是从街上听来的，大家都这么说，我也不知道是不是真的。""那你就应该用你的第二个筛子去检查，如果不是真实的，至少应该是善意的，你要告诉我的事是善意的吗？""不，正好相反。"门生羞愧地低下头来。苏格拉底继续说："那么我们再用第三个筛子检查看看，你这么急着要告诉我的事，是重要的吗？"门生不好意思地说："并不是很重要。"

苏格拉底打断了他的话："既然这个消息并不重要，又不是出自善意，更不知道它是真是假，你又何必说呢？说了也只会造成我们两个人的困扰罢了。"苏格拉底接着说："不要听信搬弄是非的人或诽谤者的话，因为他不会是出自善意告诉你的，他既会揭发别人的隐私，当然也会同样地对待你。"因此，苏格拉底提出了说话前的"三个筛子"之说，不做始作俑者，当然也不要被人利用成了是非的传播者。流言比利剑更可怕，它能伤害一个人的身心。道听途说的人，等于把自己的快乐强加在了别人的痛苦之上。

所以说，说话反映的是一个人的智慧，谨言慎行、言之有物是说话艺术的最高准则。同样，在"濡其尾"时，就要"吝"，即情况不明时，就要小心谨慎，万不可不明就里、草率出招，如果这样做必将招灾惹祸。

九二：曳其轮，贞吉

"曳"：提起。"轮"：腰带。爻辞大意是提着腰带一步一步涉水过河，这样预先防备，利于持久且吉利。爻辞启示："心急吃不了热豆腐"，凡事应脚踏实地，一步一个脚印，这样才能稳当恒久。

著名哲学家维特根斯坦说过："我要贴在地面前行，不在云端跳舞。"纵观古今中外，凡有建树之人无一不是脚踏实地、一步一步走向成功的。世界首富比尔·盖茨，一位影响了两个世纪的美国人，可谁又知晓，其飞黄腾达的背后是怎样的辛酸？他终日泡在电脑前，承受巨大辐射，日复一日，年复一年，终于研究出了dos甚至今日多数人沿用的windows。如果不是比尔·盖茨的呕心沥血，我们的信息时代不知会推迟多久才能到来。同样，南宋著名抗金将领岳飞，生逢乱世，自幼家贫，在方部资助下拜名师周侗习武。其间，寒暑冬夏，晨练不辍，一个动作居然练到成百上千遍，以求精准，最终矢志不移，脚踏实地，名垂青史。

《塔木德》有一句流传甚广的格言："罗马不是一天建成的。"不论干什么都要脚踏实地、循序渐进。这也正是"曳其轮，贞吉"蕴含的真实寓意。

六三：未济，征凶，利涉大川

"未济，征凶"：渡不了河，出行有危险。"利涉大川"：利于承担重要使命，完成重任。爻辞大意是明知前面有危险，而随时调整合适方案的人，才能适合承担重要使命。爻辞启示：危难当头，要学会求"变"。知道因地因时变通的人，适合承担重任；反之，危险当头，一味充当愣头青的人，必将被城墙撞得面目全非。

《禅宗》中记载，有一位高僧，因年事已高，心中思考着找接班人。一日，他将两个得意弟子叫到面前，这两个弟子一个叫慧明，一个叫尘元。高僧对他们说："你们俩谁能凭自己的力量，从寺院后面悬崖的下面攀爬上来，谁将是我的接班人。"

慧明和尘元一同来到悬崖下，崖壁极其险峻陡峭令人望之生畏。身体健壮的慧明，信心百倍地开始攀爬，但是不一会儿他就从上面滑了下来。慧明爬起来重新开始，尽管这一次他小心翼翼，但还是从山坡上面滚落到原地。慧明稍事休息了后又开始攀爬，尽管摔得鼻青脸肿，他也绝不放弃。让人感到遗憾的是，慧明屡爬屡摔，最后一次他拼尽全力，爬到半山腰时，因气力已尽，又无处歇息，重重地摔到一块大石头上，当场昏了过去。高僧不得不让几个僧人用绳索，将他救了回去。

接着轮到尘元，他一开始也是和慧明一样，竭尽全力向崖顶攀爬，结果屡爬屡摔。尘元紧握绳索站在一块山石上面，打算再试一次，但是当他不经意地向下看了一眼后，突然放下用来攀上崖顶的绳索，然后整了整衣衫，拍拍身上的泥土，扭头向着山下走去。

旁观的众僧都十分不解，为尘元就这么轻易放弃而大加惋惜、议论纷纷，只有高僧默然无语地看着尘元去向。尘元到了山下，沿着一条小溪流顺水而上，穿过树林，越过山谷，最后没费什么力气就到达了崖顶。当尘元重新站到高僧面前时，众人还以为高僧会痛骂他贪生怕死、胆小怯弱，甚至会将他逐出寺门。谁知高僧却微笑着宣布将尘元定为新一任住持。众僧皆面面相觑，不知所以。尘元向同修们解释："寺后悬崖乃是人力不能攀登上去的。但只要于山腰处低头下看，便可见一条上山之路。师父经常对我们说'明者因境而变，智者随情而行'，就是教导我们要知伸缩退进的啊。"高僧满意地点了点头说："若为名利所诱，心中则只有面前的悬崖绝壁。天不设牢，而人自在心中建牢。在名利的牢笼内，徒劳苦争，轻者苦恼伤心，重者伤身损肢，极重者粉身碎骨。"说完高僧便将衣钵锡杖传给了尘元。

九四：贞吉，悔亡，震用伐鬼方。三年有赏于大国

"悔亡"：没有悔恨。"震用伐鬼方"：大动干戈，助殷讨伐敌对势力。"三年"：约数，比喻多年。"赏"：奖赏。"大国"：商朝政权。爻辞大意是大动干戈，费时多年，终于助力商朝打败了敌对势力，获得天子奖赏。周文王在这里回味历史，联想到他自己的祖先参与武丁征伐鬼方势力的战争并受到封赏恢复元气立国的故事，用来告诉人们"坚贞则吉，悔变则凶亡"的道理。爻辞启示：贞定不变，会有美好的结果；相反，反复无常，则会凶险不断。周文王语重心长地说：永远要充满信心，切不可半途而废啊！

众所周知，吴三桂是明末清初的大汉奸。其少时随父抗击后金的进攻，作战勇敢，后升任山海关总兵。吴三桂部是明末最后一支有战斗力的铁骑部队。当时李自成将要攻到北京，崇祯皇帝于是飞书要求吴三桂部回守京城。可是吴三桂部慢慢吞吞，到达河北丰润时，北京已经沦陷，崇祯也已自尽。吴三桂遂退守山海关。李自成招降吴三桂，吴三桂答应投诚，在路上遇见家仆诉说父亲被虐和爱妾被占，所以冲冠一怒为红颜，又反了大顺，重新夺回山海关。

李自成亲率大军来攻打山海关，吴三桂战败，向清军统帅多尔衮借兵，引清兵入关共击李自成，李自成大败。吴三桂在北京城本欲立朱明后嗣继位，好招揽自己的实力，可惜清兵入关后一发不可收拾。多尔衮早已看出吴三桂是一个投机分子，立即命令他西追农民军。后来清兵入主中原后，吴三桂被列为三藩，受封为平西王，镇守云南、贵州一带。康熙初年，听闻康熙欲撤藩，吴三桂遂再次造反，自称周王，与其他二藩尚可喜、耿精忠，以及王辅臣等一起叛清，史称"三藩之乱"。最后吴三桂在湖南衡州称帝，国号大周，同年病死。

观其一生，吴三桂本就是一个投机分子，做人毫无原则，居然勾结清兵打击本族势力，暗自培养自己的势力，最终目的就是自己想登基当皇帝。最后他的愿望的确实现了，但是太短暂，还没来得及体味，就死了。他的愿望建立在"大汉奸"的基础之上，虽然实现了，但是最终遗臭万年。像吴三桂这样一个人，遇到事时，闻利则变，反复无常，害了别人的同时也害了自己，实为不智。

六五：贞吉，无悔，君子之光。有孚，吉。

"贞"：坚定不移。爻辞大意是要坚定不移，则吉利，而后悔消除。这是由君子光明正大的性格所决定的。爻辞形容人道，有人的地方必有江湖，在事业发展中，遭人指手画脚、说三道四的事情多如牛毛，但是君子靠光明磊落、诚实守信的品格完全可以化被动为主动。爻辞启示：身正不怕影子斜，只要品行端正、光明诚信，终会有好的结果。这正是孔子在《论语》中说的"君子坦荡荡，小人长戚戚"那样。因为心性的高低决定一个人内心容量的大小，所以要想达到心胸宽广的思想境界，就必须先修炼好自己的品德，看淡人间的名利得失，保持一个平静祥和的心态。

春秋时期，晋国执政大臣赵盾向国君晋灵公推荐韩厥当了司马（军队监察执法官）。不久，秦、晋两国在河曲打仗，有一天赵盾的专车冲犯了队伍，韩厥"以军法戮盾仆"，就是依照军法斩了赵盾的车夫。事情传开后，有的人为韩厥捏了一把汗，有的人指责韩厥忘恩负义，有的人却暗替他担心，认为他一定会受到处罚。可是赵盾却高兴地对大夫们说："你们应该祝贺我啊，我们侍奉君王应该比而不党，即不结党营私。我推选的韩司马，他忠于职守，执法不阿，没有辜负我的期望！同时我已知道这样也不会获罪于朝廷。"正是由于赵盾善于识人，一心为国荐才，加之韩厥为国效力，哪怕恩人有错也秉公执法。才使晋国得以强大。

上九：有孚于饮酒，无咎。濡其首，有孚失是

"孚"：诚信，规矩，节度。"是"：理智。爻辞大意是有节度的饮酒，将不是问题；酒一旦喝过了头，就是明白人也会失去理智，也会节外生枝。喝酒吃饭本是人之常情，但是不能过量，一旦过量，就会出现意外，让人痛苦不已。爻辞启示：凡事要有度，不能过头，如果超过限度，必然向相反的方向发展；得意不可再往，得意必将忘形，特别要警惕呀。《易经》之语，一字一禅理，字字珠玑。

《道德经》说："淡兮其若海。"意思是志得意满时应平淡如海，切不可骄傲侮慢，仍须心谦身平，不狂妄，堂堂正正做人，踏踏实实做事。东汉末年的何进就是一个得意忘形的主儿。

何进仗着妹妹何太后，把持朝政，引得十常侍联合反对。于是他想借外部势力进京诛杀常侍。其部属曹操大加相劝，何进不听劝阻，反而怀疑曹操有恶意。于是曹操感慨地说："乱天下者，何进也。"果然，由此引发董卓进京、淫乱内宫的悲剧。何进在十常侍设下阴谋算计他时，不但不听部属劝告，反而认为自己掌天下大权，无人敢奈何他，这就注定了他的灭亡。

掌天下大权是说明权力大而已，并不能证明自身的安全。相反，权力之顶峰，成了众欲之望、众矢之的，反而成为别人谋害的对象，自己却浑然不知。何进的结局正是这样。虽然袁绍、曹操各选500名精兵，命袁绍之弟袁术带领，并亲自护送何进入宫，但宦官传太后懿旨，阻止袁绍兵将进去。何进就在太监们的围攻下被砍成了两段，成了十常侍作乱的第一个诛杀目标。在《易经》尾，周文王发人深省地说了句"特别要警惕呀！千万不可得意忘形"！

总之，未济卦强调：在面临不可知的未来时，难免会感觉不安和惶恐，只有敢于挑战困难，掌握现有机会去改变，才有可能开创新的局面。新时代，对于不断出现的新挑战，存在的不安全因素，只要坚定信心往前走，事情才会朝好的方向发展。但是，人生不可能永远一帆风顺，遇到困难切忌莽撞躁进，抑或消极颓废，而应该培养自己适应困境的能力，守常而顺变，做出明智抉择；若不等待时机到来就急于前进或误判，抑或因为面对困境从此一蹶不振，让时机一再地从身边流失，此困境便永远呈"未济"状态。人生有顺境也有逆境，顺境时，自然相处；逆境时，坦然面对。

再接复励

附 录

名家题词

2022年1月16日，中国书法家协会会员韩伟业先生为《趣说易经》出版发行题字鼓劲。

戏解易经

振祥题

2018年3月，西泠印社社员、中国书法家协会会员贾振祥先生为本书原名封面题词。

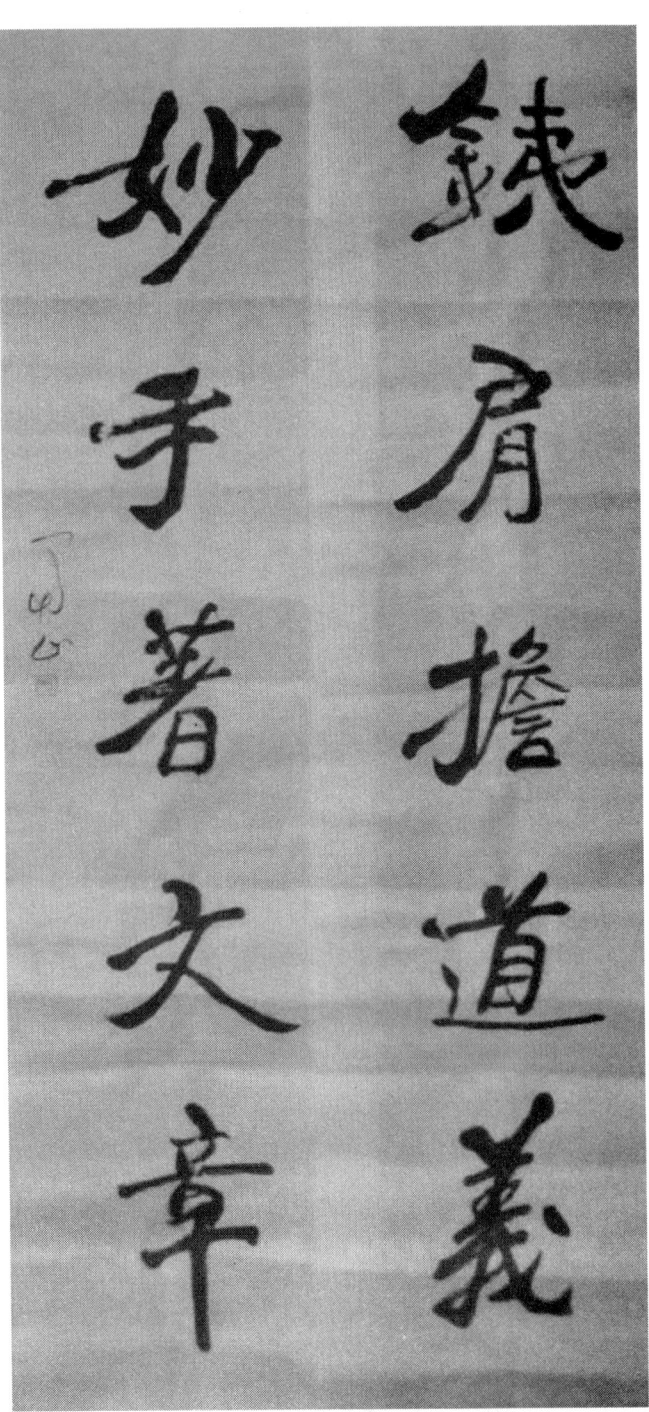

2019年6月,开封市地方史志办公室原党组书记、主任,中国书画研究院院长、中国书画家协会常务理事、开封市孙氏拳研究会主席、孙氏太极拳第四代传人孙富山先生为本书作者题词。

《周易》研究大事记

按：资料源于《周易志》，收入本书时，部分作了调整与补充，特此说明！以此希望唤醒更多中华儿女灵魂深处对优秀传统文化的正确认知，感召更多中华儿女科学认识《易经》、自觉开发《易经》、主动利用《易经》，坚定传统文化自信，加大对中华优秀传统文化的挖掘与拓展利用。

——编者

先秦时期

伏羲氏得《河图》，始画八卦。

夏人因神农之易，传为《连山》。

商人因黄帝之易，演为《归藏》。

约公元前1059年，周文王姬昌被拘汤阴羑里，演《周易》。

周武王十年（约前1046），箕子陈《洪范》"九畴"，提出"五行"学说。

周宣王元年（前827），虢文公进谏，提出"阴阳"二气概念。

周幽王二年（前780），《周礼》载："西周设太卜（官职），掌'三易'之法：一曰《连山》，二曰《归藏》，三曰《周易》。其经卦皆八，其别皆六十有四。"

周惠王五年（前672），《左传》载："周史有以《周易》见陈侯者……此其代陈有国乎？"这是迄今为止记载最早的一次利用《周易》占筮之例。

周敬王七年（前513），《左传》载：蔡墨与魏献子谈龙，蔡墨曰："不然，《周易》有之……龙战于野。"由此可见，当时《周易》尚未爻题，均以"之卦"称之。

鲁哀公三年（前492），孔子年五十，学《易》，知天命。

鲁哀公十六年（前479），孔子卒，撰《十翼》。

周赧王二十九年（前286），庄子卒。庄子在《天下篇》中说："《易》以道阴阳。"

秦王政九年（前238），荀子卒。《荀子》有"善为《易》者不占"等语。

秦王政十二年（前235），吕不韦卒。《吕氏春秋》于《易》理多有发明。

秦始皇三十四年（前213），秦始皇焚书坑儒，"所不去者，医药、卜筮、种树之书""而《易》为卜筮之书，传者不绝"。

两汉时期

汉高祖九年（前198），田何将"易卦、《象》、爻、《彖》与《文言》《说卦》等，分为十二篇，而自称章句。《易》之本经也"。《田氏易》成为汉世今文《易》版本。

汉文帝元年（前179），设一经博士。韩婴为博士。韩生亦以《易》授人，"推《易》意而为之传"。

汉景帝三年（前154），民间有费直、高相两易，名为《古文易》，传义理之学。

汉武帝建元五年（前136），置五经博士，《易》博士为杨何。

汉武帝元光元年（前134），武帝听从董仲舒建议，开始建太学。

汉武帝元封元年（前110），太史公司马谈卒。太史公于前128年受《易》于杨何。著有《论六家旨要》，称《系辞传》为《易大传》。

汉昭帝元凤四年（前77），京房生。受学于梁人焦延寿。

汉宣帝甘露元年（前53），扬雄生。后仿《易》著《太玄》。

汉元帝初元四年（前45），京房分六十四卦，更直日用事，以风雨寒温为候，各有占验，房用之尤精，著有《易传》等，后为《京氏易》。

汉光武帝建武元年（25），光武中兴，立《五经》十四博士，《易》有施、孟、梁、京氏4家。

汉明帝永平元年（58），始于经谶（chen）解释"五经"，经纬相杂自此开始。

汉章帝建初四年（79），章帝命诸儒在白虎观开会，考诸经异同，月余乃罢。后用皇帝名义制成定论，称《白虎通义》，由班固写成。

汉献帝建安五年（200），郑玄带病注释《周易》。

魏晋南北朝

魏文帝黄初七年（226），王弼生。后著有《周易注》《周易·略例》等。

魏少帝（齐王）正始六年（245），少帝命用已故司徒王朗《易传》，作为学习课本和考试依据。

晋武帝咸宁五年（279），汲郡得竹书经传诸书，其中有《易》二篇，《易繇阴阳卦》二篇，《卦下易经》一篇，《公孙段》二篇。

宋文帝元嘉三年（426），沮渠蒙逊（西北少数民族）遣使至宋，"请《周易》及子、集诸书，文帝亲自接见并赠书四百七五五卷。"

隋唐五代

隋炀帝大业元年（605），王弼生。炀帝诏天下名儒集于洛阳，相互讨论经文。王弼著盛行。

隋炀帝大业六年（610），刘炫伪造《连山易》《鲁史记》等百余卷，领赏时被人告发，后经赦免死。

唐太宗贞观四年（630），太宗颜师古校定"五经"，后三年十一月，颁《新定五经》于天下。

唐太宗贞观十二年（638），孔颖达主编《五经正义》成书。

唐高宗永徽四年（653），长孙无忌等校定《周易正义》成书。

唐武后长安二年（702），日本颁"大宝令"，要求日本学生通晓一经、二经，其中包括《周易》。

唐玄宗开元元年（713），玄宗好《易》，侯行果善《易》见知于玄宗。

唐玄宗开元十五年（727），僧一行卒。其著有《太衍玄图》《义诀》《太衍论》等。

唐玄宗天宝十二年（753），诏令选举停《老子》，加试《周易》。

唐代宗永泰八年（766），宰相、常参官、军将会于国子学讲堂说《易》。又于讲堂画《周易镜图》。

唐懿宗咸通十二年（871），陈抟生，卒于989年。相传陈抟从麻衣道者学《易》，受《河图》《洛书》之诀，为"宋易"图书之学始祖。

宋

宋太祖开宝三年（970），太祖召王昭素讲《易经·乾卦》，赐官国子博士。

宋真宗大中祥符四年（1011），邵雍生。少从李之才，受《河图》《洛书》、伏羲八卦、六十四卦图像。

宋仁宗京祐五年（1038），灾异数起，林瑀"依《周易》推演五行、阴阳之变,为书上之。而上大好之。"

宋仁宗庆历元年（1041），徐复因诏于崇政殿讲《易》乾、坤、既济、未济。与林瑀同修《周易会元记》。同年开始凿刻《嘉祐石经》，收录《易》等九经。

宋仁宗皇祐四年（1052），太常丞代渊致仕，著《周易指要》二十卷。

宋神宗熙宁五年（1072），欧阳修卒，著有《易童子问》。

宋高宗绍兴十三年（1143），高宗书《周易》以示群臣。

宋高宗绍兴二十二年（1152），金置国子监以养士，"凡经，《易》则用王弼、韩康伯注。""自国子监印之，授诸学校。"

宋孝宗淳熙十年（1183），朱熹卒，著有《周易本义》《周易启蒙》《太极图说》等。

宋理宗端平三年（1236），何元寿刊吴仁杰《易图说》以及诸家《周易》于湖广。

元明清

元世祖至元八年（1271），忽必烈"取《易经》'乾元'之义，改国号为"元"。

元世祖至元二十一年（1284），俞琰改定《周易集说》四十卷。1310年刊出，王都中为之序。

元世祖至元二十六年（1289），熊禾、刘泾刻胡方平《易学启蒙通释》于武夷山。

元仁宗皇庆二年（1313），诏定科举考试程式，《周易》以程颐《易传》、朱熹《本义》为主，兼用古注疏。

元仁宗延祐元年（1314），开科考试，《易》用程、朱。

元顺帝元统元年（1333），吴澄卒，撰有《易纂言》《易纂言外翼》。

明太宗洪武三年（1370），太祖与刘基共定科举考试定式。"专取'四子书'及《易》等五经命题试士……《易》主程传、朱子《本义》"，兼古注疏。

明成祖永乐五年（1407），解缙等编成《永乐大典》，收录宋元《易》著等。

明成祖永乐十二年（1414），胡广等奉敕编修《四书五经大全》。次年成书，成祖亲为之序。

明仁宗洪熙元年（1425），杨士奇奉敕修成《周易直指十卷》。

明孝宗弘治三年（1490），在甘肃天水建伏羲庙。

明世宗嘉靖八年（1529），蔡清《易经蒙引》等书进于朝，"诏为刊布"。遂传为明代易学名著之一。

明世宗嘉靖十九年（1540），安阳人崔铣撰《读易余言》成。

明神宗万历二十六年（1598），来知德经历29年而撰成《周易集注》。

明神宗万历四十一年（1613），钱一本著《启新斋易象钞》《续钞》等。讲《易》于东林书院。

明神宗万历四十三年（1615），郝经《郝氏九经解》始刊，于四十七年竣工。

明神宗万历四十八年（1620），法国传教士金尼阁二次来华传教，悉心研学《周易》，并将其译成拉丁文。

明思宗崇祯十五年（1642），黄道周完成《易象正》《三易铜玑》等。

清世祖顺治五年（1648），王夫之隐于莲花峰下，笃志于《周易》。七年后，居晋宁山寺，开始《周易外传》创作。

清世祖顺治七年（1650），夏峰先生孙奇逢隐居苏门山，著《读易大旨》五卷。

清世祖顺治十六年（1659），比利时耶稣会教士柏应里来华，同其他传教方将《周易》六十四卦和六十四卦意义译成拉丁文，1687年在法国巴黎出版。

清世祖顺治十八年（1661），黄宗羲居龙虎山堂，著《易学象术论》。

清圣祖康熙二十四年（1685），王夫之病中，勉力作《周易内传》十二卷、《周易内传发例》一卷。

清圣祖康熙二十七年（1688），法国人耶稣会传教士白晋抵达北京，在华40年，花6年时间研读《易经》。其认为伏羲是中华帝国和东洋科学的创造者。

清圣祖康熙三十七年（1698），法国传教士马若瑟来华，在华期间长达25年，著有《易经入门注释》，法文本。

清圣祖康熙三十九年（1700），胡渭写《易图明辨》十卷。

清圣祖康熙四十七年（1708），法国传教士雷孝思把《周易》译成拉丁文，共二册三卷。

清圣祖康熙五十二年（1713），毛奇龄卒，年九十一，著有《仲氏易》《推易始末》《春秋占筮书》等。

清圣祖康熙五十二年（1714），诏李光地等纂《周易折中》成，康熙御制序文。

中华民国

1912年，杭辛斋被袁世凯逮捕入狱，狱中得异人传授《易》学。后研读主讲易经，并编为《易楔》。著作有《学易笔谈》《易数偶得》《愚一录易说订》《沈氏改正揲蓍法》。

1915年，上海千顷堂石印刊出唐宗海撰《医易通论》《医易详解》。

1916年，章太炎在《大中华》发表《读周易图题记》，还著有《与吴检斋先生论易书》《八卦释名》等。

1923年，朱谦之著《周易哲学》，经上海学术研究出版社出版。

1924年，沈仲涛著《易卦与代数之定律》，经学灯出版社出版。

是年，德国传教士卫礼贤在耶拿出版德译本《周易》。该书被西方称之为新约全书。1950年美国贝恩斯据此又转译成英文本《易经》，为当今西方英语国家通用的标准译本。

20世纪20年代，洛阳出土汉熹平石经残石，刻有《周易》部分内容491字。

1931年，尚秉和在北京寓所教学生《易》，后创"周易尚氏学"，著有《周易尚氏学》《周易古筮考》等。

1934年，沈仲涛著《易卦与科学》，是中国最早以现代自然科学知识治《易》之作。

1935年，郭沫若著《周易的制作年代》。

1936年，苏联学者休茨基将《易经》译成俄文，在莫斯科出版。次年，他以论文《中国的〈易经〉》获博士学位。

是年9月，李郁著《周易正言》出版。

1937年，薛学潜著《易与物质波量子力学》，由中国科学公司出版。

1940年，刘子华著《八卦宇宙论与现代天文》。

是年，高亨著成《周易古经今著》。

1941年，丁超五著《科学的易》，由中华书局出版。

是年，金景芳著《易通》获教育部学术奖励，其书认为《周易》是一部哲学著作。后来他陆续出版《易学四种》《周易讲座》《周易全解》等。

1942年，胡朴安著《周易古史观》，上海刊印。

1943年，卫德明向驻北京德国人讲述《易经》，8篇辅导报告，次年汇编成书并用德文写成出版。1960年由贝恩斯译成英文。

1946年，闻一多被害，著有《周易义证类纂》。

中华人民共和国

1958年，日本中国古文化研究专家诸桥辙次著《易经讲话》。

1962年，由高亨、李景春等人发起成立"《周易》研究小组"。

1963年，日本国士馆大学教授本田次郎著《汉易研究》（明德社）。次年出版

《易经译著》《太玄易的研究》。后又有《易与人生》《孔子与易》等。

1973年，长沙马王堆第三号汉墓出土"帛书《易》"，也称"汉帛书本《易》"，共三部分，六十四卦经文，4900余字。

1975年，李镜池逝世，著有《周易探源》《周易通义》等。

是年，徐芹庭著《两汉十六家易注阐微》，由台湾省五洲出版社出版。

11月，黄庆萱著《魏晋南北朝易学书考佚》，由台湾幼狮文化事业公司出版。

1977年，安徽阜阳出土的"太乙九宫占盘"，是标准的《洛书》布局之数。

1978年，吉林大学召开"古文字学术讨论会"，张政烺作了题为《古代筮法与文王演周易》的学术报告。

1979年，陈立夫主编，周鼎衍等协编《易学应用之研究（第一辑）》在台湾出版。

1981年，周士一、潘启明著《周易参同契新探》。该书曾五年再版三次。

1983年，湖南长沙首次召开《周易》学术讨论会，与会者就《周易》成书年代、性质、思想内容和研究方法等，展开讨论。

1984年，在湖北武汉召开中国周易学术讨论会。会议主要讨论了易学起源问题，酝酿成立《周易》研究会筹备组。

1986年，朱伯崑著《易学哲学史》简字本出版。

1987年，黄寿祺、张善文编《周易研究论文集（第一辑）》，由北京师范大学出版。1989年出版第二辑。1990年出版第三、四辑。

是年12月，由山东大学发起并主办的"国际周易学术讨论会"在济南举行，并创刊了我国易学界第一份学术刊物《周易研究》。

1988年，山东大学周易研究中心成立，刘大钧任中心主任。刘大均陆续出版有《周易概论》《周易古经白话解》《周易传白话文解》《纳甲筮传》等。

1989年，中国周易研究会在济南成立。张岱年任名誉会长，朱伯崑等任顾问，唐明邦任会长。挂靠中国哲学史学会，会刊《周易研究》。至1992年3月，《周易研究》刊物发行量已达30000份。

是年5月，"周易与现代自然科学第一届全国学术研讨会"在安阳召开。

1991年，《周易大辞典》由中国工人出版社出版发行。主编萧元。

是年，广东省阳江市周易研究会主办《周易报》创刊。该报为全国最早的一份周易报。

1992年，《易学大辞典》由华夏出版社出版，主编张其成。张其成于2009年、2017年先后出版《张其成全解周易》《张其成全解周易上、下》。

4月，《周易辞典》由吉林大学出版社出版。主编吕绍纲。

9月，"第四届周易与现代化国际学术讨论会"在安阳召开。以后每年一届，约定俗成，至2019年9月，召开2019海峡两岸周易文化论坛暨第三十届周易与现代化国际讨论会。

是年，由陈建军编导的大型电视系列片《中华周易》摄制工作告竣。

1993年，在山东济南召开"首届海峡两岸周易学术研讨会"，主题是"《周易》与哲学文化"。

12月，由伍华主编的《周易大辞典》由中山大学出版社出版。

1995年，由美芝灵国际易学研究院召开"国际易学思维和当代文明研讨会"。

5月，在中国台北召开了"第二届海峡两岸周易学术研讨会"，大陆刘大钧等10人参加。

1999年，《安阳日报》报道国内首次发现最古老原始的《易经》版本（竹简《易经》）。

是年6月，来自海内外5000余名炎黄子孙在天水举行祭祀人文始祖伏羲，召开"99天水伏羲文化节。会议主题是"祭我始祖，颂我中华"。至是年，天水已成功举办了11届伏羲文化节"，组织了两届伏羲文化研讨会。并成立了"中华伏羲文化研究中心""天水伏羲文化研究会"等组织。

是年10月，南京大学举办《二千年世界易经大会》（第三届）。与会专家学者400余人。会议主题是"新世纪的科学易"。

是年，在山东省济南市召开《20 世纪回眸与21世纪展望国际易学研讨会》，100多位专家学者与会。

是年11月，由方志出版社和安阳市地方史志办公室联合编纂（陈凯东主编）的《周易志》出版。全书共11章55万余字。

2002年，国家工商总局易髓商标持有者苏国圣创办《周易参考报》。

2007年，周易文化被纳入河南省首批非物质文化遗产项目。2018年5月，周易文化申报世界非物质文化遗产工作启动。

2010年，《醉解易经》列入计划。2018年成书，2019年更名为《趣说易经》，2020年送河南大学出版社立项，付梓出版。

2012年，国学大师南怀瑾在苏州逝世。生前分别出版有《易经杂说》《易经系辞别讲》《白话易经》等30余部国学著作。

2018年,第四届世界周易高峰论坛在西安举行。本次大会的主题是："弘扬中国传统文化，唱响新时代"。

是年11月，国学大师曾仕强逝世。代表作有《易经的奥妙》等。曾在百家讲坛主讲易经讲座。

2019年5月，易学家邵伟华逝世，曾著有《周易预测学》《四柱预测学》等。

2021年12月，《趣说易经》出版发行。

众口说易

《易经》是中国的，更是世界的

常跃进

中华优秀传统文化历来主张讲仁爱、重民本、守诚信、崇正义、尚和合、求大同。党的十八大以来，党中央逐渐加强了中国气派的治国理政方针，恢复中华民族优秀的传统文化。要清晰认知新时代中国传统文化，就必须了解它的起源与演化过程。中国的传统文化，都可以从《易经》里面寻找到它的影子，或放大，抑或缩小，均不可绕过。

《易经》乃群经之首，几千年来一直活在东方各国乃至世界文化之间，卦辞爻理之间，无不折射着东方智慧的光芒。《易经》里面的每一个爻辞都在传递着人与自然和谐共存、人与命运抗争、努力改造和完善自己这样一个积极信息。可以说，一部《易经》，诠释了自然界人类社会的变化与运动规律，以此简语记述、垂鉴后世。故此，我们可以做出这样的认识，一味将《易经》作为迷信的卜筮之书是不严谨的，也是不科学的，更加失去了文王作《易》的本义。特别是近年来，人类破坏自然，破坏生态平衡，屡次受到自然惩罚的事件屡见不鲜，不断地警示人们一定要尊重自然规律、维持社会秩序、达到天人合一、共创和谐地球村才是终极目标。

随着世界非物质文化遗产项目的不断递加，在《中华人民共和国非物质文化遗产保护法》的基础上，近几年全国各地加强弘扬保护非物质文化遗产的动作此起彼伏，越来越受到党和国家及人民群众的高度重视。《易经》是名副其实的中国优秀传统文化之源，及早让《易经》成功申请列入世界非物质文化遗产方阵，传递中国声音、讲好中国故事，是历史的需要、民族的需要，更是现实的需要，也足以代表中华民族个性、中华民族审美习惯的"活"的显现。

2007年，周易文化被列入河南省首批非物质文化遗产名录。2018年，周易文化申报世界非物质文化遗产工作启动。周易文化博大精深，不仅有着深厚的文化底蕴，还为中华民族的文明延续、发展壮大提供了无尽的丰厚滋养。

近年来，开封在易学研究方面也取得了可喜成绩。《把阴阳学说和中庸学说放到一个参照系中实现创新性发展》《"中庸四式"的再探索暨东西方中道学说的创造性转化创新性发展》等均在第二十届世界易经大会上被评为优秀论文。开封是八朝古都、首批中国历史文化名城，挖掘名优名特，挖掘中华优秀传统文化将责无旁贷。2018年，我们依法成立了开封市非物质文化遗产保护协会，旨在紧紧跟随和积极响应国家大政方针，对开封非物质文化遗产全方面进行确认、存档、研究，并大力宣传、弘扬、传承与保护。《易经》作为世界非物质文化遗产申报对象，作为协会应有义务更有责任配合相关方面做好这个方面的努力。

　　《趣说易经》是由正元老弟找到我时沟通的一个话题，在我见到书时，尚未成形。在充分尊重历史、尊重作者、尊重客观现实需要的基础上，我们做了一些必要的调整，通过小故事引发大道理，运用诗书画印俱全的艺术手段，更加赋予了易经生活的韵味。借此，立足开封，辐射国内外，力争通过此书传递中国声音、讲好中国故事，为周易文化申请并及早入列世界非物质文化遗产方阵作出一些必要努力和实际贡献。

　　《易经》是中国的，更是世界的，我们坚信，借助更多易经学者和国家非遗组织的协同推进下，周易文化一定会传遍全球，惠及万民。

　　以上，经不住正元老弟的邀约，让我在书前面写上一段，并以此为序。

　　力道不足，愿《趣说易经》早日顺利出版！

庚子年丁丑月癸酉日初稿于大梁

　　作者系开封市教育局原党组书记、河南省化学特级讲师。全国五一劳动奖章获得者，国家级骨干校长，享受政府特殊津贴。现系开封市非物质文化遗产保护协会会长、开封市人才协会常务副会长。

为《趣说易经》再披霓裳衣

陈亮山

"文王拘而演《周易》；孔子厄而作《春秋》；屈原放逐，乃赋《离骚》；左丘失明，厥有《国语》；孙子膑脚，《兵法》修列；不韦迁蜀，世传《吕览》；韩非囚秦，《说难》《孤愤》；《诗》三百篇，大抵贤圣发愤之所为作也。"大凡成于事者，必涉逆境且意志弥坚。

正元的《趣说易经》也是如此，从创意到成书，经历了十年风雨锤炼。十年坚持下来，非常人能为。这部书，也可以认为是他本人成长的鲜活见证。这种坚忍不拔的精神值得称道。全书百余万字，融白话故事精到解读，配以通俗诗、创意画、古朴印等，内容极为丰富，阅后甚为震撼。或许是缘分到了，一个偶然机会，正元邀我为其作品进行书法策划。也许是属于曾为军旅同行，受其真诚打动，抑或受他的"醉解"感染，我感觉配些上乘书法作品，真草隶篆书体不一，来表现64卦意境，为其作品披上霓裳羽衣，让读者阅览时，饶有趣味、思绪万千，这理应是一件大美之事，于是便爽快地答应了他。

八朝古都开封，文化底蕴异常深厚。深居福地，应知其书法脉络。仅中华人民共和国成立后，代表人物有靳志、徐军、武慕姚、庞白虹、李白凤、李子培、陈玉璋、于安澜、牛光甫等先生，与其同时代，或稍晚点仍活跃于开封书坛的领军人物韩伟业、刘梦璋先生也参与了《易经》的霓裳羽衣制作。泰斗级的书家，为书法艺术事业倾注了一生心血，也为汴城培育了一批又一批的书法人才。

限于篇幅，《易经》64卦，参与书家仅百余人（其间省外书家10余人），在此，对未照顾到的书家同仁，深表歉意。郑州、辽宁方家童心田、姚金声先生书道远播，对特邀为该书做"霓裳衣"深表感谢。童心田先生为本书封面题字，使书更是霓裳添羽，光彩夺目，在此一并谢忱。

诸多书家为该书题写的64卦象辞作品，品味起来确实下了一番功夫，深得古人笔意，一点一画、字有骨骼、体有疏密、意有倜傥，妙出灵动，腕下精熟。综观其章法：体裁高古、岩岫耸峰、标格雅绣、千种风流。

感谢诸多书家以严谨的态势，绘制了一幅光彩照人的霓裳羽衣。这种诗书画印俱全的表现形式，使人们在阅读《趣说易经》的同时，尽享艺术视觉盛宴。

愿正元的《趣说易经》及早出版发行！

作者系河南省书法家协会会员、著名书法活动家、本书特邀书法策划。

关于《趣说易经》

王安治

未经正元同意,也没做商量,今天很想说说关于《趣说易经》的话题。我和正元虽未谋面,但在网络上读了他的《趣说易经》之后,感悟颇多。

文化的创新,在于品读事物过程中感悟的自我发挥。《趣说易经》的创新点就在这里。他将《易经》的数象抛开,只解易理。这就使纷乱繁杂的《易经》理象数有了理的清晰面目。《易经》中的"象"大多是抽象的存在。"数"则是对时空虚实的演算过程与结果有一个明确答案。唯独"理"是可以联系与自身事物有关的无穷延伸。易理的存在是中国哲学最深的根基。易理的延伸到《趣说易经》中自然有了其最新的意义,那就是化繁就简,不失《易经》原本的精微之道。正元的讲理法则简单明了,但不失真意。恰如麦苗没有种到土里的时候,它只是麦粒,但到播种季节种到土里就会根据水土气候条件的转换,然后形成麦芽再长出麦苗、结出麦粒一样,就这么简单。

过去我见的版本,大多是理象数眉毛胡须一把抓的泛泛大累。不像《趣说易经》这样就理论理,可以旁征博引,只为说理,这样就可以使读者清楚地懂得《易经》本源,它并不是单纯进行预测,而是一种原始的不带任何色彩的哲学。把几千年来传统文化加以创新,请下神坛进入百姓心田,这就是他刚开始自为"醉解"的好处。

历史证明,孔子之后,《易经》发展已达近3000年。但《易经》的演变却在中国存在七八千年,甚至更早。自孔子删诗书开始,《易经》代代单传,定格为统治阶级的专用工具书,束之高阁,绝不让民间万姓触及。传至中华人民共和国成立后,毛泽东主席深通中国乃至世界历史的客观演变规律,在伟人号召下《易经》才得以大解放,致使中国少数著名高校都有《周易》研究系。直至今天,不到几十年,正元的《趣说易经》,抛开算卦和数术牵绊,以易理而接人文地气之理,讲解人们日常生活中的微言,而导出现实社会人生中的大义,这不失为对社会人生的大贡献。中国现在的昌盛跟《易经》的解放有着绝对关系。因为《易经》是科学的,也是民众的,是中华文明最高的哲学经典。就文化创新而言,《趣说易经》还是有一定创新意义的。尤其是"趣解"的含义尤为深刻,抓住了读《易经》活的灵魂。

孔子是教育大师,在《系》辞中这样说道:"道不虚行,玩索而有得……"这就是说:读《易经》要抱着玩的心态去读,就不会枯燥,反而会有心得体会。正元的"趣说"恰恰是玩索而有得的最现实体会。将读《易经》的兴趣,以玩卦的爱好当成一种游戏来读,必然会有一定心得收获的。因为"道不虚行",虽然是在玩,但玩熟练了，就一定会有结果。乾坤相磨，八卦相荡。不玩，不醉解，大脑就会发蒙发胀。因为卦爻相互荡磨，产生万物。这就是《易经》变的主旨所运转的哲学规律。头脑达不到洁净精微，就弄不清易变结果。弄不清读《易经》变的结果，就会枯燥乏味，觉得没有意思。懂得了"趣说"的真意，也就达到了"道不虚行"的实际效果。正元不虚行也！

丁酉夏月于甘肃兰州
乙亥仲秋定稿

作者系甘肃古浪人。对《周易》及命理学有一定研究。擅长诗词歌赋，喜欢山水田野与农牧生活。

正元和《趣说易经》

陆 荣

《易经》是我国古代一部严谨的哲学著作，被誉为"大道之源，群经之首"，备受中外智者推崇。

《易经》之教，洁静精微；《易经》之学，启智明理；《易经》之道，德行高标。生而在世，不学《易经》，俨如瞽目塞听。

对于《易经》的研究和学习，难点在如何认识和理解其所诠释的"易理"，在于对《易经》64卦爻辞所蕴含的易理的运用。《易经》64卦，基于一套特定的符号系统，这套符号的数理变化，按照一定的规律进行转化。学习和运用易理，这是首先要弄清楚的，如果不是这样，仅就卦象的演变，就会使习学者感到神秘莫测，无所适从。其次才是理解卦辞和爻辞所载的文字内容。《易经》的卦辞和爻辞，蕴含解卦释义的能力，具备"永远提升"的"空间"，表明了"大道之行，变化无穷"的道理。现实生活中的一切，无不与卦象、卦辞、爻辞相关，要想弄清其所蕴含的这些易理（或说道理），首先需要弄懂这些卦辞和爻辞所涉及的文字，在弄懂卦辞、爻辞含义的基础上，才能更进一步弄清这些文字所要传达的正确信息。黑格尔所谓"《易经》代表了中国人的智慧。就人类心灵所创造的图形和形象来找出人之所以为人的道理，这是一种崇高的事业"的论述，讲的就是这个道理。但是，《易经》的学习自古以来就是一件难事，许多学人在学习《易经》的过程中，往往被其"深奥的易理"所困，无法透彻理解其所蕴含的哲理，虽"皓首穷经，韦编三绝"，而无法掌握其中的要义。今正元所著《趣说易经》一书，却从一个始料未及的角度，举重若轻地对这个难题进行了诠解，既使深奥难懂的《易经》，变得老少皆宜、通俗易懂，又使这部在一般人看来冰冷、孤傲的千古哲学巨著，变得更富有艺术味、人情味，变得更能为普通读者所接受。这样的探究和创新，无疑是《易经》研究史、学术史上独一无二的大胆创举——《趣说易经》的编撰书例按三部分构成：用精美的书法撰写卦辞、爻辞；用创意画描绘卦象、爻象；将卦辞、爻辞编译为通俗易懂的小故事——在已经成书的千百种关于《易经》的诠释图书中，用这样的方式诠解《易经》，仅此一例！因此，笔者以大胆创举盛赞，并不为过。

对于《易经》，并不敢过多妄言，因为笔者对此参悟不深，不能深谙其理，但对正元，却多少有些话说。正元生长于北方祁连山区大横山脚下一条因季节不同而河水流量不同的小河边。河的名字叫黄羊川河，河中的水时大时小，时浊时清。河两岸树木葱茏，原田每每，四时风景如画，人民安居乐业。在这条小河的南岸、黄羊川的中部有个小山村，正元的祖籍地就在这个清静安适的村子里。小村东去20里有奇峡，名叫石门峡，峡中有庙观轩榭数座，年代久远无考，烟火惨淡寥寥。其间峡险道曲，峰峦叠嶂，林海苍苍茫茫，青岚如烟如云；西去20里有湖，名叫曹家湖，此湖人工构建，总库容915万立方米，年调蓄2480万立方米，两岸高山耸立，满湖山影婆娑，碧波微澜，鳞飞鱼翔，沃野郁郁青青，庄田似诗似画。生活于其间的人民勤劳俭朴，性情敦厚，尊崇德化，崇尚耕读，乡间多儒学道士，儒道文化盛行当地，四时不废礼乐教化。30年前，笔者于此地教学谋生，有幸与正元结下了师生之谊。那时，正元还是一个幼小的学生，身形瘦小，弱不禁风，但却童目憧憧，性情机灵，学业名列前茅，尤其喜爱国学，作文数论每每为师生称道，笔者窃以为此生成人后必为人中俊杰，前途不可估量。三年后，因工作调动，我与其掬泪分别。再后来，世事纷扰，繁芜匆忙，竟再无聚首。再闻讯息时，已是十数年后，乡人告知其从军数年，在军营颇有建树，著作多部（篇）书文。再后来，知其转业河南，在中国历史文化名城、八朝古都开封从事地方史志编撰，终知"天生我材必有用"之不谬！而著作《趣说易经》，当为妙手天成！由是而知，世间万事万物，必有前因后缘，正元今有如此成果，不光因为他的聪颖好学，还有他的人生造化。而他的这一切变化，则令某等甚为惊讶。讶异之余，回想前事，又觉事出必然，本在意料之中！

　　正元著成《趣说易经》，以此传播《易经》之为人处世哲理，教化人心，向善若水，其功其德可谓大焉！倘或此书能够使世人从中得益，从而修成善行，敏于大道之行，惠及天下四方，则其功德更是无复有加。而这，也正是此书所以为某称道的缘故！

　　愿《趣说易经》及早付梓印行！

戊戌冬月于甘肃古浪
乙亥孟秋再修订稿

作者系甘肃省古浪县作家协会主席。著有长篇小说多部。

读《趣说易经》有感

韩 鹏

正元托我为他的作品《趣说易经》作序。看了该书之后,感到其对《易经》的理解有很多独到之处,颇受启发,也乐于谈一些自己的读后感受,全当作为该书的序吧!

我曾是一个兵。一个入伍历经两年"天天读",初学毛主席的五篇哲学著作后,又两次入驻军事学院渐学马克思《辩证唯物主义和历史唯物主义》《政治经济学》的兵。当时,尽管对书中马克思唯物辩证法和毛主席哲学思想的某些论述已达到熟背的程度,但对其根本道理却仍知其然而不知其所以然。直到后来逐步接触中国易学知识后,才对马克思唯物辩证法和毛主席哲学思想有了更加深刻的认识。

《易经》是中国古人通过观察大自然运行规律,探索天地变化对人类社会产生影响的一门学问。故《易经》又可分称、泛称或互称为易、古经、易学、易传、周易等。易学是研究、阐发易经、周易的学问、学说;易经、周易是易学、易传形成的文化依据;近古是论证、解释易经、易学、周易的经典著作。它们均来源于上古时期,是对人文始祖伏羲肇始的太极八卦、河图洛书文化的一种传承和弘扬方式。

就本源来看,易学、周易的"经文"和"传文",最早依附于太极八卦的卦爻、河图洛书的符号系统,三皇五帝时期得到了继承、发展,只是由于文字记载极少和史典保存困难等原因,鲜留世间。此后,到夏代有了《连山》、商代有了《归藏》、周代有了《周易》等"三易"的史典记载。如今,只有周文王在河南汤阴羑里城所作的《周易》完整保存下来,又称《古经》《易经》,简称《易》。

《易经》是世界历史上最早解释大自然发展规律的唯物认识论,也是华夏民族遵循大自然物质发展规律开辟人文世界的创世观。数千年来,它高踞于中华民族传统文化精神的源头地位,内涵博大而精深,万有齐备,密切联系着整个自然、社会和人生。它包含着中华历史文化的灵魂与精髓,凝结着上古先哲们的睿智卓识。它用通古达今的哲学思想和文化符号自成一体,指证着天、地、人万事万物运动的根本法则,揭示了人类社会发展的基本趋势,也诠释着人生福祸、吉凶相互转化的辩证关系。它上探索宇宙本体而知天道性命,下破译人类时运而趋利避害,是一部认识自然、人类、社会和修身、齐家、治国、平天下的处世宝典,被誉为"大道之源,群经之首",被古代中国官方定为"设教之书"。

从文化研究角度而言,《易经》有些神秘高玄;从社会生活而言,《易经》又为百姓日用。清代官修书目《四库全书总目提要》概括说:"易道广大,无所不包,旁及天文、地理、乐律、兵法、韵学、算术,以逮方外之炉火,皆可援易以为说。"除此之外,上至中国古代王朝鼎革礼乐政教,下至中国古代斗升小民日用行藏,"易道文化的影响无时不有、无处不在，是中华民族文字、文化、文明的原始基因，是上古华夏先民世界观、创世观的理论基础，还是中国古代百姓日用而鲜知的普通大道至理。据儒家六经之首《周易·系辞上》记载："一阴一阳之谓道，继之者善也，成之者性也。仁者见之谓之仁，知者见之谓之知。百姓日用而不知，故君子之道鲜矣。"可见，"易道"，即《易经》文化，本是老百姓每天都能用到的基本知识、普通道理，只是不一定知道知识、道理中包含的"易道"文化本质内涵而已。比如，自古以来中国百姓就坚持着"日出而作，日落而息"的生活习惯，却不知是在遵循"易道"阴阳轮回的自然规律。比如，中国农民自古形成了"春种、夏长、秋收、冬藏"农耕传统，却不知是由效法"易道"四时历法而来，若不顺从就会受到自然法则的惩罚。也不知古人早把自然法则形成的易道阴阳历法，视作自己生存的根本大法。

比如，人类长大成人后，男女两性和合，繁衍生息，事关华夏氏族部落世代存亡的大问题，也是不能背离"易道"阴阳和合自然法则的天规天条，违背了则要受到规律的惩罚。

这些"日用"的"易道"文化，对于普通民众而言，有些因天命本性而生而知之；有些因"日用"传承而学而知之；还有很多只知"日用"而不知本源大理。

正元利用10年时间所编著的《趣说易经》，在尊崇《易经》原著"易道"本源大理文化的基础上，深入发掘古今中外易经文化原生素材，充分利用小故事诠释易理大道，内容多以老百姓茶余饭后、老少皆知的通俗事件为主，用既符合《易经》文化思想的本源大理法则，又适合现代唯物辩证法的观点，就理说理，让更多普通百姓懂得易理、遵循易理、运用易理，使之既知其然又知其所以然。此作在助推中华优秀传统文化复兴，提升中国人文化自信、文化自觉和社会使命感方面，做出了有益的创新性探索，是多年来开封、河南乃至中国研究易经文化方面颇有建树的著作，令人耳目一新，值得读者期盼。

易经之道，博大精深，源远流长。在当前党和国家弘扬中国优秀传统文化，树立中国文化自信的大环境下，《趣说易经》的出版发行，对于深入阐发《易经》的思想内涵，大力提升《易经》文化的本源地位，扩大《易经》的社会影响，树立中华民族文化自信心，坚持走中国人固有的自然、人类、社会大同、和合之道，都具有深远而重要的历史文化意义。

愿《趣说易经》及早出版发行！

乙亥春节前于大梁
是年仲秋再修订稿

作者系开封市原文广新局调研员、开封古都学会常务副会长，在传统文化领域研究方面颇有建树，曾出版著作多部。

"趣易"之醉

周深文

　　想说与"醉"有关的话题，来自于读正元老弟的《醉解易经》。后因出版需要更名为《趣说易经》，在我见到的时候，书稿还比较零散，只是我较为幸运，先睹为快而已。正元老弟的初衷是想把《易经》从神坛上请下来，用白话小故事寻求易经的本源。让《易经》这样一个深邃的东西贴着地面在百姓生活中涌动。希望大家不必要求对爻辞整齐划一，任何适宜的解释都有其存在的理由。所谓千人千象，万人万心，立场不同，理解自有不同。不必拘泥于某一种解读，唯变所适。

　　通过与正元老弟交流时得知，他最初的想法只是对于《易经》想表达一种谦卑的态度和敬畏。因为《易经》从古至今陆续有太多的专家学者解释过了，著述多如牛毛，而且相当完美精致。想再读出更多的新意谈何容易？所以按他的说法，《醉解易经》，其实就是喝多酒了瞎胡咧咧。因为毕竟仅仅是自己的浅见，只希望能与同道交流，而不想借此而误导大众。在这里，我想说的是，我倒不希望大家在"醉"字上大动思路，以为醉，一定会有很独特的理解方式或更新之见解。在本书里，"醉"最本质的意思就是对《易经》的谨小慎微和毕恭毕敬！因为任何一个人也不敢说他的见解是最权威最正确的。我也肤浅地认为，对"易"学的理解，只能因人、因时、因地、因事而异，合适就是最好的解释，没有什么精准诠释。所以，"醉解"也仅仅是正元老弟自己理解的态度之一。

　　本书的"醉"，也是大胆地把象、数抛开，仅仅用于讲易理、讲规律、讲应用。我想，把一切神秘的面纱揭开，说《易经》的本质，对于一些想打着《易经》幌子招摇行骗的人来说，应该是点准了他们的麻骨，也真是醉了！"易"有千万解，万解终归一。所谓的"一"就是我们所讲的道，即规律，是对人生的认知和态度。所以，"醉"，也是一种人生态度。

　　"醉"是一种洒脱！"随"卦讲："泽中有雷，随；君子以向晦入宴息。"大意是说人应当有日出而作、日落而息、随顺天时、随顺自然、择善而从的洒脱。生活中，我们往往会因为一些不愉快的事而不能释怀。"忘记""放下"等一些类似心灵鸡汤的词说起来容易，做起来却难乎其难。我们希望别人忘掉，却轻易地原谅自己，这正是人性的弱点。当我们能尽力地对别人的缺憾选择性失忆时，不禁会发现，洒脱并不是逃避，而是坦然接受现实，包容他人后的那股平静。人生不如意者十有八九，任何事都绕不过"天道循环，终则复始"的规律。了悟了这个规律后，我们就不必有看破红尘后的心灰意冷，也不必有顺风顺水时的妄自得意。得失与我皆如浮云，一切随时、随心、随善、随意，自然会有心旷神怡、饮茶亦醉的洒脱。

　　"醉"是一种谦卑！"谦"卦讲："谦，亨；君子有终。"《易经》64卦中只有"谦"卦六爻全吉，说明谦卑任何时候都不会过时。人越是谦卑，就越优秀，越优秀的人也就会越谦卑。因为越谦卑，才能看到别人的长处。平庸的人却总看到别人的短处，因为满足会让人止步不前，就会变得更加平庸！"海到天边天作岸，山登绝顶我为峰。"在大气派、大狂妄的后面，其实也有一种小轻盈、小平实。无论谁如何崇高和伟大，最终要归于平淡才是谦卑的至高境界。

"醉"是一种坚守！"否"卦讲："否之匪人，不利君子贞。大往小来。""否"卦象征天地闭塞，君道不通。小人当道，不利君子守正。这时怎么办？除了坚守，还是坚守。坚守不是被动地等待，而是要积极地充实和武装自己的修为。君子藏器于身，待时而动。虽然从"否"卦到"泰"卦，中间要历经好多艰险，但只要不懈地坚守、不懈地抗争、不懈地努力，就一定会有否极泰来的一天。如果我们不知道充实自己，受不住痛苦的煎熬，终将注定一生的悲哀。

"醉"是一种包容！"坤"卦讲："地势坤，君子以厚德载物。"百家释易曰，君子能容物，其德厚如地也。效仿"坤"卦精神，用包容的态度善待一切，才能心身宁静，参透人生。包容也是一种难得的糊涂。逢人不急、遇事不恼是一种表面糊涂、内心清明的智慧。也只因为包容，才能使我们在这个浮躁的社会为自己的心灵寻求一块净土。

"醉"，也是其他无限可能的人生态度！

《易经》64卦，386爻辞。每一个爻辞便是一种人生态度。爻爻相重，又能演变成无数种可能。用醉解的形式解读《易经》，纵使有千万种解法，正元老弟的解法也是一块敲门砖。每个人对自己的人生都有他自己独特的看法。而我也获得了对面对一切问题尽可能多的探讨思路。如果因为《趣说易经》使我们的思维变得开阔些，处理问题变得灵活些，这也正是正元老弟《趣说易经》的初衷所在。

以此，在正元老弟邀约我为本书64卦设计卦首插图时，事先我是不敢答应的。因为，对于《易经》我是门外汉，不懂卦象卦理，实在不知如何下手。但禁不住他的"醉解"来回诱惑，我还是谨慎地答应了他。在翻阅了很多资料发现，虽然目前也有将64卦作完整描述的插图，有些是卡通类的，有些是漫画类的，但总觉得少了些什么。所以，我在做64卦卦首插图时，试图注重作品的原创性、创新性以及厚重感。在创作思路、表现形式上充分吸收了拓片、剪纸、铜器、陶器、泥塑等诸多姊妹艺术的元素；在内容选取上，采纳了自古至今若干耳熟能详的历史典故或成语故事等作为表现对应卦象或卦意的素材。通篇采用点画式表现方法，借鉴了画像石、画像砖等拓片的视觉美感，力争让画面显得更加清新自然、古朴厚重！

限于水平有限，肯定有不尽人意的地方，但至少是我尽了全力认真制作的一套插图。但愿能为《趣说易经》增色！

丁酉初夏于大梁
乙亥仲秋再修，定稿于大梁

作者系河南省美术家协会会员、青年画家、木雕艺人、本书特约创意绘画。

写给《趣说易经》

张由红

所谓《易经》，"易"即简易，平平淡淡，随时可见，到处都是，根本不值得大惊小怪，具有一定的普遍性；"经"则是我们日常生活中所言的吃饭穿衣戴帽行走在路上等经历的一些简单的生活规律。往往就是这些普遍的东西和简单的规律却蕴含了科学性和哲理性，也具有较强的说服力和影响力。因为它本身就来自于生活，擦着老百姓的生活来回。这样的东西老百姓才喜欢。

《易经》是我们中华民族伟大的传统文化遗产，是老祖宗给我们留下的宝贵精神财富。几千年来，总有人把《易经》归类为宗教文化，只是拿着它来算命卜卦问前程。诚然，《易经》确实有一定的命学成分，殊不知，"好《易》者不占"，其更多的成分则是智慧学、生活学、规律学、逻辑学、百家学等等。《易经》是我们中国传统文化的根，可谓群经之首。没有《易经》，便没有了《道德经》《孙子兵法》《黄帝内经》等等，便没有了百家学，也谈不上"先秦诸子，百家争鸣"，更谈不上汉时的"罢黜百家，独尊儒术"，于是理所当然就形成了1956年中国共产党提出的促进艺术发展、科学进步和社会主义文化繁荣的"百花齐放，百家争鸣"的双百方针。

新时代，中共中央国务院倡导全面复兴传统文化的重大国策出台，正元老师的《趣说易经》恰横空出世，既符合国家大政方针，又符合民众需求。这种具有中国特色、中国风格、中国气派的文化产品将更加丰富，文化自觉和文化自信显著增强，国家文化软实力的根基将更加坚实。中国文化国际化的路子也将明显提升。

历史和现实证明，《易经》是最接地气的哲学，讲的就是人们平常可见普通不过的衣食住行原生态生活。《趣说易经》，恰恰印证了这一点：人们迷信风水，是因为内心有困惑。当道理通透的时候，内心便不会再有困惑，也就不需要再去求测占卜。最好的风水是出于人内心的坦荡和本身的愉悦。其中蕴涵的为人处世方圆相济的智慧学，面对人生起伏的平常心，卦爻相系，故事明理，都是人们在生活学习工作中值得借鉴的经典法则。

《易经》本是我们中华民族伟大传统文化的根，妙在神韵，字字珠玑。为更好的启迪人生、造福人类。《趣说易经》在《周易》64卦原文基础上，加以精妙解析，小故事阐述其微言大义，以现代人的视角联系当下进行经典解读，处处显现着人生哲理，既保留了原著《周易》的精华，又处处洋溢着博厚广远的传统文化，也彰显了《趣说易经》的现代价值和文化魅力，是一把叩开《周易》奥秘的金钥匙，具有一定的可读性和借鉴性，有一定的普世价值和现实意义。

《趣说易经》不仅是进入千家万户的精神食粮，而且具有相当的收藏价值。正元老师可谓用意良苦，卦首引领原始创意画64幅，其间有七言诗句64句，名人书法作品百余幅，篆刻作品64方，内容包罗万象，诗书画印俱全，无论从哪个角度看都是珍品，非常值得收藏。

　　《趣说易经》的问世是符合国情民情的。它通俗易懂，无论对各个行业都具有很好的教育意义和借鉴价值。作为一个读者，我觉得正元老师的用意非凡，就是借此想扯掉围在《易经》头上的神秘面纱，让原始的东西更加贴近民众生活，这样才不枉费老祖宗给我们留下来的宝贵精神遗产，让人们懂得道理的同时活用道理，在实现人生价值的同时更好地享受生活。《趣说易经》作为新时代的产物，理应大张旗鼓宣传推动，促使这种创新的文化理念进机关、进企业、进学校、进军营、进农村、进社区，使之家喻户晓，人人皆知、全民受益。

　　正元老师不虚此作矣！愿《趣说易经》早日出版发行！

戊戌年夏月初稿于河南开封
乙亥夏月定稿

作者系资深策划人、国家太极拳二级教练。

小论《趣说易经》

王丽萍

《道德经》第五十四章中有句"善建者不拔，善抱者不脱"。用大白话来讲，就是善于建设开拓者，不会因为根基不牢而倒塌；善于寻求支持团结者，终究不会脱离被排斥在外。老子的这句话放于此时的语境中，表达的不是支持一种信念和精神的强大，也不是秉承和鼓舞一种团结的力量，而是表达我对正元老哥《趣说易经》洋洋洒洒从容解读的若干种想法和归纳要旨。

说实话，论道《易经》，我们应该都有一种望而却步的自知。上大学时教授古代汉语的是西北大学的教授，约50多岁，博古论今，温文儒雅，一身浩然正气。每次说起易经时，他依然也是望洋兴叹，叹为观止。后来有一次，与一个书画的老师闲聊，聊到国学，就绕不开易经这个话题。离不开囊括天地万物，对人生走向与天地发展，关于能主宰人与事的把控趋势，自然会牵扯出被商纣王囚禁起来占卜的周文王，经他手演绎推理出来的八八六十四卦的那些事儿，被理所当然地披上了占卜鼻祖的外衣。

《易经》一直是高深的、神秘的，也是古人最早的完整的哲思，有人用来洞悉宇宙天地万物真相，有人用其来判定人生走向。而当我看了正元老哥《趣说易经》的部分解法，我突然发觉《易经》原来也可以这样解，不再是那么生涩难啃。老哥似醉非醉，一爻一故事，歪歪理，不论天命论人事，顺丝丝理下去，打开堵在心口的复杂结儿，指导现实生活，让心变得更加通亮。原来《易经》是如此通俗易懂：结合世间万物，从历史脉络寻求安慰，指引风向；也可大道独行，应用于当今拨乱迷离。于此，一种更为接地气的质朴解读方式在中原大地先期诞生，我仿佛用第三只眼，看到了其间夹杂着的一种河西走廊的千年风骨游离与中原生活元素磨砺叠加之后的融会贯通，一气呵成。

《易经》中提纲挈领的数大哥"乾"卦，除本卦与用九外，中间夹有六个爻，分别是潜龙，见（xian）龙，惕龙，跃龙，飞龙与亢龙。元者，善之长也。牵扯出的爻都在变，而在什么时候变，该怎么变，是关键。正元老哥另辟蹊径，从《易经》的变中求新，从不变中求变，化繁为简，每一句都可以述古论今，旁征博引，用不是解法的解法当解，真可谓大道至简，地球人都能懂易，都能入戏谈论这个话题。"简"与"易"好似达到了高度的契合与统一。一个人的发展，首先是"潜"，这个潜的过程就是积累。你要完成积累，才能"见"，"见"就是在发展中通过积累初露头角，但是伴随着自我成长又要求不能骄傲，即要"惕"。完成"潜""见""惕"之后，人生就会迎来跨越，就是"越"。但万物发展总要循环，寻找平衡点才是人一生的全部。

《趣说易经》中的每个篇章和小节，将古人的智慧与今日现实可以串联起无数的感触。这个感触，不分国界，突破地域限制，不仅仅限定人类万物，其实是融会贯通后将高深拉回大众视野，找到了一种天籁原始文字的回归，找寻到一种朴素的解读。与其说是在解读，还不如说是带动人生的一种方式。带有真实的个人体验，带着一个生命对万物的敬畏。更是个人生活历程的一种真实反馈。

时下各种充斥的不堪入目，正元老哥《趣说易经》当是唤醒世人重捡传统文化之根的微呼。此作会给喧嚣世俗当头一棒，打开一扇门户，继而刮来一阵古朴微风。那些有坚守、笔耕不辍守着清贫的君子，会成为这个时代弥足珍贵的一种精神符号，成为更多人心中的标榜和明灯，指引更多人不断潜行，努力修为；启发更多人远离贪欲，静心生活，一起用体验和感知完满我们各自的生命。《趣说易经》大概也是这个意图，也代表每个人对万物世界的敬畏之心。

祝贺《趣说易经》及早出版发行！

丁酉夏月于河南郑州
乙亥夏月再修于郑州

作者系诗人、青年创作家、资深策划人。

《趣说易经》赋

畅国良

己亥孟夏,拜读正元先生之《趣说易经》,宛沐春风,气爽入怀;犹吮甘霖,心旷神怡。闻其名之赏心悦目,共其语似醍醐灌顶。宏著煌煌蕴家国之瑰宝,文辞洒洒藏庶民之奇珍。清韵和鸣,树援古证今之范;正律畅远,掀古为今用之风。幸甚至哉,聊作此赋以颂之:

盘古破鸿蒙,宇宙分浊清。溟滓渡五太,乾坤紫气升。
仓颉始作书,奚仲构车乘。筚路辟荆荒,蓝缕开文明。
后稷师稼穑,皋陶论典刑。栉风树公序,沐雨立俗成。
昆吾造陶皿,夏鲧筑郭城。禹甸屹东方,龙脉更峥嵘。

龙马负河图,洛书神龟送。伏羲成八卦,天地画象形。
文王演周易,智慧射腾晶。大道之滥觞,首位列群经。
旷世历三古,人宗更三圣。仲尼著十翼,秦汉集大成。
易道分阴阳,刚柔万物生。泰岳彩凤起,昆仑腾蛟龙。

中华五千年,根源一脉承。遇衰而复振,逢难而不倾。
民族待崛起,文化必复兴。正元历八载,公醉解易经。
通篇契主流,鲜注应时景。唯物论科学,诠释因辩证。
创新五唯一,删繁以简从。诗书剖卦爻,画印添灵通。

典故析奥义,寓言作旁征。荟萃诸子长,采撷百家菁。
摒弃玄玄道,素描原始性。天然去雕饰,风格多异迥。
源清流自洁,身直行始正。筑牢文化基,诠易化民风。
君子尤务本,本立而道生。勋功在当代,千秋承吉亨。

五岳铸风骨,四海涤蟠胸。仍世怀弘毅,吾辈道任重。
皓首通秘义,兀兀以穷经。少有报国志,巨著展才能。
焚膏以继晷,圆木作枕警。笃志尤精进,初心映彩虹。
忧国处丘壑,清贫念民生。潜乐于箪瓢,淡泊功与名。

阜康襄盛世，尧天享太平。民丰家安堵，舜日大业兴。
白虎镇西域，卿云苍昊行。朱雀荫南国，百川归东溟。
北疆护玄武。东土守青龙。天宝满神州。物华向日生。
高天佑中华，厚土佐禹城。立足新时代，共飨中国梦。

乙亥夏月于尉氏

作者系开封史志专家、诗人、文化学者。

永不停歇在路上（跋）

梁正元

"人生天地之间，若白驹过隙，忽然而已。"庄子这句话正应了我身。20世纪70年代中期出生的我，现已过不惑之年。从儿时的苦难岁月，到现今的美好生活，唯用"感恩"二字方可表得。小时候，家庭出奇的拮据。据说，娘怀我的时候，还扛着肚子跟着老太太们扒着火车外出讨饭。生性倔强的老爹本应立足三尺讲台，只因无识上级眼色，负气离职奔走，颠沛流离中转战务工。姐姐自愿辍学为了省钱让我读书。山沟里的孩子，读书才盼有个出头日子，自小苦难养成了本人从不言败的性格。

我13岁那年，正上初中一年级，还是那个胆小的毛头小孩。家离学校足有五里之遥。大西北的乡间小路，处处依山。虽然是公路，但还要经过一里多远的山道。纵是白天一人行走，两头不透空，阴森森的，头皮儿发麻，也怪可怕。

我上初一时，正值20世纪八九十年代交会期，家计本不大好，加之童车还没时兴到我们那地方，父亲的那个大自行车又重又不听使唤，况且当时我又瘦又小，难以驾驭大车，只能和邻居小孩作伴靠"11路"上下学，虽然漆黑的早晨有点可怕，但我们两个娃娃，又说又笑，走一阵跑一阵，倒也相安无事。

上了大半个学期，邻居小伙伴坚持不了辛苦，他说宁可去放羊也不愿受这份罪。听他讲这句话，总感觉对我是个直接威胁，于是央求邻居家的大人千万不能同意他的想法，他父母对我说："宝宝，小学上了，你们都能睁开眼睛了，也不至受骗。咱们这，打老祖宗开始，也没有走出过一个大学生来，日子不也照样过着，指望着你们两个娃娃儿也跳不出这山沟沟子，不念就算俅子吧。"后来，无论如何劝，邻居家的小孩死活也不肯去上学了。从他家出来的时候，看他得意欢呼的样子，我当时也不知道是一种什么滋味，只是絮絮叨叨地说：放羊有什么好，放羊有什么好……

大西北的冬天，那时我经常是天不亮就已经到了学校，下午放学走回来太阳早已下班藏得不见影儿。知子莫若母。母亲知道我害怕，要坚持陪我上学。我怕同学们见了笑我胆小，好于面子，我坚持没有让母亲送。

冷倒没觉得什么，关键是害怕。有时候，夜晚冷不丁一声蛙啼鸟叫，吓得我连气都不敢喘。走两步，回头看一次，走一阵跑一阵。就这样坚持过了两三周，仿佛有一种疾病缠身般，晚上回来没有什么，次日早上上学时却犹豫再三。

母亲早已看穿了我的心事，她说，正想呼吸呼吸新鲜空气，顺便送我上学。

我想推辞，但又后怕，于是也就假装"无奈"地答应了母亲。

　　五里的路，母亲陪着我上学，母亲给我讲她儿时的事儿，讲她小时候因家里穷没有上学。讲的时候，母亲倍觉伤感，但同时又把所有的希望寄托在我的身上。天除了漆黑还是漆黑，但我一点都不怕，因为有母亲陪在身边，五里远的路，我们却一会儿就走过了那吓死人的乱坟岗子。母亲总是站着目视我往前走，直到看不见我时，她才原路返回。

　　那年的冬天，几乎在母亲的陪同下，我们一遍遍地经过那乱坟岗子，走过了那些个不为人知的漆黑夜晚。

　　中考结束后，我意外地被录取到古浪一中。父亲一般为了生计外出务工，母亲种着庄稼还要操心着我的学业。教育改革说考上大学也要自行交费，且分配指数越来越低。不知道源自于哪里的诱惑，我居然萌生了参军的念头。1995年12月，我如愿穿上军装，乘坐军列来到了陕南汉中地带。18年军旅生涯，我从陕南转战西安、上海、开封、广水、孝感，也从战士进了军校，历任文书、排长、作战参谋、宣传干事，任过支部书记兼基层政治主官，后从事军事理论研究、军事评论、全军兵种杂志执行主编等。每一步行进的路上，自然离不开我的父母支撑，离不开家人的支持，更离不开数位贵人的扶持，我有幸从农民的孩子，成为一名共和国军官，参加过非战争军事行动10余次，立过4次三等功；参加国家社科基金军事学项目的课题撰写，受过空军一等奖；在国家核心学术期刊、省级以上公开出版物上发表文章30余篇。

　　美丽的彩虹在雨后，动情的友谊在别后。军旅生涯就是我的大学堂，非常怀念"祖国利益高于一切"的航测团战友们，非常怀念西安陆军学院毛驴十三队的同学们，非常怀念空降兵第一团神炮二连的战友们，我的连队我的兄弟！

　　如今，我转业至地方，从事史志编纂工作，参与和执行主编专业书作达数十余本几千万字。足以令我自豪的，是近20年一届的二轮《开封市志》一套6册600万字，赶巧了天降大任由我执行主编，一个外乡娃居然执行主编了中国历史文化名城、八朝古都开封的志书，这是机遇，也是荣幸，更是挑战。也正因为专业编书，使我喜欢上了这座城，与好多原汁原味的开封人成了莫逆，也与诸多前辈成了忘年之交，渐渐从开封特色的"照头""拆洗""摆平"三部曲中找到了感觉，从一个行伍人混进了开封的文化圈子，受聘开封市政协文史研究员，开封市委党建研究会理事，兼任开封市地方史志学会常务副会长兼秘书长、任开封古都学会副会长、开封历史学会副会长，开封省会文化研究会副会长、开封非物质文化遗产保护协会副会长。其间我还操着非常生硬的军旅普通话参加过4次省级志书点评。

　　业余之外，我居然迷上了《醉解易经》，在长达10年的编纂过程中，我深深体会到了《易经》内容的博大精深。它是中华民族古代智慧的代表，也是中华民族的骄傲。它的思想贯穿了数千年华夏文明史，渗透到我国历代政治思想、文化科学和社会生活的各个领域，融合了历史上众多的先进思想，形成了中国思想文化的主干，具有超时空的价值，对古代、对现代、对中国、对世界都是非常难得的瑰宝。为了使这种独一无二的世界瑰宝变得更加通俗易懂，我尝试着用数百个小故事注解，以理拉理，从而引出了人文、科学、管理、军事、文化、艺术、政治等易学研究新领域，促进了由"理象数"综合学术向单纯的理学转变，这种斗胆的解法被我称为"醉解"，抑或是一种创新；以此"借鸡下蛋"，使古老的易经文化焕发出生机与新时代的生命力，但愿如此这般吧。

　　本书创作过程中，得到了父母、妻子与孩子的支持，得到了开封市地方志领导和同事们的帮助，得到了各位战友、朋友、老乡的关心：太安轩主人无数次点化，周深文先生给予了原创画作支持，马云龙先生给予了篆刻支持，陈亮山、沈慧、王金芝、杨二柱、张廷可、王予杰等给予了书法策划，张俊庭、高占全、韩鹏等为书作序并给予动力支持，胡东乐等百忙之中为书做了编审，河南大学出版社朱春华编辑精心编校，河南瑞之光印务有限公司王天西经理数次排版。中国著名工艺美术大师、香港会徽和澳门会徽设计最高奖获得者肖红先生给予封面设计指导；参考了《道德经》《孙子兵法》《黄帝内经》等诸子百家著述，参考了不同版本的《易经》著述。尽管书中瑕疵过多，但还是满含热诚地敬一个标准的军礼给大家，因为拙作有了大家的支持显得更加精到，在此一并谢忱。

　　现在，我虽然走出了那段不为人知的艰难，却发现当年母亲陪伴我走过的那段路最值得回味，因为那是母亲陪在身边、母爱的动力支撑！如今，我和母亲相隔千里，只能用心去传达对母亲的感恩，如果不是她，也许我永远走不出大山。现在我多么想再次陪同母亲，一起走过祁连山下的石板路，重新走过那段和泪含笑的岁月……

　　生命不息，奋斗不止！拙作只是画了个小小的逗号，尽管自己尽心竭力，但因水平有限，失误难免，只能呈"未济"状态，敬请读者批评斧正。

　　"不忘初心，牢记使命，继续前进"，永不停歇在路上！

　　是为跋。

戊戌年孟冬于大梁

己亥年季春再修，定稿于大梁

庚子年孟春付梓出版再审再校

辛丑年冬月出版发行